Pompl / Lieb
Internationales Tourismus-Management

Internationales Tourismus-Management

Herausforderungen · Strategien · Instrumente

herausgegeben von

Prof. Dr. Wilhelm Pompl

und

Prof. Dr. Manfred G. Lieb

Verlag Franz Vahlen München

Die Deutsche Bibliothek – CIP-Einheitsaufnahme

Pompl, Wilhelm; Lieb, Manfred G.:
Internationales Tourismus-Management : Herausforderungen, Strategien, Instrumente / hrsg. von Wilhelm Pompl und Manfred G. Lieb. - München : Vahlen, 2002
ISBN 3-8006-2785-X

ISBN 3 8006 2785 X

© 2002 Verlag Franz Vahlen GmbH
Wilhelmstraße 9, 80801 München
Satz: DTP-Vorlagen der Herausgeber
Druck und Bindung: Nomos, In den Lissen 12, 76547 Sinzheim
Gedruckt auf säurefreiem, alterungsbeständigem Papier
(hergestellt aus chlorfrei gebleichtem Zellstoff)

Vorwort

Internationale Aspekte des Managements sollten im Tourismus eigentlich keine Besonderheit sein, erscheint der Tourismus auf den ersten Blick in vielen Bereichen eine internationale Branche per se. Eine genauere Betrachtung zeigt jedoch, dass die Vielfältigkeit und Differenziertheit der Tourismusindustrie bisher die Analyse und Bearbeitung von touristischen Fragestellungen unter dem Gesichtspunkt Internationales Tourismusmanagement eher erschwert als erleichtert haben.

Die Internationalität des Tourismus mag für die Nachfrageseite der reisenden Kunden aus Industrieländern zutreffen, auf der Angebotsseite aber zeigen die Beiträge dieses Buches, dass der Internationalisierungs- oder Globalisierungsgrad in vielen Unternehmensbereichen eher gering ist. Dies liegt nicht nur daran, dass die Mehrzahl der Tourismusunternehmen eher klein- und mittelständischen Charakter hat. Selbst die großen Unternehmen der Tourismusindustrie – etwa integrierte Reisekonzerne oder Fluggesellschaften – sind in hohem Maße national oder sogar regional orientiert. Unternehmensorganisation, Führungszusammensetzung oder Finanzierung sind in aller Regel nicht international ausgerichtet; Globalisierungsstrategien im Sinne weltweiter Formalisierung und Standardisierung von Strukturen, Systemen und Prozessen sind bisher nur bei einzelnen Stufen der touristischen Wertekette ausgeprägt.

So haben Unternehmen der internationalen Konzernhotellerie und der Informationsverarbeitung (CRS, Portale) globalen Status, Fluggesellschaften hingegen klare regiozentrische Orientierungen und Reiseveranstalter, Reisemittler und insbesondere Incoming-Agenturen lokalbezogene Strategieschwerpunkte.

Unter diesen Voraussetzungen ist es nicht verwunderlich, dass sich der Internationalisierungsstand der Tourismuswissenschaften gerade erst am Anfang befindet. Zwar gibt es eine Vielzahl von Publikationen über Globalisierung, Internationalisierung und Interkulturelles Management, diese beziehen sich aber fast ausschließlich auf Sachgüter, Kapital und Informationen. Der Dienstleistungsbereich wird dagegen nur sehr selten behandelt, Tourismus nur in Ausnahmefällen. Auch in der tourismuswissenschaftlichen Literatur sind Aspekte der Internationalisierung immer noch eher eine Randerscheinung, die nationale Perspektive ist vorherrschend. Die Thematik des Internationalen Managements wurde hier, von wenigen Ausnahmen abgesehen, bisher lediglich am Rande angesprochen.

An diesem Sachstand setzt unser Buch an. Ziel ist es, einen – sicherlich selektiven und lückenhaften – Einstieg in das Wissensgebiet Internationales Management im Tourismus zu ermöglichen. Diese Intention bestimmt den dreistufigen Aufbau, der gleichzeitig einen gewissen Themenpluralismus mit sich bringt. Wir wollen damit einen breiten und tiefen Zugang zu möglichst vielen Bereichen der Gesamtthematik ermöglichen. In Teil 1 werden theoretische Grundlagen der Internationalisierung und ihr Bezug zum Tourismus dargestellt. Teil 2 soll einen Überblick über einzelne Aspekte der Internationalisierung in den wichtigsten Teilbranchen und der Entwicklung von länderspezifischen Expansionsstrategien geben. In Teil 3 werden ausgewählte spezielle betriebswirtschaftliche Funktionen in ihrem internationalen Kontext dargestellt.

Die Beiträge wurden von Autoren aus unterschiedlichen Fachgebieten und verschiedenen Ländern verfasst. Dies führt unweigerlich zu Pluralität: Kulturspezifische Denkmuster ebenso wie unterschiedliche Forschungsschwerpunkte (branchenbezogene Marktanalysen, Sachfunktionsanalysen mit atomistischer oder holistischer Perspektive, kulturvergleichende Deskriptionen) kennzeichnen den Band und bilden damit nach unserer Auffassung den wissenschaftlichen Dialog über die Thematik ab.

Die Originalität der Beiträge zu gewährleisten war für uns ein selbstverständliches Gebot und nicht pragmatische Hinnahme. Gleiches gilt für das Problem der Begrifflichkeiten. Wir haben uns entschieden, der Individualität der Autoren den Vorrang vor einer vereinheitlichten Terminologie zu geben. Diese Individualität und Differenziertheit geht zwar zu Lasten einer klaren und durchgängigen Argumentation, wir sind jedoch der Meinung, dass damit der Stand der Diskussion korrekt gespiegelt wird.

Wir danken allen Autoren der Beiträge für die Zusammenarbeit. Frau Claudia Möller hat den wesentlichen Teil der bei einem solchen Vorhaben entstehenden Probleme durch ihre redaktionelle Bearbeitung und ihre Rolle als Koordinatorin abgefangen und zu einem guten Ende gebracht. Ihre Frustrationstoleranz, ihre korrekte Arbeitshaltung und ihre PC-Fähigkeiten haben uns sehr geholfen. Ein ganz großes Dankeschön dafür. Der Verlag Vahlen und unser Betreuer vom wissenschaftlichen Lektorat, Herr Hermann Schenk, haben sich auf das Risiko dieses Projekts eingelassen und uns mit einer verständnisvollen und dankenswerten Zusammenarbeit geholfen.

Wir hoffen, mit diesem Buch zu der notwendigen Intensivierung der Diskussion über die Thematik Internationales Tourismusmanagement beitragen zu können.

Heilbronn, im April 2002

Wilhelm Pompl
Manfred G. Lieb

Inhaltsübersicht

Vorwort V

Inhaltsübersicht VII

Abbildungsverzeichnis IX

1. Internationalisierung und Globalisierung

1.1 Internationalisierung und Globalisierung: Überblick 1
    (Manfred G. Lieb)

1.2 Internationalisierung im Tourismus 23
    (Wilhelm Pompl)

1.3 Expansionsstrategien von touristischen Dienstleistungsunternehmen 41
    (Walter Freyer)

1.4 Überlegungen zur Internationalisierung touristischer Dienstleistungen 69
    (Klaus Weiermair / Mike Peters)

1.5 Wechselwirkungen zwischen Kultur und Tourismus: Bausteine für
    eine internationale Betrachtung 91
    (Antonio Juárez-Medina)

1.6 Reisen oder/und interkulturelles Lernen 109
    (Dagmar Buck / Matthias Otten)

2. Internationale Strategien von Tourismusunternehmen

2.1 Internationale Expansionsstrategien von deutschen Reiseveranstaltern 127
    (Jörn W. Mundt)

2.2 Internationalisation Strategies of the British Tour Operators 153
    (Michael Morgan)

2.3 Internationales Tourismusmanagement – Der Fall „Reiseveranstaler Schweiz" 167
   (Christian Laesser)

2.4 Internationale Strategien von Luftverkehrsgesellschaften 183
   (Wilhelm Pompl)

2.5 Internationale Expansionsstrategien in der Hotelbranche 209
   (Georg Seitz)

2.6 Expansive Strategien im touristischen Incoming 235
   (Ralf Bochert)

2.7 Internationale Aspekte der kommerziellen Freizeitwirtschaft am Beispiel
   thematisierter Freizeitanlagen 255
   (Hermann-Josef Kiel)

3. Spezielle Managementaspekte internationaler Expansion

3.1 Kultur und Akkulturation in Auslandseinsätzen 277
   (Elias Jammal)

3.2 Kommunikationspolitik 303
   (Tilman Segler)

3.3 Internationale Marktforschung 331
   (Peter Schrott)

3.4 Personalisierung von Reiseinformationen und -angeboten im globalen
   Medium Internet – Ergebnisse eines Forschungsprojektes an der
   Fachhochschule Heilbronn 345
   (Roland Conrady / Markus Schuckert / Claudia Möller)

3.5 Organisation 365
   (Manfred G. Lieb)

3.6 Wertorientiertes Controlling 389
   (Edmund Link)

Register 413

Abbildungsverzeichnis

Abb. 1.1.1:	Globalisierungskräfte	4
Abb. 1.1.2:	Prozessdynamik	5
Abb. 1.1.3:	Theorien der Entstehung von Außenwirtschaftsbeziehungen	10
Abb. 1.1.4:	Die Bestimmungsfaktoren nationaler Wettbewerbsvorteile	12
Abb. 1.1.5:	Prozess der Investitionsentscheidung	15
Abb. 1.1.6:	Branchen-Globalisierungs-Matrix	17
Abb. 1.1.7:	Internationalisierungsstrategien	18
Abb. 1.2.1:	Entwicklung von Weltwirtschaft, Handel und Tourismus 1980 - 2000	25
Abb. 1.2.2:	Durchschnittliche Wachstumsraten internationaler Touristenankünfte	26
Abb. 1.2.3:	Anteile der weltweiten Tourismuseinnahmen 1975 und 2000	27
Abb. 1.2.4:	Internationale Organisationen im Tourismus	33
Abb. 1.2.5:	Divergierende Interessen in der Tourismuspolitik	35
Abb. 1.3.1:	Formen des Internationalen Tourismus: Inbound- u. Outbound-Tourismus	46
Abb. 1.3.2:	Phasenorientiertes Dienstleistungsmodell im Tourismus	51
Abb. 1.3.3:	Typologisierung internationaler Tourismus-Dienstleistungen hinsichtlich verschiedener Mobilitätsaspekte	53
Abb. 1.3.4:	Interkulturelle Dienstleistungskontakte	57
Abb. 1.3.5:	Leistungsketten im Tourismus	58
Abb. 1.3.6:	Grundstrategien der Internationalisierung	61
Abb. 1.4.1:	Die Touristische Wertekette	71
Abb. 1.4.2:	Modell der Industrial Organization Analyse	75
Abb. 1.4.3:	Evolutionärer vs. Ressourcenorientierter Ansatz im Vergleich	77
Abb. 1.4.4:	Analyserahmen zur Bestimmung der strategischen Relevanz von Ressourcen	79
Abb. 1.4.5:	Selbsteinschätzung der Internationalen Know-how Vorteile der Hotellerie durch die Unternehmer/Geschäftsführer	81
Abb. 1.4.6:	Selbsteinschätzung von externen Internationalisierungsbarrieren der Hotellerie	82
Abb. 1.4.7:	Selbsteinschätzung von unternehmensspezifischen internen Internationalisierungshemmnissen in der österreichischen Hotellerie	82
Abb. 1.4.8:	Häufigkeit der abgerufenen Informationskategorien in Prozent	83
Abb. 1.4.9:	Ausgewählte Länder im ersten (anonymen) Durchgang	84
Abb. 1.4.10:	Begründung der Länderwahl	84
Abb. 1.4.11:	Markteintrittstrategien der Tourismusunternehmer im Falle einer Auslandsinvestition	85
Abb. 1.4.12:	Begründung der Wahl der Markteintrittsstrategie	85

Abb. 1.5.1: Bevorzugte Orte der Kulturbesuche in Europa ... 94
Abb. 1.5.2: „Primäre Ressourcen" einer Region und „Produkte" als Kulturmanifestationen ... 96
Abb. 1.5.3: Manifestationen der Kultur für den Tourismus ... 97
Abb. 1.5.4: Die vier Einstellungen der Tourismusindustrie im Bezug auf Kulturtourismus ... 98
Abb. 1.5.5: Gewichtung einiger Kulturstandards bei Angehörigen von drei unterschiedlichen Kulturen. ... 102
Abb. 1.5.6: Internationale Dimensionen der Wechselwirkungen zwischen Kultur und Tourismus ... 105

Abb. 1.6.1: Modell einer Handlungssequenz und der Einfluss von Kultur ... 114

Abb. 2.1.1: Typische Wertschöpfungsbeiträge des Geschäftsmodells integrierte touristische Wertschöpfung ... 131
Abb. 2.1.2: Nationale und internationale Expansionsmöglichkeiten über horizontale und vertikale Integration / Konzentration aus der Sicht eines Reiseveranstalters ... 132
Abb. 2.1.3: Vor- und Nachteile verschiedener Integrationsmodelle der aus der Sicht eines Veranstalters vorgelagerten Wertschöpfungsstufen ... 134
Abb. 2.1.4: Internationale Hotelbeteiligungen der TUI Beteiligungsgesellschaft ... 136
Abb. 2.1.5: Integrationsgrad von C&N (jetzt Thomas Cook AG) in den Geschäftsjahren 1998/1999 und 1999/2000 und die jeweiligen Strategieziele ... 137
Abb. 2.1.6: Rein betriebswirtschaftlich orientierte Dimensionierung der Wertschöpfungsstufen eines partiell integrierten Reisekonzerns aus Veranstaltersicht ... 138
Abb. 2.1.7: Die Markstellung der „World of TUI" (Preussag) Reiseveranstalter in Europa ... 147

Figure 2.2.1: Thomson's virtuous circle of tour operating ... 155
Figure 2.2.2: The Spanish Hotels' vicious circle ... 156
Figure 2.2.3: Market Shares (summer inclusive tours) of the leading tour operators ... 158
Figure 2.2.4: The UK inclusive holiday industry: market leaders 1998 ... 161
Figure 2.2.5: Passengers Licensed to Top Ten Groups and Companies ... 162

Abb. 2.3.1: Nettoreiseintensität und Reisehäufigkeit bei Reisen mit 4 und mehr Übernachtungen ... 168
Abb. 2.3.2: Pauschalisierungsgrad von Schweizer Reisen ... 169
Abb. 2.3.3: Umsätze der größten Reiseveranstalter mit Sitz in der Schweiz ... 170
Abb. 2.3.4: Reiseorganisation bei Reisen ab 1 Übernachtung (Träger und Marktanteile an Reisen) ... 170
Abb. 2.3.5: Expansionspfad von Hotelplan im Veranstaltergeschäft ... 175
Abb. 2.3.6: Geschäftsmodelle der größten schweizerischen Reiseveranstalter im Vergleich ... 177

Abb. 2.4.1:	Ausgewählte Strategiemodule	187
Abb. 2.4.2:	Geschäftsfelder des Aviation Konzerns Lufthansa	192
Abb. 2.4.3:	Ferienfluggesellschaften deutscher Touristikunternehmen	197
Abb. 2.4.4:	Strategische Erfolgsfaktoren	198
Abb. 2.4.5:	Wertigkeit von Buchungen	202
Abb. 2.5.1:	Hotelkategorien und Größenordnungen	215
Abb. 2.5.2:	The World's Most Valuable Brands League Table 1999 (US $ Million)	218
Abb. 2.5.3:	Die größten europäischen Hotelgesellschaften und Marken	219
Abb. 2.5.4:	Prozentualer Anteil sämtlicher markenbezogener Hotelzimmer in Europa (1999)	220
Abb. 2.5.5:	Strategiemuster von Hotelmarken	221
Abb. 2.5.6:	Netzwerk elektronischer Buchungskanäle	223
Abb. 2.5.7:	Steuerliche Behandlung von Management- und Pachtvertrag	225
Abb. 2.6.1:	Differenzierung des touristischen Angebots im Incoming (mit der Zielsetzung der internationalen Differenzierung)	238
Abb. 2.6.2:	Gründe für staatliches Engagement und touristische Beispiele	242
Abb. 2.6.3:	Der Zusammenhang zwischen dem Incomingtourismus-Angebot und verschiedenen ökonomischen Problemen	243
Abb. 2.6.4:	Angebotsträger im Bereich der Tourismuswirtschaft	244
Abb. 2.7.1:	Besuchsvolumen von Freizeit- und Themenparks in Japan, Europa und den USA im Jahr 1999	257
Abb. 2.7.2:	Marktvolumina des deutschen Freizeitmarktes 1970-1997	258
Abb. 2.7.3:	Freizeitmarkt: Der unterschätzte Riese, Aktuelle Umsatzzahlen	259
Abb. 2.7.4:	Privater Verbrauch und Freizeitmarkt im Vergleich, Indizes 1980 - 1996	259
Abb. 2.7.5:	Freizeitanlagen - ausgewählte Typen und Segmente	260
Abb. 2.7.6:	Ausgewählte Planungen im Freizeitanlagenmarkt	261
Abb. 2.7.7:	Themenpark als Teil der Diversifikationsstrategie internationaler Konzerne, Beispiel Disney	262
Abb. 2.7.8:	Ausgewählte Beispiele für die Internationalisierung	262
Abb. 2.7.9:	Die Top 50 Freizeitparks der Welt	264
Abb. 2.7.10:	Die weltweit größten Freizeitpark-Ketten	265
Abb. 2.7.11:	Ursachen der Internationalisierung von Freizeitunternehmen	267
Abb. 2.7.12:	Potenzielle Marktfeldstrategien für Freizeitanlagen	268
Abb. 2.7.13:	Typologie internationaler Freizeitangebote (ausgewählte Beispiele)	269
Abb. 2.7.14:	Analysefaktoren bei der Konzeption von internationalen Freizeitanlagen	271
Abb. 3.1.1:	Akkulturationsmodell	288
Abb. 3.1.2:	Akkulturationsstrategien	292
Abb. 3.2.1:	Corporate Identity und Imagebildung	316
Abb. 3.2.2:	Formen der unternehmensinternen Kommunikation (Beispiele)	327
Abb. 3.4.1:	Länder mit der stärksten Internet-Nutzung	346
Abb. 3.4.2:	Stärken und Schwächen des Internet	347

Abb. 3.4.3: Online-Buchungsumsätze und Online-Buchungsanteile in den USA 347
Abb. 3.4.4: Marketing-Konzeptionen 348
Abb. 3.4.5: Grundsätze des Massenmarketing und des One-to-One Marketing 349
Abb. 3.4.6: Gewinnmaximale Segmentanzahl bei klassischen Medien und Internet 351
Abb. 3.4.7: Übersicht über die tatsächliche Nutzung von Buchungsmöglichkeiten 355
Abb. 3.4.8: Bereitschaft zur Angabe persönlicher Daten 357
Abb. 3.4.9: Wunsch nach Personalisierung von Websites 358
Abb. 3.4.10: Akzeptanz einer individuellen Ansprache in den anderen
Kommunikationskanälen 359

Abb. 3.5.1: Werttreiber Organisation 366
Abb. 3.5.2: Die Funktion von Organisationsstrukturen 368
Abb. 3.5.3: Die Grunddimensionen der Organisationsstruktur 368
Abb. 3.5.4: Die Ausprägung der organisatorischen Strukturdimensionen 370
Abb. 3.5.5: Die Situation als Einflussfaktor auf Struktur und Verhalten 371
Abb. 3.5.6: Die zwei Formen der Grundorganisation 372
Abb. 3.5.7: Einfache, differenzierte Struktur mit Exportabteilung 374
Abb. 3.5.8: Differenzierte Struktur mit Internationaler Division 375
Abb. 3.5.9: Funktionale Grundstruktur mit integrierter Internationalisierungsaktivität ... 376
Abb. 3.5.10: Divisionale Grundstruktur mit integrierter Internationalisierungsaktivität ... 376
Abb. 3.5.11: Grundstruktur mit Internationalisierungsaktivität als Kriterium 376
Abb. 3.5.12: Matrixorganisation mit Funktionen und Internationalisierungsaktivität 377
Abb. 3.5.13: Mehrdimensionale, hybride Organisationsstruktur 378
Abb. 3.5.14: Netzwerkstruktur 378
Abb. 3.5.15: Organigramm der Preussag/TUI - Grundstruktur 382
Abb. 3.5.16: Aufteilung der touristischen Organisationseinheiten der TUI 383
Abb. 3.5.17: Organisationsstruktur von Thomas Cook 384
Abb. 3.5.18: Organisationsstruktur der belgischen Firma Interbrew 386

Abb. 3.6.1: Begriff des Controlling 393
Abb. 3.6.2 : Koordination im Führungsgesamtsystem 395
Abb. 3.6.3: Bestimmungsfaktoren des Economic Value Added 399
Abb. 3.6.4: Hierarchie wertorientierter Einflussgrößen im Gesamtzusammenhang 401
Abb. 3.6.5: Werttreiberprozess DaimlerChrysler 403
Abb. 3.6.6: Prinzip Balanced Scorecard 406

1. Internationalisierung und Globalisierung

1.1 Internationalisierung und Globalisierung: Überblick

Manfred G. Lieb

1.1.1 Einführung..2

1.1.2 Begriffe und Zusammenhänge..3

1.1.3 Politik als Einflussfaktor 6
    1.1.3.1 Politik der Marktliberalisierung..6
    1.1.3.2 Politische und gesellschaftliche Konfliktfelder 8

1.1.4 Erklärungsansätze internationaler Wirtschaftstätigkeit............................10

1.1.5 Einzelwirtschaftliche Aspekte der Internationalisierung und Globalisierung 15
    1.1.5.1 Entwicklung internationaler Investitionstätigkeit 15
    1.1.5.2 Internationalisierungsneigung und Internationalisierungsstrategien....16
    1.1.5.3 Einzelwirtschaftliche Konsequenzen aus der Internationalisierung........19

1.1.6 Zusammenfassung 21

Literaturverzeichnis...21

Prof. Dr. rer. pol. Manfred G. Lieb, Dipl. Kaufmann, Studium der Betriebswirtschaftslehre in Berlin und Mannheim mit den Schwerpunkten Organisation und Marketing, Promotion über ein organisationstheoretisches Thema, Industriepraxis in einem Unternehmen in der Markenartikelindustrie, seit 1989 Professor für Betriebswirtschaftslehre im Studiengang Tourismusbetriebswirtschaft der Fachhochschule Heilbronn. Lehr- und Forschungsgebiete: Unternehmensführung, Internationales Management.

1.1.1 Einführung

Ein Trend in der Entwicklung der Wirtschaftstätigkeit ist eindeutig: Die grenzüberschreitenden Wirtschaftsaktivitäten haben zugenommen. Damit wird die Internationalisierung oder Globalisierung der Wirtschaft ein Faktum. Wenn man die grenzüberschreitenden Handelsaktivitäten der Bundesrepublik als Indikator für die allgemeine Internationalisierung heranzieht, so lässt sich dieser Wachstumstrend empirisch belegen. Der Außenhandel wächst kontinuierlich und dies wird von der Entwicklung des internationalen Kapitalverkehrs und des Dienstleistungsverkehrs gestützt.

Die Konsequenzen der Internationalisierung von nationalen Volkswirtschaften bleiben nicht auf die Ökonomie beschränkt. Vielmehr ergeben sich durch das Außenhandelswachstum vielfältige Auswirkungen auf die Gesellschaft. Die Internationalisierung stellt einerseits die Politik vor neue Fragen der gesellschaftlichen Verträglichkeit und Wünschbarkeit der Globalisierungsfolgen und bewirkt, dass die politische Agenda durch Themen geprägt wird, die neuartige Diskurse und Konfliktlinien moderner Gesellschaften markieren. Andererseits hat die Internationalisierung auch Folgen für das Handeln der Einzelwirtschaften, denn durch die wachsende grenzüberschreitende Ausdehnung von Waren, Dienstleitungen und Kapital verändern sich die Rahmenbedingungen, innerhalb derer Unternehmen ihre Entscheidungen treffen. Damit sind Fragen der Internationalisierung und Globalisierung nicht nur Fragen der Volkswirtschaft, sondern stellen sowohl die Einzelwirtschaft als auch die Gesamtgesellschaft vor neue Herausforderungen.

Der vorliegende Band hat das Ziel, Entwicklungen im Zusammenhang mit der Globalisierung aus unterschiedlichen Perspektiven und auf unterschiedlichen Ebenen in ihren Auswirkungen auf den Tourismus zu beleuchten. Angesichts der Vielfalt und Breite der Beiträge ist dies ein ehrgeiziges und risikoreiches Unternehmen, das – wie die Einzelbeiträge zeigen – eine Fülle von Aspekten und Fragestellungen hervorbringt. Vor diesem Hintergrund versucht der vorliegende einführende Beitrag die grundlegenden Fragestellungen und Problemdimensionen, die sich mit der Globalisierung der Wirtschaft ergeben, zur Diskussion zu stellen. Damit verbinden die Herausgeber nicht nur das Ziel einer Problemskizze, sondern auch das der Rahmung der vielfältigen Einzelbeiträge, die über Zusammenhänge und Folgen internationaler Wirtschaftsaktivitäten in der Tourismusbranche berichten. Wir gehen davon aus, dass die nationalen Strukturen der Tourismusbranche, das Verhältnis der Zielländer zu den Quellenländern und die Rolle der jeweils nationalen Unternehmen in der Wettbewerbsstruktur der Tourismusindustrie ein Ausdruck der volkswirtschaftlichen und einzelwirtschaftlichen Entwicklung und ihrer gesellschaftlichen Folgen sind. Daher spricht dieser Beitrag nach einer allgemeinen Begriffserläuterung (1.1.2) sowohl die politischen und gesellschaftlichen Dimensionen der Internationalisierung (1.1.3.) als auch volkswirtschaftliche und einzelwirtschaftliche Fragestellungen und Ansätze an. Als Teilbereich der Volkswirtschaftslehre hat sich insbesondere die Außenwirtschaftslehre mit der Entwicklung von theoretischen Konzepten über die Entstehung und Analyse internationaler Wirtschaftsbeziehungen befasst (1.1.4). Diese Ansätze geben wertvolle Hinweise über die ökonomische Struktur und die Strukturveränderungen. Schließlich werden die einzelwirtschaftlichen, d. h. betriebswirtschaftlichen Aspekte und Folgen der Globalisierung diskutiert (1.1.5). Die Betriebswirtschaftslehre hat mit der Entwicklung und Ausdifferenzierung des Gebietes „Internationales Management" auf die veränderten Anforderungen an unternehmerisches Handeln reagiert. Dieser Zweig der Managementlehre befasst sich mit einer Reihe von Fragen, z. B. der Analyse von Entscheidungsprozessen für internationale Investitionen wie auch der Problematik von kulturellen Einflüssen auf das Managementhandeln. Die Auswirkungen auf die betrieblichen Funktionsbereiche haben schließlich vielfältige Weiterentwicklungen in der betriebswirtschaftlichen Funktionenlehre hervorgebracht. Dieser Aspekt soll, zumindest in Ansätzen, im Teil 3 des Buches angesprochen werden.

1.1.2 Begriffe und Zusammenhänge

Internationalisierung und Globalisierung sind Phänomene, die zu einer breiten Diskussion im öffentlichen Raum geführt haben. Die Begrifflichkeiten sind dabei nicht immer eindeutig und klar abgegrenzt. Einzelwirtschaftlich und gesamtwirtschaftlich geht es bei Internationalisierung um die Verflechtung von Unternehmen oder Volkswirtschaften. Eine **zunehmende Verflechtung der Kapital- und Managementleistungen** mit unterschiedlichen Wirtschaftsräumen wird als **Internationalisierung** bezeichnet.

Gesamtwirtschaftlich ist für eine Volkswirtschaft der **Internationalisierungsgrad** dann hoch, wenn **der Anteil der Außenwirtschaftsbeziehung** am gesamten Sozialprodukt hoch ist. Natürlich bestehen zwischen der volkswirtschaftlichen und der einzelwirtschaftlichen Sichtweise enge Verbindungen: Die volkswirtschaftlichen Daten sind **aggregierten Zahlen**. Die Daten der Volkswirtschaft entstehen durch die Aktivitäten der Einzelwirtschaften, damit ist davon auszugehen, dass die internationale Vernetzung der Einzelwirtschaften ebenfalls stark angewachsen ist, d. h. die beteiligten Unternehmen haben ihren **Internationalisierungsgrad erhöht**. Dies hat wiederum zur Folge, dass die Zusammenhänge und Problemlagen des Managements internationaler Unternehmen an Bedeutung gewonnen haben, es ist sowohl die Anzahl der am internationalen Geschäftsverkehr beteiligten Unternehmen gewachsen, als auch die Intensität der einzelnen Aktivitäten.

Einzelwirtschaftlich ist der Internationalisierungsgrad dann hoch, wenn die internationalen Verflechtungen in allen Managementfunktionen hoch sind (Schmidt 1989). So kann z. B. eine Unternehmung mit unterschiedlichen nationalen Absatzmärkten und Produktionsstätten in verschiedenen Ländern als Unternehmung mit hohem Internationalisierungsgrad bezeichnet werden. Dementsprechend hat eine Unternehmung mit einer reinen Exportfunktion einen geringen Internationalisierungsgrad. Eine Antwort auf die Frage, ab welchem Internationalisierungsgrad von einer internationalen Unternehmung gesprochen werden kann, ist schwierig. Je nach Funktionsbereich und je nach Komplexität der erstellten Leistungen ergeben sich unterschiedliche Problemlagen und Einflussfaktoren, so dass eine Festlegung hier eher hinderlich erscheint. Vielmehr ist es in jedem Einzelfall zu prüfen, welcher Internationalisierungsgrad für welchen Funktionsbereich vorliegt.

In den letzten Jahren hat sich in der öffentlichen Diskussion der Begriff der **Globalisierung** etabliert. Globalisierung als Phänomen kann eng oder weit definiert werden. In der engen Definition bezieht sich Globalisierung auf die zunehmende Konvergenz der Märkte, vor allem der Konsumentenbedürfnisse in den Märkten (Kreutzer 1989, S. 39). Die weite Definition sieht Globalisierung als eine neue Phase der Entwicklung von unterschiedlichen Kraftfeldern (vgl. Abb. 1.1.1). Diese Kraftfelder üben eine Druck- und eine Sogwirkung auf den Globalisierungsprozess aus, d. h. es gibt einen sich selbst verstärkenden Effekt. Die Veränderung der Rahmenbedingungen und der Nachfragestrukturen hat einen Sogeffekt für die einzelwirtschaftliche internationale Aktivität, da sich eine Veränderung der Wettbewerbsstrukturen ergibt. Das damit veränderte Angebote und die neuen Wettbewerber erzeugen einen Druck auf Aufnahme oder Verstärkung der internationalen Aktivitäten eines Unternehmens.

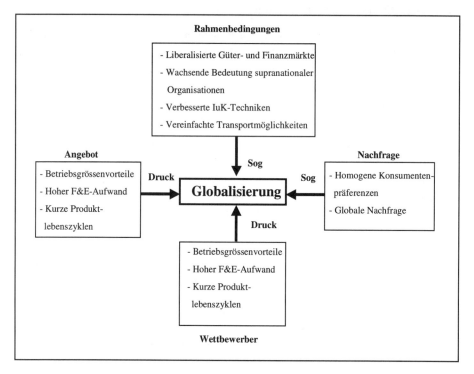

Quelle: Pausenberger 1999, S. 79

Abb. 1.1.1: Globalisierungskräfte

In der Abbildung 1.1.1 werden **mehrere Analyseebenen** angesprochen. Die Rahmenbedingungen ergeben sich einerseits aus technischen und wissenschaftlichen Entwicklungen (verbesserte Informations- und Kommunikationstechniken und verbesserte Transportmöglichkeiten). Andererseits sind hier staatliche, d. h. politische Eingriffe für die Entwicklung der weltwirtschaftlichen Strukturen verantwortlich (Liberalisierung der Märkte und die Entwicklung supranationaler Organisationen). Hierdurch verändern sich die Marktbedingungen auf der Angebots- und auf der Nachfrageseite, was wiederum zu einzelwirtschaftlichen Konsequenzen und Handlungsnotwendigkeiten führt. Nur wer mittel- und langfristig auf die veränderten Marktbedingungen reagiert hat die Chance, im Wettbewerb bestehen zu können. Internationalisierung und Globalisierung sind demnach politische und ökonomische Prozesse. Dabei geht es um die Gestaltung ökonomischer Grundkonstanten wie die **Wettbewerbsstrukturen von Branchen**. Volkswirtschaftlich ergibt sich hieraus ein Internationalisierungs- und Globalisierungspotential eines Landes. Einzelwirtschaftlich ergeben sich Internationalisierungs- und Globalisierungschancen und -risiken von Unternehmen.

Daraus lässt sich ableiten, dass **Internationalisierung und Globalisierung politisch und ökonomisch interdependente Prozesse** sind. Diese Prozesse tendieren dazu, eingeschlagene Entwicklung zu verstärken und führen zu einer veränderten dynamischeren und komplexeren Situation. Die folgende Abbildung 1.1.2 zeigt diesen Zusammenhang:

Abb. 1.1.2: Prozessdynamik

In der Tourismusindustrie hat vor allem die Stabilität des internationalen Zahlungsverkehrs, die Verbesserung der Möglichkeiten für Kapitaltransaktionen und die Sicherung des investierten Auslandskapitals zu einem kontinuierlichen Wachstumsprozess geführt. Ebenso hat die Entwicklung des gemeinsamen, europäischen Marktes für Waren und Dienstleistungen, der Übergang von der Europäischen Wirtschaftsgemeinschaft zur Europäischen Union und die damit verbundenen Rechtsangleichungsprozesse, als Internationalisierungstreiber gewirkt. Die Einführung des Euro zum 1.1.2002 dürfte diesen Prozess zumindest verfestigen. Die internationalen Expansionsstrategien vor allem der deutschen und der englischen Reiseveranstalter waren nur der erste Schritt (vgl. hierzu die Beiträge von Mundt in Kapitel 2.1

und Morgan in Kapitel 2.2 in diesem Band). Aufgrund der starken Quellmärkte in Deutschland und England hat sich in beiden Ländern eine starke lokale Reiseveranstalterstruktur herausgebildet. Für diese Unternehmen war es ein logischer Schritt, die eigene Wettbewerbsposition durch Marktausweitungen in andere Länder zu verbessern. In diesem Rahmen musste, früher oder später, auch eine Arrondierung in die englischen und deutschen Märkte erfolgen. So haben sich englische Veranstalter in Deutschland und deutsche Veranstalter in England durch Zukauf jeweils inländischer touristischer Unternehmen etabliert. Die sich hieraus ergebenden Synergieeffekte und die Größendegressionseffekte haben neue Möglichkeiten für das Auslastungs- und Kostenmanagement der Unternehmen gebracht. Dieser Prozess, der als relativ allgemein angesehen werden kann und für alle Branchen gilt, ist der wesentliche Grund für die Dynamik der internationalisierten Märkte. Greift in einer Branche dieser Zusammenhang, dann entsteht für einen Großteil der Akteure, zumindest für diejenigen, die sich nicht in eine Nische zurückziehen können, ein Internationalisierungs- und Globalisierungsdruck.

1.1.3 Politik als Einflussfaktor

1.1.3.1 Politik der Marktliberalisierung

Politische Entscheidungen und politische Prozesse sind für die Rahmenbedingungen ökonomischen Handelns von zentraler Bedeutung. Die Wachstumsprozesse in den ökonomischen Beziehungen zwischen Volkswirtschaften sind Ausdruck und Ergebnis von **gewollten internationalen Regelungen**. Alle Veränderungen in diesem Bereich hatten dabei in der Zeit nach 1945 eine klare Tendenz: Schaffung von liberalisierten Märkten mit geringen Hemmnissen zwischen den Volkswirtschaften. Konkret wurden in einem langen Prozess und auf vielen Ebenen Handelsbarrieren und Regulierungen von Kapital- und Dienstleistungsverkehr abgebaut. Hierbei sind vier Bereiche ausschlaggebend gewesen, wobei diese Bereiche politisch wiederum interdependent verbunden sind:

- Durchsetzung marktliberaler Ideen und darauf aufbauend Deregulierung von Märkten;
- Bildung von supranationalen Wirtschaftseinheiten;
- Weltweite Regelungen für Außenwirtschaftsbeziehungen;
- Staatliche Handelspolitik.

Eine generelle Deregulierung von Märkten kann in den letzten Jahren beobachtet werden. Regulierte Märkte mit Marktzutrittsbarrieren wie Luftverkehr (vgl. Kapitel 2.4 in diesem Band), Güterverkehr, Telekommunikation, Energie etc., wurden dereguliert. Die Deregulierung hatte in vielen Fällen auch zur Folge, dass der Eintritt neuer Wettbewerber, z. B. ausländischer Unternehmen, möglich wurde. Im Rahmen der Entwicklung der Europäischen Union zu einer wirtschaftlichen und politischen Einheit war die Deregulierung vieler Branchen eine notwendige Folge der Angleichung der Grundstrukturen.

Die Einführung der gemeinsamen Währung Euro in einem Großteil der EU-Staaten hat diesen Prozess nochmals verstärkt und bekräftigt. Die gesamte Entwicklung seit Gründung der Europäischen Wirtschaftsgemeinschaft hat die Außenwirtschaftsbeziehungen der jetzt beteiligten 15 Volkswirtschaften sehr stark intensiviert. Die EU wiederum hat eine Fülle von

Verträgen mit anderen Staaten. Diese Verträge zielen auf eine Verstärkung der ökonomischen Beziehungen durch Abbau von Zöllen und anderen Beschränkungen. Auf der Ebene der weltwirtschaftlichen ökonomischen Beziehungen haben die Verhandlungen in den so genannten GATT-Runden, **G**eneral **A**grement for **T**rade and **T**ariffs, außenwirtschaftliche Impulse gebracht. Die GATT-Runden hatten das Ziel, bindende Vertragsabschlüsse über die Regelung der Außenwirtschaftsbeziehungen zwischen den beteiligten Staaten zustande zu bringen. Die Senkung von Zöllen und der Abbau von Handelsbarrieren standen dabei im Vordergrund. Die Einführung der so genannten **Meistbegünstigungsklausel** hat diesen Prozess wesentlich gefördert. Danach wird die Einführung eines Handelsvorteils für einen Vertragspartner unter bestimmten Umständen auf allen anderen Vertragspartner des GATT-Systems übertragen. Vor allem der sechste GATT-Vertrag, die sogenannte Uruguay-Runde, hat eine erhebliche Reduzierung der Zollsätze für industrielle Fertigwaren gebracht (Yüksel 1996). Im Rahmen dieser Vertragsrunde wurde 1994 die Gründung der World Trade Organization/Organisation Mondiale de Commerce (WTO-OMC) beschlossen.[1] Die WTO-OMC trat am 1.1.1995 in Kraft und bildet den institutionellen Rahmen für das internationale Handelssystem und hat denselben Status wie der Internationale Währungsfond (IWF) und die Weltbank. Gründungsmitglieder der WTO-OMC sind die Vertragsstaaten des GATT.

Im Rahmen der beschriebenen politischen Aktivitäten haben sich staatliche Maßnahmen auch auf eine direkte Förderung einzelner Branchen oder Firmen eingestellt. Als Beispiel staatlichen Handelns kann hier die **strategische Handelspolitik** herangezogen werden (Koch 1997, S. 96f.; Krugmann/Obstfeld 1997, S. 276ff.). Hier handelt es sich um eine aktive und gezielte Förderung bestimmter Branchen oder Unternehmen mit dem Ziel, die Wettbewerbsposition der inländischen Volkswirtschaft gegenüber Branchen oder Unternehmen anderer Volkswirtschaften zu stärken. Der erhoffte Effekt ist eine Verstärkung der Exporte und damit eine Verbesserung der Leistungsbilanz. Ein Beispiel für ein solches Verhalten ist die Förderung der Airbusentwicklung und -produktion durch die beteiligten europäischen Länder (Krugmann/Obstfeld 1997, S. 291 ff.).

Der gesamte politische Entscheidungsprozess und die gesamte Formulierung von neuen Regeln für den Außenwirtschaftsverkehr hatten die eindeutige Tendenz zur Erhöhung der Internationalisierung der Volkswirtschaften und zur Erhöhung der gesamtwirtschaftlichen Verflechtung. Selbst die gelegentlich zu beobachtenden protektionistischen Aktivitäten (z. B. die Kohlepolitik in Deutschland oder die Kulturpolitik in Frankreich) haben dieser Grundlinie der Politik keinen Abbruch getan. Die demokratische Unterstützung für diese Entwicklung ist, bis auf kleinere nationale Eruptionen, im Gesamtprozess eindeutig gewesen. Es bleibt festzuhalten, dass die marktliberalen Vorstellungen und deren Umsetzung in den GATT- und WTO-OMC-Verträgen die Internationalisierung der ökonomischen Beziehungen grundlegend verändert haben.

---

[1] Die World Trade Organization (WTO) ist zu unterscheiden von der World Tourism Organization. Unglücklicherweise haben beide Organisationen dieselbe Abkürzung. Im Kontext der internationalen Organisation ist es üblich, die englische und die französische Abkürzung zu benutzen. Demnach steht die WTO-OMC für World Trade Organization/Organisation Mondiale de Commerce und die WTO-OMT für World Tourism Organization/Organisation Mondiale de Tourisme.

1.1.3.2 Politische und gesellschaftliche Konfliktfelder

Obwohl der Prozess der Internationalisierung keine formalen Legitimationsprobleme kennt, sind internationale Unternehmen in den letzten Jahren durch sogenannte Nicht-Regierungs-Organisationen (Non-Governmental-Organizations; NGO's) in die Kritik geraten. Die Weltwirtschaftsgipfel in Seattle und Genua waren Ereignisse, auf denen auf der höchsten politischen Ebene die Sachzusammenhänge in den Fragen der Liberalisierung der Weltwirtschaft abgeschlossen und entschieden werden sollten. Die massiven Auseinandersetzungen verhinderten weitreichende Entscheidungen und zudem wurde die Berichterstattung über diese beiden Treffen von den Auseinandersetzungen zwischen der Polizei und gewaltbereiten Demonstranten dominiert. Dies weist darauf hin, dass der ökonomische Globalisierungsprozess nicht von allen gesellschaftlichen Gruppen akzeptiert wird. Jürgen Kluge, Chairman von McKinsey Deutschland, hat dies folgendermaßen formuliert: „Surveys show, that one in two Germans believe globalization is detrimental to employment prospects, which is worrying. Results are not much better in the US. The widespread resistance to the supposed danger of globalization has become glaringly apparent since Seattle and Genoa. As Charlene Barschefsky, former US Trade Representative said recently: `The single greatest threat to the multilateral trade system is the absence of public support`" (Kluge 2001, S. 16f). Genau diese fehlende Zustimmung zu den politisch initiierten Prozessen und die Ängste vor den ökonomischen Folgen der Internationalisierung und Globalisierung lassen das Legitimationsdefizit und die damit verbundenen Auseinandersetzungen zum Vorschein kommen. Hier setzt die Auseinandersetzung der politischen Instanzen, der Vertreter von ökonomischen Interessengruppen und der Unternehmen mit entsprechenden NGO's ein.

So fordert z. B. das in Frankreich gegründete ATTAC-Netzwerk (**A**ssociation pour une **T**axation des **T**ransactions Financières pour L`**A**ide aux **C**itoyens; Deutsche Bezeichnung: Internationale Bewegung für eine solidarische Weltwirtschaft und gegen neoliberale Globalisierung) verstärkte regulative Eingriffe in den Wirtschaftsprozess. Vor allem über die Regulierung der Finanzmärkte, z. B. über die Besteuerung der Finanztransaktionen (Tobin-Steuer), soll ein Umlenken der wirtschaftspolitischen Ideen in andere Strukturen zustande kommen. Die Protestbewegung mag in vielfältiger Form moralisch und weniger ökonomisch motiviert sein, ein großer Teil der Forderungen wird möglicherweise die damit verbundenen Ziele verfehlen. Nichtsdestotrotz weist diese Bewegung auf Problemlagen in der ökonomischen und gesellschaftlichen Entwicklung hin. Der amerikanische Politologe Benjamin Barber hat in seinem Buch „Coca Cola und heiliger Krieg" (2001; im englischen Original „Jihad vs. McWorld") die kulturellen und politischen Wirkungen des Globalisierungsprozesses analysiert. Sein Ansatzpunkt ist die „fundamentalistische" Entwicklung der Liberalisierung in den westlichen Ökonomien. Barber beschreibt die Versuche, die Entwicklung amerikanischer Kulturwerte als Weltkulturwerte zu begreifen (2001, S. 70). Daneben zeigt er die Dominanz wirtschaftlicher Aspekte über politische Fragen. Diese radikalen, marktliberalistischen Ansätze vergleicht Barber mit dem islamischen Fundamentalismus (2001, S. 233 ff.). Gerade der Ansatz von Barber (2001) ist unseres Erachtens sehr gut geeignet, die Ursachen für die Auseinandersetzungen sichtbar zu machen. Die ökonomische, kulturelle und politische Totalität des Prozesses der Internationalisierung und Globalisierung und vor allem die Auswirkungen auf Wirtschaftsstruktur und Wirtschaftsstrukturveränderung muss

Legitimationsdefizite und offene Konflikte auslösen. Zwar spielen sich diese Konflikte normalerweise auf der staatlichen Ebene ab, d. h. einzelwirtschaftliches Handeln ist davon nicht unmittelbar bedroht, allerdings wird die Gefahr der Verwicklung in internationale Problemlagen sehr schnell virulent. So haben sich z. B. deutsche Unternehmen, Hersteller und Händler, einer Kampagne gegen Kinderarbeit in der Teppichindustrie zu stellen gehabt. Das Siegel Rugmark für Teppiche aus kontrollierter Produktion ohne Kinderarbeit, ist in der Zwischenzeit im Markt etabliert. Hier werden lokale, regionale oder globale Konflikte und Problemlagen direkt in die einzelwirtschaftliche Verantwortung gestellt.

Die Aktionen der NGO's können zudem direkt auf die Kernkompetenzen der Unternehmen zielen und deren Image beeinträchtigen. Die kanadische Autorin Naomi Klein hat in ihrem Buch „No Logo" (2002) die weltweit agierende Markenartikelindustrie angegriffen. Ihre vielfach beachteten Auftritte sind für die Marketingstrategien der angesprochenen Konzerne, z. B. für die amerikanische Sportausrüstungsfirma Nike, ein großes Problem. In diesem Beispiel ist ein Unternehmen direkt von gesellschaftlichen Konflikten betroffen. Das heißt die internationale Aktivität bringt die Gefahr mit sich, Legitimation in einem politischen Raum suchen zu müssen, ja sogar eine Auseinandersetzung zum Thema Menschenrechte führen zu müssen. Die Auseinandersetzung mit solchen Themen ist für die Unternehmen nicht selbstverständlich, sie werden unter der generellen Frage der Ethik der Wirtschaftstätigkeit als gelöst vorausgesetzt. In der Regel wird positivistisch mit der Einhaltung der gesetzlichen Bestimmungen argumentiert. In einem internationalen Kontext ist dies jedoch nicht selbstverständlich, vielmehr müssen Lösungsansätze entwickelt werden, z. B. selbst für die Frage, welche gesetzlichen Bestimmungen als relevant erachtet werden. Diese Lösungsansätze als argumentative Auseinandersetzung mit den Legitimationsdefiziten, den unterschiedlichen Interessengruppen, den Betroffenen und der allgemeinen Öffentlichkeit muss in eine **Ethik der internationalen Unternehmenstätigkeit** eingebunden werden (Sen 2002, Donaldson 1992). Damit erweitert die internationale Unternehmenstätigkeit die Anforderungen an das Management um eine Dimension, die normalerweise nicht zum routinierten Managementhandeln gehört.

Die Tourismusindustrie hat sich mit ähnlichen Fragen auseinanderzusetzen, wenn es um die Verhaltensweisen ihrer Kunden in verschiedenen Ländern geht. Sextourismus und vor allem Sex mit Kindern in bestimmten touristischen Destinationen ist nur eine der Problemlagen. Die NGO ECPAT (End Child Prostitution, Pornography, and Trafficking; in Deutschland Arbeitsgemeinschaft gegen kommerzielle sexuelle Ausbeutung von Kindern), eine Vereinigung aus 26 Organisationen und Verbänden, hat z. B. mit der deutschen Tourismusindustrie einen Code of Conduct (einen Verhaltenscode) entwickelt. Zwar ist das Problem für die Tourismusindustrie nicht neu, ebenso kann hier keine generelle Auswirkung aus der Entwicklung der globalen Integration behauptet werden, allerdings zeigt dieses Beispiel, welche Folgen entsprechende Problemlagen für einzelwirtschaftliche Unternehmen haben können.

Im Folgenden sollen die volkswirtschaftliche und die einzelwirtschaftliche Ebene betrachtet werden. Dabei wird das Hauptaugenmerk auf die Theoriedesiderate für das Entstehen von internationalen Wirtschaftsbeziehungen gelegt. Diese Ansätze können eine Fülle von Hinweisen für die Grundstrukturen des Außenwirtschaftsverkehrs geben.

1.1.4 Erklärungsansätze internationaler Wirtschaftstätigkeit

Die Volkswirtschaftslehre mit ihrer speziellen Ausformung der Außenhandelstheorie hat sich seit langem mit den Fragen nach der theoretischen Begründung für das Entstehen von außenwirtschaftlichen Beziehungen befasst (Rose/Sauernheimer 1999, Perlitz 2000). Dementsprechend gibt es eine Fülle von Theorien oder Theoriedesiderate, die in Abb. 1.1.3 zusammengefasst wurden.

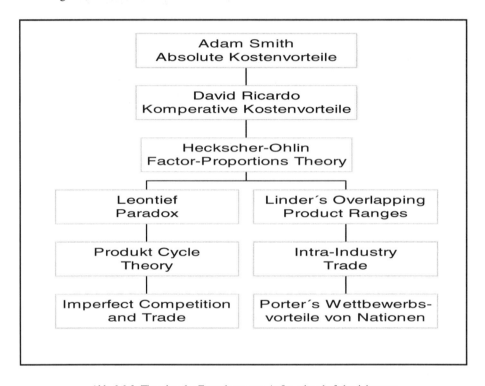

Abb. 1.1.3: Theorien der Entstehung von Außenwirtschaftsbeziehungen

Adam Smith machte **absolute Kostenvorteile**, entstanden durch Produktivitätsunterschiede in den Volkswirtschaften, für das Entstehen von Außenwirtschaftsverkehr verantwortlich. Dieser einfachen Sicht der Entstehung von Wirtschaftsbeziehungen wurde von Ricardo widersprochen, der an einem theoretischen Modell zeigen konnte, dass eine Außenwirtschaftsbeziehung entsteht, auch wenn keine absoluten Kostenvorteile existieren. Die unterschiedlichen Kostendifferenzen, die **komparativen Kostenvorteile**, sind nach Ricardo für das Entstehen von Außenwirtschaftsbeziehungen verantwortlich (Welge/Holtbrügge 2001, S. 59f.). Der theoretische Nachweis, dass auch generelle Kostennachteile zu Außenwirtschaftsverkehr und zu Wohlfahrtsgewinnen für die beteiligten Volkswirtschaften führen, hat das Denken über Außenwirtschaftsbeziehungen entscheidend verändert. Damit wurde klargestellt, dass auch bei Kostennachteilen ein gegenseitiger Wirtschaftsstrom einsetzt, diese Vorstellung ist bei den absoluten Kostenvorteilen nicht enthalten.

Die Factor-Proportions Theory von Heckscher und Ohlin arbeitet mit einer Unterteilung in die Produktionsfaktoren Arbeit und Kapital. Unterstellt wird, dass die jeweiligen Produktionsfaktoren in den einzelnen Volkswirtschaften **unterschiedlich knapp** sind. Dadurch entstehen unterschiedliche Preisstrukturen, die wiederum zu Spezialisierungen führen. Länder mit einem großen Kapitalstock und teurer Arbeitskraft werden sich auf die Produktion kapitalintensiver Güter spezialisieren, Länder mit einem geringeren Kapitalstock und billiger Arbeitskraft auf die Produktion arbeitsintensiver Güter. Die Spezialisierung wiederum macht Austauschverhältnisse notwendig (Perlitz 2000, S. 80). Die Theorieentwicklung spaltete sich ab diesem Punkt. Ein Teil der Theorie versuchte die Angebotsverhältnisse, also die Produktionsbedingungen, zum Ausgangspunkt zu nehmen, ein anderer Teil konzentrierte seine Aussagen auf die Nachfrageverhältnisse, also die Konsumbedingungen.

Leontief stellte 1956 fest, dass die Annahmen der Factor-Proportions Theory empirisch nicht haltbar sind. Er differenzierte daraufhin den Faktor Arbeit um den Qualifizierungsaspekt. Danach bestimmt auch die Ausstattung mit **Qualifikationen**, das sog. Humankapital, die Unterschiede in Volkswirtschaften und die Entstehung von Außenhandel (Welge/Holtbrügge 2001, S. 61f.).

Die Produktlebenszyklustheorie von Vernon setzt an Innovationen in Produkten und Verfahren an. Danach können hochentwickelte Industriestaaten wegen einer Ausstattung mit Kapital und Qualifikationen Innovationen entwickeln. Im Laufe des Produktlebenszyklus erreicht das Produkt einen Reifegrad, der es erlaubt, Produktionsprozesse in weniger entwickelte Staaten zu verlagern. Da zudem der Wettbewerbsdruck wegen Nachahmung und Produktähnlichkeiten im Laufe des Produktlebenszyklus wächst, entsteht ein Kostendruck, dem durch diese Produktionsverlagerungen begegnet wird. Schließlich sind das Produkt oder das Verfahren so hoch standardisiert, dass eine Verlagerung aller Wertschöpfungsstufen möglich und wegen des Wettbewerbsdruckes auch nötig ist. Diese Theorie erklärt das Exportverhalten von Unternehmen (Perlitz 2000, S. 90).

Die Theorie der unvollkommenen Konkurrenz bezieht Staatseingriffe und Import-/Exportsubventionen in ihre Überlegungen ein. Danach bestimmen nicht nur die Faktorverhältnisse, sondern auch die Verzerrungen der Faktorverhältnisse die Entstehung und Entwicklung des Außenwirtschaftsverkehrs (Krugmann/Obstfeld 1997).

Lindner bezieht nicht Produktionsbedingungen sondern **Konsumgewohnheiten** in seine Überlegungen ein. Dabei geht er von einer Ausdifferenzierung der Konsumgewohnheiten bei steigendem Pro-Kopf-Einkommen aus. Unternehmen werden neue Produkte zuerst im Inland auf den Markt bringen. Hier kennen sie die Konsumpräferenzen, sind in die Distributionsstrukturen integriert und können die Konsumentenänderungen schnell erfassen. Wenn der Inlandsmarkt für ein weiteres Wachstum des Unternehmens zu klein ist, dann wird der Aktionsradius vergrößert, das Unternehmen wird versuchen, mit seinen Produkten ausländische Märkte zu erschließen (Perlitz 2000, S. 97ff.).

Beim Intra-Industry-Trade wird davon ausgegangen, dass die einzelnen Volkswirtschaften unterschiedliche Spezialisierungen entwickeln und dadurch spezielle Exportindustrien ausbauen. Diese Industriezweige wiederum können durch Innovationskraft und Größenvorteile

bessere marktbezogene Angebote machen. Diese marktbezogenen Angebote werden von verwandten Branchen nachgefragt. So entstehen industrielle Verflechtungen über nationalstaatliche Grenzen hinweg, die sich im Laufe der Entwicklung verstärken und verfestigen.

Der amerikanische Industrieökonom Michael Porter (1991) hat in einer umfangreichen empirischen Untersuchung die Tatsache geprüft, dass sich **Cluster von wettbewerbsfähigen Unternehmen der gleichen Branche in bestimmten Ländern** ausmachen lassen. Danach ist zu vermuten, dass Unternehmen dieser Branchen in einem Land besonders günstige Bedingungen vorfinden. Diese Bedingungen führen zu Wettbewerbsvorteilen gegenüber Unternehmen in anderen Ländern. Porter hat die Ergebnisse seiner Studien in einem sich wechselseitig verstärkenden System von Einflussfaktoren festgemacht, das er als "Diamant" bezeichnet (vgl. Abbildung 1.1.4).

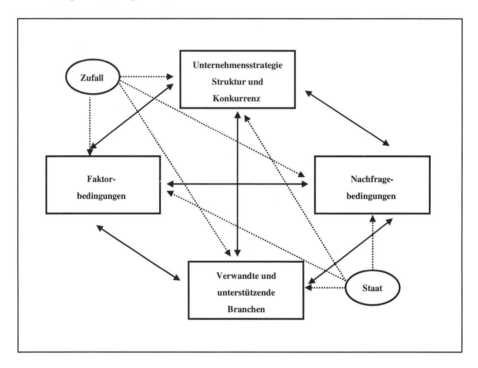

Quelle: Porter 1991, S. 151

Abb. 1.1.4: Die Bestimmungsfaktoren nationaler Wettbewerbsvorteile

Die Faktorbedingungen stellen die Position des Landes bei wichtigen Produktionsfaktoren dar. Die Nachfragebedingungen beziehen sich auf die Art und auf die Höhe der Inlandsnachfrage. Hieraus wird ein Innovationsdruck erzeugt, der für die Entwicklungsbedingungen einer Branche vorteilhaft ist. Die verwandten und unterstützenden Branchen beziehen sich auf die Stellung der Zulieferindustrien. Starke Zulieferindustrien machen den Zugang zu neuen Entwicklungen kostengünstig möglich, es entsteht ein gegenseitiger Innovationsprozess. Der

Aspekt der Unternehmensstrategie nimmt auf die kulturspezifischen Führungsstile und Organisationsmodelle Bezug. Zudem sind hier die inländischen Wettbewerbsbedingungen für das strategische Verhalten der Organisationen bestimmend. Starker Wettbewerb führt zu einem erhöhten Internationalisierungsdruck.

Als weitere Bestimmungsfaktoren nennt Porter (1991) das staatliche Verhalten sowie den Zufall. Der Zufall bezieht sich auf Ereignisse, die außerhalb des Einflussbereiches von Unternehmen liegen. Diese Ereignisse können Brüche in der Entwicklung bewirken. Der Staat kann die einzelnen Bestimmungsfaktoren des Diamanten positiv oder negativ beeinflussen. Eine positive Beeinflussung bezieht sich vor allem auf Aktivitäten zur Verbesserung der Strukturanpassung und der damit zusammenhängenden optimalen Verwendung von Produktionsfaktoren. Als Beispiel staatlichen Handelns kann die erwähnte **strategische Handelspolitik** herangezogen werden (Koch 1997, S. 96f.; Krugmann/Obstfeld 1997, S. 276ff.). Politische Aktivitäten verändern die Konstellationen im Diamant von Porter. Damit wird es mit diesem Modell möglich, sowohl wirtschaftspolitische Aktivitäten in ihren Auswirkungen zu prognostizieren, als auch Veränderungen der Wettbewerbspositionen auf ihre Ursachen zu untersuchen.

Diese evolutionäre Theorieentwicklung hat zur Folge, dass einerseits das Wissen über die außenwirtschaftlichen Zusammenhänge angestiegen ist, aber andererseits die Ausdifferenzierung der Erklärungsansätze zu neuen Fragestellungen geführt hat (Oesterle 1999). Wir wollen im Folgenden versuchen, die Theorieansätze auf das Phänomen Tourismus zu übertragen. Im Zusammenhang einer tourismusspezifischen Betrachtung lassen sich faktorbezogene Erklärungsansätze ebenso heranziehen wie die nachfragebezogenen Ansätze. Die vielfältigen Reisemotive haben den Tourismus als Beziehung zwischen Volkswirtschaften bereits vor langen Jahren in einen internationalen Kontext gestellt. Spezifische Reisemotive, z. B. Erleben von Meer in einer schönen, wetterstabilen Umgebung, haben wiederum typische Reisezielländer herausgebildet. Diese Reisezielländer wiederum stehen in engem Kontakt zu den Reisequellländern. Hier sind vor allem das **Fehlen der oben genannten Gesamtbedingungen zur Erfüllung der mit den Reisemotiven verbundenen Bedürfnisse** zu betonen. Die Verbindung mit entsprechender **Kaufkraft der inländischen Wohnbevölkerung** ist die Grundlage für das Entstehen von Tourismus als Outgoingprozess. Diese Aspekte, verknüpft mit **kulturspezifischen Besonderheiten**, haben die heute vorfindbaren Reiseströme ausgelöst. Womit nochmals auf die Ressourcenfrage hingewiesen wird. Ohne diesen Punkt hier weiter auszuführen soll am Beispiel des Diamant von Porter auf die Zusammenhänge hingewiesen werden. Dieser Ansatz erscheint uns deshalb fruchtbar, weil er Elemente der volkswirtschaftlichen Erklärungsansätze aufnimmt und gleichzeitig eine breite Sichtweise erlaubt.

Die Faktorbedingungen für Tourismus in der Bundesrepublik Deutschland sind sicherlich die hohe Kaufkraft der inländischen Wohnbevölkerung und der Außenwert der Währung. Dieser Außenwert, der wiederum durch die speziellen Verhältnisse der Zahlungsbilanz, vor allem durch den hohen Handelsbilanzüberschuss, zustande gekommen ist, hat Deutschland als typisches Quellland für den Tourismus etabliert. Hingegen haben Länder wie z. B. Spanien und Italien mit ihren natürlichen Gegebenheiten optimale Faktorbedingungen zur Entwicklung touristischer Infrastruktur als Zielland. Bei beiden Ländern tritt hinzu, dass die inländische Kaufkraft am Beginn des Prozesses der Entwicklung der touristischen Infrastruktur nicht sehr hoch war.

Die Faktorbedingungen hängen selbstverständlich sehr eng mit der Entwicklung der Nachfragebedingungen zusammen, d. h. die touristische Nachfrage hat eine konkrete Ausprägung und Form erreicht. Für Deutschland bedeutet dies, dass für einen Großteil der Bevölkerung Auslandsreisen ein Teil des **selbstverständlichen Konsums** sind und eine hohe Reiseerfahrung vorliegt. Aufgrund dieser Nachfragebedingungen bei den Reiseaktivitäten hat sich die Tourismusindustrie in Deutschland entwickelt, so dass ausdifferenzierte Reiseprodukte entstanden sind und angeboten werden. Für inländische Veranstalter war damit die Voraussetzung zur Entwicklung von Wettbewerbsvorteilen gegeben.

Diese Grundkonstellation hat den Inlandsmarkt der Reiseveranstalter geprägt. In Deutschland wird dieser Markt durch einige wenige große und hoch professionell agierende Unternehmen geprägt. Daneben gibt es eine Vielzahl von kleinen und mittelständischen Anbietern mit unterschiedlichen regionalen und produktbezogenen Wettbewerbsvorteilen. Die Struktur und die Konkurrenzverhältnisse haben, in Verbindung mit der Nachfragesituation, dafür gesorgt, dass in der in den letzten Jahren eingetretenen Internationalisierung des Reiseveranstaltermarktes in Europa die großen deutschen Anbieter eine dominante Stellung einnehmen (vgl. hierzu die Beiträge von Freyer in Kapitel 1.3 und Mundt in Kapitel 2.1 in diesem Band). Die verwandten und unterstützenden Branchen haben sich entsprechend entwickelt, vor allem die Fluggesellschaften.

Die Rolle des Staates beschränkte sich im Wesentlichen darauf, die Strukturbedingungen rechtlicher und ökonomischer Art für eine hohe Mobilität der Inlandsbevölkerung in den Quellländern zu sichern. Der Verzicht auf Devisenkontrollen oder bürokratische Regeln in diesem Bereich ist hier ebenso zu nennen wie z. B. der Abbau von Visumpflicht gegenüber sehr vielen Ländern. Zielländer können durch strategische Handelspolitik die Bedingungen für die Ansiedlung touristischer Infrastruktur verbessern und durch Investitionsanreize Kapital für entsprechende Vorhaben anziehen. Vor allem in Ländern mit einer nicht sehr hoch entwickelten Ökonomie, z. B. die Dominikanische Republik oder Kenia, kann die Entwicklung von Bildungsangeboten, die spezifisch auf den Tourismus abgestimmt sind, die Angebotsvielfalt erhöhen und die Qualität des Angebotes verbessern. Staatliches Handeln kann damit als vielfältiger Multiplikatoreffekt für die Verbesserung der touristischen Infrastruktur wirksam werden.

Betrachtet man den Tourismus unter dem Aspekt der Erklärungsansätze für internationale Wirtschaftstätigkeit, dann wird sehr schnell klar, dass die einzelnen Erklärungsansätze durchaus für die Analyse und Erklärung der IST-Situation herangezogen werden können. Die Verteilung der Reiseströme (vgl. hierzu den Beitrag von Pompl in Kapitel 1.2 in diesem Band) und die spezielle Branchenstruktur in der Tourismusbranche findet hier Erklärungsfaktoren. Es stellt sich jedoch zusätzlich auf der einzelwirtschaftlichen Ebene die Frage, welche Aspekte für die zunehmende Internationalisierung der Tourismusindustrie ausschlaggebend waren. Hierauf soll im Folgenden eingegangen werden.

1.1.5 Einzelwirtschaftliche Aspekte der Internationalisierung und Globalisierung

Die Betriebswirtschaftslehre, als Lehre von den Einzelwirtschaften, verfügt über kein so ausdifferenziertes Theoriegebäude wie die Volkswirtschaftslehre. Allerdings gibt es auch hier Ansätze, die den Entwicklungsprozess der Internationalisierung evolutionär beschreiben. Vor allem die Markteintrittsstrategien sind hier zu nennen (Perlitz 2000). Auch in diesem Bereich gibt es mit der Entwicklung der internationalen Investitionstätigkeit ein Stufenmodell.

1.1.5.1 Entwicklung internationaler Investitionstätigkeit

Die Entwicklung der einzelwirtschaftlichen internationalen Aktivität wird im Rahmen der Entscheidungsprozesse von Unternehmen als evolutionäres Stufenmodell dargestellt (vgl. Abb. 1.1.5). Für diese Betrachtung gibt es einerseits eine Menge an empirischen Befunden (Perlitz 2000, Welge/Holtbrügge 2001), andererseits stellt dieses Modell selbstverständlich eine eher idealtypische Verlaufsform dar, d. h. es sind auch andere Entwicklungen denkbar. Der Vorteil des Modells liegt in der logischen Abfolge der einzelnen Stufen, die den Veränderungsprozess der Unternehmung im Rahmen der Internationalisierung deutlich macht.

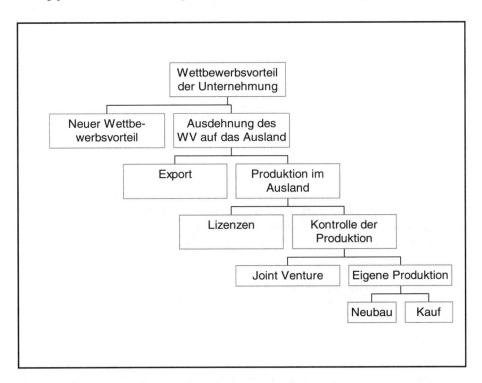

Abb. 1.1.5: Prozess der Investitionsentscheidung

In Anlehnung an die Produktlebenszyklustheorie von Vernon und den Erklärungsansatz von Linder (vgl. Punkt 1.1.3) steht hier die Ausdehnung eines im Inland durchgesetzten Wettbewerbsvorteils am Ausgangspunkt. Der Beginn der Aktivität ist der Export der Leistung ins Ausland. Bei erfolgreicher Ausdehnung des Wettbewerbsvorteils und einer Etablierung im Auslandsmarkt folgt die Vergabe von Lizenzen für Auslandsproduktion, dann die eigene Kontrolle der Produktion im Ausland. Am Ende des Prozesses steht eine Unternehmung mit einem **hohen Internationalisierungsgrad und einer starken Managementverflechtung** zwischen Ursprungsland und Ländern in denen die Unternehmung aktiv ist.

In der betriebswirtschaftlichen Literatur wird der Endzustand des Prozesses unter dem Stichwort „Multinationale Unternehmung" behandelt. Auch hier gibt es eine große Anzahl von Theoriedesideraten, auf die an dieser Stelle nicht eingegangen werden soll (Welge/Holtbrügge 2001). Zwei Aspekte, die in diesem Zusammenhang diskutiert werden, erscheinen aber relevant. Zum einen die grundsätzliche **Internationalisierungsneigung einer Branche** und zum anderen die **Internationalisierungsstrategien der Anbieter** in der Branche.

1.1.5.2 Internationalisierungsneigung und Internationalisierungsstrategien

Die Internationalisierungsneigung einer Branche geht i. d. R. von dem betriebswirtschaftlichen Grundphänomen der Kostendegression aus. Ebenso wie beim Prozess der Investitionsentscheidung wird unterstellt, dass Absatzchancen für ein Produkt oder eine Dienstleistung (für einen unternehmerischen Wettbewerbsvorteil) im internationalen Markt, d. h. auf mehreren nationalen Märkten, gegeben sind. Diese Absatzmöglichkeiten bieten Wachstumschancen und, über die Steigerung der Produktion oder die Verlagerung von Produktionsteilen, Möglichkeiten, die Kostenstrukturen zu verbessern. Grundvoraussetzung ist die **Marktintegration**, d. h. die Standardisierungsmöglichkeit für die Produkte oder für den Wettbewerbsvorteil der Unternehmung. Genau dieser Aspekt ist der **Globalisierungs- oder Internationalisierungsvorteil**. Anpassungsnotwendigkeiten von Produkt- oder Wettbewerbsvorteilen an die lokalen Gegebenheiten sind **Lokalisierungserfordernisse**, hier wird bei internationaler Aktivität eine Differenzierung des Angebotes notwendig. Je nach Ausprägung dieser beiden Kategorien entstehen in verschiedenen Branchen unterschiedliche Internationalisierungs- oder Lokalisierungsvorteile, die wiederum zu einer speziellen Ausprägung der Wettbewerbsbedingungen führen. Die Abb. 1.1.6 zeigt Beispiele für diesen Zusammenhang.

So haben Buch- oder Zeitschriftenverlage wegen der Sprache eine hohe Lokalisierungs- und damit Anpassungserfordernis. Ebenso national stark regulierte Branchen wie Versicherungen und Banken oder kulturelle sensitive Produkte wie Nahrungsmittel. Demgegenüber haben Produkte der Unterhaltungselektronik oder Baumaschinen einen hohen Globalisierungsvorteil, hier handelt es sich weder um kulturell sensitive Produkte noch um regulierte Branchen.

Regulative Eingriffe können die Einordnung von Branchen in diese Matrix und damit auch den Internationalisierungsdruck auf die Branche verändern. So hat z. B. die Entwicklung der Europäischen Union zu einer weitreichenden rechtlichen Angleichung in vielen Bereichen geführt. Dementsprechend sind Versicherungen und Banken in der Zwischenzeit auf dem

EU-Markt als stärker internationalisierbar anzusehen. Englisch als Lingua Franca hat dazu geführt, dass z. B. Wissenschaftsverlage eine geringere sprachliche Differenzierungsnotwendigkeit haben.

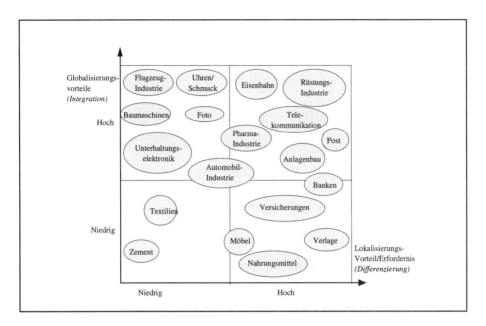

Quelle: Welge/Holtbrügge 1998, S. 84

Abb. 1.1.6: Branchen-Globalisierungs-Matrix

Die Einordnung der Tourismusindustrie in diese Brancheneinteilung fällt insgesamt schwer. Für Reiseveranstalter muss davon ausgegangen werden, dass Teile der Aktivitäten einen hohen Internationalisierungsvorteil haben, während andere Teile hohe Lokalisierungserfordernisse haben. So sind z. B. die lokalen Vertriebsstrukturen für eine Differenzierung der Produktleistung verantwortlich, während die Produkterstellung, der Einkauf und die Produktion von Kommunikationsmitteln integriert erfolgen können. Damit ist bei Reiseveranstaltern ein Teil der Wertekette in einem internationalen Zusammenhang zu sehen, ein anderer Teil wird durch nationale Besonderheiten bestimmt (vgl. hierzu den Beitrag von Freyer in Kapitel 1.3 in diesem Band). Die Ausrichtung des Unternehmens bezieht sich dann auf Funktionen mit hohem Internationalisierungsgrad und auf Funktionen mit hohem Regionalisierungs- oder Lokalisierungsgrad.

Innerhalb der Branchenstrukturen bewegen sich die Unternehmen mit ihren je eigenen Strategien. Ziel ist es, den Wettbewerbsvorteil zu erhalten und auszubauen. Hierzu müssen geeignete Internationalisierungsstrategien entwickelt werden. Diese Strategien können nach zwei Kriterien in einer Matrix dargestellt werden, nach der Koordination und nach der Konfiguration der Aktivitäten. Die **Koordination** reicht von einer **hohen lokalen Autonomie**, hier wird auf eine Koordination fast vollständig verzichtet, bis zu einer engen Verzahnung der einzelnen Unternehmensteile. Bei der **Konfiguration** streuen die geographischen Aktivitäten, oder diese sind an einen oder wenige Standorte konzentriert (vgl. Abb. 1.1.7).

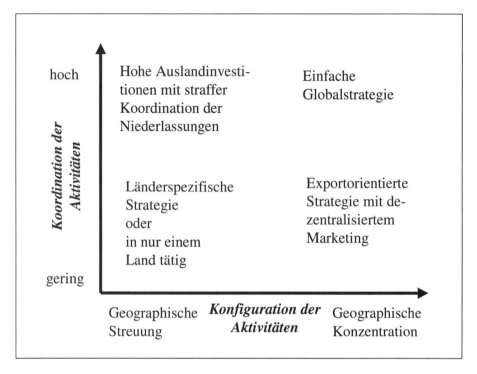

Quelle: Perlitz 2000, S. 155

Abb. 1.1.7: Internationalisierungsstrategien

Auch hier fällt eine allgemeine Einordnung der international aktiven Tourismusunternehmen schwer. Je nach betrachteter Funktion und nach Stellung in der Wertekette ergeben sich unterschiedliche Ausformungen. Bei Reiseveranstaltern ist die Vertriebsstruktur und die Kundenansprache bei gleichzeitiger hoher Koordination der Aktivitäten geographisch gestreut. Aufgrund der Markenpolitik herrscht jedoch im Marketing eine eher dezentralisierte Strategie vor, die Standortpolitik für entscheidungsrelevante Aktivitäten ist eher auf Konzentration ausgerichtet. Dies liegt u. a. auch darin begründet, dass die Internationalisierung der großen Tourismusunternehmen noch in den Anfangsstadien steckt. Im weiteren Verlauf der Internationalisierung von Unternehmen wird zu beobachten sein, ob die Koordination und Konzentration auf dezentrale oder zentrale Strukturen hin entwickelt werden. Diese Entwicklung wird davon beeinflusst, wie sich die Unternehmen mit den speziellen Herausforderungen und der Internationalisierungsstrategie auseinandersetzen. Zu vermuten ist, dass die Problematik der unterschiedlichen Standardisierbarkeit in den Funktionen zu einem Modell der hohen Auslandsinvestitionen mit straffer Koordination der Niederlassungen führen wird.

1.1.5.3 Einzelwirtschaftliche Konsequenzen aus der Internationalisierung

Wie dargestellt haben die strukturellen Entwicklungen den Internationalisierungsgrad in sehr vielen Branchen erhöht. Die Grundbedingungen der Branche prägen wiederum die Schnelligkeit und den Stand der Internationalisierung. Zudem sind landes- und regionsspezifische Aspekte zu beachten, d. h. es gibt eine **Vielzahl von Einflussfaktoren für die konkreten Internationalisierungsbemühungen** oder den konkreten Internationalisierungsstand einer Unternehmung.

Internationalisierungsprozesse sind gleichwohl Prozesse, die sowohl Chancen als auch Risiken bergen. Einerseits kann durch eine forcierte Internationalisierung eine Expansions- und Wachstumsstrategie besser realisiert werden, andererseits sind internationale Unternehmen mit **neuen Herausforderungen** konfrontiert. Neben dem ökonomischen Risiko der nicht erfolgreichen Marktbearbeitung in anderen Ländern ist dies die Konkurrenz durch ausländische Unternehmen und die Notwendigkeit, die betrieblichen Funktionen an die neue Situation anzupassen.

Die Anpassung von Unternehmen an die Internationalisierung kann entweder schrittweise oder abrupt vor sich gehen. Beim Kauf oder der Fusion mit einem ausländischen Unternehmen tritt die Anpassungsnotwendigkeit kurzfristig ein. Vor allem die großen deutschen Reiseveranstalter mit ihrer internationalen Expansionsstrategie sind in den letzten Jahren in diese Situation gekommen. Der Kauf von ausländischen Unternehmen und die Arrondierung der Geschäftsbeziehungen im Gebiet der EU haben den Internationalisierungsgrad erhöht und damit die Anpassungsnotwendigkeit in den Funktionen ausgelöst (vgl. hierzu den Beitrag von Lieb, Kapitel 3.4).

Der amerikanische Managementautor Ghemawat (2002) spricht von **Distanzen die das Auslandsgeschäft** erschweren. Sein Cage-Distanz-Schema (Cage ist die Abkürzung für **C**ultural, **a**dministrative, **g**eographic, and **e**conomic distance) enthält vier Distanzdimensionen:

- Kulturelle Distanz,
- Politisch-administrative Distanz,
- Geografische Distanz und,
- Ökonomische Distanz (2002, S. 84).

Dementsprechend sind für jede Distanzdimension die distanzschaffenden Attribute (2002, S. 84) zu beachten. Zudem betont Ghemawat, dass die einzelnen Branchen unterschiedlich von Distanz betroffen sind, da die Branchenbedingungen auf die einzelne Dimension unterschiedlich reagibel wirken. Zusammengefasst kann davon ausgegangen werden, dass je größer die Distanz ist, umso größer ist die Anpassungsnotwendigkeit für die Unternehmung und je höher die Anpassungsnotwendigkeit, umso geringer werden die Verflechtungen sein. Dies erklärt die hohe Verflechtung innerhalb der EU, da hier die politisch-administrativen, die geografischen und die ökonomischen Distanzen relativ gering sind. Allerdings bleiben die **kulturellen Distanzen**, hier werden auch innerhalb der EU große Unterschiede festzustellen sein. So wird es, alleine wegen der Sprache, zwischen Deutschland und Österreich geringere Distanzen geben als zwischen Deutschland und England.

Die Tourismusindustrie hat sich demnach mit den Akquisitionen der letzten Jahre auf einen Internationalisierungspfad der größeren Distanz begeben. Zudem kann davon ausgegangen werden, dass die Tourismusindustrie eine sehr stark reagible Branche ist, d. h. die Distanzdimensionen beeinflussen das Managementverhalten. Diese Unterschiede zwischen Ländern und Regionen erfordern umfangreiche Anpassungsmaßnahmen (vgl. hierzu die Artikel von Juarez in Kapitel 1.5 und Buck/Otten in Kapitel 1.6 in diesem Band). Diese Anpassungsmaßnahmen müssen sowohl den Marktauftritt (vgl. hierzu die Artikel von Weiermair/Peters in Kapitel 1.4, Segler in Kapitel 3.2 und Schrott in Kapitel 3.3 in diesem Band), als auch die interne Struktur einer Unternehmung umfassen. In der internen Struktur müssen die Funktionen Personal (vgl. hierzu den Artikel von Jammal in Kapitel 3.1 in diesem Band), Organisation (vgl. hierzu den Artikel von Lieb in Kapitel 3.4 in diesem Band) und Rechnungswesen (vgl. hierzu den Artikel von Link in Kapitel 3.6 in diesem Band) angepasst werden.

Am schwierigsten fassbar ist der Einfluss des Faktors Kultur. In der Literatur wird Kultur im Rahmen internationaler Unternehmenstätigkeit eine hohe Bedeutung zugemessen wird (Hofstede 2001, Perlitz 2001, vgl. auch die Beiträge von Jammal in Kapitel 3.1 und Juarez in Kapitel 1.5 in diesem Band). Je kultursensitiver ein Produkt oder eine Dienstleistung ist, desto mehr müssen spezielle Probleme in der internationalen Unternehmenstätigkeit beachtet werden. Das Problem bei dieser Dimension ist bereits die Definition, d. h. die Erfassung des Phänomens Kultur, da Kultur mehrere, voneinander völlig unabhängige Bereiche des menschlichen Lebens umfasst und sich daher offensichtlich einer eindimensionalen Beschreibung entzieht. Letztendlich können fast alle Aspekte gesellschaftlicher Existenz mit Kultur in Zusammenhang gebracht werden. Ethnologen, Kulturanthropologen und Soziologen kennen und verwenden eine große Anzahl von Kulturdefinitionen und -theorien, die von sehr umfassenden bis zu ganz engen Konzeptionen reichen.

Auch in Managementtheorien, insbesondere im Bereich des Marketing, haben sich verschiedene Vertreter mit dem Problem kulturspezifischer Besonderheiten auseinandergesetzt (Hofstede 2001, Usunier 1999). Usunier (1999) weist auf die vielfältigen Quellen von Kultur hin. Danach ist Kultur ein Konstrukt das aus folgenden Bereichen gespeist wird:

- Sprache,
- Nationalität,
- Allgemeine Ausbildung,
- Berufliche Ausbildung,
- Ethnische Zugehörigkeit,
- Religion,
- Familie,
- Geschlecht,
- Soziale Schicht,
- Unternehmenskultur.

Diese vielfältigen Einflussmöglichkeiten zeigen, wie komplex die Frage nach der Kultur ist. Wenn bereits bei der Erfassung dieses Phänomens solche Problemlagen auftreten, dann ist selbstverständlich der Einfluss von Kultur auf das Managementhandeln nur sehr schwierig erfassbar und darstellbar. Der niederländische Managementforscher Geert Hofstede (2001) hat, basierend auf einer umfangreichen empirischen Untersuchung, sowohl den Kulturbegriff definiert, als auch das gesamte Konstrukt Kultur so entfaltet, dass es für managementtheoretische Aussagen fruchtbar ist. Vor allem seine pragmatische Unterteilung in vier Dimension und die empirische gestützte Einteilung von mehr als fünfzig Ländern nach diesem Konzept lassen es zu, dass Managementprobleme und Kulturfragen miteinander verknüpft werden können (vgl. zu einer kritischen Betrachtung von Hofstede den Beitrag von Jammal in Kapitel 3.1 in diesem Band). Zusammenfassend bleibt festzuhalten, dass die Distanzdimensionen von Ghemawat (2002) und hier insbesondere die Kultur, zu beachten sind und die einzelnen betrieblichen Funktionen den Internationalisierungsprozess durch Veränderung und Anpassung begleiten müssen.

1.1.6 Zusammenfassung

Dieser einführende Artikel sollte auf einer allgemeinen Ebene die Komplexität der ökonomischen Internationalisierung aufzeigen. Dabei galt es zwei Ebenen auseinander zu halten und gleichzeitig zu verbinden. Die gesamtwirtschaftliche Betrachtungsweise ist einerseits ein Resultat der Summe aller einzelwirtschaftlichen Aktivitäten, andererseits verändern gesamtwirtschaftliche Regeln das einzelwirtschaftliche Handeln. Dies hat wiederum zur Folge, dass der interdependente Zusammenhang von einzelwirtschaftlichem und gesamtwirtschaftlichem Handeln die Dynamik der Entwicklung der internationalen Unternehmenstätigkeit und der ökonomischen Verflechtung der Länder befördert. Anstöße sind häufig die politischen Entscheidungen im Rahmen einer Liberalisierung der Außenwirtschaftsbeziehungen gewesen.

Vor diesem Hintergrund haben wir in den letzten Jahren einen rasanten Aufschwung der internationalen Aktivität auch von touristischen Unternehmen beobachten können. Interessant wird es sein, wie sich die Einflüsse dieser Entwicklung auf das Managementhandeln gestalten, also wie z. B. Controlling, Produkt- und Kommunikationspolitik oder Organisationsstrukturen verändert und angepasst werden müssen. Gerade der Einflussfaktor Kultur auf die Branchenentwicklung und auf die Entwicklung von Managementmodellen touristischer Unternehmen ist hier sehr schwer einzuschätzen; die folgenden Kapitel versuchen diesem Phänomen auf die Spur zu kommen.

Literaturverzeichnis

Barber, B. 2001: Coca Cola und Heiliger Krieg, München
Braun, G. 1988: Die Theorie der Direktinvestition, Köln
Donaldson, T. 1992: The Ethics of International Business, Oxford

Ghemawat, P. 2002: Globale Expansion – kein leichter Weg, in: *Harvard Business Manager*, Heft 2/2002, S. 82-94

Hofstede, G. 2001: Lokales Denken, globales Handeln – Interkulturelle Zusammenarbeit und globales Management, 2. A., München

Klein, N. 2002: No Logo, München

Kluge, J. 2001: The European Decade, Vortrag beim European Automotive and Assembly Meeting 30.11.2001

Koch, E. 1997: Internationale Wirtschaftsbeziehungen, Band 1: Internationaler Handel, München

Kreutzer, R. 1989: Global Marketing – Konzeption eines länderübergreifenden Marketing, Wiesbaden

Krugmann, P.R./Obstfeld, M. 1997: International Economics: Theory and Policy, 4. Edition, Boston MA

Küpers, H. 2000: Das Glokale Management, Frankfurt

Lieb, M. 1986: Organisationsstruktur und Bildungssystem, Frankfurt

Meffert, H. 2000: Marketing, 9. A., Wiesbaden

Oesterle, M. 1999: Fiktionen der Internationalisierungsforschung – Stand und Perspektiven einer realitätsorientierten Theoriebildung, in: *Engelhard, J./Oechsler, W. A. (Hrsg.)* Internationales Management, Stuttgart, S. 219-245

Pausenberger, E. 1999: Globalisierung der Wirtschaft und die Machteinbussen des Nationalstaates, in: *Engelhard, J./Oechsler, W. A. (Hrsg.)* Internationales Management, Stuttgart, S. 75-91

Perlitz, M. 2000: Internationales Management, 4. bearbeitete A., Stuttgart

Porter, M. 1991: Nationale Wettbewerbsvorteile, München

Porter, M. 2000: Wettbewerbsvorteile, 6. A., Frankfurt

Rose, K./Sauernheimer K. 1999: Theorie der Außenwirtschaft, 13. überarb. A., München

Schmidt, R. (1989): Internationalisierungsgrad, in: *Macharzina, K./Welge, M. K. (Hrsg.):* Handwörterbuch Export und Internationale Unternehmung, Stuttgart, Spalte 964-973

Sen, A. 2002: Ökonomie für den Menschen, München

Usunier, J. C. 1999: Marketing Across Culture, 3. ed., New York N.Y.

Yüksel, A. S. 1996: GATT/WTO-Welthandelssystem unter besonderer Berücksichtigung der Außenwirtschaftsbeziehungen der Europäischen Union, Frankfurt

Welge, M. K./Holtbrügge D. 2001: Internationales Management, 2. A., Landsberg/Lech

1.2 Internationalisierung im Tourismus

Wilhelm Pompl

1.2.1 Umfang und Bedeutung 24

1.2.2 Ursachen des internationalen Tourismus 26

1.2.3 Internationalisierung der Reiseströme 27

1.2.4 Internationaler Tourismus und nachhaltige Entwicklung 29
    1.2.4.1 Wirtschaftliches Entwicklungspotential 29
    1.2.4.2 Umweltverträglichkeit 30
    1.2.4.3 Sozialverträglichkeit 30

1.2.5 Internationale Tourismuspolitik 32

1.2.6 Internationale Unternehmen – hybride Produkte 36

Literaturverzeichnis 37

Prof. Dr. rer. pol. Wilhelm Pompl, Professor für Touristikbetriebswirtschaft an der Fachhochschule Heilbronn. Studium der Soziologie und Wirtschaftswissenschaften in München, Berlin und Wien (Dipl. Soz. 1970); Promotion mit einer empirischen Studie über Ferntourismus in Entwicklungsländer. Zehn Jahre berufliche Tätigkeit bei Touristikunternehmen im In- und Ausland (Paneuropa, TUI, BJR). Seit 1979 Professor im Fachbereich Tourismusbetriebswirtschaft an der Fachhochschule Heilbronn. Forschungsschwerpunkte: Touristikmanagement, Luftverkehrspolitik.

1.2.1 Umfang und Bedeutung

Die Analyse des internationalen Tourismus, der gleichzeitig als Globalisierungstreiber wie als Ergebnis der Globalisierung gilt, bedarf zunächst der Definition ihres Subjekts. Nach United Nations/World Tourism Organization (Organisation Mondiale du Tourisme; United Nations WTO-OMT 1994, S. 8) ist der **internationale Tourist** ein „overnight visitor, (...) any person travelling to a country other than that in which s/he has his/her usual residence but outside his/her usual environment for a period not exceeding 12 month and whose main purpose of visit is other than the exercise of an activity renumerated from within the country visited". Diese Abgrenzung bezieht neben den Privatreisen als Freizeitreisen (Urlaub, Kurzreisen Shopping, Kultur, Eventreisen), Verwandtenbesuchen und Gesundheitstourismus (von der krankenkassenfinanzierten Kur bis zu Wellness- und Beauty-Aufenthalten) auch Geschäftsreisen in den internationalen Tourismus ein.

Die **Entwicklung** des grenzüberschreitenden Reiseaufkommens lässt sich wie folgt darstellen (vgl. Abb. 1.2.1):

- Der Welthandel stieg von US$ 1.998 Mrd. im Jahr 1980 auf US$ 6.300 Mrd. im Jahr 2000 und damit stärker als die Weltwirtschaft (Bruttoinlandsprodukt aller Staaten im gleichen Zeitraum von ca. US$ 18.410 Mrd. auf ca. US$ 31.337 Mrd.).
- Die weltweiten Ankünfte internationaler Touristen stiegen weniger stark als der Welthandel: von 286 Mio. Ankünften im Jahr 1980 auf 699 Mio. im Jahr 2000.
- Die weltweiten Ausgaben der internationalen Touristen stiegen auf Grund der steigenden Reiseentfernungen und des gewachsenen Komforts stärker als die Ankünfte: von US$ 105 Mrd. im Jahr 1980 auf US$ 476 Mrd. im Jahr 2000.

Die **Steigerungsraten** des Welttourismus sind allerdings rückläufig (vgl. Abb. 1.2.2). Temporäre Wachstumseinbrüche der Weltwirtschaft (z. B. Ölkrisen 1973 und 1981, Asienkrise 1998) oder kriegerische Ereignisse (z. B. Golfkrieg 1991, politische Unruhen in der Türkei oder Ägypten Ende der neunziger Jahre) führten bisher meist nur zu einer Verlangsamung der Tourismusexpansion. 2001 kam es als Folge einer sich abschwächenden Weltkonjunktur, der terroristischen Anschläge in den USA und des Krieges in Afghanistan ab dem 11. September zu drastischen Nachfrageeinbrüchen und dadurch erstmals seit 1982 zu einem Rückgang des Gesamtwachstums von 1,3% (WTO-OMT 2002, S. 1).

Bei der Erfassung der wirtschaftlichen Bedeutung des Tourismus wird nach Travel & Tourism Satellite Account des World Travel & Tourism Council (WTTC 2001, S. 1) zwischen der Tourismusbranche (Travel & Tourism Industry) und der Tourismuswirtschaft (Travel & Tourism Economy) unterschieden. Die **Tourismusbranche**, die nur die direkten Ausgaben der Reisenden umfasst, erwirtschaftete im Jahr 2000 ca. 4,2% des Weltbruttosozialprodukts und stellte mit 78 Mio. Beschäftigten 3,1% der Arbeitsplätze. Das Erfassungskriterium **Tourismuswirtschaft** berücksichtigt zusätzlich die durch den Tourismus hervorgerufenen Investitionen des privaten und öffentlichen Sektors für Infrastruktur und Ausrüstung, die Staatsausgaben für Tourismuswerbung, Luftverkehrsverwaltung, Sicherheitsdienste sowie Unternehmensexporte von Gütern, die im Ausland für die Erstellung von Tourismusleistungen (z. B. Flugzeuge oder Hoteleinrichtung) erbracht werden. Nach dieser weit gefassten

Abgrenzung sind der Tourismuswirtschaft 10,7% des Weltsozialprodukts, mit 207 Mio. Beschäftigten 8,2% der Arbeitsplätze sowie 9% der Finanzinvestitionen zuzurechnen (WTTC 2001, S. 2).

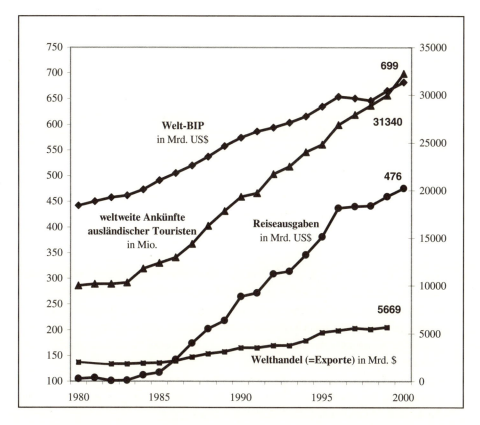

Quellen: WTO-OMT zitiert nach Freyer 1998, S. 88; United Nations, zitiert nach Statistisches Bundesamt 2001, S. 273; Weltbank 2002, o. S.; International Monetary Fund 2000, S. 2

Abb. 1.2.1: Entwicklung von Weltwirtschaft, Handel und Tourismus 1980 - 2000

Der **Anteil des internationalen Tourismus** am Gesamttourismus liegt nach Schätzungen bei zehn bis zwölf Prozent (vgl. Petermann 1999, S. 74). Die für 2000 von der WTO-OMC (2001, Tab. IV/1, IV/2) ermittelten Einnahmen aus grenzüberschreitenden Ankünften (ohne Beförderung) von US$ 465 Mrd. (diese Zahl weicht von der der WTO-OMT in Abb. 1.2.1 geringfügig ab) entsprechen etwa einem Drittel der Dienstleistungsexporte. Rechnet man die reisebedingten Beförderungskosten (Gesamtexport Transportation US$ 330 Mrd.) dazu, dann hat der Tourismus einen höheren Exportwert als Agrarprodukte (US$ 558 Mrd.) oder Autos (US$ 571 Mrd.). Obwohl diese Zahlen mit erheblicher Ungenauigkeit behaftet sind, da sie z. T. auf Schätzungen und länderspezifischen Erhebungskriterien beruhen, geben sie einen Hinweis auf die wirtschaftliche Bedeutung des internationalen Tourismus.

Zeitraum	Europa	Mittl. Osten	Afrika	Amerika	Ostasien /Pazifik	Südasien	Welt
1950-60	11,6	12,3	3,7	8,4	14,0	14,4	10,6
1960-70	8,4	11,5	12,4	9,7	22,4	17,6	9,1
1970-80	5,2	12,4	11,8	3,8	14,7	9,6	5,5
1980-90	4,3	2,4	7,5	4,3	9,7	3,4	4,8
1990-2000	3,6	9,0	6,3	3,3	7,3	7,4	4,3

Quelle: Petermann 1999, S. 74, WTO-OMT 2002, S. 4

Abb. 1.2.2: Durchschnittliche Wachstumsraten internationaler Touristenankünfte 1950 bis 2000 in % (10-Jahres-Zeiträume)

1.2.2 Ursachen des internationalen Tourismus

Tourismuswachstum setzt anbieterseitig die Bereitstellung sicherer und attraktiver Produkte zu als angemessen empfundenen Preisen und nachfragerseitig Reiseinteresse bei ausreichender Freizeit und vorhandener Kaufkraft voraus. Das **Tourismusangebot** der letzten Jahrzehnte ist gekennzeichnet durch:

- den Ausbau der öffentlichen Infrastruktur (Verkehrswege, Flughäfen, Wasser- und Stromversorgung), der durch Kredite der Weltbank, EU etc. gefördert wurde,
- die Liberalisierung der Verkehrsmärkte, die zu mehr Wettbewerb, steigenden Beförderungskapazitäten und – im Privatreiseverkehr – sinkenden Preisen führte,
- technische Neuerungen bei den Verkehrsmitteln, die deren Massenleistungsfähigkeit, Sicherheit und Schnelligkeit verbesserten,
- eine politische Liberalisierung, die Reiseerleichterungen sowohl für die Einreise (z. B. Abschaffung der Visumspflicht, keine Grenzkontrollen innerhalb der EU) als auch für die Ausreise (frühere sozialistische Länder) brachte,
- eine Tourismusindustrie, die Reisen von der anstrengenden, zeitaufwendigen und zum Teil gefahrvollen (Wegelagerer, Beutelschneider, Krankheiten) Betätigung zum bequem konsumierbaren Convenience-Produkt werden ließ und immer mehr Länder als Zielgebiete erschloss; der Anteil der über Reisebüros/Reiseveranstalter gebuchten Auslandsreisen stieg kontinuierlich an und betrug in Deutschland 2000 ca. 49%, bei Fernreisen sogar 81% (vgl. F.U.R, 2001, S. 119),
- steigende Produktstandards hinsichtlich Verpflegung, Sanitäreinrichtungen und Verständigungsmöglichkeiten des Personals (zusätzlich zur jeweiligen Landessprache englisch als Verkehrssprache),
- den Preiswettbewerb auf der Anbieterseite, der für attraktive Preise sorgte.

Zu den wachstumsgenerierenden Determinanten der **Tourismusnachfrage** zählen für den Geschäftsreiseverkehr die Internationalisierungs- und Globalisierungsprozesse, die mehr Auslandsreisen erfordern. Im Privatreiseverkehr sind dies:

- das langfristig gewachsene Durchschnittseinkommen, das die Steigerung der Reiseintensität, der Zahl der jährlich unternommenen Reisen und der Reiseentfernungen ermöglicht. Nach Smeral (2001, S. 6) liegt die Einkommenselastizität der touristischen Nachfrage bei 1,39, d. h. eine Einkommenssteigerung von einem Prozent führt zu einer Steigerung der Nachfrage um 1,39%,
- der Anstieg der Freizeit, insbesondere in der Form des Jahresurlaubs,
- eine Bedürfnisstruktur, die mit den Motivkomponenten „weg vom Alltag" und „hin zu Anderem" (klimatisch, geografisch, kulturell) besonders Ausländisches als Attraktivität empfindet, stimuliert auch durch die Berichterstattung in den Medien (Reisebeiträge in Zeitungen, TV-Reisemagazine, Reisezeitschriften),
- die zunehmend höhere Schulbildung, die über Fremdsprachenkenntnisse und höhere geistige Flexibilität auch die Mobilität fördert.

1.2.3 Internationalisierung der Reiseströme

Die internationalen Reiseströme sind durch eine starke, sich kaum verringernde Konzentration gekennzeichnet (vgl. Abb. 1.2.3). Ähnlich wie beim internationalen Handel verlaufen die **Hauptströme** zwischen der Triade Europa, USA und Ostasien, deren Staaten im Jahr 2000 94,7% der Ankünfte und 92,2% der Einnahmen verzeichnen konnten.

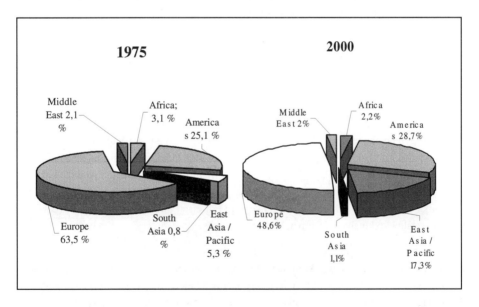

Abb. 1.2.3: Anteile der weltweiten Tourismuseinnahmen 1975 und 2000

Tourismus ist zwar global im Sinne Freyers (1998, S. 13), dass „die ganze Welt als Reiseziel" offen steht und die Zahl sowohl der Auslands- wie der Fernreisen steigt. Nimmt man aber die relative Entwicklung des Reiseverkehrs innerhalb und zwischen Großregionen, dann ist der intraregionale Reiseverkehr stärker gewachsen als der interregionale, d. h. der

Anteil der Fernreiseankünfte am Auslandstourismus ist leicht gefallen (vgl. Petermann 1999, S. 76). Die Zahlenlage erlaubt es allerdings nicht, daraus auf eine rückläufige Globalisierung zu schließen. Der rückläufige Anteil der Fernreisen in Europa ist auf die größere intraregionale Reisetätigkeit durch Öffnung der Grenzen für Osteuropäer ebenso zurückzuführen wie auf die Zunahme der Zahl der Staaten (frühere UdSSR, Tschechoslowakei, Jugoslawien), die dazu führte, dass aus früheren Inlandsreisen Auslandsreisen wurden. Die Einkommenssteigerungen in Schwellenländern Südamerikas und Ostasiens führten dort zu mehr privaten und geschäftlichen Reisen in die Nachbarländer. In drei Regionen (Afrika, Mittlerer Osten, Südasien) übertraf der interregionale den intraregionalen Reiseverkehr.

Internationales Urlaubsreiseverhalten der Deutschen
Das Urlaubsreiseverhalten der Deutschen (vgl. F.U.R 2001, S. 68 ff.) weist in Richtung Internationalisierung und Globalisierung:

- Der Anteil der Auslandsreisen an allen Urlaubsreisen ist ständig gestiegen, von 31% im Jahr 1960 auf 71% im Jahr 2000.

- Der Anteil der Reisen in nichteuropäische Länder (inklusive Türkei) an den Gesamtreisen ist ebenfalls ständig gewachsen: von 2% im Jahr 1972 auf 14,4% (=9 Mio. Reisen) im Jahr 2000.

- Die Zahl der interkontinentalen Fernreisen (ohne Türkei und Nordafrika) ist von 550.000 im Jahr 1976 auf 4,4 Mio. im Jahr 2000 angewachsen.

Die Zahl der **Zielländer** hat in den letzten Jahrzehnten wohl kaum nennenswert zugenommen, da schon in den fünfziger Jahren sowohl Geschäfts- als auch Privatreisen in nahezu alle Staaten führten. Bestimmte Länder aber konnten einen enormen Zuwachs im Urlaubsreiseverkehr verzeichnen, wenn sie durch Aufbau der Urlaubshotellerie und Einrichtung von Flugverbindungen (insbesondere Ferienflugverkehr) als Destination für den Massentourismus erschlossen wurden. Dies trifft für die Mittelmeerregionen auf Griechenland, Türkei, Zypern, Ägypten, Tunesien und Portugal, im Fernreisebereich auf die Malediven, Sri Lanka, Thailand, Dominikanische Republik, Kuba, Jamaika und Mexiko zu. Die Internationalisierung führt zu einem verstärkten Wettbewerb innerhalb der geografischen Marktsegmente: z. B. konkurriert Spanien jetzt mit der Türkei im Mittelmeertourismus, Thailand mit der Dominikanischen Republik bei kostengünstigen Fernreisen und Tahiti mit Luxuskreuzfahrten bei preislich exklusiven Traumzielen.

In Deutschland leben nahezu **acht Mio. Ausländer**, die für die Tourismusunternehmen als potentielle Reisegäste in Frage kommen können. Sie weisen eine hohe Auslandsreiseintensität auf, reisen aber fast ausschließlich in ihre Heimatländer, so dass sie bisher lediglich für die Fluggesellschaften und für Reisebüros, die von zweisprachigen Landsleuten geführt werden, eine relevante Zielgruppe darstellen. Lediglich die Jugendlichen der zweiten Gastarbeitergeneration sind eher bereit, Urlaubsziele außerhalb ihres Heimatlandes zu wählen.

Deutschland als internationales Reiseziel
Die Zahl der ausländischen Besucher in Deutschland ist größer als in der amtlichen Statistik ausgewiesen, da dort nur die Ankünfte in Beherbergungsstätten mit neun und mehr Gästebetten erfasst werden. Übernachtungen in kleineren Betrieben sowie bei Freunden und Ver-

wandten werden dadurch ebenso wenig erfasst wie die Tagesbesuche. Generell aber kann für das letzte Jahrzehnt ein kein signifikant steigender Internationalisierungsgrad des Incoming-Tourismus festgestellt werden. Zwar stieg die Zahl der Ankünfte von Ausländern von 16,9 Mio. im Jahr 1990 auf 18 Mio. im Jahr 2000 an, allerdings ist der inländische Tourismus mit durchschnittlich 3,1% stärker gestiegen als der Incoming-Tourismus mit 2,1% (vgl. Statistisches Bundesamt, Fachserie 6-2001, S. 11). Der Anteil der Ausländer an den Gästeankünften betrug im Betrachtungszeitraum zwischen 15,5 und 16,6%. Die durchschnittliche Aufenthaltsdauer ausländischer Touristen von 2,2 Tagen (2000) weist darauf hin, dass Deutschland nicht unbedingt ein Zielgebiet für den Haupturlaub ist.

Die **Reiseverkehrsbilanz** der Bundesrepublik, eine Unterbilanz der Zahlungsbilanz, ist traditionell negativ, da die Deutschen im Ausland mehr Geld ausgeben als die ausländischen Besucher in Deutschland. Sie bewegte sich im letzten Jahrzehnt zwischen € 15 und 34 Mrd. (vgl. Deutsche Bundesbank 2001, Tabellenteil S. 70). Diese negative Bilanz gilt aber als unproblematisch, da sie dazu beiträgt, dem außenwirtschaftlichen Ziel einer ausgeglichenen Leistungsbilanz durch eine teilweise Kompensierung der Überschüsse im Warenhandel (bis zu € 64 Mrd.) näher zu kommen.

1.2.4 Internationaler Tourismus und nachhaltige Entwicklung

Auf dem Umweltgipfel in Rio 1992 wurde von den Regierungschefs von über 170 Staaten ein globales Aktionsprogramm für das 21. Jahrhundert („Agenda 21") mit dem Ziel einer nachhaltigen Entwicklung (sustainable development) beschlossen. Nachhaltigkeit definiert sich durch das **Zieldreieck** Wirtschaftswachstum, Sozialverträglichkeit und Umweltverträglichkeit und wurde in der Zwischenzeit auch zum Thema der internationalen Diskussion über die zukünftige Gestaltung des Tourismus (vgl. dazu etwa das Aktionsprogramm der EG von 1992, die Agenda 21 von WTTC und WTO-OMT und die Gemeinsame Umwelterklärung der Deutschen Tourismuswirtschaft 1997).

1.2.4.1 Wirtschaftliches Entwicklungspotential

Tourismus kann als Wirtschaftsfaktor wichtige Wachstumsfunktionen erfüllen und gilt als, wenngleich umstrittenes, Instrument der Förderung von Schwellen- und Entwicklungsländern durch:

- den Beitrag zur nationalen Wertschöpfung (Erhöhung des Bruttoinlandsprodukts) sowohl durch den Outgoing- (Verkehrsträger, Reiseveranstalter und -büros) als auch durch den Incoming-Tourismus (Hotels, Restaurants). Für die Empfängerländer mit einer „Monokultur der Sonne", bei der Tourismus zur Haupteinnahmequelle wird, wie etwa auf den Malediven oder in manchen Karibikstaaten, kann dies zu einer hohen Abhängigkeit vom Ausland führen; ein drastischer Rückgang der Touristenankünfte kann dann regionale oder nationale Wirtschaftskrisen zur Folge haben.
- die Verbesserung der Zahlungsbilanz durch Deviseneinnahmen aus dem Tourismus; da allerdings ein Teil davon für tourismusbedingte Importe (z. B. Fahrzeuge, Luxusgüter,

Öl) und Repatriierung von Gewinnen wieder ausgegeben wird, ist der Nettodeviseneffekt zu beachten.
- die Förderung der Regionalentwicklung, da Tourismusinvestitionen weniger in städtischen Agglomerationen als in landschaftlich attraktiven, d. h. meist auch wirtschaftlich rückständigen Regionen erfolgen.
- die Steigerung öffentlicher Einnahmen aus Steuern und Gebühren, denen die staatlichen Tourismusinvestitionen für Verkehr, Energie- und Wasserversorgung gegenübergestellt werden müssen. Oftmals profitieren die Einheimischen nur bedingt von solchen Investitionen, insbesondere, wenn sie zu Lasten von Investitionen in das Gesundheitssystem oder die Schul- und Berufsausbildung gehen.
- die Verbesserung des Einkommensniveaus durch Schaffung neuer Arbeitsplätze. In Entwicklungsländern ist allerdings die Tendenz zu beobachten, dass gut bezahlte Arbeitsplätze vor allem von Ausländern besetzt werden, da es den Inländern wegen mangelnder Ausbildung an notwendigem Fachwissen fehlt. Insbesondere dort sind auch im Tourismus gegen elementare Menschenrechte verstoßende Kinderarbeit und ausbeuterische Lohnverhältnisse anzutreffen.

1.2.4.2 Umweltverträglichkeit

Die tourismusbedingte Verkehrsmittelnutzung führt durch die Emission von Schadstoffen und den Verbrauch von nicht regenerierbarer Energie zu einer globalen Umweltbelastung (vgl. Pompl 1997, S. 94-101; 2002, S. 60-90). Regionale Auswirkungen sind überall dort festzustellen, wo durch Übernutzung (Überschreitung der Belastungskapazität) der Ressourcenverbrauch (z. B. Wasserverbrauch) zu Lasten der Einheimischen geht, Landschaften und ökologisch sensible Gebiete wie Korallenriffe, Wildreservate oder Naturschutzgebiete zerstört werden und die Bewohner unter Lärmbelastung und Overcrowding leiden. Da die vom Tourismus verursachten ökologischen Schäden vorwiegend nicht am Wohnort, sondern bei Produktion und Konsumption in den Anreise- und Zielgebieten anfallen, kommt es zu einem Export von Umweltbelastungen. Die prognostizierten Wachstumsraten, steigenden Reiseentfernungen und zunehmend energieaufwendigeren Freizeiteinrichtungen lassen es als wenig wahrscheinlich erscheinen, dass die tourismusinduzierten Umweltbelastungen zukünftig abnehmen werden.

1.2.4.3 Sozialverträglichkeit

Die Nachhaltigkeitsforderung Sozialverträglichkeit bezieht sich darauf, inwieweit Entwicklung, Produktion und Konsum von touristischen Leistungen die Lebensqualität der direkt oder indirekt davon betroffenen Menschen zu deren Vor- oder Nachteil verändern. Kriterien sind:

- wirtschaftliche Nutzenverteilung,
- Verlust an Authentizität,
- abweichendes Verhalten,
- Veränderung der Alltagskultur,
- Missachtung einheimischer Werte.

Der gegenwärtige Forschungsstand legt nahe, **keine generalisierenden Aussagen** zu treffen, da zu dieser Thematik lediglich eine Vielzahl von Fallstudien und empirisch nur mit Einzelbeispielen belegten Theoriebruchstücken unterschiedlicher sozial- und geisteswissenschaftlicher Disziplinen vorliegt. Zudem beziehen sich die auf Fallstudien beruhende Verallgemeinerungen bevorzugt auf Entwicklungsländer, Insel- oder Bergregionen, in denen die Auswirkungen des Tourismus besonders tiefgreifend sind.

Nutzenverteilung: Tourismus kann die Entwicklung der sozialen Ungleichheit fördern, wenn die Gewinne nicht in der Region bleiben sondern ins Ausland oder an nationale finanzielle/politische Eliten fließen. Die Bewohner der Tourismusregionen haben dann zwar die Nachteile (Umweltbelastung, steigende Preise), aber nicht die Vorteile einer Regionalentwicklung. Um eine Fremdbestimmung der touristischen Entwicklung, bei der die Entscheidungen nicht primär im Zielgebiet sondern von den Investoren getroffen werden, zu vermeiden, ergibt sich die Forderung nach Mitbestimmung der ortsansässigen Betroffenen bei Zielformulierung und Instrumenteneinsatz. Ein Beispiel für die problematische Nutzenverteilung sind die vom Ausland finanzierten und von der Umwelt weitgehend abgeschotteten Feriendörfer mit All Inclusive-Angeboten, die als Touristenenklaven Fremdkörper in Wirtschaft, Natur und Gesellschaft darstellen.

Verdrängung der Authentizität: Der internationale Reiseverkehr schafft neue Tourismusprodukte von arrangierten Kulturdarbietungen (z. B. einheimische Tanz-Shows) über Events bis zu künstlichen Ferienwelten. Mit Erlebniswelten wie Urban Entertainment Centers, Freizeitparks und Urlaubsresorts werden dauerhafte künstliche Destinationen geschaffen, deren wesentlichstes Element die **Inszenierung** ist. Darunter wird nach Steinecke (1997, S. 8) „die marktorientierte Umsetzung eines tourismusrelevanten Themas mit unterschiedlichen Einrichtungen, Akteuren, Partnern und Medien auf der Grundlage einer klaren Handlungsanweisung verstanden." Marktorientierte Umsetzung bedeutet, ein Thema als leicht konsumierbares Produkt zu arrangieren. So werden etwa bei Kulturshows die Darbietungen räumlich und ablaufmäßig konzentriert, zeitlich den Nachfrageströmen angepasst und durch Standardisierung beliebig oft wiederholbar gemacht. Die Problematik solcher folkloristischen Inszenierung der kulturellen Traditionen für den Tourismus liegt darin, dass nur das touristisch Vermarktbare gefördert wird und die Kommerzialisierung früher bedeutsame kulturelle Manifestationen zu inhaltsleerem Kitsch entwürdigt. Damit geht das kulturelle Erbe seiner Funktion und Authentizität für Einheimische verloren.

Missachtung einheimischer Werte: Das Verhalten der Touristen nimmt mitunter wenig Rücksicht auf die in den besuchten Gebieten geltenden Werte und Normen. Oben ohne baden in islamischen Ländern, fehlender Respekt vor religiösen Einrichtungen oder Sauf- und Gröhlorgien ballermannschen Ausmaßes wirken sicherlich nicht „völkerverständigend".

Veränderung der Alltagskultur: Fremde Besucher bringen einen Teil ihrer Kultur mit (Gästekultur; vgl. Freyer/Pompl 2000, S. 120), die einheimische Tourismuswirtschaft passt ihre Produkte den Anforderungen der Gäste an. Dort, wo Touristen als Vorbilder für Konsum (modische Kleidung, Essen), Freizeitverhalten oder Umgang der Geschlechter genommen werden, werden Elemente eingeführt, die die gewachsene Kultur überfremden und letztendlich verdrängen, ohne dass die Einheimischen sich wirksam dagegen wehren könnten. Tourismus leistet damit einen Beitrag zur Verbreitung einer westlich geprägten Einheitskultur, die überspitzt mit abwertenden Begriffen wie McDonaldisierung (Ritzer 1996) oder Cocakolonialisierung (Barber 1996) belegt wird. Im Umfeld des Tourismus kann verstärkt abweichendes Verhalten wie Drogenkonsum, Eigentumsdelikte, Prostitution, sexueller Missbrauch von Minderjährigen, Bettelei und illegale Erwerbstätigkeit (Devisenschwarzmarkt, Verkauf von aus geschützten Pflanzen oder Tieren hergestellten Souvenirs, Markenpiraterie) beobachtet werden. Auch hier ist eine differenzierte Betrachtung angebracht (vgl. Thiem 1994). So kann z. B. die Beschäftigung unverheirateter Frauen in Tourismusbetrieben in moslemischen Ländern je nach Standpunkt als bedrohlicher Sittenverfall (Kontroll- und Autoritätsverlust der männlichen Familienmitglieder, Verstoß gegen traditionelle Normen, anstößige Arbeitssituation) oder als Emanzipationstreiber (finanzielle Unabhängigkeit, Ausbruch aus der Familienhierarchie, Selbstbestimmung des Arbeitsplatzes, Integration in moderne Lebensverhältnisse) bewertet werden.

Den **kulturpessimistischen** Thesen, die auf einem überholten traditionellen Kulturbegriff beruhen, der sich durch „soziale Homogenisierung, ethnische Fundierung und interkulturelle Abgrenzung" (Welsch 1997, S. 68) kennzeichnen lässt, gegenüber ist festzuhalten, dass Kulturen nicht statisch und homogen, sondern dynamisch, heterogen und hybrid sind. „Authentische Kulturen, die ohne prägende Einflüsse von außen ihre Ursprünglichkeit bewahren, sind eine Fiktion, da Kulturen nie in ‚Reinform' existieren" (Wagner 2001, S. 22). Sie müssen sich ständig verändern, um unter sich wandelnden Umweltbedingungen überleben und am Fortschritt teilhaben zu können. Insofern ist die Übernahme fremder Elemente (Hybridisierung) ein ganz **normaler kultureller Vorgang**, der auch zu einer Rückbesinnung und neuen Inwertsetzung lokaler kultureller Traditionen führt. In diesem Zusammenhang ist auch kritisch zu hinterfragen, inwieweit die westliche Interpretation der Übernahme globaler Waren und Werte deckungsgleich ist mit deren Bedeutung für die neuen Nutzer. Eine Plastikschüssel in der Hütte eines thailändischen Bergstammes ist für den tribal-trekkenden Touristen ein Bruch mit der authentischen Kultur, für die Einheimischen eine bedeutende Verbesserung ihrer Lebensqualität (vgl. allgemein Zukrigl 2001, S. 52 ff.).

Generell kann auch der Tourismus als **Agent des Wandels** bezeichnet werden, er ist aber neben Massenmedien, Schule, Militär und Arbeitswelt nur einer unter vielen. Seine Auswirkungen sind abhängig vom Entwicklungsstand der Region, der Art des Tourismus (Studienreisen oder Vergnügungsurlaub), seinem Ausmaß (konzentrierter Massentourismus oder extensiver Ökotourismus) und seinem Neuigkeitsgrad (vgl. Page 2001, S. 277 ff.). Zudem macht es macht einen Unterschied, ob es sich um eine Weltstadt mit jahrhundertelanger Erfahrung mit Besucherströmen oder um eine als neues tropisches Paradies entwickelte Insel in der Dritten Welt handelt.

1.2.5 Internationale Tourismuspolitik

Anders als beispielsweise im Luftverkehr, in dem supranationale Organisationen (z. B. IATA) und Institutionen (z. B. ICAO) weltweit geltende Regelungen vereinbart haben, ist nach Freyer (1998, S. 94) die „Situation im Tourismus heute durch einen mehr oder weniger unkoordinierten und unkontrollierten Wettbewerb zwischen Tourismusdestinationen und –

immer mehr globalen – Tourismusunternehmen geprägt". Zwar existiert eine ganze Reihe **zwischenstaatlicher Institutionen** (vgl. Abb. 1.2.4), die aber auf Grund der divergierenden Anforderungen der Mitglieder, ihrer Finanzschwäche und ihrer fehlenden Reputation ohne größeren Einfluss geblieben sind. Die internationale Verbandslandschaft ist durch eine Überinstitutionalisierung gekennzeichnet. Für sie gilt: „Die Interessenheterogenität der verschiedenen Verbände, die Überlappung ihrer Tätigkeitsfelder sowie die vielfach sehr begrenzten Ressourcen beeinträchtigen nicht unerheblich ihre Wirkungsmöglichkeiten" (Petermann 1999, S. 203).

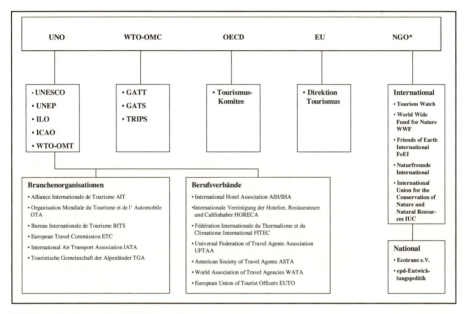

* NGO = Non Governmental Organization

Quelle: Nach Freyer 1998, S. 98; eigene Ergänzungen

Abb. 1.2.4: Internationale Organisationen im Tourismus

Für die zukünftige **globale Tourismuspolitik** deutet sich insofern eine Änderung an, als dieser Bereich im Rahmen der World Trade Organization (WTO-OMC) stärkere Berücksichtigung finden soll. Bei den seit 1947 acht jeweils mehrjährigen Verhandlungsrunden zur stufenweisen Liberalisierung des Welthandels wurde der Dienstleistungssektor erst in der letzten Verhandlungsrunde (Uruguay-Runde 1986-93) mit dem General Agreement on Trade in Services (GATS) berücksichtigt. Zu den GATS-Prinzipien (vgl. WTO-OMC 1995, Kap. 1), über deren Anwendung auch im Tourismus verhandelt wird, zählen die:

- Liberalisierung des Marktzugangs durch den Abbau von Zöllen und nichttarifären Handelshemmnissen;

- Meistbegünstigung: Vereinbarungen mit einem Unterzeichnerstaat gelten für alle Unterzeichnerstaaten;
- Gegenseitigkeit: Die handelspolitischen Leistungen, die sich die GATS-Unterzeichnerstaaten einräumen, müssen gleichwertig sein;
- Inländerbehandlung: Ausländische Investoren müssen wie inländische Investoren behandelt werden, inländische Unternehmen dürfen keine protektionistische Sonderbehandlung erfahren;
- Specific Commitments: Die bei Annahme des Übereinkommens bestehenden Handelshemmnisse blieben erhalten und sollten nach spätestens fünf Jahren überprüft werden. Weiterhin konnten die Mitgliedstaaten zeitlich begrenzte Ausnahmen von GATS-Prinzipien anmelden. Da bisher keine neue Verhandlungsrunde zustande kam (bis 2001 konnte man sich noch nicht einmal auf die zu behandelnden Themen einigen), bestehen die Restriktionen weiterhin fort.

Das **GATS** enthält bisher keine tourismusspezifischen Regelungen, mit Ausnahme des Annex on Air Transport Services, der aber den wettbewerbsrelevanten Bereich der Gewährung von Verkehrsrechten ausschließt und sich lediglich auf Marketing und technischen Vertrieb (CRS) von Luftverkehrsleistungen sowie auf Wartungs- und Reparaturdienstleistungen bezieht. Infolge der nahezu von allen Staaten gewährten Aus- und Einreisefreiheiten ist der Import und Export von Reisedienstleistungen nahezu ebenso vollständig liberalisiert wie das Angebot von Unternehmensdienstleistungen (Franchise, Managementverträge). Seifert-Granzin/Jesupatham (1999, S. 28) kommen zu der Feststellung: „In fact, liberalisation (...) is already much more advanced than foreseen in the GATS provisions." Specific Commitments bestehen für Kapitalinvestitionen durch eine Begrenzung der Höhe der Unternehmensbeteiligungen (local equity requirements) und für ausländische Arbeitnehmer, für die in mehr als der Hälfte aller Unterzeichnerstaaten, für Hotelpersonal sogar in 117 von 119 Unterzeichnerstaaten, Restriktionen existieren (a. a. O., S. 36). Durch die Gewährung zeitlich befristeter Arbeitsgenehmigungen, z. B für Hotelmanagement oder Aufenthalts-Reiseleiter stellen diese Beschränkungen keine wirklichen Behinderungen für die internationalen Tourismusunternehmen dar.

Ein besonderes Ziel von GATS ist die Reduzierung der Unterschiede zwischen Industrie- und Entwicklungsländern: „A desire to facilitate the increasing participation of developing countries in trade in services and the expansion of their service exports including, inter alia, through the strengthening of their domestic capacity and its efficiency and competitiveness." (WTO-OMC 1995, S. 7). **Globalisierungskritiker** befürchten allerdings, dass eine weitere Liberalisierung eher den Interessen der multinationalen Tourismuskonzerne als denen der Zielländer dienen könnte. Wortführer sind hier weniger die Regierungsvertreter sondern nationale und internationale NGO's (vgl. die Darstellung bei Tourism Concern 1996, S. 16-23; Seifert-Granzin/Jesupatham 1999, S. 41-49; Plüss 2000). Sie sehen als mögliche Folgen:

- Die internationalen Reiseveranstalter und Reisebüroketten werden ihre Geschäfte ausweiten können und noch mehr mit den lokalen kleinen und mittelständischen Unternehmen konkurrieren; diese werden Marktanteile verlieren, weil sie weder den informationstechnischen Vorsprung der ausländischen Unternehmen noch deren Vorteil, in den tourismusgenerierenden Ländern beheimatet zu sein, ausgleichen können.

- Eine Reduzierung der local equity requirements (Mindestanteil einheimischen Kapitals) führt zu weiterer Konzentration und Integration der ausländischen Unternehmen.
- Die Inländerbehandlung erlaubt keine selektive Förderung der nationalen Tourismusunternehmen (Subventionen, Steuererleichterungen).
- Durch die freie Mobilität wird der Zustrom von qualifiziertem Personal aus dem Ausland zunehmen und die Aufstiegschancen der Einheimischen behindern.
- Die Aufnahme von Sozial- und Umweltklauseln erleichtert den Einsatz protektionistischer Handelssanktionen durch die Industrieländer.

Divergierende Interessen in der Tourismuspolitik

Fairly Traded Tourism
NGO Tourism Concern

- Equality in trading partnerships between North and South.
- Using income from tourism for the eradication of poverty in the South through democratic decision-making structures with assistance from collaborative partnerships between North and South.
- Building a network of fairly-traded service provisions across tourism operations.
- Community control in tourism planning and decision-making.
- Transparency, access to information, training and development for communities in tourism development areas.
- Ecological, social and cultural sustainability.
- Diversified local economies.
- Respect for Human Rights.

Quelle: Tourism Concern: Fair Trade in Tourism Network

Umfassende Liberalisierung
Gesprächskreis Tourismus der Bundesvereinigung der deutschen Industrie
Verhandlungsposition für die nächste GATS-Runde

- Keine Zugangsbeschränkungen für den Bau von Hotels und Ferienwohnungen durch Beschränkung des Erwerbs von Grund und Boden durch Ausländer.
- Keine Zulassungsbeschränkungen durch Einforderung von Befähigungsnachweisen durch Ausländer, die sich mit eigenen Unternehmen wie Reisebüros oder Incoming-Agenturen etablieren wollen.
- Keine übermäßigen Lizenzierungen als Mittel zur Steuerung und Ausgrenzung in- und ausländischer Mitbewerber, insbesondere in Hinblick auf die Normierung touristischer Dienstleistungen und Beherbergungsbetriebe.
- Keine Behinderung bei der freien Erbringung von Dienstleistungen. Zum Beispiel: Behinderung der Reiseleiter in Italien.
- Freizügigkeitsregelung für die Entsendung von Fachkräften.

Quelle: Veröffentlicht in FVW Nr.5/2001, S. 124

Abb. 1.2.5: Divergierende Interessen in der Tourismuspolitik

Während die Abschaffung von Zwangsarbeit, Kinderarbeit und sexueller Ausbeutung von Minderjährigen als gemeinsames Ziel anerkannt werden, sind Sozial- und Umweltklauseln umstritten. Da sich solche Regelungen an den Standards der Industrieländer orientieren würden, könnten sie von vielen Entwicklungsländern nur teilweise durchgesetzt werden. Diese befürchten nun, dass eine Nichteinhaltung den Industrieländern Anlass zu protektionistischen Handelssanktionen in anderen Bereichen geben könnte. Die Einbeziehung von Sozialstandards wäre auch deswegen kontraproduktiv, weil viele Entwicklungsländer aus Furcht vor Sanktionen dann keine Mitgliedschaft anstreben und eine Ausweitung der bestehenden Vereinbarungen im Rahmen der ILO (International Labor Organization der UN) vermeiden würden. Sozial- und Umweltstandards würden auch einen Verlust der komparativen Kostenvorteile der Entwicklungsländer zur Folge haben. Um einer neuen Verhandlungsrunde zuzustimmen fordern sie daher zunächst eine Evaluierung möglicher Liberalisierungsfolgen, um die Geeignetheit des Tourismus als Mittel zur Reduzierung der Armut festzustellen und geeignete Regelungen für die Mitbestimmung der einheimischen Bevölkerung vorzusehen (vgl. Abb. 1.2.5).

1.2.6 Internationale Unternehmen – hybride Produkte

Der Internationalisierungsgrad der einzelnen Tourismusunternehmen wird durch die spezielle Branche, Größe und Managementstrategie bestimmt. Die realisierten Strategiealternativen unterscheiden sich daher nicht nur nach Branchen sondern sind auch innerhalb der Branchen, zum Teil sogar innerhalb der Unternehmen (geschäftsfeldbezogen) sehr heterogen. Sie reichen vom bloßen Export über internationale und multinationale bis hin zu globalen Unternehmensstrategien (zur Terminologie vgl. Welge/Holtbrügge 1998, S. 122 ff.).

- Im **Verkehrsbereich** finden sich bei Fluggesellschaften sowohl multinationale Strategien (bei Auslandsbeteiligungen in verschiedenen Ländern unter Beibehaltung der dortigen nationalen Strategien) und globale Allianzen als auch Nischenunternehmen mit lediglich regionalem Tätigkeitsbereich. Die Bahnen sind trotz Privatisierung inlandsorientiert und kooperieren nur im Nachbarschaftsverkehr. Im Busverkehr besteht kaum internationaler Linienverkehr, der Urlaubsreiseverkehr ist outgoing-orientiert, d. h. die Zielorte sind zwar international, verkauft wird aber lediglich auf dem Inlandsmarkt. Obwohl innerhalb der EU Auslandsniederlassungen rechtlich möglich sind, bestehen auf Grund der Unternehmensgröße (z. B. in Deutschland ausschließlich kleine und mittelständische Unternehmen) nur in Ausnahmefällen internationale Expansionsstrategien.
- Im **Hotelbereich** weisen Unternehmen der internationalen Hotelketten einen hohen Grad der Internationalisierung auf und werden nach globalen Strategien mit weltweiter Standardisierung von Strukturen, Systemen und Prozessen geführt. Im Marktsegment der Ferienclubs (z. B. Club Méditerranée, Robinson) ist dagegen die internationale Strategie vorherrschend, nach der Führungskonzept, Organisation und operative Maßnahmen der Tochterunternehmen von der nationalen Muttergesellschaft zentral bestimmt werden. Ihr Anteil an der jeweiligen nationalen Branche variiert je nach Land beträchtlich (vgl. Kap. 2.5).

- Die **Reiseveranstalterbranche** befindet sich seit Ende der neunziger Jahre in einem Prozess der kontinentalen Internationalisierung, der durch nationale Konzentration und grenzüberschreitende horizontale und vertikale Integration gekennzeichnet ist. Die vorherrschende Unternehmensstrategie ist multinational orientiert, d. h. sie berücksichtigt die Bedingungen des jeweiligen Landes. In den meisten europäischen Ländern sind die Marktführer Gesellschaften internationaler Konzerne, die ihre Aktivitäten zunehmend über die gesamte Wertschöpfungskette der Pauschalreise ausdehnen (vgl. Kap. 2.1)
- Die **Reisebüros** stellen sich im Marktsegment der Privatkunden als rein nationale Unternehmen dar, während im Segment Geschäftsreisen internationale Ketten wie American Express, Wagon-Lits Tourisme oder Rosenbluth International global agieren. Im Bereich des E- und M-Commerce (elektronischer, mobiler Verkauf) entwickeln sich in allen Ländern eine Vielzahl von Online-Plattformen, deren Marktanteile zwar stark wachsen, aber noch recht bescheiden sind. Es ist zu vermuten, dass sich hier schon mittelfristig globale Betreiber als Marktführer durchsetzen werden (vgl. Knowles 2001, S. 178 ff.).
- Die eine **Urlaubsdestination** ausmachenden Unternehmen sind infolge der fehlenden Mobilität der wesentlichsten Produktionsfaktoren standortgebunden und verfügen daher über kein Potential zur Internationalisierung der einzelnen Leistungsprozesse; sie sind reine Exporteure und damit keine internationalen Unternehmen (vgl. Bieger/Beritelli 1996, S. 431).

Die Internationalisierung des Tourismus führt weniger zu **globalen** als zu **hybriden Produkten**. In den Bereichen Verkehr und Geschäftsreisehotellerie sind Kundenerwartungen und Produkte weitgehend standardisiert, das lokale Element (z. B. die Uniformen von Stewardessen und Kellnern) hat lediglich dekorativen Charakter. Anders dagegen stellt sich die Situation bei Hotels, Ferienresorts und sonstigen Unternehmen in den Urlaubsdestinationen dar. Auch hier werden zwar „internationale Standards" in Bezug auf Sauberkeit, Hygiene, Serviceumfang, Sprachkenntnisse des Personals etc. erwartet, gleichzeitig aber spielt das Landestypische eine wesentliche Rolle. Denn die touristische Attraktivität eines Reiseziels besteht ja gerade im Unterschied zur Alltagswelt der Touristen. Statt von globalen Produkten zu sprechen wäre es angebrachter, hier von **hybriden Produkten** zu sprechen, die gleichzeitig sowohl eine weltweite Standardisierung als auch eine lokale Identität aufweisen.

Literaturverzeichnis

Barber, B. 1996: Coca Cola und Heiliger Krieg, München
Bieger, T./Beritelli, P. 1996: Anpassung von Destinationsstrategien an die Globalisierung, in: *AIEST (Hrsg.):* Globalisierung und Tourismus, St. Gallen, S. 427-450
Burns, P. 2001: Brief Encounters: Culture, tourism and the local-global nexus, in: *Wahab, S./Cooper, C. (eds):* Tourism in the Age of Globalisation, London, S. 198-212
Deutsche Bundesbank 2001: Monatsbericht Oktober
Freyer, W. 1998: Globalisierung und Tourismus, Dresden

Freyer, W./Pompl, W. 2000: Schlüsselkompetenzen für das internationale Tourismus-Management, in: *Landgrebe, S. (Hrsg.):* Internationaler Tourismus, S. 114-130

F.U.R 2001: Die Reiseanalyse RA 2001, Kopenhagen

International Monetary Fund 2000: World Economic Outlook – A Survey by the Staff of the International Monetary Fund, Washington D.C.

Knowles, T./Diamantis, D./El-Mourhabi, B. 2001: The Globalization of Tourism and Hospitality : A Strategic Perspective, London/New York

Page, S./Brunt, P./Busby, G./Connell, J. 2001: Tourism : A Modern Synthesis, London

Petermann, T./Wennrich, C. 1999: Folgen des Tourismus, Band 2; Tourismuspolitik im Zeitalter der Globalisierung, Studien des Büros für Technologiefolgen-Abschätzung beim Deutschen Bundestag, Berlin

Plüss, C. 2000: Tourismus und Liberalisierung unter: http://ww.akte.ch/pages/ge/4_aktuell/_archiv/Tourism-Liberalisierung.html

Pompl, W. 1997: Touristikmanagement 1, 2. A., Berlin/Heidelberg/New York

Pompl, W. 2002: Luftverkehr, 4. A., Berlin/Heidelberg/New York

Ritzer, G. 1996: The McDonaldisation of Society, Thousand Oaks

Seifert-Granzin, J./Jesupatham, D. 1999: Tourism at the Crossroads; epd-Entwicklungspolitik: Materialien VI/99, Frankfurt/Main

Smeral, E. 2001: Beyond the myth of growth in tourism, in: *AIEST (ed):* Tourism Growth and Global Competition, St. Gallen, S. 3-38

Statistisches Bundesamt 2001: Statistisches Jahrbuch für das Ausland 2000, Wiesbaden

Steinecke, A. 1997: Inszenierung im Tourismus: Motor der künftigen touristischen Entwicklung, in: *Steinecke, A./Treinen, M. (Hrsg.):* Inszenierung im Tourismus, S. 7-17

Thiem, M. 1994: Tourismus und kulturelle Identität, Bern/Hamburg

Tourism Concern (Hrsg.) 1996: Trading Places: Tourism as Trade, London

Tourism Concern 2001: Fair Trade in Tourism Network, unter: http://www.tourismconcern.org.uk/fair%20trade/intro.html

United Nations, World Tourism Organization 1994: Recommendations on Tourism Statistics, Series M, No. 83, New York

Wagner, B. 2001: Kulturelle Globalisierung: Weltkultur, Globalität und Hybridisierung, in: *Wagner, B. (Hrsg.):* Kulturelle Globalisierung, Frankfurt a. M./Essen, S. 9-38

Welge, M., Holtbrügge, D. 1998: Internationales Management, Landsberg

Welsch, W. 1997: Transkulturalität – Zur veränderten Verfassung heutiger Kulturen, in: *Schneider, I./Thomsen, C. (Hrsg.) 1997:* Hybridkultur, Köln, S. 67-90

Weltbank 2002: GDP der Jahre 1996 bis 2000, Abfrage unter: http://devdata.worldbank.org/data-query/ am 17.02.02

World Tourism Organization (WTO-OMT) 2002: News releases – World Tourism stalls in 2001, unter: http://www.world-tourism.org/newsroom/Releases/more_releases/january 2002/PR-results2001.pdf am 22.02.2001

World Tourism Organization (WTO-OMT) 2002: Tourism Highlights

World Trade Organization (WTO-OMC) 1995: Uruquay Round of Multilateral Trade Negotiations, Vol. 28-30.32, Genf

World Trade Organization (WTO-OMC) 2001: International Trade Statistics 2001-12-29

World Travel & Tourism Council (WTTC) 2001: Year 2001 – Tourism Satellite Accounting Research, http://www.wttc.org

Zukrigl, I. 2001: Kulturelle Vielfalt und Identität in einer globalisierten Welt, in: *Wagner, B. (Hrsg.):* Kulturelle Globalisierung, Frankfurt a. M./Essen, S. 50-61

1.3 Expansionsstrategien von touristischen Dienstleistungsunternehmen

Walter Freyer

1.3.1 Problemstellung: Manko der wissenschaftlichen Erkenntnisse 43
   1.3.1.1 Übersicht 43
   1.3.1.2 Uneinigkeit in Theorie und Praxis 43

1.3.2 Internationalisierung in der Tourismuswirtschaft 46
   1.3.2.1 Grundformen des internationalen Tourismus (Übersicht) 46
   1.3.2.2 Outbound-Tourismus (internationaler Ausreiseverkehr) 47
   1.3.2.3 Inbound-Tourismus (internationaler Einreiseverkehr) 48
   1.3.2.4 Zunehmende Internationalisierung und Globalisierung im Tourismus 49

1.3.3 Besonderheiten von Dienstleistungsunternehmen im internationalen Tourismus 50
   1.3.3.1 Konstitutive Elemente von Dienstleistungen 50
   1.3.3.2 Mobilität bzw. Standortgebundenheit touristischer Dienstleistungen 52
   1.3.3.3 Integration des externen Faktors und interkulturelle Kontakte 54
   1.3.3.4 Grenzüberschreitende touristische Leistungsketten 58

Prof. Dr. rer. pol. Walter Freyer, Diplom-Volkswirt, ist Inhaber des Lehrstuhls für Tourismuswirtschaft an der Technischen Universität Dresden. Nach Studium der Volkswirtschaftslehre und Promotion an der Universität Regensburg war er Wissenschaftlicher Assistent an der Technischen Universität Berlin, danach Geschäftsführer eines Reiseveranstalters und -mittlers in Berlin. 1991-1993 Professor für Fremdenverkehrswirtschaft und Volkswirtschaftslehre an der Fachhochschule Heilbronn, 1993 Berufung zum Universitätsprofessor auf den Lehrstuhl für Tourismuswirtschaft an die Technische Universität Dresden. Gründungspräsident der Deutschen Gesellschaft für Tourismuswissenschaft (1996). Forschungsschwerpunkte: Volks- und betriebswirtschaftliche sowie ganzheitliche und internationale Aspekte von Tourismus und Freizeit.

1.3.4 (Expansions-)Strategien im Internationalen Tourismus 60
　　1.3.4.1 Internationalisierung als strategisches Entscheidungsproblem 60
　　1.3.4.2　Internationalisierungsmuster – Grundstrategien der Internationalisierung 62
　　　　1.3.4.2.1 Strategischer Ausgangspunkt: Inlandsorientierung.. 62
　　　　1.3.4.2.2 Übernationale Strategie oder undifferenzierte Internationalisierung 63
　　　　1.3.4.2.3 Multinationale Strategie oder Polyzentrismus 64
　　　　1.3.4.2.4 Globalisierungs-Strategie oder Geozentrismus... 65
　　　　1.3.4.2.5 Transnationale Strategie bzw. Regionenorientierung und Regiozentrismus... 66
1.3.5 Internationales Tourismus-Management am Anfang der Reise 66
Literaturverzeichnis... 67

1.3.1 Problemstellung: Manko der wissenschaftlichen Erkenntnisse

1.3.1.1 Übersicht

Trotz der hohen Bedeutung des internationalen Tourismus hat sich die Fachliteratur nur relativ wenig mit der speziellen Thematik des internationalen Tourismus- bzw. Dienstleistungs-Managements beschäftigt. Es dominiert eine nationale (oder ethnozentrische) Sichtweise, nach der Auslandsreisen und deren Management grundsätzlich analog zu binnenwirtschaftlichen Fragestellungen behandelt werden können.

Die Diskussion fokussiert vor allem auf Sachgüterunternehmen und deren Engagement auf ausländischen Märkten. Sie sind entweder im Ausland tätig, um dorthin zu exportieren oder sie importieren Güter aus dem Ausland und verkaufen sie auf dem Heimatmarkt. In beiden Fällen sind es vor allem die Güter (als Endprodukte oder Rohstoffe), die über die Grenzen transportiert werden und am Wohnort des Konsumenten abgesetzt und konsumiert werden.

Doch verschiedene konstitutive Eigenschaften von Dienstleistungen erfordern eine andere Sicht der Internationalisierung. So können Dienstleistungen nicht transportiert werden, ihre Produktion und ihr Konsum erfolgen gleichzeitig und zumeist erfordern Dienstleistungen einen persönlichen Kontakt des Produzenten und Konsumenten. Hinzu kommen im Tourismus internationale Dienstleistungsketten und -systeme sowie umfangreiche und intensive multikulturelle Kontakte und Austauschbeziehungen.

Dies alles erfordert eine eigenständige Behandlung der Expansions- und Internationalisierungsdiskussion von Dienstleistungsunternehmen. Einige der allgemeinen Aspekte sowie vor allem deren touristische Besonderheiten werden im Folgenden aufgezeigt. Dazu wird zuerst kurz der Rahmen der theoretischen und praktischen Diskussion des internationalen Tourismus-Marketing abgesteckt (Teil 1), dann werden die beiden Grundformen der touristischen Internationalisierung, der Aus- und Einreise-Tourismus, betrachtet, bevor einige Besonderheiten des Dienstleistungs-Managements für die Internationalisierung aufgezeigt werden. Abschnitt 1.3.4 behandelt die grundlegenden Expansionsstrategien für internationale Dienstleistungsunternehmen mit Beispielen des Tourismus.

1.3.1.2 Uneinigkeit in Theorie und Praxis

Internationalisierung wird als Oberbegriff für alle Formen der grenzüberschreitenden Tätigkeit gesehen, vor allem als Austausch von Gütern und Dienstleistungen zwischen zwei oder mehreren Nationalstaaten. Zudem wird Internationalisierung als eine bestimmte Form der Auslandsorientierung bzw. Länderphilosophie bezeichnet. Ferner gilt Internationalisierung als Oberbegriff für Globalisierung, Multinationalisierung, internationales, transnationales, multinationales und interkulturelles Management.

Doch trotz der hohen Bedeutung der Internationalisierung im weltwirtschaftlichen Zusammenhang fehlt bisher eine allgemein akzeptierte Theorie der Internationalisierung. Es besteht eine Vielzahl theoretischer Ansätze und Schulen, die zum Teil mikro-, zum Teil makroökonomische Problemstellungen der Internationalisierung behandeln. Zudem ist in den letzten Jahren der Aspekt der Globalisierung, als Sonderfall der Internationalisierung, mehr und mehr in den Vordergrund getreten (vgl. Müller/Kornmeier 2001, zur Globalisierung im Tourismus vgl. Freyer 2002, AIEST 1996). Dieses Manko mag verwundern, da Theorien des internationalen Handels mit den Anfängen der Nationalökonomie zusammenhängen und bereits damals stark entwickelt waren. Theorien des Außenhandels erklären, warum es zu Bewegungen von Produktionsfaktoren und/oder Fertigprodukten zwischen Nationalstaaten kommt. Die wichtigsten sind die Theorien des komparativen Kostenvorteils (infolge Produktivitätsunterschiede oder Faktorausstattung), Standort-Theorie, Produktlebenszyklus-Theorie, Theorie der technologischen Lücke usw. Bisher hat der relative theoretisch-methodische Fortschritt des volkswirtschaftlichen Bereiches keine Entsprechung in der betriebswirtschaftlichen und Managementtheorie bzw. -literatur.

Erst in der jüngeren Vergangenheit wurde Internationalisierung zum Objekt managementorienterter oder betriebswirtschaftlicher Untersuchungen. Zwar hat sich die Betriebswirtschaftslehre unter verschiedenen Blickwinkeln mit der Internationalisierung befasst, doch bisher besteht keine Einigkeit über die Einordnung internationaler Aspekte in die BWL oder die Grundlagen einer internationalen Managementlehre. So beklagen die verschiedenen Vertreter inhaltlich-methodische Defizite ebenso wie die mangelnde praxeologische Umsetzung. Es existiert „eine erhebliche subjektive Unzufriedenheit der Fachvertreter mit dem augenblicklichen Zustand ihres Gebietes in dessen theoretischer sowie institutioneller Dimension" (Macharzina/Oesterle 1997, S. 6; vgl. ähnlich Hermanns/Wißmeier 1995, Kutschker 1999).

Internationalisierung der Unternehmenstätigkeit bedeutet, dass Unternehmen ihre Transaktionen auf Märkte ausdehnen, die sich kulturell von ihrem Heimatmarkt unterscheiden. Es werden Aktivitäten auf mindestens zwei Märkten vorausgesetzt, doch das Ausmaß und die Intensität der Auslandsorientierung sind unterschiedlich, je nachdem in wie vielen Ländern ein Unternehmen sich engagiert und welche weiteren Intensitäts-Indikatoren herangezogen werden (vgl. dazu genauer 1.3.2.4). Solche Probleme bestimmen auch die genauere definitorische Abgrenzung der Internationalisierung.

Laut Macharzina/Oesterle (1997, S. 11) lassen sich allein bei den wirtschaftwissenschaftlichen Definitionsansätzen mindestens vier Merkmalsgruppen differenzieren; hinzu kommen weitere aus soziologischer, kulturwissenschaftlicher Sicht usw.:

- technische Merkmale: Art der grenzüberschreitenden Tätigkeit, von Export/Import über Joint Venture bis zu eigenen Filialen,
- leistungsbezogene Merkmale: z. B. Anteil des Auslandsumsatzes,
- strukturelle Merkmale: Anzahl ausländischer Einheiten im Unternehmensverbund, Nationalität des Managements bzw. der Mitarbeiter usw.,
- Verhaltenskriterien des Top-Managements: ethno-, poly-, regio- oder geozentrische Orientierung.

Zudem wird internationales **Management als kulturbezogenes Phänomen** gesehen. Dabei wird die Bewältigung kulturbedingter Managementprobleme sowie der Kontakt von Mitarbeitern und Kunden aus unterschiedlichen Kulturkreisen betrachtet (vgl. u. a. Rothlauf 1999, Hofstede 1993, Wierlacher 2000, Dülfer 1992, Usunier 1993, Hasenstab 1998 und Abschnitt

1.3.3.2). Aber auch hier wird die Vielfalt der Forschungsansätze eher kritisch gesehen: „Der Mangel an Strukturierung des Forschungsgebietes zeigt sich auch daran, dass selbst die relevante scientific community bis heute meist nicht eindeutig zwischen kulturvergleichender Managementforschung, cross-cultural-management, transkultureller Managementforschung, interkultureller Wirtschaftskommunikation, etc. unterscheidet." (Hasenstab 1998, S. 17)

Trotz aller Unterschiede bei der Einordnung der Internationalisierung in das wirtschaftswissenschaftliche Theorie- und Praxisgebäude besteht weitgehend Einigkeit, dass es sich bei der Frage der Internationalisierung aus unternehmerischer oder Managementsicht vor allem um ein strategisches Entscheidungsproblem handelt, d. h. es geht um die zukünftige Entwicklungsrichtung und die Integration als Leitmotiv eines Unternehmens. Dies wird in Abschnitt 4 mit den verschiedenen strategischen Optionen von der Heimatmarktorientierung oder „Lokalisierung" bis zur „Globalisierung" ausführlicher behandelt.

Ein weiterer Problemkreis betrifft die unzureichende Behandlung der speziellen Aspekte von **Dienstleistungen** im Internationalen Management bzw. der Internationalisierung im Rahmen des Dienstleistungs-Marketing und -Managements (typisch dafür sind die Handbücher von Macharzina/Oesterle 1997, Bruhn/Meffert 1998, Meyer 1998): „Die wissenschaftliche Diskussion dieses Internationalisierungsprozesses umfasst alle marketingrelevanten Aspekte mit einer Konzentration auf die Frage, inwieweit kulturell bedingte Unterschiede in der jeweiligen Makroumwelt und im Einstellungs- und Verhaltenssystem potentieller ausländischer Kunden bestehen und eine Anpassung von Marketingstrategien und Marketinginstrumentaleinsatz verlangen. Im Mittelpunkt steht dabei in der Regel die internationale Vermarktung von Konsumgütern. (...) während das internationale Marketing von Dienstleistungen weitgehend vernachlässigt wird. Monographien, die sich ausschließlich mit diesem Thema aus betriebswirtschaftlicher Perspektive befassen, sind rar. Nur wenige Lehrbücher zum internationalen Marketing oder zum Dienstleistungs-Marketing widmen diesem Güterbereich ein eigenes Kapitel." (Stauss 1995, S. 438)

Die üblichen „Begründungen" werden zum einem im in der Vergangenheit zu geringen Anteil der Dienstleistungen am Welthandel sowie in der langjährigen Vernachlässigung der Eigenständigkeit einer Dienstleistungs-BWL bzw. einer Dienstleistungs-Marketinglehre gesehen. Beides hat sich allerdings in den letzten Jahren zunehmend geändert (vgl. u. a. Bullinger 1999, Hübner 1996, Stauss 1995, Mangold 1998, Hermanns/Wißmeier 1998, Meffert/Bruhn 2000).

Ein ähnliches Manko in Theorie und Praxis wie es zuvor für die Bereiche Internationales Management sowie Internationale Dienstleistungen aufgezeigt worden ist, gilt für die Internationalisierung der Tourismuswissenschaft bzw. das **internationale Tourismus-Management**. Auch hier existieren trotz der hohen Bedeutung des internationalen Tourismus nur wenige Lehrbücher, die Aspekte des Internationalen Tourismus-Management umfassend behandeln. Zumeist werden die internationalen Aspekte aus dem Blickwinkel des klassischen nationalen Managements betrachtet. Nur selten bestehen eigene Kapitel oder umfangreichere Darstellungen zu den Besonderheiten der Internationalität im touristischen Management (vgl. u. a. Landgrebe 2000, Witt u. a. 1995, Vellas/Bécherel 1999).

1.3.2 Internationalisierung in der Tourismuswirtschaft

1.3.2.1 Grundformen des internationalen Tourismus (Übersicht)

Tourismus ist von seiner Natur her international ausgerichtet: Menschen verlassen ihren gewöhnlichen Aufenthalt, um eine gewisse Zeit an anderen Orten zu verbringen. Dabei ist der grenzüberschreitende oder internationale Tourismus am auffallendsten, auch wenn er sich grundsätzlich nicht wesentlich vom Binnen-Tourismus (Domestic Tourismus) unterscheidet.

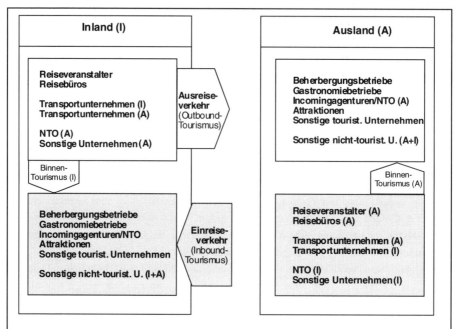

Zu den Begriffen (vgl. WTO 1993):
Inbound- und Outbound-Tourismus sind internationale Fachbegriffe, die in Deutschland nur selten verwendet werden. Sie bezeichnen den jeweils grenzüberschreitenden Reiseverkehr in ein anderes Land und damit zusammen den internationalen Tourismus.
- **Einreiseverkehr** (Inbound-Tourismus): bezieht sich auf Ausländer, die in das gegebene Land reisen,
- **Ausreiseverkehr** (Outbound-Tourismus): bezieht sich auf Inländer, die in ein anderes Land reisen,
- **Internationaler Tourismus**: umfasst den Einreise- sowie den Ausreiseverkehr.

Die in der deutschsprachigen Tourismusliteratur geläufigeren Bezeichnungen des Incoming- und Outgoing-Tourismus sind in Bezug auf den internationalen Tourismus nicht ganz zutreffend bzw. trennscharf, da sie jeweils den Binnentourismus mit beinhalten:
- **Binnenreiseverkehr** (Domestic Tourismus): bezieht sich auf Inländer eines gegebenen Landes, soweit sie nur innerhalb des Landes reisen;
- **Inlandstourismus** (Interner oder Incoming-Tourismus): umfasst den Binnenreiseverkehr sowie den Einreiseverkehr;
- **Nationaler Tourismus** (auch Outgoing-Tourismus): umfasst den Binnenreiseverkehr sowie den Ausreiseverkehr;

Abb. 1.3.1: Formen des Internationalen Tourismus: Inbound- und Outbound-Tourismus

In den Anfängen des Reisens waren es vor allem die Reisenden selbst, die die Triebkräfte des internationalen Reisens waren. Ob Hannibal über die Alpen, Kolumbus' Seefahrt nach Amerika, die Grand Tour der jungen Adeligen oder die ersten Touristikreisen in die Alpen, stets ging der Anstoß von den Reisenden aus – den Nachfragern in Termini des Marketing. Die nationalstaatliche Politik hatte bereits damals die Rolle, die Rahmenbedingungen zu gewährleisten: Ein- und Ausreisebestimmung, Zoll- und Devisenvorschriften, Gesundheits- und Impfvorschriften usw.

Erst mit Entstehen einer umfangreichen Tourismuswirtschaft ging die Initiative mehr und mehr auf die Tourismusunternehmen über. Die von ihnen entwickelten touristischen Angebote mussten gemanaged und entsprechende Auslastungen und Wertschöpfungen sichergestellt werden. Doch trotz der hohen Bedeutung des internationalen Tourismus ist eine Managementlehre des internationalen Tourismus erst am Anfang.

Dabei interessieren im internationalen Tourismus die Managementaufgaben und Expansionsmöglichkeiten aus zwei ganz verschiedenen Blickwinkeln, dem grenzüberschreitenden Ausreise- und Einreiseverkehr, international als Inbound- und Outbound-Tourismus bezeichnet (vgl. Abb. 1.3.1). Beide bestehen einerseits am selben Ort und im selben Land weitgehend unabhängig nebeneinander, andererseits müssen im internationalen Tourismus der Outbound-Tourismus des Entsendelandes mit dem Inbound-Tourismus des Empfängerlandes relativ eng zusammenwirken. Beide wurden daher in Abb. 1.3.1 im In- und Ausland mit gleicher Farbe gekennzeichnet. Für den internationalen Tourismus weniger bedeutend ist der jeweilige Binnenreiseverkehr. Er ist aber für die „Stärke" der jeweiligen Tourismuswirtschaft und die entsprechenden nationalen und internationalen Anteile (also für sog. „Internationalisierungs-Indikatoren", vgl. Abschnitt 1.3.2.5) wichtig.

Die Internationalisierungsdiskussion fokussiert oftmals nur auf den „2-Länder-Fall" von Inland-Ausland, da hier die meisten grundlegenden methodischen Überlegungen veranschaulicht werden können. Allerdings verlangen gerade im Tourismus weitergehende strategische und operative Überlegungen eine differenziertere Betrachtung der verschiedenen Länder. So erfordern die Auslandsmärkte Spanien oder China ganz unterschiedliche Expansionsstrategien aus deutscher Sicht – sowohl für den Outbound- als auch für den Inbound-Tourismus.

1.3.2.2 Outbound-Tourismus (internationaler Ausreiseverkehr)

Als Ausreiseverkehr oder Outbound-Tourismus betrachtet die Tourismuswissenschaft den Reisevorgang aus Sicht der inländischen Quellregion als Verreisen der einheimischen Bewohner in eine ausländische Zielregion, den dortigen Aufenthalt und die Rückkehr an den Ausgangsort. Hierbei stehen die Aufgaben der Reisebüros und Reiseveranstalter (und weiterer beteiligter Unternehmen) im Vordergrund der wirtschaftlichen Betrachtung. Reiseveranstalter agieren teilweise im Ausland, um Reisen vorzubereiten (Einkauf von Kontingenten) und um ihre Gäste während der Reise zu begleiten (Transport, Reiseleitung, ...). Sie verkaufen ihre Hauptleistung in Form der Pauschalreise aber vorwiegend an die Bewohner der Heimatländer. Neben den Auslandsreisen organisieren und vermitteln diese Reisebetriebe aber auch Inlandsreisen (für den Binnen-Tourismus).

Auch **Transportbetriebe** nehmen im Outbound-Geschäft ähnliche Funktionen für die einheimische Bevölkerung des Quell- oder Entsendegebietes wahr. Sie organisieren und ermöglichen für Inländer Reisen ins Ausland. Zudem haben sie aber eine „Zwitterfunktion", indem sie auch im Ausland für den Inbound-Tourismus von ausländischen Gästen sowie für den Rücktransport der Reisenden aus dem Quellgebiet zuständig und aktiv sind. Folglich sind die Transportbetriebe in Abb. 1.3.1 mit ihrer zweiten Funktion nochmals im jeweiligen anderen Land (im „Ausland") vermerkt.

Outbound-Tourismus-Unternehmen sind mit ihren Absatzaktivitäten grundsätzlich für den Heimatmarkt und die dort ansässigen Kunden/Gäste aktiv. Sie verkaufen ihre Leistungen an einheimische Personen. Mitwettbewerber sind vor allem andere lokale bzw. einheimische Anbieter. Nur zum Teil ist am Heimatmarkt für Reisebüros und Reiseveranstalter Konkurrenz aus dem Ausland gegeben. Anders hingegen bei den Airlines; hier stehen zahlreiche ausländische Fluggesellschaften mit den deutschen Unternehmen, v. a. der Lufthansa im Linienverkehr und den Charterfluggesellschaften im internationalen Touristik-/Ferienflugverkehr, im Wettbewerb.

Zunehmende **Internationalisierung** bedeutet für den Outbound-Tourismus vor allem, das Ausmaß und die Intensität der Tätigkeit der Reiseveranstalter und Transportunternehmen auf Auslandsmärkten sowie deren Engagement und Beteiligungen an verschiedenen Unternehmen der Wertschöpfungsstufe im Ausland zu erhöhen. Entsprechende Indikatoren werden in Abschnitt 1.3.2.5 dargestellt. **Volkswirtschaftlich** entspricht eine Auslandsreise grundsätzlich einem Dienstleistungsimport in der Zahlungsbilanz. Doch je nach Reiseart und -form ist der Nettodeviseneffekt für das besuchte Land sehr unterschiedlich (vgl. Freyer 2001b, S. 354).

1.3.2.3 Inbound-Tourismus (internationaler Einreiseverkehr)

Eine andere Form der Internationalisierung zeigt sich beim Einreiseverkehr oder Inbound-Tourismus. Hiermit beschäftigen sich insbesondere die in den Zielgebieten ansässigen touristischen Leistungsträger, wie Beherbergungs-, Verpflegungs-, Transportbetriebe usw. Ferner gibt es spezifische Incoming-Agenturen, die mit den Reiseveranstaltern der Quellgebiete zusammenarbeiten. Die Informationsfunktionen werden oftmals institutionell getrennt in lokalen Informationsstellen oder auf staatlicher Ebene von Nationalen Tourist Offices (NTO) wahrgenommen.

Inbound-Betriebe sind vor allem für Ausländer (ausländische Nachfrager) am heimatlichen Markt aktiv. Sie verkaufen einheimische Produkte und Dienstleistungen an Ausländer, die dazu in das betreffende Land kommen, wo sie die jeweiligen Produkte und Dienstleistungen konsumieren. Soweit sie ihr Angebot nicht nur an ausländische Gäste, sondern auch an auswärtige Besucher aus dem Inland richten, werden sie auch als touristische „Incoming-Betriebe" bezeichnet. Neben den typischen Tourismusangeboten der touristischen Dienstleister (wie Hotels, Reiseleitung) sind es auch zahlreiche nicht-touristische Unternehmen, die sich mit ihren Leistungen auf Touristen spezialisieren und einen hohen Anteil ihres Absatzes durch touristische Besucher erzielen. Beispiele sind Freizeitunternehmen, Sport- und Kultureinrichtungen, der lokale Einzelhandel usw. In beiden Fällen können es einheimische oder ausländische Unternehmen bzw. Niederlassungen ausländischer Firmen sein, die diese allgemeinen Leistungen für Touristen (und für Einheimische) anbieten. Beispiele sind deutsches Bier und deutsche Wurst in mallorquinischen Supermärkten, Ausländerkneipen auf Phuket, Friseure mit einheimischem und ausländischem Personal für Touristen usw.

Marketingaufgabe des Incoming-Tourismus ist eine „Sog- oder Pull-Funktion", ausländische und auswärtige Touristen sollen zu Reisen in das betreffende Zielgebiet bewegt werden. In der Tourismuslehre wird auch vom „Hin-zu"-Reisen gesprochen. Allerdings sind die zuvor genannten Unternehmen sehr unterschiedlich bereit und in der Lage, Marketingaktivitäten zur Gewinnung von Touristen zu unternehmen. Diese Aufgabe wird häufig überbetrieblich erwartet und ist Gegenstand des sog. **Makro-Marketing** im Tourismus. Ferner sind am Incoming-Tourismus oftmals öffentliche Träger und Organisationen beteiligt, die zum einen die lokale Infrastruktur fördern, zum anderen Aktivitäten zur Belebung des internationalen Incoming Tourismus unternehmen. Beispiele sind die Auslandsniederlassungen der NTOs.

Wiederum nehmen **Transportunternehmen** (speziell Airlines) eine Zwitterfunktion im Inbound-Tourismus wahr. Einerseits haben sie ihren Hauptsitz am Heimatort. Mit ihrer Sogfunktion agieren sie aber im Wesentlichen am ausländischen Markt für die dort wohnhaften Einheimischen. Daher ist die inländische Transportgesellschaft mit dieser Inbound-Funktion im jeweiligen Ausland nochmals vermerkt, also als Transportgesellschaft (I) im Falle einer deutschen oder als Transportgesellschaft (A) im Falle einer ausländischen Airline.

Für die Inbound-Unternehmen einer Destination zeigt sich **Internationalisierung** vor allem durch einen hohen Anteil ausländischer Gäste und deren multikulturelle Vielfalt in der jeweiligen Destination. Hierbei stehen Destinations-Management und die internationale Konkurrenz der Destinationen um ausländische Gäste im Mittelpunkt der Betrachtungen (neben inländischen Gästen). Sie agieren zunehmend im Ausland, um dort Gäste zu gewinnen. Typisch dafür sind die Aktivitäten staatlicher Tourismusorganisationen (NTO's) im Ausland und/oder auf Auslandsmessen. So konkurrieren jährlich ca. 150 Destinationen um die Gunst der Reisenden auf der Internationalen Tourismusbörse (ITB) in Berlin, der „Welt größten Reisemarkt".

1.3.2.4 Zunehmende Internationalisierung und Globalisierung im Tourismus

Die meisten touristischen Unternehmen agieren mehr oder weniger „international", d. h. sie müssen entweder Menschen in andere Destinationen befördern und dort die entsprechenden Vorbereitungen erbringen (Outgoing- und Outbound-Tourismus) oder sie müssen am Heimatort für auswärtige und ausländische Besucher Vorbereitungen treffen (Incoming- und Inbound-Tourismus).

Es besteht ein weltweiter globaler Reisemarkt mit globalen Anbietern und globalen Nachfragern. Diese internationalen bzw. globalen Tourismusunternehmen konkurrieren zum Teil untereinander und zum Teil mit lokalen und regionalen Unternehmen. Aber in immer mehr Bereichen ist bereits heute eine deutliche Dominanz der Global Players gegeben. Typische Beispiele sind:

- **Airlines**: Strategische Allianzen dominieren, einzelne nationale Carrier haben immer weniger Einfluss.
- **CRS**: Wenige globale Netze beherrschen den Weltmarkt.
- **Beherbergungsbereich**: Weltweite Hotelketten dominieren die lokalen Märkte (vgl. Go/Pine 1995, Vorlaufer 2000).
- **Reiseveranstalter**: Wenige große Unternehmen dominieren die meisten nationalen Märkte, aber weniger den Weltmarkt.
- **Destinationen**: Die zehn größten Tourismusländer vereinen ca. drei Viertel des gesamten weltweiten Reiseaufkommens auf sich.

Globalisierung zeigt sich vor allem in der Entwicklung, dass immer mehr touristische Unternehmen länderunabhängig bzw. länderübergreifend agieren. Die ganze Welt wird zum Tourismusproduzenten, zum Tourismusprodukt und zu einem touristischen Nachfragemarkt. Das „Global Holiday Village" ist vielfach bereits Realität.

1.3.3 Besonderheiten von Dienstleistungsunternehmen im internationalen Tourismus

1.3.3.1 Konstitutive Elemente von Dienstleistungen

Für den Tourismus ergeben sich zahlreiche Besonderheiten der Expansions- und Internationalisierungsüberlegungen aus den konstitutiven Elementen der touristischen Leistungen, speziell aufgrund des Dienstleistungscharakters sowie der gemeinschaftlichen Leistungserstellung des Gesamtproduktes Reise. Dies erfordert neben entsprechenden strategischen Überlegungen auch einen spezifischen Einsatz der operativen Instrumente. Als Dienstleistungsbesonderheiten, sog. konstitutive Elemente, gelten:

- **Immaterialität**, verbunden mit Nichttransportfähigkeit und Nichtlagerfähigkeit. Da Dienstleistungen nicht transportiert werden können, muss entweder der Anbieter zum Nachfrager oder umgekehrt kommen. Im internationalen Tourismus ist es üblicherweise der Konsument, der als Tourist zum Dienstleistungs-Produzent ins Ausland reist.
- **Potentialorientierung**, d. h. (touristische) Dienstleistungen erfordern ein hohes Maß an Bereitstellung und Sicherung der Leistungsfähigkeit in unterschiedlichen Ländern, verbunden mit entsprechenden vertrauensbildenden Maßnahmen.
- **Integration** des Konsumenten (als sog. „externer Faktor") in den Produktionsprozess, was gleichzeitige Produktion und Konsumtion von Dienstleistungen (sog. uno-actu-Prinzip) sowie Interaktion und Kontakt von Personen und Unternehmen unterschiedlicher Kulturkreise bedeutet.
- Hinzu kommt im Tourismus als viertes Element bzw. konstitutive Besonderheit die gemeinsame Erstellung von **Leistungsketten und -bündeln** durch verschiedene Dienstleistungssysteme. Auch auf der Konsumentenseite besteht eine entsprechende Vielfalt der Konsumenten (aus unterschiedlichen Ländern und Kulturen).

Der Dienstleistungs-Charakter wird zumeist mit Hilfe eines phasenorientierten Modells dargestellt (vgl. Abb. 1.3.2), in dem sich die verschiedenen konstitutiven Elemente entsprechend wieder finden. Die analoge Erweiterung zur touristischen Leistungskette findet sich in Abb. 1.3.6.

In der **Potential- oder Vorbereitungsphase** erfolgen Dienstleistungen aus Sicht des Unternehmens im Sinne von Fähigkeiten und Bereitschaft zur Erbringung einer Dienstleistung. Im Tourismus sind es verschiedene Leistungen der Reisevorbereitung, vor allem die Beratung sowie die Bereitstellung und Sicherung der Verfügbarkeit von Plätzen (Buchen, Reservieren). Im internationalen Tourismus erfolgt die Bereitstellung bzw. Kapazitätssicherung zumeist im Ausland bei den Leistungsträgern (Beherbergungs-, Transportunternehmen), die Buchungsmöglichkeiten werden aber zumeist am Heimatort angeboten. In der Potentialphase sind die Leistungsfähigkeit sicherzustellen und entsprechend zu kommunizieren. Oft bestehen Bedenken der Urlauber hinsichtlich der reibungslosen Durchführung einer Auslandsreise: Hotelüberbuchungen, Busfahrerstreik, Wassermangel oder Kriminalität und Terrorismus im Urlaubsgebiet sind mögliche Probleme in der Potentialphase. Die Kommunikation der Leistungsfähigkeit schafft Vertrauen in den Dienstleister und verschafft Wettbewerbsvorteile gegenüber der Konkurrenz.

Auch für die Kunden gibt es eine Potentialphase, in der sie über die Möglichkeit nachdenken, eine Dienstleistung (hier: eine Reise) in Anspruch zu nehmen. Sie informieren sich über die verschiedenen touristischen Angebote und über die potentiellen Fähigkeiten der verschiedenen Dienstleister. Erst am Ende der Phase 1 kommt es zur eigentlichen Reiseentscheidung.

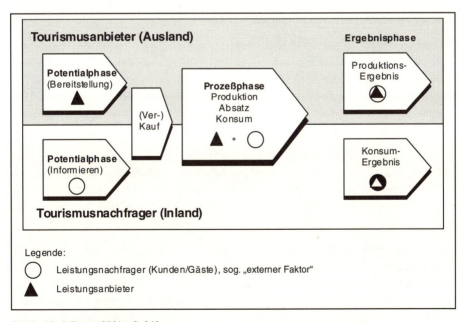

Quelle: Nach Freyer 2001a, S. 248

Abb. 1.3.2: Phasenorientiertes Dienstleistungsmodell im Tourismus (Beispiel: Outbound-Tourismus)

In der **Prozess- oder Durchführungsphase** werden Dienstleistungen gleichzeitig erstellt und konsumiert („uno-actu-Prinzip"). Dazu müssen der Produzent und Konsument (persönlich) zusammentreffen. Im Falle des internationalen Tourismus reist in der Regel der Konsument (als Tourist) zum Dienstleister ins Ausland. Dort wird die Dienstleistung gemeinsam und interaktiv erstellt, wobei der Kunde in den Produktionsprozess einbezogen wird (Integration des externen Faktors). Zumeist kommt es im internationalen Tourismus zu vielfachen Kontakten von Personen unterschiedlicher Kulturkreise.

In der **Ergebnisphase** zeigen sich die – immateriellen – Resultate des Dienstleistungsprozesses. Im Tourismus sind es beispielsweise die Wirkungen einer Reise, wie Ortsveränderung, Erholung, Zufriedenheit usw. Sie wirken in der Regel nach der Rückkehr, also "wieder zu Hause", am Ort des Konsumenten. Einige dieser Ergebnisse stellen sich aber bereits während der Reise (also während der Durchführungsphase in der Fremde) ein. Der Produzent verbleibt am ausländischen Standort, der Tourist reist wieder an seinen Heimatort zurück.

1.3.3.2 Mobilität bzw. Standortgebundenheit touristischer Dienstleistungen

Ein konstitutives Element von Dienstleistungen ist, dass sie nicht zu transportieren sind. Dies hängt eng mit der Eigenschaft der Immaterialität und weiterer Teileigenschaften (wie Nichtlagerfähigkeit, Vergänglichkeit usw.) zusammen. Folglich muss im Falle der internationalen Dienstleistungen entweder der Konsument oder der Produzent ins Ausland fahren, um gemeinsam die Dienstleistung zu erstellen und zu konsumieren. Hierbei stellen touristische Leistungen einen Sonderfall der internationalen Dienstleistungstätigkeit in Bezug auf die Mobilität von Anbieter und Konsument der Dienstleistung dar.

Üblicherweise sind bei touristischen Dienstleistungen die Dienstleister, also Tourismus-Unternehmen, nicht mobil. Sie erstellen ihre Dienstleistungen am Heimatort des jeweiligen Unternehmens, entweder im Ausland (im Falle des Outgoing-Tourismus) oder im Inland (im Falle des Incoming-Tourismus). Mobil sind in beiden Fällen die Reisenden/Touristen. Für sie stellt diese Art der Mobilität oftmals einen sehr angenehmen Fall dar, denn es ist bereits ein Teil der (Urlaubs-)Reise.

Sonderfälle sind verschiedene touristische Teilleistungen, wie z. B. die Beratung oder Reservierung in der Vorphase oder die Nachbetreuung, wo sowohl die Reisenden als auch die Dienstleister am jeweiligen Heimatort verbleiben können. Hier erfolgt die Raumüberwindung der Beratungsdienstleistung durch „Hilfsmedien", wie z. B. per Brief, Telefon oder Internet.

Ferner können in Sonderfällen Dienstleistungen in Drittländern erfolgen, was bei allen reisebegleitenden Dienstleistungen der Fall ist, wo sowohl der Reisende als auch der Dienstleister in ein anderes Land reisen, wie z. B. Reiseleiter-Dienstleistungen, aber auch die meisten Transportleistungen. Eine besondere Betrachtung erfordern Transportgesellschaften. Je nachdem, welches das Heimatland der Gesellschaft und des Reisenden ist und zwischen welchen Orten der Transport erfolgt, können unterschiedliche Varianten der Mobilität auftauchen.

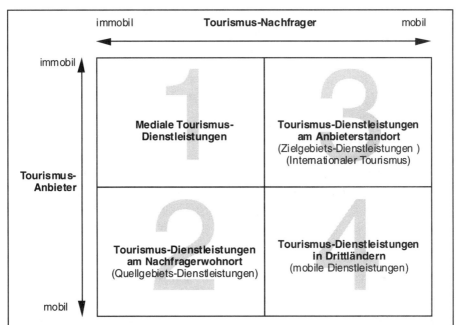

Typ 1: Hier sind sowohl Anbieter wie Konsument räumlich immobil, d. h. sie treten nicht persönlich, sondern über verschiedene Medien in Kontakt (wie z. B. Brief, Telefon, Internet usw.). Im Tourismus betrifft dieser Fall verschiedene Dienstleistungen in der Potentialphase, also zum Zeitpunkt, wo sich Touristen über die Reisemöglichkeiten informieren und die Informationen vom ausländischen Dienstleister, z. B. Hotel, an den Tourismusnachfrager aus dem Quellgebiet gesandt werden. Solche Formen der medialen Informationsübertragung nähern sich der bekannten Situation des Sachgüter-Marketing an. Sie werden infolge der technologischen Innovationen immer bedeutsamer.

Bei Typ 2 sind die Tourismusanbieter mobil, hingegen sind die Leistungsnachfrager immobil. Es handelt sich also um alle Leistungen, die von ausländischen Tourismusunternehmen am Heimatort der Kunden erbracht werden und für die die Kunden nicht oder noch nicht verreisen müssen. Dies können Kapital- oder B-to-B-Dienstleistungen sein, also z. B. um ausländische Direktinvestitionen in Hotels, um die Einrichtungen von CRS am Standort des Kunden usw. Ein anderer häufig auftretender touristischer Fall sind die Dienstleistungen von ausländischen Tourismusämtern (NTO) am Wohnort der Kunden. Im Wesentlichen sind es Informationsdienstleistungen in der Potentialphase, also bevor der Kunde die Reise antritt.

Typ 3 entspricht dem üblichen Fall im internationalen (Urlaubs-)Tourismus: Dienstleistungen werden am Ort des Dienstleisters für ausländische Touristen erstellt. Der Kunde muss als Tourist mobil sein und ins Ausland fahren. Eigentlich wird dabei erwartet, dass sich der mobile Dienstleistungskonsument an die Gegebenheiten des Gastlandes anpasst, doch fortschreitender Tourismus führt oftmals zu einer Anpassung der ausländischen Dienstleister an ihre Gäste.

Typ 4 betrifft einige Sonderaspekte des Tourismus. Es handelt sich um Fälle, wo Dienstleistungen in Drittländern erstellt werden und folglich sowohl der Dienstleister als auch der Nachfrager mobil sind. Beispiel: Studienreisen (mit Reisebegleitung), Teile der Transportdienstleistungen, wo Dienstleistungen in Drittländern erstellt werden; oder B-to-B-Dienstleistungen in Drittländern, wie z. B. Messen im Ausland.

Quelle: In Anlehnung an Sampson/Snape 1985, Stauss 1995 und DIW 1999

Abb. 1.3.3: Typologisierung internationaler Tourismus-Dienstleistungen hinsichtlich verschiedener Mobilitätsaspekte

Für die verschiedenen Mobilitätsanforderungen an internationale Dienstleistungen wird in der Literatur häufig die sogenannte „**Sampson-Snape-Box**" als eine der wenigen eigenständigen Typologien für das internationale Dienstleistungs-Management angeführt. Sie wurde ursprünglich von Sampson/Snape (1985) entwickelt und von anderen Autoren für internationale Dienstleistungen veranschaulicht (vgl. Stauss 1995, DIW 1999).

Sie lässt sich in ähnlicher Form auch für touristische Dienstleistungen interpretieren, obwohl sie nur begrenzt deren Besonderheiten gerecht wird. Dienstleistungen werden hinsichtlich der Mobilitätsanforderungen an Anbieter und Nachfrager in vier Typen unterteil. Dabei wird grundsätzlich von persönlichen Dienstleistungen ausgegangen, die eine physische Anwesenheit während der Dienstleistung erfordern. In Abb. 1.3.3 entspricht der Dienstleistungstyp 3 dem üblichen Fall im internationalen Urlaubs-Tourismus. Im Fall 2 sind es entweder geschäftliche Reisen im B-to-B-Bereich oder Dienstleistungen in der Potentialphase der Reise-Information, ähnlich den meisten Fällen aus Typ 1. Im Bereich 3 sind vor allem touristische Sonderfälle sowie Teile der Transportdienstleistungen enthalten.

1.3.3.3 Integration des externen Faktors und interkulturelle Kontakte

Ein weiteres konstitutives Element touristischer Dienstleistungen ist die Integration des Kunden, des sog. externen Faktors, in den Dienstleistungserstellungsprozess. Hierbei gilt das uno-actu-Prinzip, also die Simultanität von Produktion und Konsum. Zudem interessieren vor allem die persönlichen Dienstleistungen, bei denen ein direkter Kontakt von Dienstleister und Kunde erfolgt. Hieraus folgen weitere Besonderheiten für das internationale Tourismus-Management. Vor allem steht die Ausgestaltung der Kontakte von Personen aus unterschiedlichen Kulturkreisen während der Reise im Mittelpunkt des interkulturellen Dienstleistungs-Managements. Darüber hinaus sind im Tourismus weitere allgemeine Aspekte der internationalen kulturellen Wechselwirkungen zu berücksichtigen. Solche allgemeinen Kulturaspekte für den Tourismus und für das internationale Management finden sich beispielsweise in den Beiträgen von Hofstede (1980, 1993), Hasenstab (1998), Rothlauf (1999), Thomas (1996), Usinier (1993), Wierlacher (2000), Dreyer (2000) sowie in den tourismusspezifischen Kulturmodellen von Jafari (1983) und Thiem (1994).

Im Tourismus wird dabei neben den allgemeinen Kulturaspekten der Unternehmenskulturen sowie der Kulturen der Heimat- und Gastländer zwischen einer Tourismus- sowie Gäste- und Gastgeberkultur unterschieden (vgl. dazu genauer Thiem 1994, Jafari 1983, Freyer/Pompl 2000, S. 117-122, auch Herdin/Luger 2001):

- Die **touristische Kultur** umfasst den Lebensstil der Gäste und Gastgeber und die Strukturen, die das Reisen ermöglichen. Ferner sind es spezifische Kulturausprägungen, die durch die gegenseitige Begegnung von Gästen und Gastgebern im Kulturkreis der Zielregion entstehen. Sie beinhaltet unter anderem die Gäste- und Gastgeberkultur.
- Die **Gästekultur** umfasst die aus der Kultur des Heimatlandes (Quellregion, Gastland) gewachsenen Motive und Verhaltensweisen auf Reisen sowie die Strukturen, die das Reisen ermöglichen und die Anforderungen an die Gastgeber. Sie bestimmt die materielle und immaterielle touristische Nachfrage. Die Gästekultur unterscheidet sich von

der Kultur in der Quellregion durch tourismuspezifische Ausprägungen, vor allem durch den besonderen „Lebensstil auf Zeit", der während der Reise praktiziert wird.

- Die **Gastgeberkultur** umfasst den Lebensstil der Einwohner in ihrer Rolle als Gastgeber. Sie bestimmt das notwendige materielle und immaterielle touristische Angebot. Die Gastgeberkultur unterscheidet sich von der Kultur der Zielregion durch ihre tourismusspezifischen Besonderheiten, z. B. Animation, Beherbergung, Verpflegung.

Gast- und Gastgeberkultur begegnen sich in der Zielregion und stehen in einer Wechselbeziehung zueinander. Beide Teilkulturen werden voneinander beeinflusst und geformt (vgl. dazu auch Herdin/Luger 2001). Diese unterschiedlichen Kulturen wirken sich auch bei den direkten Kontaktbeziehungen von Touristen und Dienstleistern in den verschiedenen Phasen der touristischen Leistungskette aus. Sie prägen zugleich die gegenseitigen Erwartungen und Erfüllungen während der Dienstleistung und damit letztlich die Zufriedenheit infolge der verschiedenen Kulturkreise. Es „übernimmt die Kultur die Rolle einer Meta-Sprache. Die Kultur legt die Spielregeln der Kommunikation fest und bestimmt implizit, wie Menschen innerhalb der Austauschbeziehungen miteinander umgehen." (Usunier 1993, S. 12)

Am Heimatort hat der Tourist ersten Kontakt mit der Tourismuskultur in Form der Reiseberatung und -organisation (bei Reisebüros und -veranstaltern). Auch sie unterscheidet sich schon von der Alltagskultur des Kunden. Es handelt sich aber noch nicht um einen internationalen bzw. ausländischen Kulturkontakt, da diese Art der Beratung im Regelfall zwischen Vertretern der einheimischen Kultur erfolgt. Allerdings kann auch hier bereits Kontakt mit Vertretern ausländischer Airlines, Reiseveranstalter, Hotels usw. erfolgen.

Die ersten interkulturellen Kontakte erfolgen zumeist während des Transports. Aber auch hier kann der Kulturkontakt sehr unterschiedlich sein. Im Falle eines Fluges mit einer einheimischen Airline sind die Kontakte zumeist noch sehr auf Personen des eigenen Kulturkreises beschränkt. Im Falle eines Fluges mit einer ausländischen Airline entstehen bereits erste interkulturelle Kontakte, sei es sprachlich oder auch bezogen auf das Essen (während des Fluges).

Spätestens nach Ankunft im Ausland intensivieren sich die interkulturellen Kontakte. Sie beginnen mit den Behörden bei der Einreise und setzen sich – je nach Reiseart und -form – über den lokalen Transport (Taxi, Bus), die Beherbergungsbetriebe und deren Beschäftigte fort. Allerdings ist die Intensität des interkulturellen Kontaktes der Touristen mit einheimischen Dienstleistern sehr unterschiedlich. Oftmals beschränken sie sich auf das touristische Dienstleistungspersonal, wie Stewards und Stewardessen im Flugzeug, Bedienungspersonal in Gaststätten, Reinigungspersonal im Hotel, Taxifahrer usw. Darüber hinaus kann es während des Aufenthaltes zu zahlreichen weiteren Kontakten mit der einheimischen Bevölkerung und deren Kultur kommen, die grundsätzlich außerhalb der engeren für Touristen erstellten Kultur erfolgen kann.

Hier gibt es aus Sicht des internationalen Tourismus sehr unterschiedliche touristische Konzepte für den Aufenthalt von ausländischen Touristen in einer Destination. Zum einen wird die Form des integrierten Tourismus befürwortet, bei der der ausländische Tourist in die einheimische Gesellschaft und Kultur integriert wird. Dabei kommt es zu relativ vielen und intensiven Kontakten der ausländischen Besucher mit Einheimischen.

Demgegenüber geht das Ghetto-Prinzip davon aus, dass Touristen ihren Aufenthalt eher abgeschieden von der einheimischen Bevölkerung in speziellen touristischen Ressorts verbringen wollen bzw. sollen. Dies ermöglicht relativ wenig Kontakt zwischen Touristen und Einheimischen.

Aufgaben des interkulturellen Tourismus-Managements ist die Organisation und Gestaltung der interkulturellen Kontakte zwischen:

- Service-Personal und Touristen/Gästen,
- Management und Mitarbeitern im Unternehmen aus unterschiedlichen Kulturkreisen (Top und Lower Management),
- Touristen und einheimischer Bevölkerung bzw. Kultur (Ausflugsprogramme, „Land und Leute", Folkloreabende usw.).

Dies erfordert entsprechende interkulturelle Kompetenz(en), sog. Schlüsselkompetenzen bzw. -qualifikationen, bei interkulturellen touristischen Dienstleistungen, wie z. B. (vgl. Freyer/Pompl 2000, S. 123ff):

- Wissen: Sprache, Gesetze, sozio-kulturelle Besonderheiten (does and don'ts), Normen, Werte, kulturelle Standards,
- Einstellung: Offenheit, Empathie, Toleranz, Respekt, Akzeptanz,
- Persönlichkeit und Qualifikation: Lernfähigkeit, Verhaltensanpassung, kommunikative Kompetenz, Teamfähigkeit, Psychische Belastbarkeit.

Eine weitere wichtige interkulturelle Managementaufgabe im Tourismus betrifft die Kontakte der Touristen untereinander. So können verschiedene ausländische Gäste zusammen oder bestimmte ausländische Touristengruppen eher isoliert voneinander untergebracht und betreut werden. In der Folge entwickelten sich „deutsche" oder „britische" Hotels oder Orte in ausländischen Destinationen, z. B. Magaluf („britisch" dominiert) oder Arenal („deutsch") auf Mallorca.

Die verschiedenen Möglichkeiten der persönlichen interkulturellen Dienstleistungskontakte, die im Tourismus auftauchen können, werden in Abb. 1.3.4 aufgezeigt. Es werden dabei Kunden und Mitarbeiter aus gleichen bzw. unterschiedlichen Kulturkreisen betrachtet, wobei die Kunden aus zwei verschiedenen Ländern kommen können (vgl. ähnlich Stauss 1999, S. 277f).

Die kulturellen Unterschiede (oder Gemeinsamkeiten) sind dabei ursächlich für verschiedene Erwartungen und Wahrnehmungen an die Dienstleistungsproduktion und den -konsum. Sie können zum einen zu mehr kulturbedingter Toleranz, aber auch zu entsprechender Unzufriedenheit führen. Im Sinne der bekannten Dienstleistungs-Gaps wird dabei von einem „inter-cultural provider oder consumer performance gap" gesprochen (vgl. Stauss/Mang 1999).

Mitarbeiter aus \ Kunde aus	Inland	Ausland A	Ausland B
Inland	Intrakulturelle Dienstleistung (1)	Interkulturelle Dienstleistung (2A)	Interkulturelle Dienstleistung (2B)
Ausland (A)	Interkulturelle Dienstleistung (3)	Inter-/Intra-kulturelle Dienstleistung (4)	Interkulturelle Dienstleistung (5)

Erläuterungen zu Abb. 1.3.4:

Intra-kulturelle Dienstleistung (Situation 1): Hier treffen Angehörige gleicher Kulturkreise zusammen, also z. B. ein deutscher Tourismusangestellter mit einem deutschen Gast. Diese Form der Dienstleistungsinteraktion tritt normalerweise beim Binnen- oder Inlandstourismus auf. In Abgrenzung zu Situation 4 wird davon ausgegangen, dass die Dienstleistung im Heimatland der Beteiligten erfolgt. In allen anderen Fällen handelt es sich um interkulturelle Dienstleistungsbeziehungen, also Dienstleistungen werden von Inländern an Ausländern oder von Ausländern an Inländern oder von Ausländern untereinander erbracht. Diese Fälle erfordern besondere interkulturelle Kompetenzen.

Dienstleistungs-Situation 2 ist der Prototyp für den Inbound-Tourismus, wo inländische Mitarbeiter mit Auslandsgästen zu tun haben, z. B. ein deutscher Hotelangestellter mit ausländischen Hotelgästen (oder ein spanischer Hotelangestellter mit einem deutschen Gast in Spanien). Dabei können die Gäste nicht nur aus einem (A), sondern aus verschiedenen Ländern kommen (A und B), was zusätzliche interkulturelle Flexibilität erfordert. Mit zunehmender Internationalisierung werden auch verstärkt ausländische Beschäftigte eingestellt, um beispielsweise den kulturellen Erwartungen der Gäste zu entsprechen. Dies führt zu grundsätzlich andersartigen interkulturellen Dienstleistungskontakten als im Falle der inländischen Mitarbeiter.

Dienstleistungs-Situation 3: Ausländische Mitarbeiter erbringen Dienstleistungen an deutschen Kunden, was oftmals in deutschen Gaststätten der Fall ist, z. B. ein italienischer Ober bedient einen deutschen Gast.

Dienstleistungs-Situation 4: Interessant ist der Dienstleistungsfall 4, wo ein ausländischer Beschäftigter mit einem Kunden aus dem gleichen Kulturkreis in Kontakt tritt, also z. B. ein italienischer Ober, der in einem deutschen Restaurant einen italienischen Touristen bedient. Am häufigsten sind aber – aus deutscher Sicht – die Fälle in beliebten deutschen Urlaubsdestinationen bekannt, wo deutsche Mitarbeiter die deutschen Urlaubsgäste bedienen. Situation (4) hat ferner einige Gemeinsamkeiten mit der intra-kulturellen Situation (1), da Angehörige des gleichen Kulturkreises sich im Service-Fall begegnen. Doch für beide Beteiligte findet die Service-Situation in einem ausländischen Umfeld dar.

Dienstleistungs-Situation 5: Letztlich ist noch Fall von Interesse, wo ausländische Mitarbeiter mit Kunden aus Drittländern interaktiv sind, also z. B. französische Fluggäste einer deutschen Fluggesellschaft, die durch amerikanische Flugbegleiter bedient werden.

Quelle: Nach Stauss 1999, S. 278

Abb. 1.3.4: Interkulturelle Dienstleistungskontakte

Beispiel: Eine der wenigen empirischen Untersuchungen zu solchen intra- und interkulturellen Dienstleistungssituationen (sog. service-encounters) findet sich bei Stauss/Mang (1999), wo der Fall japanischer, amerikanischer und deutscher Gäste auf einem Lufthansaflug zwischen Tokio, Frankfurt und Atlanta hinsichtlich ihrer (Un-) Zufriedenheit mit der interkulturellen Service-Situation vor und während des Fluges untersucht wurden.

1.3.3.4 Grenzüberschreitende touristische Leistungsketten

Eine weitere Aufgabe im internationalen Tourismus-Management entsteht dadurch, dass die einzelnen Teilleistungen einer Reise in ihrer Gesamtheit als Dienstleistungskette bzw. -bündel wirken. Dazu tragen im internationalen Tourismus inländische und ausländische Dienstleister sehr unterschiedlich bei. Bei der klassischen Pauschalreise werden die Reisevorbereitung durch den Reisevermittler und den -veranstalter am Heimatort und Teile des Transports sowie der Aufenthalt mit seinen verschiedenen Teilleistungen im Ausland erstellt.

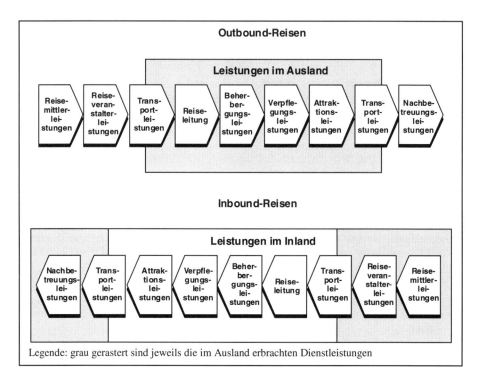

Abb. 1.3.5: Leistungsketten im Tourismus

In Abb. 1.3.5 ist die touristische Dienstleistungskette mit ihren wichtigsten Kettengliedern aufgeführt, einmal in der Outbound-Variante und einmal in der umgekehrten Inbound-Variante. Sie zeigt die unterschiedlichen in- und ausländischen Beiträge der verschiedenen touristischen Dienstleister. Hinzu kommen noch zusätzliche unterschiedliche Anteile und Intensitäten der in- und ausländischen Geschäftstätigkeit der einzelnen Unternehmen. Beispiel: Verschiedene Untersuchungen für deutsche Reiseveranstalter, sog. Geschäftssystemanalysen, haben gezeigt, dass sich die Wertschöpfung (von 100%) wie folgt auf die Hauptstufen einer Flugpauschalreise verteilt: Veranstaltertätigkeit (ca. 8-10%), Reisemittlerbereich (ca. 10-12%), Flug (knapp 40%), Unterkunft (knapp 40%), Zielgebietsagenturen (unter 5%) (vgl. Freyer 2001a, S. 287).

Integration in multinationale bzw. internationale Konzerne
Das internationale Management will mehr und mehr Anteile der Wertschöpfungskette auf sich vereinen. Hauptakteure dieser Internationalisierungsstrategien sind die Reiseveranstalter, die aufgrund ihrer Geschäftstätigkeit schon immer mit der gesamten Wertschöpfungskette beschäftigt waren. Reiseveranstalter versuchen, über vertikal integrierte Reisekonzerne zunehmend Einfluss auf die Teile der Wertschöpfungskette im In- und Ausland zu nehmen. Typisch für diese Form der Expansionsstrategie ist die Unternehmenspolitik deutscher Reiseveranstalter, die sich gegen Ende der 90er Jahre zu vertikal integrierten Reisekonzernen entwickelt haben (vgl. Freyer 2001b, S. 156ff und 361ff. sowie Kapitel 2.1 in diesem Band).

Zudem haben sie ihre Aktivitäten auf einige europäische Märkte ausgeweitet, um neben den Integrations- auch Internationalisierungsvorteile zu erreichen. Vielfach wird dies als „Globalisierung der Reisekonzerne" bezeichnet. Doch in Bezug auf die Expansionsstrategie ist ihr Vorgehen bestenfalls regiozentristisch („europäisch") als global zu sehen. Ferner wird die Unternehmensphilosophie noch stark vom Mutterland aus dominiert, ist also ethnozentrisch (vgl. Freyer 2002, S. 69, auch Abschnitt 1.3.4). Andererseits wurden die ursprünglich weitgehend selbständigen Reiseveranstalter selbst Teil von eher branchenfremden Großkonzernen, allen voran Misch- und Handelskonzerne wie Rewe (mit Dertour, ITS, LTT), Karstadt (Thomas Cook) und Preussag (TUI). Diese Formen der Integration und Internationalisierung haben zum einen deutliche Standardisierungsvorteile für die Konzerne und ermöglichen hohe Auslastungen der verschiedenen Wertschöpfungsstufen. Zum anderen gleichen sich für den Kunden die Angebote der Veranstalter mehr und mehr an, die Eigenheiten und die Authentizität des Gastlandes gehen durch die standardisierte Pauschalreise nach und nach verloren. Für das Gastland ist der Nettodeviseneffekt relativ gering. Extrembeispiel ist die Entwicklung der All-Inclusive-Reisen. Zudem erschweren die Tendenzen zu national und international integrierten Konzernen allerdings den internationalen Marktzutritt für KMU, die gerade im Tourismus vorherrschend sind.

Beim Outbound-Tourismus erfolgt die vertikale Integration durch Kooperationen, Franchising und Kettenbildungen bei den Vertriebswegen, speziell den Reisebüros, sowie die Übernahme bzw. Beteiligungen an Fluggesellschaften. In Bezug auf die ausländischen Teile der Wertschöpfungsstufe sind es die Zielgebietsagenturen, Hotels, Freizeitanbieter und Mietwagenunternehmen, die in die multinationalen Reisekonzerne integriert werden (sollen). Analoge Vorgänge zeigen sich beim Inbound-Tourismus, nur dass die Inlands- und Auslandsbeteiligungen genau umgekehrt zu sehen sind.

Internationale Marktbearbeitung oder Markteintritt bzw. Formen der Organisation
Als typische Formen der Auslandsbeteiligungen gelten Agenturverträge, Joint Venture, Strategische Allianzen und Filialen, die zumeist als Markteintritts-Strategien oder als Marktbe-

arbeitungsformen bzw. -strategien bezeichnet werden. Sie sind aber nur begrenzt für die Komplexität von Dienstleistungsketten geeignet. Schon Dülfer (1992, S. 107) plädiert für neue „Geschäftssysteme" im internationalen Management, wenn auch vorwiegend aus Sicht von Sachgüterunternehmen. Diese Problematik wurde auch für internationale Dienstleistungen erkannt und ansatzweise in einigen neueren Beiträgen aufgenommen, ohne dass es allerdings bisher zu einer grundsätzlichen Neuorientierung für das internationale Dienstleistungsmanagement gekommen ist (vgl. u. a. Wißmeier 1992, Herrmanns/Wißmeier 1998, Stauss 1995). Hierzu kann eventuell auch künftig die sehr intensive Diskussion um neue Organisationsformen im Tourismus beitragen. Aktueller Stand ist, dass die klassische Abfolge des Markteintritts bzw. der Marktbearbeitung, wie sie üblicherweise für Sachgüter aufgezeigt wird, für komplexe Dienstleistungen weniger geeignet ist, also nicht (die folgende Reihenfolge ergibt sich aufgrund zunehmend höherer Kombinationen von Kapitaleinsatz und Managementleistungen im Stammland und Gastland, vgl. Meissner 1987, S. 47ff, Meffert/Bolz 1994, Dülfer 1992, Wißmeier 1992, S. 135ff, Backhaus u. a. 1996, S. 76ff.):

Export – Franchising – Lizenzverträge (bei Produkten) – Agentur – Joint Venture – Auslandniederlassung Vertrieb – Produktionsbetrieb im Ausland – Tochtergesellschaft.

Neuere Beiträge sehen verschiedene Strategiealternativen der internationalen Marktbearbeitung nebeneinander und nehmen verstärkt die Formen der strategischen Allianzen, des Franchising und der Agenturen mit auf, die auch für den Tourismus von größerer Bedeutung sind. Aber die touristischen Dienstleistungs-Systeme erfordern auch neue Formen der internationalen Kooperation und Organisation (neue „Geschäftssysteme"), die über die klassischen Organisationsformen des sachgüterorientierten internationalen Managements hinausgehen, wie z. B.

- Public-Private-Partnerships: Zusammenarbeit von Tourismusministerien, Verbänden und touristischer Privatwirtschaft, oder
- virtuelle Kooperationsnetzwerke: von Reservierungssystemen bis zu virtuellen Reisebüros und Reiseveranstaltern.

Eine solche Entwicklung und Sichtweise der touristischen Dienstleistungsketten steht aber erst am Anfang. Sie sind bisher nicht tourismus- und dienstleistungsspezifisch im Internationalen Tourismus-Management untersucht und entwickelt worden.

1.3.4 (Expansions-)Strategien im Internationalen Tourismus

1.3.4.1 Internationalisierung als strategisches Entscheidungsproblem

Trotz aller Unterschiede bei der Einordnung der Internationalisierung in das wirtschaftswissenschaftliche Theorie- und Praxisgebäude besteht weitgehend Einigkeit, dass es sich bei der Frage der Internationalisierung aus unternehmerischer oder Managementsicht vor allem um ein **strategisches Entscheidungsproblem** handelt, d. h. es geht um die zukünftige Entwicklungsrichtung und die Integration als Leitmotiv eines Unternehmens. Dabei werden strategische Überlegungen im internationalen Tourismus- und Dienstleistungs-Marketing vor allem entlang der klassischen Marketing-Management-Methode entwickelt, wobei in der

Literatur die Auffassung überwiegt, dass es weniger grundsätzliche methodische Unterschiede zwischen internationalem und nationalem strategischem Marketing und Management gibt, sondern sie sich lediglich auf Ausprägungen beziehen: „Marketingstrategien internationaler und nationaler Art unterscheiden sich nicht von ihrem Charakter her, sondern durch ihren internationalen Bezug. (...) Der internationale Kontext bedingt jedoch teilweise andere Inhalte bzw. zusätzliche Marketingstrategien." (Wißmeier 1992, S. 74f.)

Strategien setzen entsprechende internationale Ziele, vor allem die Verankerung des Internationalisierungsgedankens in den übergeordneten Unternehmenszielen, sowie eine entsprechende Informationsbeschaffung im Rahmen der internationalen Marktforschung voraus. Analog zur klassischen Marketing-Management-Methode ziehen die internationalen Strategien die daraus folgenden operativen Maßnahmen nach sich, die wiederum verschiedenen Implementierungsanforderungen unterliegen (vgl. Meffert/Bolz 1994, Porter 1989, Quack 1995, Yip 1996).

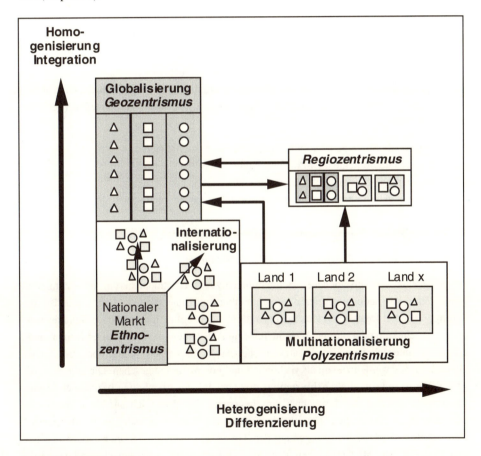

Quelle: Freyer 2002, S. 15

Abb. 1.3.6: Grundstrategien der Internationalisierung

Im Hinblick auf den Internationalisierungsprozess ist die Systematik aus Abb. 1.3.6 am verbreitetsten. Sie berücksichtigt nicht nur die speziellen strategischen Marketingaspekte, sondern integriert darüber hinaus auch kulturelle, dienstleistungsspezifische und touristische Aspekte. Ferner ermöglicht sie Aussagen für den Markteintritt sowie die Marktbearbeitung in unterschiedlichen Ländern. Sie versucht, die verschiedenen strategischen Optionen bei der Auslandstätigkeit entlang der beiden Dimensionen Integrationsvorteile und Differenzierungsvorteile zu strukturieren und systematisieren:

- **Integrationsvorteile** bedeuten vor allem Kostenvorteile als Folge von Homogenisierung und Standardisierung. Obwohl Standardisierung bei touristischen Dienstleistungen ein gesondertes Problem darstellt, gibt es hierfür typische Beispiele wie Pauschalreisen, Airline-Standards, Hotel-Standardisierung, CRS usw.
- **Differenzierungsvorteile** ergeben sich infolge einer länderspezifischen Anpassung, z. B. an die jeweilige Mentalität, an Normen, Gesetze, Bedürfnisse. Hierbei werden wiederum Lokalisierungsvorteile ausgeschöpft bzw. angestrebt.

Durch mehr oder weniger Homogenisierung bzw. Differenzierung der Auslandstätigkeit auf verschiedenen Märkten ergeben sich vier grundsätzliche Strategiemöglichkeiten. Sie werden in der Literatur auch als Grundstrategien bzw. Grundtypen der Internationalisierung bezeichnet. Sie lassen sich auch für die Expansionsmöglichkeiten von Dienstleistungsunternehmen im Tourismus als die geeigneten strategischen Überlegungen darstellen (vgl. ähnlich Freyer 2002):

(1) Übernationale Strategie oder undifferenzierte Internationalisierung,
(2) Multinationale Strategie oder Polyzentrismus,
(3) Globalisierungs-Strategie oder Geozentrismus,
(4) Transnationale Strategie bzw. Regionenorientierung oder Regiozentrismus,

1.3.4.2 Internationalisierungsmuster – Grundstrategien der Internationalisierung

1.3.4.2.1 Strategischer Ausgangspunkt: Inlandsorientierung

Ausgangspunkt der verschiedenen Betrachtungen zur Internationalisierung ist – zumindest gedanklich – das nationale Agieren und eine ethnozentrische Wertehaltung („Inlandsorientierung"). Hierbei fokussieren Unternehmen ihr Handeln auf nationale Märkte (Inlandsmärkte). Es besteht kein oder nur geringes Interesse an Aktivitäten im Ausland. Der Heimatmarkt erfüllt die unternehmerischen Absatzwünsche. Ausländische Aktivitäten über die eigenen Grenzen hinaus werden zudem als risikoreich und kompliziert angesehen. Die zugrunde liegende Werthaltung wird als **Ethnozentrismus** oder Inlandsorientierung bezeichnet (Home-Country-Orientation). Sie bezeichnet die „begrenzte Fähigkeit, sich auf länderspezifische Besonderheiten einzustellen. Hauptkonkurrent ist der stärkste inländische Wettbewerber." (Meffert/Bolz 1994, S. 25) Bezogen auf den **Tourismus** wäre die Ausgangslage eine Situation, in der im wesentlichen Binnen-Tourismus (Inlandsreisen) vorhanden ist und die touristischen Anbieter vor allem Reisen für den Heimatmarkt produzieren, z. B. „Deutschland-Urlaub" (aus deutscher Sicht: „Bleibe im Lande", „Reise deutsch"). Die touristischen Anbieter orientieren sich vorwiegend an inländischen Nachfragern und Mitwettbewerbern.

1.3.4.2.2 Übernationale Strategie oder undifferenzierte Internationalisierung

In einer ersten Stufe der Internationalisierung öffnen sich die nationalen Märkte und es kommt zu grenzüberschreitenden Aktivitäten. Es wird allerdings noch recht undifferenziert und vor allem vom Heimatmarkt aus mit einer nach wie vor nationalen, ethnozentrischen Grundhaltung agiert (sog. undifferenzierte Internationalisierung). Die Gründe für den Schritt ins Ausland waren und sind vielfältig (z. B. Kostenvorteile, Absatzprobleme, Markterweiterungen, kulturelle Unterschiede usw.). Die klassische Nationalökonomie formuliert komparative Kostenvorteile als Hauptantrieb für den internationalen Handel sowie als Grundlage einer Theorie der internationalen Arbeitsteilung.

Im **Tourismus** betrifft Internationalisierung den grenzüberschreitenden Reiseverkehr zwischen verschiedenen Ländern (sog. Inbound- und Outbound-Tourismus, vgl. WTO/OMT 1993). Hierbei führen die unterschiedlichen Kulturen und natürlichen sowie abgeleiteten touristischen Angebotsfaktoren zu Reisen zwischen verschiedenen Ländern (im Sinne von – touristischen – Dienstleistungsimporten bzw. -exporten). Es wird allerdings beim undifferenzierten Internationalismus von Seiten der Tourismusunternehmen nach wie vor vom Heimatland aus operiert; sie betreiben keine besondere internationale Marktforschung und auch die Kultur und Belange des Auslandes werden nur unzureichend berücksichtigt. Hier besteht kritisch betrachtet eine gewisse Nähe zum Kolonialismus. Soweit der grenzüberschreitende Reiseverkehr nur als „Appendix" der nationalen Reisetätigkeit gesehen wird, also durch den internationalen Reiseverkehr keine veränderten Verhaltensweisen und Strukturen gegenüber dem Inlandsreiseverkehr entstehen, spricht man nach wie vor von einer ethnozentrischen Orientierung: „In allen Gesellschaften eines Unternehmens gilt die im Stammhaus entwickelte Unternehmenskultur. Prämisse ist, dass die heimischen Grundwerte und Managementprinzipien überall auf der Welt erfolgreich sind. Es wird eine uniforme Unternehmenskultur angestrebt. Eine Anpassung an die jeweilige Landeskultur erfolgt nur marginal, eher folkloristisch als substantiell. Daraus ergibt sich der Nachteil, dass lokale Markt- und Personalbedürfnisse nur mangelhaft berücksichtigt werden. Es besteht eine Nähe zum Kolonialismus." (Freyer/Pompl 2000, S. 118) Typische Reiseformen und -arten wären klassische Studienreisen (Kulturaustausch), Geschäftsreisen (Handels-, Güteraustausch) sowie pauschal organisierte Erholungsreisen (in Länder mit komparativen touristischen Vorteilen bei Sonne, Sand und Service).

Mit der **Fortentwicklung der Internationalisierung** kommen neue Qualitäten und neue Formen hinzu. Hierbei lassen sich zwei grundsätzlich unterschiedliche Richtungen unterscheiden, die auch eng mit veränderten Werthaltungen verbunden sind. In allen Ländern gibt es zugleich integrations- als auch lokalisierungsfördernde Kräfte (sog. „Integration-Responsiveness-Paradigma" oder „go global - act local"-Prinzip, vgl. u. a. Meffert/Bolz 1994, S. 29 u. S. 61). Diesen Faktoren versuchen Unternehmen entweder durch eine Strategie der **Multinationalisierung** (verbunden mit Polyzentrismus) oder der **Globalisierung** (verbunden mit Geozentrismus) zu entsprechen. Als mögliche Zwischenstufe von Globalisierung und Multinationalisierung wird ferner die **Regionalisierung** (verbunden mit Regiozentrismus) unterschieden. Hierbei werden sowohl die integrativen als auch die differenzierenden Faktoren unternehmensstrategisch berücksichtigt.

1.3.4.2.3 Multinationale Strategie oder Polyzentrismus

Gegenüber der ersten Stufe der Internationalisierung orientieren sich bei der Multinationalisierung die unternehmerischen Aktivitäten verstärkt an den ausländischen Gegebenheiten. Dabei werden zunehmend länderspezifische Unterschiede berücksichtigt und die Auslandsgeschäfte differenzierter und heterogener betrieben.

Aber anders als bei der bloßen Inanspruchnahme von komparativen Kostenvorteilen in anderen Ländern vom Heimatland aus werden hier eigene Tochterfirmen gegründet und/oder durch Kooperationen Teile der Leistungserstellung bzw. -verwertung in andere Länder verlegt. Haupterscheinungsform ist der Kapitaltransfer („Auslandsinvestitionen"), der zu einer intensiven Verflechtung der internationalen Kapitalmärkte führt. Ferner kommt es verstärkt zum Einsatz lokaler Kräfte im Managementbereich, zur Dezentralisierung der Entscheidungen, zu Marktforschung und Marketingaktivitäten im Gastland (auf einer „country-by-country-basis").

Typische touristische Beispiele finden sich v. a. im Beherbergungsbereich, wo Hotels im landestypischen Stil gebaut und mit lokalem Management betrieben werden (vgl. Abb. 1.3.2). Ferner sind die Aktivitäten der europäischen Reiseveranstalter im Ausland, die sich vor allem an den nationalen Gegebenheiten orientieren, Beispiele für Multinationalisierung und Polyzentrismus. Soweit Auslandsfilialen von zu Hause aus gesteuert werden, überwiegt nach wie vor die ethnozentrische Grundhaltung. Sobald mit eigenständigen Niederlassungen operiert wird, die sich an den Besonderheiten bzw. Erfordernissen des jeweiligen Auslandsmarktes ausrichten, sind dies Formen des **Polyzentrismus** (Gastlandorientierung): „In jeder Auslandsgesellschaft entwickelt sich die im jeweiligen Lande vorherrschende Unternehmenskultur. Nach dem föderalistischen Konzept ist das Managementsystem den kulturellen Eigenheiten der Gastländer angepasst, so dass eine "binationale" Managementkultur entsteht." (Freyer/Pompl 2000, S. 118f).

Der **internationale Tourismus** (Auslandsreisen) erfordert zwangsläufig enge Kooperationen mit Unternehmen im Gastland, wie z. B. Beherbergungsunternehmen, Transportgesellschaften, Reiseleitern usw., ohne dass damit bereits die Stufe der Multinationalisierung erreicht ist. Erst wenn Tourismusunternehmen eigene Beteiligungen an Incomingagenturen oder Hotels im Zielland erwerben und dort relativ eigenständig agieren, also nicht nur als „Appendix" für Reiseveranstalter und -gäste des Heimatlandes handeln, kann von **Multinationalisierung** gesprochen werden.

Übertragen auf den Tourismus bedeutet Multinationalisierung, dass Tourismusunternehmen verstärkt Teile ihrer Aktivitäten in verschiedene Länder verlagern. Bereits die Tätigkeiten von Pauschalreiseveranstaltern sind Ansätze der Multinationalisierung: Die Organisation erfolgt am Heimatort, der Transport erfolgt mit der jeweils günstigsten Airline (aus dem Heimat- oder Zielland oder einem Drittland, insbesondere bei Linienflügen), der Aufenthalt vor Ort wird entweder durch eigene Beteiligungen an Incoming-Agenturen oder Hotels im Zielland sichergestellt und die Reiseleitung erfolgt – je nach Vorschriften hinsichtlich der Arbeitserlaubnis – durch einheimische oder ausländische Reiseleiter.

1.3.4.2.4 Globalisierungs-Strategie oder Geozentrismus

Bei der Entwicklung von der undifferenzierten Internationalisierung zur Globalisierung werden anstelle von Unterschieden auf ausländischen Märkten (wie bei der Multinationalisierung) deren **Gemeinsamkeiten** in den Mittelpunkt der Aktivitäten in den verschiedenen Ländern gestellt. Im Ergebnis bilden sich stark homogenisierte und integrierte Strukturen mit einem hohen Standardisierungsgrad in den verschiedenen Globalisierungsbereichen heraus – so auch im Tourismus. Typisch für die Globalisierung ist auch eine entsprechende Werteorientierung, der sog. **Geozentrismus** oder die geozentrische Sichtweise, die vor allem auf der Mikroebene der Unternehmen zu finden ist: Es werden interkulturelle Ähnlichkeiten mit dem Ziel der Vereinheitlichung der Unternehmensstrukturen und -prozesse gesucht. Bei den Leistungen besteht die Tendenz zur Standardisierung.

Im **Tourismus** sind solche globalen Tendenzen ebenfalls in einigen Bereichen zu finden (vgl. genauer Freyer 2002, AIEST 1996): Auf der **Anbieterseite** haben sich auch im Tourismus transnationale und globale Unternehmen und Konzerne entwickelt: Typisch sind weltweit gleich agierende Airlines, Hotel- und Ferienclubketten, weltumspannende CRS usw. Bei den Produkten und Leistungen sind als typisch standardisierte Leistungen die Pauschalreise, Airline-Standards, Hotelstandards, CRS usw. zu sehen. Auch der Reisende als **Nachfrager** wird immer mehr als homogene Gruppe gesehen; der Weltbürger wird zum „Global-Touristen", bei dem die **gemeinsamen** Reiseinteressen anstelle der unterschiedlichen Bedürfnisse im Vordergrund stehen.

Doch „echte" Globalisierung steht im Tourismus erst am Anfang. Sie würde bedeuten, dass die gesamte Welt als ein homogener Reisemarkt betrachtet wird („World-Travelling" im Sinne von „Made in the World") gegenüber den differenzierten authentischen nationalen Tourismusangeboten („Reisen nach Thailand", „Kulturreisen nach Deutschland"). Es entsteht ein „Global Holiday Village", in dem standardisierte Angebote von wenigen transnational agierenden Reisekonzernen angeboten und vom „homo touristicus globalis" mit globalem Einheitsgeschmack konsumiert werden.

Auch wenn in einigen Bereichen solche Tendenzen festzustellen sind, „lebt" der internationale Reiseverkehr von nationalen Unterschieden und den regionalen Besonderheiten der touristischen Attraktionen. Von daher sind im Tourismus eher Formen der undifferenzierten Internationalisierung, der Multinationalisierung oder der Regionalisierung festzustellen, als Globalisierung im strengen Sinne. Auf dem Weg zur Globalisierung lassen sich ferner zwei typische Pfade beobachten (vgl. Abb. 1.3.6):

(1) **Globalisierung über Zwischenschritte:** Globalisierung setzt einerseits den von der Multinationalisierung begonnenen Prozess fort und führt – evtl. über die Zwischenstufe der Regionalisierung, die aber nicht notwendigerweise beschritten werden muss – zur Globalisierung.

(2) **Direkte Globalisierung**: Andererseits erfolgt aber auch eine **direkte** Entwicklung von nationalen und ethnozentrischen Verhaltensweisen zur Globalisierung. Dies wird zumeist als „japanischer Weg" bezeichnet. Es dominiert dabei im Kern eine nationale bzw. ethnozentrische Sichtweise: „Was gut für die Firma ist, ist gut für die

Welt." „Europäische und amerikanische Firmen entwickelten in der Vergangenheit häufig multinationale Landesgesellschaften, bevor sie zunehmend globaler operierten. Japanische Unternehmungen verfolgten dagegen häufig die Strategie einer direkten, offensiven Globalisierung mit dem Ziel, weltweite Wettbewerbsvorteile zu erringen (z. B. Fuji)" (Meffert/Bolz 1994, S. 26).

1.3.4.2.5 Transnationale Strategie bzw. Regionenorientierung und Regiozentrismus

Als Mischform von Globalisierung und Multinationalisierung entwickeln sich regionale Zentren („Regiozentrismus"), in denen die beiden anderen Formen der Internationalisierung nebeneinander stehen. Diese Regio-Zentren verbinden zum einen Standardisierungstendenzen der Globalisierung („Gemeinsamkeiten"), die zu regional identischen touristischen Angeboten, z. B. im Hotel-, Transport-, Destinations- oder Freizeitbereich, führen. Zum anderen werden in diesen Räumen die Unterschiede zwischen den Weltregionen betont und erhalten. Es werden intra-regional unterschiedliche Angebote entwickelt, z. B. europäische, asiatische, polynesische, afrikanische, südamerikanische Hotels (oder Airlines, Freizeitangebote usw.). Dabei ist der Übergang zur Globalisierung bzw. – in die andere Richtung – zur Multinationalisierung ein permanentes Wechselspiel mit Formen des Regiozentrismus.

Im Mikrobereich der Unternehmen ist die Herausbildung von regionalen Märkten mit einer entsprechenden Wertehaltung des sogenannten „**Regiozentrismus**" (Regional-ethnozentrische Unternehmenskulturen) verbunden: „Entwicklung einer die einzelne Landeskultur überschreitenden, auf Kulturregionen bezogenen Unternehmenskultur, z. B. Euro-Management (auch Nordamerika, Südostasien, China und Länder mit von Chinesen dominierten Wirtschaften, wie etwa Singapore). Sie knüpft an regional gemeinsamen Werten und Organisationsprinzipien an." (Freyer/Pompl 2000, S. 119)

Im **Tourismus** bestehen vor allem im Hinblick auf Destinationsbereiche regiozentrische Tendenzen: Es werden mehr und mehr anstelle der differenzierten Angebote von einzelnen Ländern länderübergreifende Tourismusangebote entwickelt, z. B. „Europa als Reiseland", „die Asean-Staaten", „Südamerika" usw. Auch andere touristische Anbieter haben sich auf solche regionalen Zentren konzentriert, wie bspw. Airlines, Hotels und europäische Reiseveranstalter.

1.3.5 Internationales Tourismus-Management am Anfang der Reise

Trotz zunehmender internationaler Wirtschafts- und Reisetätigkeit steht das internationale Tourismus-Management noch am Anfang. Einige grundlegende Aspekte der Internationalisierung für touristische Dienstleistungsunternehmen sind zuvor aufgezeigt worden. Doch die Vielfalt des multikulturellen Tourismus und die verschiedenen Tourismusdisziplinen lassen für die Zukunft eine weitere rasante Entwicklung erwarten.

Literaturverzeichnis

AIEST 1996: International Association of Scientific Experts in Tourism (Hrsg.): Globalisierung und Tourismus, St. Gallen

Backhaus, K./Büschken, J./Voeth, M. 1996: Internationales Marketing, Stuttgart

Bullinger, H.-J. (Hrsg.) 1999: Dienstleistungen – Innovation für Wachstum und Beschäftigung, Herausforderungen des internationalen Wettbewerbs, Wiesbaden

Bruhn, M./Meffert, H. (Hrsg.) 1998: Handbuch Dienstleistungsmanagement, Wiesbaden

Crotts, J. C./Buhalis, D./March, R. (Hrsg.) 2000: Global Alliances in Tourism and Hospitality Management, New York usw.

Deutsches Institut für Wirtschaftsforschung (Hrsg.) 1999: Der deutsche Dienstleistungshandel im internationalen Vergleich, Berlin

Dreyer, A. (Hrsg.) 2000: Kultur-Tourismus, München/Wien

Dülfer, E. 1992: Internationales Management in unterschiedlichen Kulturbereichen, 2. A., München/Wien (6. A., 2001)

Engelhard, J./Dähn, M. 1997: Theorien der internationalen Unternehmenstätigkeit – Darstellung, Kritik und zukünftige Anforderungen, in: *Macharzina/Oesterle 1997:* Handbuch Internationales Management: Grundlagen – Instrumente – Perspektiven, S. 23-45

Freyer, W. 2000a: Ganzheitlicher Tourismus, Dresden, FIT

Freyer, W. 2000b: Globalisierung in der Tourismuswirtschaft, in: *Landgrebe, S. (Hrsg.):* Internationaler Tourismus, München/Wien, S. 13-50

Freyer, W. 2001a: Tourismus-Marketing: Marktorientiertes Management im Mikro- und Makrobereich der Tourismuswirtschaft, 3. A., München/Wien

Freyer, W. 2001b: Tourismus: Einführung in die Fremdenverkehrsökonomie, 7. A., München/Wien

Freyer, W. 2002: Globalisierung im Tourismus, 2. A., Dresden, FIT

Freyer, W./Pompl, W. 2000: Schlüsselkompetenzen im internationalen Tourismusmanagement, in: *Landgrebe, S. (Hrsg.):* Internationaler Tourismus, S. 114-130

Go, F. M./Pine, R. 1995: Globalization Strategy in the Hotel Industry, London/New York: Routledge

Hasenstab, M. 1998: Interkulturelles Management, Bestandsaufnahme und Perspektiven, Berlin

Herdin, T./Luger, K. 2001: Der eroberte Horizont – Tourismus und interkulturelle Kommunikation, in: *Aus Politik und Zeitgeschichte*, Nr. B 47 (2001), S. 6-19

Hermanns, A. /Wißmeier, U. K. (Hrsg.) 1995: Internationales Marketing-Management: Grundlagen, Strategien, Instrumente, Kontrolle und Organisation, München

Hermanns, A. /Wißmeier, U. K. 1998: Internationalisierung von Dienstleistungen, in: *Bruhn/Meffert (Hrsg.):* Handbuch Dienstleistungsmanagement, S. 535-556

Hofstede, G. 1980: Culture's consequences: International differences in work-related values, Beverly Hills/London

Hofstede, G. 1993: Interkulturelle Zusammenarbeit. Kulturen – Organisationen – Management, Wiesbaden

Hübner, C. C. 1996: Internationalisierung von Dienstleistungsangeboten – Probleme und Lösungsansätze, München

Hübner, C. C. 1998: Internationalisierung von Dienstleistungs-Anbietern, in: *Meyer (Hrsg.):* Handbuch Dienstleistungs-Marketing, S. 542-562

Jafari, J. 1983: Tourism and Culture: A Comparative Perspective, New Orleans

Knowles, T./Diamantis, D./El-Mourhabi, J. 2001: The Globalization of Tourism and Hospitality – A Strategic Perspective, London/New York

Kutschker, M. (Hrsg.) 1999: Perspektiven der internationalen Wirtschaft, Wiesbaden

Landgrebe, S. (Hrsg.) 2000: Internationaler Tourismus, München/Wien

Macharzina, K./Oesterle, M.-J. (Hrsg.) 1997: Handbuch Internationales Management: Grundlagen – Instrumente – Perspektiven, Wiesbaden

Mangold, K. 1998: Die Welt der Dienstleistung, Frankfurt

Meffert, H./Bolz, J. 1994: Internationales Marketing-Management, 2. A., Stuttgart usw.

Meffert, H./Bruhn, M. 2000: Dienstleistungsmarketing, 3. A., Wiesbaden

Meissner, H.-G. 1987: Strategisches internationales Marketing, Berlin usw.

Müller, S./Kornmeier, M. 2001: Streitfall Globalisierung, München/Wien

Meyer, A. (Hrsg.) 1998: Handbuch Dienstleistungs-Marketing, Stuttgart

Porter, M. E. (Hrsg.) 1989: Globaler Wettbewerb: Strategien der neuen Internationalisierung, Wiesbaden

Quack, H. 1995: Internationales Marketing, München

Rothlauf, J. 1999: Interkulturelles Management, München/Wien

Sampson, G. P./Snape, R. H. 1985: Identifying the Issues in Trade and Services, in: *The World Economy*, Bd. 8, Nr. 8 (1985), S. 24-31

Stauss, B. 1995: Internationales Dienstleistungsmarketing, in: *Hermanns/Wißmeier (Hrsg.):* Internationales Marketing-Management: Grundlagen, Strategien, Instrumente, Kontrolle und Organisation, S. 437-474

Stauss, B. 1999: Management interkultureller Dienstleistungskontakte, in: *Kutschker (Hrsg.):* Perspektiven der internationalen Wirtschaft, S. 269-304

Stauss, B./Mang, P. 1999: „Culture shocks" in inter-cultural service encounters?, in: *Journal of Services Marketing*, Bd. 13, Nr. 4/5 (1999), S. 329-346

Thiem, M. 1994: Tourismus und kulturelle Identität, Bern/Hamburg

Thomas, A. (Hrsg.) 1996: Psychologie interkulturellen Handelns, Göttingen usw.

Usunier, J.-C. 1993: Interkulturelles Marketing, Wiesbaden

Vellas, F./Bécherel, L. (Hrsg.) 1999: The International Marketing of Travel and Tourism – A Strategic Approach, London usw., Macmillan Press

Vorlaufer, K. 2000: Die Internationalisierung der Hotellerie: Determinanten, Strukturen, Strategien, in: *Landgrebe, S. (Hrsg.):* Internationaler Tourismus, S. 51-80

Wierlacher, A. (Hrsg.) 2000: Kulturthema Kommunikation, Möhnesee

Witt, S. F./Brooke, M. Z./Buckley, P. J. 1995: The Management of International Tourism, 2. A., London/New York, Routledge

Wißmeier, U. K. 1992: Strategien im internationalen Marketing, Wiesbaden

World Tourism Organisation WTO (Hrsg.) 1993: Empfehlungen zur Tourismusstatistik, Madrid

Yip, G. S. 1996: Die globale Wettbewerbsstrategie, Wiesbaden

1.4 Überlegungen zur Internationalisierung touristischer Dienstleistungen

Klaus Weiermair
Mike Peters

1.4.1 Einführung und Begriffsklärung 70
1.4.2 Determinanten der Internationalisierung 72
1.4.3 Internationalisierungshypothesen für Tourismusbetriebe 73
    1.4.3.1 Struktur-Verhalten-Leistung 73
    1.4.3.2 Ressourcen-Verhalten-Leistung 76
1.4.4 Internationalisierung und Unternehmerverhalten: einige Befunde zum österreichischen Tourismus 80
1.4.5 Schlussfolgerungen und Ausblick 85
Literaturverzeichnis 86

Prof. Klaus Weiermair, geb. 7.11.29 in Innsbruck, Österreich ist Universitätsprofessor am Institut für Unternehmensführung und Leiter des Zentrums für Tourismus und Dienstleistungswirtschaft an der Universität Innsbruck. Seine Forschungsschwerpunkte umfassen die Bereiche Destination Management, Arbeitsmarktökonomie, Human Resource Management, Organisationsentwicklung, Dienstleistungsmanagement, Dienstleistungsqualität und Entrepreneurship im Tourismus.

Dr. Mike Peters, geb. 9.03.66 in Landau/Pfalz, Deutschland absolvierte eine Lehre zum Restaurantfachmann und arbeitete mehrere Jahre in der Hotellerie. Seit Abschluss des Studiums der Betriebswirtschaft ist er Universitätsassistent am Institut für Tourismus und Dienstleistungswirtschaft, beschäftigt sich mit den Bereichen Produktentwicklung und Internationalisierungsverhalten im Tourismus und dissertierte über das Wachstumsverhalten von touristischen Klein- und Mittelbetrieben. Derzeitige Forschungs- und Projektbereiche sind sowohl das Design und die Konzeptionierung touristischer Dienstleistungen, die Ermittlung und Analyse von Qualitätsstärken und -schwächen in der Hotellerie, als auch die Erstellung von Geschäftskonzepten in Dienstleistungsunternehmen.

Der Beitrag setzt sich mit den Erklärungsversuchen der Internationalisierung auseinander. Die Autoren diskutieren dabei kritisch die markt- und ressourcenorientierte Sichtweise und zeigen Stärken und Schwächen bisheriger Theorien für die Erklärung der Internationalisierung in der Tourismusbranche auf.

1.4.1 Einführung und Begriffsklärung

Bevor auf das Thema der Internationalisierung von touristischen Unternehmen näher eingegangen wird, sollten vorerst die Begriffe Internationalisierung und touristische Unternehmen geklärt werden.

Unter Internationalisierung versteht man im betriebswirtschaftlichen Sprachgebrauch die graduelle Zunahme grenzüberschreitender Aktivitäten einer Unternehmung, wobei diese Aktivitäten sich sowohl auf die Ressourcen- bzw. Input-Seite als auch auf die Umsatz- bzw. Output-Seite beziehen können (Klingele 1991, S. 24). Eine Unternehmung gilt als international, wenn im Allgemeinen ein Teil ihrer bezogenen Ressourcen wie etwa Kapital, Mitarbeiter oder Technologie aus dem Ausland kommen oder ein Anteil ihrer Verkäufe ins Ausland gehen. Die Prozentsatzgrenze, ab der ein Unternehmen als international betrachtet wird, lässt sich nicht wissenschaftlich präzise determinieren. Im Allgemeinen wird angenommen, dass Internationalität dann vorliegt, wenn ein gewisser Prozentsatz des Umsatzes (meist über 40%) ins Ausland exportiert wird bzw. im Ausland getätigt werden (Grosse/Kujawa 1988).

Internationalisierung beschreibt daher einen Prozess, wonach Unternehmen versuchen, den Auslandsanteil ihrer Geschäftsaktivitäten bzw. Ressourcenbezüge zu vergrößern. Während es bei Internationalisierung nach wie vor internationale Handels- und Investitionsschranken geben kann, fehlen diese fast gänzlich beim Prozess der Globalisierung. Ein hohes Ausmaß an Liberalisierung, das auch die Deregulierung von Faktor- und Produktmärkten mit einschließt, erlaubt in diesem Fall der „globalen Unternehmung" die gesamte Welt wie eine geographische Wertekette zu behandeln, wonach der durch Wertsteigerung in einer Region und Branche gewonnene Wettbewerbsvorteil sich von der globalen Firma auch beliebig auf andere von ihr besetzte Branchen und/oder Märkte transferieren lässt (Porter 1984). Globalisierung könnte daher als eine Superlative oder extreme Form der Internationalisierung betrachtet werden, wobei der Grad der Internationalisierung einer Branche neben unternehmensspezifischen Bestimmungsgrößen von einer Reihe von marktlichen und institutionellen Faktoren abhängt.

Die Frage nach der volkswirtschaftlichen Grenzziehung dessen, was als Tourismus, touristisches Unternehmen und/oder touristische Dienstleistung zu werten ist, wurde in den letzten Jahren insbesondere im Rahmen der Bildung von volkswirtschaftlichen „touristischen Satellitenkontos" öfters gestellt (Smeral/Laimer 2001); streng genommen sind alle Dienstleistungen, die von Touristen in Anspruch genommen werden, als touristische Dienstleistungen aufzufassen. Nachdem man allgemeingültig als Tourist betrachtet wird, wenn man sich mindestens 24 Stunden lang in einem anderen als seinem Wohnort aufhält und dort Aktivitäten bzw. Konsumakte vollzieht, sind alle auf diese Weise bezogenen Dienstleistungen als touristische Dienstleistungen zu interpretieren (Kaspar 1994). Im Wesentlichen umfassen sie die touristische Wertekette und die damit befassten Leistungsträger von der Informationsunterstützung und -Betreuung vor Reisebeginn bis zu den Nachverkaufsdienstleistungen und zum Abschluss der Reise, wie aus Abbildung 1.4.1 ersichtlich wird:

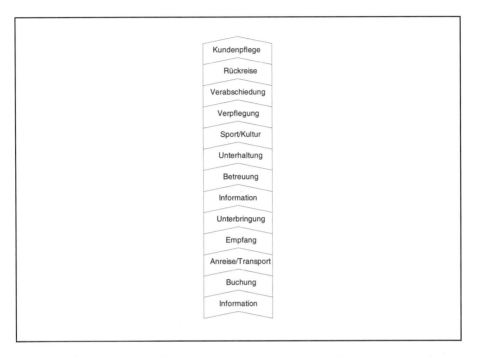

Quelle: In Anlehnung an Bieger 1996, S. 77

Abb. 1.4.1: Die Touristische Wertekette

Alle der hier angeführten, im Zusammenhang mit Urlaub stehenden touristischen Dienstleistungen, können im Prinzip auf das Ausland ausgedehnt werden, d. h. internationalisiert werden. Alle jene Dienstleistungen, die wie Reisetransport in die Destination von Natur aus grenzüberschreitenden Charakter haben können, waren von Anfang an „internationalisiert". Andere Dienstleistungen, wie etwa Reisebegleitung vor Ort, weisen dagegen eher mehr lokalen Charakter auf.

Die Frage, wie leicht oder wie schwer touristische Dienstleistungen internationalisierbar sind, gewinnt vor allem dort an Bedeutung, wo lokale Tourismusbetriebe heute von multinationalen und/oder globalen Tourismusunternehmen vor Ort Konkurrenz erhalten. Insbesondere der Konkurrenzkampf der lokalen Individualhotellerie gegenüber globalen Ketten der Markenhotellerie sei hier als Musterbeispiel angeführt (siehe z. B. Frehse 2001).

Im Folgenden soll vorerst ganz allgemein auf die marktliche Determinierung dieser Internationalisierungsprozesse eingegangen werden.

1.4.2 Determinanten der Internationalisierung

Internationalisierung und Globalisierung sind wie oben dargelegt wurde Unternehmensprozesse, die Liberalisierung und/oder zumindest ein gewisses Ausmaß an Deregulierung voraussetzen. Denn nur dort, wo Handels- und/oder Institutionshemmnisse oder anders ausgedrückt Transaktionskosten niedrig genug sind, kann es zu einer Ausweitung von Freihandel und direkten Fremdinvestitionen kommen. Da Internationalisierung und vor allem Globalisierung sich insbesondere in den letzten beiden Jahrzehnten immer mehr beschleunigt haben, kann jedoch weder das Ausmaß noch das Tempo der Internationalisierung allein durch den Abbau von Zoll- und Handelsschranken in den vorangegangenen Welthandelskonferenzen, wie z. B. in der Uruguay-Runde der 80er und 90er Jahre, erklärt werden. Hier zeigt sich denn auch, dass ökonomische Makro- oder Meta-Erklärungen alleine kaum ausreichen, um Phänomene des internationalen (grenzüberschreitenden) Unternehmenswachstums voll zu erfassen. Anders ausgedrückt: Neben den wichtigen volkswirtschaftlich aufzuspürenden Qualitäts- oder Kostenstandort-vorteilen (also strukturellen Größen) der Internationalisierung spielt immer mehr das Internationalisierungsverhalten (dargestellt als Unternehmensprozesse) eine wichtigere wenn nicht die wichtigste Rolle. Im wesentlichen geht es dabei um unterschiedliche Markteintrittsmöglichkeiten der potentiellen internationalen Unternehmung angefangen von Export, Direktinvestition, Joint Ventures, Franchising oder Lizenzvergabe hin bis zu Managementverträgen oder Turnkey Projects (letztere umfassen die Konstruktion eines funktionierenden Produktionsbetriebes durch eine beauftragte Partei, siehe z. B. Witt/Brooke/Buckley 1992, S. 77) und deren wahrscheinlichen wirtschaftlichen Erfolg für eine gegebene Branche, ein bestimmtes Produkt und/oder Dienstleistungen auf einem bestimmten Auslandsmarkt. Neben den immer wieder behandelten Marktstrukturfaktoren und Daten wie Konkurrenzdruck, durchschnittliche Betriebs- und Unternehmensgröße bzw. Weltmarktanteil gibt es eine Reihe von Theorien bzw. theoretischen Ansätzen, die die internationale Vorgangsweise von Unternehmen in Form von unternehmerischem Know-how und Wahrnehmung- bzw. Verhandlungs- und Vertragsverhalten aus verhaltenswissenschaftlicher Sicht zu erklären versuchen (siehe z. B. Perlitz 1995, Williamson 1975, Williamson 1985). Fast alle Schriften zur Internationalisierung schreiben hierbei den durch die neuen Informationstechnologien ermöglichten schnelleren und genaueren Marktinformationsverarbeitungsprozessen Katalysatorwirkung zu (Smeral et al. 1998, Carl 1989). Die Notwendigkeit der Kenntnis fremder Märkte vor einem Internationalisierungsvorhaben ist in der Tat die nach wie vor größte Herausforderung für Auslandsengagements (Gugler/Pasquier 1996).

Der Tourismus als Wirtschaftsbranche entwickelte sich erst sehr spät zu einem internationalen bzw. globalen Markt. Waren eine starke Segmentierung des touristischen Angebotes und der touristischen Nachfrage in Form von lokalen Kundenpräferenzen und kleinstrukturierten Tourismusunternehmen noch in den 60er und 70er Jahren insbesondere im Ferialtourismus vorhanden, so führten einerseits Nachfrageveränderungen in Richtung globaler Tourismusprodukte, andererseits die von der Geschäftshotellerie sowie einigen anderen bereits internationalisierten Tourismussubbranchen (Luftfahrt, Autovermietung, Clubresorts, Reiseveranstalter) initiierten Angebotsveränderungen zu einem verstärkten Globalisierungsdruck (Weiermair 1996). Verschiedene Autoren haben aufgezeigt, inwieweit die drei Triebkräfte, nämlich

- Entwicklung und schnelle Verbreitung der neuen Informations- und Kommunikationstechnologie,
- diagonale und vertikale Integrations- und Konzentrationsprozesse der Tourismusbranche sowie
- die Professionalisierung der Stakeholders im Tourismus und die damit verbundene Erzeugung einer Wissens- und Kompetenzbasis für internationales Know-how

die Globalisierung und Internationalisierung der diversen Tourismussubbranchen vorangetrieben haben (Weiermair 1997, Go/Ritchie 1990, Go 1996, Dunning/Mc Queen 1982).

In vielen Branchen hat die Internationalisierung bzw. Globalisierung der globalen Unternehmung zusätzliche Wettbewerbsvorteile gegenüber lokalen Leistungsträgern geschaffen, die sich u. a. in folgenden Fähigkeiten widerspiegeln:

- "multinational flexibilities to respond to varying market needs and conditions
- global economies of scale and scope in business operations and
- international organisational learning capabilities yielding high rates of innovation" (Weiermair 1997, S. 5).

Damit ist vorerst der allgemeine Determinierungsrahmen für das Internationalisierungsverhalten abgesteckt, den es nun für touristische Dienstleistungen weiter zu vertiefen gilt.

1.4.3 Internationalisierungshypothesen für Tourismusbetriebe

In der wirtschaftswissenschaftlichen Literatur können zwei grundsätzliche Ansätze zur Erklärung der Internationalisierung herangezogen werden, die insbesondere in die Managementliteratur der 80er und 90er Jahre stark eingeflossen sind. Zum einen handelt es sich dabei um die Ansätze der Industrial Organization Forschung, zum anderen um die ressourcenbasierten Ansätze des strategischen Managements. Letztere konzentrieren sich sehr stark auf die unternehmerischen Stärken bzw. Ressourcen, während die Industrial Organization-Ansätze die Unternehmensumwelt zu thematisieren versuchen (Link 1996, S. 34). Inwiefern diese Sichtweisen Licht in die Erklärung des Internationalisierungsverhaltens touristischer Unternehmen bringen können, gilt es im Folgenden zu klären.

1.4.3.1 Struktur-Verhalten-Leistung

Die Theorie des monopolistischen Vorteils ist bereits ein wichtiger Beitrag der Industrial Organization Forschung im Bereich der Entstehung und des Wachstums von multinationalen Unternehmen. Dieser Ansatz von Hymer (1976) und Kindleberger (1969) wird von Johnson (1970) und Caves (1982) weiterentwickelt. Schon in den Augen Scherers (1970) hat jedoch die Forschung der Industrial Organization dem Unternehmer wenig zur Klärung von Führungs- und Organisationsfragen zu bieten, aber „(...) the field is concerned with how productive activities are brought into harmony with society's demands for goods and services through some organizing mechanism such as a free market, and how variations and imperfections in the organizing mechanism affect the degree of success achieved by producers in satisfying society's wants." (Scherer 1970, S. 1).

Hier geht es also um die Struktur und die Organisation der Wirtschaft und der Situation und Reaktion der Unternehmen auf bzw. in dieser Struktur. Es interessieren Marktstruktur, Marktverhalten und Marktergebnisse und der Zusammenhang zwischen diesen Größen. Daher liegt den Ansätzen der Industrial Organization stets das Struktur-Verhalten-Leistungs-Paradigma zugrunde, welches davon ausgeht, dass die Marktstruktur als unabhängige Variable gilt, Marktverhalten und -ergebnis aber abhängige Variable sind. Das Marktergebnis ist somit eine Folge des Verhaltens der Mitspieler auf dem Markt, welches wiederum durch die Marktstruktur beeinflusst wird.

Diese Sichtweise widersprach den Forschern, die der strategischen Unternehmensführung einen hohen Stellenwert einräumten, denn die Art und Weise der Führung des Unternehmens spielt hier nahezu keine Rolle, da das Marktergebnis die Folge der Marktstruktur ist. Schließlich konnte ein Annäherung des Struktur-Verhalten-Leistung-Paradigmas an die strategische Unternehmensführung beobachtet werden: So wurden z. B. Marktstrukturelementen auch die Funktion von Aktionsparametern für die strategische Unternehmensführung eingeräumt (Sinclair/Stabler 1998, Link 1996, S. 35). Das Structure-Perfomance Paradigma wird als Modell der Industrial Organization Analysis von Scherer (1970) beschrieben (vgl. Abb. 1.4.2).

Die Basisbedingungen Marktstruktur, Marktverhalten und Marktergebnis (oder -Leistung) sind Dreh- und Angelpunkt der Untersuchungen der Industrieökonomen. Untersuchungen basieren daher zunächst auf einer Analyse der Marktstruktur wie bspw. Marktkonzentration (im heutigen Sinn wäre hier auch das Clustering über Branchen hinweg mit einzubeziehen), Art des Wettbewerbes, Integrationsmuster (vertikal, horizontal oder diagonal). Einen hohen Stellenwert nehmen in den Untersuchungen Scherers (und später auch Scherer/ Roos 1990) die Betriebsgrößendegressionseffekte ein. Die Grundlage der Economies of Scale im Produktionsunternehmen ist dabei die Spezialisierung bzw. Arbeitsteilung, der bereits Adam Smith (1776) eine Schlüsselrolle zukommen ließ. Diese Problematik steht in direktem Zusammenhang mit der Frage der optimalen Betriebsgröße der Unternehmen. Die Rolle des Wachstums und die Diskussion von spezifischen Unternehmensvariablen wie der Betriebsgröße sind bedeutend, denn daran knüpft weiter die Frage nach Kooperationen, Akquisitionen bzw. Unternehmenszusammenschlüssen jeglicher Art an.

Betriebsgrößenersparnisse und Kostenminimierung sind wesentliche Gründe für multinationale Unternehmen, mehrere Firmen weltweit aufzubauen. Externe Gegebenheiten der Branchenstruktur, wie Kostenstruktur, Eintrittsbarrieren, Anzahl und Konzentration der Anbieter sind die Variablen die Wettbewerbsvorteile und somit den Erfolg von Unternehmen beeinflussen. Unternehmensspezifisches Know-how oder Kompetenzen spielen im Ansatz der Industrial Organization (je nach Vertreter) eine untergeordnete oder keine Rolle.

Die Branchenstruktur beeinflusst somit die Wettbewerbssituation und schließlich die Unternehmensaktivitäten, wobei die Unternehmung allerdings bis zu einem gewissen Grad diese Branchenstruktur beeinflussen kann. Für kleine Betriebe ergibt sich daraus eine Prämisse, sich auf die Beeinflussung der Branchenstruktur zu konzentrieren und nicht direkt auf die Wettbewerbssituation Einfluss zu nehmen. Das Wachstum dieser Betriebe ist somit auch abhängig vom Branchenwachstum. Aber in den Branchen bestehen dennoch immense Unterschiede in Unternehmensentwicklung und Wachstumsrate zwischen den Akteuren und die Unterschiede zwischen den Branchenunternehmen sind nicht nur größenbedingt, sondern auch ressourcenbedingt. Wäre dies nicht der Fall, dann müssten die Unternehmen einer ähnlichen Unternehmensentwicklung folgen.

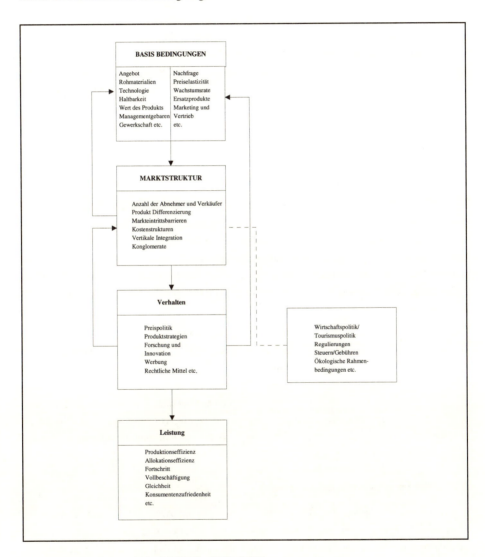

Quelle: Scherer 1970, S. 5; Sinclair/Stabler 1998, S. 103

Abb. 1.4.2: Modell der Industrial Organization Analyse

Internationalisierung lässt sich also aus Sicht der Industrieökonomie mit dem Struktur-Verhalten-Paradigma erklären. Prominente Vertreter entwickelten in diesem Zusammenhang populäre Erklärungsmodelle die auch im Rahmen der Erforschung des Internationalisierungsverhaltens der Tourismusbranche herangezogen wurden. An dieser Stelle sei eine kleine aber bedeutende Auswahl erwähnt:

Porters Diamant-Modell (siehe Porter 1991), das aufgrund von insgesamt vier Faktoren zu erklären versucht, weshalb bestimmte Nationen mit bestimmten Produkten oder Dienstleistungen besonders erfolgreich sind wird von Weiermair (2001) als Erklärungsrahmen für den Wandel im Tourismus verwendet. Dieser Diamant hat z. B. in dieser Hinsicht stärkeren Erklärungsgehalt, denn durch die Einbeziehung der Unternehmensstrategie und unternehmensinterner Eigenheiten von nationalen Branchen kommt er der Verschiedenartigkeit von Unternehmen in internationalen/globalen Branchen entgegen (wobei allerdings diese Verschiedenartigkeit durch die Branchenstruktur vorgegeben ist).

Dunnings eklektischer Ansatz, der auf Basis der drei Faktoren Eigentumsvorteile, Internationalisierungs- und Standortvorteile versucht zu erklären weshalb bestimmte multinationale Unternehmen in spezifischen globalen Regionen hineinwuchsen wird von Dunning/McQueen (1985), Dunning/Kundu (1995) oder auch Peters/Weiermair (1999) als Erklärungsansatz der Internationalisierung in der Beherbergungsbranche herangezogen.

Somit ergeben sich aus Porters Ansatz bestimmte Push- und Pullfaktoren aus diesen Unterschiedlichkeiten, die das internationale Wachstum von Dienstleistungsunternehmen erklären könnten. Allerdings geht Porters Diamant schlussendlich wieder nur von dem Diamant im eigenen Land aus und vernachlässigt eventuelle Einflussfaktoren in den Ländern neben demjenigen, in welchem sich die Firmenzentrale befindet (Kritik hierzu äußert bspw. Rugman 1992, Dunning 1990).

Die Ansätze der Industrieökonomen erfuhren insbesondere zur Erforschung der Tourismusbranche hohe Popularität. Porters Branchenwettbewerbskräfte und Diamantfaktoren werden in zahlreichen Veröffentlichungen auf diese Branche angewendet (Weiermair 2001a; Bieger 1996). Der grundlegende Structure-Conduct-Performance Ansatz wird von Stabler und Sinclair (1998) zur Erklärung der Branchenzusammenhänge skizziert. Zur Analyse der Internationalisierung in einer Branche und dem Internationalisierungsverhalten von Einzelunternehmen kann die industrieökonomische Schule eine Reihe von externen unabhängigen Variablen in die Diskussion einbringen.

1.4.3.2 Ressourcen-Verhalten-Leistung

Das Ressourcen-Verhalten Paradigma basiert einerseits auf Arbeiten aus dem Bereich des strategischen Managements (z. B. von Andrews, Christiansen und Chandler), andererseits auf Penroses (1959) Werk zum Unternehmenswachstum. Sie war es, die die Unternehmung als eine Ansammlung produktiver Ressourcen beschrieb und so den Focus der Betrachtung verschob. Zugleich begründet Penroses frühe Arbeit (1952) zusammen mit Alchian (1950) zu Beginn der fünfziger Jahre den evolutionären Ansatz der Unternehmung, der sehr stark

Anleihen bei den Biologen holte. Nelson und Winters Beitrag „An Evolutionary Theory of Economic Change" (1982) folgte der Tradition Alchians (1950).

	Evolutionary Theory	**Resource-based Theory**
Ökonomische Theorie	Prozessorientiert	Gleichgewichtsorientiert
Analysestufe	Branchen	Unternehmen
Analyseeinheiten	Routinen	Ressourcen
Intellektuelle Herkunft	Schumpeter, Alchian	Penrose, strategische Managementschule, Chicago Management Schule
Ausgewählte Beiträge	Nelson, Winter	Wernerfelt, Barney
Erklärungsobjekt	Technologische Evolution und Wettbewerb	Quellen von Wettbewerbsvorteilen, Differenzierungen
Hauptressourcen	Vornehmlich intangible Ressourcen	Grundsätzlich: alle Ressourcen

Quelle: Foss et al. 1995, S. 10

Abb. 1.4.3: Evolutionärer vs. Ressourcenorientierter Ansatz im Vergleich

In den meisten in obiger Abbildung genannten Kategorien gibt es bereits Annäherungen: Penrose war im Gegensatz zu Nelson und Winter nicht daran interessiert eine evolutionäre Theorie für Märkte zu entwickeln, sondern sie beabsichtigte eine Theorie für die individuelle Unternehmung und ihren Wachstumsprozess zu konstruieren. Beide repräsentieren einen Bruch mit der traditionellen Preistheorie und stützen somit Schumpeters Verständnis einer dynamischen Konkurrenz. Ein weiterer vehementer Unterschied beider Sichtweisen ist die Frage der Annahme rationaler Handlungen: Der ressourcenorientierte Ansatz geht vom rational handelnden Individuum aus, während Nelson und Winter (1982) dies ablehnen. Untersuchungsgegenstand sind zum einen die ‚routines', im anderen Fall die Ressourcen. Routines werden von Nelson und Winter beschrieben als „(...) most of what is regular and predictable about business behaviour is plausibly subsumed under the heading ‚routine', especially if we understand that term to include the relatively constant dispositions and strategic heuristics that shape the approach of a firm to the non-routine problems it faces." (Nelson und Winter 1982, S. 15). Auch hier gibt es Annäherungen in der Terminologie, da in bestimmten Fällen Routinen auch Ressourcen sein können (siehe Amit/Shoemaker 1993) bzw. da Routinen notwendig sind, um Ressourcen zur Gewinnung von Wettbewerbsvorteilen nutzen zu können. Es zeigt sich heute, dass es nicht ohne weiteres möglich ist Autoren der einen oder anderen Theorieströmung zuzuordnen, wobei prinzipiell die Sinnhaftigkeit dieser Tätigkeit fraglich ist.

Prominente Autoren wie Teece (1986), Barney (1986) und Winter (1987) weisen darauf hin, dass spezifisches Management- und technisches Wissen eine wichtige Rolle für den Internationalisierungserfolg von Unternehmen spielen, wobei im Gegensatz zu physischen Ressourcen, gerade die verschiedenen Formen von (codiertem) Know-how und Wissen sehr schwer zu imitieren sind (Winter 1987). Unternehmen gehen dabei folgendermaßen vor (Grant 1991, S. 133f.):

(1) Identifikationen der möglichst einzigartigen Ressourcen im Unternehmen,
(2) Aufspüren von Märkten, auf welchen diese einzigartigen Ressourcen voraussichtlich die höchste Rendite erzielen werden und
(3) Entscheidung über die Art und Weise des Einsatzes der Ressourcen (Wernerfelt 1989, S. 4).

Außerdem liegen allen ressourcenbasierten Beiträgen zwei wesentliche Annahmen zugrunde:

- Heterogenität von Ressourcen: Unternehmen in einer Branche verfügen über unterschiedliche Ressourcen, die von strategischer Relevanz sind.
- Immobilität: Es bestehen unvollkommene Faktormärkte für strategische Ressourcen, d. h. kurzfristig können diese Ressourcen nicht ohne weiteres transferiert/kopiert oder imitiert werden (Link 1997, S. 55; Barney 1986, S. 1233ff.).

Ressourcen können lt. Wernerfelt als alles, was als Stärke oder Schwäche gelten kann, bezeichnet werden (Wernerfelt 1984), wobei die Charakteristika von Ressourcen, die dauerhaft Wettbewerbsvorteile generieren können folgende Eigenschaften aufweisen (Link 1997, S. 57ff.):

- Ressourcen sollten wertschaffenden bzw. nutzenstiftenden Charakter haben und die Entwicklung sowie die Implementierung von effektiven und effizienten Strategien ermöglichen. Außerdem müssen Gelegenheiten im Unternehmensumfeld genutzt werden und muss Gefahren entgegengewirkt werden.
- Die Wettbewerbsvorteile generierenden Ressourcen müssen so knapp sein, dass nicht jeder Konkurrent fähig ist, diese zu kopieren bzw. zu imitieren.
- Doch nicht nur die Knappheit, sondern auch die Besonderheiten, die internalisierten Charakteristika von Ressourcen bedeuten Schutz vor der Konkurrenz. Schutz vor Imitationen suchen Unternehmen durch besondere Bündelung von (Teil-) Ressourcen, Forschungs- und Entwicklungsbemühungen, interne Weiterentwicklung spezifischer, insbesondere immaterieller, Ressourcen.
- Aus Kundensicht ist es außerdem bedeutend, dass, gemessen am Kundennutzen, ein Unterschied besteht zwischen der Ausnutzung verschiedener Ressourcen, d. h. diese sollten nicht ohne weiteres durch ähnliche Ressourcen (die ähnlichen Nutzen hervorbringen) substituierbar sein.

Barney (1991) skizziert die geschilderte Vorgehensweise des ressourcenorientierten Ansatzes wie in Abb. 1.4.4 dargestellt.

Da der Träger spezifischer Ressourcen der Unternehmer ist, ging man auch in der wirtschaftswissenschaftlichen Literatur den Weg der analytischen Fusion des Schumpeterschen Unternehmertums mit dem Ressourcenansatzes (siehe bspw. Winter 1995). Die ressourcenorientierte Sichtweise ist in Zeiten zunehmenden Konkurrenzdruckes, vor allem in Angebotssegmenten der Klein- und Mittelbetriebe, von zentraler Bedeutung, da Wachstum stark von den vorhandenen materiellen oder immateriellen Ressourcen determiniert wird. Wernerfelt untermauert dies wenn er schreibt: „The second-best competitors are forced out, leaving a situation where there is no second division in business. Strategies which are not resource-based are unlikely to succeed in such environments. This is so obvious that I suspect that we soon will drop the compulsion to note that an argument is 'resource-based'. Basing strategies on the differences between firms should be automatic, rather than noteworthy." (Wernerfelt 1995, S. 173)

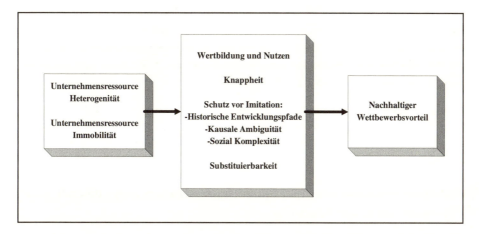

Quelle: Barney 1991, S. 112

Abb. 1.4.4: Analyserahmen zur Bestimmung der strategischen Relevanz von Ressourcen

Die ressourcenorientierte Sichtweise bedeutet also Identifikation von Erfolgsfaktoren im Unternehmen durch Ressourcen bzw. von Differenzierungsquellen. Die gesamte Wertschöpfungskette, inklusive der immateriellen Ressourcen muss analysiert werden, um Unterschiede in den internationalen Wachstumsverläufen verschiedener Unternehmen begründen bzw. erklären zu können. Jedoch ähnlich, wie bei den Forschern der Industrial Organization ist es auch hier kaum möglich alle Interdependenzen und Variablen zu erfassen. Im Allgemeinen finden sich hier weniger Volkswirte als Betriebswirte und insbesondere Vertreter des strategischen Managements auf vertrautem wissenschaftlichem Boden.

Geht man davon aus, dass sich eine Reihe von primären und sekundären Aktivitäten der Wertekette von Unternehmen einer Branche sehr ähneln, dann scheint es sinnvoll Unterschiedlichkeiten/Differenzierungsquellen und somit potentielle Erfolgs- (Kernkompetenzen) bzw. Misserfolgsfaktoren zu isolieren und deren Bedeutung für internationale Expansion zu ermitteln. Das heißt für eine Analyse des Internationalisierungsverhaltens von Unternehmen ist die ressourcenorientierte Sichtweise sehr hilfreich und sollte aus mikroökonomischer Sicht nicht vernachlässigt werden.

Aus wirtschafts- und bildungspolitischer Sicht ist es zudem bedeutend, mikroökonomische Basiskompetenzen, Metakompetenzen wie Lern- oder Innovationsfähigkeit, oder Erfolgsfaktoren in Unternehmen zu ermitteln. Dabei ist das Lernpotential immens, da dem Knowhow-Austausch zwischen verschiedenen Branchen über Potentiale in allen Aktivitätsbereichen der Wertkette, keine Grenzen gesetzt sind.

Die zwei gegensätzlichen Thesen der Internationalisierung von Unternehmen bleiben also:

These 1: Die Internationalisierung von Unternehmen ist durch die Intensität und Existenz wahrgenommener Marktvariablen durch den Unternehmer bzw. Entscheider selbst zu erklären (hier sind sogenannte Market-Push Faktoren angesprochen)

These 2: Die Internationalisierung von Unternehmen ist durch die unternehmensinternen Ressourcen erklärbar, d. h. Kernkompetenzen oder andere vorhandene Inputfaktoren entscheiden über das Ausmaß und Richtung des internationalen Wachstums (hier sind sogenannte Pullfaktoren angesprochen).

Im folgenden möchten die Autoren eine Reihe von Argumenten für die eine Annäherung beider Sichtweisen bringen und anhand von (Pilot-)Studien im österreichischen Tourismus aufzeigen wie bedeutend eine zukünftige Revidierung stark polarisierender Forschungsansätze sind.

1.4.4 Internationalisierung und Unternehmerverhalten: einige Befunde zum österreichischen Tourismus

Im Rahmen der internationalen Betriebswirtschaftslehre ist die Untersuchung von Dienstleistungsbranchen wenig ausgedehnt (Buckley 1991). Insbesondere die Analyse der Internationalisierung von tourismusnahen Branchen musste meist den internationalen Vorreitern der Versicherungs-, Consulting- und Bankenbranche weichen (siehe z. B. Mößlang 1995, Sagari 1992, Jones 1990, Goldberg/Johnson 1990). Es ist aber erfreulich, dass zumindest im Rahmen der Untersuchung multinationaler Unternehmen in den letzten Jahren Hotel- und Gastronomieketten immer wieder in den Mittelpunkt des Interesses rückten (siehe z. B. Dunning/McQueen 1981, Dunning/Kundu 1995, Alexander/Lockwook 1996). Der Großteil der Hotel-, bzw. Gaststätten und Beherbergungsindustrie setzt sich in Europa aus kleinen und mittleren Unternehmen zusammen. So sind bspw. in der europäischen Union 96% der 1,3 Mio. Hotels und Restaurants Kleinstunternehmen mit weniger als neun Mitarbeitern. In Österreich gilt dies auch: Hier sind mehr als 99% aller Beherbergungsbetriebe Klein- und Mittelunternehmen, die nur zwischen 0 und 4 Mitarbeiter angestellt haben (OECD 1997, Wirtschaftskammer 1997).

Der Wettbewerbsdruck für diese Kleinbetriebe ist enorm gewachsen, da sich nun auch international oder global erfolgreich expandierende Hotelketten in heimischen, einst sicheren Märkten niederlassen. Forderungen werden laut, Qualitätserwartungen der Kunden professioneller erfassen/messen zu lassen, Marken zu bilden, innovative Dienstleistungen zu entwickeln und international zu vermarkten (Weiermair 1996). Die organisatorischen Anforderungen sind jedoch enorm: Es gilt mangelnden Skalenerträgen entgegenzuwirken und Kooperationen zu forcieren, um somit Internalisierungsvorteile zu entwickeln und sowohl Produkt/Service- als auch Prozessinnovationen zu fördern. In Mitteleuropa bildeten sich in den letzten Jahrzehnten jedoch nur wenig international erfolgreiche Hotelunternehmen, bzw. -ketten. Wo liegen die wesentlichsten internen und externen Anreize, Gründe und Hemmnisse für den Unternehmer des kleinen bzw. mittleren Hotelbetriebes, internationale Aktivitäten einzugehen? Wenn bspw. Österreich, bekannt als traditionelles Tourismusland, qualitative Dienstleistungen in der Beherbergungs- und Gastronomiebranche produziert, dann stellt sich die Frage, weshalb werden diese nicht auch im Ausland angeboten? Sind dafür die Gründe nur in Größenbeschränkungen zu finden, oder sind es andere, nicht allein durch die Unternehmensgröße determinierte Barrieren und Hemmnisse?

Beispielhaft werden im Folgenden Teilergebnisse aus zwei in der österreichischen Tourismusbranche durchgeführten Untersuchungen angeführt, die aufzeigen welche Faktoren bzw. Variablen vom Unternehmer als Barrieren und/oder Motivatoren der Internationalisierung wahrgenommen werden.

In einer bereits 1996 durchgeführten Studie im Auftrag des Bundesministeriums für wirtschaftliche Angelegenheiten wurden 83 Hoteliers zu Internationalisierungsbarrieren und -chancen befragt und einige interessante Belege unternehmerischen Internationalisierungsverhaltens erarbeitet (siehe Peters/Weiermair 1999): Die Absicht international tätig zu werden wurde dabei sowohl von internen als auch externen Faktoren gehemmt oder stimuliert.

Aufgrund dieses Datenmaterials konnte untermauert werden, dass sich die Hoteliers, die sich stets auf die Qualität ihrer Dienstleistung berufen, Bereiche wie Finanzierung, Markforschung/Marketing und preisliche Wettbewerbsfähigkeit als internationale Markteintrittsbarrieren identifizieren. Im Gegenteil zu Dunning und Kundus Untersuchung aus dem Jahre 1995 fehlen insbesondere Marken (Brands) als eigentumsspezifischer Vorteile der kleinen und mittleren Tourismusbetriebe. Aus Sicht des befragten Unternehmers wurden insbesondere Software Faktoren als potentielle Wettbewerbsvorteile im internationalen Tourismus eingestuft (siehe Abb. 1.4.5).

Hauptbereiche in welchen die österreichische Hotellerie internationale Wettbewerbsvorteil besitzt	Prozent der Nennungen
1. Servicequalität/Qualität der Dienstleistung	35%
2. Gastfreundschaft	25%
3. Qualifikation und Ausbildung des Personals	20%

Abb. 1.4.5: Selbsteinschätzung der Internationalen Know-how Vorteile der Hotellerie durch die Unternehmer/Geschäftsführer (Mehrfachnennungen)

Die wesentlichste Barriere der Internationalisierung ist die hohe internationale Konkurrenz. Da die österreichischen Unternehmer jedoch stark von ihrer qualitativen Wettbewerbsfähigkeit überzeugt sind, muss angenommen werden, dass sie immer wieder die Preiskonkurrenz in den Vordergrund ihrer Befürchtungen stellen. Klein- und Mittelbetriebe schätzen sich als innovativ und flexibel ein und sind stark durch die Unternehmerpersönlichkeit geprägt. Die vorliegende Stichprobe konnte für die Hotels aber auch für alle im Sample befindlichen Dienstleister keinen Zusammenhang zwischen Unternehmensgröße und Internationalisierungsgrad und/oder -wille bestätigen. Kleine Hotels bieten stark individualisierte Dienstleistungen an und sind daher mit hohen Produktionskosten belastet; außerdem sind sie sehr stark vom sozialen Gefüge innerhalb der Unternehmung abhängig. Letztere Ausprägung ist typisch für den kleinen touristischen Familienbetrieb, dessen Existenz stark vom funktionierenden Familienleben abhängt (Jaffe 1991).

Unternehmensexterne Hindernisse	Prozente
Internationale Konkurrenz	45,6%
Hohe Informationskosten	23,5%
Währungsprobleme	20,6%
Staatl. Regulierungen	4,4%
Kapitalverkehr	1,5%
Standortvorteile Heimischer	1,5%
Handelsbarrieren	1,5%
kulturelle Unterschiede	1,5%
Gesamt	100,0%

Abb. 1.4.6: Selbsteinschätzung von externen Internationalisierungsbarrieren der Hotellerie

Unternehmensinterne Hindernisse der Internationalisierung	Prozente
Preis der Dienstleistung	25,5%
Mangelnde Finanzierungsstruktur	23,9%
Vermarktungsorganisation	18,3%
Marktforschung/Zugang zu best. Informationen	8,5%
Informationstechnologie	5,6%
Internationale Kontakte	4,2%
Qualifikation/Professionalisierung des Personals	4,2%
Qualität der Dienstleistung	2,8%
Marketingausrichtung	2,8%
Führung	2,8%
Organisation	1,4%
Gesamt	100,0%

Abb. 1.4.7: Selbsteinschätzung von unternehmensspezifischen internen Internationalisierungshemmnissen in der österreichischen Hotellerie

Es ist zunächst wenig überraschend, dass Preisfragen und Finanzierungsprobleme in den Vordergrund gestellt wurden. Andererseits ist es jedoch auffallend, dass so genannte weiche Faktoren oder Soft-factors keineswegs als Problembereiche erkannt werden. Betrachtet man dieses Ergebnis für unterschiedliche Unternehmensgrößen getrennt, dann ergeben sich zwar keine signifikanten Unterschiede, doch interessanterweise sind es die Großbetriebe, die am stärksten die Personalfrage und die Unternehmensführung als internen Problembereich anführen. Gründe dafür liegen wohl in der falschen Einschätzung der Wettbewerbsfaktoren durch die Unternehmer/Geschäftsführer von Klein- und Mittelunternehmen (KMU) im Allgemeinen und im Tourismus im Besonderen.

Zusammenfassend konnten Peters/Weiermair (1999) im Umkehrschluss somit als Pushfaktoren Kostenvorteile, Finanzierungs- und Vermarktungs- Know-how bzw. Stärken eruieren. Pullfaktoren sind aus Sicht der Hotelunternehmer günstige Wettbewerbsbedingungen, hervorgerufen durch geringe Konkurrenz und günstige Informationsbeschaffung von relevanten Marktinformationen.

Im Rahmen einer weiteren Befragung wurde in einer Online-Pilotuntersuchung zu Beginn des Jahres 2001 in Österreich eine Reihe von Unternehmern der Hotelbranche via Internet bzgl. einer simulierten Internationalisierung beobachtet (Peters 2001, S. 228ff).

128 österreichische Hoteliers wurden angeschrieben und gebeten, online einen Fragebogen zu bearbeiten. Über Internet wurde anhand einer Simulation eine Wachstums- bzw. Internationalisierungsentscheidung beobachtet. Zudem war für die Untersuchung bedeutend welche Informationen der Proband abruft, um eine Wahl unter fünf Marktalternativen treffen zu können. Es wurde eine Internationalisierungsentscheidung simuliert, in welcher aus fünf Ländern ein favorisiertes Zielland gewählt werden konnte. Die Länder unterschieden sich dabei durch bestimmte Merkmale (Sprache, Wirtschaftslage, Klima, Einfuhrbeschränkungen etc.), die vom Probanden auf Wunsch nachgefragt werden konnten. Die Länder selbst waren für den Befragten aber anonym und wurden nur mit Land 1 bis Land 5 gekennzeichnet. Die fünf Wahlalternativen waren die Länder Deutschland, Schweden, Kroatien, Kanada und Thailand.

Informationen, die diese Länder beschreiben, wurden den Probanden bereitgestellt und waren in 10 Informationskategorien abrufbar. Unter dem Button „Länderinformationen" waren schließlich die zehn in Abbildung 1.4.8 dargestellten Kategorien optional abrufbar.

Informationskategorie bezogen auf potentielle Zielländer	Proz. Anzahl des Abrufes
Allgemeine Daten	89,7%
Wirtschaftslage	65,5%
Kulturelle Faktoren	69 %
Unternehmensstrukturen im Zielland	65,5%
Rolle des Tourismus im Zielland	79,3%
Wettbewerb in der Tourismusbranche	65,5%
Kunden und Lieferanten	41,4%
Gesetze und Steuern	27,6%
Produktionsfaktoren	27,6%
Kosten der Internationalisierung	24,1%

Abb. 1.4.8: Häufigkeit der abgerufenen Informationskategorien in Prozent

Wählte ein Proband eine dieser Kategorien aus, dann erhielt er auf einen Blick Kurzinformationen zu allen fünf Ländern.(die Informationen basierten dabei großteils auf den Daten der österreichischen Wirtschaftskammer, siehe hierzu http://www.wko.at/) Nachdem der Befragte zur Entscheidung genügend Informationen abgerufen hatte, konnte er/sie das Informationsfenster schließen und eine Wahl zwischen Land 1 bis Land 5 treffen.

Die am meisten abgerufene Information waren allgemeine Daten über das jeweilige Land, spezifische Informationen über die Tourismusbranche und schließlich Informationen über kulturelle Faktoren dieser Märkte/Länder. Am wenigsten interessierte zur Internationalisierungsentscheidung die Information über die Kosten einer potentiellen Internationalisierung, über Gesetze, Steuern und Produktionsfaktoren. Die jeweilige Analyse der Informationen durch den Probanden führte in über 29 Fällen zur Wahl eines bestimmten Landes.

Die gewählten bzw. bevorzugten Länder unterscheiden sich insbesondere in den Ausprägungen kultureller und geographischer Nähe zu Österreich. Von allen 30 Probanden, die die Frage beantworteten, nannte die Hälfte Land 1, also Deutschland.

Land	Prozent der Nennungen
Land 1: Deutschland	50%
Land 2: Schweden	13,3%
Land 3: Kroatien	10%
Land 4: Kanada	13,3%
Land 5: Thailand	13,3%

Abb. 1.4.9: Ausgewählte Länder im ersten (anonymen) Durchgang

Die Argumente, weshalb diese Entscheidung getroffen wurde, lauteten für das jeweilige Land wie in Abb. 1.4.10 dargestellt.

Gewählte Alternative	Begründung der Wahl
Land 1: Deutschland	Keine kulturellen und sprachlichen Barrieren Große Ähnlichkeit mit Österreich Marktgröße Geringes Risiko Bekannte Kundenschicht Geographische Nähe Gute Unternehmungskontrolle ist möglich
Land 2: Schweden	Geringes Risiko EU-Land Geringe Arbeitslosigkeit Gute Differenzierungsmöglichkeit Hohes Einkommen
Land 3: Kroatien	Keine Begründung
Land 4: Kanada	Klima stabile Währung hohes pro Kopf-Einkommen Multikulturelle Gegebenheiten Sehr gute Entwicklungsmöglichkeiten
Land 5: Thailand	Klima Multikulturelle Gegebenheiten Hohes Entwicklungs- bzw. Wachstumspotential Gute politische Rahmenbedingungen

Abb. 1.4.10: Begründung der Länderwahl

Von 20% der Befragten wurde zusätzliche Information zur Entscheidung gewünscht. Sie verlangten als weitere Information den Namen (und somit das Image) des Landes, das Marktpotential des Landes, Informationen über die Bevölkerung, die Qualität des Personals und über Möglichkeiten oder Grenzen Eigentum zu erwerben. Zudem wurden typische Beispiele/Fallstudien früherer Investoren zur Entscheidungsfindung erbeten. Weitere gewünschte Informationen beziehen sich auf die Freizeitaktivitäten im Land und auf das Verhandlungsgebaren. Als Markteintrittsstrategie wählten die meisten Befragten die Akquisition bzw. den Kauf eines Betriebes im Ausland (vgl. Abb. 1.4.11).

Markteintrittsstrategie	Prozent der Nennungen
Joint Venture	21,9%
Vertragliche Kooperationsformen	15,6%
Akquisition existenter Betriebe (Filialen)	31,3%
Strategische Allianzen	12,5%

Abb. 1.4.11: Markteintrittstrategien der Tourismusunternehmer im Falle einer Auslandsinvestition

Es wurde kein signifikanter Zusammenhang zwischen den Markteintrittsstrategien und der Wahl des Ziellandes festgestellt, tendenziell werden jedoch Akquisitionen und Joint Ventures eher dann gewählt, wenn es sich um ein geographisch und kulturell weiter entferntes Land handelt. Dagegen dominieren vertragliche Kooperationsformen und Strategische Allianzen eher bei nahen bzw. nachbarschaftlichen Ziellandern. Die Wahl einer bestimmten Markteintrittsstrategie wird wie in Abb. 1.4.12 begründet.

Gewählte Markteintrittsstrategie	Begründung der Wahl
Joint Venture	Risikoreduktion Kontrolle durch den JV-Partner Unabhängigkeit bis auf Abhängigkeit vom Partner
Vertragliche Kooperation	Günstige Werbemöglichkeiten Es bestehen bereits Erfahrungen
Akquisition	Wunsch nach Selbständigkeit Optimale Einfluss- und Gestaltungsmöglichkeiten Relativ hohe Sicherheit
Strategische Allianzen	Geringe Risken Eigenständigkeit bleibt trotz Allianz erhalten

Abb. 1.4.12: Begründung der Wahl der Markteintrittsstrategie

Welche Aussagen lassen sich nun für die Favorisierung einer der beiden Erklärungsansätze zur Internationalisierung, also Ressourcen- und Marktorientierung zusammenfassen?

1.4.5 Schlussfolgerungen und Ausblick

Wie die obigen Ausführungen gezeigt haben schreitet der Prozess der Internationalisierung bzw. Globalisierung relativ schnell und ohne große Hemmnisse im Bereich der globalen und/oder internationalen touristischen Unternehmen voran. Reiseagenturen, Reiseveranstalter, Systemgastronomie und Markenhotellerie sowie Transport- und Autovermietungsfirmen weiten alle stark globale Konzentrations-, Integrations- und Verflechtungstendenzen aus und erobern Märkte die vorher von lokalen Klein- und Mittelunternehmen (KMU) besetzt waren.

Damit zeigt sich auch gleichzeitig die Notwendigkeit der nach wie vor insbesondere in Europa dominierenden KMU's, sich entweder selbst stärker international zu engagieren oder über Nischenprodukte oder Dienstleistungen internationale Wettbewerbsvorteile zu bewahren. Anders ausgedrückt: Hatten KMU's im Tourismus vor Jahren noch die Möglichkeit, sich aus ‚Pull'-Motiven heraus zu internationalisieren und attraktive Standorte zu besetzen, so sind die Chancen diesbezüglich heute geringer geworden und erfordern noch mehr internationales Know-how und Marktkenntnis als bisher.

Die Wahrnehmung des Marktes bzw. die Verarbeitung von Marktwissen durch den Unternehmer entscheiden insbesondere in Kleinbetrieben über das internationale Engagement. Multinationale Unternehmen werden stets eigentumsspezifische Vorteile, Internalisierungsvorteile oder Standortvorteile nutzen und haben daher grundsätzlich starke Wettbewerbsvorteile in nahezu allen Branchen. Im Tourismus wird die Differenzierungsqualität der Unternehmen und die Fähigkeit Marktnischen zu entdecken oder zu entwickeln darüber entscheiden, inwieweit kleinere Unternehmen erfolgreich in den internationalen Wettbewerb eintreten können. Dies zeigt erneut, wie bedeutend die Erlangung, unternehmerische Interpretation und Verwertung relevanter Marktinformation ist.

Damit zeigen sich auch die größten Ressourcenengpässe bei der Internationalisierung von KMUs im Tourismus, die, wie die empirischen Befunde untermauern konnten, beträchtlich sind und deren Vorhandensein mitunter als „Marktversagen" interpretiert werden kann. So sind auch Wege aufgezeigt wie der Staat bzw. die EU das internationale (in der EU kaum marktüberschreitendes) Wachstum von touristischen Klein- und Mittelbetrieben fördern können, nämlich in der Bereitstellung bzw. Weiterentwicklung von internationalen Markt- und Managementwissen und -Fähigkeiten. Programme dieser Art bestehen bereits, aber der Wettbewerbsdruck ist für viele KMU's noch immer nicht stark genug, um als notwenige Motivationsbasis für internationales Engagement in Frage zu kommen.

Literaturverzeichnis

Alchian, A. A. 1950: Uncertainty, Evolution and Economic Theory. Journal of Political Economy, Vol. 58, June, S. 211-221

Amit, R./Schonemaker, P. 1993: "Strategic assets and organizational rent", Strategic Management Journal, Vol. 14, S. 33-46

Barney, J. B. 1984: Strategic Factor Markets – expectations, luck and business strategy, Management Science, Vol. 32, S. 1230-1241

Barney, J. B. 1991: Firm Resources and Sustained Competitive Advantage, in: *Journal of Management*, Vol. 17, (1), S. 99-120

Bieger, T. 1996: Management von Destinationen, München, Oldenbourg

Carl, V. 1989: Problemfelder des internationalen Managements, München, Barbara Kirsch

Caves, R. E. 1982: Multinational Enterprise and Economic Analysis, Cambridge, London, Cambridge University Press

Dunning, J. H. 1990: Dunning on Porter – Paper to the annual meetings of the academy of international business, Toronto

Dunning, J. H./Kundu, S. K. 1995: The internationalization of the hotel industry – some new findings from a field study, in: *Management International Review,* Vol. 35, S. 101-133

Dunning, J. H./McQueen, M. 1981: The Eclectic Theory of International Production: A Case Study of the International Hotel Industry, Managerial and Decision Economics, 21. Dec., S. 197-210

Foss, N. J./Knudsen, C./Montgomery, C. 1995: An Exploration of common ground: Integrating Evolutionary and strategic Theories of the firm, in: *Montgomery, C. A. (Hrsg.):* Resources in an Evolutionary Perspective: A Synthesis of Evolutionary and Resource-based Approaches to Strategy, Kluwer Academic Publishers, Norwell, AM and Dordrecht, S. 1-18

Frehse, J. 2001: Internationale Dienstleistungskompetenzen der europäischen Individualhotellerie, Dissertation an der Universität Innsbruck

Go, F. M. 1996: Globalisation and corporate Organisation, Globalisation in tourism, Reports of the 46th AIEST Congress, St. Gallen, S. 261-301

Go, F. M./Ritchie, J. R. B. 1990: Transnationalism and Tourism, Tourism Management, 11 (4), S. 287-290

Grant, R. M 1991: The resource-based theory of competitive advantage: implications for strategy formulation, in: *California Management Review,* Vol. 33, 3, S. 114-135

Grosse, R./Kujawa, D. 1988: International Business: Theory and Managerial Applications, Homewood, Illinois, Irwin

Gugler, P./Pasquier, M. 1996: Towards a new shape in Swiss strategic partnerships, paper presented at the 22nd Annual EIBA Conference, Stockholm 1996

Hymer, S. 1976: The international Operations of multinational Firms, Cambridge, Dissertation am Massachusetts Institute of Technology, 1969

Johnson, H. G. 1970: The Efficiency and Welfare Implications of the International Corporation, in: *Kindleberger, C. P. (Hrsg.):* The International Corporation, Cambridge, London, Cambridge University Press, S. 35-56

Kaspar, C. 1994: Management im Tourismus, Bern et al., Haupt

Kindleberger, C. P. 1969: American Business Abroad: Six Lectures on Direct Investment, New Haven

Klingele, J. 1991: Die Entwicklung multinationaler Unternehmen aus Sicht der Internalisierungstheorie, Frankfurt, Peter Lang

Link, W. 1996: Erfolgspotentiale für die Internationalisierung, Wiesbaden, Gabler

Nelson, R./Winter, S. G. 1982: An evolutionary theory of economic change, Cambridge, Harvard University Press

Penrose, E. 1952: Biological Analogies in the Theory of the Firm, American Economic Review, Vol. 62, Dec., S. 804-819

Penrose, E. 1959: The Theory of the Growth of the Firm, 5th edition, Oxford, Basil Blackwell

Perlitz, M. 1995: Internationales Management, Stuttgart/Jena, UTB

Peters, M. 2001: Wachstum und Internationalisierung – Überlebenschancen für touristische Klein- und Mittelbetriebe, Linde Verlag, Wien

Peters, M./Weiermair, K. 1999: Internationalisierung der Hotellerie – Unternehmerische Barrieren; Hemmnisse und Chancen von Klein- und Mittelbetrieben, in: *Revue de Tourisme*, 1, S. 14-30

Porter, M. E. 1991: Nationale Wettbewerbsvorteile: Erfolgreich konkurrieren auf dem Weltmarkt, München

Porter, M. E. 1984: Wettbewerbsstrategie – Methoden zur Analyse von Branchen und Konkurrenten, Frankfurt, Campus

Rugman, A. M. 1992: Foreign subsidiaries and multinational strategic management, Working Paper No. 64, Ontario, Center for international business research programme

Scherer, F. M. 1970: Industrial Market Structure and Economic Performance, Chicago, Rand McNally & Company

Scherer, F. M./Roos, D. 1990: Industrial Market Structure and Economic Performance, 3. A., Boston

Sinclair, M. T./Stabler, M. 1998: The Economics of Tourism, Routledge, London

Smeral, E./Laimer, P. 2001: A Tourism Satellite Account for Austria – The Economics, Methodology and Results, Study by WIFO commissioned by the Federal Ministry of Economic Affairs and Labor, Vienna

Smeral, E./Weber, A./Auer, W./Fuchs, M./Peters, M. 1998: Future Trends in International Tourism, Wien, WIFO, November

Teece, D. J. 1982: Towards an economic theory of the multiproduct firm, in: *Journal of Economic Behaviour and Organization*, Vol. 3, S. 39-63

Weiermair, K. 1996: Globalisation in tourism: impact and implications for tourism manpower, employment and systems of training/schooling, Globalisation in tourism, Reports of the 46th AIEST Congress, St. Gallen, S. 245-257

Weiermair, K. 2001: Improvements in competitiveness for tourism enterprises through new forms and regimes of governance, Paper presented at the the OECD-Seminar „Tourism Policy and Economic Growth", Berlin, März 6-7

Wernerfelt, B. 1984: A Resource-based View of the Firm, in: *Strategic Management Journal*, Vol. 5 (2), S. 171-180

Wernerfelt, B. 1989: From critical resources to corporate strategy, in: *Journal of General Management*, Vol. 14 (3), S. 4-12

Wernerfelt, B. 1995: The Resource-based View of the Firm: Ten Years After, in: *Strategic Management Journal*, Vol. 16, (3), S. 171-174

Williamson, O. E. 1975: Markets and Hierarchies Analysis and Antitrust Implications, New York: Free Press

Williamson, O. E. 1985: The Economic Institutions of Capitalism, New York, The Free Press

Winter, S. G. 1987: Knowledge and Competence as Strategic Assets, in: *Teece, D. J. (Hrsg.):* The Competitive Challenge, Harper and Row, Berkeley CA, S. 171-180

Winter, S. G. 1995: Four R's of profitability: Rents, resources, routines, and replication, in: *Montgomery, C. A. (Hrsg.):* Resources in an Evolutionary Perspective: A Synthesis of Evolutionary and Resource-based Approaches to Strategy, Kluwer Academic Publishers, Norwell, AM and Dordrecht, S. 147-178

1.5 Wechselwirkungen zwischen Kultur und Tourismus: Bausteine für eine internationale Betrachtung

Antonio Juárez-Medina

1.5.1 Generelle Fragestellung zum Thema: Die Kultur als touristisches Produkt.............. 92

1.5.2 Definition der Hauptmerkmale der Begriffe Kultur, Tourismus, Kulturtourismus ... 93

1.5.3 Der Markt des Kulturtourismus 94

1.5.4 Kulturelle Elemente und Produkte des touristischen Marktes. 95

1.5.5 Ressourcen des Kulturtourismus 96

1.5.6 Charakteristika des Produktes „Kulturtourismus" 97

1.5.7 Soziodemographische Kriterien der Touristen, die sich für kulturtouristische Reiseziele interessieren 98

1.5.8 Mögliche Konflikte zwischen Kultur und Tourismus 100

1.5.9 Kulturübernahmen und Tourismus: Einige Beispiele 100

1.5.10 Kulturstandards und Tourismus 101

1.5.11 Interkulturelle Kommunikation und Tourismus 103

1.5.12 Zusammenfassung 104

Literaturverzeichnis 106

Prof. Dr. phil. Antonio Juárez-Medina ist seit 1991 Professor an der FH Heilbronn mit den Fachgebieten Angewandte Spanische Studien für Wirtschaft und Tourismus (Wirtschaftskommunikation und -kulturen, Gesellschaftskunde, Tourismus- u. Wirtschaftsgeographie der Hispanophonen Welt). Er koordiniert für die Fachhochschule Heilbronn die Beziehungen mit dem Hispanophonen Sprachraum und ist Prodekan des Fachbereichs Wirtschaft II. Seit 1998 Gastprofessor im Master-Studiengang für Internationalen Tourismus der Universidad Politécnica de Valencia mit dem Seminar-Schwerpunkt: „Wechselwirkungen zwischen Kultur und Tourismus" und seit 2001 Gastprofessor an der Fachhochschule für Touristische Studien der Universidad de Málaga; Seminar-Thema: „Angewandter deutsch-spanischer Kulturvergleich".

1.5.1 Generelle Fragestellung zum Thema: Die Kultur als touristisches Produkt

Kultur ist historisch gesehen ein sehr altes Reisemotiv. Nicht nur im Mittelalter (Freyer 1998, S. 6) haben Minoritäten Reisen mit kulturellem Inhalt unternommen. Schon in der Antike sind Kulturreisen z. B. zu religiösen Zielen durchgeführt worden. Sowohl Theben in Oberägypten als auch Theben bei Athen waren in der damaligen Welt häufig besuchte Wallfahrtsstätten, d. h. auch Kulturorte.

Kultur und Tourismus interagieren wechselseitig auf verschiedenen Ebenen miteinander. Zwei der offensichtlichsten und gleichzeitig relevantesten Ebenen sind dabei:

1. Die kulturellen Regeln, Gesetze, Normen und Standards einer Gesellschaft beeinflussen ihre Bürger; gleichzeitig beeinflussen letztere auch die Kultur, in der sie aufwachsen. Einer dieser wechselwirkenden Einflüsse ist die Veränderung der Wünsche der Bürger im Bereich der Reiseziele. Diese Tatsache stellt für eine potenziell besuchte Region gleichzeitig einen von außen einwirkenden, kulturellen Faktor dar, der zum Besuch dieses Ortes motivieren kann. Ist eine Region z. B. als „Geheimtipp" erstmals ins Blickfeld der Öffentlichkeit geraten, weil „dort die Menschen noch in ihrer ursprünglichen Kultur leben, und sie gleichzeitig für den Tourismus gut erschlossen ist", bleibt sie nicht mehr lange ein „Geheimtipp". Daraus resultieren Enttäuschungen und Unzufriedenheit, z. B. wenn Touristen die „typischen Bewohner einer Region" nicht vorfinden können (Vgl. Pompl 1997, S. 106).
2. Die verschiedenen kulturellen Ressourcen, wie z. B. Museen, die in einem Gebiet vorhanden sind und die für die dort ansässigen Menschen eine eigene kulturelle Bedeutung darstellen, sind zugleich eine Attraktion im touristischen Angebot für auswärtige Besucher. Für die besuchte Region stellen diese Ressourcen außerdem interne eigene kulturelle Faktoren dar, die für die externen Besucher nicht unbedingt die gleiche Bedeutung haben müssen wie für die Einheimischen, obwohl diese Faktoren wiederum als Anlass zu einem Besuch der besagten Region dienen können. So hat das Haus von Schiller in Marbach beispielsweise nicht die gleiche Bedeutung für die Stadt oder die Region wie für die auswärtigen Besucher. Diese Diskrepanz ist umso größer, je weiter das Besuchsobjekt und der Herkunftsort der Besucher von einander entfernt liegen.

Tourismus als Aktivität von Menschen kann selbstverständlich auch eine der reellen kulturellen Ausdrucksformen einer Weltregion sein, so ist z. B. für die Deutschen das „Reisen" ein Teil ihrer Kultur geworden; der Begriff „Studienreise" ist in Deutschland entstanden.

Nicht nur in Deutschland ist der Tourismus eine der wichtigsten sozialen Manifestationen unserer Zeit geworden; seine Bedeutung ist von der World Tourism Organization (WTO) bereits 1980 als herausragender Faktor entweder für Frieden und interkulturelle Kooperation oder für Konflikte und Vorurteile herausgestellt worden (Montaner 1996, S. 62-64). Es ist die Aufgabe der Spezialisten der Branche, dafür zu sorgen, dass nur die Komponenten „Frieden und interkulturelle Kooperation" bei den Tourismusaktivitäten in Erscheinung treten. Deshalb sollten auch die Tourismusspezialisten eine internationale Betrachtung der Wechselwirkungen zwischen Kultur und Tourismus erwerben und dafür optimal vorbereitet werden. Die Verwirklichung des Artikels 13 der *Manila-Erklärung* ist hiermit angesprochen (Montaner 1996, S. 64): „Der Tourismus erscheint als ein dauerhafter und positiver Faktor für das gegenseitige Kennenlernen und die Verständigung, als Basis des Respektes und Vertrauens aller Völker der Welt".

1.5.2 Definition der Hauptmerkmale der Begriffe Kultur, Tourismus und Kulturtourismus

Der Begriff Kultur lässt ohne weiteres eine Anzahl an Definitionen zu und umfasst außerdem eine Fülle an „Anwendungsmöglichkeiten". Steinbacher hat bereits 1976 ein Repertoire mit mehr als 300 verschiedenen Definitionen erstellt (Steinbacher 1976, Thiem 1994, S. 29). Dabei kommt es vor allem darauf an, welche Wissenschaft den Begriff definiert hat.

An dieser Stelle werden drei eher deskriptive und sich ergänzende Variablen eingeführt, die darlegen sollen, was der Begriff „Kultur" beinhalten kann. Aus einem **sozio-anthropologischen** Blickwinkel betrachtet, ist Kultur:

- Ein System mit in sich zusammenhängenden Werten der intellektuellen, geistigen und ästhetischen Entwicklung von Individuen oder sozialen Gruppen, die sich damit identifizieren.
- Eine Zusammenfassung der Gesamtheit aller Elemente, die die Lebensweise (way of life) in einem Ort oder von einer Gruppe von Menschen beinhaltet.
- Das Ergebnis der produktiven, kreativen, intellektuellen und künstlerischen Anstrengungen eines Volkes oder einer Gruppe von Menschen.

Diese drei allgemeinen Kulturvariablen sind nützlich, um die adäquaten kulturellen Zusammenhänge im Tourismus festzulegen. Darüber hinaus werden sie auch im Allgemeinen von der Tourismusforschung akzeptiert. Aus der **individuellen Kulturperspektive** eines Menschen betrachtet, dürften diese Variablen Folgendes bedeuten:

Kultur …

- ist etwas Gelerntes,
- ist etwas mit anderen Geteiltes und hat deshalb bei der individuellen Identitätsbildung einen wichtigen Anteil,
- wird als Übermittler der Gefühle von anderen und der Interpretation des Lebens durch andere empfunden,
- ist Mittler zwischen dem Individuum und seinem sozialen Umfeld.

In Beziehung zu dieser individuellen Kulturperspektive müsste man dann die Kulturvariablen und die Motivationsfaktoren setzen, die aus dem Wunsch heraus entstehen, andere Länder mit anderen Kulturen kennen zu lernen. Diese Faktoren verändern sich von Generation zu Generation, von Bildungsstand zu Bildungsstand und von Region zu Region und beeinflussen die Entwicklung der Wunschziele. So besteht z. B. der Wunsch nach dem Besuch einer Kunstausstellung, einer historischen oder monumentalen Stätte, des Weiteren der Wunsch nach mehr oder auch weniger Musicals, Folklore, Kunsthandwerk und Gastronomie. Die Definition des **Begriffs Tourismus** scheint einfacher bzw. eindeutig zu sein. Die World Tourism Organization (WTO) hat auf ihrer Weltkonferenz von Ottawa 1993 folgende, heute schon als klassisch angesehene Definition vorgeschlagen:

„Der Begriff Tourismus beinhaltet die Aktivitäten einer oder mehrerer reisender Personen, einen Tag bis höchstens ein Jahr außerhalb ihres gewöhnlichen Wohnortes zu Zwecken der Erholung und Freizeit, geschäftlichen und beruflichen oder anderen Zwecken zu verweilen."

Logischerweise scheint die Definition des **Begriffs Kulturtourismus** (oder kultureller Tourismus) wesentlich komplexer und Gegenstand zahlreicher Vorschläge bzw. Interpretationen zu sein. Zu beachten ist dabei, was diese Definition enthält bzw. hervorhebt oder auch nicht, welche Beziehung zwischen den kulturellen Produkten besteht und ob sie eine eher technische (wie z. B. Becker 1992, S.21) oder eher konzeptionelle (wie Richards 1996, S. 22-24.) oder aber eine pragmatische Beschreibung (Montaner 1998, S. 372-373) beinhaltet.

1.5.3 Der Markt des Kulturtourismus

An dieser Stelle tritt die erste Schwierigkeit bei der Definition der Variablen „Kulturtourismus" auf. So kann ein kulturell attraktiver Ort als Teil einer Pauschalreise besucht werden, auch wenn diese Reise primär unter den Gesichtspunkten Erholung, Sport, Gesundheit und Strand gebucht wurde. Die zweite Schwierigkeit ist in den Statistiken über die internationalen touristischen Bewegungen begründet, weil diese Statistiken, so z. B. die der WTO, die internationalen Bewegungen nur generell ermitteln und keine genaueren Aussagen erfassen. Quantitative Untersuchungen sind jährlich in Deutschland zwar erhoben worden, Kultur als Reisemotiv war aber jeweils nur ein Aspekt und diese Analysen wurden faktisch für den Inlandstourismus durchgeführt (F.U.R Reiseanalyse 2001).

Besuchte Orte der Kultur	%
Ausstellungen	22
Kunstgalerien	24
Kulturerbe Museen/ Stätten	37
Historische Museen	56
Museen allg. Charakters	59

Quelle: Richards 1996, S. 246

Abb. 1.5.1: Bevorzugte Orte der Kulturbesuche in Europa

Jedoch gehen die WTO-Experten davon aus, dass ein Drittel der internationalen touristischen Reisen als zentrales Ziel den Kulturtourismus hat (WTO 1989, S. 53-54). 1996 wiesen immerhin 150 bis 200 Millionen der internationalen Reisen eine kulturelle Komponente im engeren Sinne auf (WTO 1998). Tatsächlich jedoch unternehmen nur wenige Touristen Reisen, die ausschließlich auf die Aspekte Kultur, Natur oder Landschaft ausgerichtet sind.

Kulturkomponenten werden zunehmend ins „touristische Pflichtprogramm" eingebaut (Opaschowski 1996, S. 128). Die Frage dürfte dann sein, welche Kulturkomponenten eine Reise hat. Gemäß einer Studie (Richards, S. 246) über Kulturtourismus in Europa bezüglich der von den Kulturtouristen bevorzugt besuchten Orte scheinen die in Abb. 1.5.1 genannten „Produkte" ausschlaggebend zu sein.

1.5.4 Kulturelle Elemente und Produkte des touristischen Marktes

In den Kulturbegriff lassen sich sowohl eine immense Anzahl an Aspekten als auch gemeinsame individuelle und soziale Erklärungen für die Gruppen, die sich mit dieser Kultur identifizieren wollen, eingliedern. Faktisch alle menschlichen Aktivitäten weisen Kulturkomponenten auf, wie z. B.:

1. **Landwirtschaft, Handel und Industrie:** Diese wirtschaftlichen Komponenten sind Teil der Kultur eines Landes und zudem kulturelle Produkte, die die Entwicklung und die wirtschaftliche Basis widerspiegeln.
2. **Kunsthandwerk:** Dies ist Teil der Kultur einer Region und wird durch die Einwohner an dem Ort realisiert, an dem die Produkte verkauft werden.
3. **Wissenschaften:** Das allgemeine wissenschaftliche Niveau einer Nation spiegelt sich in seinen wissenschaftlichen Errungenschaften, seinen Museen, etc. wider.
4. **Erziehung:** Das allgemeine Niveau der Erziehung der Bürger einer Nation ist ein Indikator für die Entwicklung und deshalb auch für die Kultur dieses Landes.
5. **Tanz:** Beachtenswerte Aspekte hierbei sind unter anderem die Kostüme, die Musik, die Form der Präsentation und die Technik.
6. **Sprache:** Die Sprache ist sowohl eine Säule der Kultur, z. B. in der Belletristik, als auch gleichzeitig die Schiene, auf welcher fast alle anderen Kulturmanifestationen befördert werden. So verreisen viele Personen in andere Länder, weil die dortige Kultur die entsprechende Sprache symbolisiert und besuchen deshalb Sprach- und Kulturkurse in speziellen Zentren.
7. **Gastronomie:** Die spezifischen Speisen und Getränke einer Region sind ebenfalls ein Abbild der jeweiligen kulturellen Traditionen dieser Region.
8. **Regierung:** Die Regierungsform eines Landes ist auch ein Indikator, der die jeweilige Kultur widerspiegelt.
9. **Geschichte:** Häufig sind Museumsbesuche und Besuche von geschützten Gebieten des historischen Erbes Teil einer Reise, um die Geschichte des Landes näher kennen zu lernen.
10. **Literatur:** Hierzu zählen neben Büchern vor allem auch Zeitschriften und Zeitungen.
11. **Musik:** Musik ist in ihren verschiedenen Ausprägungen ebenfalls ein Teil der Kultur.
12. **Kunst:** Architektur, Malerei, Bildhauerei und graphische Künste charakterisieren Gesellschaften.
13. **Religion:** Viele Personen reisen ausschließlich aus religiösen Motiven, z. B. um zu erleben, wie eine bestimmte Religion in einer anderen Kultur praktiziert wird oder um die Wurzeln ihrer eigenen Religion zu ergründen.

14. **Traditionen:** Ausprägungen und Ausdrucksweisen der Traditionen eines Ortes sind Teil der Kultur dieses Ortes.
15. **Erinnerung:** Gedenkveranstaltungen an historische und auch an militärische Ereignisse gelten ebenfalls als Inhalte einer Kultur.

Diese und noch weitere Kulturkomponenten sind soziologische Kulturmanifestationen, die Grundlage für Tourismusprodukte.

1.5.5 Ressourcen des Kulturtourismus

Wenn man Kulturmotive als Ziele einer Reise thematisiert, erkennt man zwei Arten von Manifestationen der Kultur einer Weltregion: die natürlichen Ressourcen („Rohstoffe") und „verarbeiteten Produkte", die man in Beziehung zu Sektoren des kulturellen Erbes und mit geographischen Kategorien oder mit beiden setzen darf. Einige Beispiele:

Form der Kulturmanifestationen für den Tourismus	Art	
Abhängig von geographischen o. sozialen Faktoren	Ressource	Produkt
Gedankliche Verbindung mit berühmten Persönlichkeiten (z. B. das Haus von Federico García Lorca)	R	
In Bühnenkunst integriert sein (Festivals der lyrischen Kunst)		P
Land, Landschaften und natürliche Gegenden	R	
Zentrum der Energiegewinnung, wie z. B. der Staudamm von Iguazú	R	
Einrichtungen und damit verbundene Ressourcen mit der herstellenden Industrie (z. B. die Eisenstätte Völklingen)	R	
Attraktionen über Transportmittel, wie z. B. Auto- u. Eisenbahnmuseen		P
Traditionelle historische Gebäude	R	P
Kunstgalerien, Folklore – Festivals und Musicals, Messen		P
Spezielle, für die Erholung und Freizeit geschaffene Gartenanlagen, Themenparks		P
Denkmäler und Orte, die an kriegerische oder zivile historische Ereignisse erinnern		P
Das Erbe der Wissenschaft und der Technologie	R	P
Kulturelle Routen, die alle anderen Bestandteile des Kulturtourismus beinhalten	R	P

Abb. 1.5.2: „Primäre Ressourcen" einer Region und „Produkte" als Kulturmanifestationen

Die Kulturrouten, die mit den „deutschen" Studienreisen verwandt sind und eigentlich Teile bzw. alle anderen Bestandteile des Kulturtourismus beinhalten, gewinnen bei der Angebotspalette des Kulturtourismus an Bedeutung. Der Europarat hat 2001 eine ausführliche Auflistung dieser kulturellen Routen vorgeschlagen (http://www.culture-routes.lu), z. B.: Die Pilgerwege in Europa, Mozarts Reise als Kulturweg durch Europa, die Seidenstraße in Europa, die Städte des „al-Andalus" (Andalusien), die Siedlungsgebiete der Kelten und der Wikinger. Man könnte ebenfalls die Route der Mayas in Zentralamerika dazu zählen. Es ist hier anzumerken, dass die Annahme einer Kulturmanifestation als Angebot des Kulturtourismus auch von der Betrachtungsweise, von den Sitten einer Region und von den Forschungsmethoden abhängig sein kann: Für Großbritannien oder Frankreich gelten Schlachtfelder, wie z. B. Verdun, als genuine Kulturangebote, weil sie besondere Ereignisse von ihrem kulturellen Bewusstsein darstellen, während dieses für Deutschland nicht unbedingt gilt. Für die deutsche Tourismusforschung lassen sich die Kulturmanifestationen, die dem Tourismus angeboten werden können, in drei Bereiche einordnen: Kulturobjekte und -landschaften, Kulturereignisse und Alltagskultur. Zusammengefasst könnte diese Gliederung wie folgt aussehen:

Kulturobjekte u. Kulturlandschaften	Kulturelle Ereignisse	Kulturelle Bereiche aus dem Alltagsleben der Bevölkerung
Kirchen	Traditionelle Feste	Sprache
Schlösser	Religiöse Feste	(Regionale) Musik
Museen	Staatliche Feste	Volkstanz
Ausstellungen	Lokale Feste	Volkskunst
Burgen und Festungen	Sonstige kulturelle Veranstaltungen; z. B. für die Vermittlung der authentischen Kultur der Zielregion	(Kunst-) Handwerk
Historische Stätten		Gastronomie
Archäologische Stätten		Architektur
Historische und moderne Baudenkmäler		Lebensgewohnheiten und Lebensumstände
Themenstraßen und Kulturstraßen		

Quelle: Nach Vetter/Zeller 1999, S. 294

Abb. 1.5.3: Manifestationen der Kultur für den Tourismus

1.5.6 Charakteristika des Produktes „Kulturtourismus"

Aus den bereits angesprochenen Gründen weist der Kulturtourismus als Produkt eine sehr breite Heterogenität auf. Daraus ergibt sich eine quantitative und qualitative Vielfalt der potentiellen Konsumenten des Produktes Kulturtourismus. Jedoch sind für eine aussagekräftige Untersuchung des kulturellen Inhaltes von touristischen Produkten (für Studien oder kommerzielle Zwecke) folgende Merkmale ohne Zweifel von fundamentaler Bedeutung:

- Sind die Produkte importiert oder stammen sie aus dem Ort (Authentizität)?
- Sind die Produkte geschützt oder frei zu kopieren? Wie geschützt? Von wem? Für wen?
- Welcher Attraktivitäts- u. Popularitätsgrad liegt vor? Wie lässt sich dieser messen (z. B. Anzahl der Besucher)?

Daraus ergeben sich verschiedene „Philosophien" (Einstellungen) gegenüber dem Produkt „Kulturtourismus", die folgendermaßen beschrieben werden können:

Die konservative Position:	➢ Sehr restriktiv in Bezug auf die Einbeziehung in das Tourismusangebot.
Die regulierende Position:	➢ Bedingt restriktiv in Bezug auf die Einbeziehung in das Tourismusangebot.
Die distributive Position:	➢ Potentiell offen in Bezug auf die Einbeziehung in das Tourismusangebot.
Die kommerzialisierende Position:	➢ Favorisierung der Vermarktung und der Einbeziehung in das Tourismusangebot

Abb. 1.5.4: Die vier Einstellungen der Tourismusindustrie im Bezug auf Kulturtourismus

Die Tourismusindustrie bevorzugt allerdings die 3. oder 4. Position, wobei die 3. Position mit der Entwicklung des nachhaltigen Tourismus immer mehr an Bedeutung gewinnt.

1.5.7 Soziodemographische Kriterien der Touristen, die sich für kulturtouristische Reiseziele interessieren

Wie bereits angesprochen beinhaltet laut der WTO gut ein Drittel aller touristischen Reisen eine oder mehrere oder ausschließlich kulturelle Komponenten. Um kulturtouristische Produkte in den Angeboten zu verbessern oder sie darin zu integrieren, wäre es geboten, dass sich die Studien und Untersuchungen nach den klassischen Prinzipien der Marktforschung z. B. auf folgende Kriterien, d. h. ausgewählte Kenntnisse über den potentiellen Konsumenten des kulturellen Produktes, konzentrieren:

1. Kenntnisse über das soziale Profil und Bildungsniveau des Kulturtouristen.
2. Alter der Touristen oder der Gruppen des Kulturtourismus.
3. Die enorme Wichtigkeit der Unterschiede zwischen nationalen Gruppen.
4. Bevorzugte Reiseart des Kulturtouristen.
5. Präferenzen und Motive, um Kulturtourismus zu verwirklichen.
6. Ideen und Vorstellungen/Bilder, die der Tourist über die kulturellen Anziehungspunkte besitzt.
7. Motive und Gründe, um besagte touristische Orte mit kulturellen Anziehungspunkten zu besuchen.
8. Erholungsgrad des Kulturtouristen am besuchten Anziehungspunkt.
9. Beziehungsgrad zwischen kulturellen touristischen Reisen und anderen Arten touristischer Reisen.

Mit Hilfe der Kriterien 1-9 ist es möglich, unter Berücksichtigung der folgenden Aspekte eine Strategie für den potenziellen Markt des Kulturtourismus zu definieren:

1. Die Promotionsaktivitäten, speziell für den Kulturtourismus, sollten auch die Determinanten darstellen, die den Touristen dazu veranlassen, eine kulturelle Reise zu machen.
2. Die Kommunikations- und Promotionsmittel des Kulturtourismus: Veröffentlichungen, z. B. in Zeitungen, Zeitschriften und Flugblättern; vorhergehende Besuche; Empfehlungen eines Reisebüros, von Freunden und Familie; besondere Veranstaltungen wie Filmpremieren, Theateraufführungen, und ähnliches.
3. Berücksichtigung der Einstellung des Kulturtouristen gegenüber dem Schutz des kulturellen Erbes.
4. Berücksichtigung von vorangegangenen Erhebungen bei den Kulturtouristen bezüglich eines potentiellen Ortes.
5. Kompromiss oder Interesse auf Seiten des Kulturtouristen in Bezug auf die Geschichte und das Kulturerbe.
6. Bereitschaft auf Seiten des Kulturtouristen, mehr Geld für die kulturellen, touristischen Anziehungspunkte zu bezahlen.
7. Bewertung der Präsentation der touristischen kulturellen Anziehungspunkte in den Kommunikationsmitteln durch den Kulturtouristen.
8. Qualitativer Nutzen, der aus dem Besuch eines Ortes mit Kulturerbe für den Kulturtouristen resultiert, dessen Folge Befriedigung, aber auch Annahme oder Aneignung von neuen oder vertieften Kenntnissen sein können.

Der Stand der quantitativen Forschung ist für den deutschen Markt in diesem Bereich bereits gut ausgebaut, allerdings ist das auf internationaler Ebene nicht der Fall. Die Forschungsgemeinschaft Urlaub und Reise e.V. bietet in ihren periodischen Untersuchungen, z. B. für das Jahr 2001, ein Modul „Kultur" an. Daran lässt sich erkennen, dass den deutschen Markt betreffend der Wunsch, „Kultur und Bildung" in eine Reise zu integrieren, mit dem Einkommensniveau der Reisenden steigt. Die Haushalte mit einem Nettoeinkommen über DM 5.000 sind die Spitzenreiter des Kulturtourismus in Deutschland: Für 14,5% dieser Gruppe ist Kultur bei einer Reise „sehr wichtig", für 33,9% ist sie „wichtig".

Darüber hinaus ist bei dieser Untersuchung bei einem Vergleich der Zahlen von 1996 und 2001 festzustellen, dass die beiden Gruppen, die Kultur und Bildung bei Reisen für „besonders wichtig" und „wichtig" halten, geringfügig größer geworden sind (1996: 43,5% auf 2001: 43,8%); die Gruppe jedoch, die sie für „besonders wichtig" hält, im gleichen Zeitraum um 4,4% kleiner geworden ist (1996: 18% – 2001: 13,6%).

Die Untersuchungsergebnisse lassen außerdem erkennen, dass der Generationsunterschied nicht unbedingt eine wesentliche Rolle zu spielen scheint, denn bei 42,8% der jungen Familien ohne Kinder ist die Kultur bei einer Reise „wichtig" oder „sehr wichtig", was bei 48% der Ehepaare im Ruhestand ebenso der Fall ist (RA 2001 Modul Kultur, S. 6.).

1.5.8 Mögliche Konflikte zwischen Kultur und Tourismus

Die Wechselwirkungen zwischen Kultur und Tourismus finden nicht immer harmonisch statt. Das unterschiedliche Entwicklungsniveau zwischen einer besuchten Region und den Touristen beinhaltet ernste Konfliktstoffe. Die Wahrnehmung und die Vorstellung darüber, was z. B. der „Authentizitätsgrad einer Kultur" ist, hängt entscheidend von der jeweiligen Sicht der Einwohner und der Besucher ab. Außerdem ist es möglich, dass ein großer Grad der Authentizität einer Kultur negative Elemente für das sozioökonomische Niveau der Einwohner mit sich bringen kann.

Der offene latente Konflikt zwischen den Konservativen, den Befürwortern der Authentizität einer Kultur, und den Anhängern ihrer Freigabe auf dem Markt (die Befürworter der Kommerzialisierung) ist ständig vorhanden. Die Anhänger der Kommerzialisierung betrachten Kultur als einen natürlichen und ausbeutungsfähigen Rohstoff.

Die Konservativen jedoch bestehen hauptsächlich darauf, dass man die lokalen Bewohner, welche die Erschaffer, Mittler und Erhalter der spezifischen lokalen Kultur sind, bei der Frage, ob man diese spezifische Kultur kommerzialisiert oder nicht, mit zu Rate und bei allen Entscheidungen über das Angebotes der Region für den Tourismus mit einbezieht.

Diese Konflikte lenken die Aufmerksamkeit auf die Entscheidung, wie sich die kulturellen Ressourcen einer Region für den internationalen Tourismus am besten anbieten lassen. Daher kommen einige zentrale Elemente zur Geltung, die man in Betracht ziehen sollte, um Entscheidungen zu treffen; es entstehen z. B. folgende Fragen:

- Wie soll die Darstellung der Angebote und der Werbung für die Ressourcen aussehen und wie kann diese mit den fundamentalen Interessen der kulturell besuchten Gruppe in Einklang gebracht werden?
- Sind die mittels der kulturellen touristischen Ressourcen geschaffenen Arbeitsstellen ein Vorteil für die in den Tourismus involvierten Einwohner oder für die dem Tourismus angebotene kulturelle Region?
- Gibt es eine Chancengleichheit auf dem Arbeitsmarkt für die Einwohner der Zielregion?
- Gibt es für alle Angehörigen bestehender soziokultureller Gruppen gleichberechtigte Zutrittsmöglichkeiten zu diesen Verwendungsmöglichkeiten und/oder dürfen diese bei der Verteilung der Erträge mitwirken?
- Werden die kulturellen Elemente eines dem Tourismus zugänglichen Ortes geschützt oder nicht? Werden Naturschutzgebiete ausgewiesen?

1.5.9 Kulturübernahmen und Tourismus: Einige Beispiele

Die wachsende Standardisierung von Hotelunterkünften, die „McDonaldisierung" der Gastronomieangebote und die schlechte Anwendung der englischen Sprache als „offshore"-Standardsprache der Kommunikation sowohl im Tourismus als auch in internationalen Beziehungen stellen typische Beispiele einer schlechten, unfreiwilligen Akkulturation dar. Akkulturation bedeutet und beinhaltet kulturelle Darlehen in einer einzigen Richtung oder in zwei Richtungen gleichzeitig. Diese Imitation ist normalerweise dann negativ, wenn man in einer sozialen Gruppe zwischen den nehmenden und gebenden Elementen ein Ungleichgewicht schafft oder wenn die produzierten Effekte des interkulturellen Austauschs für eine soziokulturelle Gruppe, die sich in einem stabilen Zustand befindet, nicht zu verarbeiten sind. Dies kann zu negativen Auswirkungen führen, wie z. B. zu:

- Einer Entwicklung von unterwürfigen Verhaltensweisen der einheimischen Bevölkerung.
- Einer Fälschung von Kunsthandwerksgegenständen, um die touristische Nachfrage zufrieden zu stellen oder zu steigern.
- Einem Verlust des soziokulturellen Gleichgewichtes oder der ökologischen Nachhaltigkeit aufgrund der Erschließung einer Region für den internationalen Tourismus.

Studien und Forschung, die Informationen über die kulturellen Änderungen einer touristischen Region erbringen, können aber auch sehr positive Wirkungen haben: So leistete bei den Maori-Völkern in Neuseeland eine bewusste und überlegte Erschließung des Kulturtourismus einen entscheidenden Beitrag zu der Rückgewinnung ihrer Traditionen, Architektur und Folklore. (http://www.otsp.govt.nz/). Die Technische Universität von Auckland bietet sogar einen Bachelor of Maori Development with specialisations in Cultural Tourism & Travel an (http://www.aut.ac.nz/depts/tearapoutama/).

1.5.10 Kulturstandards und Tourismus

Wie bereits bei der Definition des Begriffes „Kultur" angesprochen, identifiziert sich jeder Mensch bewusst und unbewusst mit den für eine bestimmte Kultur spezifischen Normen. Die kulturellen Standards, auch Kulturstandards oder Normen genannt, sind für die Mitglieder einer Kultur Stützen der Orientierung zur besseren Wahrnehmung, für die Gedanken, die Bewertung, das Handeln. Zudem bestimmen sie, was für alle Beteiligten dieser Kultur als normal, typisch und obligatorisch angesehen werden soll (Thomas 1993, S.55-71). Diese Standards, die das eigene und fremde Verhalten regulieren und bewerten, sind in der Interaktion zweier, zur selben kulturellen Gemeinschaft gehörender Personen mehr oder weniger wahrnehmbar. Die Begegnung zwischen Personen wird um so umso brisanter, je weiter die Kulturen von einander entfernt sind. Man vergleicht deshalb die Kultur mit einem „Eisberg" (Hall/Reed Hall 1983). In interaktiven Situationen, in denen häufig Missverständnisse und Konflikte auftauchen, liegen auch deren Auslöser. Das ist natürlich auch im Bereich des Tourismus von großer Bedeutung; und zwar sowohl für Konsumenten/innen (Touristen/innen) als auch für Berufstätige im Bereich des Tourismus: Dies betrifft neben den Herstellern des Produktes, z. B. Reiseveranstaltern, sowohl die Mittler des Produktes, z. B. Reisebüros, als auch Hotelangestellte und ähnliche Berufsgruppen. In allen Bereichen, in denen touristische Dienstleistungen angeboten werden, werden Normen aus verschiedenen Kulturen ständig mit anderen Normen kollidieren. Die Tourismusindustrie, die stets international war, ist gut beraten, sich mit dem Thema ausführlich auseinander zu setzen.

Das, was für einen Mitteleuropäer oder Nordamerikaner akzeptabel oder wichtig sein kann, wird bei den angehörigen anderer Kulturen anders bewertet. So wäre es beispielsweise ein gravierender Fehler, wenn die Hoteldirektion einer Gruppe aus einem arabischen Land, die in einem Hotel in Spanien übernachtet, im Zimmer zur Begrüßung ein Glas Jerez anbieten würde. Diese wohl bekannten Fettnäpfchen sind „unsichtbare" Aspekte einer Kultur und sind bei der Urlaubsgestaltung internationaler Touristen zu berücksichtigen, z. B. anhand ihrer Werteskala, wie folgende Tabelle zeigen soll:

Gewichtung	Nordamerika	Japan	Arabische Länder
1	Freiheit	Zugehörigkeit	Familiäre Sicherheit
2	Unabhängigkeit	Gruppenharmonie	Familiäre Harmonie
3	Individuelle Stärke	Stärke der Gruppe	Bedeutung der Frau
4	Gleichheit (Geschlecht, Alter)	Vorrecht des Ältesten	Vorrecht des Ältesten
5	Individualität	Gruppenkonsens	Autorität
6	Wettbewerb	Zusammenarbeit	Ordnung und Übereinkunft
7	Effizienz und Leistungsfähigkeit	Qualität	Zuneigung, Ergebenheit
8	Zeitliches/weltliches Bewusstsein	Geduld	Viel Geduld

Quelle: Nach Hofstede 1997

Abb. 1.5.5: Gewichtung einiger Kulturstandards bei Angehörigen von drei unterschiedlichen Kulturen.

Mittels der Kulturstandards jeder Person scheint man das eigene sowie das fremde Verhalten zu interpretieren und dieses zu regulieren und zu beurteilen. Die Normen, die sich in einer spezifischen kulturellen Gemeinschaft erkennen lassen, sind für die Zugehörigen zur selben Gruppe kaum wahrnehmbar. Im Gegensatz dazu kommt es zu wahrnehmbaren Aktivitäten, sobald Begegnungen zwischen Individuen oder Gruppen verschiedener kultureller Gemeinschaften stattfinden.

Darüber hinaus existieren auch zusätzlich zu den geographischen Gruppen kulturelle Subgruppen, die sich mit Teilen oder Komponenten einer bestimmten Gesellschaft identifizieren, z. B. auf Basis einer speziellen Subkultur – den Lebensstil, den Beruf oder die Alterszugehörigkeit betreffend. Diese Subkulturen halten sich nicht unbedingt oder nur zum Teil an die übergeordneten, kulturellen Normen einer politisch abgegrenzten Kulturgemeinschaft und können ebenfalls ein eigenes Repertoire an Ausdrucksweisen und internationaler Zugehörigkeit besitzen und nutzen, wie es z. B. bei dem multinationalen Unternehmen *Transnational* der Fall ist. In der Forschung über die Kulturstandards wurden diese Normen in einer nützlichen Hierarchie geordnet, deren Basis zentrale Kulturstandards darstellen und die eine operative Forschung ermöglicht. Die Erkennung und Zuordnung der Kulturstandards nach diesem Hierarchieprinzip ist bei Touristengruppen für die Tourismusexperten von primärer Bedeutung. Dies ist doppelt so schwierig, wenn bei Touristengruppen sehr heterogene Herkünfte zu finden sind und dadurch ein chaotischer kultureller Freiraum entsteht, in dem uneinheitliche kulturelle Standards aufgrund ihres geographischen Ursprungs auftreten.

1.5.11 Interkulturelle Kommunikation und Tourismus

Wie funktionieren die **Kulturstandards** im Tourismus? Die bis hierhin gemachten Beobachtungen erlauben das Thematisieren von weiteren zusätzlichen oder speziellen Beobachtungen bezüglich der Begegnung von Individuen, die verschiedenen Kulturen angehören, während einer touristischen Aktivität. Für den/die Fachmann/frau einer touristischen Tätigkeit erweist sich die Erkennung der Kulturstandards der Individuen und der Gruppe, die andere Kulturstandards haben, während der ausgeübten Tätigkeit im Tourismusgewerbe, obwohl sie äußerst wichtig ist, als sehr problematisch. Dies zeigt sich z. B. bei der Reiseleitung internationaler Gruppen: Einerseits kann es für den gut vorbereiteten Reiseleiter einer multikulturellen Gruppe einfacher sein, die Kommunikation mit einem Hotelangestellten einer anderen Kultur aufzubauen und positiv zu gestalten.

Andererseits ist die beste Vorbereitung, wenn es sie im interkulturellen Sinn gibt, keine ausreichende Bedingung, um einen kommunikativen Erfolg zu erreichen, beispielsweise wenn der Reiseleiter einer deutschen Gruppe Deutscher und der Hotelangestellte Kolumbianer ist. Die tief greifenden und äußerst unterschiedlichen Kulturstandards von beiden Gesprächspartnern können mit allen dazugehörenden Konsequenzen für Reise und Geschäft zum Scheitern führen. Bei der ganzen Problematik kommt auch der nicht zu unterschätzende Faktor der Sprachstrategie, deren sich die Tourismusindustrie bedient hinzu. Während bei den meisten Kommunikationsformen der Sender vom Empfänger konkret identifiziert und zugeordnet werden kann, wirkt die Sprache des Tourismus in der Regel vage, mongolisch, tautologisch, euphosistisch (Dann 2001, S. 62-64),: „Most of the time we are unaware of the identities of the compilers of brochures, pamphlets and advertisements, and are not certain as to whether these are produced by faceless operators or their equally amorphous subcontracted teams of psychologists, sociologists and marketing experts" (Dann, S. 62).

Im vorhergehenden Abschnitt wurden einige Situationen und Aspekte angesprochen, bei denen Wechselwirkungen zwischen Kultur und Tourismus in ihren zwischenmenschlichen Dimensionen stattfinden. In solchen Situationen ist die Kommunikation erfolgreich oder sie scheitert. Im Bereich der touristischen Aktivitäten gibt es häufig folgende Situationen:

Kontakte des Touristen/ der Touristin...

- ...im Fremdenverkehrsbüro,
- ...mit einem professionellen Reiseleiter aus der besuchten Region,
- ...an der Rezeption in einem Hotel,
- ...bei der Inanspruchnahme von anderen Serviceleistungen des Hotels,
- ...des Landes „A" mit einem Touristen des Landes „B",
- ...wenn der Reiseleiter und die Gruppe dieselbe Herkunft haben, die touristischen Dienstleister jedoch aus einer anderen Region kommen als die Gruppe,
- ...wenn zwei touristische Dienstleister unterschiedlicher Kulturzugehörigkeit, z. B. der Angestellte eines deutschen Reisebüros bei einer Autoreservierung auf den Kanarischen Inseln, aufeinander treffen,
- ...mit Einheimischen außerhalb des touristischen Bereichs.

In diesen und ähnlichen Situationen bilden sich unsichtbare Räume für eine interkulturelle Begegnung mit einer ausdrücklichen oder expliziten Zielsetzung und zwar der Aufrechterhaltung einer Kommunikations- oder Kooperationsform in einer oder mehreren Dimensionen zwischen den dazugehörigen Individuen einer Gruppe mit unterschiedlichen Kulturen.

Das erste Ziel der Tourismusfachkräfte ist die Entwicklung einer interkulturellen Kompetenz, um die interferenten Prozesse, die in solchen Situationen entstehen, zu erkennen. Das zweite Ziel ist, dazu beizutragen (siehe „Eisbergvergleich" der Kultur nach Hall/Reed Hall), dass die Kommunikation in einer multikulturellen Gruppe oder beim Zusammentreffen der Gruppe mit Tourismusfachleuten verschiedener kultureller Systeme nicht misslingt. Das ist die Voraussetzung dafür, dass das „erforderliche interkulturelle Handeln" (Freyer/Pompl 2000, S. 123-127), das von den Konsumenten, den Touristen, erwartet wird, gelingt.

Das Schaffen einer soliden methodischen Basis der kommunikativen interkulturellen Kompetenz bedeutet in unserem Fall, für die verschiedenen Zweige der Industrie einen zentralen Beitrag zu leisten, um die Qualität der genannten touristischen Serviceleistungen bezüglich der Wünsche der touristischen Klientel abzusichern. Dabei sind nicht nur explizite oder verbale Prozesse zu trainieren, sondern auch non-verbale wie Gestik und Mimik, Zeitgefühl, Symbole, Übereinkünfte, Geschmack in der Wohnungseinrichtung, Geschmack und Traditionen bei Geschenken, etc., beeinflussen die Kommunikation entscheidend (Losche 2000, S. 50-60).

1.5.12 Zusammenfassung

Der Tourismus kann in seinen nationalen und internationalen Dimensionen ein sehr nützliches und wichtiges Medium sein, um zu den sozialen und kulturellen Änderungen eines Landes oder einer Region beizutragen. Durch den Tourismus hat sich z. B. Spanien unter der Franco-Diktatur geöffnet. Aber die Begriffe „Änderung/Veränderung" sind im Hinblick auf jede Entscheidung nicht präzise genug. Es ist bekannt dass, die in einer sozialen Gruppe auftretenden Änderungen nur für diejenigen, die sie wünschen, steuern oder produzieren sichtbare Änderungen sind, jedoch nicht unbedingt für Außenseiter oder andere Gruppen, denn es handelt sich hierbei im Allgemeinen eher um eine Frage des Verstandes, der Wahrnehmung und der jeweiligen Meinung als um eine Frage, auf die mit sachlichen Argumenten eingegangen wird.

Der Tourismus ist nicht der einzige Motor für Veränderungen, er ist jedoch häufig einer der offensichtlichsten und auffälligsten. Der Tourismus kann oft in einer Region als eine Möglichkeit zur Erhaltung von Traditionen eingeführt werden, wenn man die Öffnung der besagten Region für den Tourismus zu Beginn der globalen Planung und Organisation anstrebt. Dazu gehört die Zusammenarbeit zwischen der privaten Initiative und dem öffentlichen Sektor. Diese Planung und Organisation sollte alle Faktoren beinhalten, die notwendig sind, um eine wirtschaftliche, soziale und kulturell nachhaltige Ökologie (Glaeser, Teherani-Kröner 1992, S. 15-45) zu erzielen und zu erreichen. Dazu gehört nicht nur eine möglichst optimale Information über die Zielregion, sondern auch solide Vorstellungen über die finanziellen

Kosten und über die kulturellen und sozialen Entwicklungskosten der ausgewählten Region und nicht zuletzt die Einbeziehung der Einwohner der Region.

Was die Auswirkungen auf die kulturelle Identität der Zielregion durch den internationalen Tourismus betrifft, muss man ebenso wie Thiem feststellen, dass er sowohl Gefahren als auch Chancen für die Region mit sich bringt. Die Bewertung „ist ausschließlich im Zusammenhang eines gesamten kulturellen Systems und damit nur im konkreten Einzelfall möglich." (Thiem 1998, S. 30).

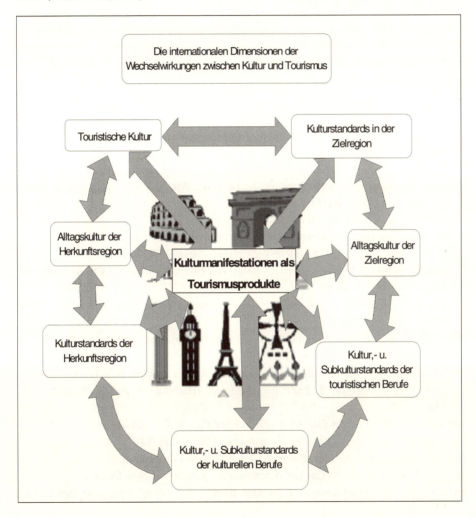

Abb. 1.5.6: Internationale Dimensionen der Wechselwirkungen zwischen Kultur und Tourismus

In der Tourismusbranche spielen die verschiedenen Manifestationen der Kultur sowohl bei den Konsumenten, den Touristen, als auch bei den Dienstleistern eine zentrale Rolle. Es finden darüber hinaus eine Vielzahl an interkulturellen Wechselwirkungen bei den Verbrauchern, den Dienstleistern oder den Einwohnern der Regionen statt, in denen diese Dienstleistungen angeboten und durchgeführt werden. Im Tourismus als sozialem Phänomen gibt es ständig kulturelle Begegnungen in dem „Kulturraum Tourismus" und kulturelle Interaktionen zwischen den „Akteuren"; daher sind auch die Verhaltensmuster in den unterschiedlichen Ebenen der Begegnung und Kommunikation auf sehr verschiedenen Ebenen zu berücksichtigen. Diese Problematik ist bereits von Jafari (1983) und Thiem (1994), sowie von Pompl und Freyer (2000, S. 120) thematisiert worden.

Wenn man abschließend eine Zusammenfassung aller Bausteine und Komponenten darstellen möchte, die einen Einfluss auf die Wechselwirkungen zwischen Kultur und Tourismus auf internationaler Betrachtung haben können, so könnte dieses Modell wie in Abb. 1.5.6 dargestellt aussehen.

Literaturverzeichnis

Auckland University of Technology 2001: Über die Maori Kulture & Studien unter: http://www.aut.ac.nz/depts/tearapoutama/
Becker, C. 1992: Kulturtourism, in: *Becker, C./Schertler, W./Steineck, A.(Hrsg.):* Perspektiven des Tourismus im Zentrum Europa, Trier, ETI Studien Bd. 1, S. 21-25
Dann, M. S. 2001: The language of tourism, Cab International, Wallingsford
Glaeser, B./ Teherani-Kröner, P. (Hrsg.) 1992: Von Humanökologie der Chicagoer Schule zur Kulturökologie, Wiesbaden.
Forschungsgemeinschaft Urlaub und Reisen e.V. (Hrsg.) 1996 & 2000: Reiseanalyse, Modulbericht Kultur, Hamburg
Freyer, W. 1998: Tourismus: Einführung in die Fremdenverkehrsökonomie, 6. überarbeitete und aktualisierte A., München, Wien
Freyer, W./Pompl, W. 2000: Schlüsselkompetenzen für das internationale Tourismusmanagement, in: *Landgrebe, S. 2000:* Internationaler Tourismus, München, Wien, S. 114-130.
Hofstede, G. 1997: Lokales Denken, globales Handeln – Kultur, Zusammenarbeit und Management; aktualisierte Ausgabe der deutschen Übersetzung, München
Institut Européen des Itineraires Culturels: Unter http://www.culture-routes.lu
Jafari, J. 1983: Tourism and Culture: A comparative perspective, New Orleans
Losche, H. 2000: Interkulturelle Kommunikation – Sammlung praktischer Spiele und Übungen, Augsburg
Montaner Montejano, J. 1996: Pscosociología del Turismo, Madrid
Montaner Montejano, J. et al. 1998: Diccionario del Turismo, Madrid
Opaschowski, H. 1996: Tourismus: Eine systematische Einführung – Analyse und Prognosen, 2., völlig neu bearbeitete A., Opladen
Pompl, W. 1997: Touristikmanagement 1: Beschaffungsmanagement, 2., aktualisierte und erweitete A., Berlin, Heidelberg, u. a.

Regierung New Zealand 2001: über die Maori Kulture unter: http://www.otsp.govt.nz/

Richards, G. 1996: Cultural Tourism in Europe, Wallingford, Oxon, CAB International, UK

Steinbacher, F. 1976: Kultur, Begriff – Theorie, Stuttgart

Thiem, M. 1998: Kulturwandel durch Reise?, in: *Braun, A. & all.:* Tourismus – Gewinn oder Verlust von Identität? Die Wechselwirkungen von Kultur und Tourismus, Bergisch Gladbach, S. 25-37

Thiem, M. 1994: Tourismus und kulturelle Identität – Die Bedeutung des Tourismus für die Kulturtouristischen Ziel- und Quellgebiete, Bern und Hamburg

Thomas, A. (Hrsg.) 1996: Psychologie interkulturellen Handelns, Göttingen

Vetter, K./Zeller, S.: Studiosus, in: *Roth, P./Schrand, A. (Hrsg.):* Touristikmarketing: Das Marketing der Tourismusorganisationen, Verkehrsträger, Reiseveranstalter und Reisebüros, 3., überarbeitete und aktualisierte A., München S. 291-305

WTO 1989: Seminaire sur les nouvelles formes de demande et les nouveaux produits, Nicosia, 8-9/5/1989, Madrid

WTO 1998: Tourism trends in selected country groupings unter: http://www.wordl-tourism.org/ESTA/highlights/selcogra.htm

1.6 Reisen oder/und interkulturelles Lernen

Dagmar Buck / Matthias Otten

1.6.1 Einleitung 110
1.6.2 Lernen auf Reisen – Absicht oder Zufall? 111
    1.6.2.1 „Mal raus hier": Die Entdeckung anderer Kulturen als Reisemotiv 111
        1.6.2.1.1 Historische Dimensionen des Reisens 111
        1.6.2.1.2 Warum reisen? 112
    1.6.2.2 Interkulturelles Lernen und interkulturelle Kompetenz............................ 113
        1.6.2.2.1 Interkulturelles Lernen.. 113
        1.6.2.2.2 Interkulturelle Kompetenz 114
        1.6.2.2.3 Irritation als Auslöser interkulturellen Lernens 115
1.6.3 „Zwischen Pädagogik und Pagoden": Praxisbeispiele für interkulturelles Lernen.... 116
    1.6.3.1 Praxisbsp. 1: Interkulturelles Lernen in internationalen Jugendbegegnungen.. 116
    1.6.3.2 Praxisbsp. 2: Interkulturelles Lernen im (Fern-)Tourismus....................... 117

1.6.4 Ausblicke... 120
    1.6.4.1 Potentiale von Reisen und internationaler Begegnung für
        interkulturelles Lernen.. 120
    1.6.4.2 Die interkulturelle Ausbildung von Reiseleitern und Multiplikatoren 121
1.6.5 Zusammenfassung 123
Literaturverzeichnis... 123

Dagmar Buck (Jg. 1967) studierte von 1986 bis 1991 an der Universität Münster Ethnologie, Politikwissenschaft und Soziologie und schloss diese mit dem Magister ab. In den folgenden Jahren war sie in der Medienstelle des Diakonischen Werkes von Westfalen (Münster) tätig, und absolvierte ein Weiterbildendes Studium Tourismuswissenschaft an der Universität Bielefeld. An dieses schloss sich eine mehrjährige Tätigkeit als wissenschaftliche Mitarbeiterin im Bereich Freizeitpädagogik/ Tourismuswissenschaft an der Universität Bielefeld an, der eine Anstellung bei einem Bildungsträger in Dortmund folgte. Sie arbeitet heute bei der Bertelsmann Stiftung und promoviert zum Thema „Touristische Gastfreundschaft in Deutschland".

Matthias Otten (Jg. 1969) studierte nach einer Berufsausbildung zum Industriekaufmann von 1992 bis 1997 Sozialwissenschaften an der Universität Göttingen mit den Studienschwerpunkten Soziologie, Organisationstheorie und Interkulturelle Didaktik. Seit 1998 arbeitet er als wissenschaftlicher Mitarbeiter am Institut für Angewandte Kulturwissenschaft der Universität Karlsruhe (TH), wo er zum Thema „Kulturelle Vielfalt und Fremdheitskonstruktionen in Bildungsinstitutionen" promoviert. Nach einer Ausbildung zum interkulturellen Trainer arbeitet er seit 1992 in der internationalen Jugendbegegnung und in der interkulturellen Erwachsenenbildung und lehrt im Rahmen des internationalen Studiengangs European Tourism Management an der FH Heilbronn seit 1998 zum Thema „Zusammenarbeit in interkulturellen Gruppen".

1.6.1 Einleitung

Das Endecken fremder Kulturen und die Begegnung mit den/dem Anderen ist seit jeher ein gängiges Reisemotiv, das sich heute in eine Vielzahl unterschiedlicher Formen von Auslandsreisen ausdifferenziert hat. Eine Fernreise, die Teilnahme an einem internationalen Begegnungsprogramm und viele andere Formen des Reisens stellen für die Reisenden ein freiwilliges Eintauchen in mehr oder minder ungewohnte und unbekannte sozial-kulturelle Umgebungen dar. Dahinter liegt das (oft unbewusste) Motiv des interkulturellen Lernens im Sinne einer persönlichen Auseinandersetzung mit anderen kulturellen Sichtweisen und Weltbildern. Dem Aspekt des sozialen Kontakts kommt dabei zwar nicht immer der gleiche Stellenwert zu und vordergründig ließe sich nun fragen, was die Reiseformen einer pädagogisch motivierten internationalen Jugendbegegnung und eine Individualreise in ein fernes Tourismusgebiet gemeinsam haben. Um diese Frage soll es in diesem Beitrag aber nicht vorrangig gehen.

Vielmehr sei zunächst unterstellt, dass sich die Beteiligten in beiden Beispielen freiwillig mit einer anderen Kultur und mit einer ihnen relativ fremden kulturellen Umgebung konfrontieren und – neben Erholung und Entspannung – für eine begrenzte Zeit auch eine andere Perspektive auf die Welt, neue Eindrücke und vielleicht neue Bekanntschaften erwarten. Selbst wenn die Wahl des Reiseziels bewusst auf eine Region fällt, die als ‚nicht ganz so fremd' und deshalb gerade angemessen für einen zeitweiligen Tapetenwechsel erscheint, dann bedeutet dies dennoch, dass sich diese Person Fremdheit zutraut – eben nur in kleinerer Dosis. Gleichwohl wird auch hier die Erwartung sein, dass am Reiseziel einiges anders sein wird und Abwechslung von zuhause möglich ist, andernfalls könnte man ja gleich daheim bleiben.

Die Bereitschaft, sich freiwillig in mehr oder weniger fremde Umgebung zu begeben, ist zunächst einmal eine gute Voraussetzung dafür, dass aus den jeweiligen Reiseerfahrungen neue Einsichten, veränderte Einstellungen und eine Sensibilität für kulturelle Gemeinsamkeiten und Unterschiede zu den bereisten Ländern entstehen können, mithin interkulturelles Lernen stattfindet. Auf der anderen Seite ist nicht mit jedem Kulturkontakt automatisch interkulturelles Lernen verbunden. Vielmehr setzt dies eine bewusste Reflexion der (Reise-)Erlebnisse voraus, um so die Anteile des Fremden und des Eigenen in solchen Erfahrungen entdecken und verstehen zu können.

Dieser Beitrag wird sich mit diesem Zusammenhang zwischen kultureller Neugier als Reisemotiv einerseits und nachhaltigen interkulturellen Lerneffekten als mögliches Ergebnis des Reisens andererseits beschäftigen. Dazu ist es zunächst sinnvoll, sich die Motive der Reisenden zu vergegenwärtigen, um dann die darin liegenden Potentiale für interkulturelles Lernen aufzuzeigen. Zwei Beispiele unterschiedlicher Reiseformen sollen die theoretischen Überlegungen anschließend praxisnah verdeutlichen. Dabei wird vor allem die zentrale Rolle der Reiseleitung bzw. der pädagogisch verantwortlichen Betreuer im Mittelpunkt stehen, ohne die interkulturelles Lernen bestenfalls ein Zufallsprodukt des Reisens sein kann.

1.6.2 Lernen auf Reisen – Absicht oder Zufall?

1.6.2.1 „Mal raus hier": Die Entdeckung anderer Kulturen als Reisemotiv

Zunächst soll ein Blick auf die Entwicklung des Reisens und das Bildungsmotiv im Rahmen des Reisens geworfen werden. Seit wann und wieso wird eigentlich gereist? Am Beispiel des Reisens in Entwicklungsländer wird das spezielle Reisemotiv des Kulturkontakts exemplarisch näher dargestellt. Viele grundsätzliche Überlegungen zu dieser Reiseform lassen sich auf andere Formen und Zielgruppen des Reisens und des Tourismus übertragen. In dem Zusammenhang ist auch die allgemeine Entwicklung des Reisemarktes interessant, die erst dazu geführt hat, dass Menschen mehr, häufiger und gerne auch in Entwicklungsländer reisen, wo sie auf Kulturen treffen, die sich sehr von ihrer eigenen unterscheiden.

1.6.2.1.1 Historische Dimensionen des Reisens

Menschen sind zu allen Zeiten und in fast allen Teilen der Welt aus ganz unterschiedlichen Gründen gereist. Als erste Reisende gelten heute Kaufleute, Pilger, Gelehrte, Künstler, Kuriere und Eroberer, deren Reisen allerdings zweckgebunden waren (Prahl/Steinecke 1989, S. 135).

In der Zeit des Spätmittelalters wurde eine deutliche Zunahme der Reiseaktivität verzeichnet. Die Gründe dafür liegen in einer verbesserten Infrastruktur, in der Zunahme des Fernhandels, in verbesserten Straßen, einer höheren Sicherheit beim Reisen, dem Aufbau eines regelmäßigen Postverkehrs zwischen den großen europäischen Städten und schließlich der Entstehung einer professionellen Hotellerie und Gastronomie.

Im 16. Jahrhundert entwickelten sich die sogenannten „Kavalierreisen", welche die Vollendung der humanistische Bildung junger Herren zum Ziel hatten und als Vorläufer der „Grand Tour" galten. Wurde zunächst nur Italien bereist, so entwickelten sich im 18. Jahrhundert – bedingt durch die Aufklärung – Reisen nach Frankreich, England und die Niederlande. Während ursprünglich die Sprösslinge adliger Familien reisten, unternahmen später, ab dem 18. Jahrhundert, auch die Söhne wohlhabender Bürger solche Reisen. Interessanterweise wurde bereits damals die Reise zum Gegenstand theoretischer Überlegungen, die zu dem Ergebnis kamen, dass die Reise folgende positive Effekte habe (Günter 1991, S. 16):

- „sie erweitere den Horizont,
- sie runde die Allgemeinbildung ab und
- sie bildet die seelischen und intellektuellen Kräfte des Menschen zur Reife aus".

All dies könne aber nur gelingen, wenn im Vorfeld der Reise entsprechende Vorbereitungen getroffen würden. Zu diesen gehörte z. B. die Beschäftigung mit Geographie, Kunst und Kultur, Klima und Wirtschaftsformen, Geschichte und politischer Verfassung der zu bereisenden Länder. Außerdem studierten die jungen Männer vor ihrer Reise oft Französisch und/oder Italienisch – eine Reisevorbereitung, wie wir sie heute kaum noch kennen (ebd.).

Im 18. Jahrhundert kam ein weiterer Aspekt zur Bildungsreise hinzu: die Natur. Diese wurde ebenfalls in die „Grand Tour" integriert, indem man sich von der klassischen Reiseroute löste und nun auch die Berge und abgelegene Regionen jenseits der kulturellen Metropolen in die neuen Pfade aufnahm. Die Begegnung mit den Menschen, welche die Reisenden auf ihren Fahrten trafen, spielte damals jedoch kaum eine Rolle. Der Bildungswert dieser Reisen bezog sich in erster Linie auf die „klassischen" Bildungsbereiche Politik, Wirtschaft, Geschichte und Religion (Günter 1991, S. 19). Keinerlei Auskunft erhält man über die Art der neuen Eindrücke der jungen Männer, und es ist schwer zu sagen, ob es sich dabei um interkulturelles Lernen handelte.

Die Anfänge des Massentourismus und der Beginn der Bildungsreisen – wie wir sie verstehen – liegen in der industriellen Revolution. Grundvoraussetzung für diese Entwicklung waren erstens der geregelte Jahresurlaub, der zwischen dem ersten und dem zweiten Weltkrieg gesetzlich festgelegt wurde, und zweitens die Tatsache, dass nach dem zweiten Weltkrieg viele Menschen mehr Geld verdienten, als sie zum Leben benötigten. Dieses Geld investierten die Deutschen zunehmend in Freizeit und Erholung, die aufgrund der veränderten Arbeits- und Lebensbedingungen zunehmend an Bedeutung gewann (Spode 1993, S. 5).

In der Arbeitswelt bewirkte die Einführung neuer Technologien eine Effizienzsteigerung bei gleichzeitig zunehmender Reduzierung der Arbeitszeit. Die Kehrseite dieser Entwicklung war allerdings „der Sinnverlust und die schwindende Verantwortung in der Arbeit", die eine „abnehmende Arbeitszufriedenheit und damit abnehmende Lebenszufriedenheit" (Krippendorf 1986, S. 129) zur Folge hatte und wohl häufig noch hat. Krippendorf weist weiter darauf hin, dass durch die Zunahme der Freizeit mehr Arbeitnehmer wesentlich mehr Zeit zuhause verbringen, diese „Wohnwelt" aber selten ihren Wünschen und Bedürfnissen entspricht (ebd., S. 134). Folglich bietet das Reisen eine gute Möglichkeit, sich dem alltäglichen Leben zu entziehen. Wir kommen damit zu einem zentralen Motiv der allgemeinen Urlaubsmotive, dem „weg von Gewohntem" und „hin zu Neuem".

1.6.2.1.2 Warum reisen?

Die Deutschen gelten gemeinhin als reisefreudig – Tendenz steigend –, und die Statistiken sprechen eine eindeutige Sprache: Immer mehr Deutsche reisen ins europäische oder außereuropäische Ausland. Waren es 1980 5%, die ihre Haupturlaubsreise ins außereuropäische Ausland antraten, lag diese Zahl 1997 bereits bei 16%, wobei diese Angabe die Reisen der Ost- und Westdeutschen insgesamt bezeichnet (die Prozentangaben beziehen sich auf die westdeutsche Bevölkerung, vgl. Aderhold et al. 2000, S. 106).

Hauptgründe für diese steigende Reiseintensität sind (Aderhold et al. 2000, S. 109 ff): steigende Reiseerfahrung, Urlaubs-/Fernreisen als Prestigekonsum, Entwicklung neuer Reisedestinationen, Medienpräsenz von Reisethemen und günstige Preisentwicklung. Die genannten Gründe erklären, warum Reisen ins außereuropäische Ausland sich zunehmender Beliebtheit erfreuen, geben jedoch noch keinen Hinweis darauf, warum Reisende sich bestimmte Destinationen aussuchen – was ihre Motive für die Reise sind. Der Studienkreis für Tourismus und Entwicklung hat diverse Urlaubsmotive aufgrund einer Reihe von Untersuchungen standardisiert. Bei den Fernziel-Reisenden (Urlauber, die ins außereuropäische Ausland reisen) sind folgende Motive besonders wichtig (Ergebnisse der Umfrage 1999): Abstand zum Alltag gewinnen, frei sein, Zeit haben, andere Länder, viel von der Welt sehen und neue Eindrücke gewinnen. Im oberen Mittelfeld der Bewertung folgen Reisemotive wie „etwas für Kultur, Bildung tun", „Kontakt zu Einheimischen" und „auf Entdeckung gehen, Außergewöhnlichem begegnen" (Aderhold et al. 2000, S. 128 ff).

Das Interesse am Anderen und vor allem an den Menschen der bereisten Regionen ist damit durchaus vorhanden. Der Studienkreis für Tourismus und Entwicklung hat sich deshalb nicht mit der reinen Abfrage der Urlaubsmotive begnügt, sondern die Befragten gezielt auf ihre „Ansprechbarkeit hinsichtlich interkultureller Begegnung im Urlaub" befragt (Aderhold et al. 2000, S. 133). Das Interesse an der persönlichen Begegnung mit Land und Leuten ist bei Fernziel-Reisenden sehr groß, d. h. im Durchschnitt liegt es bei über 50%. Die höchste Bewertung mit 58% erhielt in diesem Zusammenhang die vorgegebene Aussage „(...) möchte ich sehr gern mit Einheimischen über Land und Leute plaudern" (ebd., S. 146). Erwähnenswert ist ebenfalls, dass diese Zielgruppe ein überaus großes Interesse an einer angemessenen Reisevorbereitung zuhause hat, aber auch während der Reise vielfältige Informationen von der Reiseleitung erwartet. Man kann davon ausgehen, dass diese Befragten durchaus an interkulturellem Lernen interessiert sind, zumal sie sich bereits über die Voraussetzungen selbst Gedanken gemacht haben.

1.6.2.2 Interkulturelles Lernen und interkulturelle Kompetenz

Was bisher noch bescheiden als „Ansprechbarkeit für interkulturelle Begegnungen beim Reisen" bezeichnet wurde, kann unter lernpsychologischen Gesichtspunkten als zentrale Voraussetzung für interkulturelle Lernerfahrungen verstanden werden. Daher soll im Folgenden der Frage nachgegangen werden, wie aus dem Motiv des Kulturkontakts ein interkultureller Lernprozess werden kann, der seinerseits wiederum beim ‚reisenden Lerner' in einem Zuwachs interkultureller Kompetenz münden kann.

1.6.2.2.1 Interkulturelles Lernen

Während im Hinblick auf den Begriff des interkulturellen Lernens zunächst nicht eindeutig klar ist, ob es sich um einen Prozess oder ein Ergebnis der Auseinandersetzung mit der (fremd-)kulturellen Umwelt handelt, ist für den ebenso oft gebrauchten Begriff der interkulturellen Kompetenz eindeutig ein Ergebnis gemeint: „Es geht um die dauerhafte Fähigkeit, mit Angehörigen anderer Kulturen erfolgreich und kultursensibel interagieren zu können, was wiederum durch interkulturelles Lernen erreichen werden soll." (Grosch/Leenen 1998, S. 29). Interkulturelles Lernen meint demnach primär den Prozess, wobei Grosch/Leenen darauf hinweisen, dass dieser nicht nur im formalen pädagogischen Rahmen stattfinde, sondern auch im informellen Rahmen. Damit ist bereits ein erster Hinweis auf die Eingangs aufgeworfene Frage nach den Gemeinsamkeiten des pädagogischen Jugendaustausches und des eher touristischen Reisens gegeben, nämlich dass der Lernbegriff im Bereich des Kulturkontakts weitergehender zu sehen ist und nicht nur auf pädagogische Formen der Kulturbegegnung reduziert werden sollte, wenngleich er hier eine besondere Rolle spielt.

1.6.2.2.2 Interkulturelle Kompetenz

Als Ergebnis fördert interkulturelles Lernen die Fähigkeit zur situationsbezogenen Reflexion eigenkultureller Prägungen und fremdkultureller Erfahrungen, mit dem Ziel, das eigene Handeln der sozialen Umwelt anzupassen zu können. Hierfür hat sich der Begriff der interkulturellen Kompetenz etabliert (Dignes/Baldwin 1996, Luchtenberg 1999). Wie bei jedem Lernen ist auch mit interkulturellem Lernen eine Form der Verhaltens- und Einstellungsänderung verbunden, die unterschiedliche Ebenen anspricht. Es beinhaltet kognitive, verhaltensbezogene und affektive Elemente der Verhaltens- und Einstellungsänderung gegenüber anderen Kulturen (Landis/Bhagat 1996, Thomas 1993).

Auf der kognitiven Ebene geht es darum, das Wissen über eigene und fremde Kulturen, mit dessen Hilfe wir im Alltag unsere „kulturellen Welten konstruieren, zu ergänzen und zu modifizieren" (Bennett 2001). Dabei stellt sich das Problem, dass alle neuen Erfahrungen vor dem Hintergrund eines bereits bestehenden kulturellen Wissens verarbeitet werden müssen. Die kulturspezifische Wahrnehmung tendiert jedoch dazu, „diffuse und widersprüchliche Informationen dahingehend zu filtern und zu interpretieren, dass sie an bestehende Muster" Anschluss finden (Grosch/Leenen 1998, S. 36). Einerseits sichert das die Orientierung in einer ansonsten unüberschaubaren Vielfalt von Reizen und Informationen, andererseits birgt dies aber auch die Gefahr des Ethnozentrismus, also der Überbetonung eigener kultureller Orientierungen und dem Ignorieren oder Geringschätzen anderer kultureller Positionen (Bennett 1993). Als Modell einer Handlungssequenz in einer interkulturellen Interaktionssituation lässt sich dies folgendermaßen darstellen:

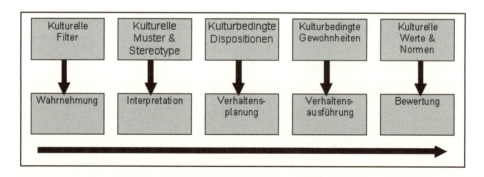

Abb. 1.6.1: Modell einer Handlungssequenz und der Einfluss von Kultur

Auf allen Stufen der Handlung spielt die kulturelle Prägung eine wichtige Rolle. Bereits die Auswahl dessen, was wir als relevant für eine bestimmte Situation halten, unterliegt unseren kulturellen Wahrnehmungsgewohnheiten. Wir interpretieren diese Wahrnehmung vor dem Hintergrund kultureller Muster und planen das eigene Verhalten – je nach dem, was uns in der jeweiligen Situation als richtiges oder angemessenes Verhalten erscheint. Die Ausführung des geplanten Handelns folgt bestimmten Gewohnheiten, die sich bewährt haben, oft schon zu Routinen geworden sind und keiner besonderen Aufmerksamkeit mehr bedürfen.

Auch die Bewertung der Handlung unterliegt schließlich sozialen und kulturellen Normen, nach denen sie als angemessen oder nicht angemessen, als erfolgreich oder missglückt bewertet wird.

1.6.2.2.3 Irritation als Auslöser interkulturellen Lernens

Diesen Prozess der Aneignung machen wir uns im Alltag kaum bewusst und im gewohnten kulturellen Umfeld ist das zunächst auch relativ unproblematisch. Selten sind die Informationen im eigenkulturellen Umfeld so widersprüchlich, dass sie unsere eigene, kulturell geprägte Wirklichkeitskonstruktion erschüttern. Das kulturelle Weltbild kommt aber dann ins wanken, wenn Informationen, Erfahrungen und Erlebnisse nicht ohne weiteres in bestehende Schemata integriert werden können, oder die Interpretation und das daraus folgende Handeln nicht zum erwarteten Ergebnis führen (Nishida 1999). Es entstehen Missverständnisse, Enttäuschungen, Frustrationen oder auch Konflikte, die emotional aufgeladen sind. Hier kommt dann die emotionale Ebene des interkulturellen Lernens ins Spiel. Auf der emotionalen Ebene bedeutet interkulturelles Lernen die Fähigkeit, Wege zu finden, mit solchen emotionalen Spannungen und Verunsicherungen konstruktiv umgehen zu können. Das verlangt zum einen Ambiguitätstoleranz, also das Vermögen, in bestimmten Situationen Ungewissheit aushalten zu können, ohne in völlige Handlungsunsicherheit zu verfallen. Zum anderen ist es notwendig, alternative kulturelle Interpretationsmuster nicht nur kognitiv zu verstehen, sondern auch mit entsprechenden inneren Gefühlen umbewerten zu können. Das wird umso schwieriger, je stärker bestimmte fremdkulturelle Verhaltensweisen jenen Normen und Werten widersprechen, die in der eigenen Kultur als richtig, moralisch positiv oder wenigstens vertretbar gelten (Friesenhahn 2001).

Eben solche Verunsicherungen und grundlegenden Erschütterungen des Selbstverständlichen werden von manchen Autoren als notwendiger Impuls zur Anregung kulturbewusster Selbstreflexion betrachtet. Eckensberger spricht in diesem Zusammenhang zum Beispiel von interkulturellen „Wiederfahrnissen" (Eckensberger 1996, S. 178), die passieren müssen, damit das Eigene und das Gewohnte überhaupt erst in Frage gestellt und über alternative Weltsichten nachgedacht wird. Daher sind die eingangs hervorgehobenen Aspekte der Neugierde auf das Fremde einerseits und die Freiwilligkeit des interkulturelles Kontakts beim Reisen andererseits im Grunde genommen ein Sonderfall mit günstigen psychologischen Voraussetzungen für interkulturelles Lernen.

Betrachtet man die tief verankerte kulturelle Gebundenheit des eigenen Handelns sowie die mehrdimensionalen Anforderungen auf der kognitiven, emotionalen und verhaltensbezogenen Ebene, so wird deutlich, dass interkulturelles Lernen nur ein langfristiger Prozess sein kann. Interkulturelle Kompetenz ist weniger ein Ergebnis von kurzfristigen Kulturkontakten als vielmehr Folge einer langfristigen und dauerhaften Persönlichkeitsentwicklung, wie sie in verschiedenen Modellen dargestellt wird (Bennett 1993, Hoopes 1981). Erwartungen an das interkulturelle Lernen durch zeitlich befristete Reisen, durch Austauschprogramme und Tourismus sollten insofern nicht zu hoch gesteckt werden. Gleichwohl gilt es das Potential solcher Formen des interkulturellen Kontakts zu erkennen und zu nutzen.

1.6.3 „Zwischen Pädagogik und Pagoden": Praxisbeispiele für interkulturelles Lernen im Reisen

Um die unterschiedlichen Voraussetzungen verschiedener Reiseformen für das interkulturelle Lernen exemplarisch zu verdeutlichen, sollen im Folgenden zwei auf den ersten Blick sehr unterschiedliche Reisetypen näher vorgestellt werden: Das Reisen im Rahmen von internationalen Jugendbegegnungen und der Besuch anderer Kulturen durch den Fern-(Tourismus). In beiden Fällen findet auf jeweils besondere Weise interkulturelles Lernen statt.

Während internationalen Begegnungsprogrammen oft von vornherein schon ein positiver Beitrag zum interkulturellen Kompetenzerwerb unterstellt wird, stehen touristische Reisen eher im Verdacht, aufgrund des fehlenden pädagogischen Rahmens in dieser Hinsicht wenig leisten zu können. Pädagogisch motivierter, interkultureller Austausch stellt interkulturelles Lernen seit jeher als explizit formuliertes Anliegen in den Mittelpunkt. Im Bereich des touristischen Reisens ist es häufig eher ein impliziter Bestandteil. Die Grenzen zwischen den beiden Arten des Auslandsreisens sind jedoch oft fließend.

1.6.3.1 Praxisbeispiel 1: Interkulturelles Lernen in internationalen Jugendbegegnungen

In der Geschichte der interkulturellen Jugendbegegnung lässt sich insbesondere in Deutschland beispielhaft demonstrieren, dass sowohl die Perspektive der Völkerverständigung – eines der traditionellen Anliegen interkultureller Begegnungen – als auch die des Jugendtourismus ein wichtige Rolle für die Karriere dieser Form des Jugendreisens spielten (Müller 1987). Aus Sicht der Anbieter von internationalen Jugendbegegnungen, meistens freie und öffentliche Träger der Jugendarbeit und nur selten kommerzielle Veranstalter, stellt sich interkulturelles Lernen als „zusammenfassender Zielbegriff für die bewusste pädagogische Planung und Realisierung von Jugendbegegnungen dar, die den Anspruch haben, den Einzelnen angemessen und in einem positiven Sinn auf Lebens- und Arbeitsbedingungen in einer multikulturellen Gesellschaft vorzubereiten." (Otten 1994, S. 23). Diese Zielsetzung ist auch deshalb so deutlich benannt, weil es eine Voraussetzung für die finanzielle Unterstützung durch öffentliche Geldgeber ist, ohne die heute kaum eine internationale Begegnung realisiert wird. Erst die pädagogische Zielsetzung legitimiert solche Förderungen, auch wenn daneben touristische Aspekte eine erhebliche Rolle in den Programmen spielen. Da solche internationalen Begegnungen in der Regel mit Jugendlichen in einem anderen Land stattfinden, also zumindest ein Teil der sich begegnenden Personen dafür auf Reisen geht, handelt es sich hier um eine „Sonderform des Jugendreisens" (Müller 2001, S. 32).

Die Jugendlichen, die an einer internationalen Begegnung teilnehmen, würden ihre Ziele in der Jugendbegegnung bzw. ihre Motive vermutlich anders formulieren. Jugendbegegnungen finden in den Ferien statt und viele assoziieren damit „zuerst Ferien, Urlaub, Spaß und Grenzerfahrungen im Ausland" (Thimmel 2001, S. 35). Es ist zwar zu vermuten, dass insbesondere in den letzten Jahren auch die qualifizierende Dimension (Spracherwerb, Nachweis von Auslandserfahrungen, „Aufpolieren" der eigenen Bildungsbiographie mit dem Ziel, später bessere Berufe zu erlangen) in internationalen Austauschprogrammen an Bedeutung gewonnen hat. Besonders die sogenannten Longstay-Programme, also Austauschprogramme, bei denen Jugendliche für ein Jahr in einem anderen Land in Gastfamilien leben, kommen diesem Motiv nach. Letztlich ist aber immer noch die soziale Erfahrung in einer anderen kulturellen Umgebung mit (gleichgesinnten) Jugendlichen aus anderen Ländern das Hauptmotiv, um an einer Jugendbegegnung teilzunehmen.

Viele Begegnungsprogramme finden in einer festen Gruppe statt und sind nicht offen ausgeschrieben, wie z. B. eine Reise oder auch die Teilnahme an einem Langzeitaustausch. Zusammen mit den eigenen Freunden Neues entdecken (z. B. als Jugendgruppe eines Jugendzentrums, eines Sportvereins, einer Gemeinde, etc.) steht hier im Mittelpunkt. Zum einen liegt das an den Anbieterstrukturen; die Träger von Jugendbegegnungen sind häufig gleichzeitig Träger der allgemeinen Jugendarbeit und die Reisen finden in und mit Gruppen statt, mit denen die Träger ohnehin täglich zu tun haben. Zum anderen kommt hier aber auch ein spezifisches Schutzbedürfnis vieler Jugendlicher zum Ausdruck. Eine dreiwöchige Begegnungsreise in ein fremdes Land würden sich viele allein möglicherweise nicht zutrauen. Aber das Wissen, vertraute Menschen mit dabei zu haben, macht das ‚Abenteuer Ausland' dann schon etwas weniger bedrohlich. So wie sich mancher Tourist allein nur selten aus dem relativ vertrauten Umfeld der Ferienanlage heraus wagt, so trauen sich manche Teilnehmenden in internationalen Jugendbegegnungen das Eintauchen in eine andere Kultur nur im Schutz ihrer Gruppe zu. In beiden Fällen ist dieses Bedürfnis ernst zu nehmen, denn interkulturelles Lernen kann nicht „ohne den Willen und die Bereitschaft der Adressaten" stattfinden (Friesenhahn 2001, S. 61).

Bei den Jugendlichen, die an einer internationalen Jugendbegegnung teilnehmen, haben wir es letztlich mit Motiven zu tun, die denen anderer Reisender weitgehend ähnlich sind. Die Besonderheit dieser Reiseform liegt daher weniger in dem Profil der Adressaten der Reise, als vielmehr auf der Anbieterseite und deren Anspruch, interkulturelles Lernen zum zentralen Bestandteil einer Begegnungsreise zu machen. Es kann im Grossen und Ganzen davon ausgegangen werden, dass bei Jugendbegegnungen eine grundsätzlich Offenheit für neue Erfahrungen in anderen Kulturen und mit Menschen anderer Kultur vorhanden ist. Aus dieser Offenheit dann relevante interkulturelle Lernerfahrungen zu initiieren ist dann die Aufgabe der Betreuer und Betreuerinnen, die das Programm gestalten, die Ansprechpartner und oft auch Sprach- und Kulturmittler sind. Auf deren Rolle wird am Ende des Beitrags noch einmal besonders eingegangen.

1.6.3.2 Praxisbeispiel 2: Interkulturelles Lernen im (Fern-)Tourismus

Für touristische Reisen, auch wenn sie mit einem Bildungsanspruch verbunden sind, müssen andere situative Voraussetzungen angenommen werden als für eine internationale Begegnung. Die oben beschriebenen generellen Ebenen des interkulturellen Lernen spiegeln sich hier am Beispiel des interkulturellen Kulturkontakts bei Auslandsreisen in unterschiedlichen konkreten personalen Voraussetzungen wider (Kaesbach 1997, Müller 1992):

- Der Reisende sollte über ein bestimmtes Bewusstsein verfügen und Situationen reflektieren (können),
- der Urlaubsgast sollte in der Lage sein, Unterschiede zu erkennen und diese zu akzeptieren,
- er sollte sich vor der Reise informieren und wenn möglich, ein paar einfache Vokabeln lernen,
- er sollte seinen eigenen Ethnozentrismus ablegen und durch ethnorelativistische Haltungen ersetzen und
- persönliche Erfahrungen machen.

Der Reiseleiter sollte dazu Situationen der Begegnung schaffen und diese an entsprechender Stelle im Programm reflektieren lassen. Oberstes Ziel muss es dabei sein, Empathie, also die Fähigkeit sich in andere hineinzuversetzen, zu entwickeln (Müller 1992, S. 101).

Wie in einer internationalen Jugendbegegnung, so sind die Chancen für interkulturelles Lernen auch bei organisierten Reisen am größten, wenn die Begegnung integraler Bestandteil der Reise und somit in den meisten Fällen im Vorfeld geplant ist. Wie dies ganz praktisch aussehen kann, soll im Folgenden anhand zweier Beispiele exemplarisch dargestellt werden. Ein kleines alternatives Bildungswerk mit Sitz in Dortmund bietet Reisen in unterschiedlichen Formaten, für verschiedene Zielgruppen und zu diversen Destinationen an. Der alle Angebote verbindende und besondere Aspekt dieser Reisen liegt auf der Begegnung. Neben Reisen vor allem ins europäische Ausland finden sich seit zwei Jahren erstmals auch Reisen nach Costa Rica und Nepal im Katalog wieder. Zusätzlich werden Reisen auf Wunsch zusammengestellt, z. B. für Landwirte, die sich einmal über die Politik der französischen Bauernverbände, die Betriebsgröße in einer bestimmten Region und alternative Anbaumethoden informieren wollen. Bei gemeinsamen Gesprächen kommen sich die Landwirte näher, indem sie sich über ihren Alltag, ihre Sorgen, Vor- und Nachteile bestimmter Anbaumethoden oder die EU-Agrarpolitik austauschen. Hier findet interkulturelles Lernen konkret statt, vor allem, da die Übereinstimmung an Gemeinsamkeiten über den Beruf vergleichsweise groß ist.

Durch die Spiegelung des Anderen und den Vergleich kann es zudem gelingen, zu Einsichten über eigenes Handeln zu gelangen. Eine besondere Abrundung finden die Angebote dieses Anbieters durch Vor- und Nachbereitungsseminare, auf denen für bestimmte Sachverhalte sensibilisiert wird, einfache Informationen bzw. Eindrücke durch Diashows vermittelt werden und nicht zuletzt die Möglichkeit für ein erstes kennen lernen der Teilnehmer geschaffen wird. Eine erste Orientierung innerhalb der Gruppe bereits vor der Reise ist somit möglich und verhindert anfängliche Probleme der Gruppenintegration. Diese Reise als nur ein Beispiel verdeutlicht, wie speziell mittlerweile die Angebote auf dem Markt sind. Auch im klassischen Studienreisebereich finden immer stärkere Differenzierungen durch kleinere Reiseveranstalter statt, die vor allem aufgrund persönlicher Beziehungen zu bestimmten Regionen oder aus politischem oder ökologischem Engagement eine Vielzahl von Reisen anbieten. Ein alternativer Studienreiseanbieter, dessen Angebote sich zunächst auf einzelne Reisen beschränkte, bietet seit geraumer Zeit einen sich jährlich erweiternden Reise-Katalog an, in dem Projektreisen, Familienreisen, Frauenreisen und Wanderreisen sowie Reisen in

Öko-Hotels und zu Biobauernhöfen angeboten werden. Aus dem Angebot soll exemplarisch eine Projektreise nach Nepal, also eine außereuropäische Region, beschrieben und auf ihre interkulturellen Begegnungsaspekte hin analysiert werden. Diese Projektreise, die als Form der Studienreise (Gruppenreise mit begrenzter Teilnehmerzahl, festgelegtem Reiseverlauf sowie deutschsprachiger, fachlich qualifizierter Reiseleitung) gelten kann, umfasst 16 Tage inklusive An- und Abreisetage. Im Hinblick auf ökologische Aspekte ist die Kürze dieser Reise für ein so fernes Ziel sicher noch einmal getrennt und an anderer Stelle zu überdenken. Andererseits umfasst eine Vielzahl von Studienreisen sämtlicher Anbieter diese Reisedauer, die wohl in erster Linie auf den Bedarf der Nachfrager zurückzuführen ist. Diese Reise nach Nepal ist als Projektreise ausgeschrieben, da der Veranstalter zwei Projekte in dieser Region ideell und finanziell unterstützt, die während der Reise besucht werden. Es handelt sich dabei zum einen um das SWAN- (Social Welfare Association Nepal) Dorfprojekt, in dessen Rahmen eine Blindenschule unterstützt wird und zum anderen um eine Baumpflanzaktion mit dem Titel „2000 Bäume für Katmandu" – einer nachhaltigen Begrünung der Millionenstadt. Der Schwerpunkt der Reise liegt mit insgesamt fünf Tagen auf dem Besuch des SWAN-Projektdorfes Narayansthan. Während dieser Zeit werden laut Prospekt folgende Optionen geboten „Kennen lernen der Leute, des Projektes und der Hintergründe. Gelegenheit zur Teilnahme an Projektaktivitäten, Erkundungen der Gegend oder Trekking. Wohnen in Zelten oder bei Einheimischen". Der Gast hat durch diese Optionen die Möglichkeit, sich so lange und intensiv im Dorf aufzuhalten und so viel zu lernen, wie er kann und möchte. Alternative Programmpunkte sind im Hinblick auf mögliche Kulturschocks, die bei Fernreisen häufig auftreten, nicht zu unterschätzen und können dem Reisenden die Möglichkeit bieten, sein Gleichgewicht wieder zu finden.

Andererseits bietet das Teilen des Alltags mit Menschen anderer Kulturkreise die beste Möglichkeit, Einblick in die Welt des anderen zu nehmen. Interkulturelles Lernen findet hier gegebenenfalls jedoch nur einseitig statt – vor allem bei Sprachproblemen – da der Gast dem Gastgeber weniger über seinen Alltag etc. vermitteln kann. Neben weiteren Begegnungsmöglichkeiten mit Nepali während eines Markt-Besuches oder dem Abschiedsfest stehen klassische Studienreise-Programmpunkte wie Stadtbesichtigung, Bootsfahrt und Besuch eines Nationalparks auf der Reiseagenda. Auf Wunsch kann die Reise individuell verlängert werden. Eine der drei Verlängerungsmöglichkeiten bietet noch einmal das Angebot „Leben im Projektdorf". In der Bewertung der Reise hinsichtlich der Voraussetzungen für interkulturelles Lernen kann festgestellt werden, dass die Veranstalter ihren Schwerpunkt auf die Schaffung von Begegnungssituationen gelegt und damit optimale Voraussetzungen für interkulturelles Lernen geschaffen haben. Wenn man einmal davon absieht, dass interkulturelles Lernen eigentlich nur dort stattfinden kann, wo beide Partner über dieselben Voraussetzungen verfügen, scheint das Erleben und Verstehen anderer Welten durch diese Formen der Projektreise möglich. Offen bleibt, ob die Veranstalter Vor- und Nachbereitungsseminare für ihre Reisen anbieten, die eine weitere wichtige Voraussetzung für nachhaltige Lerneffekte bilden. Gleiches gilt für die Qualifikation und den Hintergrund der Reiseleiter. Ihr Einfluss und ihre Verantwortung ist bei organisierten Reisen in jeder Hinsicht erheblich, wie der Abschnitt 1.6.4.2 verdeutlicht.

1.6.4 Ausblicke

1.6.4.1 Potentiale von Reisen und internationaler Begegnung für interkulturelles Lernen

Die erläuterten Beispiele haben gezeigt, dass beide Formen aufgrund der situativen und persönlichen Voraussetzungen gewisse Potentiale bieten, um interkulturelle Lernprozesse anstoßen zu können. Andererseits ist aber auch Relativierung angebracht: Die nunmehr seit einigen Jahren laufende Qualitätsdiskussion im Bereich der internationalen Jugendbegegnung zeigt deutlich, dass die hohen Erwartungen an solche Maßnahmen oft nicht erfüllt, zumindest jedoch fraglich sind (Janzen 2001, Thimmel 1996). Umgekehrt gibt es im touristischen Reisebereich Anknüpfungspunkte, die derartige Reisen zu ‚interkulturell gehaltvollen Erfahrungen' werden lassen können, zumal die pädagogische Begleitung auf Reisen in den letzten Jahren an Gewicht gewonnen hat. Die gängige Unterstellung, kommerzieller Jugendtourismus hätte wenig mit interkulturellem Lernen zu tun, kann zumindest teilweise auch durch die Ergebnisse einer neueren Studie mit dem Titel „Jugendreisen und interkulturelle Begegnung" (Kösterke 2000) relativiert werden. Die Befragung von rund 1700 Jugendlichen zu deren Reisemotiven zeigte, dass bei einem Grossteil der Befragten durchaus Interesse an intensiveren Kontakten mit den Einheimischen der besuchten Länder besteht, wenngleich viele Jugendliche für sich in fehlenden Sprachkenntnissen ein großes Hindernis sehen. Auch wenn die Studie letztlich nichts über das tatsächliche Zustandekommen von interkulturellen Kontakten, geschweige denn über deren Wirkungen aussagt, kann zumindest davon ausgegangen werden, dass eine gewisse Offenheit und Kontaktbereitschaft für interkulturelle Lernerfahrungen im Jugendtourismus vorhanden ist.

Bei allem Potential, das Auslandreisen zunächst unterstellt werden kann, zeigen Forschungsergebnisse zur sogenannten „Kontakthypothese" (Allport 1954, Gaertner, et al. 1996) unabhängig von der Reiseform jedoch auch, dass interkulturelle Kontakte nicht automatisch zur interkulturellen Verständigung beitragen. Es konnte in verschiedenen Kontexten sogar nachgewiesen werden, dass die Kontakte vielfach eher das Gegenteil bewirken, nämlich die Bestätigung und Verfestigung bestehender Vorurteile über andere Kulturen. Dies sei insbesondere dann zu erwarten, wenn keine reflektierende Auseinandersetzung mit den neuen Erlebnissen erfolgt.

Kulturkontakte bedürfen zudem bestimmter situativer Rahmenbedingungen und persönlicher Voraussetzungen, wenn sie zur Entwicklung interkultureller Kompetenz und interkultureller Sensibilität beitragen sollen. Zu den situativen Bedingungen würde beispielsweise die Freiwilligkeit des Kontakts, eine gewisse Statusgleichheit und Intensität zählen, zu den persönlichen Voraussetzungen Offenheit für neue Erfahrungen, Reflexionsfähigkeit und emotionale Stabilität (Grosch/Leenen 1998, S. 30). Bei interkulturellen Interaktionen auf Auslandsreisen wäre also zu fragen, ob diese Voraussetzungen gegeben sind. Während das für die Reisenden selbst vielleicht noch zutrifft, kann sich das bei den Interaktionspartnern in den bereisten Zielkulturen durchaus anders darstellen. Darüber hinaus kommt vor allem den Personen, die eine Reise oder eine interkulturelle Begegnung planen, gestalten und leiten eine zentrale Funktion in der Eröffnung der Lernpotentiale zu.

1.6.4.2 Die interkulturelle Ausbildung von Reiseleitern und Multiplikatoren

Kontakterfahrungen mit anderen Kulturen tragen erst dann zu interkulturellem Lernen bei, wenn sie durch die Reisenden auf allen Erlebensebenen verarbeitet werden können. Damit dies geschehen kann, bedarf es einer entsprechend qualifizierten Reiseleitung, die neben ihren organisatorischen und reisefachlichen Fähigkeiten in der Lage ist:

- interkulturell „gehaltvolle" Kontakte zu ermöglichen, die über reine Besichtigungen oder Feste hinausgehen und tiefere soziale Kontakte zwischen den Menschen erlauben
- neue Erfahrungen zu initiieren, ohne das diese bedrohlich für die Reisenden werden
- mit den Reisenden und den sich begegnenden Menschen die Erfahrungen zu thematisieren, insbesondere bei Konflikten und Meinungsverschiedenheiten und
- das Verständnis für unterschiedliche Sichtweisen anderer Kulturen zu fördern.

Für Betreuer in internationalen Jugendbegegnungen ist das ebenso eine große Herausforderung wie für Fachkräfte der Reiseleitung. Jugendbegegnungen werden in vielen Fällen von ehrenamtlichen Mitarbeitern geleitet, die selbst einmal an solchen Programmen teilgenommen haben und dem Bereich dann aufgrund eigener positiver Erfahrungen verbunden bleiben. Für diese so genannten Multiplikatoren gibt es mittlerweile ein breites Angebot an speziellen Seminaren und Kursen, deren Bedeutung auch von jugendpolitischer Seite breite Unterstützung erfährt (Giebel 2001). Ein konkretes Praxisbeispiel ist der so genannte „trägerübergreifende Grundkurs für LeiterInnen in internationalen Jugendbegegnungen", der seit fünf Jahren interkulturelles „Handwerkszeug" für die Leitung und Betreuung internationaler Begegnungen vermittelt (Scheurich/Wiegmann 2000). In diesem Kurs geht es um Themen wie die Programm- und Projektplanung einer internationalen Begegnung, die Zusammenarbeit mit Partnern im anderen Land oder den Umgang mit (interkulturellen) Konflikten unter den Teilnehmern. Auch die deutsche Agentur des von der europäischen Union betriebenen Förderprogramms „Jugend", das für die finanzielle und inhaltlich-konzeptionelle Unterstützung internationaler Austauschprogramme zuständig ist, bietet vielfältige Trainings an, um die Multiplikatoren für die Leitung internationaler Begegnungen auszubilden. Bei all diesen Programmen ist das gemeinsame Ziel, den Multiplikatoren und Leitungskräften die notwendigen fachlichen und interkulturellen Fähigkeiten zu vermitteln, die diese benötigen, um ihrerseits für die Teilnehmer und Mitreisenden interkulturelle Erfahrungen zu ermöglichen.

Im Gegensatz zur meist ehrenamtlichen Arbeit der Multiplikatoren in internationalen Jugendbegegnungen gilt die Tätigkeit des Reiseleiters zwar als Beruf – der allerdings als solcher bisher weder über einen staatlichen Abschluss verfügt noch über eine einheitliche Zertifizierung anerkannt ist. Entsprechend gestaltet sich die Vorbereitung von Reiseleitern auf ihren Einsatz: viele sind und bleiben Autodidakten. Während es in der internationalen Jugendbegegnung ein „Muss" ist, dass die Multiplikatoren gut ausgebildet sind, ist dies in der Reisebranche keineswegs selbstverständlich. Dennoch ist hier ein Trend zu beobachten, dass sowohl große als auch kleine Studienreiseanbieter ihre angehenden Reiseleiter hausintern schulen, um sie auf ihren Einsatz vorzubereiten.

Einige große Studienreiseveranstalter haben erkannt, dass die Qualifikation als Archäologe, Ethnologe, Historiker etc. plus eventueller zusätzlicher Reiseleiter-Ausbildung bei den heutigen Reiseformaten und Destinationen nicht ausreichend ist. Neben die klassischen Aufgaben des Reiseleiters, der über Land und Leute informiert, die Reise organisatorisch und inhaltlich begleitet und sich um das psychische und physische Wohl der Gäste kümmert, fungiert er in diverser Hinsicht als Kulturmittler (Aderhold et al. 2000, S. 185). Von seiner eigenen, möglicherweise kaum reflektierten Einstellung und seinem Verhalten hängt oft ab, wie viel Einblick den Gästen in die Welt der Gastgeber gestattet wird (Müller 1992, S. 104). Ein hoher Anspruch, den auch der Studienkreis für Tourismus und Entwicklung (damals noch Studienkreis für Tourismus, Starnberg) bereits Anfang der siebziger Jahre erkannte, als der Massentourismus Einzug hielt und mit ihm die negativen Folgen des Tourismus auf die Bereisten deutlich sichtbarer wurden. Parallel dazu gelangte man zu der Einsicht, dass Reisen allein nicht ausreicht, um andere Kulturen (besser) zu verstehen (Aderhold et al. 2000, S. 185). Ende der siebziger Jahre wurden darauf hin die entwicklungsbezogenen interkulturellen Motivationsseminare für Reiseleiter initiiert, die in so genannten Entwicklungsländern Reisen führen. Ziel dieser Schulungen ist es, Reiseleiter für interkulturelle und entwicklungsbezogene Themen zu sensibilisieren und Möglichkeiten für die Integration solcher Aspekte in die Führungen aufzunehmen. Konkret bedeutete dies: Vorurteile aufzugreifen und zu analysieren, die Ängste der Gäste gegenüber dem Fremden zu thematisieren und den entsprechenden Umgang zu überprüfen. Die Motivationsseminare umfassen insgesamt sechs Tage. In den ersten vier Tagen werden diverse Themen theoretisch behandelt, bevor an den beiden folgenden Tagen die Umsetzung in die Praxis geprobt wird. Die Schwerpunkte in den ersten vier Tagen liegen auf folgenden Themen:

- berufliche Standortbestimmung als Reiseleiter,
- Erwartungen und Verhaltensweisen von Touristen,
- Interkulturelles Lernen und Verstehen,
- Internationale Abhängigkeit,
- Tourismus und Entwicklung.

„In den ersten vier Seminartagen wird durch Selbsterfahrung, kritische Auseinandersetzung und Analyse dieser Selbsterfahrung, Informationsinputs und Diskussionen ein wissens- und erfahrungsmäßiger Grundstock zu den oben genannten Themenkomplexen gelegt" (Aderhold et al. 2000, S. 185). Ihre Erprobung folgt im Rahmen einer Exkursion, wobei jede Führung bzw. jeder gestaltete Programmpunkt mit Video aufgezeichnet und anschließend auf das Gelernte hin analysiert und diskutiert wird.

Am Ende der Motivationsseminare sollten folgende Ziele erreicht sein:

- Bewusstmachung der Rolle des Reiseleiters als Mittler im interkulturellen Prozess,
- Offenheit gegenüber Menschen – vor allem aus anderen Kulturen – signalisieren,
- die eigene Kommunikationsweise und -fähigkeit überprüfen und verbessern,
- eigene Vorurteile und die der Touristen erkennen und in der Lage sein, sie zu korrigieren,
- die Verhaltensweisen, Erwartungen etc. der Touristen (besser) verstehen,

- den Touristen das Alltagsleben in der bereisten Region näher bringen,
- in der Lage sein, entwicklungsbezogene Themen zu vermitteln,
- im Kollegen-Team kreativ mitarbeiten.

Zum Abschluss des Seminars erhalten die Teilnehmer nach vorgelegter Hausarbeit ein Zertifikat (Aderhold et al. 2000, S. 188). Trotz intensiver Recherche konnten leider keinerlei Erfahrungswerte von Reiseleitern, die dieses Seminar absolviert hatten, eruiert werden. Es bleibt also zu fragen, ob die Seminarinhalte den Praxisanforderungen entsprechen.

1.6.5 Zusammenfassung

Betrachtet man rückblickend die vielen Ansatzmöglichkeiten, um interkulturelles Lernen beim Reisen auf den Weg zu bringen, so bietet eine angemessene Vorbereitung und Sensibilisierung sowohl von Reiseleitern als auch von Multiplikatoren der internationalen Jugendbegegnung einen wichtigen Schritt in diese Richtung. Weiterhin hängt viel von der Programmebene ab, die durch die Veranstalter festgelegt wird. Wie eng ist das Programm geschnürt und wie viel Zeit bleibt folglich, um dem Reiseleiter, dem Multiplikator, der Gruppe und dem Individuum eigene Erfahrungshorizonte zu eröffnen? Ein wohlüberlegtes Programm sollte eine ausgewogene Mischung anbieten und immer ausreichend Zeit einkalkulieren, in der der Reiseleiter/Multiplikator eine entspannte Gesprächsatmosphäre schaffen kann, die den Austausch von Eindrücken, Erfahrungen und Problemen fördert. Darüber hinaus sollten bei einem gelungenen Programm Räume der Begegnung zwischen Gästen und Gastgebern eröffnet werden, die dem Reisenden den direkten Austausch und die direkte Erfahrung ermöglichen. Wie er mit dieser umgeht, hängt nicht zuletzt von seiner eigenen Person, seinem Hintergrund, seiner eigenen Sensibilität, aber auch seiner Vorbereitung auf die Reise ab.

Interkulturelles Lernen auf Reisen ist dort möglich, wo Menschen sich begegnen und sich aufeinander einlassen. Die Chancen hierfür sind bei Individualreisen größer als bei organisierten Reisen, da sich aufgrund der Reiseform mehr Begegnungssituationen ergeben, die unter Umständen intensiver und authentischer erlebt werden. Hinzu kommen die vielen unbewussten Lerneffekte. Diverse Formen der Studienreisen und des organisierten internationalen Jugendaustausches bieten im Gegensatz dazu die Möglichkeit, Situationen – auch Lernsituationen – gezielt zu schaffen und die Flut der vielen neuen Eindrücke angemessen zu verarbeiten. Sie leisten damit einen ganz eigenen Beitrag zum interkulturellen Lernen auf Reisen.

Literaturverzeichnis

Aderhold, P. et al. 2000: Tourismus in Entwicklungsländer – Eine Untersuchung über Dimensionen, Strukturen, Wirkungen und Qualifizierungsansätze im Entwicklungsländer-Tourismus – unter besonderer Berücksichtigung des deutschen Urlaubsreisemarktes, Ammerland

Allport, G. W. 1954: The nature of prejudice, Cambridge, MA.
Arbeitsgemeinschaft Studienreisen 1983: Pressemitteilung 9/1983
Bennett, M. J. 1993: Towards ethnorelativism: A developmental model of intercultural sensitivity, in: *Paige, R. M. (Hrsg.):* Education for the intercultural experience, Yarmouth
Bennett, M. J. 2001: On constructing culture, SIETAR newsletter 7 2/2001, S. 7-8
Dignes, N. G./Baldwin, K. D. 1996: Intercultural Competence: A Research Perspective, in: *Landis, D./Bhagat, R. S. (Hrsg.):* Handbook of Intercultural Training, Thousand Oakes, S. 106-123
Eckensberger, L. H. 1996: Auf der Suche nach den (verlorenen?) Universalien hinter den Kulturstandards, in: *Thomas, A. (Hrsg.):* Psychologie interkulturellen Handelns, Göttingen, Bern, Toronto, S. 165-198
Friesenhahn, G. 2001: Interkulturelles Lernen: Forderungen, Überforderungen und ein 10-Punkte Katalog, in *Friesenhahn, G. (Hrsg.):* Praxishandbuch Internationale Jugendarbeit, Schwalbach, S. 60-62
Gaertner, S. L., et al. 1996: Revisting the contact hypothesis: The induction of a common ingroup identity, International Journal of Intercultural Relations 20 Nr. 3/4, S. 271-290
Giebel, K. 2001: Strukturelle und methodische Überlegungen für die Ausbildung von internationalen Leitungskräften, in: *Friesenhahn, G. (Hrsg.):* Praxishandbuch internationale Jugendarbeit, Schwalbach, S. 84-93
Grosch, H./Leenen, W. R. 1998: Bausteine zur Grundlegung Interkulturellen Lernens, in: *Bundeszentrale für politische Bildung (Hrsg.):* Interkulturelles Lernen – Arbeitshilfen für die politische Bildung, Bonn, S. 29-46
Günter, W. (Hrsg.) 1991: Handbuch für Studienreiseleiter: Pädagogischer, psychologischer und organisatorischer Leitfaden für Exkursionen und Studienreise, Starnberg
van Hees, H. 1981: Wissenschaftliche Reiseleitung: Anspruch – Umfang – Abgrenzung, in: Informationen Akademische Studienreisen, Heidelberg, 6/1981
Hoopes, D. S. 1981: Intercultural communication concepts and the psychology of intercultural experience, in: *Pusch, M. D. (Hrsg.):* Multicultural Education – A Cross Cultural Training Approach, Yarmouth, S. 10-38
Janzen, F. 2001: Qualität ist Trumpf: Qualitätsstandards und Qualitätssicherung in der internationalen Jugendarbeit, in: *Friesenhahn, G. (Hrsg.):* Praxishandbuch internationale Jugendarbeit, Taunusstein, S. 141-146
Kaesbach, G. 1997: Wer reist, lernt sich selber kennen, in: *Stock, C. (Hrsg.):* Trouble in Paradise, Düsseldorf
Kösterke, A. 2000: Jugendreisen und interkulturelle Begegnung, Ammerland
Krippendorf, J. 1986: Die Ferienmenschen – Für ein neues Verständnis von Freizeit und Reisen, München
Landis, D./Bhagat, R. S. 1996: A Model of Intercultural Behavior and Training, in: *Landis, D./Bhagat, R. S. (Hrsg.):* Handbook of intercultural Training, Thousand Oakes, S. 1-16
Luchtenberg, S. 1999: Interkulturelle kommunikative Kompetenz, Wiesbaden, Opladen
Müller, W. 1987: Von der Völkerverständigung zum interkulturellen Lernen, Starnberg
Müller, W. 1992: Interkulturelles Lernen auf Reisen in: *Schmeer-Sturm, M.-L. (Hrsg.):* Theorie und Praxis der Reiseleitung, Darmstadt, S. 101-104

Müller, W. 2001: Internationale Jugendbegegnung, -austausch und -reisen. Worum geht´s?, in: *Friesenhahn, G. (Hrsg.):* Praxishandbuch internationale Jugendarbeit, Schwalbach, S. 32-34

Nishida, H. 1999: A cognitive approach to intercultural communication based on schema theory, International Journal for Intercultural Relations 23 No. 5, S. 753-777

Otten, H. 1994: Interkulturelle Jugendarbeit, in: *Otten, H. (Hrsg.)*: Interkulturelles Lernen in Theorie und Praxis – Ein Handbuch für Jugendarbeit und Weiterbildung, Opladen, S. 15-30

Prahl, H.-W./Steinecke. A. 1989: Der Millionen-Urlaub – Von der Bildungsreise zur totalen Freizeit, Bielefeld

Scheurich, I./Wiegmann, S. 2000: Internationale Begegnungen qualifiziert leiten – Fünf Jahre trägerübergreifender Grundkurs für LeiterInnen in internationalen Jugendbegegnungen, in: *IJAB. e.V. (Hrsg.):* Forum Jugendarbeit international, Münster, S. 219-230

Spode, H. 1993: Historische Tourismusforschung in: *Hahn, H./Kagelmann, J. (Hrsg.):* Tourismuspsychologie und Tourismussoziologie – Ein Handbuch für die Tourismuswissenschaft, München, S. 27-29

Thimmel, A. 1996: Qualitätsmerkmale – ein Beitrag zur Qualifizierung der Begegnungspraxis, in: *IJAB e.V. (Hrsg.):* Forum Jugendarbeit International 1996, Bonn

Thimmel, A. 2001: Strukturmerkmale der internationalen Jugendarbeit, in: *Friesenhahn, G. (Hrsg.):* Praxishandbuch internationale Jugendarbeit, Schwalbach, S. 34-36

Thomas, A. 1993: Psychologie interkulturellen Lernens und Handelns in: *Thomas, A. (Hrsg.):* Kulturvergleichende Psychologie – Eine Einführung, Göttingen u.a., S. 377-424

Waschbär-Reisen 1999: Auf die sanfte Tour, Freiburg

2. Internationale Strategien von Tourismusunternehmen

2.1. Internationale Expansionsstrategien von deutschen Reiseveranstaltern

Jörn W. Mundt

2.1.1 Gründe für die Internationalisierung 128
2.1.2 Vertikale Integration als internationale Expansionsstrategie 131
2.1.3 Horizontale Internationalisierung von Reiseveranstaltern 141
2.1.4 Weitere Internationalisierung der Reisekonzerne als Motiv und
 Herausforderung für das Management 144
Literaturverzeichnis 149

Dr. rer. soc. Jörn W. Mundt, Dipl.-Psychologe, Jahrgang 1950. Von 1968-1973 studierte er Psychologie und Soziologie in Konstanz, danach von 1973-1979 wissenschaftlicher Angestellter und, ab 1975, Projektleiter am Zentrum I Bildungsforschung der Universität Konstanz. Von 1979-1987 Akademischer Rat a. Z. am Lehrstuhl für Soziologie der TU München, von 1987-1988 freier Luftfahrtjournalist in München und von 1988-1991 Referent im Studienkreis für Tourismus in Starnberg. Seit 1991 Professor im Ausbildungsbereich Wirtschaft und Fachleiter für Tourismusbetriebswirtschaft I (Reiseveranstaltung, Reisevermittlung) der Berufsakademie Ravensburg.

Deutsche Reiseunternehmen, vor allem die zur Preussag AG gehörende Touristik Union International (TUI) und Thomas Cook, ein Gemeinschaftsunternehmen von Lufthansa und dem Kaufhausunternehmen KarstadtQuelle (wichtigste Marke Neckermann-Reisen), erreichten in Europa in den letzten Jahren eine Spitzenstellung auf den Veranstaltermärkten. Dabei haben sich diese Reisekonzerne zu international agierenden Konzernen gewandelt, die alle Wertschöpfungsstufen einer Veranstalterreise integriert haben. Ausgangspunkt dieser Entwicklung war der klassische Reiseveranstalter, der als Prototyp des virtuellen Unternehmens schon lange vor der informationstechnischen Revolution die Angebote von Dienstleistungsproduzenten wie Hotels, Fluggesellschaften und Zielgebietsagenturen grenzüberschreitend in wechselnden Verbünden zu kundengerechten Leistungsbündeln kombinierte. Anders als viele Unternehmen der Güterproduktion, die meist in der Beschränkung auf ihre Kernkompetenzen und im daraus resultierenden outsourcing der als unmittelbar nicht dazugehörig erachteten Aktivitäten die Zukunft sahen, haben die Reiseunternehmen in den vergangenen Jahren also genau den gegenteiligen Weg beschritten. Dieser Weg war jedoch nicht gradlinig, sondern mit vielen Umwegen verbunden, die, wie der Chefvolkswirt der Preussag, Uwe Harms (2001), feststellte, aus der „stark fragmentierten, mittelständisch geprägten und nicht von industrieller Logik geprägten Reisebranche" schlagkräftige internationale Unternehmensverbünde machte.

2.1.1 Gründe für die Internationalisierung

Die Internationalisierung der deutschen Reiseveranstalter setzte aber schon weit vor dieser Konzernbildung ein. Dafür waren vor allem die folgenden, zum Teil ineinander verwobenen Gründe maßgebend:

- Sicherung von Hotelkapazitäten in wichtigen ausländischen Destinationen;
- Steigerung der Umsatzrendite;
- Schutz vor Marktausschluss durch mögliche Veränderungen der Vertriebswege;
- wettbewerbsrechtliche Begrenzung von Unternehmenswachstum im Heimatmarkt;
- Erzielung von Skalen- und Verbunderträgen durch den Zukauf ausländischer Reiseveranstalter;
- Realisierung von Finanzierungsvorteilen;
- Widerstand nationaler Leistungsträger gegen vertikale Integration.

In wichtigen Destinationen – wie zum Beispiel auf Mallorca oder den Kanarischen Inseln – sind **Verfügbarkeiten über Hotelbetten** oft von strategischer Bedeutung, denn für diese Zielgebiete besteht die größte Nachfrage. Wer hier nicht über genügend Kapazitäten verfügt, verliert Kunden an Mitbewerber. Alleine deshalb kann es sinnvoll sein, hier in Hotels zu investieren. Ein weiterer, betriebswirtschaftlicher Grund liegt in dem Gewicht von Hotelleistungen innerhalb der Wertschöpfungskette einer Pauschalreise. Bei Flugpauschalreisen macht der Hotelanteil am Gesamtumsatz je nach Zielgebiet zwischen 25 und 40 Prozent aus (Hofmann 2000, S. 115; Kreilkamp 1998, S. 308; vgl. auch Abb. 2.1.1). Gleichzeitig werden hier die höchsten Umsatzrenditen erwirtschaftet. Denn zum einen werden die Hoteleinrichtungen in den meist kostengünstigen Destinationen zu lokalen Preisen erstellt (=sehr kurze Amortisationszeit des investierten Kapitals) und das Personal wird nach den ebenfalls im

Vergleich zu den wichtigsten Quellgebieten des Tourismus deutlich niedrigeren örtlichen Vergütungssätzen entlohnt (=geringe Personalkosten), zum anderen werden die Leistungen jedoch zu Weltmarktpreisen abgesetzt. Hinzu kommt, dass in den Ferienhotels zum Beispiel am Mittelmeer oder auf den Kanarischen Inseln in den Saisonzeiten sehr hohe Auslastungen erreicht werden. Deutsche Veranstalter wie zum Beispiel die TUI haben daher früh angefangen, vor allem in spanische Hotels zu investieren.

Vor dem Hintergrund der Entwicklung alternativer Vertriebskanäle kann die Integration von Hotels in den Reisekonzern mittlerweile auch als **Defensivstrategie** zur Sicherung des Kerngeschäftes und zum Schutz gegen Marktausschluss gesehen werden. Aus der Sicht von Ferienhotels handelt es sich beim Reiseveranstalter schließlich nur um einen Vertriebsweg unter vielen. Ursprünglich bedurfte es der Veranstalter in den jeweiligen Quellmärkten, um die Hotelangebote durch die Kombination mit Beförderungsleistungen marktfähig zu machen, weil es kaum Möglichkeiten der Gäste gab, sich einen Überblick über die Angebote in den ausländischen Destinationen, etwa am Mittelmeer, zu verschaffen. Durch das Internet besteht seit längerem die technische Möglichkeit, die eigenen Angebote unter Umgehung von Veranstaltern direkt auf den Quellmärkten anzubieten. Mit der ebenfalls über das Internet möglichen Buchung von Einzelplätzen auf Charterflügen können die Kunden sich im Prinzip ihre Reisen individuell und ohne die Inanspruchnahme von Reiseveranstaltern und Reisebüros zusammenstellen und buchen. Dass diese Möglichkeiten noch kaum genutzt werden, hängt auch mit der Rechtslage zusammen, denn nur über Reiseveranstalter ist derzeit ein umfassender Verbraucherschutz gewährleistet. Werden Reisen individuell gebucht, muss der Gast im Falle von Schlechtleistungen versuchen, seine jeweiligen Rechtstitel bei jedem einzelnen Leistungsträger – und die haben ihren Gerichtsstand meist im Ausland – durchzusetzen. Dennoch ist die Wahrscheinlichkeit, dass sich direkte Buchungswege mittel- bis langfristig durchsetzen werden, nicht gering einzuschätzen. Im Zuge der weiteren Harmonisierung der Rechtssysteme innerhalb der Europäischen Union ist langfristig auch in diesem Bereich mit Vereinfachungen und in der Folge mit verändertem Buchungsverhalten zu rechnen. Selbst wenn die Wertschöpfungsstufen Reiseveranstalter und Reisevermittlung im Zuge einer solchen Entwicklung stark an Bedeutung verlieren oder sogar ganz herausfallen, bleibt so die Existenz des Unternehmens erhalten – denn ohne Hotels und Fluggesellschaften werden Reisen auch in der Zukunft nicht möglich sein.

Die großen Reiseveranstalter wie etwa die TUI und NUR Touristic konnten auf dem deutschen Markt kaum noch durch Akquisitionen wachsen, denn praktisch jede größere Übernahme wurde ihnen vom **Bundeskartellamt** versagt. NUR Touristic musste das schon 1985 erleben, als die Fusion mit ITS praktisch schon gesichert schien, die TUI erfuhr dies 1994 beim gleichen Veranstalter. Dies gab Raum für Neueinsteiger wie die Rewe Handelsgruppe, die 1995 mit dem Erwerb von ITS den Grundstein für die mittlerweile durch weitere Zukäufe (Dertour, frühere LTU-Veranstalter) drittgrößte Veranstaltergruppe in Deutschland legte. Vor diesem Hintergrund waren den beiden großen Veranstaltern nur zwei Wachstumsstrategien möglich: Vergrößerung der Marktanteile auf dem heimischen Markt aus eigener Kraft und/oder Ausweitung der Umsätze durch den Zukauf von Veranstaltern im Ausland. Da die Veranstaltermärkte auch im Zeitalter des europäischen Binnenmarktes nach wie vor durch nationale Besonderheiten abgegrenzt sind, ergeben sich daraus zunächst keine Auswirkungen auf die jeweiligen Konzentrationsgrade in den verschiedenen Ländern.

Ein weiterer wichtiger Grund für die horizontale Internationalisierung von Reisekonzernen liegt in der Nutzung von **Skaleneffekten** (economies of scale) durch zentrale Verwaltung und gemeinsame Beschaffung. Da sich die Reisekonzerne in der Dimensionierung der Kapazitäten des eigenen Hotel- und Flugbereiches nicht vollständig an den verkaufbaren Reisen der Veranstalter orientieren, weil dies bei schwankender Nachfrage zu erheblichen Risiken führte (s. u.), bleiben immer noch erhebliche Kontingente, die von anderen Unternehmen bezogen werden müssen. Durch die mögliche Bündelung der Nachfrage aus unterschiedlichen Quellmärkten lassen sich hier Kostendegressionen beim Einkauf realisieren. Damit lassen sich auch **Verbundvorteile** (economies of scope) bzw. Synergieeffekte in der Organisation und im Management eines grenzüberschreitenden Unternehmens erzielen, weil Doppelarbeiten vermieden werden und eine bessere Auslastung der Verwaltungsorgane erreicht werden kann (vgl. Kirstges 1996, S. 326 ff.). So umfassen die integrierten Reisekonzerne zum Beispiel deutlich weniger Vorstände als die der Summe der vorherigen Einzelunternehmen.

Unter **Finanzierungsaspekten** hat eine Internationalisierung verschiedene Vorteile. Ein wesentlicher – jedoch nicht nur auf internationale Expansion beschränkter – Nutzen liegt in der Vergrößerung der Möglichkeiten der Innenfinanzierung. Je größer ein Unternehmen ist, desto besser werden die Chancen der Finanzierung von Investitionen aus dem cash-flow und die Realisierung damit verbundener Zinsvorteile. Dazu kommt die geringere Abhängigkeit von Geldgebern. Gleichzeitig verbessert sich bei der Außenfinanzierung die Verhandlungsposition gegenüber den Banken. Mit der Erweiterung der Geschäftstätigkeit ins Ausland vergrößert sich zudem die Zahl der Alternativen zur Geldbeschaffung auf den Finanzmärkten. Das gilt nicht nur für die in Frage kommenden Banken, sondern im Prinzip – so es sich um Kapitalgesellschaften handelt – auch für den Zugang zu verschiedenen Börsenplätzen (vgl. Frei 2000, S. 191 ff.).

Praktisch gar keine Rolle bei der Internationalisierung der deutschen Reiseveranstalter spielen dagegen Möglichkeiten eines Saisonausgleiches zwischen verschiedenen Erdteilen, wie ihn Seidl/Kirstges (1989, S. 37 ff.) vorgeschlagen haben. Die Ausnutzung der Komplementarität der Reisesaisons in Europa und Australien zum Beispiel brächte für klassische Reiseveranstalter kaum Vorteile, denn sie halten – anders als Fluggesellschaften und Hotels – selbst ja keine Kapazitäten vor, die bei Nichtinanspruchnahme zu Leerkosten führten. Selbst für Reiseveranstalter mit eigenen Fluggesellschaften würde eine solche Internationalisierung nicht funktionieren, weil zum einen die Marktgrößen jeweils ganz unterschiedlich sind und zum anderen eine saisonspezifische Stationierung des Fluggerätes in verschiedenen Kontinenten an verkehrsrechtlichen Problemen scheitern würde. Innerhalb Europas gäbe es diese Probleme zwar nicht, aber dafür sind hier die Saisonzeiten weitgehend überlappend.

2.1.2 Vertikale Integration als internationale Expansionsstrategie

Anders als britische Reiseveranstalter, die, wie Thomson, bereits Anfang der 1970er Jahre vertikale Integration auf nationaler Ebene durch die Übernahme von Charterfluggesellschaften und Reisebüroketten betrieben (Yale 1995, S. 25), haben deutsche Reiseveranstalter eher die umgekehrte Strategie verfolgt. So hatte zwar der später in der TUI aufgegangene Veranstalter Dr. Tigges mit der Transavia 1957 eine eigene Fluggesellschaft gegründet, die jedoch nach nur einem Jahr bereits den Konkurs anmelden musste (Schneider 2001, S. 163 f.). Auch die beiden Reiseveranstalter Scharnow und Touropa (die später ebenfalls in der TUI aufgingen) waren seit 1966 jeweils mit 25 Prozent an der Stuttgarter Südflug beteiligt (Wölfer 1995). Aber auf erheblichen Druck der Lufthansa, die nach wie vor den größten Anteil der Passagiere der beiden Veranstalter beförderte, wurden die Anteile an der Südflug zurückgegeben, die daraufhin in erhebliche finanzielle Schwierigkeiten geriet und 1968 komplett von der seit 1961 zur Lufthansa gehörenden Condor übernommen wurde (Schneider 2001, S. 171 f.). Dies war Ausdruck der Vorstellung, dass Veranstalter, Charterfluggesellschaften und Reisebüros jeweils bei ihrem Leisten bleiben und nicht beginnen sollten, Kunden und Lieferanten durch die Expansion in andere Wertschöpfungsstufen im Quellmarkt zu teilweisen Konkurrenten zu machen.

Spätere Versuche von Charterfluggesellschaften, in das Veranstaltergeschäft einzusteigen, wurden mit mehr oder weniger offenen Drohungen von Kontingentkündigungen seitens der Veranstalter gekontert und umgekehrt drohten die Fluggesellschaften mit der Kündigung von Charterverträgen, wenn Reiseveranstalter laut über die Anschaffung eigener Flugzeuge nachdachten. Allerdings gab es Ausnahmen wie die Fluggesellschaft LTU, die bereits früh begonnen hatte, zur Absicherung ihres Kerngeschäftes Veranstalter dauerhaft zu integrieren. Hinzu kommt, dass die großen deutschen Reiseveranstalter, anders als die Veranstaltergruppe Thomson, hinter der der gleichnamige in Kanada beheimatete multinationale Papier- und Zeitungskonzern Thomson stand (Ujma/Grabowski 2000), über keine ähnlich kapitalkräftigen Anteilseigner verfügten und Unternehmensakquisitionen in dieser Größenordnung aus den Erträgen ihres Kerngeschäftes gar nicht hätten finanzieren können.

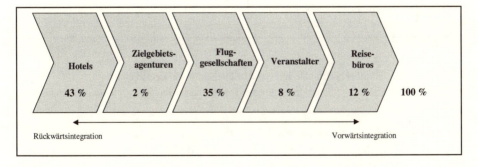

Quelle: In Anlehnung an Harms 2001

Abb. 2.1.1: Typische Wertschöpfungsbeiträge des Geschäftsmodells integrierte touristische Wertschöpfung

Vor diesem Hintergrund lag es nahe, sich bei der vertikalen Expansion auf Hotels in den ausländischen Zielgebieten zu konzentrieren. Zudem ließ sich hier, anders als bei einer Fluggesellschaft, die auch in ihren kleinen Anfängen u. a. aufgrund der strengen Auflagen der staatlichen Aufsichtsbehörden bereits den Einsatz erheblicher Managementkapazitäten und hoch qualifizierten und lizenzierten Personals sehr hohe Finanzmittel erforderlich macht, ein schrittweiser und nicht mit beträchtlichen Anfangsinvestitionen belasteter Einstieg realisieren. Dafür sprach zudem, dass sich auf den Hotelbereich nicht nur der größte Teil des Umsatzes konzentriert (Abb. 2.1.1), sondern hier auch die höchsten Umsatzrenditen in der gesamten Wertschöpfungskette einer Pauschalreise realisiert werden. Die Anfänge der vertikalen Integration bei den deutschen Reiseveranstaltern waren deshalb von vornherein international angelegt.

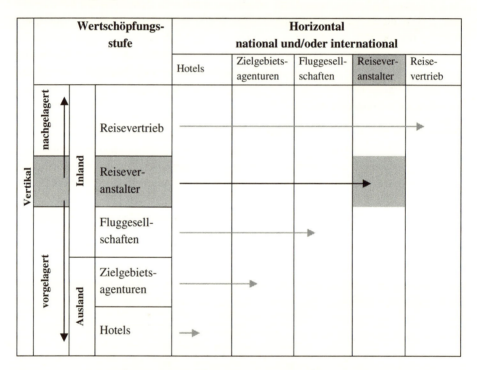

Abb. 2.1.2: Nationale und internationale Expansionsmöglichkeiten
über horizontale und vertikale Integration / Konzentration
aus der Sicht eines Reiseveranstalters

Die **Internationalisierungssequenzen**, wie sie in der Sachgüterproduktion üblich sind (vgl. zusammenfassend Stein 1992, S. 16) und die vom Export über die Lizenzvergabe, ein Gemeinschaftsunternehmen mit einem Partner im Ausland bis hin zu hundertprozentigen, neugegründeten oder erworbenen Tochtergesellschaften gehen, sind für Dienstleistungsunternehmen generell und für Reiseveranstalter im Speziellen in der Regel nicht anwendbar. Die meisten Reiseveranstalter haben die Besonderheit, dass sie in erster Linie Reisen ins Ausland und weniger ins Inland organisieren. Auch wenn es sich bei ihnen um nationale Unternehmen handelt, liegt zum Beispiel bei einem reinen Flugreiseveranstalter ein großer Teil der Wertschöpfung in den ausländischen Zielgebieten. Aus der Sicht seines Standortlandes handelt es sich, betrachtet man die Geldflüsse, also zu großen Teilen um einen Importeur von Dienstleistungen, gleichzeitig ist er, ohne seinen Sitz im Ausland zu haben, aus der Sicht der Zielgebietsländer ein Dienstleistungsexporteur. Wenn ein solcher klassischer Reiseveranstalter sich aus den oben angeführten Gründen entschließt, Hotels in den Zielgebieten in sein Unternehmen zu integrieren, betreibt er also in aller Regel bereits eine internationale Expansion seiner Geschäfte (Abb. 2.1.2). Für Reiseveranstalter gilt deshalb ganz besonders, dass „die Argumente für eine vertikale Integration (...) kaum eine Differenzierung zwischen nationalen und internationalen Unternehmensakquisitionen (erlauben)" (Stein, S. 118).

Vertikale Integration kann im Prinzip auch zu **Diversifikationsvorteilen** führen, wenn zum Beispiel Gewinnverschlechterungen auf der einen Wertschöpfungsstufe mit entsprechenden Zuwächsen auf anderen kompensiert werden können. Unter diesem Aspekt reduziert sich damit auch das Gesamtrisiko (Stein 1992, S. 114 f.). Auf der anderen Seite ziehen sich jedoch Rückgänge bei der Zahl der Veranstalterbuchungen durch die ganze Wertschöpfungskette und führen zu addierten Verlusten. Unter rein betriebswirtschaftlichen Gesichtspunkten kann es für Veranstalter deshalb sinnvoll sein, nur eine partielle bzw. eine quasi vertikale Integration zu betreiben, d. h., nicht alle Wertschöpfungsstufen vollständig zu integrieren (vgl. zusammenfassend Abb. 2.1.3).

Gegen die Gefahr addierter Verluste kann man sich jedoch auch schon dadurch schützen, dass man die Kapazitäten der einzelnen Stufen der Wertschöpfungskette so dimensioniert, dass die Risiken minimiert werden. Kritisch in diesem Zusammenhang sind die Hotel- und die Flugkapazitäten, denn Nachfragerückgänge führen hier schnell zu Auslastungsproblemen, die Leerkosten und damit Verluste zur Folge haben können. Deshalb ist es betriebswirtschaftlich sinnvoll, oberhalb bestimmter Nachfrageschwellen den Bedarf an Flugsitzen und Hotelbetten bei Dritten einzukaufen. Damit werden zwar einerseits geringere Umsatzrenditen erzielt, andererseits können diese Kapazitäten ohne große negative Wirkungen auf den eigenen Konzern wieder abgebaut werden.

Allerdings setzt diese Strategie der partiellen vertikalen Integration voraus, dass es Lieferanten (Hotels, Fluggesellschaften) gibt, die sich auf ein solches Spiel einlassen. Auf dem deutschen Markt gibt es derzeit zum Beispiel genügend konzernunabhängige Kapazitäten auf dem Charterflugmarkt (Aero Lloyd, Air Berlin, Germania), die eine solche Vorgehensweise möglich machen. Hierdurch entsteht auch ein zumindest teilweiser Wettbewerb zwischen den konzerneigenen und den fremden Lieferanten, der durchaus wünschbar ist. Denn es gilt zu verhindern, dass die eigene Fluggesellschaft aufgrund der gesicherten Abnahme ihrer Verkehrsleistungen im Konzern zu höheren Kosten produziert als die Konkurrenz und damit die Vorteile der vertikalen Integration hinfällig werden. Das Gleiche gilt für die konzerneigenen Hotelketten.

Integrationsgrad	Vorteile	Nachteile
vollständig nur Belieferung der konzerneigenen Veranstalter	• Sicherung von Kapazitäten • hohe Gesamtumsatzrendite • durchgängig konzipier- und kontrollierbares Produkt • Chance einer Alleinstellung auf dem Markt durch klare Produktdifferenzierung und Ausschluss von Konkurrenten • Schärfung des Markenprofils der Veranstalter	• hohe Fixkosten • hohes Auslastungsrisiko • negative Entwicklungen summieren sich über alle Wertschöpfungsstufen • keine interne Konkurrenz im Reisekonzern, dadurch Abkopplung von den Marktkräften auf der Beschaffungsseite mit der Gefahr zu hoher Kosten • Verringerung der Chancen für Innovationen aus den Tochterunternehmen selbst heraus
partiell a) nicht alleiniger Lieferant	• geringere Investitionskosten • Verringerung der Fixkosten • Minimierung des Unternehmensrisikos durch geringere Kapazitäten als die der konzerneigenen Veranstalter • Zumindest eingeschränkte Konkurrenz und dadurch Notwendigkeit zur Lieferung zu Marktpreisen	• nur teilweise Sicherung von Kapazitäten • geringere Gesamtumsatzrenditen des Konzerns • Aufweichung der Markenprofile der konzerneigenen Veranstalter
b) Lieferbeziehungen auch zu konzernfremden Veranstaltern	• Verringerung des Auslastungsrisikos • Sicherung der Marktfähigkeit	• Konkurrenten werden Nutznießer möglicher Markenvorteile der Lieferanten • Abhängigkeit von Entscheidungen der Wettbewerber • Gefahr für eigene Reiseveranstalter bei Engpasssituationen
c) weder alleiniger Lieferant noch Konzernveranstalter als alleinige Kunden	• Verringerung des Auslastungsrisikos durch die Kombination geringerer Kapazitäten bei gleichzeitiger Öffnung für Konkurrenten • volles Aussetzen der Konkurrenz von Mitbewerbern für die eigenen Unternehmen • Notwendigkeit ständiger Anpassung an Marktbedingungen • Sicherung der Marktfähigkeit	• geringere Umsatzrendite des Konzern • Markenkonzepte der eigenen Reiseveranstalter sind praktisch nicht mehr möglich • die Vorteile der Integration sind nur noch rein betriebswirtschaftlich • Abhängigkeit von Entscheidungen der Wettbewerber • Gefahr für eigene Reiseveranstalter
quasi Integration Exklusivverträge, Kreditgarantien, Minderheitsbeteiligungen (vgl. Porter 1980/1992[7], S. 400 f.)	• kaum Investitionskosten • geringere Fixkosten • verringertes Risiko • bei Minderheitsbeteiligungen ist Wissenstransfer möglich • Perspektive einer Übernahme bei Minderheitsbeteiligungen	• nur auf Zeit angelegt • keine Möglichkeit, Lieferanten in ein dauerhaftes Markenkonzept einzubinden • geringere Gesamtumsatzrenditen

Abb. 2.1.3: Vor- und Nachteile verschiedener Integrationsmodelle der aus der Sicht eines Veranstalters vorgelagerten Wertschöpfungsstufen

Auf dem britischen Markt dagegen, auf dem deutsche Reisekonzerne mit Thomson und JMC zwei der wichtigsten Reiserveranstaltergruppen kontrollieren, wäre eine solche Strategie bei den Fluggesellschaften kaum möglich, nachdem Dan-Air 1992 als letzte größere veranstalterunabhängige Charterfluggesellschaft den Flugbetrieb einstellen musste, weil die Buchungszahlen für Pauschalreisen Anfang der 1990er Jahre in Großbritannien rückläufig waren und die Veranstalter schon Probleme hatten, ihre eigenen Flugzeuge auszulasten. Dieses Beispiel zeigt, dass Lieferanten, die eine reine Lückenbüßerfunktion bei Überkapazitäten einnehmen, langfristig schlechtere Geschäftschancen besitzen. Strategien von Reisekonzernen, die auf der Existenz solcher Unternehmen beruhen, sind deshalb mit großen Unsicherheiten behaftet. Allerdings haben auch Fluggesellschaften hier Strategien entwickelt, die sie weniger abhängig von den großen Veranstaltern machen. Air Berlin zum Beispiel setzt mittlerweile mehr als ein Drittel der angebotenen Flugsitze im Einzelplatzverkauf außerhalb des Veranstaltermarktes ab (F.A.Z. Nr. 2 v. 3. Januar 2002, S. 16).

Zwar hatten auch britische Reiseveranstalter bereits Anfang der 1970er Jahre in Hotels investiert wie zum Beispiel der damalige Marktführer Clarksons Holidays (1974 falliert) und Thomson. Bei Clarksons hatte man die Hotels nicht ausgegliedert, sondern versucht, sie vom Veranstalter aus mitzubetreiben. Dies führte zu erheblichen Problemen, die schließlich ihren Ausdruck in massiven Verlusten fanden. Zur gleichen Zeit hatte auch Thomson Hotels in Tunesien, Spanien und Malta gekauft und, anders als Clarksons, in eine eigene Tochtergesellschaft ausgegliedert (Yale 1995). Beide hatten jedoch den Fehler gemacht, diese Gesellschaften nicht von ausgewiesenen Hoteliers führen zu lassen, so dass sich beide nach kurzer Zeit aus diesem Geschäft wieder zurückzogen.

Die **Strategie** der deutschen Reiseveranstalter in diesem Bereich war viel erfolgreicher, wie das Beispiel der TUI und der RIU-Hotels zeigt. Sie setzte auf die langfristige Entwicklung einer engen Beziehung zwischen Veranstalter und Hotelgruppe. Dazu erwarb die TUI 1977 (nachdem sie sich 1972 bereits an Iberotel beteiligt hatte) zunächst eine Minderheitsbeteiligung an den mallorquinischen RIU-Hotels und trug damit dazu bei, dass das Unternehmen der Hotelierfamilie RIU expandieren konnte. Auch wenn das Reiseunternehmen mittlerweile die Mehrheit an dieser Hotelgesellschaft besitzt, ist das Management weitgehend bei der Familie RIU geblieben. Durch die langjährige Zusammenarbeit wurde die notwendige Vertrauensbasis geschaffen, um einen Wissenstransfer in beide Richtungen in Gang zu setzen, der die Voraussetzung für die Abstimmung der Veranstalter- und der Hotelaktivitäten im Konzern ist.

Mittlerweile hat zum Beispiel die TUI eine ganze Reihe von eigenen Hotelgesellschaften bzw. Hotelbeteiligungen (vgl. Abb. 2.1.4). Allerdings wäre es nicht korrekt, die in dieser Aufstellung genannte Zahl von Anlagen und Betten vollständig der TUI zuzuschlagen, denn in vielen Fällen (zum Beispiel Paladien-Hotels) handelt es sich nur um eine mittelbare Beteiligung über den französischen Marktführer auf dem Veranstaltermarkt, Nouvelles Frontières, an dem die TUI derzeit lediglich Minderheitsanteile besitzt. Aus den veröffentlichten Zahlen gehen die genauen Anteile der TBG an den meisten Hotelgesellschaften nicht hervor, so dass unklar ist, wie viele dieser Betten sich tatsächlich in der Verfügungsgewalt des Konzerns befinden.

Unternehmen/ Marken	Firmensitz	Anlagen in folgenden Ländern	Anzahl Anlagen	Anzahl Betten
RIU Hotels S.A.	Palma de Mallorca, Spanien	Spanien, Portugal, Tunesien, Zypern, Bulgarien, Mexiko, Karibik, USA	95 Hotels	53 252
Magic Life Ges.mbH	Wien, Österreich	Türkei, Tunesien, Griechenland, Griechenland, Bulgarien, Ägypten, Österreich	24 Clubanlagen (plus 3 Yachten)	22 031
Grupotel Dos S.A.	Ca'n Picafort, Mallorca, Spanien	Balearen	34 Hotels	13 160
Robinson Club GmbH	Hannover, Deutschland	Deutschland, Österreich, Schweiz, Griechenland, Spanien, Italien, Mexiko, Tunesien, Türkei, Ägypten	25 Clubs	12 165
Grecotel Greek Hotel Enterprises S.A.	Rethymnon, Kreta, Griechenland	Griechenland	16 Hotels	8 271
Iberotel**	Hannover, Deutschland	Ägypten, Türkei	14 Hotels	7 321
Paladien	Paris, Frankreich	Réunion, Elfenbeinküste, Senegal, Martinique, Guadeloupe, Tunesien, Marokko, Griechenland, Italien, Frankreich	23 Hotels	7 279
Renthotel	Spanien	Ägypten, Dominikanische Republik, Griechenland, Italien, Kapverdische Inseln, Malediven, Mexiko, Sansibar, Spanien	19 Hotels	6 004
Nordotel	Bahia Feliz, Gran Canaria, Spanien	Spanien, Türkei	11 Hotels	4 161
Dorfhotel Betriebsgesellschaft mbH	Villach, Österreich	Deutschland, Österreich, Ungarn	6 Hotels und Feriendörfer	2 071
Anfi Gesellschaften	Arguibeguin, Gran Canaria, Spanien	Spanien	3 Ferienanlagen	1 874
Swiss Inn	s. Iberotel	Ägypten	7	1 828
Gran Resort Hotels	k.A.	Spanien	1 Hotel	728
Insgesamt:			**278 Anlagen**	**140 585**

* Erläuterungen siehe Text
** Die spanischen Hotels wurden 1993, die in Bulgarien, Marokko, Tunesien und auf Zypern 1999 in die RIU Gruppe transferiert

Quellen: TUI 2001, Preussag 2001, Iberotel 2001

Abb. 2.1.4: Internationale Hotelbeteiligungen der TUI Beteiligungsgesellschaft (TBG)*

Eine der Gesellschaften, die vollständig kontrolliert wird, ist der Robinson Club. Auch bei Robinson hatte man zunächst eine ähnliche Strategie verfolgt, denn das Unternehmen wurde 1971 als Joint Venture zusammen mit der Steigenberger Hotelgesellschaft gegründet. 1989 hatte man sich hier jedoch von der Partnergesellschaft getrennt und das Geschäft in eigener Regie weitergeführt. Damit hat das Unternehmen seinen Bereich fachlicher Kompetenz erheblich ausgeweitet und ist seit längerem – gemessen an der Zahl der Betten – der mit Abstand größte deutsche Hotelkonzern, auch wenn kaum eines dieser Betten in Deutschland steht. Diese langfristig angelegten Kooperationen und das darüber mögliche Lernen des Hotel- und Clubgeschäftes war also die bessere Strategie als der Versuch, alles gleich in eigener Regie zu übernehmen.

Auch die Thomas Cook AG (vormals C&N), ein Gemeinschaftsunternehmen, in das die Lufthansa und KarstadtQuelle jeweils ihre Tourismusunternehmen eingebracht haben, hatte schon zu Zeiten, als NUR Touristic noch eine selbständige Reisetochter von Karstadt war, in Hotels in den Zielgebieten investiert. Laut Geschäftsbericht (C&N 2001, S. 56) verfügte das Unternehmen zum 31. Oktober 2000 über 55 Hotel- und Clubanlagen mit insgesamt 31 199 Betten. Als vom Konzern aus steuerbar werden „über 61 000 Betten" angegeben (a. a. O.).

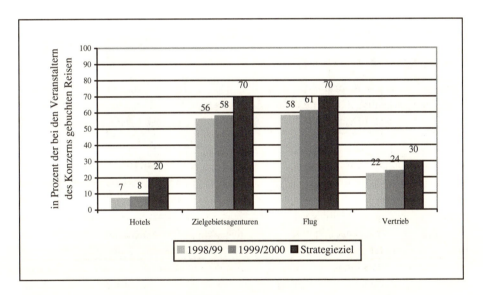

Quelle: Nach C&N Geschäftsbericht 1999/2000, S. 26

Abb. 2.1.5: Integrationsgrad von C&N (jetzt Thomas Cook AG) in den Geschäftsjahren 1998/1999 und 1999/2000 und die jeweiligen Strategieziele

Dennoch war das Unternehmen während des Berichtszeitraums weit davon entfernt, unter diesem Aspekt ein vertikal integriertes Unternehmen zu sein: Ganze acht Prozent der Gäste konnten in eigenen Hotels untergebracht werden (vgl. Abb. 2.1.5). Das an gleicher Stelle angegebene Ziel liegt bei 20 Prozent. Selbst wenn dies erreicht sein sollte, werden immer noch 80 Prozent der Reisegäste des Unternehmens in angemieteten Hotels logieren. Die Preussag AG macht dazu keine Angaben, aber sehr viel höher wird der entsprechende Prozentanteil hier auch nicht liegen, da (s. o.) ein großer Teil der in Abb. 2.1.4 aufgeführten Anlagen und Betten nicht vollständig dem Konzern zuzurechnen ist. Man kann unter diesem Aspekt also keineswegs von voll, sondern allenfalls von **partiell integrierten Reisekonzernen** sprechen. Lediglich im Bereich der wenig kapital- und kostenintensiven Zielgebietsbetreuung ist bislang ein vergleichsweise hoher Prozentsatz an Internalisierung erreicht worden. Aber auch hier wird noch ein großer Teil der Leistungen bei konzernfremden Leistungsträgern eingekauft (Abbildung 2.1.5).

Das in Abb. 2.1.6 gezeigte Modell, das in der Struktur in etwa die derzeitige Situation widerspiegelt (vgl. auch Abb.2.1.5), ist aus rein betriebswirtschaftlicher Perspektive gut begründbar: Es steigert die Umsatzrendite und führt zu einer teilweisen Steuerung der Elemente der Dienstleistungskette. Man sichert sich in Engpaßsituationen, zum Beispiel bei der Übernachfrage nach bestimmten Destinationen, den Zugriff auf Hotelbetten und man hat im Falle geringerer Nachfrage die Möglichkeit, durch den konzerneigenen Vertrieb auf die weniger gefragten Destinationen und Hotels hin zu steuern (vgl. Porter 1980/1992, 381 f.).

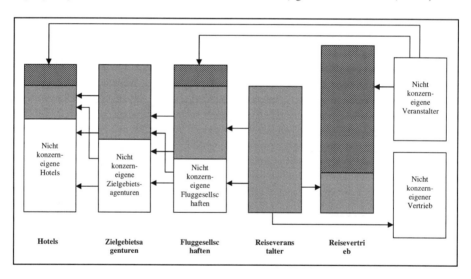

Erläuterung: grau unterlegte und schraffierte Felder = konzerneigene Kapazitäten der jeweiligen Wertschöpfungsstufe

Abb. 2.1.6: Rein betriebswirtschaftlich orientierte Dimensionierung der Wertschöpfungsstufen eines partiell integrierten Reisekonzerns aus Veranstaltersicht

Die Stabilität der Beziehungen zwischen Hotelkette und Reiseveranstalter in einem vertikal integrierten Reisekonzern ermöglicht nicht nur Einsparungen, sondern eröffnet auch die Chance, dass die Hotels sich in das Produktkonzept des Veranstalters einfügen (vgl. Porter 1980/1992, S. 380). Erst mit solchen Maßnahmen lassen sich die vielfach versuchten Markenkonzepte der Veranstalter mit ihren Produktversprechungen auch tatsächlich einlösen. Klassische Reiseveranstalter haben ja nur indirekte Einwirkungsmöglichkeiten auf die von ihnen unter Vertrag genommenen Leistungsträger. Gerade bei Hotelleistungen, die häufig nur über Kontingentverträge eingekauft werden, die aufgrund der üblichen release-Periode von 14 Tagen vor Reisebeginn das Auslastungsrisiko letztlich fast ausschließlich beim Hotelier lassen, hat der Veranstalter kaum eine Chance der Durchsetzung von laufenden Qualitätskontrollen. Markenversprechen sind bei solchen Geschäftsmodellen nicht viel mehr als eine Illusion. Hinzu kommt, dass klassische Reiseveranstalter im Prinzip überhaupt keinen Kontakt mit ihren Kunden haben: Die Reise wird in einem selbständigen Reisebüro vermittelt und bezahlt, mit einer vom Veranstalter beauftragten Fluggesellschaft angetreten und endet in einem unter Vertrag genommenen Hotel, in das die Urlauber von einer wiederum vom Veranstalter betrauten Zielgebietsagentur gebracht werden, die sie auch während ihres Aufenthaltes betreut. Erst wenn der Veranstalter Direktinkasso betreibt, erfährt er auch die Adressen der Kunden, die vordem von den Reisebüros aus Angst vor Direktvertriebsintentionen der Veranstalter sorgsam gehütet wurden. Nur im vertikal integrierten Reisekonzern, in dem alle Wertschöpfungsstufen zusammengefasst sind, lassen sich die Dienstleistungsketten entsprechend eines übergreifenden Konzeptes miteinander verzahnen, steuern und kontrollieren.

Allerdings erschwert es eine nur partielle vertikale Integration den Reisekonzernen nach wie vor, wirklich eigenständige und von Wettbewerbern deutlich abgrenzbare Produkt- und darauf aufbauende Markenprofile zu entwickeln. Gerade bei Veranstalterreisen haben wir es jedoch mit unter dieser Perspektive relativ schwierigen Produkten zu tun, denn als simple Kombinationen aus Flug, Transfer und Hotel sind sie im Grunde gegenseitig substituierbar. Damit gilt auch für die partiell vertikal integrierten Reisekonzerne, was schon die Markenkonzepte klassischer Reiseveranstalter beeinträchtigte: „Erstens ist die Sympathie gegenüber Tourismusmarken für die Buchungsbereitschaft kaum ausschlaggebend. Zweitens sind die meisten Tourismusmarken nur bekannt, aber den Konsumenten nur in geringem Maße sympathisch. Belegt dies die Vermutung, daß Veranstaltermarken kein Profil aufweisen? Nach Expertenmeinung fehlen den Marken nach wie vor wichtige Differenzierungsmerkmale; die Image-Profile sind eher austauschbar" (Ludwig 2000, S. 94).

Dabei wäre die von den meisten großen deutschen Veranstaltern bereits früh begonnene Integration von Hotels in den Zielgebieten der richtige strategische Ansatz für eine nachhaltige Konzeption von Markenprofilen. Denn das Hotel ist die Kernkomponente der Pauschalreise, in ihm verbringt der Gast die meiste Zeit seines Aufenthaltes. Entsprechend hat das Hotel auch den größten Einfluss auf die wahrgenommene Qualität der Reise (Kreilkamp 1998, S. 307). Die Bedeutung der Unterkunft für die Urlaubszufriedenheit ist mit 74 Prozent von allen Komponenten am größten, der Flug schlägt mit 10 Prozent zu Buche, die Reiseleitung mit 6 Prozent (de Vries 2000, S. 252 f.). Starke Hotelmarken können vor diesem Hintergrund die Marken der übrigen Leistungsträger und vor allem die der Veranstalter überstrahlen (Ludwig 2000, S. 96 f.). Dies unterstreicht die Problematik der nach wie vor üblichen Überschneidungen von Hotelangeboten verschiedener Veranstalter. Wenn nicht nur verschiedene Veranstalter des gleichen Konzerns, sondern auch solche von Wettbewerbern in die eigenen Hotels gelassen werden, wird der Eindruck der Substituierbarkeit der Veranstalter und ihrer Angebote bei den Gästen noch verstärkt. Dass dies schon bei nur vertraglich gebundenen Häusern eines Reisekonzerns kontraproduktiv sein kann, belegt die zum Teil verunglückte Markenpolitik der Thomas Cook AG: Wer eine Reise bei der als exklusiv und als Premiummarke herausgestellten „Terramar" bucht, findet sich in manchem Hotel bei der Reiseleitung u. a. der konzerneigenen „Billigveranstalter" Neckermann-Reisen (Deutschland) und Sun Snacks (Belgien) wieder, die Kunden im gleichen Hotel untergebracht haben.

Wenn man eine solche Markenpolitik betreibt, müssen jedoch die mit den Einzelmarken verbundenen Versprechen und Abgrenzungen zu anderen Angeboten auch tatsächlich eingelöst werden, sonst führen zum Beispiel die Werbeausgaben nur dazu, dass der Kunde lernt, dass man hier für gleiche Leistungen mehr Geld bezahlen muss. Dabei haben die Reisekonzerne, wenn auch auf einem quantitativ sehr viel niedrigeren Niveau als die eigenen Massenveranstalter, mit ihren Clubangeboten in ihrem Unternehmensportfolio selbst vorgemacht, wie eine Verschmelzung von Veranstalter und Hotel aussehen muss. Über die verschiedenen Konzepte und durchgehende Qualitätskontrollen wird eine deutliche Positionierung der Angebote erreicht und damit die Voraussetzung für eine diesen Namen auch verdienende Markenpolitik geschaffen. Auf dem Massenmarkt dagegen ist die für eine Strategie erforderliche Einzigartigkeit von Positionierungen und Kernkompetenzen noch lange nicht verwirklicht und die meisten Reiseveranstalter sind weit davon entfernt, ihren Markenansprüchen auch nur annähernd gerecht zu werden. Hier „verhindert letztlich die mangelnde Profilierung der Hotelbetriebe eine gezielte Auswahl der Unterkünfte und damit auch eine gezielte Profilierung der Reiseveranstalter. Solange die Hotelbetriebe austauschbar sind, wird das Produkt der Pauschalreise auch austauschbar bleiben. Den Reiseveranstaltern bleibt damit nur eine eher emotionale Profilierung oder eine Profilierung über Zusatznutzen" (Kreilkamp 1998, S. 310).

Die Internationalisierung führt zudem, wie das oben zitierte Beispiel zeigt, noch zu einer Verschärfung dieser Problematik. „Kunden aus unterschiedlichen Ländern, die dort meist bei verschiedenen Marken gebucht haben, treffen im Zielgebiet bspw. in einem Hotel aufeinander. Die beinhaltet gleich zwei problematische Schlußfolgerungen für die Marke: Erstens sollten Marken im Zielgebiet, die ja verschiedene Kundengruppen integrieren müssen, internationaler und tragfähiger ausgerichtet sein. Zweitens stellt sich die Frage, wie Kunden in den unterschiedlichen Quellmärkten gebündelt bearbeitet werden können. Dies impliziert die Problematik der Multiplizierbarkeit von Markenkonzepten. Selbst wenn ein Anbieter einen durchgängig einheitlichen Auftritt seines Markensystems anstrebt, muß er den Sprung aus dem nationalen Markt in den internationalen Reisemarkt berücksichtigen und das Markensystem entsprechend ausrichten. Gerade vor dieser Hürde – der scheinbaren Unvereinbarkeit zwischen nationalen ‚Buchern' und internationalen Feriengebieten und Reisenden – bleiben die expandierenden Reisekonzerne mit ihren Markenkonzepten stehen" (Ludwig 2000, S. 102).

Als weiteres Problem kommt noch hinzu, dass gleiche Marken und Produkte in verschiedenen Märkten ganz unterschiedlich positioniert sein können. Ein Beispiel dafür aus dem Konsumgüterbereich ist die Erfolglosigkeit des „*New Beetle*" von VW auf dem deutschen Markt. Als Spaßwagen konnte er in den USA erfolgreich an die Tradition des alten Käfers anknüpfen, der dort als ähnlich verrücktes und originelles Fahrzeug angesehen wurde wie etwa Citroens 2CV in Deutschland. In seinem Heimatland dagegen galt der unpraktische VW-Käfer aus unerfindlichen Gründen als seriöses Vernunftauto, so dass ein weitgehend zweckfreies Retrodesign à la „*New Beetle*" hier eher auf Unverständnis trifft. Einzelne Destinationen haben ebenfalls eine ganz unterschiedliche Stellung in verschiedenen Quellgebieten. Für Reisemarken ist Ähnliches schon deshalb zu erwarten, weil es in den jeweiligen Märkten eine Geschichte nationaler und/oder regionaler Reiseveranstalter mit ihren Unternehmens- und/oder Produktmarken gibt, die zu bestimmten Positionierungen geführt haben. Ein neuer Unternehmensname, eine neue Marke oder die Übernahme bereits vorhandener Markennamen bedeutet damit auch eine weitgehende Vorwegnahme der Positionierung auf diesem Markt.

Langfristig und vor dem Hintergrund der von den Konzernen verfolgten Markenpolitik führt das Modell partieller vertikaler Integration deshalb in eine Sackgasse, denn die eigenen Hotels können auch von Mitbewerbern genutzt werden wie auch konzernfremde Hotels unter Vertrag genommen werden. Von einer dahinter stehenden Strategie wird man in diesem Zusammenhang kaum reden können. „Das Wort ‚Strategie' wird oft überstrapaziert. Zentrales Anliegen eines echten Strategischen Managements muß es sein, auf attraktiven Märkten tätig zu sein und dort dank einzigartiger Positionierungen und Kernkompetenzen eine nachhaltige Wettbewerbsposition einzunehmen. Die Wettbewerbsdynamik zwingt allerdings dazu, dass Strategische Planung nicht als einmaliger Akt, sondern als permanenter Anpassungsprozeß von ‚Strategic fix is a moving target' gesehen werden muß" (Baer/Stoll 1999, S. 199). Dabei bestünde mit einer durchgängig betriebenen vertikalen Integration die Möglichkeit zu einer wirklichen strategischen Positionierung der Konzerne.

Unter strategischen Gesichtspunkten wird sich daher die internationale Expansion der Reiseveranstalter auf den Hotelbereich konzentrieren müssen. Eine Alleinstellung von Reiseveranstaltermarken ist letztlich wie bei den Clubangeboten nur dann möglich, wenn mittelfristig die eigenen Hotels exklusiv nur noch von den eigenen Veranstaltern genutzt werden, und langfristig die Gäste der eigenen Veranstalter nur noch in Häusern des eigenen Konzerns untergebracht werden.

2.1.3 Horizontale Internationalisierung von Reiseveranstaltern

Im Moment steht jedoch eine längere Phase der Internationalisierung, insbesondere der Europäisierung von Veranstaltern, an. Deutsche Reiseveranstalter hatten bereits früh begonnen, Veranstalter auf ähnlichen Märkten wie in den benachbarten kleineren Ländern, vor allem in Benelux und in Österreich, zu gründen oder zu übernehmen. Die großen Veranstaltermärkte wie insbesondere Großbritannien, aber auch Frankreich und die skandinavischen Märkte, blieben ihnen jedoch aus verschiedenen Gründen verschlossen. Dazu gehörte nicht zuletzt die vor allem von britischen Veranstaltern auf nationaler Ebene betriebene vertikale Integration von Charterfluggesellschaften und Reisebüroketten, die für deutsche Veranstalter hohe Markteintrittsbarrieren darstellten. Denn zum einen hätte man mit der Neugründung eines Veranstalters hier gleich integriert, d. h. mit sehr hohen Investitionskosten in den Markt eintreten müssen, zum anderen war der Unternehmenswert der teilweise an der Börse notierten britischen Veranstalter durch die vertikale Integration so hoch, dass ihr Erwerb jenseits der finanziellen Möglichkeiten der deutschen Reiseunternehmen lag. Als Konkurrent hätte man mit einer eigenen Fluggesellschaft und eigenen Reisebüros in den Markt eintreten müssen. Wenn zudem ein ausländischer Markt wie der für Flugpauschalreisen in Großbritannien einen hohen Grad an Konzentration aufweist (Holloway 2000), ist eine Neugründung als Alternative zur Akquisition bestehender Unternehmen wenig vielversprechend, denn das Angebot würde damit ausgeweitet und zu einer weiteren Verschärfung der Wettbewerbssituation mit sinkenden Preisen und Erlösen führen, die wiederum die Profitabilität der Investition in Frage stellen würde. Gerade im britischen Markt, der traditionell durch einen scharfen Preiswettbewerb gekennzeichnet ist, hätte eine solche Strategie kaum aufgehen können. Zudem verfügten die deutschen Reiseveranstalter auch nicht über die entsprechenden Managementkompetenzen, um solche Übernahmen einfädeln und umsetzen zu können. Der Besitz von Fluggesellschaften erhöht nicht nur den Preis für den Kauf eines solchen Unternehmens sehr wesentlich, sondern verlangt auch nach Kompetenzen im Management des Fluggeschäftes, über die, außer der LTU-Gruppe, in Deutschland jahrzehntelang kein anderes Unternehmen verfügte.

Wie wichtig diese Kompetenzen sind, zeigte sich zum **Beispiel** Ende 2001, als sich die Rewe-Gruppe nach dem Konkurs der Swissair weigerte, deren Anteile zu übernehmen. Sie war zwar mit 40 Prozent bereits der zweitgrößte Anteilseigner der Fluggesellschaft, hatte diese Beteiligung aber nur akzeptiert, weil sie sonst die Veranstalter der LTU-Gruppe nicht hätte übernehmen können. Gleichzeitig wurde daher vereinbart, dass die Swissair mit ihren 49,9 Prozent Anteilen die Führung und damit auch die Sanierung der maroden Fluggesellschaft übernimmt. In eine solche Führungsrolle wollte die Rewe unter keinen Umständen kommen. Groß geworden im Einzelhandel, hatte sie in den 1990er Jahren mit dem Kauf der Veranstalter ITS und Dertour sowie der Übernahme von Reisebüroketten in den Tourismus diversifiziert. Bei beiden Bereichen handelt es sich im Prinzip auch um Handelsunternehmen, so dass kein grundlegend neues Fachwissen für die Steuerung dieses neuen Unternehmensbereiches notwendig war. Mit der Übernahme der LTU hätte sich die Rewe-Gruppe jedoch einen ganz neuen Kompetenzbereich aufbauen müssen, denn die Produktion von Passagierkilometern verlangt nach völlig anderen, auch technischen, Kenntnissen, als sie im Konzern vorhanden waren. Stark erschwert worden wäre dieser Einstieg noch dadurch, dass es nicht nur um die operative Führung, sondern zusätzlich auch noch um die schwierige Sanierung eines Luftfahrtunternehmens gegangen wäre.

Es war daher kein Zufall, dass die LTU auch das erste deutsche Reiseunternehmen war, das 1992 in den britischen Veranstaltermarkt einstieg. Dies war aber erst mit dem Engagement einer finanzstarken Großbank, der WestLB, möglich, die 1989 mit dem Erwerb von 34 Prozent der Anteile an der LTU praktisch die Führung der Gruppe übernommen hatte. Sie kaufte auch 86 Prozent der Anteile von Thomas Cook, die LTU erhielt die restlichen 14 Prozent von der britischen Midland Bank.

Umgekehrt hatten auch die britischen Reiseveranstalter auf den sich rasch entwickelnden Markt für Pauschalreisen in Deutschland schon lange ein Auge geworfen. In Deutschland herrschte allerdings fast so etwas wie ein **Korpsgeist** unter den Verantwortlichen der großen

Reiseveranstalter, die direkt oder indirekt über vielfältige Umwege über Beteiligungen alle miteinander verbunden waren (vgl. u. a. die Schaubilder in verschiedenen Auflagen bei Mundt, so 1993, S. 59 und 1996, S. 72) und damit ein gutes Beispiel für die Festung einer „Deutschland AG" abgaben, die es ausländischen Unternehmen praktisch unmöglich machten, über einen Beteiligungserwerb in den deutschen Markt einzudringen. Wann immer ein ausländischer Reisekonzern versuchte, durch die Übernahme eines deutschen Reiseveranstalters auf dem Markt Fuß zu fassen, konnte dies lange Jahre über dieses Verflechtungsnetz verhindert und die Konkurrenz auf dem deutschen Reisemarkt damit eingeschränkt werden. Vor allem die britischen Reiseveranstalter waren bei den meisten großen deutschen Unternehmen gefürchtet. Vor nichts hatten die meisten der großen deutschen Reiseveranstalter mehr Angst als vor ihrem Markteintritt in Deutschland und dem daraus folgenden preisaggressiven Wettbewerb, wie er kennzeichnend für den britischen Markt war und ist. Erst 1998 gelang der britischen Airtours plc als erstem Großveranstalter der Einstieg bei dem unter den ersten fünf Unternehmen der Branche in Deutschland rangierenden Münchener Veranstalter FTI, der im Jahre 2000 dann vollständig übernommen wurde.

Zwar hatte die TUI als Marktführer in Deutschland schon länger auch den britischen Markt im Blick gehabt. Aus den reinen Veranstalterrenditen heraus wäre eine internationale Expansion deutscher Reiseveranstalter aber kaum in dem Maße möglich geworden, wie sie seit den letzten Jahren des zwanzigsten Jahrhunderts vollzogen worden ist. Erst der Eintritt großer Konzerne in den deutschen Veranstaltermarkt Ende der 1990er Jahre hat diese Situation grundlegend verändert. Die Preussag AG und die Deutsche Lufthansa AG haben durch ihre Übernahmen bzw. Beteiligungen den Handlungsspielraum der Reiseveranstalter erheblich ausgeweitet und damit die Internationalisierung in schnellen Schritten weiter vorangebracht. Bei der Preussag haben wir es zunächst mit einer business migration zu tun, d. h., der Konzern hat sich in ein unternehmensfremdes Feld bewegt. Allerdings hat er dabei keine neuen Unternehmen gegründet, um in dieses Feld zu diversifizieren, sondern hat bereits bestehende Unternehmen übernommen bzw. dazugekauft. Es ist auch insofern keine klassische Diversifikation, als der Konzern praktisch vollständig neu ausgerichtet wurde, indem der größte Teil der ursprünglichen Tätigkeitsbereiche aufgegeben und der Verkauf dieser Unternehmen weitgehend zur Finanzierung der Akquisitionen im Tourismus verwendet wurde. Es handelt sich also um einen kompletten Konzernumbau, der beispielhaft den strukturellen Wandel der gesamten Wirtschaft in hoch entwickelten Ländern beleuchtet: Innerhalb von wenigen Jahren wurde das Unternehmen von einem eher auf nationaler Ebene agierenden Stahl- und Energiekonglomerat zu einem internationalen Dienstleistungskonzern mit dem Schwerpunkt Tourismus. Die Preussag war bei der Verfolgung dieser Strategie jedoch eher Instrument als treibende Kraft, denn der größte Aktionär des Unternehmens ist mit 34 Prozent die Westdeutsche Landesbank (WestLB), die zunächst bei der Fluggesellschaft LTU mit ihren Reisetöchtern (u. a. Transair, Meier's Weltreisen, Jahn Reisen) in Düsseldorf und Anfang der 1990er Jahre dann auch bei der TUI in Hannover als neben der Hapag-Lloyd größter Anteilseigner (jeweils 30 Prozent) eingestiegen ist. Durch die Übernahme von Hapag-Lloyd konnten aus der Sicht der WestLB sowohl die Probleme der Preussag angegangen werden als auch endlich die schon seit dem Beginn des Engagements bei der TUI angestrebte Mehrheit erreicht werden.

Auch für die Deutsche Lufthansa AG wurde Mitte der 1990er Jahre immer deutlicher, dass der kontinuierlich wachsende Ferienreisemarkt, an dem sie bislang nur mit der Chartertochter Condor partizipierte, eine größere Bedeutung im Konzern bekommen musste. Einerseits ging es darum, das Geschäft der Condor langfristig zu sichern, andererseits die Chancen erhöhter Rendite durch die Integration weiterer Wertschöpfungsstufen zu realisieren. Zunächst wurden, dem früheren Beispiel der LTU folgend, Reiseveranstalter gekauft. Es waren in erster Linie Regionalveranstalter, die, wie Fischer in Hamburg (mittlerweile eingestellt) und Kreutzer in München, eine kritische Größe erreicht hatten, die es ihnen nicht mehr möglich machte, unter den gegebenen Marktbedingungen aus eigener Kraft zu wachsen. Zusammen mit den anderen Veranstaltern der Condor reichte dies aber nicht aus, um aus alleine auf eine der Bedeutung der Fluggesellschaft entsprechende Marktgröße im Reiseveranstaltergeschäft zu wachsen. Dies ging schon deshalb nicht, weil den Unternehmen die entsprechende Präsenz im Vertrieb durch eigene Reisebüros fehlte. Deshalb wurde mit der KarstadtQuelle AG, der Muttergesellschaft der auch mit eigenen Reisebüroketten im Markt vertretenen NUR Touristic (Neckermann) 1997 ein Gemeinschaftsunternehmen – C&N Touristic gegründet – in das die Reiseunternehmen der beiden Partner eingebracht wurden. Mit diesem Reisekonzern, der ebenso wie die Preussag in allen Wertschöpfungsstufen vertreten ist, entstand auch die Basis für eine verstärkte Internationalisierung.

Die TUI hatte zwar immer eher den britischen Marktführer Thomson im Blick, aber ihre Muttergesellschaft Preussag kaufte 1999 zunächst die von der WestLB 1992 erworbene Thomas Cook-Gruppe. Die WestLB, größter Aktionär der Preussag, hielt neben Carlson (USA) noch eine Minderheitsbeteiligung. In einem sehr engen Wettbewerb mit C&N konnte die Preussag dann im Jahr 2000 die Thomson-Gruppe, die 1998 an die Londoner Börse gegangen war, erwerben. Im Gegenzug musste die Preussag aufgrund kartellrechtlicher Auflagen der Europäischen Kommission auf ihre Beteiligung an der Thomas Cook-Gruppe wieder verzichten, weil sie sonst auf dem britischen Markt eine marktbeherrschende Stellung erreicht hätte. Deshalb konnte C&N die Reiseunternehmen der Thomas Cook-Gruppe von der Preussag erwerben (die ursprünglich zur Unternehmensgruppe gehörenden Wechselstuben wurden getrennt veräußert) und sich damit ebenfalls auf dem britischen Markt etablieren. Die Preussag verkaufte zudem ihre zehn Prozent Anteil (gehalten über Thomas Cook) am drittgrößten britischen Veranstalter First Choice (früher Owners Abroad) an den spanischen Barceló-Konzern. C&N Touristic – ein Name, der kaum jemandem geläufig war – übernahm 2001 den viel bekannteren Namen der britischen Tochter und firmiert seitdem unter Thomas Cook AG.

2.1.4 Weitere Internationalisierung der Reisekonzerne als Motiv und Herausforderung für das Management

Mit diesen durchgreifenden Umschichtungen ging in Deutschland eine Epoche bei den Reiseveranstaltern zu Ende, die geprägt war von Personen, die entweder als Pioniere solche Unternehmen nach dem Zweiten Weltkrieg aufgebaut hatten oder unmittelbar in deren Fußstapfen traten und die weitgehend vorgezeichneten Pfade weitergingen. Die Aufgaben des übergreifenden Managements bei integrierten Konzernen sind deutlich komplexer als bei klassischen Reiseveranstaltern, denn jede Wertschöpfungsstufe hat ganz unterschiedliche Anforderungen und verlangt entsprechend andere Fachkompetenzen. „Ein Management, das einen Teil der vertikalen Kette sehr gut zu leiten vermag, kann im Extremfall unfähig sein, den anderen effizient zu führen" (Porter 1980/1992, S. 392). Im Falle der Konzernintegration von Ferienhotels kommt hinzu, dass es sich in der Regel um ausländische Gesellschaften handelt, die darüber hinaus genaue Landeskenntnisse und Fähigkeiten interkultureller Zusammenarbeit beim Management voraussetzt. Der Gesamtvorstand muss die Besonderheiten jedes einzelnen Bereiches und – im Falle im Ausland angesiedelter Wertschöpfungsstufen – der Standorte kennen und berücksichtigen, wenn die Synergieeffekte der Integration realisiert und das Gesamtunternehmen erfolgreich geführt werden soll.

Mit der Bildung vertikal integrierter Reisekonzerne wurden damit auch die Managementpositionen in den Unternehmen interessanter. Nun ist es möglich, Managementkompetenz aus anderen Wirtschaftsbereichen anzuziehen, die vorher wegen der reinen Handelsstruktur und der geringen Größe der Unternehmen kein Interesse an der Reiseindustrie gezeigt hatten. Dies wurde auch der von der Europäischen Kommission eingesetzten „High Level Group on Tourism and Employment", in der unter dem Vorsitz des damaligen Vorstandssprechers der TUI und heutigen Vorstandsmitgliedes der Preussag, Dr. Ralf Corsten, namhafte Vertreter der europäischen Tourismusindustrie vertreten waren, so gesehen, die 1998 ihren Bericht vorlegte: „Innovative Tourismusunternehmen übernehmen zunehmend moderne Instrumente des strategischen Managements wie *outsourcing* und Einkaufs-, Produktions- und Marketingallianzen. Die Übernahme dieser Strategien kann als die Antwort der Unternehmen auf die großen und europaweiten Probleme des Haltens von qualifiziertem Personal im Tourismussektor gesehen werden (…)" (HLG 1998, S. 16 f.; Übers. J. W. M.). Auch wenn mit der vertikalen Integration der Wertschöpfungsstufen in den Reisekonzernen eher das Gegenteil von outsourcing betrieben wird: Ohne diese Funktionsausweitung hätten die Reiseunternehmen nach Jahren eines beeindruckenden Wachstums erhebliche Managementprobleme bekommen. Erst darüber ist es gelungen, kompetente Manager aus anderen Branchen für die Reiseindustrien zu gewinnen. Mit ihrer Arbeit wurde diese Ausrichtung der Unternehmen noch erweitert und damit wiederum ihre Attraktivität für Spitzenmanager erhöht. So erhielten die vier Vorstandsmitglieder der C&N, von denen Ende 1999 zwei auch noch ausgeschieden waren, im Geschäftsjahr 1999/2000 zusammen Bezüge in Höhe von DM 4,397 Mio. (C&N Geschäftsbericht 1999/2000, S. 97).

Nicht unterschätzt werden dürfen deshalb auch die **persönlichen Motive** der Vorstände und des weiteren Managements für die Internationalisierung von Unternehmen. Durch Wachstum und insbesondere Internationalisierung werden neben materiellen Ansprüchen wie Einkommen, die in der Regel mit der Unternehmensgröße wachsen, auch psychische Bedürfnisse von Managern wie Ehrgeiz, Machtstreben und gesellschaftliche Anerkennung über interessantere Aufgaben, höhere Mitarbeiterzahlen und erweiterte Kompetenzen usw., befriedigt (vgl. zusammenfassend Stein 1992, S. 154-157). Durch die Beteiligung an und vor allem durch die Übernahme von ausländischen Unternehmen werden im Erfolgsfalle nicht allein messbare betriebswirtschaftliche Vorteile, sondern auch erhebliche Prestigegewinne für das Unternehmen und vor allem für sein Management erzielt. Das gilt auch für die Branche insgesamt, die, wie die Tourismusbranche in Deutschland, auf politischer und verbandspolitischer Ebene nur eine untergeordnete Rolle gespielt hat. Erst durch die international ausgerichtete Konzernbildung ist es Tourismusunternehmen auch gelungen, aus dem Abseits rein branchenbezogener Verbände in die Spitzenverbände der deutschen Wirtschaft vorzudringen. So gibt es seit dem Jahr 2000 eine Arbeitsgruppe beim einflussreichen Bundesverband der Deutschen Industrie (BDI), die sich mit Fragen des Tourismus beschäftigt. Erleichtert wurde diese Annäherung auch dadurch, dass die Preussag als ursprünglich traditioneller Industriekonzern auch personell im Vorstand des BDI vertreten ist (vgl. fvw Nr. 1 v. 4. Januar 2002, S. 22).

Diese subjektiven Motive selbst dürfen dabei natürlich nicht zu sehr zur offenen Richtschnur des Managementhandelns werden, sondern wirken eher im Hintergrund. Aber selbst aus der Sicht der Eigentümer eines Unternehmens ist dies nicht unbedingt zu beanstanden, denn in Anlehnung an die grundlegende marktwirtschaftliche Erkenntnis, dass die Summe wirtschaftlicher Eigeninteressen zu Wohlfahrt führt (*Adam Smith*), kann man auch hier davon ausgehen, dass, zumindest innerhalb einigermaßen definierter Grenzen, erst die Zulassung eines auch am Eigeninteresse von Vorstand und Management ansetzenden Unternehmenshandelns zu den gewünschten Einkommenseffekten für die Eigentümer führt. Dazu gehören nicht allein Renditeziele, sondern auch solche zur Wertsteigerung eines Unternehmens an den Börsen. Häufig erhalten deshalb auch Vorstand und höheres Management einen Teil ihrer Einkünfte in Aktien(optionen) des eigenen Unternehmens ausbezahlt, um die Motivation für die Verfolgung einer unternehmenswertsteigernden Strategie zu erhöhen. Hinzu kommt, dass durch Übernahmen Erfahrungsgewinne im Managementbereich realisiert werden, die bei weiteren Akquisitionen noch weiter ausgenützt und die durch das spezifische Wissen der übernommenen Unternehmen ergänzt werden (Stein 1992, S. 91). Damit steigt in der Regel auch der Unternehmenswert (a. a. O.). Bei Unternehmen wie der Preussag, die an der Börse notiert sind oder bei Thomas Cook, das einen solchen Börsengang geplant und noch vor sich hat, spielt dieser Aspekt bei der internationalen Expansionsstrategie deshalb auch eine wesentliche Rolle.

Dies kann man allerdings auch sehr kritisch sehen. „Durch die Umwandlung der großen Touristikunternehmen in Aktiengesellschaften wird die konsequente Kundenausrichtung nicht gerade gefördert. Denn mit dem täglichen Schielen auf den Aktienkurs entwickelt sich der Aktionär zum Konkurrenten des Kunden. (…) Kursschwankungen, die ihre Ursache in den Unwägbarkeiten der Kapitalmärkte haben mögen, führen in der Öffentlichkeit schnell zu falschen Schlüssen über die Produkt- und Dienstleistungsqualität eines Unternehmens (…) Nach wie vor liegen für alle Reiseunternehmen, für die großen und die kleineren, die besten Marktchancen in der konsequenten Kundenausrichtung, nicht in der Priorisierung von Umsatzwachstum und Kurspflege" (Heine 2000, S. 14 f.). Ergänzend dazu ist festzuhalten, dass die in börsennotierten Unternehmen häufig auf Quartalsberichte verkürzten Horizonte des Managementhandelns oft zu Lasten langfristiger Perspektiven und strategischen Handelns gehen. Verstärkt werden sie noch durch die oben erwähnten Anreize wie Aktienoptionen als Entlohnungskomponenten. Kurzfristige Unternehmenswertsteigerungen sind jedoch nur für Börsenspekulanten interessant und für eine dauerhaft positive Entwicklung von Unternehmen wenig hilfreich.

Die derzeitige Strategie der beiden größten deutschen Reisekonzerne läuft zunächst darauf hinaus, sie zu wirklich europäischen Unternehmen zu machen, die auf allen Quellmärkten und in allen Destinationen mit eigenen Unternehmen auf allen Stufen der mit einer Pauschalreise verbundenen Wertschöpfungsstufen vertreten sind. Dabei liegt der Schwerpunkt derzeit auf dem Ausbau der Marktpräsenz in den europäischen Quellmärkten. Die Preussag, die in Zukunft unter dem Namen ihrer bekannteren Tochter als „World of TUI" firmiert, ist mittlerweile in vier Fünfteln der europäischen Märkte mit eigenen Veranstaltern vertreten und hat dabei in den meisten Fällen mit ihren Unternehmen eine führende Position inne (Abb. 2.1.7). Allerdings handelt es sich dabei, wie etwa in Frankreich (Nouvelles Frontières) und in Italien (Alpitours) lediglich um Minderheitsbeteiligungen an den jeweiligen Marktführern, die in einer Pressemitteilung der Preussag (vom 23. August 2001) auch nur als „strategische Partnerschaften" bezeichnet werden.

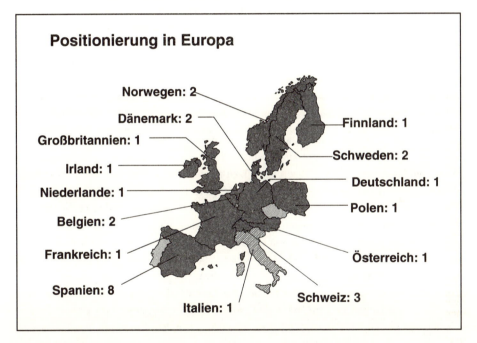

Quelle: Preussag 2002

Abb. 2.1.7: Die Markstellung der „World of TUI" (Preussag) Reiseveranstalter in Europa

Daraus ergeben sich auch Konsequenzen für die Organisation des Konzerns. Nach Bartlett/ Ghoshal (1990, cit. n. Stein 1992, S. 86) lassen sich drei typische Modelle der Organisation multinationaler Unternehmen beobachten:

- **multinationales Modell**: Es hat den höchsten Grad an Dezentralisierung, denn die Tochtergesellschaften werden als autonome Unternehmenseinheiten geführt, die sich ganz auf die lokalen Märkte einstellen können.

- **internationales Modell**: Hier liegt ein mittlerer Zentralisierungsrad vor. Wissen und Strategien der Konzernmutter werden vor Ort den lokalen Märkten und Gegebenheiten angepasst.
- **globales Modell**: In diesem zentralistischen Organisationsmodell setzen die jeweiligen nationalen Tochtergesellschaften lediglich die Strategie der Konzernmutter um.

Auf der Ebene von Reiseveranstaltung lassen sich mit dem globalen Modell auf den Beschaffungsmärkten die größten Skalen- und Synergieeffekte erzielen – mit einem multinationalen Organisationsaufbau bleiben sie weitgehend ungenutzt. Andererseits unterscheiden sich die jeweiligen nationalen Märkte für Veranstalterreisen sehr deutlich voneinander, so dass eine einfache Übertragung von Geschäftsmodellen und vor allem des Marketing von einem in das andere Land nicht ohne weiteres möglich ist. Dies hängt auch damit zusammen, dass sich die jeweiligen Märkte in unterschiedlichen Entwicklungsstadien befinden, die eine differenzierte Marktbearbeitung notwendig machen. Hinzu kommt, dass die verschiedenen nationalen Unternehmen in unterschiedlichem Ausmaß in die jeweiligen Konzerne integriert sind. Dort, wo es sich entweder um Mehrheitsbeteiligungen oder um reine Tochtergesellschaften handelt, lassen sich zentralistische Organisationselemente durchsetzen. In den Fällen, in denen es sich nur um Minderheitsbeteiligungen oder strategische Partnerschaften handelt, wird schon von daher nur eine weitgehend autonome Marktbearbeitung in den jeweiligen Unternehmen vonstatten gehen können.

Obwohl die Ferienfluggesellschaften fast alle durch entsprechende Besitzverhältnisse komplett in die Konzernstruktur eingebunden sind, ist auch bei ihnen das globale Organisationsmodell mit den entsprechenden Synergien derzeit nur begrenzt realisierbar. Zwar lassen sich gemeinsame Vorteile bei der Flugzeugbeschaffung, in der Wartung und bei den übrigen Einkäufen der Fluggesellschaften erzielen, aber im operativen Bereich sind kaum Vorteile zu verwirklichen. Die weitaus enger bestuhlten britischen Flugzeuge lassen sich nicht regelmäßig auch auf dem deutschen Markt einsetzen, umgekehrt würden die für den deutschen Markt konzipierten Sitzabstände zu hohe Kosten für die auf einem sehr preissensiblen Markt agierenden britischen Konzernveranstalter verursachen. Hinzu kommt, dass derzeit die konzerneigenen Fluggesellschaften nur innerhalb der Europäischen Union frei verkehren können. Flugverbindungen in Drittländer sind aufgrund der antiquierten bilateralen Luftverkehrsabkommen nur mit Fluggesellschaften möglich, die in dem Land ihren Sitz haben, aus dem solche Flüge durchgeführt werden. So darf beispielsweise die Thomas Cook gehörende deutsche Condor keine Flüge ex Großbritannien in die USA oder in nordafrikanische Destinationen durchführen. Die zum gleichen Konzern gehörende und in Großbritannien beheimatete JMC Airways dagegen schon. Dies hängt mit der mittlerweile absurden Situation zusammen, dass es zwar seit Jahren einen gemeinsamen europäischen Markt im Luftverkehr gibt, in dem jede innerhalb der EU beheimatete Fluggesellschaft alle Strecken innerhalb der Union bedienen darf, die einzelnen Mitgliedsländer jedoch darauf bestehen, alle Luftverkehrsabkommen mit wichtigen Drittstaaten selbst abzuschließen. Das wäre etwa so, als könnten innerhalb Deutschlands zum Beispiel Bayern und Nordrhein-Westfalen jeweils eigene Verträge mit den USA und Kanada abschließen.

Vor diesem Hintergrund sah sich die Thomas Cook AG genötigt, Ende 2001 in Belgien eine eigene Fluggesellschaft zu gründen, damit die konzerneigenen Reiseveranstalter die Möglichkeit haben, ihre Gäste auch in Länder außerhalb der EU zu bringen. Hätte die Europäische Kommission der Logik des gemeinsamen Luftverkehrsmarktes entsprechend auch die Kompetenz zum Abschließen bilateraler Verträge mit Drittstaaten, wäre Thomas Cook nach dem Konkurs der belgischen Fluggesellschaft CityBird, die vorher einen Großteil dieser Flüge abgewickelt hat, nicht gezwungen gewesen, eine weitere Fluggesellschaft zu gründen. Aus Konzernsicht wäre es sinnvoller gewesen, diese Flüge von einer der bereits bestehenden Konzerngesellschaften durchführen zu lassen.

Auch auf der **markenstrategisch** wichtigsten Ebene der Wertschöpfungskette, den Hotels, sind die Konzerne derzeit noch weit davon entfernt, ein globales Organisationsmodell durchsetzen zu können. Dem stehen in vielen Fällen schon die Beteiligungsverhältnisse entgegen, denn nur in wenigen Fällen verfügen Unternehmen wie Preussag oder Thomas Cook auch über die Mehrheit bei den Hotelgesellschaften. Wenn zum Beispiel die Dachmarke „World of TUI" wirklich ein „internationales Markenkonzept für die Touristik" und ein „durchgängiges Markenerlebnis für die Kunden" (Pressemitteilung der Preussag vom 23. August 2001) schaffen soll, dann muss dieser Ebene in einem nächsten Schritt die größte Aufmerksamkeit geschenkt werden.

Für das Management ergeben sich daraus erhebliche Konsequenzen. Es muss die ethnozentrische Orientierung, d. h. die Fokussierung auf den Heimatmarkt und die dort tätigen Konkurrenten, zugunsten der Entwicklung einer polyzentrischen Orientierung aufgeben, die der Vielfalt der Märkte Rechnung trägt, in denen man handelt (Meffert/Bolz 1998, S. 25 ff.). Neben einer kontinuierlichen und intensiven Beschäftigung mit den Besonderheiten der jeweiligen Märkte besteht ergänzend die Möglichkeit der Institutionalisierung solcher erwünschter Außeneinflüsse durch die Einbindung von Managern aus den wichtigsten ausländischen Tochterunternehmen in Führungsgremien des Konzerns. Die Preussag hat deshalb den ehemaligen Vorstandsvorsitzenden der britischen Thomson Travel in den Konzernvorstand berufen, bei Thomas Cook war es ebenfalls einer der führenden Manager der gleichnamigen britischen Reisetochter. Vor dem Hintergrund der Relevanz des Hotelbereiches wird es auch notwendig sein, die Hotelgesellschaften in den Destinationen stärker in die jeweiligen Konzerne zu integrieren und sie auch im Vorstand vertreten zu haben.

Literaturverzeichnis

Baer, J./Stoll, M. 1999: Human Resources Management als Eckpfeiler der strategischen und operativen Geschäftsentwicklung, in: *Müller-Stewens/Drolshammer/Kriegmeier (Hrsg.):* Professional Service Firms: Wie sich multinationale Dienstleister positionieren, Frankfurt, S. 198-221

Bastian, H./Born, K./Dreyer, A. (Hrsg.) 2000: Kundenorientierung im Touristikmanagement, München, Wien, Oldenbourg, 2. A.

C&N Touristic AG 2001: Geschäftsbericht 1999/2000

De Vries, J. E. 2000: Marketing joint venture zur Ausdehnung der Markenpräsenz am Beispiel des TUI-Flugzeugs operated by Germania, in: *Bastian, H./Born, K./Dreyer, A. (Hrsg.):* Kundenorientierung im Touristikmanagement, München, Wien, Oldenbourg, 2. A., S. 245-262

Frei, I. 2000: Expansionsstrategien in der Hotelindustrie – Deutsche Hotelketten im internationalen Vergleich, Hamburg: Verlag Dr. Kovač (=Schriftenreihe Volkswirtschaftliche Forschungsergebnisse, Bd. 56)

Haedrich, G./Kaspar, C./Klemm, K./Kreilkamp, E. (Hrsg.) 1998: Tourismus-Management: Tourismus-Marketing und Fremdenverkehrsplanung, Berlin: Walter de Gruyter, 3., völlig neu bearbeitete und wesentlich erweiterte A.

Harms, U. 2001: Strategiewechsel am Beispiel der Preussag AG, in: *Frankfurter Allgemeine Zeitung (F.A.Z.)* Nr. 274 vom 24. November 2001, S. 66

Heine, G. 2000: Vom Reisegewerbe zur Tourismusindustrie – Die Veränderungen der Firmenstrukturen in der Reisebranche, in: *Tourismus Jahrbuch*, 4 (2), S. 3-15

High Level Group on Tourism and Employment HLG 1998: European Tourism – New Partnerships for Jobs, Brussels: European Commission

Hofmann, W. 2000: Die Flugpauschalreise, in: *Mundt, J. (Hrsg.):* Reiseveranstaltung. Lehr- und Handbuch, München, Wien: Oldenbourg, 5., völlig neu bearbeitete und erweiterte A., S. 115-154

Holloway, J. C. 2000: Großbritannien: Das Mutterland der Pauschalreise, in: *Mundt, J. (Hrsg.):* Reiseveranstaltung. Lehr- und Handbuch, München, Wien: Oldenbourg, 5., völlig neu bearbeitete und erweiterte A., S. 1-20

Iberotel 2001: unter http://www.iberotel-eg.com/iberotel/main1.htm vom 27.12.2001

Kirstges, T. 1996: Expansionsstrategien im Tourismus – Marktanalyse und Strategiebausteine für mittelständische Reiseveranstalter, Wiesbaden, Gabler, 2., vollständig überarbeitete A.

Kreilkamp, E. 1998: Strategische Planung im Tourismus, in: *Haedrich et al. (Hrsg.):* Tourismus-Management: Tourismus-Marketing und Fremdenverkehrsplanung, Berlin: Walter de Gruyter, 3., völlig neu bearbeitete und wesentlich erweiterte A., S. 285-324

Ludwig, E. 2000: Management von Markensystemen am Beispiel von Tourismusunternehmen, St. Gallen: Dissertation an der Hochschule St. Gallen (Dissertationsnummer 2459)

Meffert, H./Bolz, J. 1998: Internationales Marketing-Management, Stuttgart, Berlin, Köln, Kohlhammer, 3., überarbeitete und ergänzte A.

Müller-Stewens/Drolshammer/Kriegmeier (Hrsg.) 1999: Professional Services Firms: Wie sich multinationale Dienstleister positionieren, Frankfurt

Mundt, J. W. (Hrsg.) 2000: Reiseveranstaltung – Lehr- und Handbuch, München, Wien: Oldenbourg, 5., völlig neu bearbeitete und erweiterte A.; verschiedene frühere A.

Porter, M. E. 1980: Competitive Strategy, Glencoe: Free Press (zit.. n. d. dtsch. Ausgabe: Wettbewerbsstrategie. Frankfurt am Main: Campus 19927)

Preussag AG 2001: Kennzahlen und Kontakte zur Touristik (Unternehmensbroschüre), Hannover 2001

Preussag AG 2002: Marktstellung unter http://www.preussag.de/de/pressemedien/wot/marktstellung_wot.html vom 12.12.2002

Schneider, O. 2001: Die Ferien-Macher. Eine gründliche und grundsätzliche Betrachtung über das Jahrhundert des Tourismus, Hamburg: TourCon Verlag Hannelore Niedecken

Seidl, D./Kirstges, T. 1989: Basisstrategien im Internationalen Marketing von Reiseveranstaltern, Mannheim: Institut für Marketing (=Arbeitspapier Nr. 69)

Stein, I. 1992: Motive für internationale Unternehmensakquisitionen, Wiesbaden: DUV – Deutscher Universitätsverlag

TUI 2001: Hotelportfolio unter http://www.tui-deutschland.de/de/profil/hotelmarken/portfolio.html vom 27.12.2001

Ujma, D./Grabowski, P. 2000: The Travel Industry in the United Kingdom – an Overview, in: *Tourismus Jahrbuch,* 4 (2), S. 49-61

Wölfer, J. 1995: Deutsche Passagier-Luftfahrt von 1955 bis heute, Hamburg etc., Verlag E. S. Mittler & Sohn

Yale, P. 1995: The Business of Tour Operations, Harlow: Longman

2.2 Internationalisation Strategies of the British Tour Operators

Michael Morgan

2.2.1 Introduction 154

2.2.2 Entrepreneurial innovation 154

2.2.3 Price-led growth 154

2.2.4 Consolidation and stagnation 155

2.2.5 A new challenger 157

2.2.6 Motives for internationalisation 159

2.2.7 Further consolidation permitted 160

2.2.8 The future of the independent sector 162

2.2.9 The changing nature of tour operating 163

2.2.10 Conclusions 165

Bibliography 165

Michael Morgan is Senior Lecturer in Tourism Marketing at Bournemouth University and Course Tutor for the MA European Tourism Managementprogramme. His publications include Marketing for Leisure and Tourism, Prentice Hall 1996. Before becoming an academic he worked in marketing, operations and inclusive tours for Sealink Ferries.

2.2.1 Introduction

The influence of UK tour operators on the development of international tourism has been immense – the UK is the fourth largest tourist originating country in the world, with 34% of the total 50.8 million visits by Britons abroad in 1998 (British Tourist Authority 2000) made on inclusive tours. But while the operators have since 1950 been involved internationally as 'resource seekers' seeking new destinations to market, it is only in the last ten years that they have become involved as 'market seekers' offering their tour products to holiday-makers from other countries as well as the UK. The involvement of foreign companies as significant players in the UK tour-operating sector is even more recent.

To understand why the British inclusive tour market remained relatively insular compared to the accommodation and transport sectors, it is necessary to explore the way in which it has developed. This chapter will chart this development from its entrepreneurial beginnings, through a period of intense, price-led competition to a mature oligopoly of publicly-quoted companies which are international both in terms of operations, holdings and ownership. Such an exploration will inevitably focus on the strategies pursued by the leading companies in the sector.

2.2.2 Entrepreneurial innovation

The 'foreign inclusive tour' first developed in Britain through the response of entrepreneurs to the post-war political, economic, social and technological environment. The first air tour is credited to Vladimir Raitz whose Horizon Holidays bought surplus Douglas Dakota troop-carrying aircraft from the army to carry 32 holiday-makers on a camping holiday to Corsica in 1950. The availability of cheap transport plus the lower accommodation and food costs in Spain and other Mediterranean countries made foreign holidays affordable to a generation emerging from war-time austerity and looking to enjoy the social equality and economic prosperity promised by governments of the era. (Holloway 1986). The removal of visa requirements and the gradual easing of exchange controls (1966-1980) encouraged the growth of foreign travel. That this demand was met largely through inclusive tours rather than independent travel is partly a consequence of geography – Britons need to book an air or ferry ticket to cross the channel at the same time as they book their hotel – and partly because the tour package reduced the British fear of what Yale (1995) calls the three Fs – flying, foreigners and foreign food. The resort hotels that grew up to cater for the new tourists were patrolled by the tour companies' representatives and tailored their menus to British tastes. The reduced flight times that followed the introduction of jet aircraft by Thomson in 1968 (Middleton 1991) removed the last barrier to the mass-marketing of inclusive holidays to the British market.

2.2.3 Price-led growth

The factors which fuelled the rapid growth of the sector in the 1960s and 1970s remain the tour operators' three main competitive advantages – low prices due to bulk purchase of flights and hotels, convenience of a single transaction through a local travel agent, and the quality reassurance of a well-known brand (Middleton/Clarke 2000). In the British market, price has always been the most important of these three.

Consumer expectations of low prices were reinforced during the highly competitive growth years of the 1970s and 1980s. These years were marked by the emergence of **Thomson** as the market leader. Originally a publishing company and later diversifying into other fields such as oil and timber, Thomson used its financial strength to pursue a strategy of building market share through cost leadership (Porter 1980), in the belief that 'in the end our competitors will have to stop selling holidays at prices which do not make money' (Newbold 1988). A Thomson executive explained the company's approach in terms of a virtuous circle of tour operating (Figure 2.2.1) using their position as market leader to force down hotel rates in order to maintain their price advantage over their rivals. (Morgan 1996) The strategy was also under-pinned by staff-cost savings resulting from their early introduction of computerised reservations with direct access by travel agents.

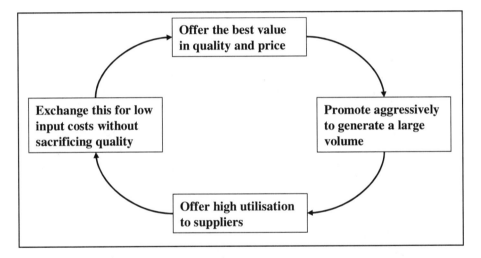

Reference: Morgan 1996

Figure 2.2.1: Thomson's virtuous circle of tour operating

Vertical integration is another key to Thomson's strength. From the start it has owned the charter airline Britannia to guarantee a supply of flights for its tours, and then proceeded by acquisition of independent travel agencies during the 1980s to build Lunn Poly into the UK's leading travel retail chain, thus ensuring an outlet for its products on every high street.

2.2.4 Consolidation and stagnation

As a result of these strategies, a number of smaller companies were driven out of business and the sector became increasingly oligopolistic. The climax of this process came with the take-over of Horizon by Thomson in 1988 followed by the collapse of the second largest tour-operator International Leisure Group in 1991. While this confirmed Thomson as the market leader, the price wars of the period had undermined the profitability of the whole sector. The combined profits of the 30 leading operators fell from 5.1% of turnover in 1981 to –0.003% in 1989 (Civil Aviation Authority figures).

At the same time the quality of the inclusive tour product was suffering. Press coverage of tourists' 'nightmare' experiences included problems of flight delays, over-booking, incomplete or substandard hotels, food-poisoning and other health problems, and a general perception that the resorts were over-crowded with drunken 'lager-louts' (Astles 1989). These problems could be seen as the result of a lack of investment by the hotels and the resort authorities, which in turn were the consequence of the low rates paid by the operators. Thomson's virtuous circle becomes the hotel companies' vicious circle (Figure 2.2.2). The bargains offered by the competing tour-operators attracted a new younger, down-market clientele whose uninhibited pursuit of the five s's (sun, sand, sea, sangria and sex) made the resorts unattractive to the traditional family market (Morgan 1991).

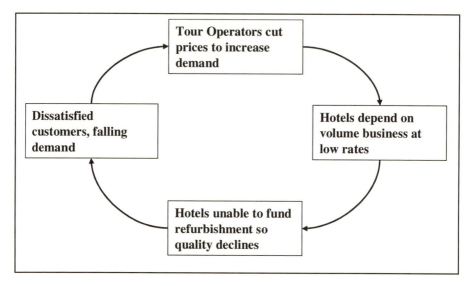

Reference: Morgan 2000

Figure 2.2.2: The Spanish Hotels' vicious circle

The years between 1987 and 1991 saw a crisis in the package holiday sector. Inclusive tours to the main destination, Spain, fell by 6%. A number of factors were involved including a general economic recession, during which holidaymakers chose camping holidays in France as a cheaper option, or saved up for longer-haul destinations, notably Florida. As the new generation of holiday-makers was better educated and more familiar with foreign travel, the proportion taking independent rather than packaged holidays increased. However, the decline was also a consequence of the image of the package holiday as being poor quality and down-market. Charles Newbold, MD of Thomson Holidays wrote in the trade press ' It may well be that the package holiday as we know it is going out of fashion' (Newbold 1989).

Thomson's response was a mixture of new product development and quality enhancement. By 1994 it expanded its product range to 24 different brochures, segmented by season (Summersun, Wintersun) destination (Far and Away, Lakes and Mountains, City Breaks, Simply Greece) age (Freestyle – youth, Young at Heart – over 50s) and quality (A la Carte). Previously, long-haul (non-European) holidays had been the preserve of specialist operators led by Kuoni (the UK subsidiary of the Swiss company) but in the 1990s the major companies entered the market, attracted by the higher profit margins achievable on these higher value products. Thomson aimed to take advantage of an increasingly affluent and adventurous market by offering long haul products with its core brand values of reliability and affordability. Their advertising slogan summed this up 'If Thomsons Do It, Do It. If Thomsons Don't Do It, Don't Do It.'

Meanwhile, in its core destinations of the Spanish resorts, Thomson selected certain hotels as partners for a jointly funded programme of refurbishment and restyling based on their research into their customers' preferences. This meant adapting the hotel product from a homogeneous international style to one more precisely tailored to British tastes in food, decor, and entertainment providing, among other things, cooked breakfasts, pastel shades of paintwork, British comedians and soft toilet paper. These hotels were marketed as Sun Hotels – premium products within Thomson's main brochures (Middleton/Astles 1994). The intention was that they should serve as flagships for a progressive improvement in the holiday product, linking in with public sector refurbishment schemes to improve the resort environment first in Magaluf, Majorca and subsequently throughout the tourist areas of Spain (Morgan 1994).

It is interesting that unlike German tour operators, Thomson never extended the vertical integration of the holiday value-chain to the acquisition of its own hotels, regarding hotel management as outside its distinctive competencies.

2.2.5 A new challenger

By the mid 1990s, sales of inclusive holidays had returned to and exceeded 1985 levels, and Thomson was still firmly established as market leader with between 30% and 40% share of the main summer market. However, if Thomson's strategies are the key to understanding how the UK tour operating market had developed to this point, the focus of attention must now switch to its emerging main rival, Airtours.

Airtours' chairman David Crossland was a local travel agent in Northwest England who started selling his own package holidays from regional airports. Sales grew organically from 26,000 in 1982 to 290,000 in 1986 and the following year the company was floated on the stock exchange. Seizing the opportunity presented by the collapse of ILG in 1991, Airtours marketed its products nationwide and doubled its market share to 12%, third only to Thomson and the Owners' Abroad group. In 1992 and 1993 it became a vertically-integrated group by creating its own charter airline and acquiring the travel agencies of Pickfords and Hogg Robinson to create Going Places with 548 branches (compared to Lunn Poly's 640).

It used this retail chain to give priority display space and discounts to Airtours products at the expense of Owners and Thomson, increasing its summer market share further to 18% compared to Owners' 14% (Figure 2.2.3). It then made a take-over bid for Owners'.

	1987	1989	1991	1993
Thomson	25%	38%	34%	30%
ILG*	13%	19%		
Horizon**	7%			
Redwing***	4%	7%		
Owners	3%	7.5%	17%	14%
Airtours	3%	6%	13%	18%
* collapse 1991 ** taken over by Thomson 1988 *** taken over by Owners' Abroad 1990				

Reference: Morgan 1996

Figure 2.2.3: Market Shares (summer inclusive tours) of the leading tour operators

Owners' Abroad, as the name implies, began as a company offering charter flights to the British owners of holiday properties in Spain and other Mediterranean countries. It had grown by acquiring a number of failing tour operations, from British Airways among others, in order to sell more seats for its airline, while retaining the previous brand names – Falcon, Sunmed and Enterprise. As a public limited company it pursued profit rather than market share. 'We don't care what number we are as long as we are strong. We build on our strengths (...) flights, self-catering, sticking to what we know,' declared their tour operations director, Dermot Blastland in 1990. However, without its own travel agencies, it became vulnerable to the new policy of Airtours/Going Places and Thomson/Lunn Poly of giving priority to their own products. It therefore formed an alliance with Thomas Cook, the third largest travel agency chain. This meant that the top three vertically-integrated groups were responsible for 60% of all UK tour operating and 40% of all retail travel agency business in 1993.

Thomas Cook, the oldest brand name in tourism, at the time specialised in travel retailing and currency exchange with nearly 400 branches. These sold other companies' holidays including a small selection 'over-branded' i.e. repackaged under the Thomas Cook brand name. In 1992 it was sold by the British Midland Bank to the German operator LTU. To thwart the Airtours bid, Thomas Cook acquired a 21.4% shareholding in Owners Abroad. In 1994 Owners Abroad rebranded all its products under the First Choice label.

2.2.6 Motives for internationalisation

It is from this point that the international expansion of Airtours stems. Crossland and his board now found themselves with many of the classic motivations for internationalisation:

- Expansion in the home market was blocked by the oligopolistic control of Thomson and First Choice/Thomas Cook
- Profit margins were depressed by the continuing price discounting strategies pursued by Thomson
- The market had proved itself subject to fluctuations in demand due to competition, macro-economic and political factors
- Foreign competition, in the form of LTU and the American company Carlson International, seemed poised to enter the British market.

As a public company, Airtours could no longer afford to pursue a high volume low yield strategy in direct conflict with Thomson, and so sought to diversify into more profitable sectors. In June 1994 it acquired SAS Leisure, Scandinavia's largest tour operating business, along with control of Scandinavia's largest charter airline, Premier. The Scandinavian market was similar to the British in terms of its preferred destinations and geographical dependence on air tours, and it offered the opportunity of economies of utilisation in aircraft and hotel beds. Where the Scandinavian expansion marked a new direction for UK operating was that Airtours also acquired control of the Sunning Hotel Group, with 14 hotels in Mediterranean, Canary Islands and Sweden. Airtours' dominance of the Scandinavian market was consolidated in 1996 by the acquisition of Spies and Tjaereborg tour operations and the Stella Polaris Hotel Group based in Spain. From its Nordic base, Airtours has now also entered the Polish market under the direct sell brand name Ving (1998). In 1995 and 1996 Airtours also entered the Canadian market by buying Sunquest Vacations, Silver Wing Holidays and Alba Tours International. This led to the formation of a new tour operating subsidiary company Sunquest Holdings Inc, based in the US and part of North American Leisure Group. This title signalled further diversification into resort development in Florida and tour operating in Northern California.

Airtours' other main diversification between 1994 and 1998 was into cruise shipping. The cruise market had already been moving into lower age and socio-economic groups through the growth of fly-cruise packages to the Caribbean offered by Norwegian Cruise Lines and other operators. Airtours' purchase of the cruise ship Sunwing in 1994 marked the start of the integration of this sector with mainstream mass-market tour operations.

Their transformation into a global company was confirmed when in 1996 Carnival, the world's largest cruise company acquired a 29.6% interest in Airtours plc, an alliance that continued until 2001. Although still not the market leader in Britain, through their strategy of international expansion they had become larger overall than Thomsons, and were calculated to be the fifth largest tour operator in Europe, behind TUI, DER, NUR and Kuoni (Travel Trade Gazette 7/1/98). Airtours then in 1998 threw down a direct challenge to the German operators by entering their sphere of influence by the purchase of Sun International, Belgium's largest independent tour operator, and began their interest in the German operator

FTI Touristik with an initial 29% holding. This strategy of international expansion continues with a series of acquisitions in Britain, Europe and North America too frequent to detail. However though its UK activities continued to grow, its overseas operations encountered problems. In Germany, its strategy of buying market share through cheap package holidays completely misfired and FTI's operations had to be scaled back to restore profitability (Travel and Tourism Analyst 5/2001).

2.2.7 Further consolidation permitted

After several years of investigation, the UK Government's Monopolies and Mergers Commission announced at the start of 1998 that the foreign package holiday market was broadly competitive and served the interests of the customer well. The report did impose three significant rulings on the sector:

1. Travel agents could no longer make discounts on the price of holidays conditional on the purchase of their preferred travel insurance scheme.
2. Tour operators could no longer impose conditions on travel agents banning them from offering bigger discounts on other companies products.
3. The big integrated companies now had to display their ownership links on the inside and outside of their agency shops and on brochures.

However, it ruled that operators' differential commissions and the resulting directional selling of preferred brands by travel agents had not resulted in less value for money for consumers. 'It should be noted that we have received very little complaint from customers about (...) value for money (...) or other evidence of dissatisfaction. Accordingly, we have not found sufficient grounds for condemning vertical integration as a whole in the travel trade' (Travel Trade Gazette 7/1/98). The report effectively trigged off a final stage of consolidation in the UK tour operating sector, which we shall explore company by company. The estimate size of the groups at the beginning of the process is shown in Figure 2.2.4.

In May 1998 the Thomson Travel Group were floated on the stock exchange with the Canadian parent company retaining only a 20% shareholding. Thomson followed Airtours into Scandinavia with the purchase of the Fritidsresor group, and further purchases in Norway and Poland. Within the UK their diversified portfolio now included English Country Cottages (domestic self-catering), Crystal (a ski specialist) Headwater (activity holidays) Austravel (long haul to Australia and New Zealand) and a number of other specialist operations. However, the initial success of the flotation meant that the company's performance came under scrutiny by financial analysts for the first time, who were concerned at the over-reliance on the UK market, particularly in contrast to Airtours global portfolio (Noakes 1999). They were also alarmed by the declared strategy within the home market. Thomson's MD Paul Brett's response to the continued growth of Airtours was that Thomson had been market leader for 25 years and did not intend to relinquish that position, and that they would expand the market by a million holidays. At this threat of a price war, share prices continued to fall, leading to the resignation of Brett in August 1999. Within a year, Thomson had been transformed from a confident private company dominating the home and threatening to buy its way into the German market, to a weak public company ripe for take-over. This duly happened in May the following year (2000) with the acquisition of Thomson by the Preussag group with an offer worth 180p per share, the price at which the company had been floated in 1998 (Preussag web site).

Tour operator	Market Share Summer 1998	Total Carryings 1997	Charter airline	Number of aircraft	Travel Agency	Branches
Thomson	27%	4 million	Britannia	28	Lunn Poly	800
Airtours	18%	3.9 millon	Airtours International	21	Going Places	713
First Choice	16%	3.4 million	Air 2000 Leisure Int.	?	None	0
Sunworld	14%	2.5 million	Airworld	5	Thomas Cook	385
Inspirations (Carlson)	1.5%	0.4 million	Caledonian	11	World Choice	409 owned 650 allied

Reference: Travel Trade Gazette

Figure 2.2.4: The UK inclusive holiday industry: market leaders 1998

Another significant development was the emergence of **Thomas Cook** as the third force in British tour operating. This began in 1996 with the purchase of Sunworld – one of the management buy-outs from the collapse of ILG – together with its charter airline Airworld. Now a vertically-integrated group, it had severed links with First Choice to promote Sunworld through its Thomas Cook agencies. In 1998, it expanded with the acquisition of another ILG buy-out Flying Colours, which included the notorious but successful youth brand Club 18-30. The tour operations were rebranded as JMC Holidays (apparently named after a lesser-known member of the Cook family, John Michael) in 1999. It then merged with the UK operations of the American group Carlson. This gave it the up-market Inspirations brand, the AT Mays travel agencies and Caledonian Airlines, creating the second largest charter airline after Britannia. It also marked the first truly transnational company in the British sector, with shareholdings by Carlson, Preussag and the Westdeutsche Bank. (Preussag's share was sold in order to gain EC approval for the former's purchase of Thomson in 2000, and acquired by C&N with the new group being renamed Thomas Cook AG in tribute to the global recognition of the famous brand name).

As a result of these mergers, Civil Aviation Authority figures for 1999 show the Thomas Cook Group moving into third place behind Thomson and Airtours in terms of passengers licensed. **First Choice's** response to this threat shows a strategy of vertical integration combined with differentiation through specialisation (First Choice website). Realising that with directional selling now the norm it needed its own retail outlets, it acquired the regional chains of Bakers Dolphin and Intratravel to complement the opening of new travel shops under the Travel Choice brand. It also purchased the out-of-town Holiday Hypermarkets developed by the Co-operative movement.

Group & Licence Holders	Passengers licensed at Dec 2001 for 12 months	Total %	Passengers licensed at Dec 2000 for 12 months	Total %	Change
Airtours Group Total (Airtours plc; Going Places Leisure Travel Ltd; Cresta Holidays Ltd; Bridge Travel Service Ltd: Leger Air Holidays Ltd; Panorama Holiday Group Ltd; Direct Holidays plc)	5,539,500	17	5,329,763	17	4
Thomson Group Total Thomson Holidays Ltd; Lunn Poly Ltd; Something Special Holidays Ltd; Port Philip Group Ltd; Specialist Holidays Ltd; Callers-Pegasus Travel Services Ltd; The Original Travel House Ltd; The Magic Travel Group (Holidays) Ltd; Simply Travel Ltd; Bass Travel Ltd; Manchester Flights Ltd)	4,568,427	14	4,726,032	15	(3)
Thomas Cook Group Total (Thomas Cook Retail Ltd; JMC Holidays Ltd; Style Holidays Ltd)	3,583,776	11	3,658,693	12	(2)
First Choice Holidays Group Total (First Choice Holidays & Flights Ltd; SkiBound Ltd; Schools Abroad Ltd; Globesavers Ltd; Unijet Travel Ltd; Hayes and Jarvis (Travel) Ltd; Bakers World Travel Ltd; Bakers Dolphin Group Tours Ltd; FlexiGroup Travel Ltd; Citalia Holidays Ltd; Crown Travel Ltd; Sunsail Ltd; Meon Travel Ltd; Sunquest Holidays (UK) Ltd)	3,557,465	11	3,210,047	10	11
Cosmos Group Total (Cosmosair plc; Cosmos Coach Tours Ltd; Avro plc; Archers Tours Ltd; The Charter Warehouse Ltd; Monarch Air Travel Ltd; Pullman Holidays (UK) Ltd; Urbanweb Ltd)	1,269,015	4	1,293,547	4	(2)
Trailfinders Limited	655,678	2	691,591	2	(5)
Gold Medal Travel Group plc	620,000	2	559,000	2	11
Libra Holidays Group Total (Libra Holidays Ltd; Sky Holidays Ltd)	464,400	1	331,782	1	40
Accoladla Group Total (Thomas Cook Holidays Ltd; Time Off Ltd; A.A.H. (1997) Ltd; Accoladia Ltd)	421,895	1	443,254	1	(5)
Virgin Atlantic Group Total (Virgin Holidays Ltd; Virgin Atlantic Consol Ltd; Worldwide Travel of East Anglia Ltd)	367,137	1	597,202	2	(39)
Total passengers licensed to the top ten groups and companies	21,047,293	65	20,840,911	68	1
Total passengers licensed to the top four groups	17,249,168	53	16,924,535	55	2
Passengers licensed to all ATOL Holders	32,469,623	100	30,652,946	100	6

Reference: Civil Aviation Authority

Figure 2.2.5: Passengers Licensed to Top Ten Groups and Companies

Its portfolio of tour products was strengthened by the acquisition of a number of 'premium niche market operators', including Meon (villas and golf), Sunsail (yacht charter and watersports), Flexichoice (ski holidays and conferences) and Citalia (Italian city breaks). Anticipating the consolidation of the European travel industry it formed a strategic alliance with Royal Caribbean Cruises, enabling the acquisition of key specialist businesses in ten European countries. The result, the company claims, is that it now has the highest tour operating margins of the major UK operators and as a specialist operator is able to differentiate itself from the three major groupings both in the UK and Germany. Nevertheless, a hostile take-over by Airtours in 1999 was only thwarted by a ruling from the European Commission, and industry analysts still consider the company vulnerable to another bid (Guardian 9/1/02).

Although Thomson Holidays remains the largest selling brand, if all the subsidiary companies in the two groups are included, Airtours carry more inclusive tour passenger (CAA licenses for 2002) (Figure 2.2.5). The top four groups now hold 53% of all airtour licenses compared to 44% in 1997.

2.2.8 The future of the independent sector

In many industries it is the role of small or medium size enterprises to develop new niche market segments, which if successful are taken over by larger organisations. This has certainly been the case in tour operating as the major groups have sought to diversify into higher yield specialist markets. In a report by Mintel (2001) the Association of Independent Tour Operators (AITO) ruefully reflects that many of their former members are now part of larger vertically integrated groups. Nevertheless, the independent sector remains a significant element of the market with 160 AITO members producing 300 brochures offering 2 million holidays (AITO website). Mintel (one of the leading British commercial market intelligence companies) estimates that the total independent sector amounts 20% of all inclusive tour trips and 25% of expenditure, with the average cost per trip (£537) being significantly higher than the multiples (£402). Mintel comments that the independents have benefited from the increased overall advertising spend by the consolidated groups which has raised the profile of inclusive holidays in general. The keys to success are considered to be specialisation and exclusivity, with distinguishable niche products, and tailored personal service. These holidays are generally sold through direct sell advertising in newspapers and magazines, with high levels of repeat business and recommendation. However, AITO has also formed an alliance with independent retail agents under the banner of CARTA – the Campaign for Real Travel Agents – who position themselves as genuine travel consultants as opposed to the holiday shops of the major groups. The big threat to the independents from the consolidation of tour operating is the fight for seat allocations.

2.2.9 The changing nature of tour operating

The most surprising feature of the UK overseas holiday market in recent years is that contrary to predictions the inclusive tour has grown faster than the independent holiday between 1996 and 2000 (BTA quoted by Mintel 2001). While the British public is undoubtedly more adventurous and segmented in its choice of holidays, it still appreciates the cost and convenience benefits of the package. The tour operators have adapted to the changing needs and expectations of the market and produced a range of products to fit the lifestyles and aspirations of the twenty-first century. The recent announcement that *Airtours* is to rebrand as *MyTravel* can be seen as a sign that the industry is moving from a product-orientated to a customer-focused approach.

In the same way it is likely that the industry will survive and flourish in the new environment created by mass access to the Internet and other digital technology. The core advantages identified at the start of this chapter – low prices due to bulk purchase of flights and hotels, convenience of a single transaction, and the quality reassurance of a well-known brand – are as important on the web as on the high street. The new media will allow the tour operator to offer customers a wider, more flexible choice of products, and to give them more information and visual impressions than was possible with a printed brochure. For example, the Thomson web site reflects its new strategy of 'mass customisation'. The technology allows Thomson/TUI customers to tailor their own holiday package while retaining the price/quality advantages of the conventional package. Instead of listing brochure titles, it invites you to 'choose your ideal type of holiday' from a list of over twenty alternatives described in terms that combine benefit sought with location and family status, e.g. 'something special for teenage children', 'winterbreaks with activities for the over 55s', or 'scenic places to walk and cycle'. The last links with an introduction to Thomson Plus which allows people to combine a relaxing beach holiday with their choice of activities – 'Choose from golf, tennis, spa, and walking (with more coming soon). We have been through all our brochures to bring you our top picks for that perfect activity holiday'. You can also look at the latest deals, check availability or book on line.

Another example of tour operators adapting to the new media is Thomas Cook TV which aims to show potential customers the details of the destinations: 'We'll be bringing a variety of the best destinations to life in a way that even the best brochures can't beat. In fact, it's the closest thing to being there! Find us on Sky Guide channel 653, 24 hours a day, 7 days of the week. In addition to **clear and honest guides to destinations worldwide** (highlighting by the author) there will be all the latest information on climate, health and currencies. We will help inspire you to discover new places and give you expert tips on what to see and do, and where to eat and drink. Above all though Thomas Cook TV will be the only place to see a range of great offers that are exclusive to Thomas Cook.'

At present viewers have to use the telephone, email or a retail shop to buy the product, but interactive TV booking is the next stage. The current barriers are partly the slow and clumsy technical process and partly the trust factor – are people willing to book a £1000 holiday over their TV set? Thomas Cook TV was set up partly in response to the success of the digital TV channel *TV Travel Shop* which offers up to 35 different tour packages each day (Buckley 2001).

In these ways, the established tour operators are meeting the challenge of the new specialists. A number of internet-based travel firms have attempted to find a niche supplying or over-branding inclusive tour products e.g. lastminute.com. The general lesson of the rise and fall of many 'dot com' enterprises is that the public still prefers the reassurance of a well-known brand.

2.2.10 Conclusions

The continuing success of the UK tour operating sector is based on the core benefits of cost, convenience and quality. From its entrepreneurial beginnings, the growth of the industry has been driven by the ability to harness new technologies and exploit economies of scale to make destinations accessible and affordable to a mass market. This emphasis on price-led competition gave the industry a reputation for poor quality and low profit margins that made it unattractive to new, overseas entrants. It also created the motivation for companies, led by Airtours, to seek a more diversified portfolio of products and to expand into overseas markets. Today, the consolidation of the industry has created an oligopoly of four main companies with international operations, holdings and ownership. The industry has adapted to the changing needs of its customers to offer a wide and flexible choice of segmented and specialist products, both through the product ranges of the major operators and through a still buoyant independent sector. While it now faces new challenges in the shape of new-media companies, the existing operators show every sign of adapting to the new media, where their core benefits and their brand reputations will continue to be an advantage.

Bibliography

Airtours plc 2002: http://www.airtours.com

Association of Independent Tour Operators 2002: http://www.aito.co.uk/home/about.html

Astles, R. 1989: Overseas package holidays: where next?, in: *Leisure Intelligence* Vol. 2, p 4

British Tourist Authority (BTA) 2000: Digest of Tourism Statistics No. 23

Buckley, K. 2001: Holiday giant takes to Sky: *Financial Times Creative Business Section* Financial Times 11/12/01, p 11

Civil Aviation Authority 2002: Air Tour Operators Licences: http://www.atol.org.uk/index.htm

First Choice plc 2002: http://www.firstchoice.co.uk/info/aboutus/history.cfm

Holloway, J. C. 1986: The Business of Tourism, Pitman, London, p 36

Guardian 2002: ' Club Med feels the cold: in: *The Guardian* 9/1/02, p 22)

Middleton, V./Clarke, J. 2000: Marketing in Travel and Tourism, Butterworth Heinemann, Oxford, Third edition, p 413

Middleton, V./Astles R. 1994: Marketing Thomson Sun Hotels – a case study, in: *Middleton, V:* Marketing in Travel and Tourism, second edition, Heinemann, Oxford

Middleton, V. 1991: Marketing in Travel and Tourism, Heinemann, Oxford, p 283

Mintel 2001: Leisure Intelligence July 2001: Independent Tour Operators, Mintel, London

Morgan, M. E. 1994: Homogeneous Products: the future of the established resorts, in: *Theobald, W. (ed)* Global Tourism: the next decade, Butterworth Heinemann, Oxford, p 378

Morgan, M. E. 1996: Marketing for Leisure and Tourism, Prentice Hall Europe, Hemel Hempstead, p 128

Morgan, M. E. 2000: Calvia Mallorca, in: *European Tourism University Partnership (eds):* Resort Management in Europe, Continuum, London

Morgan, M. E. 1991: Dressing up to survive: marketing Majorca anew, in: *Tourism Management* March 1991, p 15-20

Newbold, C. 1998: Business Update, in: *Travel News* 24/2/98

Newbold, C. 1989: Business Update, in: *Travel News* 31/3/89

Noakes, G. 1999: Bretts resigns after Thomson profits warning, in: *Travel Trade Gazette* 2/8/99, p 3

Porter, M. 1980: Competitive Strategy, Free Press, New York

Preussag 2002 : http://www.preussag.de/en/pressmedien/press_releases2000/10.html

Thomas Cook AG 2002: http://www.thomascookag.com/cun/press

Thomson Holidays plc 2002: http://www.thomson-holidays.com/contacts/companyinfo.htm

Travel and Tourism Analyst 1993: UK Outbound' Economist Intelligence Unit, London, No. 3/1993

Travel and Tourism Analyst 1994: Who owns whom in the European travel trade, Economist Intelligence Unit, London, No. 3/1994

Travel and Tourism Analyst 1996: The Package Holiday Market in Europe, Travel and Tourism Intelligence, London, No. 4/1996

Travel and Tourism Analyst 2001: Occasional studies: the European Leisure Travel Industry, Travel and Tourism Intelligence, London, No. 5/2001

Travel Trade Gazette 1998: Big tour operators judged to be broadly competitive, Travel Trade Gazette 7/1/98, p 7)

UK Tourism Statistics 2002: http://www.staruk.org.uk

Yale, P. 1995: The Business of Tour Operations, Longman, Harlow, p 39

2.3 Internationales Tourismusmanagement – Der Fall „Reiseveranstalter Schweiz"

Christian Laesser

2.3.1 Vorbemerkungen 168
2.3.2 Übersicht über den nationalen Markt Schweiz 168
    2.3.2.1 Reiseintensität 168
    2.3.2.2 Reiseveranstaltermarkt 169
2.3.3 Expansionsstrategien von Schweizer Reiseveranstaltern 171
    2.3.3.1 Ausgangslage 171
    2.3.3.2 Strategien von Kuoni, Hotelplan und TUI Suisse 171
        2.3.3.2.1 Kuoni 172
        2.3.3.2.2 Hotelplan 173
        2.3.3.2.3 TUI Suisse 175
    2.3.3.3 Zusammenfassung 175
Literaturverzeichnis 181

Dr. Christian Laesser, geboren am 20. April 1963 in Aarau. Von 1978 bis 1984 Mittelschule in Engelberg OW (Matura Typus B) und Michigan, USA (High School Diploma) dann von 1985 bis 1991 Studium der Wirtschaftswissenschaften an der Universität St. Gallen mit den Vertiefungsrichtungen Tourismus und Verkehrswirtschaft, sowie an der ESCP Paris. Danach von 1992 bis 1996 Doktorstudium sowie Ausarbeitung der Dissertation zum Thema „Auswirkungen verkehrslenkender Maßnahmen". Parallel dazu tätig als Assistent, wissenschaftlicher Mitarbeiter und Projektleiter am Institut für Tourismus und Verkehrswirtschaft. Seit 1996 tätig als Projektleiter und seit 1998 Vizedirektor am Institut für Öffentliche Dienstleistungen und Tourismus an der Universität St. Gallen. Christian Laesser ist Dozent mit Lehrauftrag an der Universität St. Gallen, Executive Editor der „Tourism Review" und Sekretär der Schweizerischen Verkehrswissenschaftlichen Gesellschaft.

2.3.1 Vorbemerkungen

Der Beitrag gibt einen Überblick über ausgewählte Kennzahlen des Reisemarktes Schweiz (vgl. Punkt 2.3.2) und umschreibt Geschäftsmodelle und Expansionsstrategien der drei größten Schweizer Reiseveranstalter (Kuoni, Hotelplan und TUI Suisse; vgl. Punkt 2.3.3). Die zentrale Begrifflichkeit ist auf eine internationale Terminologie abgestützt, wobei Tour Operator = Reiseveranstalter und Retailer = (Wieder)Verkäufer bedeuten.

2.3.2 Übersicht über den nationalen Markt Schweiz

2.3.2.1 Reiseintensität

Die Schweiz gehört zu den Ländern mit einer im weltweiten Vergleich sehr hohen Nettoreiseintensität. Bereits zu Beginn der siebziger Jahre haben beinahe 70% der Bevölkerung am Reiseverkehr teilgenommen, damals jedoch mit „nur" jeweils im Durchschnitt 1,6 Reisen pro reisende Person. Derzeit liegt die Nettoreiseintensität bzgl. Reisen mit 4 und mehr Übernachtungen (=Anteil der Bevölkerung in %, welche am Reiseverkehr teilnimmt) bei gut 70% mit einer Reisehäufigkeit von ca. 2,0.

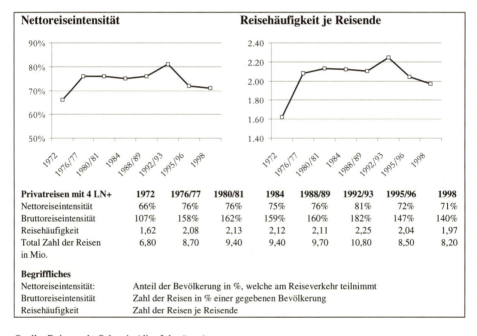

Privatreisen mit 4 LN+	1972	1976/77	1980/81	1984	1988/89	1992/93	1995/96	1998
Nettoreiseintensität	66%	76%	76%	75%	76%	81%	72%	71%
Bruttoreiseintensität	107%	158%	162%	159%	160%	182%	147%	140%
Reisehäufigkeit	1,62	2,08	2,13	2,12	2,11	2,25	2,04	1,97
Total Zahl der Reisen in Mio.	6,80	8,70	9,40	9,40	9,70	10,80	8,50	8,20

Begriffliches
Nettoreiseintensität:	Anteil der Bevölkerung in %, welche am Reiseverkehr teilnimmt
Bruttoreiseintensität	Zahl der Reisen in % einer gegebenen Bevölkerung
Reisehäufigkeit	Zahl der Reisen je Reisende

Quelle: Reisemarkt Schweiz (div. Jahrgänge)

Abb. 2.3.1: Nettoreiseintensität und Reisehäufigkeit
bei Reisen mit 4 und mehr Übernachtungen

Reiseintensität wie Reisehäufigkeit werden auch in der Schweiz mit der konjunkturellen Lage und der damit verbundenen allgemeinen Einkommenssituation in Verbindung gebracht.

Dies zeigte sich im positiven Sinne im Boomjahr 1992 zum Ende der Hochkonjunktur, im negativen dagegen 1995 in Mitten und 1998 am Ende der Rezession. Weder vor noch nach 1992 hat ein derart hoher Anteil der Bevölkerung am Reiseverkehr teilgenommen und weder vorher noch nachher wurde eine so hohe Reisehäufigkeit festgestellt. Dagegen hat die Phase der wirtschaftlichen Verunsicherung Mitte der neunziger Jahre voll auf das Reiseverhalten durchgeschlagen. Die Schweizer haben hierbei bedeutend sensibler reagiert als etwa die Bewohner in Vergleichsländern wie Deutschland, Frankreich, Großbritannien oder auch Benelux (Datengrundlage: IDT-HSG Institut für Öffentliche Dienstleistungen und Tourismus der Universität St. Gallen, F.U.R. Forschungsgemeinschaft Urlaub und Reisen, I.N.S.E.E. Paris, British Tourist Authority, London, WES Westvlaams Ekonomisch Studiebureau, Brugge; Fremdquellen angegeben in Schmidhauser 1996).

Insgesamt nehmen die seit langem beobachtbaren **Differenzen der Reiseintensitäten** nach verschiedenen Gesichtspunkten weiter zu. Die Reiseintensität variiert einmal stark nach **Herkunft (Region)** oder auch **Beruf** der Personen. Einwohner aus den fünf Großagglomerationen (Zürich, Basel, Bern, Lausanne, Genève) sind immer noch diejenigen, welche am meisten reisen (266 Reisen pro 100 Einwohner). Bei Gemeinden mit weniger als 2000 Einwohnern sind es dagegen nur 173 aus 100. Am meisten (Nettoreiseintensität über 90%) reisen weiterhin Direktoren, Mitglieder des Top-Managements, Chefbeamte, Selbständige in Handel und Gewerbe sowie Personen mit freien Berufen, wogegen selbständige Landwirte die geringste Nettoreiseintensität (61%) verzeichnen. Das **Stadt-Land-Gefälle** ist von größerer Bedeutung als etwa die kulturell-sprachlichen Unterschiede. Deutschschweizer Mittellandbewohner reisen etwa gleich oft und intensiv wie die Einwohner der französisch sprechenden Regionen, wogegen Personen, welche im Alpenraum wohnen, weniger reisefreudig sind.

2.3.2.2 Reiseveranstaltermarkt

Schweizer bzw. die in der Schweiz lebende Bevölkerung sind schwergewichtig Reisende, welche ihre Reise unabhängig von Tour Operator und Retailern „beschaffen". Lediglich etwa ein Drittel aller Reisen sind Pauschalreisen unterschiedlicher Ausprägung (Einzeln oder in Gruppen; vgl. Abb. 2.3.2).

Reisetyp	**Anteile**
Keine Pauschalreise	66,36%
Einzelpauschalreise	15,98%
Gruppenpauschalreise	7,49%
Gruppenpauschalreise ohne Reiseleitung	3,91%
Andere Art von Pauschalreise	6,26%

Quelle: Reisemarkt Schweiz 1998

Abb. 2.3.2: Pauschalisierungsgrad von Schweizer Reisen

Tour Operator sind insbesondere bei Auslandsreisen von Relevanz; Binnenreisen dagegen werden in nahezu allen Fällen selbst organisiert (allenfalls werden Direktbuchungen von Hotels oder in einzelnen Fällen von Beförderungsleistungen mit Hilfe von Retailern vorgenommen).

Das Reiseveranstaltergeschäft wird dominiert von drei großen Unternehmen: Kuoni, Hotelplan und TUI Suisse. Ausgehend von der Prämisse, dass Schweizer im Jahr 2000 ca. CHF 11 Mrd. für Auslandsreisen ausgegeben haben (Cash 26/2001, S. 79), liegt deren Marktanteil bei ca. 25%; Kuoni mit etwas mehr als CHF 1,1 Mrd. Umsatz in der Schweiz liegt hierbei auf Platz eins.

Der Reiseveranstaltermarkt insgesamt ist in der Schweiz nur mittel konsolidiert, beträgt doch der Marktanteil aller übrigen Veranstalter jeweils 1% oder weniger. In den meisten Fällen handelt es sich hierbei um Spezialisten, welche entweder einige wenige Attraktionen und/oder spezielle Aktivitäten fokussieren.

Reiseveranstalter	Umsatz total Gruppe	Umsatz in der Schweiz
Kuoni	CHF 4,1 Mrd.	CHF 1,1 Mrd.
Hotelplan	CHF 2,2 Mrd.	CHF 1,0 Mrd.
Preussag/ TUI Suisse[1]	CHF 16,6 Mrd. (Preussag/ TUI GmbH)	CHF 0,7 Mrd.

[1] Aktionäre seit 2000: 51% TUI GmbH, 49% Kuoni

Quelle: Cash 26/2001, S. 5; div. Jahresberichte

Abb. 2.3.3: Umsätze der größten Reiseveranstalter mit Sitz in der Schweiz

Infolge der Positionierung der einzelnen Unternehmen ist die Rangfolge bei der Zahl der Reiseteilnehmer (d. h. verkaufte Reisen) nicht deckungsgleich mit der Rangfolge bei den Umsätzen. So hat etwa die erklärte Premiumstrategie von Kuoni in der Schweiz (vgl. hierzu die Ausführungen weiter hinten) zur Folge, dass mit einem kleineren Marktanteil an verkauften Reisen ein vergleichsweise höherer Umsatz und damit eine entsprechende Marktposition erreicht wird.

Reiseorganisation	Marktanteile an allen Reisen	Marktanteile bei Auslandsreisen
Auf eigene Faust gereist, selbst organisiert	63,6%	47,9%
Kuoni	3,0%	5,4%
Hotelplan	3,4%	6,2%
TUI Suisse	3,2%	5,7%
Andere Veranstalter	26,8%	34,8%

Quelle: Reisemarkt Schweiz 1998

Abb. 2.3.4: Reiseorganisation bei Reisen ab 1 Übernachtung
(Träger und Marktanteile an Reisen)

2.3.3 Expansionsstrategien von Schweizer Reiseveranstaltern

Nachstehend werden die Expansionsstrategien der drei 1990 größten Schweizer Reiseveranstalter genauer erläutert.

2.3.3.1 Ausgangslage

Mitte der achtziger Jahre war der Markt der Schweizer Reiseveranstalter zum einen gekennzeichnet von einem sehr geringen Konsolidierungsgrad. Zum anderen wurde die Sicherung strategischer Ressourcen zu kompetitiven Preisen immer komplexer.

Für die **kleinen Unternehmen** (Marktanteil von weniger als 1%) bestanden in dieser Situation zwei alternative Optionen:

- Konsolidierung durch Aufkauf bzw. Akquisition durch einen der großen Tour Operator (Kuoni, Hotelplan oder – dannzumal – Imholz). Eine zentrale Rolle spielte hierbei Kuoni v. a. in der ersten Hälfte der neunziger Jahre, als zahlreiche Schweizer Veranstalter Töchter des Kuoni Konzerns wurden.
- Strategische Partnerschaft oder Fusion. Beispielhaft angeführt sei hier RBM Reisebaumeister, eine sehr enge Kooperation unter 9 unabhängigen spezialisierten Tour Operator (heute der viertgrößte Anbieter in der Schweiz).

Die Ausgangslage für die **„großen" Unternehmen** (Marktanteil höher als 5%) Kuoni, Hotelplan und Imholz kann dagegen durch folgende Aussagen charakterisiert werden:

- Der Markt Schweiz wuchs nurmehr langsam; Expansionsmöglichkeiten bestanden außerhalb der Schweiz in Form von Neugründungen und/oder Akquisitionen oder einer Marktdurchdringung auf Basis der eigenen Marktmacht in der Schweiz selbst.
- Die Unternehmen verfügten über die finanzielle Mittel, Wachstum entweder selbst zu schaffen oder zu kaufen.

Ein Jahrzehnt später kann zusammenfassend festgestellt werden, dass Kuoni primär extern gewachsen ist (v. a. auf Basis von Akquisitionen von in- und ausländischen Veranstaltern), Hotelplan dagegen verzeichnete neben einem externen auch ein vergleichsweise hohes internes Wachstum. Imholz zu guter Letzt ist (zusammen mit Vögele Reisen und TUI Suisse) in ITV (später TUI Suisse) aufgegangen und ist heute Bestandteil der TUI Gruppe.

2.3.3.2 Strategien von Kuoni, Hotelplan und TUI Suisse

In der Folge werden die Strategien bzw. Geschäftsmodelle der drei größten Schweizer Reiseveranstalter dargestellt. Die diesbezüglichen Ausführungen sind zusammenfassender Art; eine vergleichende und umfassendere Darstellung wird ergänzend hierzu in Abb. 2.3.6 wiedergegeben. Die Struktur dieser Darstellung ist angelehnt an Bieger et al. (2001); sie unterscheidet nach folgenden Dimensionen:

- Leistungskonzept
- Kommunikationskonzept
- Ertragskonzept

- Wachstumskonzept
- Kompetenzkonfiguration
- Organisationsform

2.3.3.2.1 Kuoni

Kuoni heute

Die Kuoni Reisegruppe wurde 1906 von Alfred Kuoni gegründet und hat sich über mehr als neun Jahrzehnte in allen Bereichen der Ferien- und Geschäftsreisen spezialisiert. Kuoni gehört zu den führenden Reiseveranstalter in Europa und ist das größte Reiseunternehmen der Schweiz. Daneben ist die Gruppe von den drei großen Unternehmen das einzige an der Schweizer Börse gehandelte Unternehmen.

Das gegenwärtige **Leistungskonzept** von Kuoni basiert auf drei Standbeinen. Neben dem für Veranstalter gängigen Leisure Bereich hat dieses Unternehmen eine vergleichsweise starke Position im Bereich Business Travel und Incoming. Starke und klar positionierte Marken schaffen die kommunikative Verankerung bei den relevanten Kundengruppen (so etwa Kuoni für Premium Leisure Massengeschäft, BTI für den Business Bereich oder Private Safaris als Beispiel eines Spezialistengeschäftes).

Verkauf und Vertrieb erfolgen nicht nur über traditionelle Verkaufskanäle wie etwa Reisebüros, sondern verstärkt über hochentwickelte markenspezifische Homepages. Eine wichtige Kernkompetenz des Konzerns liegt im Management von Angebots- (Leistungsträger) und Nachfragenetzen (Kunden).

Expansionspfad

Das Wachstum von Kuoni ist – im Gegensatz zum Hauptkonkurrenten Hotelplan – weitgehend extern begründet. Der Konzern verfolgte insbesondere in den neunziger Jahren eine auf Veranstalter fokussierte Wachstumsstrategie, wobei – außer in Ausnahmefällen – immer auf eine Mehrheitsbeteiligung gebaut wurde. Akquisitionen im Übernachtungsbereich waren und sind bis heute selten. Ein wesentlicher Schritt in Richtung Vertikalisierung wurde 1995 mit der Gründung einer eigenen Airline (Edelweiss Air) getan. Damit wurde eine erste Grundlage zur Internalisierung von Renditen geschaffen.

Das Unternehmen ist, insbesondere in den 90er Jahren, gleichermaßen im Tour Operating- und Retailing-Bereich stark expandiert und hat damit den Zugang zu einem Vielfachen seiner Kunden „gekauft". Eine erste Phase war schwergewichtig gekennzeichnet durch die Akquisition inländischer spezialisierter Unternehmen, so bspw. der

- Popularis AG (1990),
- Private Safaris AG (führender Tour Operator für Ost Afrika, ebenfalls 1990),
- Railtour Suisse AG (Schweiz, 1994),
- Danzas Reisen AG (Spezialist für Geschäftsreisen, Schweiz, 1995).

Seit Mitte der neunziger Jahre verlegte sich das Wachstumsschwergewicht zunehmend ins Ausland und war insbesondere 1996 geprägt von der Akquisition verschiedener europäischer Tour Operator und Retailer, so etwa Voice SA (spezialisierter Tour Operator, Frankreich), Scanditours (Schweden), Restplatzbörse (Last Minute Ticket Reservation, Österreich), Traffic (Spezialist für Langdistanzreisen, Niederlande). 1998 bis 2000 folgten dann weiter die Akquisition von

- Euro Lloyd Reisebüro GmbH (Spezialist für Geschäftsreisen, Deutschland; später fusioniert mit den eigenen Business Travel Aktivitäten unter dem neuen Namen Euro Lloyd Reisebüro GmbH),
- Voyages Jules Verne (England),
- Kuoni Italien und Gastaldi Tours, welche dann zu Kuoni Gastaldi Tours fusioniert wurden,
- Dane Tours (Dänemark).

Der erste außereuropäische Veranstalter, welcher ins Kuoni-Portfolio Einzug hielt, war SOTC Holiday Tours Private Ltd. (Mumbai, Indien; später umbenannt in Kuoni India). Weitere außereuropäische Schwergewichte bzgl. Akquisitionen im Veranstaltergeschäft wurden gesetzt in

- den USA (1999 durch Intrav, einem Deluxe Tour Operator, und 2000 durch T PRO, einem Incoming Operator) und in
- Indien (2000 durch Tour Club India, einem Incoming Spezialist, v. a. für Reisenden aus dem mittleren Osten und Afrika und Sita Travel, einem führenden Veranstalter in allen drei Kernbereichen (Leisure, Business und Incoming) des Reiseveranstaltergeschäfts).

Zwischen **Nordamerika, Europa** und den **indischen Subkontinent** wurde so ein **enges Geflecht von Veranstaltern** aufgebaut, welche sich in ihrem Total nicht nur auf Basis ihres Outgoing sondern ebenso sehr durch das Incoming-Veranstaltergeschäft eine relativ robuste Marktposition verschaffen.

Schritte in Richtung **vertikaler Integration** erfolgten v. a. durch die Gründung der Edelweiss Air im Jahre 1995. Abgesehen von einigen Objekten in der Karibik (Hawskill Beach Hotel in Antigua, 1981, und Discovery Bay Hotel in Barbados, 1984), übte der Konzern bzgl. Akquisitionen im Übernachtungsbereich dagegen eher Zurückhaltung (und unterscheidet sich hiermit klar von Hotelplan oder auch der TUI-Gruppe). Anders als etwa TUI setzt Kuoni auf der **Beschaffungsseite** in den Destinationen denn auch eher auf eine starke partnerschaftliche Kooperation und stellt so den Zugang zu den primären Leistungserbringern in den Zielgebieten sicher.

Der Konzern ist heute breit diversifiziert (geographisch und bzgl. Kundengruppen), hat aber Nachholbedarf bzgl. vertikalem Integrationsgrad.

2.3.3.2.2 Hotelplan

Hotelplan heute
Die Hotelplan Internationale Reiseorganisation AG, gegründet 1935, ist ein international tätiges Unternehmen der Touristikbranche. Die Haupttätigkeit der 100%-Tochter des Migros-Genossenschafts-Bundes ist die Veranstaltung von Ferien und Reisen sowie deren Vertrieb über ein eigenes Filialnetz und ausgesuchte Reisebüropartner. Zum Schweizer Reisekonzern

gehören Auslandgesellschaften in Holland, England, Italien, Frankreich und Spanien sowie der internationale Ferienwohnungsvermittler *Interhome*. Mit den eigenen *Horizonte* Hotels und Ferienanlagen am Mittelmeer und auf den Malediven wird eine eigenständige Philosophie im Bereich Clubferien verfolgt.

Das **Leistungskonzept** von Hotelplan kann als dual klassiert werden: Nebst dem Leisure Massengeschäft, welches etwa in der Schweiz durch die Marken *Hotelplan* (eher Premium) und *M-Travel* (eher Budget) abgedeckt wird, verfügt auch dieser neu mit *First Business Travel* über eine Geschäftsreisemarke mit einem entsprechenden Geschäftsbereich. Weniger ausgeprägt ist dagegen das Spezialistengeschäft; dafür verfügt insbesondere die Marke *Hotelplan* über die Möglichkeit der Modularisierung des Massengeschäftes (Baukastenprinzip).

Verkauf und Vertrieb erfolgen über eigene Reisebüros sowie über das Internet. Darüber hinaus schafft die Einbindung des Unternehmens in die *Migros* (größter Einzelhandels-Retailer in der Schweiz) Kontaktpotentiale zu Kunden in der Form, als an Attraktionspunkten innerhalb der *Migros*-Verkaufsflächen gezielt Prospekte aufgelegt werden.

Expansionspfad
Die Gruppe hat insbesondere auch in den achtziger und neunziger Jahren stark expandiert, nicht nur auf Basis des Veranstalter- und Wiederverkaufsgeschäftes (v. a. in den neunziger Jahren), sondern v. a. auch im Bereich Übernachtungsinfrastruktur (v. a. in den achtziger Jahren). Im Gegensatz zu Kuoni ist Hotelplan in der Vergangenheit weniger durch Akquisitionen (extern) sondern vielmehr intern gewachsen.

Die **Akquisitionen im Übernachtungsbereich** werden dominiert durch die Akquisition der Interhome Gruppe im Jahre 1989. Damit wurde der weltweit größte Vermittler von Ferienwohnungen und -häusern Bestandteil des Hotelplan-Konzerns und vertiefte die bereits zu Beginn der achtziger Jahre angelaufene vertikale Diversifikation. Mit Ikaros Village (einer Ferienanlage in Griechenland) und insbesondere mit der Gründung von Horizonte Clubferien und Clubhotels AG 1984, war Hotelplan schon früher in diesem Segment aktiv. Horizonte umfasst heute ein halbes Dutzend Anlagen, mit knapp einem Dutzend in Planung.

Ein weiterer Integrationsschritt in der Vertikalen erfolgte durch Belair (Airline, Schweiz), welche durch eine eigene Gründung die ehemalige Balair ablöst. Hierdurch entlastete sich der Konzern wesentlich von der Abhängigkeit im Beförderungsbereich und schaffte sich, insbesondere im Licht des Konkurses der Balair-Mutter Swissair, neue Optionen in der Leistungsgestaltung.

Wie Kuoni hat aber auch Hotelplan national und international im Tour Operating- und Retailinggeschäft expandiert. Die wichtigsten Meilensteine werden synoptisch in Abb. 2.3.5 dargestellt. Hierbei wurde gleichermaßen auf eigene Gründungen oder Joint Ventures (intern) und Akquisitionen (extern) abgestützt. Die bereits bestehende Präsenz von Hotelplan in verschiedenen europäischen Ländern hat hierbei das interne Wachstum sicherlich begünstigt. Anders als Kuoni hat Hotelplan einen klaren strategischen Focus auf Europa.

	Eigene Gründung/ Joint Venture	**Akquisition**
Inland	• 1987: M-Travel (Tochtergesellschaft mit eigener Produktlinie)	• 1990: Tourisme pour Tous (TPT) • 1998: Dornbierer Reisen (Hochklassige Natur- und Kulturreisen) • 1999: Royal Tours (Marokko-Spezialist, Schweiz) (durch TPT) • 2001: Marti Reisebüro AG (Akquisition einer Beteiligung von 70%)
Ausland	• 1992 Eröffnung von 7 Reisebüros in Süddeutschland durch Hotelplan-Tochter Esco Reisen • 1993: Eröffnung von 23 Reisebüros in Niederlande, Frankreich, Süddeutschland und der Schweiz durch Hotelplan Konzern • 1994: First Travel Management GmbH (Joint Venture mit 11 Partnern aus 18 Ländern) • 2001: First Business Travel (strategische Zusammenarbeit mit der Synergi Gruppe)	• 1999: Turisanda (Italien) (durch Hotelplan Italien) • 1999: Van Staalduinen B.V. (Reisebürokette in Niederlande) (Akquisition durch Hotelplan Holland)

Abb. 2.3.5: Expansionspfad von Hotelplan im Veranstaltergeschäft

2.3.3.2.3 TUI Suisse

TUI Suisse Ltd. ist entstanden im Jahre 2000 als Nachfolgegesellschaft der ITV AG, welche 1997 wiederum entstanden ist aus einer Fusion aus – dem ehemals drittgrößten Veranstalter in der Schweiz – Imholz Reisen AG (einem auf alle wesentlichsten Angebotsgruppen ausgerichteter Veranstalter mit einem eigenen Vertriebsnetz), Vögele Reisen AG (einem Veranstalterableger von Charles Vögele AG, einem schweizerischen Modekonzern) sowie TUI Suisse (der schweizerischen Tochter der entsprechenden Gruppe).

Die **Leistungen** von TUI Suisse sind, ganz im Hinblick auf die Mutter TUI, v. a. auf das Leisure Massengeschäft ausgerichtet. Unter der Dachmarke *World of TUI* werden alle drei Marken weiterhin eigenständig geführt; das „physische" Vertriebsnetz stützt sich v. a. auf die Reisebüros von Imholz; des weiteren werden Prospekte regelmäßig den größten schweizerischen Tageszeitungen beigelegt. Potentiale zu Kundenkontakten werden darüber hinaus durch zahlreiche Verkaufspunkte bzw. Läden der Charles Vögele AG geschaffen.

Das **Wachstumskonzept** der TUI Suisse hängt – auch wenn Kuoni starke Minderheitsbeteiligte ist – klar von der Strategie der gesamten TUI Gruppe ab, welche sich derzeit auf die konzernübergreifende vertikale Integration mit gemeinschaftlichen Operationen im Flugverkehr und innerhalb der Destinationen konzentriert.

2.3.3.3 Zusammenfassung

Die Expansion der drei beschriebenen Unternehmensgruppen ist unterschiedlich verlaufen. Gemein ist jedoch allen, dass aufgrund der Enge des Schweizer Marktes nach Europa und teilweise auch Übersee ausgewichen wurde. Hierbei wurden unterschiedliche strategische Ansätze verfolgt.

Die **Expansionsstrategie von Kuoni** beruhte auf eher externem Wachstum und auf einer eher horizontalen Stossrichtung, mit Schwergewicht Veranstaltungsgeschäft. Die geographische Ausrichtung umfasste neben Europa v. a. die USA und Indien.

Dagegen baute **Hotelplan** eher auf internes Wachstum mit einer vergleichsweise vertikaleren Ausrichtung (v. a. Übernachtungsbereich), nicht jedoch ohne wenigstens in Europa v. a. auch im Wiederverkaufsgeschäft zu expandieren.

TUI dagegen war in der Schweiz bis Mitte der neunziger Jahre nicht präsent und wurde damit zu einem eigentlichen externen Treiber des strukturellen Wandels.

Die **Herausforderungen der Zukunft** bestehen für alle Unternehmen aus einem Pooling der Nachfrage sowie v. a.

- bei Kuoni auch aus der Sicherung beschaffungsseitiger strategischer Ressourcen (Einkauf von Kapazitäten);
- bei Hotelplan aus einer Verbreiterung der Kundenbasis;
- Bei TUI aus einer Verbreiterung und Stabilisierung der Kundenbasis.

Dimension	Kuoni	Hotelplan	TUI Suisse (vorgängig Imholz, Vögele Reisen und TUI Suisse)
Leistungskonzept Für welchen Kunden welchen Nutzen?	**Leisure Travel:** Vollanbieter in Form weltweiter Urlaubsangebote (Destinationen); zahlreiche Spezialisten (Destinationen und/oder Aktivitäten) mit eigenen Brands im Konzern. **Business Travel:** Kostenminimierende Lösungen für Geschäftsreisende **Incoming Services:** Zusammenstellung von individuellen Angeboten für ausl. Veranstalter, Gruppen und Individuen	**Leisure-Kunden:** All-in-one-Packages mit ausgeprägten Möglichkeiten zur Modularisierung **Business-Kunden:** Konzeption von maßgeschneidertem Travel-Management (Unterstützung und Beratung); Business Travel-Profis vermitteln Flug-, Auto-, Hotel- und Bahnreservationen	**Leisure Bereich:** Markenerlebnis über die gesamte Dienstleistungskette: Dachmarke (Master Brand) *World of TUI* verbindet die nationalen Touristikmarken mit einem durchgängig hohen Qualitäts- und Leistungsversprechen. Weltweite Bade-, Fern- und Städtereisen All-in-one-packages: Buchungen Flug und Hotel, Betreuung im Zielgebiet, etc.
Kommunikationskonzept Wie wird die Leistung im relevanten Markt kommunikativ verankert?	Starke Dachmarke Kuoni mit ihren Marken, bspw. in der Schweiz unterschieden nach (Auswahl): • *Kuoni* (Leisure Premium) • *Helvetic Tours* (Leisure Budget) • *BTI Business Travel International* • *Kuoni Incoming* • Spezialist & Retail: *Private Safaris, Railtour Suisse, Rotunda Tours, Manta Reisen* Investoren: Internet (komplette Geschäftsberichte und Zwischenberichte, Charts, Pressemitteilungen	Starke, im Mittelpunkt stehende Einzelmarken, bspw. in der Schweiz unterschieden nach (Auswahl): • *Hotelplan* (Führende Marke; Leisure) • *M-Travel* (Leisure Budget) • *First Business Travel* • *Esco* • *Parikos* • *TPT* Tourisme pour Tous	Einzelmarken stehen im Zentrum (Dachmarke: *World of TUI*); TUI Suisse as Ltd. als Aktiengesellschaft mit den drei Marken: • *TUI Schöne Ferien* • *Imholz* • *Vögele Reisen* Dachmarke soll Identifikation und Integration der einzelnen touristischen Unternehmen innerhalb des Konzerns fördern

Dimension	Kuoni	Hotelplan	TUI Suisse (vorgängig Imholz, Vögele Reisen und TUI Suisse)
Ertragskonzept Wie werden Einnahmen generiert?	Vertrieb und Verkauf von eigenen Marken sowie Fremdleistungen bzw. -marken über ein Netz eigener Verkaufsstellen. Weit fortgeschrittener Ausbau alternativer Kanäle, insbesondere Internet (hochentwickelte Buchungsplattform, insbesondere bei Kuoni und BTI) und Call Center. Derzeit im Aufbau: Digital TV. Eigene Airline (Edelweiss Air), einige wenige eigene Hotels. **Zahlen (illustrativ):** Strategische Business Units 2000: • Schweiz: CHF 1'003 Mio. • UK und N'Amerika: CHF 1'091 Mio. • Europa: CHF 1'161 Mio. • Business Travel: CHF 184 Mio. • Incoming und Asia: CHF 674 Mio. Aktivitäten 2000: •Leisure: CHF 3'376 Mio. •Business Travel: CHF 184 Mio. •Incoming: CHF 553 Mio.	Vertrieb und Verkauf von eigenen Marken sowie Fremdleistungen bzw. -marken über ein Netz eigener Verkaufsstellen (Hotelplan). Schaffung von Kundenkontakt auf Basis der Auslage von Prospekten an öffentlichen Attraktionspunkten (insbesondere Einkaufszentren der Migros). Eigene Unterkünfte (v. a. Ferienwohnungen; TimeShare). Strategische Partnerschaften mit Hotels und lokalen Reiseveranstalter unter Umsatzbeteiligungen. Charterflüge mit (neu) Belair (100% Tochter). **Zahlen (illustrativ):** Länder (Business Units) 2000: • Schweiz CHF 1'085 Mio. • Niederlande: CHF 389 Mio. • Italien: CHF 338 Mio. • England: CHF 260 Mio. • Frankreich: CHF 64 Mio. • übrige: CHF 45 Mio. Aktivitäten 2000: • Hotels: CHF 16 Mio. • Commercial: CHF 98 Mio. • Retailing: CHF 305 Mio. • Tour Operating: CHF 1'763 Mio.	Vertrieb und Verkauf von eigenen Marken sowie Fremdleistungen bzw. -marken über das Netz der Imholz-Reisebüros. Prospekte: Auslage in Reisebüro und Beilage in wesentlichen Tageszeitungen. Anteil an eigenen Hotelbetrieben (TUI Group GmbH): RUI, Grecotel, Iberotel, Grupotel, Dorfhotel und Robinson (in 19 Ländern). **Zahlen Schweiz (illustrativ):** Nach Marke 2000: • Imholz: CHF 490 Mio. • Vögele: CHF 140 Mio. • TUI Schöne Ferien: CHF 70 Mio.

Dimension	Kuoni	Hotelplan	TUI Suisse (vorgängig Imholz, Vögele Reisen und TUI Suisse)
Wachstumskonzept Welches Wachstumskonzept wird verfolgt?	Schwergewichtig **externes Wachstum** Veranstalter-orientierte Wachstumsstrategie, außer in Ausnahmefällen immer mit einer Mehrheitsbeteiligung. Kaum oder nur wenige Akquisitionen im Übernachtungsbereich. Kontrolle über Touristenströme aus drei großen Märkten (Europa, USA und dem indischen Subkontinent). 1995 Gründung einer eigenen Airline (Edelweiss Air) -> wesentlicher Meilenstein in Richtung Vertikalisierung und damit Internalisierung von Renditen; Pooling der Nachfrage als Hauptherausforderung für die Zukunft	Schwergewichtig **internes Wachstum** Wachstumsstrategie ausgerichtet auf den Wiederverkaufsbereich bzw. das Vertriebsnetz und den Übernachtungsbereich. Kaum oder nur wenige Akquisitionen im Veranstalterbereich, dafür eher Lancierung von eigenen neuen Brands (bspw. *M-Travel*).	Wachstumsstrategie darauf ausgerichtet, mit der **Marktmacht der Mutterhäuser** Marktanteile zu gewinnen. Mittel: vertikale Integration mit gemeinschaftlicher Operationen im Flugverkehr und innerhalb der Destinationen.
Kompetenzkonfiguration Welche Kernkompetenzen bestehen im Unternehmen?	Marktpräsenz und • Qualitätsführerschaft (Premium Brands) • Kostenkompetenz (übrige Brands) Mittlerer Integrationsgrad (auf Basis Transportangebote) Management von Kunden- und Angebotsnetzwerken	Marktpräsenz verbunden mit Kostenkompetenz Mittlerer Integrationsgrad (auf Basis Übernachtungsangebote)	Marktpräsenz verbunden mit Kostenkompetenz. Hoher Integrationsgrad.

Dimension	Kuoni	Hotelplan	TUI Suisse (vorgängig Imholz, Vögele Reisen und TUI Suisse)
Organisationsform Welches ist die Reichweite des eigenen Unternehmens?	Konzernstruktur auf Länderebene mit eigenen Marken jeweils unterteilt nach *Leisure, Business, Incoming* und *Specialist & Retail*	Konzernstruktur auf Länderebene Einzelne Länder mit eigenen Ferienmarken.	Beteiligungszusammensetzung: 51% TUI Group GmbH/ Preussag AG, 49% Kuoni Reisen Konzernstruktur: Preussag Konzern mit der Dachmarke: World of TUI Mio.

Quellen: Eigene Darstellung in Anlehnung an Jahresberichte und Homepages der Unternehmen

Abb. 2.3.6: Geschäftsmodelle der größten schweizerischen Reiseveranstalter im Vergleich

Literaturverzeichnis

Bieger, T./von Rohr, T./Rüegg-Stürm, J. 2001: Strukturen und Ansätze einer Gestaltung von Beziehungskonfigurationen – Das Konzept Geschäftsmodell, in: *Bieger, T./Bickhoff, N./Caspers, R./Knyphausen-Aufsess, D. zu/Reding, K. (Hrsg):* Zukünftige Geschäftsmodelle – Konzept und Anwendung in der Netzökonomie, Heidelberg

British Tourist Authority, als Quelle in: *Schmidhauser, H. P. 1996:* Reisemarkt Schweiz 1995/ 96, St. Gallen, IDT

Forschungsgemeinschaft Urlaub und Reisen F.U.R, als Quelle in: *Schmidhauser, H. P. 1996:* Reisemarkt Schweiz 1995/ 96, St. Gallen, IDT

Hotelplan: unter http://www.hotelplan.ch, am 28.12.2001

I.N.S.E.E. Paris, als Quelle in: *Schmidhauser, H. P. 1996:* Reisemarkt Schweiz 1995/ 96, St. Gallen, IDT

Kuoni: unter http://www.kuoni.ch, am 05.01.2002

Reisemarkt Schweiz (IDT-HSG) 1998: Eigene Befragung von 1'970 Haushalten zu ihrem Reiseverhalten; 4'470 auswertbare Cases (Reisen)

Stühff, A. 2001: Ferien fürs Portefeuille, in: CASH Nr. 26/ 2001, S. 79

TUI: unter http://www.tui.ch, am 05.01.2002

Westvlaams Ekonomisch Studiebureau WES: als Quelle in: *Schmidhauser, H. P. 1996:* Reisemarkt Schweiz 1995/ 96, St. Gallen, IDT

2.4 Internationale Strategien von Luftverkehrsgesellschaften

Wilhelm Pompl

2.4.1 Einleitung 184
2.4.2 Neue Wettbewerbsbedingungen 186
2.4.3 Strategische Optionen der Unternehmenspositionierung 187
    2.4.3.1 Entwicklungsziele 187
    2.4.3.2 Netzstrategien 189
    2.4.3.3 Strategie Geschäftssysteme 190
    2.4.3.4 Strategie Geschäftsfelder 191
    2.4.3.5 Konkurrenzstrategien 193
        2.4.3.5.1 Alleingang 193
        2.4.3.5.2 Kooperation 193
        2.4.3.5.3 Beteiligungen und Fusion 195
2.4.4 Strategische Erfolgsfaktoren von internationalen Fluggesellschaften 198
    2.4.4.1 Produktgestaltung 199
    2.4.4.2 Preis 200
    2.4.4.3 Produktivität 200
    2.4.4.4 Marke 203
2.4.5 Aspekte des operativen Managements 203
    2.4.5.1 Die politische Dimension: Public Affairs Management 203
    2.4.5.2 Krisenmanagement 205
    2.4.5.3 Interkulturelles Management 206
2.4.6 Ausblick 206
Literaturverzeichnis 207

Prof. Dr. rer. pol. Wilhelm Pompl, Professor für Touristikbetriebswirtschaft an der Fachhochschule Heilbronn. Studium der Soziologie und Wirtschaftswissenschaften in München, Berlin und Wien (Dipl. Soz. 1970); Promotion mit einer empirischen Studie über Ferntourismus in Entwicklungsländer. Zehn Jahre berufliche Tätigkeit bei Touristikunternehmen im In- und Ausland (Paneuropa, TUI, BJR). Seit 1979 Professor im Fachbereich Tourismusbetriebswirtschaft an der Fachhochschule Heilbronn. Forschungsschwerpunkte: Touristikmanagement, Luftverkehrspolitik.

2.4.1 Einleitung

Für die europäischen Fluggesellschaften bedeutet Luftverkehr – unabhängig von ihrer Größe oder ihrem Streckennetz – internationaler Luftverkehr.

- Im Linienverkehr der AEA-Fluggesellschaften (Association of European Airlines, Verband von 29 europäischen Linienfluggesellschaften) wurden im Jahr 2001 zwei Drittel der Passagiere grenzüberschreitend befördert; gemessen an den Verkehrsleistungen PKM (= Passagierkilometer = Zahl der Passagiere mal Zahl der jeweils von ihnen zurückgelegten Flugkilometer), betrug der Anteil sogar 91,3% (AEA 2001, S. I-2).
- Im Luftverkehr der Bundesrepublik wurden 2000 ca. 78% der Verkehrsleistungen (PKM) durch grenzüberschreitende Flüge erbracht (Statistisches Bundesamt 2001, S. 44). Die Lufthansa bietet 23 innerdeutsche und mehr als 300 internationale Ziele (davon ca. 170 als Code Share-Dienste in Kooperation mit anderen Fluggesellschaften) an; der Auslandsverkehr hat, bezogen auf die Passagierzahlen, einen Anteil von 63,5%, bezogen auf die Passagierkilometer einen Anteil von 93,8% (Lufthansa 2001, S. 12).
- Zudem ist der Inlandsverkehr teilweise Zu- und Abbringerverkehr zu den internationalen Flügen.
- Die Ferienfluggesellschaften sind, sieht man von unbedeutenden Nebengeschäften (z. B. Regierungsshuttle Bonn – Berlin) ab, ausnahmslos im internationalen Reiseverkehr tätig.

Bei der Analyse des Internationalisierungsstandes der Luftverkehrsbranche ist zunächst ein hoher Grad an internationaler Standardisierung festzustellen, der sich aus der normativen Kompetenz internationaler Abkommen und den Prozessvorgaben der Hersteller bzw. Betreiber der genutzten technischen Produktionsmittel ergibt. Im Rahmen der International Civil Aviation Organization (ICAO) werden gesetzliche Regelungen über Sicherheit, Flugbetrieb und internationale Abkommen vereinheitlicht, die Haftung bei internationalen Flügen erfolgt auf der Basis des Warschauer Abkommens und seiner nachfolgenden Zusatzabkommen. Die International Air Transport Association (IATA) legt Standardverfahren für die operativen Prozeduren (Flugpreisberechnung, Ticketing, in vielen Verkehrsgebieten auch Tarifkoordination, Agenturzulassung und Abrechnungsverfahren zwischen den Fluggesellschaften) fest, die Vorgaben der Flugzeughersteller und IT-Technologien ebenso wie die der Betreiber von Computerreservierungssystemen (CRS) und Online-Systemen des E-Commerce führen zu weitgehend standardisierten Prozessabläufen.

Betrachtet man dagegen andere Kriterien von Internationalisierung, dann können die Luftverkehrsgesellschaften nur bedingt als globale Unternehmen bezeichnet werden. So werden die Leistungen der IATA-Fluggesellschaften zwar in fast allen Ländern verkauft, zum Großteil allerdings nicht durch eigene Verkaufsbüros sondern über unternehmensfremde IATA-Agenturen, die Reservierung und Ticketing über die CRS abwickeln. Die jeweiligen Auslandsniederlassungen haben daher vorwiegend Servicefunktionen für die einheimischen Agenturen und Abfertigungsgesellschaften. Das in den bilateralen Luftverkehrsabkommen vereinbarte Kabotageverbot erlaubt es einer Fluggesellschaft nicht, in einem fremden Staat Inlandsverkehr durchzuführen (Ausnahme Europäische Union). Produktions- und verkaufstechnisch wird vom Heimatmarkt aus operiert, die Marktbearbeitung erfolgt weitgehend ohne landesspezifische Produkt- und Zielgruppendifferenzierung. Dementsprechend gering sind der Anteil der Mitarbeiter im Ausland und der Beitrag der Auslandsniederlassungen zur Wertschöpfung der Unternehmen. Ebenso gering ist der Anteil der Auslandsinvestitionen, da alle zentralen Funktionen des weltweiten Streckennetzes im Heimatland abgewickelt werden und die Flugzeuge als wichtigste und finanziell bedeutsamste Produktionsmittel dort registriert sind. Die Unternehmenskulturen sind ethnozentrisch geprägt und für Auslandsniederlassungen gelten die heimischen Managementprinzipien.

Ein wesentliches Kennzeichen globalisierter Unternehmen sind internationale Beteiligungen und Fusionen (vgl. Dülfer 2001, S. 7). Im Luftverkehr bestehen kaum finanzielle Verflechtungen zwischen den internationalen Fluggesellschaften, da deren Kapitalmehrheit aufgrund gesetzlicher Regelungen im Besitz einheimischer juristischer oder natürlicher Personen liegen muss (national ownership rule). Zur Durchführung des internationalen Luftverkehrs räumen sich die Staaten in bilateralen Verträgen gegenseitig Verkehrsrechte (Zielflughäfen, Frequenzen, Kapazitäten) ein, die von den Regierungen an die Fluggesellschaften weitergegeben werden, sofern diese in nationalem Besitz sind. Die einzelnen Staaten setzen unterschiedliche Obergrenzen für die mögliche ausländische Beteiligung an nationalen Fluggesellschaften, in Deutschland liegt diese bei 49,9%, in den USA bei 25%, lediglich Australien legt keine Grenzwerte fest. Da eine diese Werte übersteigende ausländische Beteiligung zu einem Verlust der internationalen Verkehrsrechte führt, wird es wirtschaftlich sinnlos, eine Mehrheitsbeteiligung an einer ausländischen Fluggesellschaft zu erwerben, weil dieser damit die Betriebsgrundlage entzogen würde.

Obwohl das Management von Luftverkehrsgesellschaften also aufgrund des grenzüberschreitenden Streckenangebots und der Konkurrenz mit ausländischen Fluggesellschaften per se internationales Management und seit Beginn des internationalen Luftverkehrs auf operative und technische Kooperation ausgerichtet ist und die Branche global agiert, weist sie bisher einen vergleichsweise geringen Internationalisierungsgrad auf. Die internationalen Fluggesellschaften bearbeiten zwar weltweit alle für sie relevanten Märkte, aber nur auf Strecken, die eine Verbindung mit dem Heimatland darstellen. Der Luftverkehr ist dadurch der Prototyp einer blockierten globalen Branche im Sinne Porters (1989, S. 21 ff.). Neuere Entwicklungen, die in Richtung Globalisierung der Unternehmen weisen, zeigen sich in:

- global sourcing: Durch Verbilligung und Beschleunigung des Datentransfers werden Verwaltungs- und Abrechnungsarbeiten in Billiglohnländer verlagert, es kommt vermehrt zur Beschäftigung ausländischen Personals für Cockpit, Kabine und Passagierabfertigung sowie zum Outsourcing von strategisch nicht bedeutsamen Prozessen wie Flugzeugwartung oder Verwaltungstätigkeiten; das Leasing von Flugzeugen erfolgt in den steuerlich und kostenmäßig günstigsten Ländern (vgl. Überblick bei Oum/Yu 1997, S. 63 f.)
- der Beteiligung an und Gründung von Auslandsgesellschaften, auch als Joint Ventures, für Reparatur und Wartungsarbeiten, Treibstoffeinkauf, Catering und Bodenabfertigung
- der Entwicklung bilateraler und multilateraler Allianzen, die seit Mitte der neunziger Jahre zu globalen strategischen Netzen ausgebaut werden.

2.4.2 Neue Wettbewerbsbedingungen

Die mit Beginn der US-amerikanischen Politik der Open Skies Anfang der achtziger Jahre einsetzende und in den neunziger Jahren auf Europa übergreifende nationale und internationale Deregulierung des Luftverkehrs führte auf den wichtigsten Märkten zu veränderten Wettbewerbsbedingungen zwischen den bestehenden Fluggesellschaften und erleichterte den Eintritt neuer Konkurrenten. Das System der auf geschützten Märkten (staatliche Strecken- und Tarifgenehmigung, IATA-Kartell bezüglich Preise, Produktstandardisierung, Vertriebsnetz und Agenturprovisionen) agierenden und sich zum Großteil in Staatbesitz befindlichen Flag Carrier verwandelt sich zunehmend in ein System oligopolistischer Märkte mit privaten Fluggesellschaften. Die grundlegenden Ergebnisse dieser Entwicklungen für den Fluglinienverkehr sind:

- Der freiere Streckenzugang führt zu Erhöhungen der Angebotskapazitäten durch bisherige und neue Anbieter.
- Die teilweise Aufhebung der durch die IATA-Verkehrskonferenzen koordinierten Tarife erlaubt den Luftverkehrsgesellschaften individuelle und konkurrenzorientierte Flugpreise, der Wegfall der staatlichen Tarifgenehmigungsprozeduren ermöglicht kurzfristige Preisänderungen. Dadurch verstärkt sich die Wettbewerbsfunktion des Preises und beseitigt auch die früher selbst für unproduktiv arbeitende Anbieter gegebene Kostendeckung.
- Durch die zunehmende Privatisierung der Fluggesellschaften entfällt die Bestandssicherung durch staatliche Subventionen. Dies erfordert von den früheren Staatsunternehmen wettbewerbsorientierte Strategien und erhöht so die Konkurrenzsituation auf den Märkten.
- Die Vertriebsliberalisierungen verändern die Distributionssysteme durch Freigabe der Provisionen, neue Distributionsorgane (Non-IATA-Agenturen) und den bisher kaum geregelten Online-Vertrieb.
- Die weitgehende Aufhebung der verkehrsrechtlichen Trennung zwischen Linien- und Gelegenheitsverkehr verstärkt die Tendenz zur Angleichung beider Verkehrsarten und damit die Konkurrenz zwischen den früher auf separaten Märkten operierenden Fluggesellschaften.

Für den Charterverkehr, der als Gelegenheitsverkehr mit regelmäßigem Flugplan nur in Europa und über den Nordatlantik eine relevante Rolle spielte, wesentlich bedeutsamer aber war die Herausbildung integrierter Reisekonzerne auf europäischer Ebene. Während in anderen europäischen Ländern schon bisher Reisekonzerne auch über eigene Fluggesellschaften verfügten, kam es in Deutschland erst Ende der neunziger Jahre zu Zusammenschlüssen von Reiseveranstaltern und Ferienfluggesellschaften, die zudem internationalen Charakter haben (vgl. Kap. 2.1). Die Preussag AG übernahm die Fluggesellschaft Hapag-Lloyd und den Reiseveranstalter TUI (mit umfangreichen Auslandsaktivitäten) und erwarb mit den Beteiligungen an ausländischen Touristikkonzernen (z. B. Thomson/GB, Nouvelles Frontières/Frankreich) auch deren Fluggesellschaften, so dass 2002 acht Fluggesellschaften zum Konzern gehören. Lufthansa (Condor) und Karstadt (Neckermann Reisen) brachten ihre touristischen Unternehmen in die Thomas Cook AG (ehemals C&N) ein, die über fünf Fluggesellschaften verfügt. Der LTU-Konzern (Reiseveranstalter, Fluggesellschaft) wurde von REWE und – auf Zeit – von einem Treuhänder übernommen. Diese Konzernfluggesellschaften haben die Aufgabe, sich sowohl horizontal (mehrere internationale Fluggesellschaften) als auch vertikal (vorwiegend Leistungsträger für die konzerneigenen Reiseveranstalter) in die neue Unternehmensstruktur zu integrieren. Ihnen stehen die nicht gebundenen Fluggesellschaften gegenüber, die nur noch geringe Teile ihrer Kapazität an die großen Konzerne verkaufen können und daher ihre gesamte Unternehmenspolitik neu auszurichten haben.

Die neuen Wettbewerbsbedingungen verlangten und verlangen weiterhin von den Fluggesellschaften erhebliche Anstrengungen, um nachhaltige Wettbewerbsvorteile zu erwerben und verbleibende Erfolgspotentiale zu sichern. Im strategischen Bereich geht es dabei vor allem um eine umfassende Neupositionierung hinsichtlich der Entwicklungsziele, des Unternehmenstyps, des Geschäftssystems und Geschäftsfelder sowie um die Ausschöpfung der mit den Konkurrenzstrategien Allianzen und Beteiligungen verbundenen Wachstums- und Synergiepotentiale. Beides erfordert die Identifikation von strategischen Erfolgsfaktoren in Bezug auf Produkt, Preis, Produktivität und Marke. Und da der Luftverkehr sowohl durch zyklische als auch durch außergewöhnliche Ursachen bedingte Nachfrageschwankungen gekennzeichnet ist, wird der Erhalt der Fähigkeit zu schnellem Krisenmanagement eine permanente Aufgabe.

2.4.3 Strategische Optionen der Unternehmenspositionierung

Die Gesamtstrategie eines Unternehmens besteht aus der Summe der finanz-, personal- und leistungswirtschaftlichen Teilstrategien, die auch als Strategiemodule oder Strategiechips bezeichnet werden (vgl. Becker 1992, S. 122 ff., für Tourismusunternehmen vgl. Freyer 2001, S. 403 ff.). Die folgende Darstellung beschränkt sich auf ausgewählte Module des Marketing-Managements (vgl. Abb. 2.4.1), nämlich Entwicklungsziele, Netzstrategien, Geschäftssystem, Geschäftsfelder und Konkurrenzverhalten.

Strategiemodul	Strategische Optionen			
Entwicklungsrichtung	Wachstum	Konsolidierung	Schrumpfung	Sanierung	Marktaustritt
Streckennetz	Global	Kontinental	Regional	Nischencarrier
Geschäftssystem	Linienverkehr	Ferienflugverkehr	Low Cost	Business Charter
Geschäftsfelder	Traditional	Virtuell	Aviation Konzern
Konkurrenzstrategie	Alleingang	Kooperation	Konzentration

Abb. 2.4.1: Ausgewählte Strategiemodule

2.4.3.1 Entwicklungsziele

Veränderte Wettbewerbsbedingungen zwingen die Fluggesellschaften dazu, ihre Entwicklungsziele neu zu bestimmen. Neben dem scheinbar natürlichen Ziel des Wachstums sind dabei die Alternativen Konsolidierung, Schrumpfung, Sanierung und Marktaustritt in Betracht zu ziehen.

Wachstum

Für das Wachstumsziel stehen folgende Strategieoptionen zur Verfügung:

- Marktdurchdringung: die Steigerung der Marktanteile auf bestehenden Märkten mit bisherigen Produkten, insbesondere durch Kundenbindungsprogramme für Privatreisende und Unternehmen, Verstärkung der Distributionsdichte (mehr Agenturen, Intensivierung des Direktabsatzes insbesondere durch Online-Vertrieb) und Incentives für den Vertrieb durch progressive Agenturprovisionen.
- Marktentwicklung: die Erschließung neuer Märkte mit bisherigen Produkten durch geographische Ausdehnung (Ausbau des Zubringerverkehrs) und Ansprache neuer Zielgruppen durch Sondertarife im Linien- und Einzelplatzeinbuchung im Gelegenheitsverkehr.
- Produktentwicklung: das Angebot neuer Produkte auf vorhandenen Märkten durch Ausweitung des Streckennetzes und Expansion in neue Geschäftssysteme, z. B. Charterverkehr durch Linienfluggesellschaften.
- Diversifikation: die Erschließung neuer Märkte mit neuen Produkten, z. B. durch Aufnahme der Tätigkeit als Reiseveranstalter oder den Ausbau von Konzernabteilungen als Lieferanten für andere Unternehmen (z. B. Catering für andere Fluggesellschaften, Autobahnraststätten und Partyservice).

Konsolidierung

Die Konsolidierungsstrategie zielt auf die langfristige Sicherung einer neuen Marktposition, bei Fluggesellschaften leistungswirtschaftlich durch eine stärkenorientierte Umstrukturierung des Streckennetzes (z. B. Aufgabe vermeintlich prestigeträchtiger aber unrentabler Interkontinentalverbindungen zugunsten einer Verstärkung der kontinentalen Position). Ausgangspunkte können die Einsicht in die Unzulänglichkeit der bisherigen Unternehmensstrategie oder unternehmensexterne Gründe wie z. B. Konzentrationsprozesse bei den Konkurrenten sein. Konsolidierungsziele lösen mitunter Wachstumsziele für einen bestimmten Zeitraum ab, wenn diese für eine bestimmte Zeit nicht realisierbar sind. So zwang der als Folge der Terroranschläge in den USA eingetretene Nachfragerückgang im Herbst 2001 viele Fluggesellschaften zu einer zeitweisen Reduzierung von Strecken und Frequenzen.

Schrumpfung

Eine Reihe früherer europäischer Flag Carrier gilt von der Unternehmensgröße (interkontinentales Streckennetz, Eigenkapitalausstattung) und dem nationalen Einzugsgebiet her als zu klein, um ohne staatliche Subventionen ihre bisherige Positionierung in einem liberalisierten Wettbewerbsumfeld weiter halten zu können. Die Entwicklungsstrategie Schrumpfung bedeutet Sicherung des Unternehmens durch Ausdünnung des Streckennetzes, Verkleinerung der Flotte und des Personalbestands, Konzentration des Geschäftsfelds (Verkauf von nicht zum Kerngeschäft zählenden Unternehmensteilen, Verringerung der Produktionstiefe durch Outsourcing) und Beschränkung auf nur ein Geschäftssystem (z. B. Rückzug aus dem Charterverkehr).

Sanierung
Wenn die Ertragslage eines Unternehmens unter ein gewünschtes Maß sinkt und sein Bestand akut gefährdet ist, kann nur eine umfassende Restrukturierung von Organisation und Produktionsprogramm die Ertragssicherung wiederherstellen. Da solche Unternehmenskrisen häufig mit Liquiditätsengpässen und Unterkapitalisierung verbunden sind, bedarf es zu ihrer Überwindung flankierender finanzwirtschaftlicher Maßnahmen durch Umschuldung und zusätzliche staatliche oder private Kapitalzuschüsse. Ist auch das Vertrauen in die Marke nachhaltig verloren gegangen, kann sogar eine Umfirmierung notwendig werden. So etwa bei der US-amerikanischen Low Cost-Airline Valuejet, die 1997 nach einem Absturz in den Konkurs geriet und durch eine Fusion mit AirWays als Air Tran Airways wieder erfolgreich auf den Markt kam.

Marktaustritt
Ein Marktaustritt bedeutet entweder den Verlust der wirtschaftlichen und rechtlichen Selbständigkeit durch Übernahme durch ein anderes Unternehmen (selbst wenn die Marke fortgeführt wird) oder das gänzliche Verschwinden vom Markt durch Liquidation. Die Tatsache, dass bis 2000 keine der großen etablierten europäischen Fluggesellschaften (ehemalige Flag Carrier) aus dem Markt ausschied, bedeutet nicht, dass Marktaustritte im Luftverkehr eine außergewöhnliche Erscheinung wären. Von 1992 bis 1996 kamen nach einer Untersuchung der EU (Europäische Kommission 1996, S. 14) 88 Fluggesellschaften neu auf den europäischen Markt, von denen 32 wieder ausgeschieden sind; gleichzeitig haben aber auch 51 der im Jahre 1992 bestehenden Unternehmen ihren Betrieb eingestellt. Die Insolvenzen von Sabena und Swissair (2001) deuten zudem auf den Beginn eines Konsolidierungsprozesses im europäischen Luftverkehr hin. Eine planvolle Liquidation erfolgt mit dem Ziel, die Verluste der Anteilseigner, Fremdkapitalgeber, Mitarbeiter, Kunden und Lieferanten möglichst gering zu halten.

2.4.3.2 Netzstrategien

Nach dem Kriterium des Streckenangebots werden analytisch abstrahierend folgende Arten von Fluggesellschaften unterschieden, die sich in der Realität aber bei fließenden Übergängen teilweise überschneiden können (vgl. dazu auch Wiezorek 1998, S. 349 f):

Full Service Network Carrier, frühere Flag Carrier mit interkontinentalem Streckennetz und umfangreichem Service, die den Heimatmarkt von einem oder mehreren Hubs (Hub = Drehkreuz) aus dominieren. Sie kooperieren dort im Zu- und Abbringerverkehr mit Regionalgesellschaften und entwickeln durch Strategische Allianzen oder Beteiligungen ein globales Strecken- und Verkaufsnetz.

Kontinentale Fluggesellschaften sind meist auf Sekundärhubs beheimatet, von denen aus sie ein eingeschränktes Streckennetz selektiv bedienen und versuchen, in den Primärhubverkehr vorzudringen. Der Touristik-Charterverkehr stellt für sie ein zunehmend wichtigeres Geschäftsfeld dar.

Regionalfluggesellschaften sind meist kleine Unternehmen, die selbstverantwortlich oder in Kooperation Zubringerfunktion mit kleineren Flugzeugen (max. 100 Sitzplätze) für die interkontinentalen Fluggesellschaften erfüllen oder im Interregionalverkehr zwischen Sekundärflughäfen tätig sind.

Nischencarrier konzentrieren sich auf ausgewählte Strecken, die sie ohne Netzorientierung im Punkt-zu-Punkt-Verkehr bedienen. Es sind entweder Low Cost-Carrier auf aufkommensstarken Verbindungen oder Ferienfluggesellschaften, die im Auftrag von Reiseveranstaltern Strecken des Urlaubsreiseverkehrs bedienen und nur Restkapazitäten als Einzelplatzbuchungen direkt an die Reisenden verkaufen.

2.4.3.3 Strategie Geschäftssysteme

Im gewerblichen Personenluftverkehr können die Geschäftssysteme Linienverkehr, Chartermodus, Low Cost-System und Business Charter unterschieden werden. Diese Einteilung orientiert sich nicht am verkehrsrechtlichen Status sondern am operativen Modus, nach dem ein Unternehmen den Flugverkehr abwickelt.

Der **Linienflugverkehr** ist auf die Anforderungen des Geschäftsreiseverkehrs ausgerichtet, auch wenn der Anteil der Privatreisenden zunehmend steigt. Herausragendes Kennzeichen ist die Netzorientierung, d. h. die Fluggesellschaften versuchen, ein – so weit nach den gegebenen Nachfragestrukturen wirtschaftliches – Streckennetz anzubieten, das möglichst viele Abflug- und Zielorte miteinander verknüpft. Da nicht alle Orte direkt miteinander verbunden werden können, ergibt sich daraus die Anforderung der streckenmäßigen und zeitlichen Anschlussorientierung. Ein Großteil der Geschäftsreisenden plant und bucht die Flüge kurzfristig und ändert sie mitunter auch noch während der Reise, daher werden flexible Tarife ohne Restriktionen (z. B. keine Umbuchungs- oder Stornogebühren) und die Gültigkeit des Flugscheins auch bei einer anderen als der gebuchten Fluggesellschaft (Interlinefähigkeit) erwartet. Da Linienfluggesellschaften auch Privatreisende entweder als eigenständige Zielgruppe für touristische Destinationen oder zur Auslastung freier Kapazitäten als Kunden ansprechen, ergibt sich als Folge der unterschiedlichen Preiselastizitäten der vielfältigen Nachfragergruppen ein differenziertes Tarifsystem. Angepasst an die Nachfragebedürfnisse wird das Produkt in mehreren Qualitätsversionen, d. h. Beförderungsklassen, angeboten. Der Vertrieb von Linienflügen erfolgt trotz des zunehmenden Direktvertriebs weiterhin vorwiegend über Agenturen (Reisebüros).

Der **Chartermodus** des Ferienflugverkehrs wurde für das Marktsegment Privatreisende entwickelt und ist auf den eher preissensiblen Pauschalreisenden ausgerichtet. In Zusammenarbeit mit Reiseveranstaltern werden regelmäßige Flugketten nach einem vorher festgelegten Flugplan abgewickelt. Es handelt sich dabei in der Regel um einen Punkt-zu-Punkt-Verkehr ohne Vernetzung der einzelnen Strecken. Die Flüge werden in einer Einheitsklasse, lediglich auf den interkontinentalen Strecken einiger Fluggesellschaften auch mit einer höherwertigen „Comfort Class", durchgeführt. Der Vertrieb erfolgt primär über Reiseveranstalter; der zunehmende Einzelplatzverkauf (Flug ohne Pauschalreisearrangement; bei manchen deutschen Ferienfluggesellschaften bis zu 30%) wird fast ausschließlich über Reisebüros abgewickelt. Die Nachfragelenkung erfolgt über eine starke saisonale Preisdifferenzierung der Pauschalreisen und Einzelflüge. Die umgangssprachlich früher als Charterfluggesellschaften bezeichneten Unternehmen des Ferienflugverkehrs operieren weiterhin nach dem Chartermodus, haben aber bis zu 90% ihrer Flüge luftverkehrsrechtlich als Linienflüge angemeldet.

Das **Low Cost-System** wurde in Europa erst Mitte der neunziger Jahre eingeführt. Das Nachfragesegment besteht aus Privatreisenden und preissensiblen Geschäftsreisenden. Die Kernidee des Geschäftssystems (vgl. Pompl 2002, S. 116 ff.; Doganis 2001, S. 126 ff.) liegt in einer konsequenten Kostenreduzierung

- beim Produkt (z. B. keine Getränke, Mahlzeiten oder sonstige Serviceleistungen im Preis inbegriffen, keine Vielfliegerprogramme),
- bei der Streckenwahl (nur Punkt-zu-Punkt-Verbindungen mit hoher Auslastung, kostengünstige Flughäfen),
- bei der Produktion (Konzentration auf Kernkompetenz „fliegen", einheitliche Flugzeugflotte, kostengünstiges Personal und weitgehendes Outsourcing von Wartungsarbeiten)
- beim Vertrieb (vorwiegend Direktvertrieb über Internet und Call Center, mitunter keine Agenturprovision).

Die Low Cost-Carrier können gegenüber den Netzwerkcarriern Kostenvorteile von bis zu 55% erzielen und erwiesen sich als sehr erfolgreich. Nach dem Markteintritt 1995 konnten sie das wöchentliche Angebot an Sitzplätzen auf 640 000 (Sommer 2001) steigern und 2000 einen Marktanteil von 5,2% nach innereuropäisch angebotenen Sitzkilometern erreichen (AEA 2001, S. I-7).

Der **Business Charter** ist Ad-hoc-Gelegenheitsverkehr durch Anmietung eines meist kleineren Flugzeugs im Ganzen („Lufttaxi"). Die Nachfrager sind Geschäftsleute, prominente Künstler und Sportler sowie Politiker, für die Unabhängigkeit und Zeitersparnis wichtiger sind als die Kosten. Weitere Einsatzbereiche sind die Flugambulanz zur Rückholung im Ausland erkrankter Personen sowie die Frachtbeförderung (dringend benötigte Ersatzteile, menschliche Organe zur Transplantation). Da der Flug im Auftrag des Kunden durchgeführt wird, entfällt die Abhängigkeit von Flugplänen der Liniengesellschaften, Flugzeiten und -strecken können nach Bedarf geändert werden und das Flugzeug wartet auf den Passagier und nicht umgekehrt. Zeitersparnisse ergeben sich durch die individuelle Festlegung und Änderung der Abflugzeiten durch den Fluggast. Ziele, die per Linie nur bei mehrmaligem Umsteigen zu erreichen sind, werden direkt angeflogen. Die An- und Abfahrtswege zu den regionalen Flugplätzen sind kurz, die Abfertigung am Flughafen (General Aviation Terminal) erfolgt ohne systembedingte Wartezeiten. Einige Fluggesellschaften (United, British Airways, Air Canada) sind dabei, für dieses Marktsegment das neue Geschäftsfeld fractional jet ownership zu entwickeln; sie bieten den Kunden ein zeitlich beschränktes Teileigentum an einem Business-Jet an, mit dem eine bestimmte Zahl von Flugstunden pro Jahr verbunden ist (vgl. Shifrin 2001, S. 76).

2.4.3.4 Strategie Geschäftsfelder

Eine grundsätzliche Entscheidung der Unternehmenspolitik liegt mit der Festlegung der Geschäftsfelder darin, ob eine Konzentration auf die Kernkompetenz oder eine Diversifikation in benachbarte und/oder branchenfremde Bereiche angestrebt werden soll. Nach Doganis (2001, S. 212 - 218) können je nach Zahl der Geschäftsfelder drei unterschiedliche „business models" unterschieden werden.

Die **traditionelle Fluggesellschaft**: Ein nach diesem Modell geführtes Unternehmen erstellt die meisten Leistungskomponenten selbst und verfügt daher über eigene Abteilungen für Flugbetrieb, Verkauf und Reservierung, Bodenabfertigung, Wartung, Catering, EDV etc. Doganis (2001, S. 214) stellt dazu fest: „The overall aim has been self-sufficiency in most areas with only limited contracting out. (…) This was, and for most airlines still is, what the airline business is all about."

Die **virtuelle Fluggesellschaft**: Die strategische Leitlinie ist hier die Konzentration auf das Kerngeschäft, nämlich den Betrieb des Streckennetzes. Alle anderen Funktionen werden durch Outsourcing an andere Unternehmen ausgeführt. Im Extremfall würden sich Fluggesellschaften lediglich als Netzwerkmanager betätigen und die Leistungen von capacity providers (Flugbetrieb) und service providers (Catering, Bodenabfertigung, Vertrieb, Verwaltung) einkaufen. Dadurch sind erhebliche Kostenreduzierungen zu erzielen, weil die Vergabe der Aufträge an den jeweils leistungsstärksten Anbieter erfolgt und flexiblere Anpassungen an veränderte Marktverhältnisse möglich werden. Diese Strategie wird z. T. von den Low Cost-Carriern verfolgt. British Airways bewegt sich im Rahmen eines unternehmenspolitischen Relaunch seit 1995 schrittweise in diese Richtung, allerdings gegen den erheblichen Widerstand der Gewerkschaften, da Outsourcing mit Personalabbau verbunden ist.

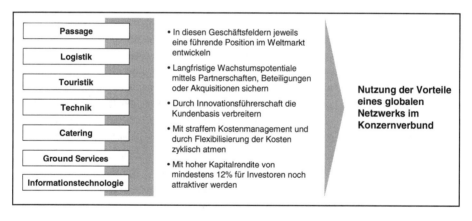

Quelle: Lufthansa: Lufthanseat Nr. 782, S. 7

Abb. 2.4.2: Geschäftsfelder des Aviation Konzerns Lufthansa

Der **Aviation Konzern**: Die Unternehmensaktivitäten konzentrieren sich nicht nur auf den eigenen Flugbetrieb, sondern werden auf airlinenahe Bereiche ausgedehnt. Anders als beim traditionellen Airline-Modell aber werden die einzelnen Geschäftsfelder nicht mehr als Abteilungen sondern als selbständige Konzerngesellschaften mit Ergebnisverantwortung geführt. Sie fungieren für die eigene Fluggesellschaft als Lieferanten und erzielen den überwiegenden Teil ihrer Umsätze aber mit externen Kunden. Eine erfolgreiche Besetzung dieser Geschäftsfelder bringt durch eine Erweiterung der Wertschöpfungskette und eine verstärkte Kundenorientierung zusätzliche Ertragspotentiale. Beispiele für Aviation Konzerne sind Singapore Airlines oder die Lufthansa mit den Konzernsäulen Passage, Logistik/Cargo, Technik, Catering, Bodenverkehrsdienste und Informationstechnologie (vgl. Abb. 2.4.2).

2.4.3.5 Konkurrenzstrategien

In der Theorie werden bei Konkurrenzstrategien die Optionen Alleingang, Kooperation oder Konzentration unterschieden. In der Praxis sind die Übergänge zwischen den Strategiealternativen allerdings fließend, zudem können die Fluggesellschaften auf unterschiedlichen Märkten unterschiedliche Strategien verfolgen.

2.4.3.5.1 Alleingang

Bei der Stand Alone-Strategie erfolgt zwar eine Nutzung der unternehmensübergreifenden Kooperationen der Branche, aber kein Anschluss an eine Strategische Allianz. Über wenige Code Share-Verbindungen hinaus wird das Streckennetz ohne weitgehende Abstimmung mit anderen Luftverkehrsgesellschaften beflogen. Diese Unternehmensstrategie findet sich bei

- kleinen Gesellschaften, die regionale Nischen wie z. B. Seebäderverkehr besetzen;
- Fluggesellschaften kleinerer Staaten in verkehrlicher Randlage, z. B. Cyprus Airways;
- Low Cost-Carriern, die in Europa fast ausschließlich im Non-Stop-Verkehr tätig sind und aus Kosten- und Auslastungsgründen keine Vernetzung ihres Streckenangebots anstreben;
- Ferienfluggesellschaften, die nicht in einen Touristikkonzern integriert sind. Das Geschäftssystem des Charterverkehrs für Reiseveranstalter ist auf Punkt-zu-Punkt-Verbindungen zwischen Quell- und Zielländern des Tourismus aufgebaut, da im Urlaubsverkehr kein Bedarf an Umsteigeverbindungen besteht.

2.4.3.5.2 Kooperation

Neben der überbetrieblichen Zusammenarbeit in nationalen und internationalen Verbänden wie IATA, AEA oder ADL (Arbeitsgemeinschaft Deutscher Luftfahrtunternehmen) die der Rationalisierung der Produktion durch internationale Standardisierung, der Kooperationen wie Interline-System (gegenseitige Anerkennung der Flugscheine) oder BSP (Billing and Settlement Plan, Abrechnungssystem zwischen den Fluggesellschaften) sowie der politischen Interessenvertretung (Lobbying) dienen, finden sich viele nicht-strategische zwischenbetriebliche Kooperationen mit dem Ziel der Kosteneinsparung und Prozesserleichterung im

- technischen und operativen Bereich: Reparatur-, Wartungs- und Instandhaltungsabkommen, Bodenabfertigung von Flugzeugen, Passagieren, Gepäck und Fracht, Interchange Agreements (Teil der Beförderungskapazität eines Fluges, Vercharterung eines

Flugzeugs an eine andere Fluggesellschaft), On Behalf-Verkehr (Durchführung eines Fluges im Auftrag einer anderen Fluggesellschaft)
- Vertrieb: General Sales Agreements
- Joint Ventures für CRS, Treibstoffeinkauf oder Personalausbildung.

Strategische Allianzen stellen Unternehmensverbindungen zur Verknüpfung komplementärer Fähigkeiten, zur Realisierung von Größenvorteilen und Synergieeffekten und zur Schaffung von Kundenvorteilen dar. Gegenüber anderen Formen der Kooperation sind sie nicht nur auf Kosteneinsparungen oder Erlössteigerungen ausgerichtet, sondern darüber hinaus auf die strategische Absicherung von Gewinn-, Wachstums- und Marktanteilszielen sowie auf die Differenzierung gegenüber den Hauptwettbewerbern. Es geht um den Aufbau von Erfolgspositionen zur langfristigen Sicherung von Wettbewerbsvorteilen. Bei Strategischen Allianzen bleibt die wirtschaftliche und rechtliche Selbständigkeit der Partner erhalten, es kommt aber zu einer partiellen Einschränkung der Dispositionsgewalt, da bestimmte Entscheidungsbefugnisse an das Allianzmanagement abgetreten werden müssen.

Die Verknüpfung **komplementärer Fähigkeiten** erfolgt beim Marktzugang durch Nutzung von Verkehrsrechten der Partnergesellschaft, bei der Marktdurchdringung durch Code Sharing und Produktverbesserungen und bei der Marktbearbeitung durch verstärkte Präsenz auf fremden Märkten.

Das wesentliche Instrument zur Erzielung von **Synergieeffekten** ist das Code Sharing. Eine Code Share-Vereinbarung ist ein Marketingabkommen zwischen zwei Fluggesellschaften, nach der eine Fluggesellschaft einen Flug unter einer eigenen Flugnummer (Code, z. B. LH6744(TG)) zum Verkauf anbietet, obwohl er teilweise oder ganz von der anderen Fluggesellschaft durchgeführt wird (vgl. Pompl 2002, S. 138 ff.). Beide Gesellschaften treten dabei am Markt selbständig auf.

- Jeder Code Share-Partner kann jeweils eine höhere Frequenz für eine Strecke anbieten und dadurch gegenüber Drittcarriern Marktanteile gewinnen, weil mehr Flüge mit den zeitlichen Reiseplänen der Passagiere korrespondieren.
- Code Sharing ermöglicht die Ausweitung des Streckennetzes, ohne dass dabei die Kosten einer Angebotsausweitung durch neue Strecken getragen werden müssen.
- Durch Code Sharing können Strecken angeboten werden, die eine Fluggesellschaft wegen mangelnder Verkehrsrechte nicht selbst bedienen kann.

Größenvorteile zielen auf Kostenreduzierungen, die sich durch gemeinsame Beschaffung von Produktionsmitteln, optimierte Nutzung der Infrastruktur (z. B. Abfertigungsschalter und Lounges auf den Flughäfen), abgestimmte Marketing- und Verkaufsaktivitäten und technische Zusammenarbeit bei Flugzeugabfertigung, Wartung und Ersatzteilvorhaltung ergeben.

Kundenvorteile von Strategischen Allianzen sind:
- weltweite Verbindungen durch Erweiterung des Streckennetzes mit Hilfe von Code Sharing;

- nahtloses Reisen (seamless travel) durch koordinierte Umsteigeverbindungen, um Reisezeiten zu verkürzen und Umsteigestress zu reduzieren;
- die Anerkennung von Vielfliegerprogrammen und Status (z. B. Frequent Traveller, Zugang zu Lounges) durch alle Allianzgesellschaften;
- die Anstrebung einheitlicher Standards bezüglich Sicherheit, Komfort, Pünktlichkeit und Gepäckrichtlinien.

Strategische Allianzen führen zu einer **Reduzierung des Wettbewerbs** zwischen den Allianzgesellschaften, da die Unternehmen insbesondere in den Bereichen Angebot (Strecken, Frequenzen, Kapazitäten) und Vertrieb nicht mehr konkurrieren sondern kooperieren. Sie unterliegen daher einer verschärften Wettbewerbsaufsicht, die sich besonders auf Code Share-Flüge bezieht. Insgesamt entwickelt sich der Wettbewerb im internationalen Luftverkehr von einem Wettbewerb der einzelnen Fluggesellschaften zu einem Wettbewerb der Allianzen. Eine Untersuchung von Airline Business (July 2001, S. 40) stellt fest: „Over 80% of carriers now have some form of substantive alliance and new or revised deals are being notched up at the rate of around 70 a year." Die vier Megaallianzen Star Alliance, KLM/Northwest, Oneworld, Qualiflyer und Skyteam wickelten 2000 mehr als 50% des weltweiten Luftverkehrs (51,3% der Passagiere, 58,8% der PKT; a. a. O.) ab.

Eine Neuerscheinung auf dem Luftverkehrsmarkt sind **Beschaffungsallianzen**, die auf die Einrichtung und Nutzung elektronischer Marktplätze für Luftverkehrsbedarf zielen (E-Procurement). Da hierfür andere Erfolgskriterien (z. B. Stand der produktionsbezogenen Informationstechnologie) als auf den Absatzmärkten gelten, gehen die Mitgliedschaften in diesen Kooperationen quer durch die der Strategischen Allianzen. Die Vorteile liegen in der Reduzierung der Einkaufspreise durch allianzweite Einkaufsbündelung, der Beschleunigung der Beschaffungsprozesse durch elektronische Transaktionen und der Rationalisierung der Ersatzteilbeschaffung durch gemeinsame elektronische Bestandsverwaltung.

2.4.3.5.3 Beteiligungen und Fusion

Beteiligungen an anderen Fluggesellschaften bis hin zur vollständigen Übernahme dienen der Absicherung der nationalen Heimatmärkte, der Expansion in europäische Fremdmärkte zur territorialen Markterweiterung und Erschließung des Zubringerverkehrs zu internationalen Hubs im Heimatland sowie mitunter der Absicherung von Strategischen Allianzen.

Auf **nationalen Heimatmärkten** wird von den großen Fluggesellschaften häufig eine Hegemoniestrategie verfolgt. Dies zeigt sich in der Beteiligung an oder Übernahme von konkurrierenden Fluggesellschaften. In Deutschland hatte sich die Lufthansa schon 1978 an der Regionalgesellschaft DLT beteiligt und sie später zur Lufthansa City Line ausgebaut, 2001 wurde eine Mehrheit an Eurowings erworben. Da sie zudem mit einer größeren Zahl von Regionalfluggesellschaften Kooperationsabkommen geschlossen hat, existiert im Inlandsverkehr mit DBA (Deutsche British Airways) nur noch ein relevanter Konkurrent (Marktanteil innerdeutsch max. ca. 15%). Ähnliche Strategien verfolgten British Airways (Aufkauf von BCAL und mehreren Regionalfluggesellschaften), Air France (Erwerb von Air Inter und UTA), KLM (Transavia) oder Austrian Airlines (Tyrolean, Lauda Air) (vgl. Hanlon 1999, S. 222-230).

Die Expansion in **europäische Fremdmärkte** erfolgte zum einen in der Form der Übernahme von im Interregionalverkehr tätigen kleineren Unternehmen, da sich hier das Problem der Verkehrsrechte nicht ergab. Diese Versuche, selektiv in wichtige Quellmärkte einzudringen, waren allerdings nur teilweise erfolgreich: Die DBA erwirtschaftet seit Gründung im Jahre 1992 Verluste, französische Regionalfluggesellschaften mit ausländischer Beteiligung (Air Littoral, Air Liberté) bewegen sich am Rande des Bankrotts. Dagegen konnte die SAS auf dem skandinavischen und baltischen Markt ein bislang rentables System von Regionalcarriern aufbauen. Zum andern erfolgte die grenzüberschreitende Expansion durch Minderheitsbeteiligungen an den Konkurrenten der jeweiligen Marktführer, LH z. B. an Spanair, Air Dolomiti, Lauda Air und British Midland International.

Swissair versuchte als einzige europäische Fluggesellschaft, ein Beteiligungsnetz sowohl mit ehemaligen Flag Carriern als auch mit Ferienfluggesellschaften aufzubauen (Air Europe, Volare, LTU, AOM). Die vermeintlich preisgünstigen Akquisitionen von unrentabel fliegenden Unternehmen, die durch die Integration in eine europäische Allianz saniert werden sollten, erwiesen sich als desaströs. Da die Mehrzahl der erworbenen Fluggesellschaften hoch verschuldet und kurzfristig nicht aus dem defizitären Betrieb zu führen waren, überstiegen die zu leistenden Kapitaldienste und Verlustausgleiche die Finanzkraft der Swissair. Ein im Herbst 2001 eingeleiteter Sanierungsversuch traf zeitlich mit einem Nachfragerückgang (Folge der Terroranschläge in den USA) zusammen, so dass das Unternehmen zahlungsunfähig und im Frühjahr 2002 liquidiert wurde.

Im **interkontinentalen Bereich** sind bisher keine Entwicklungen zu sehen, die auf Globalisierungsstrategien durch Direktinvestitionen hinweisen. Minderheitsbeteiligungen europäischer Fluggesellschaften an US-Unternehmen (KLM an Northwest, British Airways an USAir, SAS an Continental) wurden ebenso aufgegeben wie die Strategie von Iberia, durch Beteiligungen an mittel- und südamerikanischen Fluggesellschaften (Ladeco/Chile, Aerolineas Argentinas, VIASA/Venezuela) eine Marktdominanz auf dem Südatlantik zu erreichen (vgl. Pompl 2002, S. 161). Air New Zealand kam durch die Übernahme der australischen Ansett (39% Marktanteil am inneraustralischen Luftverkehr), die 2001 unter Insolvenzverwaltung gestellt wurde, in erhebliche Schwierigkeiten (Verlust im Geschäftsjahr 2000/2001 in Höhe von DM 1,3 Mrd.) und konnte nur durch eine Staatsbeteiligung überleben.

Die beim gegenwärtigen Stand der bilateralen Luftverkehrsabkommen möglichen Minderheitsbeteiligungen scheinen nicht geeignet, einen wirksamen Einfluss auf die Unternehmenstätigkeit ausüben zu können. Oum/Yu (1997, S. 200) kommen zu dem Ergebnis: „A unidirectional investment in a foreign airline is like a double-edged sword. When the investment recipient does not perform well in its business, the investor airline is likely to lose most of their invested money. On the other hand, when the investment recipient succeeds and becomes financially competent, it may not want to become constrained by its investor partner's interference."

Fluggesellschaften	Nationalität	Flugzeuge
Preussag		
Hapag-Lloyd Flug	Deutschland	33
Britannia Airways (GB)	Großbritannien	31
Corsair	Frankreich	14
Britannia Airways (SWE)	Schweden	8
Hapag-Lloyd Netherlands	Niederlande	2
White Eagle Aviations	Polen	13/3*
Aerolyon	Frankreich	2
Neos	Italien	in Gründung
Thomas Cook		
Condor	Deutschland	33**
jmc Airlines	Großbritannien	29
Condor Berlin	Deutschland	12
Sun Express	Türkei	6
Thomas Cook Airlines Belgium	Belgien	(5) ***
* Von den 13 Flugzeugen werden 3 im Ferienflugverkehr und 10 im Frachtverkehr eingesetzt.		
** Davon 3 an Dutchbird (NL) verleast.		
*** von Condor und jmc geleast		

Quellen: FVW Nr. 21/01, S. 92; Touristik Report Nr. 20/01, S. 42

Abb. 2.4.3: Ferienfluggesellschaften deutscher Touristikunternehmen

Diejenigen **Ferienfluggesellschaften**, die in den letzten Jahren zu Unternehmensteilen internationaler Touristikkonzerne wurden (vgl. Abb. 2.4.3), haben eine zweifache Aufgabe zu lösen:

- die vertikale Integration als Leistungsträger in die Wertschöpfungskette der Reiseveranstalter. Dabei geht es vor allem um die Positionierung innerhalb des Unternehmens, konkret um die Entscheidung, ob bei der Planung von Flugzielen, Frequenzen, Verkehrstagen sowie bei der Auswahl der fremden Reiseveranstalter als Kunden und der Zuständigkeit für den Einzelplatzverkauf die Interessen der Fluggesellschaft oder die des Reiseveranstalters Priorität haben.
- die horizontale Integration der Fluggesellschaften in unterschiedlichen Ländern zu einer strategischen Einheit mit den Strategiealternativen Polyzentrismus, d. h länderspezifische Gesellschaften mit eigener Ergebnisverantwortung oder Zusammenführung zu einem Profitcenter mit länderübergreifender Flugverantwortung. Die am schnellsten zu realisierenden Synergieeffekte ergeben sich bei der Beschaffung durch gemeinsamen Einkauf von Treibstoff, Catering, Versicherungen, bei der Abfertigung von Flugzeugen und Passagieren, bei der Flugzeugwartung sowie durch den Wegfall redundanter Funktionen im Verwaltungsbereich. Problematisch erweist sich dagegen die Ausrichtung der Flotte, die, bedingt durch die bisherigen Aufgaben der einzelnen Fluggesellschaften, aus unterschiedlichen Typen, Bestuhlung und Flugzeuggröße besteht. Dies zeigt das

Beispiel Britannia Deutschland: Preussag erwarb mit Thomson auch dessen Ferienfluggesellschaft Britannia Deutschland. Sie wurde liquidiert, da sie wegen der Überkapazität auf deutschem Markt nicht benötigt wurde. Auch der auslastungssteigernde Einsatz der Langstreckenflotte von Britannia Airways GB als Niedrigpreisanbieter auf dem deutschen Markt wurde bisher nicht vollzogen, da das zur Bedienung über eine ganze Saison hinweg benötigte Aufkommen von der TUI nicht zu erbringen und die notwendige Kapazität kostengünstiger bei der Konkurrenzgesellschaft LTU zu decken waren. Zudem ergaben sich bei beiden Fluggesellschaften Probleme mit der Kundenakzeptanz hinsichtlich des Qualitätsniveaus von Inflight-Service und Sitzabstand sowie dem Image.

Für nicht konzerngebundene Ferienfluggesellschaften bieten sich kaum internationale Strategien an. Auf relevanten Auslandsmärkten treffen sie auf die Konkurrenz der konzerngebundenen Airlines, zudem sind sie von der Unternehmensgröße her nicht in der Lage, um vom Ausland aus kostenmäßig konkurrenzfähig zu sein. Auch die Möglichkeit des Verleasens nicht benötigter Flugzeuge an ausländische Luftverkehrsgesellschaften ist nur in Ausnahmefällen möglich.

2.4.4 Strategische Erfolgsfaktoren von internationalen Fluggesellschaften

Durch die Liberalisierung im nationalen und internationalen Luftverkehr ging den meisten Fluggesellschaften ein wesentlicher Erfolgsfaktor, der Schutz vor Wettbewerbern im Streckenangebot, bei der Preisgestaltung und im Vertrieb, im Bedarfsfalle sogar die Finanzierung von Defiziten, ersatzlos verloren.

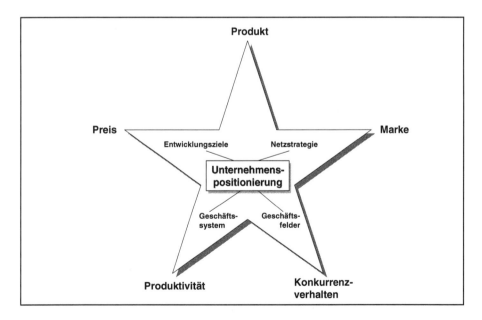

Abb. 2.4.4: Strategische Erfolgsfaktoren

Fluggesellschaften stehen nun in einem umfassenden Wettbewerb und haben nicht die Möglichkeit, mit einem einzigen Erfolgsfaktor (einzigartiges Produkt, räumliches Angebotsmonopol) ihre Wettbewerbsposition langfristig zu sichern. Zu den wichtigsten Faktoren, die nahezu alle betrieblichen Funktionen umfassen und nur ihrer Summe zu einer langfristig wettbewerbsfähigen Strategie führen, zählen Produkt, Preis, Produktivität, Marke und Konkurrenzstrategien (vgl. Abb. 2.4.4.4, vgl. dazu auch Diegruber 1991, S. 42 ff.; Weber 1997, S. 54 ff; Wiezorek 1998, S. 348; Pompl 2000, S. 77 ff. sowie ausführliche empirische Belege bei Oum/Yu 1997).

2.4.4.1 Produktgestaltung

Die Grundanforderung an das Produkt ist die fliegerische Kompetenz im technischen und operativen Bereich, die für sich alleine noch keinen Wettbewerbsvorteil schafft, aber bei Nichtvorhandensein zu Wettbewerbsnachteilen führt. Aus Kundensicht zählen dazu Sicherheit, Zuverlässigkeit (Einhaltung des veröffentlichten Flugplans) und Pünktlichkeit. Wesentliche Dimensionen zur Differenzierung des Angebots sind Netz- und Servicequalität. Die Netzqualität zeigt sich in der räumlichen und zeitlichen Dichte des Streckennetzes, zu der die Zahl der angebotenen Abflug- und Zielorte, die Frequenzen (Bedienungshäufigkeit einer Strecke pro Tag oder Woche) und die Zeitenlage der Flüge zählen. Bei Umsteigeflügen spielen die Reisezeit und die Hubqualität – Pünktlichkeitsniveau des Flughafens, Fußwege zwischen Ankunfts- und Abfluggates, Vorhandensein von Lounges – eine wichtige Rolle. So weisen etwa europäische Flughäfen ganz unterschiedliche Pünktlichkeitsniveaus auf: 2000 waren z. B. auf den Flughäfen Mailand-Malpensa, Madrid und Brüssel mehr als 30%, auf den Flughäfen Paris, Düsseldorf und Kopenhagen weniger als 20% aller innereuropäischen Abflüge um mehr als 15 Minuten verspätet (vgl. AEA 2001, S. I-12).

Die Servicequalität bezieht sich auf Umfang und Ausgestaltung der Leistungen vor dem Flug, während des Fluges und nach dem Flug. Besondere Differenzierungschancen liegen in der persönlichen Leistung der Mitarbeiter mit Kundenkontakt, da eine spezielle Servicekultur weder kurzfristig noch mit finanziellen Investitionen alleine zu kopieren ist. Weil insbesondere auf internationalen Flügen die Passagiere aus unterschiedlichen Kulturkreisen kommen, ist dies bei der Servicegestaltung zu berücksichtigen: Sprachkenntnisse und interkulturelle Sensibilität des Abfertigungs- und Kabinenpersonals sowie Berücksichtigung nationaler oder religiöser Eigenheiten bei der Verpflegung und den Audio- und Videoprogrammen.

Da im Luftverkehr kundenpräsenzbedingte Dienstleistungen erstellt werden, ist im Falle einer mangelhaften Leistung eine Nachbesserung kaum möglich. Es können meist nur Kompensationsleistungen zur Wiedergutmachung angeboten werden. So kann z. B. bei denied boarding infolge Überbuchung dem Passagier nur ein spätere Beförderung oder eine Umwegverbindung angeboten werden, also eine andere als die gebuchte Leistung; manche Fluggesellschaften offerieren hier eine zusätzliche Kompensation in Form von Geld oder Reisegutschein. „Do it right the first time" ist daher ein absoluter Serviceimperativ.

2.4.4.2 Preis

Wettbewerbsbestimmte Preise orientieren sich nur bedingt an der Kostendeckung eines Tarifs, sondern vor allem an der Ausgabebereitschaft der Kunden und den Preisen der Konkurrenz. Die Quersubventionierung eines nicht vollkostendeckenden Sondertarifs durch einen Tarif mit einem hohen Deckungsbeitrag ist betriebswirtschaftlich sinnvoll, wenn dadurch der Gesamtertrag eines Fluges gesteigert werden kann. Denn jeder ansonsten leer bleibende Sitz, der zu einem die variablen Kosten übersteigenden Preis verkauft werden kann, liefert einen Beitrag zu den Fixkosten und steigert damit den Gesamtertrag. Voraussetzung dafür ist allerdings die Stimmigkeit des Tarifmixes: Die Summe der Deckungsbeiträge aller Tarife eines Fluges muss größer als Null sein. Daraus erklären sich Tarifanomalien, bei denen ein längerer Flug billiger ist als ein kürzerer Flug (z. B. Frankfurt/Main – New York: € 259,-; Frankfurt/Main – Berlin: € 350,-) oder der gleiche Flug je nach Tageszeit oder Wochentag einen unterschiedlichen Preis aufweist. Mit Hilfe des Instruments der Preisdifferenzierung – ein im wesentlichen gleiches Produkt wird unterschiedlichen Nachfragergruppen zu unterschiedlichen Preisen angeboten – wird versucht, einerseits die Ausgabebereitschaft der preislich weniger elastisch reagierenden Passagiere abzuschöpfen und andererseits das Nachfragevolumen der preiselastisch reagierenden Kunden durch Sondertarife auszuschöpfen. Dies führt beim gleichen Flug zu einer Vielzahl von Tarifen und setzt unternehmensseitig die Kenntnis der unterschiedlichen Preisreaktionen der Nachfrager voraus. Eine zeitliche Optimierung der Preisdifferenzierung wird durch kurzfristige Preisaktionen (Einführung von Sondertarifen für eine begrenzte Zeitdauer), die schnell an die Nachfrager kommuniziert werden können, erreicht.

2.4.4.3 Produktivität

Unter dem Aspekt der Produktivität, dem Verhältnis von Input (hier Kosten) zu Output (hier Umsatzerlöse pro PKM), ist der Luftverkehr gegenwärtig durch folgende Situation gekennzeichnet: Die Kosten für wichtige Produktionsfaktoren steigen absolut (z. B. Personal, Flugzeuge, Gebühren für Flughafendienste, Flugsicherung), die Durchschnittserlöse fallen, denn während bei Normaltarifen Preissteigerungen durchgesetzt werden konnten, sind die Sondertarife billiger geworden und gleichzeitig ist der Anteil der zu Sondertarifen fliegenden Passagiere gestiegen. So haben sich beispielsweise für die europäischen Fluggesellschaften die Durchschnittserlöse pro PKT zwischen 1991 und 2000 von US$ 0,08 auf US$ 0,06 verringert (vgl. AEA 2001, S. I-8). Die Fluggesellschaften stehen also vor der strategischen Aufgabe, Kostensenkungen und Ertragssteigerungen zu erreichen; zudem befinden sich die europäische Fluggesellschaften auf wichtigen interkontinentalen Strecken in Konkurrenz zu Fluggesellschaften mit niedrigerem Kostenniveau („europäische Kosten, asiatische Preise").

Kostensenkungen werden durch die Restrukturierung von Unternehmensorganisation und -prozessen angestrebt, nämlich durch:

- Verschlankung der Organisation durch Abbau überschüssiger Hierarchiestufen und nichtproduktiver Stäbe,

- Verringerung der Fertigungstiefe durch Outsourcing strategisch nicht bedeutsamer Aktivitäten,
- Produktionsverlagerung ins Ausland zur Nutzung internationaler Kostenunterschiede und Beschäftigung ausländischen Personals,
- Reduzierung der Vertriebskosten: Im traditionellen Vertrieb über die Agenturen fallen Kosten in Höhe von ca. 25% der Einnahmen für Provisionen, CRS-Gebühren, Kreditkarten-Gebühren und interne Reservierung an. Die Fluggesellschaften forcieren daher den Direktvertrieb mit Key Accounts (Großabnehmern) und nehmen Provisionssenkungen vor (vgl. Conrady/Orth 2001, S. 64).
- Ausbau der kostenwirksamen Synergieeffekte von Kooperationen.

Strategien der **Ertragssteigerung** sind der Einsatz der Preisdifferenzierung, die Verstärkung der Kundenbindung durch Customer Relationship Management, die Vermeidung von Ertragsverlusten durch Sondertarife mit Hilfe der computergestützten Preis-Mengensteuerung (Yield-Management) sowie der Ausbau der ertragswirksamen Effekte von Kooperationen im Rahmen des Netzmanagements. Das Netzmanagement besteht aus den drei Komponenten:

- Netzentwicklung, der langfristigen (zwei bis zehn Jahre) Planung von Streckennetz, Flottenstruktur und Kapazitätsdimensionierung,
- Netzplanung, der mittelfristigen (zwei Jahre bis vier Wochen) Festlegung von Flugpreisen und Kapazitätsoptimierung, sowie der
- Netzsteuerung, der kurzfristigen Kapazitäts- und Preisoptimierung durch Kapazitätsanpassung durch Equipment Change (Wechsel des Fluggeräts), Zusatzfrequenzen, Version Change (Änderung der Zahl der Sitze je Beförderungsklasse), dem Pricing (Preisniveau und Preisdifferenzierung) sowie dem Yield Management (Lufthansa 1997, S. 9 ff.).

Yield Management bedeutet eine computergestützte dynamische Preis-Mengensteuerung des Verkaufs auf der Basis der Ertragswertigkeit einer Buchung und der systematischen Überbuchungssteuerung. Damit sollen in Engpasssituationen (Nachfrage größer als Angebot) nur die jeweils ertragsstärksten Buchungen vorgenommen und eine Optimierung der No Show-Problemlösung (No Show = gebuchter Fluggast, der zu einem bestätigten Flug nicht erscheint und die Reservierung nicht storniert) erreicht werden. Da Vollzahler (Normaltarif) in der Regel kurzfristiger buchen als Nutzer von Sondertarifen besteht das Problem, dass bei einem ausgebuchten Flug der Passagiermix insofern nicht optimal ist, als die Nachfrage nach Plätzen zum Normaltarif nicht mehr befriedigt werden kann, da die benötigte Kapazität schon zu ertragsschwächeren Sondertarifen verkauft wurde. Um diesen Ertragsverlust zu vermeiden, werden auf der Basis von Verkaufsprognosen für einen bestimmten Flug innerhalb der einzelnen Beförderungsklassen Ertragsklassen gebildet, denen eine periodisch angepasste flexible Kapazität zugeordnet wird. Ist absehbar, dass die Nachfrage in einer höherwertigen Ertragsklasse die zugeordnete Kapazität übersteigt, wird diese durch Reduzierung der Kapazität einer niederwertigeren Ertragsklasse erhöht. Ist umgekehrt abzusehen, dass die für eine höherwertige Ertragsklasse vorgehaltene Kapazität nicht gefüllt werden kann, wird diese reduziert und niederwertigeren Ertragsklassen zugeordnet, deren Absatz im

Bedarfsfall durch zusätzliche Preispromotions, z. B. Last Minute-Angebote, gefördert werden kann. Die Wertigkeit einer Buchung wird im einfachsten Fall durch ihren Preis bestimmt. Da dies aber dazu führen kann, dass eine Kurzstreckennachfrage eine Langstreckennachfrage blockiert (vgl. Abb. 2.4.5), beziehen fortgeschrittene Systeme den Reiseweg (Origin and Destination, O&D) einer Buchung ein, d. h. es erfolgt eine reisewegbezogene ODMS-Steuerung (Origin and Destination Revenue Management System) auf der Basis des Bid Price. Dies ist ein Mindestpreis, zu dem der nächste Sitz verkauft werden soll; Buchungsklassen mit Preisen oberhalb des Bid Prices sind offen, Buchungsklassen mit Preisen unterhalb des Bid Prices sind geschlossen. Weitere Optimierungen ergeben sich durch Berücksichtigung des Verkaufsursprungs (je nach Verkaufsland unterschiedliche Flugpreise, durch Währungsschwankungen bedingte Erlösschwankungen; Kosten des Vertriebswegs) und des Zeitwerts des Kunden (Vielflieger haben eine höhere Ertragswertigkeit als Einmalflieger). In Bezug auf den Ausbau und die Integration der Strategischen Allianzen kommt Döring (1999, S. 126) zu dem Ergebnis, „dass Netzpotentiale den Prozess maßgeblich treiben. Mit enger werdenden Allianzbünden rückt jetzt Netzwerkmanagement in den Focus der Integrationsbemühungen."

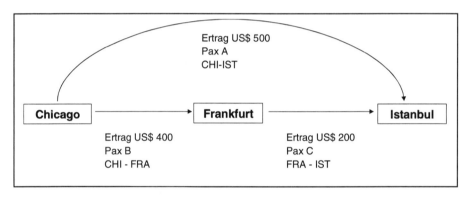

Quelle: Lufthansa 1997: Netzsteuerung, S. 21

Abb. 2.4.5: Wertigkeit von Buchungen

Das Now Show-Problem ergibt sich aus den flexiblen Anwendungsbedingungen der Normaltarife. Diese sind auf die Bedürfnisse der Geschäftsreisenden ausgerichtet und sind daher weitgehend restriktionsfrei. So ist hier die kostenlose Stornierung eines Fluges ohne vorherige Information der Fluggesellschaft möglich. Daraus ergibt sich die Situation, dass bei ausgebuchten Flügen reservierte Plätze von nicht erschienen Passagieren (No Shows) nicht belegt sind, obwohl dafür eine Nachfrage von anderen Kunden vorliegt. Die Fluggesellschaft erleidet also einen Ertragsverlust, der durch Überbuchung vermieden werden kann. Trifft die Stornierungsprognose zu, dann entspricht die Zahl der Überbuchungen genau der Zahl der Now Shows. Ist die Überbuchungsrate zu gering, entstehen Leerkosten; ist sie zu hoch, müssen Passagiere abgewiesen werden (denied boarding) und es entstehen Fehlmengenkosten (Telefon-, Verpflegungs- und Übernachtungskosten, alternative Beförderung,

Entschädigungszahlungen an Passagiere – in der EU geregelt durch Verordnung EWG Nr. 295/91 des Rates – sowie ein Goodwill-Verlust). Die im Rahmen des Yield Managements ermittelten Buchungsdaten werden in die No Show-Prognosen übernommen und ermöglichen die Optimierung der Überbuchungsraten.

2.4.4.4 Marke

Bei immateriellen Gütern besteht für den Erwerber insofern ein besonderes Kaufrisiko, als er das Produkt nicht in Augenschein nehmen kann, da es erst zu einem späteren Zeitpunkt erstellt wird – man kann nicht analog zum Probefahren eines Autos mal kurz probefliegen. Eine Methode der Risikoreduzierung besteht darin, das Image der Marke in die Entscheidungsfindung einzubeziehen. Für Luftverkehrsgesellschaften ist das Vertrauen in ihre Marke durch den sicherheitssensiblen Charakter von Flugdienstleistungen überlebenswichtig. Zudem kann die Marke als Differenzierungskriterium gegenüber Wettbewerbern eingesetzt werden. Insbesondere dann, wenn der beabsichtigte Flug von mehreren Fluggesellschaften etwa zeitgleich und zu ähnlichen Preisen angeboten wird, wird das Markenimage zu einem Entscheidungskriterium (vgl. Dempsey/Gesell 1997, S. 55). Daher gilt es, ein positives Markenimage aufzubauen und zu pflegen; nach einem Flugunfall wird die Schadensbegrenzung für die Marke zu einem Teil des Krisenmanagements. Internationale Fluggesellschaften greifen in ihrer Kommunikationspolitik auf kulturelle Aspekte zurück und stellen neben der fliegerischen Kompetenz die vermuteten oder tatsächlichen nationalen Stärken (z. B. Freundlichkeit der Asiaten, technische Kompetenz der Deutschen) heraus.

Bei Allianzcarriern ergibt sich immer dann ein Markenproblem, wenn ein Code Share-Partner hinsichtlich Pünktlichkeit, Serviceniveau und Sicherheit ein schlechteres Image aufweist. Dazu stellt Netzer (1999, S. 172) fest: „Ein großes Sicherheitsgefälle zwischen den Partnern wäre der Erfüllung der Nutzenerwartung ‚weltweiter Sicherheitsstandard' daher abträglich. Steigt ein Passagier beispielsweise auf einem Code Share-Flug von American Airlines in ein Flugzeug dessen Allianzpartners China Airlines um, erhöht sich statistisch gesehen sein Risiko, mit der Maschine abzustürzen, um das 76-fache."

2.4.5 Aspekte des operativen Managements

2.4.5.1 Die politische Dimension: Public Affairs Management

War das Verhältnis zwischen dem Staat und den Fluggesellschaften früher durch eine Interessenidentität von Nationalstaat und seinem Flag Carrier bestimmt, so hat sich die Luftverkehrspolitik heute mit mehreren konkurrierenden privaten Unternehmen, divergierenden Interessen von Unternehmen und Staat (z. B. hinsichtlich der Umweltpolitik) und verstärkter Berücksichtigung der internationalen Dimensionen auf nationaler, europäischer und interkontinentaler Ebene zu befassen. Für die Politik ist die Luftverkehrsbranche wegen ihres Beitrags zur Beschäftigungssituation, zur Deckung des Mobilitätsbedarfs von Ökonomie und Gesellschaft und zur Entwicklung innovativer Technologien ein bedeutsamer, wegen seiner Auswirkungen auf die Umwelt (Lärm, Schadstoffemissionen, Ressourcenverbrauch) aber auch problematischer Wirtschaftszweig.

Da die staatlichen Organe die Rahmenbedingungen für die Tätigkeit von Luftverkehrsgesellschaften in Bezug auf Verkehrsrechte, Ausbau der Infrastruktur, Umweltnormen, Steuern, Zulassung von technischem Gerät und Personal setzen, liegt es im Interesse der Unternehmen, diese Entscheidungen zu ihren Gunsten zu beeinflussen. Zudem versucht die Politik in unterschiedlichem Maße, direkt auf das Management von Fluggesellschaften einzuwirken, z. B. bei der Besetzung von Management- und Aufsichtsratsposten mit politisch nahe stehenden Personen oder der Bedienung unrentabler aber politisch gewünschter Strecken und ist dabei weniger von betriebswirtschaftlichen als von politischen Motiven geleitet. „Häufig versuchen Regierungen auch Einfluß auf die eingesetzten Flugzeugtypen, die Zusammensetzung der Kapitalgeber und die Vornahme etwaiger Beteiligungen vorzunehmen. Des Weiteren sind Sonderleistungen für den Staatsapparat weit verbreitet, z. B. in Form von kostenlosen oder stark verbilligten Flügen für Regierungsbedienstete" (Wiezorek 1998, S. 197; vgl. auch Doganis 2001, S. 184 - 209).

In der Europäischen Union befürchten die Fluggesellschaften eine Re-Regulierung, die nicht nur wettbewerbsüberwachend den Missbrauch von Marktmacht verhindern soll sondern auch wettbewerbsbeschränkend und –verzerrend insbesondere die wettbewerbsstarken Unternehmen in ihren Entfaltungsmöglichkeiten behindern kann (vgl. ausführlich Kyrou 2000). Begründet mit Aspekten der Sicherung des Wettbewerbs (Unternehmensbeteiligung und Allianzen, Zuteilungsregelungen für die Vergabe von Start- und Landezeiten, Verhaltenskodex für CRS-Betreiber), des Umweltschutzes (Kerosinsteuer, Nachtflugverbote), des Konsumentenschutzes (Überbuchungsregelungen, Tarifbedingungen) und des Arbeitnehmerschutzes (Arbeitszeiten) setzen die Kommission und der Ministerrat der EU in immer mehr Bereichen auf regulative statt auf markwirtschaftliche Lösungen.

Um im Rahmen des Public Affairs Managements auf diese staatlichen Aktivitäten einwirken zu können, betreiben die Fluggesellschaften Lobbying als **strategisches Informationsmanagement**. Durch Lobbying „werden legistische und administrative Entscheidungen von Behörden und offiziellen Institutionen (...) durch Personen, die selbst nicht Teil des Entscheidungsprozesses sind" beeinflusst (Köppl 1998, S. 3). Lobbyismus ist ein legales Tauschgeschäft (auch wenn Missbrauch durch Begünstigung oder Nötigung vorkommen). Einerseits benötigen politische Entscheidungsträger Informationen, über die sie selbst nicht verfügen, um Entscheidungen politisch tragfähig und sachlich realisierbar zu gestalten, andererseits ist dieser Input in die Politik für die Unternehmen kein Selbstzweck sondern eine Möglichkeit, die eigenen Unternehmens- oder Brancheninteressen darstellen und dafür Gehör finden zu können. Daher unterhalten die Branchenverbände und alle großen Fluggesellschaften Repräsentanzen in Brüssel und den jeweiligen politischen Hauptstädten. Unternehmensspezifische Lobbyarbeit wird dann notwendig, wenn die eigenen Interessen durch übergelagerte Verbände oder Organisationen nicht mehr effizient vertreten werden können, da diese Mitglieder mit konfligierenden Interessen haben (z. B. Slotverteilung). Neben der Schaffung eines Netzwerkes persönlicher Kontakte zu Schlüsselpersonen in Politik und Verwaltung zeigt sich Lobbying in der:

- Beteiligung an Hearings;
- Abgabe von Stellungnahmen über mögliche Auswirkungen geplanter Entscheidungen, Einbringen von Vorschlägen und Forderungen in die Beratungen;
- Einschaltung der nationalen Fachminister, um die EU-Kommission unter Druck zu setzen;
- Sicherstellen, dass das Unternehmen frühzeitig über alle luftverkehrsrelevanten Entwicklungen informiert ist;
- Profilierung des Unternehmens, um seine Bedeutung für Wirtschaft und Gesellschaft besonders herauszustellen.

2.4.5.2 Krisenmanagement

Die terroristischen Angriffe in den USA vom September 2001 und ihre Folgen – Nachfrageeinbrüche und Anstieg der Sicherheits- und Versicherungskosten – haben erneut die Krisenanfälligkeit des Luftverkehrs gezeigt. Die Fluggesellschaften mussten ohne Vorwarnung auf operative Probleme reagieren und ihre strategischen Entwicklungspläne revidieren. Unternehmen müssen auf unerwartete Störgrößen aus der Umwelt vorbereitet sein. Diese können sich ergeben aus:

- Streiks des eigenen Personals, der Fluglotsen, der Mitarbeiter auf Flughäfen und bei Beförderungsunternehmen des Ab- und Zubringerverkehrs,
- Flugunfällen bis hin zu Abstürzen,
- Nachfrageeinbrüchen als Folge von Naturereignissen in den Zielgebieten, von Kriegen, kriegsähnlichen Ereignissen oder Terrorattacken,
- kurzfristig einsetzenden und anhaltenden Kostensteigerungen durch Kerosinpreise und Währungsschwankungen, die nur für eine bestimmte Zeit durch Devisensicherungsgeschäfte und Terminkontrakte abgesichert werden können.

Die Schwierigkeiten von Krisen, die direkt oder indirekt zu Nachfragerückgängen führen, liegen für die Fluggesellschaften nicht nur in der Nichtvorhersehbarkeit ihres Eintretens, sondern auch in den betriebswirtschaftlichen Besonderheiten von Dienstleistungsunternehmen. Die Kostenstruktur ist durch einen hohen Fixkostenanteil gekennzeichnet: Bei Nachfragerückgängen bleibt der Großteil der Kosten bestehen, weil das Produktionsprogramm nicht sofort darauf reagieren kann. Bei Kapazitätsabbau können Flugzeuge zwar stillgelegt werden, die von ihnen verursachten Finanzierungskosten, z. B. bei Leasing, aber fallen weiterhin an. Zumindest in Europa sind kurzfristige Entlassungen des Personals in größerem Umfang nicht möglich. Streckeneinstellungen haben bei Liniengesellschaften infolge der Netzorientierung des Geschäftssystems Auswirkungen auf die gesamte Angebotsqualität und verstärken den Nachfragerückgang insbesondere bei Umsteigeverbindungen. Die Situation wird noch dadurch verschärft, dass schon beim normalen Geschäftsverlauf die erreichten Sitzladefaktoren nur knapp über dem Break-Even-Point liegen und daher bereits ein geringer Rückgang das Betriebsergebnis stark beeinflusst bzw. zu Verlusten führt. Zudem waren die meisten Unternehmen in der Vergangenheit nur bedingt dazu in der Lage, größere Rücklagen aufzubauen, da infolge des zyklischen Verlaufs Gewinnperioden immer wieder von Verlustperioden abgelöst wurden.

Krisenmanagement (vgl. Dreyer 2000, Bergauer 2000, Glaeßer 2001) besteht in der

- strategischen und operativen Frühaufklärung, um rechtzeitig potentielle Krisensituationen zu erkennen und mögliche Auswirkungen antizipieren zu können;
- Planung von Finanz-, Sach- und Beschäftigungszielen und operativen Maßnahmen;
- Steuerung der Krisenprogramme;
- Kontrolle der finanziellen und operativen Wirkung von krisenbedingten Maßnahmen;
- Öffentlichkeitsarbeit, die durch Lobbying dazu beiträgt, dass die politischen Entscheidungsträger Ausnahmeregelungen und Finanzhilfen gewähren und erreichen will, dass das Erscheinungsbild des Unternehmens in der Öffentlichkeit und insbesondere bei den Kunden nicht geschädigt wird.

2.4.5.3 Interkulturelles Management

Die Internationalität des Fluggeschäfts führt in allen betrieblichen Funktionsbereichen zur Interaktion von Personen aus unterschiedlichen nationalen/ethnischen/religiösen Kulturen. Die Erwartungen an die Produkte sind zwar materiell und prozessmäßig auf Grund der produktionsseitig vorgegebenen Standardisierung weitgehend kulturneutral, im Bereich der persönlichen Dienstleistungen aber durchaus kulturspezifisch unterschiedlich (vgl. Pompl 1998, S. 105 ff.). Es ist daher erstaunlich, dass dem Thema interkulturelles Management im Luftverkehr weder in der Literatur noch in der betrieblichen Praxis bisher kaum Interesse geschenkt wird. Situationen, in denen die interkulturelle Dimension von Bedeutung ist, ergeben sich bei Kontakten zu den Passagieren, der Kooperation bei der Leistungserstellung, den Outsourcing-Aktivitäten, beim Betrieb von Auslandsniederlassungen (z. B. bei der Entsendung von Personal, vgl. Kap. 3.1) und beim Management Strategischer Allianzen.

2.4.6 Ausblick

Das Wettbewerbsumfeld der Luftverkehrsgesellschaften bleibt dynamisch, da

- einerseits die Liberalisierungsbestrebungen noch nicht abgeschlossen sind und andererseits die Gefahr der Re-Regulierung besteht;
- die Existenz früherer Flag Carrier gefährdet ist, insbesondere jener, deren nationales Aufkommen zu gering ist, um ein interkontinentales Streckennetz aufrecht zu erhalten und die aus unterschiedlichen Gründen nicht darauf verzichten wollen;
- die national ownership rule teilweise gelockert wird. In Europa ist absehbar, dass in Bezug auf die Luftverkehrsabkommen die Außenkompetenz mittelfristig auf die EU-Kommission übergeht und es zu einem Verteilungskampf über die so erworbenen Verkehrsrechte kommen wird;
- davon auszugehen ist, dass auch zukünftig äußere Einflüsse, insbesondere solche politischer und terroristischer Art, Nachfrageeinbrüche verursachen werden, die die Rentabilität oder sogar den Bestand der Fluggesellschaften bedrohen.

Der Luftverkehr ist auch ohne außergewöhnliche Ereignisse periodischen Nachfrageschwankungen unterworfen, die den Zyklen des wirtschaftlichen Wachstums folgen (nach

Oum/Yu 1997, S. 199); dies erfordert eine permanente Anpassung an sich verändernde Situationen bis hin zum Krisenmanagement.

Die Allianzentwicklung wird auf allen Ebenen fortschreiten, zunehmend mehr betriebliche Funktionen erfassen und langfristig wahrscheinlich auch zu gegenseitigen Beteiligungen führen. Da die bestehenden Strategischen Allianzen noch keine festen Verbünde und bisher eher Schönwetterallianzen sind, stehen deren Bewährungsproben noch aus. Konkurse, strategische Neuorientierungen und Übernahmen durch allianzfremde Fluggesellschaften insbesondere im Rahmen anstehender Privatisierungen können das gegenwärtige Allianzgefüge erheblich verändern.

Das dynamische Wachstum der Low Cost-Carrier bedroht die Rentabilität der innereuropäischen Strecken der Full Service-Liniengesellschaften und damit deren bisheriges Geschäftssystem. Sie werden gezwungen sein, alternative Modelle wie den virtuellen Betrieb von Low Cost-Gesellschaften oder der Schrumpfung durch Konzentration auf den internationalen Verkehr und dessen Zu- und Abbringerdienste zu entwickeln.

Die Wettbewerbsparameter und Erfolgsfaktoren von Luftverkehrsgesellschaften sind wegen der grenzüberschreitenden Märkte schon seit jeher international bestimmt. Die von den Globalisierungstendenzen der Weltwirtschaft getriebene internationale Komponente nimmt zu, sei es im Bereich des Global Sourcing, der internationalen Allianzen, des Service bei Verkauf und Beförderung oder der finanziellen Beteiligungen. Besonders bedeutsam erscheint dabei, dass der intensivierte Kontakt zwischen Personen – Mitarbeitern mit unterschiedlichen Unternehmenskulturen und Kunden aus unterschiedlichen Ethnien – dem Management die zunehmend wichtiger werdende Dimension des interkulturellen Managements zuweist, die als Querschnittsfunktion alle betriebswirtschaftlichen Funktionen von Fluggesellschaften tangiert.

Literaturverzeichnis

Association of European Airlines (AEA) 2001: Yearbook 2001, Brüssel
Bergauer, A. 2000: Erfolgreiches Krisenmanagement in der Unternehmung, Bielefeld
Becker, J. 1992: Marketing-Konzeption, Grundlagen des strategischen Marketing-Managements, 4. A., München
Conrady, R./Orth, M. 2001: Der Lufthansa InfoFlyway im Rahmen der Direktvertriebsstrategie der Deutschen Lufthansa AG, in: *Link, J./Tiedtke, D. (Hrsg.):* Erfolgreiche Praxisbeispiele im Online Marketing, Berlin/Heidelberg/New York, S. 58-82
Dempsey, P. S./Gesell, L. E. 1997: Airline Management, Chandler
Diegruber, J. 1991: Erfolgsfaktoren nationaler europäischer Linienluftverkehrsgesellschaften im Markt der 90er Jahre, Konstanz
Döring, T. 1999: Airline-Netzwerkmanagement aus kybernetischer Perspektive, Bern/Stuttgart/Wien
Doganis, R. 2001: The airline business in the 21st century, London

Dreyer, A. u. a. 2001: Krisenmanagement im Tourismus, München/Wien
Dülfer, A. 2001: Internationales Management in unterschiedlichen Kulturbereichen, 6. A., München/Wien
Europäische Kommission 1996: Auswirkungen des dritten Paketes von Maßnahmen zur Liberalisierung des Luftverkehrs, KOM (96) endg. vom 22.10.1996, Brüssel
Freyer, W. 2001: Tourismus-Marketing, 3. A., München/Wien
Glaeser, D. 2001: Krisenmanagement im Tourismus, Frankfurt/Main
FVW International, Nr. 21/2001
Hanlon, J. 1999: Global Airlines, 2. A., Oxford
Koppl, P. 1998: Lobbying als strategisches Interessenmanagement, in: *Scheff, J./Gutschelhofer, A. (Hrsg.):* Lobby Management, Wien, S. 1-35
Kyrou, D. 2000: Lobbying the European Commission: the case of air transport, Ashgate
Lufthansa 1997: Netzsteuerung, Frankfurt/Main
Lufthansa 2001: Weltluftverkehr Lufthansa und Konkurrenz, Köln
Lufthanseat, Nr. 782/2001
Netzer, F. 1999: Strategische Allianzen im Luftverkehr, Frankfurt/Main
Organisation for Economic Co-Operation and Development (OECD) (Hrsg.) 1997: The Future of International Air Transport Policy: Responding to Global Challenge, Paris
Oum, T./Yu, C. 1997: Winning Airlines: Productivity and Cost Competitiveness of the World's Major Airlines, Boston
Pompl, W. 1998: Touristikmanagement 1, 2. A., Berlin/Heidelberg/New York
Pompl, W. 2000: Erfolgsfaktoren im Management von Fluggesellschaften, in: *Gewald, S. (Hrsg):* Handbuch des Touristik- und Hotelmanagement, München/Wien, S. 77-81
Pompl, W. 2002: Luftverkehr, 4. A., Berlin/Heidelberg/New York
Porter, M. (1989): Der Wettbewerb auf globalen Märkten, in: *Porter, M. (Hrsg.):* Globaler Wettbewerb, Wiesbaden
Shifrin, C. 2001: Executive experiment, in: *Airline Business,* August 2001, S. 76-78
Weber, G. 1997: Erfolgsfaktoren im Kerngeschäft von europäischen Luftverkehrsgesellschaften, Bamberg
Wiezorek, B. 1998: Strategien europäischer Fluggesellschaften in einem liberalisierten Weltluftverkehr, Frankfurt/Main

2.5 Internationale Expansionsstrategien in der Hotelbranche

Georg Seitz

2.5.1 Einleitung 211
    2.5.1.1 Internationalisierung – Globalisierung 211
    2.5.1.2 Hotellerie 211
    2.5.1.3 Ziele der Expansion 212

2.5.2 Determinanten der Expansionsfähigkeit 213
    2.5.2.1 Voraussetzungen in den Zielländern 213
    2.5.2.2 Voraussetzungen in der Hotellerie 214

2.5.3 Die Produktpolitik 214
    2.5.3.1 Größen- und Ausstattungsmerkmale 214
    2.5.3.2 Personalwesen 216
        2.5.3.2.1 Personalplanung und Rekrutierung 216
        2.5.3.2.2 Personalbetreuung und Personalentwicklung 216

2.5.4 Das Branding 217
    2.5.4.1 Die Globalisierung des Hotelmarktes 217
    2.5.4.2 Der europäische Hotelmarkt 220
    2.5.4.3 Die Wahl der Markenstrategien 221

2.5.5 Die Distributionspolitik per E-Business 221

2.5.6 Die Managementpolitik als Expansionsmotor 224
    2.5.6.1 Vertragsvarianten zwischen Hotelinvestoren und –betreibern 224
        2.5.6.1.1 Der Pachtvertrag 225
        2.5.6.1.2 Der Managementvertrag 226
        2.5.6.1.3 Der Franchisevertrag 227

Prof. Dr. rer. oec. Georg Seitz, Dipl.-Kfm., wuchs im elterlichen Hotelbetrieb auf und absolvierte Praktika in Hotelbetrieben in Italien, Frankreich und Österreich. 1966 bis 1970 studierte er Betriebswirtschaftslehre an der Universität Mannheim. Nach seinem Studium war er Lehrbeauftragter (FH Ludwigshafen) und Geschäftsführer in verschiedenen Hotelbetrieben und promovierte 1978. Studienaufenthalte in Cornell University School of Hotel Administration (USA) ergänzten die Ausbildung. Seit 1979 ist er Professor an der FH Heilbronn, wo er schwerpunktmäßig ‚Hotelbetriebswirtschaft' lehrt und auch Forschungstätigkeiten in diesem Bereich leitet.

2.5.7 Konsolidierung und Wachstum 229
    2.5.7.1 Der Kauf 230
    2.5.7.2 Die Fusionierung 230
    2.5.7.3 Die Bildung von Joint Ventures 230
    2.5.7.4 Die Bildung von Allianzen 231
    2.5.7.5 Die Vergabe von Namenslizenzen 231
    2.5.7.6 Das Betreiben mittels Pacht-, Management- oder Franchisevertrag ... 231

2.5.8 Resümee 232

Literaturverzeichnis 233

2.5.1 Einleitung

2.5.1.1 Internationalisierung – Globalisierung

Der Begriff der ‚Internationalisierung' wird gelegentlich gleichgesetzt mit ‚Globalisierung'. Freyer charakterisiert ‚Globalisierung' mit Vereinheitlichung und Standardisierung von Unternehmensprozessen auf der Anbieterseite und eine relative Homogenität auf der Nachfragerseite (vgl. Freyer 2000, S. 21f). Insoweit meint ‚Globalisierung' eine spezielle Variante der Internationalisierung. Ein weiterer Gesichtspunkt, der zur Differenzierung der beiden Begriffe beiträgt, ist, dass ‚Internationalisierung' eher produktbezogen gesehen wird, quasi als grenzüberschreitender Produkthandelsstrom (internationale Kollektion, Modellreihe etc.). ‚Globalisierung' schließt jedenfalls den länderübergreifenden Transfer von Produktionsfaktoren ein (Johnson 1996, S. 336). Die internationale Expansion der Hotellerie wird, wie später noch aufgezeigt wird, ausschließlich von Hotelkonzernen (Hotelketten, Hotelgesellschaften) mit weltweit standardisierten Hoteltypen, identischem Leistungsangebot und Markennamen betrieben. Dies bedeutet, dass die Leistungserstellung mit den vor Ort platzierten Produktionsfaktoren (standortbezogen und kundenpräsenzbedingt) erfolgt. Insoweit kann in diesem Kontext einer Begriffsgleichstellung von Internationalisierung und Globalisierung entsprochen werden.

2.5.1.2 Hotellerie

Zahlreiche Definitions- und Systematisierungskriterien (vgl. Seitz 1997, S. 26ff) beziehen sich auf die Konzernhotellerie. Sie umfasst Hotels, die in einem Hotelkonzern zusammengefasst sind und deren wirtschaftliche Selbständigkeit gemäß den Zielen der Hotelgesellschaft ganz oder teilweise eingeschränkt ist (vgl. Seitz 1997, S. 61). Das vorrangige Ziel, die Ertragslage der Häuser langfristig zu sichern, führt erstens über die **Steigerung der Wirtschaftlichkeit**. Dies gelingt durch die Erzielung von Rationalisierungseffekten und damit durch Kostensenkung im Rahmen der großzahligen Wirtschaftseinheiten (Skalenvorteile) (vgl. Schultze 1993, S. 132). Zum zweiten erfährt die **Wettbewerbsfähigkeit** eine Stärkung durch die Verbesserung der Marktstellung und durch den Markennamen gegenüber Kunden, Lieferanten und Kreditgebern. Drittens erfolgt eine **Verteilung der unternehmerischen Risikos** auf Häuser mit guten Betriebsergebnissen und auf solche mit weniger befriedigenden Ergebnissen. Die Marktchancen sind auch deshalb als günstig einzustufen, weil die Konzernhotellerie mit folgenden Vorteilen ausgestattet ist:

- In der Standortbeschaffung hat sie einen erleichterten Zugang durch ihre Marktmacht, den Markennamen und dem akquisitorischen Potential, das sie dem Standort einbringt.
- In der Personalbeschaffung hat sie wegen der Reputation des Konzerns, den Aus- und Weiterbildungsmöglichkeiten und Aufstiegsmöglichkeiten bessere Möglichkeiten.
- Konzerneigene Reservierungssysteme werden in zunehmendem Maße zum Verkaufsinstrument.

Business-Hotellerie

Das Business-Hotel für den Geschäftsreisenden ist der Standardtyp des Konzernhotels. Es ist als 4*-5* klassifiziert und ist an 1A Standorten (Großstädten über 100 000 Einwohner) in Zentrumslage angesiedelt.

Resort-Hotels

Mit zunehmender Verbreitung und Standortsättigung der Business-Hotels orientierten sich die Hotelkonzerne an attraktiven Feriendestinationen, um unter Ausnutzung ihres Markenpotentiales und Bekanntheitsgrades Ferienhotels mit dem Namenszusatz ‚Resort' zu etablieren (z. B. Kempinski Hotels & Resorts). Die Vermarktung dieser Häuser findet sowohl über das konzerneigene Computerreservierungssystem (CRS) als auch über Reiseveranstalter statt.

Ferien-Hotellerie

Darunter sollen jene Hotels gemeint sein, die Bestandteil der großen Reisekonzerne wie TUI–Group oder Thomas Cook sind (oder werden). Diese ergänzen damit ihre Wertschöpfungskette weiter um die Hotelleistung unter dem eigenen (Marken) Dach.

2.5.1.3 Ziele der Expansion

Die Standortgebundenheit der Hotelleistung (Residenzprinzip) bedingt im Konzernverbund von vorneherein Expansionstendenzen, um mithilfe der Marktmacht weitere ertragreiche Standorte zu besetzen. Die Hauptziele des Konzerns müssen **Wachstum** und **Gewinn** sein (vgl. Go/Pine 1995, S. 221). Wachstum wird erreicht mit einem am Markt klar positionierten Produkt, das die Nachfrage solcher Segmente befriedigt, die möglichst über das Potential verfügen, auch in neu zur Expansion anstehenden Märkten Nachfrage zu produzieren. Gewinn wird grundsätzlich generiert durch Umsatzerhöhung, Produktivitätssteigerungs- und Kostensenkungsmaßnahmen, d. h. durch Erhöhung der Wirtschaftlichkeit. Für die Realisierung dieser Ziele ist die Konzernhotellerie begünstigt, weil sie mit dem Vorteil der Großzahligkeit folgende Skaleneffekte darstellen kann:

- Mit der Anzahl der Betriebe wachsen analog die Verbreitungsmultiplikatoren (gemäß dem angestrebten Radius) zur Durchsetzung des Markennamens.
- Das Ausmaß der Standardisierung der Betriebe bestimmt die Identität untereinander und damit die Wirksamkeit der Verbreitung der Marke.
- Der Begriff Standardisierung umfasst die Einheitlichkeit bestimmter Normen, wie z. B. Zimmergröße, Zimmerausstattung, Food & Beverage (F&B)-Angebot, Service- und Qualitätsstandards.
- Durch ein zentrales Rechnungswesen, Controlling und Budgetierung ergeben sich Rationalisierungsvorteile und eine effizientere Führung.
- Operative Kostenvorteile entstehen durch Produktivitätsstandards im Housekeeping, in der Küche (Rezepturen), durch Servicestandards sowie bei der Instandhaltung und Renovierung.

- Einkaufsvorteile durch große Verhandlungsmacht zeitigen entsprechende Kostenvorteile.
- Umsatzsteigerungen werden generiert durch zentrale Marketing-Aktivitäten und zentrale computerisierte Reservierungssysteme.

2.5.2 Determinanten der Expansionsfähigkeit

2.5.2.1 Voraussetzungen in den Zielländern

Sowohl für die Business- als auch die Ferienhotellerie sind folgende Faktoren für deren Expansionsentscheidung bestimmend (vgl. Lingenfelder/Reis 1998, S. 190 f.):

- Wachstumsaussichten und Wirtschaftsdynamik der betreffenden Volkswirtschaft,
- die politische und ökonomische Stabilität des Gastlandes,
- seine Infrastruktur,
- die wirtschaftliche Bedeutung des Standortes,
- die Steuergesetzgebung und Umweltschutzgesetze,
- die unternehmerische Handlungsautonomie,
- die Berücksichtigung der heimischen Wirtschaft bei Ausländerinvestitionen,
- die Existenz von Betriebsmitteln (Wasser, Energie, Baustoffe), Werkstoffen und Arbeitskräften.

Neben diesen Grundfaktoren berücksichtigt die Ferienhotellerie außerdem die für sie spezifischen Faktoren wie

- die touristische Attraktivität des Landes (Strand, Berge etc.),
- die klimatischen Bedingungen,
- die Entfernung zur touristischen Quellregion (Flugdauer, Reisezeit etc.).

Eine weitere Voraussetzung ist in der Expansionsreihenfolge von Business- und Ferienhotellerie zu sehen. Abgesehen von eindeutig exklusiv der Ferienhotellerie vorbehaltenen Destinationen wie z. B. die Küstenregionen des Mittelmeeres, die Karibik oder Inseln wie den Malediven wird die Reihenfolge i. d. R. mit der Businesshotellerie als ‚Pionier' begonnen. So sind die großen Hotelketten zunächst mit Stadthotels der 5*-Kategorie (‚upscale oder luxury') in den großen internationalen Wirtschaftszentren und Hauptstädten vertreten.

Anschließend erfolgt eine Verdichtung des Hotelnetzes in 1b Städten (weniger als 100 000 Einwohner) auch mit konzerneigenen, darunter angesiedelten Marken der 4*- und 3*-Kategorie (‚midscale, economy'). Schließlich rücken nach der Platzierung der Stadthotels die Feriendestinationen des betreffenden Landes in das Aktionsfeld der großen Konzerne. Diese Entwicklung zeigt sich z. B. in Thailand (Bangkok → Phuket), in Mexico (Mexico City → Cozumel) oder in den VAR (Dubai → Küstenregionen).

2.5.2.2 Voraussetzungen in der Hotellerie

Wie bereits unter Punkt 2.5.1.2 ausgeführt, sind vornehmlich Hotelgesellschaften für die globale Expansion prädestiniert. Deren Produkt ist charakterisiert durch eine hohe Standardisierung im Leistungsangebot (Zimmergröße und -ausstattung), im Service und in der Organisation. Ihre Großzahligkeit liefert entsprechende Skalenvorteile in der Beschaffungspolitik und der Organisation. Ferner erleichtert der Bekanntheitsgrad der Marke die Kundenakquisition.

Der jedoch entscheidende systemimmanente Punkt ist die Trennung der Kapitalfunktion von der Managementfunktion in der Konzernhotellerie (vgl. Schultze 1993, S. 120). Die Komplexität und die sehr unterschiedlichen betriebswirtschaftlichen Anforderungen, einen Hotelbetrieb zu errichten und auch erfolgreich zu betreiben, führt im allgemeinen zu einer Funktionstrennung, wie das bei Großbetrieben anderer Industrien üblich ist (AG: Aktionäre – Vorstand). Die dafür entscheidenden Gründe liegen einmal in dem extrem hohen Kapitalaufkommen für die Errichtung eines Hotels und den dafür zu lösenden Finanzierungs- und Kapitalbeschaffungsaufgaben und zum anderen in der besonderen Managementaufgabe der Hotelführung.

Unter der Prämisse, ein bestimmtes Expansionspensum zu erfüllen, gelingt dies den Hotelkonzernen ausschließlich mit Hilfe fremder Investoren, weil die eigene Finanzkraft schnell erschöpft ist (vgl. Seitz, 1997, S. 66). So verfügt der Welt größter ‚Marken'-Hotelkonzern *Holiday Inn* kapitalmäßig nur über 20% seiner Betriebe, während er bei 80% der Hotels ausschließlich als Betreiber oder Franchisegeber auftritt (s. auch Punkt 2.5.6) Die vorgenannten Gründe führen dazu, dass die Konzernhotellerie nach dem System der Besitz- und Betreibergesellschaft (Investor-Operator) konzipiert und betrieben wird.

2.5.3 Die Produktpolitik

Sie setzt sich im ‚Full-Service-Hotel 5*' zusammen aus den beiden Hauptleistungen **Beherbergung** (Logisbereich, room division) und **Verpflegungsbereich** (F&B) und den **Nebenleistungen**, die sich, manchmal auch standortspezifisch bestimmt, aus Sportaktivitäten (Golf-, Ski-, Wassersport), Fitnesseinrichtungen, Einrichtungen für die Gesundheit (spa und Wellness) aber auch Konferenzeinrichtungen, Seminarräumen etc. zusammensetzen.

2.5.3.1 Größen- und Ausstattungsmerkmale

Das klassische Expansionsmodell der internationalen Hotellerie ist das 5*-Haus. Auch wenn es in diesem Segment in bestimmten Regionen zu Sättigungserscheinungen kommt, sprechen permanente Neueröffnungen in Frankfurt, Berlin oder anderen Destinationen eine klare Sprache. Das Komfortniveau dieses Typs deckt das breiteste Segment der Nachfrage von Geschäftsreisenden als auch von Feriengästen ab. Unabhängig davon jedoch etablieren die Konzerne unter ihrem inzwischen weltweit bekannten Markendach zunehmend Häuser mit flächenökonomischem Zuschnitt und reduzierten Verpflegungsleistungen im 3*-‚midscale'- und 2*-‚economy'-Bereich (Vgl. Abb. 2.5.1). Die verschiedenen Klassifizierungen ergeben sich sowohl aus bestimmten Größeneigenschaften als auch aus Serviceeigenschaften in den einzelnen Segmenten. So verfügt das 5*-Haus im **Beherbergungsbereich** über eine bestimmte Zimmerzahl und Zimmergröße, über gehobene Ausstattungs- und Einrichtungsmerkmale, wie z. B. Wertigkeit der Möblierung, Bettgröße (Queen- oder Kingsize), Sitzgruppe, Kommunikationsausstattung (wie Internetzugang, Modemport, Radio und Video im TV), Föhn, Hosenbügler, Klimaanlage und Sicherheitseinrichtungen (wie Schließkarte, Türspion, Zusatzschloss innen, Rauchmelder bzw. Sprinkleranlage).

Kategorie	Zimmergröße m² inkl. Bad u. Vorraum	Zimmerzahl
***** luxury	> 38	300 - 400
**** upscale	30 – 36	200 - 300
*** midprice	24 – 30	> 150
** economy	18 – 24	> 100
* budget	> 16	> 80

Quelle: In Anlehnung an Seitz 1997, S. 33 u. 38

Abb. 2.5.1: Hotelkategorien und Größenordnungen

Der **Verpflegungsbereich** umfasst i. d. R.:

- Abend- oder Spezialitätenrestaurant und Tagesrestaurant,
- Snack-Bar, Bistro, Bar,
- Banketträume,
- Room-Service.

Der **Nebenleistungsbereich** umfasst i. d. R. die vorher genannten ‚Gesundheitsangebote' (spa & Wellness) mit Schwimmbad, Sauna und Fitnessräumen sowie Konferenzeinrichtungen mit Tagungs- und Seminarräumen.

Dieses ‚Full-Service-Hotelangebot' lässt sich nur im 5*- und m. E. im 4*-Bereich realisieren, weil die Zimmerzahl wie auch die erzielbaren Zimmerpreise sowohl den wenig ertragreichen Verpflegungsbereich (hohe Investitions-, Personal- und Wareneinsatzkosten) als auch den kostenintensiven Nebenleistungsbereich alimentieren können. Mit abnehmendem Klassifizierungsgrad reduzieren sich diese Leistungsbereiche bis auf das reine Zimmerangebot mit Frühstück im 1*- und 2*-Produkt.

2.5.3.2 Personalwesen

Das strategische Erfolgspotential der Hotelgesellschaft wird, insbesondere im serviceintensiven 5*-Segment, von den Fähigkeiten und Arbeitsleistungen des Managements und der Mitarbeiter bestimmt. Insofern ist bei der weitgehenden Identität von Größen- und Ausstattungsmerkmalen innerhalb der Wettbewerber die Mitarbeiterorientierung mit dem Ziel zu besserer Servicequalität, das wesentliche Profilierungsfeld. Sowohl auf der Management- als gerade auch auf der Realisationsebene haben die Mitarbeiter mit direktem Kundenkontakt einen beträchtlichen Einfluss auf die Kundenzufriedenheit (vgl. Go 1993, S. 95; Go/Pine 1995, S. 201).

2.5.3.2.1 Personalplanung und Rekrutierung

Die Voraussetzung für die Personalrekrutierung liegt in der Personalplanung. Diese basiert auf dem Umsatzbudget als Teil des Gesamtbudgets bzw. auf dem zu erwartenden Geschäftsvolumen in den einzelnen Leistungsbereichen. Das Budget ist ein wesentliches Steuerungsinstrument der Konzernhotellerie. So gelten z. B. für die Personalplanung im F&B-Bereich folgende Bezugsgrößen als Entscheidungsparameter: prognostizierte Zahl der Übernachtungsgäste, Zahl der zu erwartenden Passanten als Restaurantbesucher, Anzahl der zu erwartenden Bankettveranstaltungen und Feiern und deren Teilnehmer. Die auf dieser Grundlage zu erfassenden täglichen Gästezahlen für Frühstück, Mittag- und Abendessen erlauben die Ermittlung und Planung des dafür erforderlichen Küchen- und Servicepersonals. Bei der Personalrekrutierung ergeben sich grundsätzlich Wettbewerbsvorteile des Konzerns wegen seiner Reputation, wegen der relativen Sicherheit des Arbeitsplatzes und wegen der Weiterbildungs- und Karrierechancen. Zudem erlauben die Betriebsgröße und die Mitarbeiterzahl eine arbeitnehmerfreundliche Dienstplangestaltung, weil die freien Tage pro Woche als auch Wochenenden eher berücksichtigt werden können. Starre Arbeitsschichten ebenso wie sog. Teildienste (mit Unterbrechungen von 3-4 Stunden) können vermieden werden.

Damit lassen sich die Attraktivität des Arbeitsplatzes und die Motivation der Mitarbeiter steigern. Weiterbildungs- und Aufstiegschancen bieten einen besonderen Anreiz für Managementaspiranten, weil das Management vorzugsweise intern rekrutiert wird und innerhalb der Konzernbetriebe globale Einsatzmöglichkeiten geboten werden.

2.5.3.2.2 Personalbetreuung und Personalentwicklung

Unter Personalbetreuung sollen Geld-, Sach- und Dienstleistungen (Fringe Benefits) verstanden werden, die der Hotelbetrieb dem Mitarbeiter über die gesetzlich vorgeschriebenen Leistungen hinaus anbietet (Winter 1997, S. 163). Damit soll die Loyalität der Mitarbeiter zum Unternehmen gefördert und eine imagebildende Wirkung geschaffen werden. Dazu zählen z. B.:

- Personalverpflegung und Dienstwohnung,
- Rabatte auf Einkäufe und Dienstleistungen im Hotel,
- Arbeitskleidung,

- Gesundheitsvorsorge,
- Dienstfahrzeuge und Parkplätze,
- Sport- und Freizeitmöglichkeiten.

Die Personalentwicklung hat zum Ziel, die Motivation des Mitarbeiters durch die Förderung seiner fachlichen und sozialen Kompetenz zu steigern und damit die wirtschaftlichen Unternehmensziele besser zu erreichen. Die entscheidenden Faktoren sind betriebliche Aus- und Weiterbildungsmaßnahmen, die Karriereplanung, länderübergreifende standardisierte Personalauswahlverfahren, Personalbewertungen und Personalanreizsysteme.

Der Rang der Personalentwicklung wird von den Konzernen so hoch eingeschätzt, dass sie eigene Fortbildungseinrichtungen etabliert haben (z. B. Accor Academy, Holiday Inn University, Steigenberger Hotelfachschule in Bad Reichenhall). Andere innerbetriebliche Weiterbildungsmaßnahmen sind ‚Trainee-Programme', in denen zukünftige Mitarbeiter über einen bestimmten Zeitraum (z. B. ein Jahr) die Abteilungen des Hotels durchlaufen. Ferner werden Kurse angeboten wie z. B.:

- Sprachkurse für ausländische Mitarbeiter,
- Fachschulungen (EDV, Küche, Service etc.),
- Verkaufsschulungen (Telefon, Verkaufsgespräche, Reklamationsbearbeitung etc.),
- Sicherheitsschulungen.

2.5.4 Das Branding

Marken (= brands) sind der bedeutendste Teil des immateriellen Wertes einer Unternehmung, der sich aus der Differenz zwischen dem Buchwert und dem Börsenwert der Unternehmung ergibt. Insofern ist es vernünftig, dass Markenaktivitäten als Bestandteil der Unternehmensstrategie gesehen werden. Der Wert einer Marke ist also keineswegs irreal, denn er kann gemessen werden und bestimmt in direkter Weise auch den ‚shareholder value' mit. Um die Marke als Aktivposten zu stärken, sollte vernünftig überlegt sein, wie man zum einen einer Marke zu einer globalen Ausstrahlung verhilft und zum anderen die dafür erforderlichen Expansionsstrategien auswählt. Risikobegrenzungsstrategien spielen bei schwächeren Marken eine Rolle.

2.5.4.1 Die Globalisierung des Hotelmarktes

Die dynamischen Veränderungen im heutigen Hotelmarkt implizieren ein besonderes Augenmerk der Hotelkonzerne auf ihre Markenstrategie. Die **erste** Hauptantriebsfeder der neuen Marktdynamisierung sind die Kräfte der Globalisierung. Der Wettbewerb entwickelt sich von einer nationalen Plattform zu einer internationalen bis hin zur globalen Plattform. Herausragende Markennamen wie z. B. Hilton und Marriott sind seit langem global vertreten. Dies zeigt die folgende Abb. 2.5.2, in der, nach dem Markenwert geordnet, Hilton und Marriott jeweils einen Markenwert von über US$ 1 Billion ausweisen.

	Brand name	Brand value	Market capitalisation of parent company	Branded revenue 1998	Brand value as a multiple of branded revenue 1998	Brand strength score
1	Coca-Cola	83.845	142.164	16.932	4.95	82
2	Microsoft	56.854	271.854	14.484	3.91	80
3	IBM	43.781	158.384	81.667	0.54	75
...						
58	Hilton	1.319	3.765	3.395	0.39	61
59	Guiness	1.262	33.810	1.188	1.06	70
60	Marriott	1.193	2.278	7.729	0.15	55

Quelle: The Future of Brands, Macmillan Press 2000, o. S.

Abb. 2.5.2: The World's Most Valuable Brands League Table 1999 (US $ Million)

Die größten europäischen Hotelkonzerne sehen sich mit ihren Markenportfolios enormen Herausforderungen im Wettbewerb gegenübergestellt. Starke nationale Marken profitieren auch, wenn sie auf eine globale Plattform projiziert werden. Um das auf eine effektive Weise zu erreichen, bedarf es einer klaren Markenaussage (-botschaft). Die Frage nach der Markenstrategie und welche Marken zu entwickeln bzw. zu fördern sind, wird sich wahrscheinlich an den qualitativen Kriterien orientieren. So wird das Votum eher für weniger Markenvielfalt ausfallen, dafür aber für starke Marken mit einer globalen Ausbreitung. Diese Ausrichtung zeigt sich auch in der folgenden Abb. 2.5.3.

Die **zweite** Antriebsfeder der neuen Marktdynamisierung resultiert in der stetigen Zunahme urteilsfähiger und reiseerfahrener Gäste. Der vielgereiste, gut informierte Gast erwartet jetzt eine größere Auswahl an Komfort, Annehmlichkeiten und Kontinuität im Hotelangebot weltweit. Die Markenphilosophie verschiebt sich vom ursprünglichen Produktmarketing hin zu einem Servicemarketing, weil bei den Gebäuden und Ausstattungsmerkmalen eine weitgehende Identität herrscht. Deshalb ist eine effektive Kommunikation der Marke notwendig. Entscheidend ist schließlich die mit der Kommunikation korrespondierende Servicetätigkeit, die dem Gast gegenüber das Markenversprechen einlösen muss.

Die **dritte** Antriebsfeder resultiert aus den modernen Distributions- und Verkaufskanälen und der Technik, mittels CRS und Internet Online-Buchungen durchzuführen zu können.

Allerdings könnte die Wiedererkennung der Marke bei der Vielzahl der im Internet gelisteten Anbieter erheblich erschwert werden. Deshalb kann eine klare Kommunikation der Markenbotschaft zu einer besseren Profilierung gegenüber denjenigen Konkurrenten führen, die den Wettbewerb vor allem über den Preis führen.

Das Internet schafft Direktverbindungen zu neuen Gästen, die zuvor den indirekten Buchungsweg über Mittler eingeschlagen haben. Ein starkes Markenimage mit klarer Aussage wird derartige Verbindungen stärken und vertiefen. (vgl. auch Punkt. 2.5.5)

Gesellschaft	Economy	Midscale	Upscale	Anzahl der Marken
Accor	Formule 1 Ibis Etape Good Morning	Novotel Mercure Jardins de Paris Parthenon Pannonia	Sofitel	10
Best Western		Best Western		1
Bass / Six Continents (ab 2001)	Express by Holiday Inn	Holiday Inn	Crowne Plaza Inter-Continental	4
Marriott		Courtyard by M. Ramada	Ritz-Carlton Renaissance Marriott	5
Société du Louvre	Clarine Balladins Campanile Première Classe Kyriad Nuit d'Hotel	Blue Marine	Concorde	8
Forte / Granada	Travelodge	Posthouse Fort Heritage London Signature	Le Méridien	6
Carlson Hospitality		Country Inns & Suites	Radisson/Regent	2
Starwood Hotels & Resorts		Four Points	Arabella Sheraton Sheraton Westin Luxury Collection St. Regis	6
Sol Meliá	Sol Inn Hoteles Sol Hoteles	Meliá Confort Sol Elite	Gran Meliá Meliá Hoteles	6
Maritim			Maritim	1
Dorint			Dorint	1

Quelle: In Anlehnung an o. V. TOP 50, S. 28

Abb. 2.5.3: Die größten europäischen Hotelgesellschaften und Marken

2.5.4.2 Der europäische Hotelmarkt

Trotz der Expansion markenzugehöriger Hotelkapazitäten und der Fusionen und Firmenübernahmen während der letzten Dekade wird der europäische Hotelmarkt weiterhin dominiert von individuellen Privathotels und kleinen, in Familienbesitz befindlichen Hotelgesellschaften. Europa ist traditionell geprägt von der mittelständischen Privathotellerie und diese Tradition ist relativ beständig, vor allem außerhalb von Großstädten, d. h. in Peripherielagen, Kleinstädten und auf dem Land.

Man kann davon ausgehen, dass höchstens 20% der europäischen Hotelkapazität einer Marke angehört. In den einzelnen Ländern gibt es natürlich unterschiedliche Relationen, so sind z. B. in Italien (das ja für seine typischen „Mama und Papa" Betriebe bekannt ist) nur 5% der Hotelkapazität markenzugehörig. In Frankreich liegt der Anteil dagegen bei 20% (vgl. Abb. 2.5.4). Insgesamt gesehen ist die Zahl der Markenhotels in Europa jedoch bescheiden gegenüber den USA, wo deren Anteil 70 bis 75% ausmacht. Die Präsenz der Markenhotels in Europa weicht stark voneinander ab zwischen großstädtischen Standorten und ländlichen Gebieten. So finden sich vorwiegend in Haupt- und Großstädten nationale als auch internationale Hotelmarken.

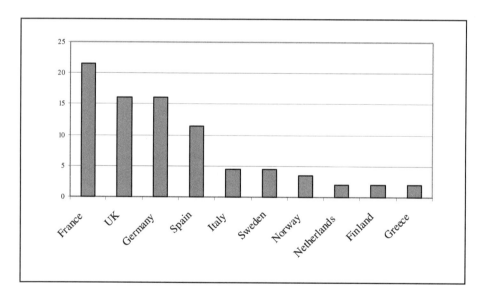

Quelle: Travel Research International 1999, PWC Hospitality Directions – Europe Edition 2000

Abb. 2.5.4: Prozentualer Anteil sämtlicher markenbezogener Hotelzimmer in Europa (1999)

US Hotelgesellschaften unterliegen einer unterschiedlichen Akzeptanz ihrer Marken in Europa. So genießen europäische Marken wie z. B. *Accor* und *Sol Méliá* den Vorzug vor denjenigen amerikanischer Herkunft, wie z. B. *Howard Johnson* oder *Quality Inn* (vgl. Todd/

Mather 2001, S. 17). Dennoch ist *Best Western*, ursprünglich eine US-Marke, die größte in Europa. Von den 20 in Europa tätigen Hotelgesellschaften waren im Jahr 2000 nur sechs amerikanischer Herkunft, dagegen 14 in europäischem Besitz. Die Ausnahme bildet jedoch die *Best Western* Hotelkooperation, die aus einem Konsortium von Privathotels aus allen europäischen Ländern besteht.

Grundsätzlich schaffen gute Marken die Voraussetzungen für Wettbewerbsvorteile, die es den Hotelkonzernen erlauben, sich mit differenzierteren Attributen zu profilieren als nur mit dem Zimmerpreis. Deshalb trägt eine erfolgreiche und starke Marke dazu bei,

- einen höheren Preis als die Wettbewerber zu erzielen,
- den Marktanteil zu erhöhen,
- die Kundenbindung zur Marke zu stärken.

2.5.4.3 Die Wahl der Markenstrategien

Die Frage nach der richtigen Markenstrategie stellt sich grundsätzlich jedem Unternehmen. In Abb. 2.5.5 werden fünf mögliche Strategiemuster unterschiedlichen Bewertungskriterien unterzogen.

Bewertungs-kriterien	Einzel-marke	Dach-marke	Namens-marke	Zusatz-marke/co-branding	Markenfamilie
Kundenwünsche	relativ einheitliche Attribute	einige Gattungsattribute	sehr begrenzte Eigenschaften	Mangel an Glaubwürdigkeit	wenige einheitliche Attribute
Risiken	gleiche Risikoprofile	←————————————————→			breit divergierende Risikoprofile
Glaubwürdigkeit	Fähigkeiten mit relevantem Umfang	←————————————————→			unterschiedliche Fähigkeiten
Markteintritts-barrieren	grundsätzlich stark	←————————————————→			Stärke differiert durch Produkt, Markt, Kundensegment
Beispiele	Hilton, Maritim, Dorint	Accor, Marriott	Best Western	Radisson SAS, Ramada-Treff	Bass: InterConti, Crowne Plaza, Express by Holiday Inn

Quelle: PWC Hospitality Directions – Europe Edition 2000, S. 6

Abb. 2.5.5: Strategiemuster von Hotelmarken

Bass Hotels & Resorts verfolgt z. B. eine Mehrmarkenstrategie mit einer kleinen Zahl von Einzelmarken, die sich nicht direkt konkurrieren. Die Bedeutung dieser Strategie liegt darin, dass jede Marke ihre einzigartige ‚service proposition' unterschiedlichen Kundensegmenten offeriert. Eine derartige Markenstrategie verursacht aber auch zwangsläufig eine relativ hohe Kostenstruktur. Um dies zu begrenzen vereinbarten Dorint Hotels & Resorts und InterContinental Hotel ein Joint Venture, indem in verschiedenen Städten Hotels beider Gesellschaften zusammenarbeiten (o. V. PWC 2000, S. 7). Dabei werden die Hotels zwar unter ihrem eigenen Markennamen betrieben, teilen sich jedoch die Verwaltung, das Yield Management, den Verkauf etc. Im Gegensatz dazu verfolgen z. B. Hilton oder Maritim die Einmarkenstrategie. Sie bietet einerseits den Vorteil, die Entwicklung und Stärkung eben nur einer Marke voranzutreiben, andererseits aber auch das Risiko, dass der Markentyp (brand proposition) unstimmig ist und die Markenbotschaft derart verwässert wird, dass sie die potentiellen Kunden nicht erreicht.

2.5.5 Die Distributionspolitik per E-Business

Einen wesentlichen Beitrag zur erfolgreichen Expansion leistet die Distributionspolitik via GDS/CRS (Global Distribution System/Computer-Reservierungssystem) und Internet (E-Business). Diese elektronischen Reservierungssysteme haben sich mit zunehmender weltweiter Vernetzung zum faktischen Verkaufsinstrument entwickelt, weil sie den direkten Zugriff auf die verfügbaren Hotelzimmerkapazitäten erlauben (vgl. Seitz 1997, S. 212 ff.). Dabei sind die Hotelkonzerne im Vorteil, weil sie über eigene Reservierungssysteme verfügen, wie z. B. Holiday Inn (Holidex), Sheraton ITT (Marsha). Über diese Online-Vermarktung bietet sich einerseits auf der **GDS/CRS**-Schiene den klassischen Absatzorganen, wie

- Reisebüros
- Reiseveranstaltern
- Firmenreisestellen
- Kooperationszentralen und Konzernzentralen

und andererseits sowohl den vorgenannten als auch dem potentiellen, individuellen Gast die Möglichkeit, mittels **Internet** das gewünschte Hotelzimmerangebot („available inventory", vgl. Johnson 1996, S. 355) direkt abzurufen und zu buchen. Die Technik erlaubt die Präsentation und Visualisierung des Hotelproduktes mittels Farbbilddarstellungen im 360 Grad-Format ebenso wie mit Filmen einschließlich Textinformationen und Preisen. Dabei kann das Hotel die Zimmerpreise online variieren (Wochenendpreise oder Messepreise), sie dem aktuellen Auslastungsgrad anpassen (Yield Management), und Zimmertypen und Zimmerzahl kontingentieren. Der potentielle Gast bucht dann per Internet das gewünschte Zimmer ‚online' aus dem im Rezeptionscomputer inventarisierten Zimmerbestand. Auf diesem Weg lässt sich das Hotelprodukt rund um den Erdball emotionalisieren und leichter verkaufbar machen. Diese transparente, globale Verfügbarkeitsanzeige der Zimmerkapazitäten erlaubt deren optimale Vermarktung und ist eine entscheidende Voraussetzung für eine erfolgreiche Expansion. Nachfolgende Abb. 2.5.6 veranschaulicht die funktionalen Zusammenhänge der Buchungswege.

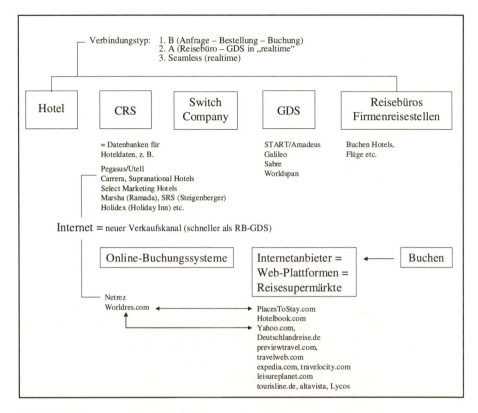

Quelle: In Anlehnung an Seitz 1997, S. 218

Abb. 2.5.6: Netzwerk elektronischer Buchungskanäle

Innerhalb des E-Business führt eine Weiterentwicklung zu ‚**M-Commerce**' (=mobile commerce) (O'Connor 2001, S. 55), bei dem Internet und drahtlose Kommunikation kombiniert werden. Die z. Zt. bekannteste technische Lösung dafür lautet ‚Wireless Application Protokol' oder WAP. Sie soll jedoch zukünftig vom neuen UMTS-Standard abgelöst werden. Mit WAP-Browser ausgerüstete Handys ermöglichen die Übertragung von hierfür speziell aufbereiteten Web-Informationen auf ihr Display und somit auch das Surfen im Internet. Damit ist der Nutzer mobiler als mit dem stationären PC und kann unterwegs Daten empfangen und absenden. Die Reisebranche hat mit der WAP-Nutzung bereits begonnen. So ermöglicht die Swissair z. B. die Verifizierung des Check-in, des Abflug-Gates, das Lesen von Abflug- und Ankunftinformationen mittels WAP-Handy. Microsoft Expedia bietet Zufahrtsskizzen im ‚real time access' an, also dann, wenn sie vom Reisenden auf der Fahrt benötigt werden und Lastminute.com offeriert Fluginformationen zusammen mit Hotelreservierungen, Restaurantbuchungen und Ticketservice via WAP. Die Experimentier- und Anlaufphase ist demnächst abgeschlossen. Seit kurzem bereits bieten Swissotel und Thistle Hotels ihre Hoteldaten über WAP an und rechnen damit, in absehbarer Zeit eine WAP-geeignete Buchungstechnik hinzufügen zu können. Auch Hilton und Starwood haben ähnliche Pläne angekündigt. Die Nutzung dieser Technologie wird, wenn sie ausgereift sein wird, den potentiellen Gast in die Lage versetzen, absolut autonom, zeit- und standortunabhängig, weltweit mit Hotels Datenkommunikation zu betreiben und Zimmer zu buchen. Die Distribution wird durch ‚M-Commerce' eine neue Dimension erfahren.

2.5.6 Die Managementpolitik als Expansionsmotor

Gemäß den bereits in Punkt 2.5.2.2 erläuterten Gründen führen die Hotelgesellschaften die Betriebe im Pacht-, Management- oder zum überwiegenden Teil im Franchiseverhältnis. Hotelgesellschaften tragen also kein Kapitalrisiko und treten i. d. R. als Hotelbetreiber (Operator) auf und bewirtschaften den Betrieb auf der Grundlage eines

- Pachtvertrages,
- Managementvertrags,
- Franchisevertrages.

Die Rolle der Besitzgesellschaften übernehmen Immobilieninvestoren wie Immobilienfonds, Banken, Versicherungsgesellschaften und Pensionskassen (vgl. Seitz 1997, S. 72). Ihr Interesse besteht einerseits in einer dem Risiko angemessenen Verzinsung des investierten Kapitals und andererseits im Substanzzuwachs durch eine zu erwartende Grundstücks- und Gebäudewertsteigerung. Die Verzinsung wird bedient entweder durch die Pacht, den von der Managementgesellschaft erwirtschafteten Gewinn oder aus der Franchisegebühr.

2.5.6.1 Vertragsvarianten zwischen Hotelinvestoren und -betreibern

Die Entscheidung für ein Vertragsmodell wird von Kriterien beeinflusst wie z. B.

- Risikotragung,
- Steuerliche Behandlung der Einkommensart,
- Renditechancen,
- Laufzeiten.

Während international der Managementvertrag und der Franchisevertrag (vor allem in den USA) favorisiert werden, ist in Deutschland noch der klassische Pachtvertrag der vorherrschende Typus. Hier wird dem Investor (Eigentümer) unabhängig von der Profitabilität des Hotels eine garantierte Rendite über die gesamte Vertragslaufzeit zugesichert. Es sind vor allem institutionelle Investoren wie Immobilienfonds und Versicherungen, die die konstanten monatlichen Pachtzahlungen schätzen. Damit verringert sich die Attraktivität des deutschen Immobilienmarktes für internationale Investoren, die die höheren Renditeaussichten bei Managementverträgen bevorzugen. Dafür beteiligen diese jedoch auch den Investor (Eigentümer) am Risiko, da sich die Rendite an dem vom Betreiber erwirtschafteten Betriebsergebnis (GOP = gross operating profit) orientiert. Unter steuerlichen Aspekten muss die Einkunftsart berücksichtigt werden. Bei der Finanzierung durch einen geschlossenen Immobilienfonds sind zur Optimierung der steuerlichen Effekte Einkünfte aus Vermietung und

Verpachtung zwingend und damit entstünde keine Gewerbesteuerpflicht. Hier wäre der Pachtvertrag vorzuziehen. Werden dagegen bei der Finanzierung Fördermittel verwendet, ist eine Identität von Betreiber und Investor erforderlich. Deshalb müsste ein Managementvertrag abgeschlossen werden, der zu gewerbesteuerpflichtigen Einkünften führt. Folgende steuerbedingten Entscheidungsparameter ergeben sich im Vergleich:

Managementvertrag	Pachtvertrag
Gewerbliche Einkünfte = gewerbesteuerpflichtig	Einkünfte aus Vermietung und Verpachtung = einkommensteuerpflichtig
Saldierung von Gewinn u. Verlust steuerlich nicht möglich	Steuerliche Saldierung von Gewinn und Verlust eingeschränkt möglich
Veräußerungserlös steuerpflichtig	Veräußerungserlös außerhalb der Spekulationsfrist nicht steuerpflichtig
Kündigungsmöglichkeit bei Schlechtleistung	Nur außerordentliche Kündigung möglich

Abb. 2.5.7: Steuerliche Behandlung von Management- und Pachtvertrag

Bereits seit einigen Jahren zeichnen sich Mischformen zwischen den beiden Vertragsarten ab, die das Risiko auf beide Vertragspartner verteilen.

2.5.6.1.1 Der Pachtvertrag

Für die Überlassung und Nutzung des Gebäudes zahlt der Pächter (Betreiber) dem Verpächter (Investor) eine Pacht (monatlich/jährlich). Als Berechnungsgrundlage dient der Zinsanspruch des Investors aus dem investierten Kapital.

- Beim **Festpachtvertrag** zahlt der Pächter eine fixe Summe, unabhängig vom Geschäftsverlauf des Hotels. Durch die sog. **Indexierung** kann der Pachtbetrag an die inflationäre Entwicklung angepasst werden. Diese einfache Vertraglösung wird gerne von risikoscheuen Investoren gewählt. Sie stellen weniger die Frage, ob die Pachtverpflichtungen auch tatsächlich erwirtschaftet werden können, als die Frage nach der Bonität des Betreibers und seiner finanziellen Fähigkeit, länger anhaltende Verluste kompensieren zu können. Seitens der Hotelgesellschaften (Pächter) muss auf die hohen Pachtverbindlichkeiten eingegangen werden (Pachtzins und Vertragslaufzeit von 20 Jahren), die mit Eigenkapital nicht abzusichern sind.
- **Festpacht** mit **Staffelung** ist eine Variante, die die mehrjährige Anlaufphase eines neuen Betriebes mit der Pachthöhe berücksichtigt. Die Pacht wird in den Anfangsjahren reduziert und der voraussichtlichen Ertragskraft des Betriebes angepasst. Entsprechend werden die Beträge in den Folgejahren angehoben.
- **Festpacht** mit **Umsatzpacht** kombiniert verlagert einen Teil des Risikos auf den Verpächter. Dieser ist i. d. R. von seinem Hotel, den Marktbedingungen und von den Fähigkeiten des Pächters überzeugt und rechnet mit (variablem) Pachtanstieg durch hohe

Umsätze. Die Relationen liegen bei ca. 70% der Festpacht zuzüglich 8% vom Umsatz als variable Pacht.

- Bei **reiner Umsatzpacht** führt der Pächter einen fest definierten Prozentsatz vom Umsatz an den Verpächter ab. Durch das hohe Risiko des Verpächters kommt dieser Vertragstyp selten zur Anwendung.
- Bei der Vertragsvariante **Umsatzpacht** mit **Mindestgarantien** wird das Risiko des Verpächters erheblich reduziert. Der Umsatzpachtprozentsatz wird kombiniert mit einem vom Pächter garantierten Mindestergebnis. Die Bereitschaft zum Abschluss dieses Vertragsmodells seitens des Pächters ist aber relativ gering (vgl. Baumann 2000, S. 117).
- **Risk- and Profitsharing** (auch ‚lease & profit sharing' genannt) geht von einem Festpachtanteil von 50 bis 70% der üblichen Festpacht aus. Der GOP wird um diese Festpachtkomponente reduziert und das verbleibende Ergebnis zwischen Pächter und Verpächter geteilt. Dies erfordert eine Offenlegung der Verlust+Gewinn-Rechnung für den Verpächter. Andererseits besteht die Gefahr, dass der Pächter über firmeninterne Verrechnungen, Abgaben und Gebühren die Bemessungsgrundlage der gewinnabhängigen variablen Pacht verringert.

2.5.6.1.2 Der Managementvertrag

Der Managementvertrag (Betriebsführungsvertrag) ist ein Geschäftsbesorgungsvertrag (§ 675 BGB) mit einer Laufzeit von 20 bis 25 Jahren und einer Verlängerungsoption. Er besteht zwischen dem Investor und dem Betreiber (Managementgesellschaft, Operator, Betriebsführungsgesellschaft). Der Betreiber handelt im Auftrag und auf Rechnung des Investors, betreibt aber das Hotel im eigenen Namen. Gewinne oder Verluste gehen somit auf das Konto des Investors und damit trägt er das unternehmerische Risiko. Er ist abhängig von der erfolgreichen Hotelführung des Betreibers.

Dieser wiederum trägt ein gewisses Imagerisiko für den Fall, dass es mangels befriedigender Betriebsergebnisse zu einer vorzeitigen Vertragsauflösung kommt (vgl. Seitz 1997, S. 77). Der Betreiber erhält für seine Tätigkeit eine Managementgebühr (management fee), die sich aus drei Komponenten zusammensetzt:

- eine umsatzabhängige Basisfee (2 bis 4% des Nettoumsatzes),
- eine Marketingfee (1,5% vom Umsatz),
- eine Incentivefee (8 bis 12% vom GOP).

Der Managementvertrag ist die international gebräuchlichste Vertragsform in der Hotellerie und es kann davon ausgegangen werden, dass weltweit ca. 98% aller nicht eigentümergeführten Hotels mit diesem Abkommen betrieben werden. Diese Vertragsform beschleunigte die Expansion der amerikanischen Hotelgesellschaften wie *Hilton, InterContinental* und *Sheraton* auf dem asiatischen und afrikanischen Kontinent. Das Risiko der Bewirtschaftung war, auch aufgrund vielfach instabiler politischer Verhältnisse, hoch. Die Renditen der Häuser waren jedoch enorm, da die Einnahmen auf US$-Basis, die Kosten jedoch in weichen

Landeswährungen fakturiert wurden. Somit hatten die Investoren nur ein geringes Interesse an Pachtverträgen. Mit zunehmender Knappheit an qualifizierten Hotelstandorten und der steigenden Zahl der Betreibergesellschaften wurde diese Entwicklung gedämpft. Mit dem wirtschaftlichen Umschwung in den USA Ende der achtziger Jahre und zu Beginn der neunziger Jahre änderten sich die ‚Machtverhältnisse' in den Managementbedingungen zugunsten der Investoren. Einmal eigneten sie sich zunehmend Erfahrung im Hotelmanagement an und zum anderen entwickelte sich eine erhebliche Konkurrenz unter den Betreibergesellschaften.

Die in Rezessionszeiten besondere Bedeutung der Finanzkraft der Investoren und das zunehmende Gewicht der Kreditgeber bei den Managementvertragsverhandlungen hat zu folgenden Änderungen im Managementkontrakt geführt:

- die Managementgesellschaft beteiligt sich mit Darlehen und Eigenkapital an dem von ihr betriebenen Hotel,
- die Vertragsdauer wird reduziert von ursprünglich 20 Jahren auf 8 bis 12 Jahre mit ein oder zwei 5-Jahres-Verlängerungsoptionen,
- die Managementgebühren können dem Objekt entsprechend maßgeschneidert werden,
- der Investor kann Einfluss nehmen auf das operative Geschäft der Managementgesellschaft, indem er die geschäftspolitischen Richtlinien mitbestimmt, dem Budget zustimmt oder nicht, die Stellenbesetzung von Direktoren und Abteilungsleitern mitbestimmt und sein Informationsrecht wahrnimmt.

2.5.6.1.3 Der Franchisevertrag

Die Entscheidung für oder gegen das Franchiseverhältnis wird vom Denkstil des Entscheiders wesentlich mitbestimmt. Dass in den USA der Anteil der im Franchise-Vertrag geführten Hotels ca. 90% ausmacht und deren Wachstum am höchsten ist, liegt vor allem auch am dortigen Geschäftsdenken, der hohen Bereitschaft zu Existenzgründung und zu unternehmerischem Risiko. Dagegen werden in Deutschland nur ca. 25% der von Hotelgesellschaften gemanagten Betriebe im Franchisevertrag geführt. Der Franchisenehmer (Hotelbetreiber) erwirbt gegen Gebühr das Recht, den Markennamen und das Know-how des Lizenzgebers (Franchisegeber) zu nutzen. Er bleibt rechtlich selbständiger Unternehmer, handelt im eigenen Namen auf eigene Rechnung und verpflichtet sich, die Systemvorgaben (Standards) einzuhalten. Dabei handelt es sich nicht nur um bestimmte Produktionsverfahren, sondern diese Standards umfassen ein gesamtes Arbeitssystem, bei dem jedes einzelne Element ein fest gefügtes Glied des Gesamtsystems ist. Nur so realisieren sich die großen Vorteile der Effizienz der Planung, Bau, genormten Einrichtungen, zentralen Einkaufs, gemeinsamer Marke, zentralem Reservierungssystem, einheitlicher Preisklasse, einheitlicher Abrechnungssysteme, zentraler EDV, Denkstil und Schulung.

Die im Franchisingvertrag festzulegenden Leistungen und Konditionen lassen sich folgendermaßen systematisieren (vgl. Beyer 1988, S. 85):

Franchisegeber

- Materielle Leistungsfaktoren:
    - Durchführung oder Hilfestellung bei der Betriebsplanung, dem Aufbau und der Errichtung,
    - Belieferung mit Waren, Ausstattung und Ausrüstung oder Nachweis von gelisteten Lieferanten zu festgelegten Konditionen,
    - Service mit betriebswirtschaftlichem Know-how, wie z. B.: Rechnungswesen, Controlling, Standortanalyse, Marktforschung, Werbung, Verkaufsförderung, Personalakquisition, -planung, -schulung etc.

- Immaterielle Leistungsfaktoren:
    - Überlassung des Systems mit seiner ‚Gebrauchsanleitung' (Betriebshandbuch),
    - Erlaubnis sowie Verpflichtung zum Gebrauch von Produkt-, Firmen- und Markenzeichen,
    - Entwicklung von Marketingkonzepten und Motivation von Systempartnern.

Das Primärziel des Franchisegebers besteht darin, seinem Produkt ein langfristiges Wachstum zu sichern. Er profitiert bei dieser Expansionsstrategie davon, dass der Franchisenehmer sein Unternehmen selbst finanziert und seine Gebühren bezahlt. Im Gegenzug ist auch der Franchisenehmer zur Erbringung von folgenden Leistungen verpflichtet:

Franchisenehmer

- Materielle Leistungsfaktoren:
    - Abnahme und Bezahlung des franchisierten Leistungsprogrammes und der notwendigen Betriebsausstattung,
    - einmalige Zahlung von Eintrittsgebühren (Initial), i. d. R. pro Zimmer US$ 350,
    - laufende Lizenzgebühren (Royalty), z. B. 4% des Umsatzes,
    - laufende Marketinggebühren, z. B. 2% des Zimmerumsatzes,
    - Gebühren des Reservierungssystems, z. B. 2,5% des Zimmerumsatzes.

- Immaterielle Leistungsfaktoren:
    - Unternehmerische Initiative und persönliches Engagement beim Geschäftsbetrieb,
    - Risikoübernahme durch Kapitaleinsatz, Umsatzverpflichtung und Einhaltung von Qualitätsstandards,
    - Duldung von Kontrollen und Inspektionen,
    - Teilnahme an Aus- und Weiterbildungsmaßnahmen,
    - periodische Lieferung informationswirtschaftlicher Daten und Ergebnismeldung,
    - Imagebeitrag durch Führung und Pflege der Marke, des Namens oder des Warenzeichens.

Der Franchisenehmer muss, obwohl er das Kapitalrisiko trägt, bereit sein seine unternehmerischen Aktivitäten bedingungslos in den Dienst des Franchisekonzeptes zu stellen. Die individuelle, persönliche Note des Unternehmers tritt in den Hintergrund bzw. muss sich dem

Markenproduktkonzept unterordnen. Nach Art und Umfang lassen sich drei Varianten des Franchise darstellen (vgl. Schulze 1993, S. 127):

- Der Franchisegeber unterstützt den Franchisenehmer mit einem **Gesamtleistungspaket**. Der Franchisenehmer baut das Hotel auf eigene Rechnung und wird unterstützt bei der Standortanalyse, der Hotelplanung und Finanzierung, der Konstruktion und gestalterischen Standards, der operativen Tätigkeit, vor allem im Marketing und in der Schulung.
- Der Franchisegeber plant, finanziert und baut die Hotel-Immobilie nach seinen speziellen Standards und verkauft sie an einen Franchisenehmer, der, auch als Branchenfremder, das Hotel betreiben will. In diesem Fall erhält er ausschließlich Unterstützung in der **operativen Tätigkeit**.
- Der Franchisegeber stellt einem existierenden Hotelbetrieb seinen Markennamen (**Namensfranchise**) und/oder sein Reservierungssystem zur Verfügung, sofern bestimmte vorgegebene gestalterische und operative Standards erfüllt sind bzw. das Hotel den produktpolitischen Kriterien des Franchisegebers entspricht (vgl. Coltman 1979, S. 194).

2.5.7 Konsolidierung und Wachstum

Trotz eines eher fragmentarischen Marktbildes hat es in den letzten fünf Jahren sowohl in Europa als auch weltweit signifikante Konsolidierungen (= Absicherung, Stabilisierung, Umwandlung) und Eigentümerwechsel gegeben. Während nationale Marken sich eher darauf beschränken, nur im Heimatmarkt zu wachsen oder eventuell Strategische Allianzen mit anderen mittelgroßen Partnern im Ausland einzugehen, haben die ambitionierten Hotelgesellschaften doch stetig expandiert, um einen größeren Marktanteil zu erringen.

Der wichtigste Vorteil von Konsolidierungsvorhaben liegt in der Stärke eines Netzwerkes der jeweiligen Verbindung und natürlich in der Kostendegression. Aus der Kostenperspektive gesehen, lassen sich hier v. a. Overheadkosten absorbieren, während man bei der Umsatzperspektive durch die Zusammenschlüsse von einer Steigerung durch wachsende Gästezahlen ausgehen kann. Die Kosten-Umsatzspanne kann durch starke Marken noch gespreizt werden, denn eine effektive Markenstrategie führt zum einen zu einem messbaren Aktivposten und zum anderen verfügt sie über die Fähigkeit, neue Kunden zu gewinnen, alte zu erhalten und damit Umsatzzuwächse zu schaffen. Diese Konsolidierungstendenzen führen zwangsläufig zu Konzentrationsprozessen im europäischen als auch globalen Markt. Dennoch soll auf eine – wenn auch relativ kleine – Gegenentwicklung hingewiesen werden: Diejenigen Individualhotels, die für sich selbst als unabhängige Betriebe oder kleine regionale Gruppierungen arbeiten und eine eigene Marke ausstrahlen. Deren Individualität in Architektur und persönlichem Service schafft ihren eigenen ‚unique selling point' oder ‚selling proposition'. Als Beispiel dafür können angeführt werden die *Boutique Hotels*, kleinere De-Luxe-Hotels mit edler Ausstattung und exklusiven Restaurant- und Barkonzepten, *Design Hotels*, wie die Ian Schrager Hotels in New York mit einer Philippe-Starck-Innenausstattung oder die Marke der Art'otel (o. V.: Boutique-Hotel-Marke, S. 18).

2.5.7.1 Der Kauf

Durch den Erwerb bereits bestehender Hotels oder bereits etablierter Hotelgruppen kann das Wachstum am schnellsten realisiert werden. So konnte

- Bass Hotels & Resorts (seit 2001 umbenannt in Six Continents Plc) die Inter-Continental-Gruppe im Jahre 2000,
- Hilton die Stakis-Gruppe (England)1999, und
- Société du Louvre Radisson SAS erwerben.

Ein Aufsehen erregendes Betragsvolumen erreichte der Kauf der *Le Méridien Hotels* (Granada-Compass Gruppe, England) durch die japanische Investmentbank Nomura, Tokio im Jahr 2001 für 1,9 Mrd. Pfund (o. V.: Le Méridien Hotels, S. 6). *Raffles* Holding, Singapur, kaufte 2001 die *Swissôtel Hotels & Resorts* mit 23 Managementverträgen und 6 Eigentums-Häusern für CHF 410 Mio. und einer Schuldenübernahme von CHF 122 Mio. In Europa war *Raffles* bisher mit 2 Häusern vertreten (Hotel Vier Jahreszeiten Hamburg und Hotel Brown's in London) und hat nun durch die Akquisition der *Swissôtels* das Portfolio auf 39 Hotels erweitert (o. V.: Raffles, S. 8).

Der zweite Weg besteht in dem Kaufengagement eines zu gründenden Hotelunternehmens. So konnte *ArabellaSheraton* einen Vertrag für ein 500-Zimmer-Hotel in Kapstadt, Südafrika unterzeichnen. In das 5*-Haus, das 2003 eröffnet werden soll, werden DM 110 Mio. investiert (o. V.: ArabellaSheraton, S. 18). Der Engpass an verfügbaren Grundstücken in Primärstandorten (Haupt- und Großstädten) ist akut. So bleibt als oft einziger Weg, dort Fuß zu fassen, der Kauf eines privaten Anwesens. So kaufte z. B. *Sol Meliá* das White House in Regents Park, um sich in London zu etablieren.

2.5.7.2 Die Fusionierung

Unter einer Fusion soll die kapitalmäßige Verschmelzung zweier oder mehrerer Unternehmen verstanden werden, wobei die Aufgabe der rechtlichen Selbständigkeit einer Firma gefordert werden kann. Die Absicht dieser Strategie liegt darin, sich als Hotelbetreiber bei Besitzgesellschaften kapitalmäßig (und über eine Minderheitsbeteiligung hinaus) erheblich zu engagieren, um interessante Hotelobjekte überhaupt betreiben zu können (vgl. auch Punkt 2.5.6.1.2). So hat z. B. *Starwood Hotels & Resorts Worldwide* einen Aktienanteil von 44% an der thailändischen Royal Orchid Hotel Public Company Ltd., der Eigentümerin des Royal Orchid Hotels in Bangkok, erworben und betreibt dieses Hotel (o. V.: Le Méridien Hotels, S. 6).

2.5.7.3 Die Bildung von Joint Ventures

Bei Joint Ventures handelt es sich i. d. R. um ein Gemeinschaftsunternehmen mit einer Minderheitsbeteiligung eines Unternehmens am mehrheitsführenden Partnerunternehmen. Diese Strategie eignet sich v. a. zum Markteintritt im Ausland. Das expandierende Hotelunternehmen stützt sich mit seiner Minderheitsbeteiligung auf den dort ansässigen, am Markt eingeführten Partner, meist mit einem Co-branding. Auf diese Weise hat die Hotelgesellschaft *Accor* im Januar 2001 ein Partnerschaftsabkommen mit der chinesischen Hotelmanagementgesellschaft ‚Zenith Hotels International' geschlossen. Die 9 ‚Zenith' First Class-Häuser werden assoziierte Accor Hotels und werden vorläufig nicht umbenannt, sondern behalten ihren eigenen Namen (o. V.: Integration, S. 20). Anschließend erwarb *Accor* eine Beteiligung von 25% des Aktienkapitals an der ‚Century International' Hotelmanagementgesellschaft in Hongkong mit der Maßgabe, dass das ‚Century Hongkong' Hotel ab November 2001 unter dem Namen *Novotel Century City* geführt wird. Damit ist *Accor* mit 5 800 Zimmern in asiatischen Metropolen wie Kuala Lumpur, Manila und Hongkong, einem der bedeutendsten Business- und Tourismuszentren, präsent.

2.5.7.4 Die Bildung von Allianzen

Hierbei handelt es sich um eine meist zweiseitige strategische Partnerschaften mit dem Ziel, gemeinsame Marketingaktivitäten durchzuführen. Die Selbständigkeit und die Marke des Unternehmens bleiben dabei erhalten.

Um das Wachstum von Konferenz- und Ferienhotels zu forcieren, hat die *Maritim* Hotelgesellschaft mit der ‚Millenium & Copthorne Hotels', Singapur (89 Hotels in Europa, Asien und USA) eine globale Verkaufs- und Marketingallianz geschlossen (o. V.: Maritim, S. 12). Damit hat *Maritim* strategische Vorteile bei der Vermarktung und dem direkten Verkauf seiner Hotelkapazitäten in den genannten Kontinenten. Außerdem wird dadurch die Internationalisierung der Marke *Maritim* vorangetrieben. Dies gilt im gegenseitigen Verhältnis und generiert für beide Partner Vorteile. Die im April 2000 geschlossene Allianz zwischen *Nikko Hotels International* und den *Le Méridien Hotels & Resorts* hat deren Japangeschäft um 30% gesteigert. Davor war der japanische Markt mit 9% am Gesamtergebnis von *Le Méridien* beteiligt (o. V.: Zuwachs durch Allianz, S. 6).

2.5.7.5 Die Vergabe von Namenslizenzen

Die Steigenberger Hotel AG, Frankfurt, ist am 1.6.2001 durch den Abschluss eines Namenslizenzvertrages um weitere 5 Hotels der ‚Arkona' Hotelgesellschaft gewachsen. Mit dieser Vereinbarung stellt der Lizenzgeber (Steigenberger) seinen Markennamen sowie seine Marketing- und Vertriebsstrukturen (z. B. SRS-Reservierungssystem) für die ‚Arkona'-Hotels zur Verfügung. Der Lizenznehmer (‚Arkona'-Hotels) verpflichtet sich, in Service und Ausstattung den Steigenberger Standards im 4*-Segment zu entsprechen (o. V.: Steigenberger, S. 6).

2.5.7.6 Das Betreiben mittels Pacht-, Management- oder Franchisevertrag

Die in Madrid ansässige spanische Hotelgesellschaft ‚NH Hoteles' plant, 2001 und 2002 vier neue Hotels in Luzern, Genf und Berlin zu eröffnen. Die Häuser in Genf und Berlin sollen als **Pachtbetriebe** geführt werden (o. V.: Steigerung nach Fusion, S. 7). Die *Kempinski Hotels & Resorts*, Genf, hat 2001 einen **Managementvertrag** für ein Hotelprojekt in Kairo unterschrieben, das 2003 eröffnet werden soll. Die Präsenz in Afrika wurde außerdem erhöht mit dem Managementvertrag für das 438-Zimmer-Haus *Kempinski Hotel Mansour Eddahbi* in Marrakesch, Marokko (o. V.: Kempinski, S. 20). Die Schweizer Hotelgruppe *Mövenpick Hotels & Resorts* expandiert erstmals in Italien mit einem Managementvertrag für das ehemalige Hotel ‚Central Park' in Rom (o. V.: Hotelprojekte, S. 21). *ArabellaSheraton* expandiert auch mit der Vergabe von **Franchise-Verträgen**. Das ‚Carlton Hotel' Nürnberg wurde 2001 als zukünftiges *ArabellaSheraton Hotel Carlton* in das Portfolio der First Class-Marke aufgenommen (o. V.: Carlton, S. 10).

2.5.8 Resümee

Im gesamten Spektrum der markenzugehörigen Hotelzimmer haben diejenigen der ‚midscale'-Klasse (3*) den höchsten Anteil mit 64% der Gesamtkapazität. Sie liegen damit 17% über den ‚upscale' (4* und 5*) und 19% über den ‚budget/economy'-Häusern. Dennoch kann man davon ausgehen, dass gerade die letzteren eine dynamische Expansion erleben werden. Das Konzept der ‚economy'-Marken ist für zahlreiche europäische Länder neu. Für die ‚budget'-Marke mit den standardisierten Zimmern und Einrichtungen und dem sehr limitierten Service zeichnet Frankreich als Pionier verantwortlich mit den Unternehmen *Accor* und *Société du Louvre*. Andere ‚economy'-Marken wurden in den letzten fünf Jahren als *Jurys Inn* und *NH Express* eingeführt. *Express by Holiday Inn* wurden von Bass in England und Deutschland platziert. Die Amerikaner kamen mit den Marken *Choice*, *Comfort Inn* und *Sleep Inn* nach Europa.

Nach dem Fall des Kommunismus haben die internationalen Hotelgesellschaften in den Hauptstädten des ehemaligen Ostblocks (Moskau, Prag, Warschau, Budapest etc.) 4*- und 5*-Hotels errichtet, dies entgegen Widerständen wie unklare Besitzverhältnisse, hinderliche Arbeitsrechtsvorschriften etc., die das Expansionstempo erheblich bremsten. Mittlerweile rechnet man mit der EU-Erweiterung nach Osten bis ca. 2005, so dass dann mit einem enormen Wirtschaftsaustausch und Reiseverkehr zu rechnen sein wird. Dies wird die Hotelgesellschaften ermutigen, sich bereits jetzt schon auch im ‚economy'- und ‚midscale'-Segment zu engagieren.

Mit dem Zusammenwachsen der EU wird eine größere Integration und ein transparenteres Klima zwischen den Ländern gefördert und das wird die Geschäftsaktivitäten untereinander stärken. Eine größere ökonomische Integration führt zu größerer Kooperation und grenzüberschreitenden Wettbewerb. Damit werden auch die individuellen Aktivitäten stimuliert, sei es in der Nachfrage nach Hotelleistungen oder im Angebot von Arbeit. Die Einführung des Euro, die freie Wahl des Arbeitsortes, grenzfreies Reisen, all dies wird neue Chancen schaffen, um Nachfrage und Angebot im Hotelsektor zu fördern und auch zu verändern.

Literaturverzeichnis

Baumann, J. 2000: Vertragsmodelle der Hotellerie, in: *Top Hotel*, Heft 6, S. 114-117

Beyer, W. 1988: Franchising als Instrument zur Festigung der Marktstellung, Bochum

Freyer, W. 2000: Globalisierung in der Tourismuswirtschaft, in: *Internationaler Tourismus*, München, S. 13-50

Go, F. M. 1993: Business Strategy and Organizational Structure – A Case of Competitive Advantage in the International Hotel Industry, Amsterdam

Go, F. M./Pine, R. 1995: Globalization Strategy in the Hotel Industry, London

Johnson, C. 1996: Globalization and the multinational hotel industry, in: *AIEST*, Vol. 38, S. 335-363

Lingenfelder, M./Reis, T. 1998: Wettbewerbsvorteile internationaler Hotelunternehmen aus Sicht des ressourcenorientierten Ansatzes, in: *Tourismus Journal*, Heft 2, S. 189-209

O'Connor, P. 2001: M-Commerce and the Hotel Sector – is it Worth the Effort? In: *New Europe and the Hotel Industry*, PWC, S. 55-59

o. V. Integration: Accor Asia Pacific, Integration kleiner Gruppen, in: *NGZ der Hotelier* 10/2001, S. 20

o. V. Royal Orchid: Anteil am Royal Orchid erworben, in: *NGZ der Hotelier* 6/2001, S. 6

o.V. ArabellaSheraton: ArabellaSheraton, zweites Haus in Südafrika, in: *NGZ der Hotelier* 9/2001, S. 18

o. V. Boutique-Hotel-Marke: Boutique-Hotel-Marke geplant, in: *NGZ der Hotelier* 9/2001, S. 18

o. V. PWC: Branding in the European Hotel Market: A Framework for Strategic Brand Assessment, in: *Hospitality Directions* PWC, S. 2-9, 2000

o. V. Carlton: Carlton Hotel unter ArabellaSheraton-Flagge, in: *NGZ der Hotelier* 7,8/2001, S. 10

o. V. Kempinski: Kempinski in Afrika, in: *NGZ der Hotelier* 10/2001, S. 20

o.V. Zuwachs durch Allianz: Le Méridien, Zuwachs durch Allianz, in: *First Class* 7,8/2001, S. 6

o. V. Maritim: Maritim, Strategische Allianz mit Copthorne, in: *NGZ der Hotelier* 6/2001, S. 12

o. V. Steigerung durch Fusion: NH Hoteles, Steigerung nach Fusion, in: *NGZ der Hotelier* 4/2001, S. 7

o. V. Le Méridien Hotels: Nomura kauft Le Méridien Hotels, in: *NGZ der Hotelier* 6/2001, S. 6

o. V. Raffles: Raffles, Swissôtel Hotels & Resorts übernommen, in: *NGZ der Hotelier* 5/2001, S. 8

o. V. Steigenberger: Steigenberger Hotels & Resorts, Eine Handvoll, in: *First Class* 7,8/2001, S. 6

o. V. Top 50: Top 50 Marken/Kategorisierung der Hotelgesellschaften, in: *NGZ der Hotelier* 7,8/2001, S. 28

o. V. Hotelprojekte: Zwei Hotelprojekte in Rom, in: *NGZ der Hotelier* 9/2001, S. 21

Schulze, J. G. 1993: Diagnose des strategischen Handlungsbedarfs für Hotelketten, Bern (St. Gallener Beiträge zum Tourismus und zur Verkehrswirtschaft 21)

Schwaninger, M. 1985: Organisatorische Gestaltung in der Hotellerie: ein Leitfaden, Bern

Seitz, G. 1997: Hotelmanagement, Berlin

Todd, G./Mather, S. 2001: Structure of the Hotel industry in the new Europe, in: *New Europe and the Hotel Industry,* PWC, S. 16-25

Winter, K. 1997: Das Arbeitsverhältnis in der betrieblichen Praxis, in: *Hänssler, K. H. (Hrsg.)*: Management in der Hotellerie und Gastronomie, S. 159-186

2.6 Expansive Strategien im touristischen Incoming

Ralf Bochert

2.6.1 Einführung 236
    2.6.1.1 Ziel 236
    2.6.1.2 Abgrenzung 236
2.6.2. Theorie des incomingtouristischen Angebots 237
    2.6.2.1 Die incomingtouristischen Aufgaben: Was wird angeboten? 237
    2.6.2.2 Die incomingtouristischen Marktteilnehmer: Wer bietet an? 239
        2.6.2.2.1 Zur Vorteilhaftigkeit des privatwirtschaftlichen Angebots 239
        2.6.2.2.2 Die Nachteile des privatwirtschaftlichen Angebots 240
2.6.2.3 Wer bietet an? 244
2.6.3 Beispiele für unterschiedliche Strategien im internationalen Vergleich ... 244
    2.6.3.1 Gruppe T: Klassisches Tourismusangebot 245
    2.6.3.2 Gruppe D: Distribution 246
    2.6.3.3 Gruppe K: Kommunikation 246
    2.6.3.4 Gruppe Ö: Öffentliche Güter 247
    2.6.3.5 Gruppe A: Anbieterservice 248
    2.6.3.6 Gruppe C: Customers care 248
    2.6.3.7 Gruppe I: Infrastruktur 249
    2.6.3.8 Gruppe V: Veranstaltungen 250
    2.6.3.9 Gruppe P: Pläne 250
    2.6.3.10 Gruppe Z: Weitere zentrale Funktionen 251
Literaturverzeichnis 252

Prof. Dr. oec. Ralf Bochert ist Professor für Volkswirtschaftslehre und Tourismusökonomie an der FH Heilbronn, geboren 1961 in Bremen. Nach einer Lehre zum Industriekaufmann Studium an der Universität Hamburg (Diplom-Volkswirt) und Promotion über ein umweltökonomisches Thema (Universität Hohenheim). Vor der jetzigen Tätigkeit Referent einer Landtagsfraktion, Vorstandsassistent und Abteilungsleiter in der Bauwirtschaft, Geschäftsführer in der Versorgungswirtschaft und Professor für VWL und Umweltökonomie an der FH Merseburg.

2.6.1 Einführung

2.6.1.1 Ziel

Internationale Expansionsstrategien im touristischen Incoming sind in vielfältiger Form zu identifizieren. Da es sich bei diesem touristischen Bereich um einen auf den ersten Blick auf das Inland beschränkten handelt, soll die internationale Dimension zunächst erläutert werden. Aus internationaler Sicht müssen die verschiedenen nationalen Incomingstrategien unterschieden werden. Es stellen sich jeweils die nationalen Fragen: „Wer bietet an?", „Für wen wird angeboten?", „Was wird wie angeboten?" und „Wer trägt die Kosten des Angebots?". Die Antworten unterscheiden sich je nach Land und sind damit für einen internationalen Vergleich durchweg geeignet. Darüber hinaus sind verschiedene Bereiche direkt von internationalem Charakter. Dies können politische Strategien[1] oder Marketingstrategien[2] sein.

Das Aufzeigen expansiver Maßnahmen für die Entwicklung des Incomingtourismus ist nicht zu leisten, indem ein paar Standardstrategien genannt werden. Es liegt dies an den folgenden Tatbeständen:

- Das Incoming-Produkt besteht aus sehr vielen Bestandteilen, deren Zusammensetzung und Bedeutung in jeder Destination unterschiedlich ist.
- Die sozioökonomischen Hintergründe sind in jeder Destination andere.
- Die diskutierten ökonomietheoretischen Erkenntnisse führen zu einer Neigung des Staates sich in unterschiedlichster Form zu engagieren – und dieser Einfluss kann von Destination zu Destination variieren.

Daher wird hier der Versuch unternommen, neben den genannten grenzüberschreitenden Konzepten vor allem die ökonomietheoretische und politische Grundlage des Staatseinflusses auf den Tourismus und den Tatbestand des sehr differenzierten Produktes zu dokumentieren. Es soll mit diesen Erkenntnissen besser möglich sein, einen internationalen Vergleich der Situationen im Incoming vorzunehmen.

2.6.1.2 Abgrenzung

Im Sinne von Freyer (2001a, S. 401) soll der verwendete Incoming-Begriff synonym zu der herkömmlichen Bezeichnung Fremdenverkehr verwendet werden. Es geht also um tourismuswirtschaftliche Aktivitäten, die vor allem mit Besuchen nach dem Inland zu tun haben. Incoming-Institutionen sind demnach Anbieter in den Destinationen und überregionale Institutionen. Da Beherbergungsunternehmen in diesem Buch ein eigener Abschnitt gewidmet ist, wird von der eingehenderen Betrachtung abgesehen. Inland ist jedoch, aus internationaler Sicht, überall: Incoming-Fragestellungen stellen sich in jedem Staat, in jeder Destination. Daher wird im Folgenden auch der internationale Vergleich nationaler Strategien durchgeführt.

---

[1] Wie zum Beispiel gemeinsame Umweltschutz- oder Verkehrsprojekte mehrerer Staaten.
[2] Wie zum Beispiel Kooperationen im Marketing verschiedener Staaten oder internationale Marketingstrategien von einzelnen Destinationen.

2.6.2 Theorie des incomingtouristischen Angebots

2.6.2.1 Die incomingtouristischen Aufgaben: Was wird angeboten?

Es stehen verschiedenste Möglichkeiten der Differenzierung des Incomingtourismus zur Verfügung. Diese reichen von angebotsorientierten Unterscheidungen in „Activities, Attractions, Shopping, Entertainment, National Parks, Tours, Cultural" als die Elemente einer touristischen Destination (Laws 1995, S. 15f) bis hin zu nachfrageorientierten Unterscheidungen, wie sie z. B. Dettmer et al. liefern. Damit geben sie den „Verantwortlichen der touristischen Entwicklung der Tourismusdestinationen ein wichtiges und entscheidendes Hilfsmittel" (Dettmer et al. 2000, S. I) mit einer nach Tourismusformen wie Tagungs- und Kongresstourismus oder Kulturtourismus differenzierten Herangehensweise an die Hand.

Um einen internationalen Vergleich zu ermöglichen, bedarf es eines Kompromisses, der die beiden folgenden Grundvoraussetzungen erfüllt: Die Betrachtung muss angebotsseitig so differenziert sein, dass verschiedene Anbieter isoliert analysiert werden können. Es muss also innerhalb einer touristischen Attraktion das Angebot weiter ausdifferenziert werden, wenn dieses aus mehreren Angebotsbestandteilen mit unterschiedlichen ordnungspolitischen Möglichkeiten[3] besteht. Andererseits kann die nachfrageseitige Betrachtung nicht völlig vernachlässigt werden, da bestimmte touristische Angebote aufgrund der Teilnehmer[4] tourismuspolitische Bedeutung haben. Dettmer et al. sehen Förderungswürdigkeiten zum Beispiel im Rahmen des Seniorentourismus (Dettmer et al. 2000, S. 94); Althof erwähnt das Kur- und Bäderwesen (Althof 2000, S. 177).

Die tourismuspolitische Untersuchung, die sich an verschiedenen Nachfragegruppen orientiert, ist jedoch nicht eindeutig dem Incomingtourismus zuzuordnen: Wenn man eine bestimmte gesellschaftliche Gruppe fördert, dann kann dies auch mit Hilfe von Transferzahlungen geschehen, die zur Durchführung von Outgoingtourismus genutzt werden können.[5] Tatsache bleibt jedoch, dass es aus politischer Sicht durchaus denkbar ist, bestimmte, eigentlich gleiche touristische Einrichtungen an verschiedenen Orten unterschiedlich zu beurteilen, da jeweils unterschiedliche Touristengruppen nachfragen.

Die nachfolgende Liste der tourismuswirtschaftlichen Aufgaben orientiert sich also an dem Erfordernis der differenzierten Antworten auf die Fragen nach dem „Wer?", dem „Wie?", der Kostenzuordnung und dem „Für wen?" im Falle von Unterstützungswürdigkeit der Nachfrager. Die meisten der erwähnten Angebotsarten sind selbsterklärend. Unter Incoming-Reiseveranstaltung (Gruppe T) ist die Tätigkeit von Incoming Operators gemeint: „Im Reiseland selbst kauft ein Incoming Operator bei lokalen Anbietern ein und verkauft diese an den Outgoing Operator im Land des Kunden" (Bieger 1997, S. 41). Verkehrsinfrastruktur

---

[3] Unterschiedliche ordnungspolitische Möglichkeiten heißt hier: Es gibt verschiedene Marktteilnehmer auf Seiten des Angebots, die politisch unterschiedlich behandelt werden.
[4] Dies ist hier herausgehoben, da der übliche tourismuspolitische Bezug eher angebotsseitig gesehen wird, z. B. im Rahmen von Umweltproblemen oder Multiplikatorwirkungen des Tourismus.
[5] So sind in Deutschland die Unterstützungszahlungen an sozial Bedürftige zu interpretieren, die Urlaube ermöglichen sollen. Beim näheren Hinsehen besteht jedoch zumindest ein binnentouristischer Aspekt, da diese Transfers i. d. R. einen Urlaub im deutschen Inland voraussetzen. Vgl. Bundesarbeitsgemeinschaft Familienerholung 2000.

(Gruppe I) und Verkehrsleistungen (Gruppe T) sind unterschiedlichen Gruppen zugeordnet, da diese auf unterschiedliche ordnungspolitische Weise organisiert sein können.

Gruppe T: Klassisches Tourismusangebot	Gruppe C: Customers Care
• Beherbergung • Gastronomie • Touristische Attraktionen • Incoming-Reiseveranstaltung • Verkehrsleistungen	• Information • Verkauf von Souvenirs etc. • Gästeführungen • andere Serviceleistungen für Touristen • Gesundheits- und erholungsfördernde Angebote
Gruppe D: Distribution	**Gruppe I: Infrastruktur**
• Vermittlung • Destination Cards	• Verwaltung öffentlicher Einrichtungen • Verkehrsinfrastruktur • Kur- und Bäderinfrastruktur
Gruppe K: Kommunikation	**Gruppe V: Veranstaltungen**
• Destinationsaußenmarketing • Binnenmarketing • Organisation von Messebeteiligungen	• Geschäftstouristische Veranstaltungen • Kultur- und Unterhaltungsveranstaltungen • Sportveranstaltungen • Schlechtwetterprogramme, Ausflüge etc.
Gruppe Ö: Öffentliche Güter	**Gruppe P: Pläne**
• Pflege und Bereitstellung von (teilweise) frei zugänglichen Angeboten wie Kurkonzerten, Museen oder Stränden	• Konzeptionen für nachhaltigen Tourismus • Masterpläne und strategische Pläne • Auswahl und Entwicklung von Tourismusgebieten und -strategien
Gruppe A: Anbieterservice	**Gruppe Z: Weitere zentrale Funktionen**
• Touristische Ausbildung • Finanzierung • Marketingunterstützung	• Tourismusforschung • Standardisierung / Gütesiegel (z. B. für Unterkunft und Verpflegung) • Lizenzierung Kontrolle • Internationale Beziehungen

Abb. 2.6.1: Differenzierung des touristischen Angebots im Incoming
(mit der Zielsetzung der internationalen Differenzierung)

Mit touristischen Attraktionen (Gruppe T) meint Mundt u. a. Disney-Parks, Bungalow-Parks und Einkaufszentren (Mundt 2001, S. 249ff).[6] Die von Mundt ebenfalls so überschriebenen Veranstaltungen (Mundt 2001, S. 303ff) sind aufgrund des Charakters der kleineren Einheiten hier anders zugeordnet (Gruppe V). Mit öffentlichen Einrichtungen (Gruppe I) ist u. a. geschäftstouristische Infrastruktur gemeint (vgl. Althof 2000, S. 130f); auch Stadien oder Bühnen sind hier zu beachten.

Als Beispiele für andere Serviceleistungen für Touristen (Gruppe C) werden von Bull Banking und Medical Service (Bull 1995, S. 69) genannt.

Gruppe P (Pläne) beinhaltet alle incomingtouristischen Angebotsbestandteile, die in mehr oder weniger zentralisierter Form für die Anbieter erstellt werden. Landgrebe betont, dass es sich bei diesen Planungsprozessen um das Finden der „notwendigen Handlungsschritte aus Sicht des Zielgebietes" (Landgrebe 2000b, S. 255) handelt. Diese planerische Tätigkeit ist als touristisches Angebot im Incoming zu charakterisieren – die Nachfrager sind, wenn es sich bei den Planenden um zentrale Institutionen handelt, u. a. die partizipierenden Unternehmen wie Beherbergungsbetriebe. Das gilt auch für Angebote aus der Gruppe A, die Bull als „service to suppliers" (Bull 1995, S. 69) bezeichnet.

Gruppe Z (weitere zentrale Funktionen) ist ein Teil derjenigen Aufgaben, die Hall den Nationalen Tourismusorganisationen zuordnet („the role of the national tourist organisation would normally include sections to cover the following functions", Hall 1996, S. 24). Dieser Zuordnung muss durchaus nicht a priori gefolgt werden. Unter Standardisierung ist hier gemeint, dass Prädikatssiegel definiert und vergeben bzw. wieder entzogen werden.

2.6.2.2 Die incomingtouristischen Marktteilnehmer: Wer bietet an?

Es gibt grundsätzlich zwei ordnungspolitische Möglichkeiten für die Bestimmung der Angebotsträger im Incoming-Tourismus: die marktliche und die staatliche. Außerdem sind Mischformen, insbesondere Mischgesellschaften, die öffentliche und private Gesellschafter haben, möglich.

2.6.2.2.1 Zur Vorteilhaftigkeit des privatwirtschaftlichen Angebots

Zur Beurteilung bedarf es eines normativen Vorgriffs: „Nach ordnungspolitisch gesicherter Erkenntnis ist eine wettbewerblich geordnete Marktwirtschaft das einzige Wirtschaftssystem, das eine reale Chance zur Verwirklichung größtmöglicher individueller Freiheit bietet, zugleich aber den einzelnen zu wirtschaftlicher Leistung herausfordert und sein Handeln in den Dienst der Interessen aller anderen stellt." (Cassel 1988b, S. 324). Auch das Tourismusangebot kann von dieser Erkenntnis nicht ausgenommen werden.[7] Der staatliche Eingriff re-

---

[6] Die Definition von Attraktion in der Tourismuswissenschaft ist sehr vielfältig. Althof orientiert Attraktionen eher an Sehenswürdigkeiten (vgl. Althof 2000, S. 138); von Böventer orientiert die Attraktion nur an der Nachfrage; es sei möglich, dass diese naturgegeben oder auch produziert ist (vgl. von Böventer 1989, S. 25). Von dieser weiteren Sicht, die auch Bull vertritt ("One way in which tourist attractions can be categorised is: A events, B specifically designed permanent attracttions, C natural and historic attractions", vgl. Bull 1995, S. 96) soll hier abgesehen werden.

[7] Wiewohl man häufig den Eindruck hat, als gelte für diesen Wirtschaftsbereich etwas anderes.

duziert die marktwirtschaftlichen Anreize, die für die Wohlfahrtsbeschaffung unerlässlich sind; aus internationaler Sicht kommt hinzu, dass Protektionismus[8] zum Verharren in ineffizienten Produktionsstrukturen mit hohen Kosten verleitet (Stocker 1999, S. 227, 235).

Kaspar verbindet verschiedene Angebotsbestandteile mit unterschiedlichen Angebotsträgern: So können Beherbergung, Verpflegung, Unterhaltung und andere tourismusörtliche Einrichtungen von privatwirtschaftlichen Betrieben und Gemeinde(-behörde-)n angeboten werden. Vermittlungseinrichtungen ordnet Kaspar Vereinen, Ämtern oder Reisebüros zu (Kaspar 1996, S. 69). Dem ist allerdings hinzuzufügen, dass die Gleichrangigkeit privater und öffentlicher Angebotsträger im Sinne des marktwirtschaftlichen Grundsatzes „Soviel Markt wie möglich, soviel Staat wie nötig" inakzeptabel ist. Auch Greuter beobachtet staatliche Eingriffe in das touristische Wirtschaftsgeschehen, „ohne dass überprüft wird, wie zielführend und effizient diese Instrumente sind und warum gerade die Tourismuswirtschaft gegenüber anderen Wirtschaftszweigen (...) bevorzugt werden soll" (Greuter 2000, S. 134).

So soll hier zunächst die ordnungspolitische Grundposition vertreten werden: Das Tourismusangebot ist von privatwirtschaftlicher Seite bereitzustellen, es sei denn, es sprechen klar bestimmbare Gründe für ein öffentliches Angebot. Diese Gründe liefern die Theorie des Marktversagens, Verteilungstheorien[9] und Wettbewerbstheorien. Diese werden hier kurz zusammengefasst.[10] Die Argumentationskette soll nun wie folgt sein: Privatwirtschaftliche Anbieter haben Vorrang, staatliche Anbieter übernehmen die Aufgaben, wenn triftige Gründe dafür vorhanden sind.

2.6.2.2.2 Die Nachteile des privatwirtschaftlichen Angebots

Die ersten beiden, in einem engen Zusammenhang stehenden Gründe gegen privatwirtschaftliches Angebot sind das Vorliegen von externen Effekten und öffentlichen Gütern. „Wenn bei der wirtschaftlichen Tätigkeit eines Individuums die Nutzen von Dritten verringert werden, ohne dass die Dritten dafür entschädigt werden, dann liegen negative **externe Effekte** (Hervorhebung vom Verfasser) vor. Die Dritten können auch mehrere[11] sein. Positive externe Effekte liegen vor, wenn durch die Produktions- oder Konsumtätigkeit eines Individuums Dritte einen Nutzen erzielen, für den sie keine Kompensation zahlen müssen" (Bochert 2001a, S. 21).

Typische positive externe Effekte im Zusammenhang mit Tourismus sind Multiplikatoreffekte. Die positive Einkommenswirkung durch Wertschöpfungsketten ist eine Motivation für den Staat Tourismus zu fördern. Generell ist die besondere regionalwirtschaftliche Wirkung des Tourismus, der oft gerade an der Peripherie seine Stärken hat (Bochert 2001a, S. 111ff), ein verstärkender Grund, auf Multiplikatorwirkungen als positive externe Effekte in den wirtschaftlich schwachen Gebieten zu setzen. Klassische negative externe Effekte

---

[8] Auf der Ebene des Tourismus ist dies die staatliche Förderung des internationalen Incomingtourismus.
[9] Ungleiche Verteilungsergebnisse werden i. d. R. nicht als Marktversagen interpretiert, vgl. Fritsch et al. 2001, S. 361f.
[10] Umfassend zum Beispiel bei: Fritsch et al. 2001, Weimann 2001.
[11] Dies ist bei Umweltschädigungen der häufig auftretende Fall.

sind Überfüllungsfolgen für die Umwelt oder die sonstige Lebensqualität insbesondere der Ortsansässigen. Auch können negative Akkulturationswirkungen als externe Effekte gedeutet werden.

Öffentliche Güter sind Angebote, von deren Nutzung ein Nachfrager nicht ausgeschlossen werden kann und/oder für die keine Nutzungsrivalität vorliegt. Dabei gibt es verschiedene Typen von öffentlichen Gütern, in der extremsten Form das Kollektivgut, das sowohl frei zugänglich als auch so umfangreich verfügbar ist, dass kein Nachfrager Einschränkungen beim Konsum hat. Ein Beispiel dafür ist die Luft; aber auch andere Bereiche der Umwelt sind häufig Kollektivgüter. Stobbe unterscheidet zwischen „gewollten" und „natürlichen Kollektivgütern" (Stobbe 1991, S. 498): Im Falle des natürlichen Kollektivguts ist eine Zugangsbeschränkung praktisch unmöglich (Luft), im Falle des gewollten Kollektivguts wäre die Zugangsbeschränkung durchaus durchführbar (gilt oft für Strände oder Hochgebirgsregionen mit wenigen Zufahrten).

Außerdem können Güter zwar keine Nutzungsrivalität, jedoch Zugangsbeschränkungen aufweisen. Diese Güter bezeichnet man als Clubgüter; Allmenden sind Güter, für die ein freier Zugang besteht, die jedoch Nutzungsrivalitäten im Konsum aufweisen. Typische Clubgüter sind (umzäunte) Sportanlagen, Kinos oder Theater, die nicht voll ausgelastet sind; Allmendesituationen ergeben sich bei der Überfrequentierung von Kollektivgütern.

Grundsätzlich gilt, dass für Güter ohne Zugangsbeschränkungen wenig oder kein privatwirtschaftlicher Anreiz zur Bereitstellung existiert: hier muss der Staat eingreifen. Das allerdings braucht nicht in der Form eines staatlichen Angebots geschehen, es kann auch ausreichen, Bedingungen für eine „Einzäunung" zu schaffen. Hierzu bedarf es der entsprechenden Definition von **Eigentumsrechten**. Hartley und Hooper heben hervor, dass durch die richtige Zuordnung von Eigentumsrechten die Zahlungsunwilligen ausgeschlossen werden und so Überfüllungsprobleme ebenso gelöst werden wie eine Finanzierung zur Fortsetzung des Angebots gewährleistet ist (Hartley/Hooper 1993, S. 20). Regelmäßig tragen solche Maßnahmen auch zur Schonung öffentlicher Haushalte bei.

Ebenso regelmäßig freilich ist die Kritik an einer derartigen Vergabe von Verfügungsrechten wegen der **verteilungspolitischen Ungerechtigkeit**: Es werden nicht nur die Zahlungsunwilligen ausgeschlossen (und damit allokative Verbesserungen erzielt), sondern auch die Zahlungsunfähigen. Zahlungsbereitschaft würde so mit Nutzenstiftung gleichgesetzt. Aus tourismuspolitischer Sicht bedeutet diese Problematik grundsätzlich, dass bestimmte Gesellschaftsgruppen vom Tourismus ausgeschlossen sind oder nur an bestimmten reduzierten Formen teilhaben können. Diese Gruppen werden regelmäßig als Geringverdienende, Jugendliche, Rentner, Alleinerziehende, Kranke und Behinderte identifiziert. Zum Teil ist nicht allein die Einkommens- und Vermögenssituation ausschlaggebend für die beobachtete Benachteiligung, sondern auch das (ohne Staatseinfluss) merklich teurere Angebot: Durch höheren Aufwand zum Beispiel für Behinderte und gleichzeitig vorliegende geringere Kostendegression entstehen höhere Marktpreise. Dies ist ein weiterer Bereich, der durch staatliches Engagement ausgeglichen werden kann.[12]

Die Existenz von **meritorischen** und **demeritorischen Gütern** begründet einen weiteren Bereich des Staatseingriffs. Beim Konsum dieser Gütergruppen existieren Verzerrungen der individuellen Präferenzen (Bochert 2001a, S. 282ff) in der Form, dass demeritorische Güter[13] in zu großer und meritorische Güter[14] in zu geringer Menge konsumiert werden. Hier versucht der Staat entsprechend seiner Nutzeneinschätzung für die Individuen zu korrigieren. Dies ist natürlich auch in Zusammenhang mit dem touristischen Angebot möglich und ist damit eine weitere Begründung für unterschiedliche Angebotsstrukturen im Bereich der Tourismuswirtschaft.

Gründe für das Engagement des Staates	Beispiele aus dem tourismuswirtschaftlichen Bereich
Positive externe Effekte	• Multiplikatorwirkungen für die einheimische Tourismuswirtschaft • Völkerverständigung als positive Nebenwirkung des Tourismus
Negative externe Effekte	• Umweltwirkungen des Tourismus • (negativ empfundene) Akkulturationseffekte
Kollektivgüter/Allmenden	• Natürliche Attraktionen • Gewollte öffentliche Güter wie Kurkonzerte
Clubgüter	• Tennisanlagen • Kulturelle Angebote wie Theater, Museen
Umverteilungsmöglichkeit	• Spezielle touristische Angebote für sozial Benachteiligte • Transferzahlungen für Benachteiligte
Meritorische Güter	• Kultureller Konsum • Gesundheitsgüter
Demeritorische Güter	• Riskante Unternehmungen • Ungesundes Klima
Natürliche Monopole	• Verkehrsdienstleistungen

Abb. 2.6.2: Gründe für staatliches Engagement und touristische Beispiele

Eine letzte zentrale theoretische Begründung für den staatlichen Eingriff soll hier diskutiert werden: „A market that is most cheaply served by a single firm is called a **natural monopoly** (Hervorhebung vom Verfasser)" (Frank 2000, S. 397f). Der produktionstheoretische Grund für diese Marktform sind sinkende Durchschnittskosten, sogenannte Economies of Scale. Damit dieser Marktvorteil nicht nachfragediskriminierend ausgenutzt wird, bedarf es staatlicher Aktivitäten, die freilich sehr vielfältig sind und vom Angebot der öffentlichen

---

[12] Freilich bedeutet das nicht, dass ausgeglichen werden muss. Zum Abwägungsprozess vgl. Bochert 2001b.
[13] Klassisches Beispiel: Drogen.
[14] Klassisches Beispiel: Kulturelle Angebote.

Hand bis hin zu nur sehr lockeren Kontrollen in Kombination mit der Offenhaltung des Marktes reichen können; mit letzterer Maßnahme sollen die betreffenden Märkte „bestreitbar" (Weimann 2001, S. 329ff) gehalten werden.

Zusammengefasst gibt es die in Abbildung 2.6.2 genannten Gründe, die ein staatliches Engagement in der Tourismuswirtschaft begründen und damit die Erklärung für unterschiedliche Erscheinungsformen im internationalen Vergleich bieten. Die genannten Effekte sind in einem System reiner privatwirtschaftlicher Nachfrage aus Sicht vieler Politiker und Bürokraten (und damit derjenigen, die den Staat repräsentieren) nicht akzeptabel.

Die ökonomischen Tatbestände und Probleme → ↓ Die Gruppen des Incomingtourismus-Angebots	Positive externe Effekte	(darunter Multiplikatoreffekte)	Negative externe Effekte	(darunter Umweltwirkungen)	Kollektivgüter / Allmenden	Clubgüter	Umverteilungsziele	Meritorische Güter	(darunter Gesundheitsgüter)	Demeritorische Güter	Natürliche Monopole
Gr. T: Klass. Tourismusangebot	↑	↑	↑	↑	→	↑	↑	↓	↓	↓	→
Gr. D: Distribution	→	↑			→		↓				
Gr. K: Kommunikation	↑	↑			↑	↓					↓
Gr. Ö: Öffentliche Güter	→	→	→	↑	↑	↑	→	→	→	↓	↓
Gr. A: Anbieterservice	→	↑	↓				↓	↓	→		
Gr. C: Customers care	↓	→			→	↓	↓		→		↓
Gr. I: Infrastruktur	→	→	→	↑	↑	↑	→	→	↑		↑
Gr. V: Veranstaltungen	→	↓			↓	↑		→	↓		
Gr. P: Pläne	→	→	↑	↑	↑	↓	↓	↓	↓	↓	↓
Gr. Z: Weitere zentrale Funktionen	→	→	→	→	→	→	↓	↓	↓	↓	

Erklärung:
↑ = sehr wichtiger Zusammenhang des touristischen Angebots und der ökonomischen Problematik;
→ = wichtiger Zusammenhang des touristischen Angebots und der ökonomischen Problematik;
↓ = erkennbarer Zusammenhang des touristischen Angebots und der ökonomischen Problematik;
leeres Feld = kein oder sehr geringer Zusammenhang des touristischen Angebots und der ökonomischen Problematik

Abb. 2.6.3: Der Zusammenhang zwischen dem Incomingtourismus-Angebot und verschiedenen ökonomischen Problemen

In Abbildung 2.6.3 sind die Bedeutungen der unterschiedlichen ökonomischen Tatbestände für die verschiedenen Angebotsbestandteile des Incomingtourismus (entsprechend Abbildung 2.6.1) beurteilt. Dieser Zusammenhang ist für das Verständnis der erkennbaren Unterschiede beim internationalen Vergleich der Strukturen des Incomingtourismus von großer Bedeutung, weil hierin regelmäßig die Begründungen für Differenzen zu suchen sind. Wenn zum Beispiel in Land A der Information der Touristen eine wesentlich größere Bedeutung beigemessen wird als in Land B, dann ist es möglich, dass in Land A größere Gefahren demeritorischen Verhaltens bestehen (Risikogebiete oder -urlaubsformen könnten dies sein).

2.6.2.3 Wer bietet an?

Die bisher vorgenommene Differenzierung in Privatwirtschaft und Staat muss, um einen sachgerechten internationalen Vergleich vornehmen zu können, noch differenziert werden. Das touristische Angebot wird teilweise von Unternehmen gestellt, die nicht so ohne weiteres mit „normalen" profitorientierten Unternehmen gleichgesetzt werden können. Dazu ist in Abbildung 2.6.4 eine Auflistung vorgenommen worden.

Träger	Anbieter
Private Individuen und Institutionen	• Profitorientierte Unternehmen • Grundeigentümer • Non-Profit-Unternehmen • Vereine
Staat und Private	• Mischgesellschaften mit öffentlichen und privatwirtschaftlichen Anteilen
Staat	• Ämter, Regiebetriebe etc. • Gemeinde als vereinigte Einwohner* • Öffentliche Unternehmen

Anmerkung: * = So bezeichnet Kaspar die „Anbieter" der soziokulturellen Verhältnisse als Teil des touristischen Angebots (Kaspar 1996, S. 69).

Abb. 2.6.4: Angebotsträger im Bereich der Tourismuswirtschaft

Um Unterschiede der Incomingstrukturen und die Möglichkeiten der Expansionsrealisierung ausmachen zu können, ist die Unterscheidung der Größen und der regionalen Bedeutung der Unternehmen aber auch der staatlichen Institutionen sehr wichtig.[15]

2.6.3 Beispiele für unterschiedliche Strategien im internationalen Vergleich

Anhand von Beispielen sollen die Zusammenhänge aus den verschiedenen Gruppen des Incomingtourismus-Angebots (entsprechend Abbildung 2.6.1) sowie die unterschiedlichen Strategien aufgezeigt werden. Dabei handelt es sich einerseits um expansive Strategien entsprechend der üblichen betriebswirtschaftlichen Ziele; andererseits um Reaktionen auf die unter 2.6.2.2 diskutierten ökonomischen Besonderheiten des Incoming-Tourismus.

---

[15] Damit ist gemeint, dass natürlich neben qualitativen Fragestellungen immer auch die quantitative Machbarkeit eine Rolle für die beteiligten Institutionen spielt. Dies sollte unter dem Stichwort Globalisierung der Tourismuswirtschaft Inhalt sein.

2.6.3.1 Gruppe T: Klassisches Tourismusangebot

Herausragende Bedeutung für die Differenzen der Leistungsfähigkeit der **Beherbergungsindustrie** im internationalen Kontext haben die verschiedenen räumlichen und unternehmerischen Ausbreitungsmuster (Vorlaufer 2000, S. 57ff). Die Entwicklung von internationalen Hotelkonzernen und Hotelketten beeinflusst die unterschiedlichen Expansionsentwicklungen im Incomingtourismus massiv. Dies gilt auch für die vertikalen Kapitalverflechtungen (Freyer 2000, S. 25): Die Neigung innerhalb der Konzerne die eigenen Incominginstitutionen zu nutzen, führt zu einer guten Marktposition für diejenigen Incomingunternehmen, die eine institutionelle Anbindung an Outgoing-Betriebe, die meist ihren Sitz in den Industriestaaten haben, vorweisen. Da die Entscheidungen der Zielgebietswahl dort fallen, ist dies ein wesentlicher Marktvorteil. Diese Argumentationskette legt – im Gegensatz zur verbreiteten Angst der Bindungsnachteile – durchaus nahe, die Möglichkeiten für Kapitalimporte in touristische Zielgebiete zuzulassen: eine quantitative Förderung des Tourismus ist dabei zu erwarten. Bull begründet den Trend zu aus den Herkunftsländern geführten Konzernen mit dem großen Druck, der durch die im Gastland konzentrierten Ausgaben auf die Konzerne in den Industriestaaten gegeben ist (Bull 1995, S. 196).

Die in Großbritannien schon vor dem ersten Weltkrieg sehr verbreitete Erscheinung von **Holiday centers** wird zunehmend eine Strategie auch und gerade in Regionen mit weniger attraktiven Umgebungen. In den oft überwiegend auf (Teil-)Selbstversorgungsbasis aufbauenden Resorts (Holloway 1989, S. 98) wird ein weitgehend umgebungsunabhängiges Tourismusangebot geschaffen. Für eine Destination, die ansonsten kaum Chancen auf quantitative touristische Entwicklung hätte, ist die Ansiedlung oft sehr interessant. Dieser Bereich kann zur Angleichung der Tourismusnachfrage auch außerhalb der Tourismus- und Industriezentren genutzt werden.

Ähnliche Voraussetzungen, wenngleich restriktivere Bedingungen im Bereich der räumlichen Erfordernisse, gelten für **Freizeitparks**. Diese sind mit Bedacht auf Tagesbesucher zu planen, wobei die gleichzeitige Tatsache, dass es sich bei international erfolgreichen Freizeitparks auch um touristische Destinationen mit oft erheblichem Übernachtungsangebot handelt, hohe inhaltliche Anforderungen stellt. Als politische Incomingstrategie ist dieser Bereich besonders interessant, weil oft die Interessen der Bevölkerung des Gastlandes selber berücksichtigt sind.[16]

Zunehmend bemühen sich Incomingunternehmen, im Bereich der **Reiseveranstaltung** aktiv zu werden. Dies stößt aufgrund von Problemen bei der Distribution häufig auf Schwierigkeiten; für Hotels und Destinationen mit einer guten Kenntnis über ihre Gäste ist dies jedoch eine Chance.[17] Durch Reiseveranstaltung lassen sich auch sozialtouristische Ziele realisieren, wie die Stuttgart Marketing GmbH mit speziellen Angeboten für Jugendliche zeigt (Dettmer et al. 2000, S. 87). Außerdem ist für Destinationen die Ansiedlung und Förderung der **Incoming-Touroperator** eine Möglichkeit, die Multiplikatorwirkungen des Tourismus

---

[16] Der Europapark nahe Freiburg ist für Badener interessanter als der Center-Park in der Lüneburger Heide für Niedersachsen.
[17] Vgl. hierzu auch 2.6.3.2 (Stichwort „Moderne Kommunikationsmittel als 'Klammer'").

in der eigenen Sphäre wirken zu lassen. Zudem wird ein Incoming-Touroperator immer mehr Interesse an Umsätzen in der Destination selber haben als Organisatoren aus dem Herkunftsgebiet.

2.6.3.2 Gruppe D: Distribution

Im Bereich der **Vermittlungsleistungen** gibt es für Incoming-Unternehmen die Möglichkeit der Nutzung von modernen Kommunikationsmitteln als ‚Klammer', um so den Nachteil der Marktferne auszugleichen. Erst diese technische Möglichkeit hat den Bereich für Incoming-Institutionen interessant gemacht. Die Möglichkeiten, vor Ort (in der Destination) durch Vermittlung (insbesondere über die Tourismusinformationsstellen) die Touristen zu binden, ist nur in individualtouristisch geprägten Regionen interessant. Außerdem kann in diesem Bereich die Privatisierung Beiträge zur Verbesserung der Auslastungen liefern.[18]

In vielen Städten werden **Destination cards** angeboten. Dies ist aufgrund des konsumfördernden Charakters[19] eine expansive Maßnahme. Über Kartensysteme lassen sich auch sozialtouristische Ziele leicht verwirklichen, weil diese abrechnungstechnisch viel leichter zu realisieren sind als über diverse preisreduzierte Angebote vor Ort. Diese gibt es auch als internationale Angebote in grenznahen Gebieten. So wurde 2000 die BodenseeErlebniskarte von der internationalen Gesellschaft IBT in Österreich, der Schweiz und Deutschland eingeführt, mit der die wesentlichen Attraktionen und der Schiffsverkehr im Bodenseeraum kostenlos genutzt werden können (vgl. Bochert 2001a, S. 49f).

2.6.3.3 Gruppe K: Kommunikation

Sehr wesentliche Bedeutung für das Erreichen expansiver tourismuswirtschaftlicher Ziele haben internationale Ansätze des **Destinationsaußenmarketings**. Die Definition von Herkunftsgebieten hat häufig internationalen Charakter.[20] Außerdem kann die Destination sich auch international definieren. Diese Definition kann im regionalen, grenzüberschreitenden Bereich erfolgen.[21] Speziell in Grenzregionen mit eingeschränktem touristischem Angebot kann der auf Abwechslung bedachte Tourist durch solche Kooperationen geschickt jeweils auf die andere Seite gelockt werden. Im Grenzbereich von Ostnorwegen und Westschweden hat sich z. B. die Ferienregion SkanLand definiert, mit deren Hilfe das kulturell und infrastrukturell eher dünne Tourismusangebot der Region sich einer größeren Zahl von Touristen öffnet. Aber auch der Aktionsplan der Europäischen Gemeinschaft zur Förderung des Tourismus von 1992 sah gemeinsame Werbung in Drittländern vor (Oppitz 2000, S. 88): Die Destination ist also auch sehr großräumig zu definieren. Dementsprechend erhöht sich der Anteil der internationalen Kommunikation bei derartigen Konstrukten. Die zunehmende, wenngleich noch auf Widerstände stoßende Neigung, im touristischen Incoming die Zusammenarbeit mit **Sponsoren** zu nutzen, erläutert Freyer (2001b, S. 604).

---

[18] Kann – muss aber nicht. Es ist auch möglich, dass in weniger profitablen Situationen Privatisierung nachteilige Wirkungen für die einheimische Beherbergungswirtschaft hat.
[19] Vgl. dazu auch Bochert 2000.
[20] Als ein Beispiel unter vielen sei das bei Hartmann 1997 geschilderte Beispiel Graubünden genannt.

Beim internationalen Vergleich der Ausgaben für **Tourismuswerbung** fällt auf, dass unter den sechs ausgabestärksten Ländern Australien, Großbritannien, Frankreich, Spanien, Singapur und Thailand mit je über US$ 50 Mio. in 1995 (Greuter 2000, S. 208) drei (Australien, Singapur, Thailand) auch drei Jahre später nicht zu den 20 Top-Destinationen weltweit gemessen in Ankünften (Freyer 2000, S. 42) zählten. Natürlich ist Ausgabenvariation in diesem Bereich eine strategische Frage. Das gilt auch für die organisatorische Abwicklung. Canada oder Bundesstaaten der USA vergeben wesentlich mehr Marketingaufgaben an privatwirtschaftliche Auftragnehmer in den Herkunftsgebieten als Deutschland: Die DZT arbeitet vor allem mit ihren eigenen Vertretungen im Ausland sowie mit Vertretungen deutscher Unternehmen im Ausland (Schnörcher 2000, S. 298).

Die **institutionelle Zuständigkeit für das Destinationsmarketing** ist Gegenstand einer der tourismusökonomischen Diskussion: Bull sieht zu unterschiedliche Interessen der Marktteilnehmer, um eine Privatisierung des nationalen Destinationsmarketings zu befürworten (Bull 1995, S. 218f). So ist nach 1990 ein Versuch der Australischen Regierung gescheitert, die nationale Tourismuswerbung dem privaten Sektor zu überlassen (Hall/Jenkins 1995, S. 36f). Destinationsmarketing ist ein Kollektivgut; es ist Trittbrettfahrerverhalten zu erwarten, wenn eine finanzielle Beteiligung nicht erzwungen werden kann. Das allein begründet freilich noch nicht, dass zentralstaatliches Engagement im Destinationsmarketing unabdingbar ist: Der US-Kongress beschloss 1997, sich aus diesem Bereich zurückzuziehen (Oppitz 2000, S. 58). Destinationsmarketing ist kein absolutes Muss staatlicher Aufgaben. Allerdings ist diese Erscheinung umso unwahrscheinlicher, je kleiner die betroffene Gruppe von touristischen Unternehmen ist (Bochert 2001a, S. 154ff). Dies zeigen auch Beispiele privatwirtschaftlicher Destinationsmarketinginitiativen in Berlin oder auf Sylt.

2.6.3.4 Gruppe Ö: Öffentliche Güter

Die zentrale tourismuswirtschaftliche Differenzierung im Bereich öffentlicher Güter ist diejenige über die Gewähr freien Zugangs im Gegensatz zu Zugangsbeschränkungen.

Expansive Strategien basieren auf starker Förderung des Ausbaus von **Kollektivgütern** zur Förderung insbesondere der Multiplikatoreffekte. Dies lässt sich in Dubai beobachten (Laws 1995, S. 186ff). Auch die Ausnutzung von kulturellen und historischen Voraussetzungen (als Kollektivgut) ist ein solches Vorgehen; Butler/Stiakaki ordnen auch ältere Spielbanken[22] diesem Bestandteil des Incoming-Angebots zu (Butler/Stiakaki 2001, S. 283). Expansive Strategien lassen sich auch bei der Nutzung von Kollektivgütern wie Stränden beobachten wie z. B. bei umfangreichen Sandtransporten nach Bournemouth in Südengland zur Förderung des Meerestourismus (May/Heeps 1994, S. 137).

Der Übergang vom gewollten Kollektivgut hin zum **Clubgut** charakterisiert meist restriktivere oder eher auf qualitative Ziele hin ausgerichtete Strategien. So sind das Ziel der Be-

---

[21] So gibt es gemeinsame Marketingmaßnahmen der Euroregion Pomerania im deutsch-polnischen Ostseegrenzgebiet oder der Touristik-Gemeinschaft Baden-Elsass-Pfalz, vgl. Neumann 2001.
[22] Dabei ist die Zuordnung von Spielbanken eine interessante theoretische Frage: Steht im Mittelpunkt der Aufenthalt in der Spielbank, dann handelt es sich um ein Kollektivgut; die Spiele selber sind entweder Privat- oder Clubgüter.

grenzung der Besucherzahlen in den Nationalparks von Costa Rica (Viegas 1998, S. 37) oder die sehr einschränkenden Limitierungen in Bhutan, wo staatlicherseits eine Hochpreispolitik mit beschränkten Visaerteilungen und der ausschließlichen Genehmigung von Gruppenreisen durchgesetzt wird (Landgrebe 2000b, S. 275), zu interpretieren. Bhutan ist aus tourismuswirtschaftlicher Sicht als Ganzes ein Clubgut.

2.6.3.5 Gruppe A: Anbieterservice

Neben allgemeinen Binnenmarketingfunktionen, die von Seiten der Destinationen gegenüber den angesiedelten touristischen Unternehmen angeboten werden, ist die **Finanzierungshilfe** von zentraler Bedeutung bei expansiven Incoming-Strategien. Hier sind oft Multiplikatoreffekte die Begründung, aber auch meritorische Aspekte, wie die Tatsache, dass zum Beispiel der Louvre zu 70 % staatsfinanziert (Althof 2000, S. 259) ist, spielen eine Rolle. Die Forcierung touristischer **Ausbildung** sieht Wanhill als zentrale Strategie zur Verbesserung der Produktivitätssituation in Nepal an (Wanhill 1993, S. 96ff) an. Bei dieser Strategie können auch Synergien durch internationale Zusammenarbeit erzeugt werden, wie das Beispiel der Pacific Asia Travel Association (PATA) zeigt, die mit – für derartige internationale Tourismusorganisationen – hohem finanziellen Aufwand gemeinsame Ausbildungsprogramme für die im wesentlichen privatwirtschaftlichen 17 000 Mitglieder anbietet (Oppitz 2000, S. 105).

Weiser beklagt, dass auf dem deutschen Markt „das fehlende Berufsbild mit Ausbildung und Zertifikat" (Weiser 2000, S. 143) eine sehr unterschiedliche Qualität der Ausbildungsangebote und die Vernachlässigung der Reiseleiterausbildung vor allem bei mittleren und kleineren Reiseveranstaltern bewirke. Auch in Großbritannien, so kritisiert Holloway, gilt: "Many employers pay little more than lip-service to training needs in this area" (Holloway 1989, S. 149). Dies ist freilich zunächst ein outgoingtouristischer Ansatz, der erst durch das Folgende in die Entscheidungssphäre der Destination überführt werden kann.

2.6.3.6 Gruppe C: Customers care

In Italien ist es „ausländischen **Reiseleitern** und -begleitern nicht gestattet, Erklärungen abzugeben, wenn sie nicht im Besitz der ordnungsgemäßen Lizenzen sind" (Schmeer-Sturm 996, S. 140). Schmeer-Sturm kritisiert, dass die italienischen Reiseführer selber nicht qualifiziert ausgebildet seien, dass die Lizenzvergabe aber durch Wettbewerbe in einer Art Zunftaufnahme nicht transparent ausgestaltet sei (ebenda). Als expansive Strategie eignet sich diese Maßnahme nur hinsichtlich des Beschäftigungseffektes;[23] im Kern enthält sie jedoch, gepaart mit geordneten Ausbildungsverhältnissen, die Grundidee einer Strategie, mit deren Hilfe die Destinationen insbesondere qualitative Ziele oder Besucherlenkung durchsetzen könnten.[24] Beim internationalen Vergleich der Incomingstrategien ist zu beachten, dass die **Informationsangebote**, die Touristen von Seiten der Destination und den Anbie-

---

[23] Es ist natürlich purer Protektionismus.
[24] Der Autor gibt zu bedenken, dass es auch so noch eine alles andere als marktwirtschaftliche Maßnahme ist – vor allem der Quasi-Ausschluss der Reiseleiter aus dem Herkunftsland, der ja notwendig ist, um die Beschäftigungseffekte durchzusetzen, ist absolut willkürlich.

tern innerhalb der Destination erhalten, unterschiedlich sein können. Althof nennt als Aufgaben der Touristeninformationsstelle u. a. umfangreiche Auskunftskenntnisse der Mitarbeiter, vielfältige zur Verfügung stehende Unterlagen, Vorverkauf, Fahrkartenverkauf oder Hotelbuchung (Althof 2000, S. 115). Die Variation der Leistungen der Tourismusinformationsstelle ist eine mögliche expansive oder kontraktive Strategie.

2.6.3.7 Gruppe I: Infrastruktur

Die Förderung von öffentlichen Einrichtungen durch die Destination kann ganz entscheidend zur Nachfragesteigerung beitragen. Gerade außerhalb der erholungstouristischen Zentren lässt sich eine Tendenz erkennen, den expandierenden Geschäftsreisemarkt (Dettmer et al. 2000, S. 27) durch den Bau von **Kongress- und Messefazilitäten** zu nutzen. Generell gilt hier wie auch für **Verkehrsinfrastruktur**, dass Beschäftigungs- und Multiplikatoreffekte genutzt werden können. Dabei stellt sich jedoch, vor allem im Falle von Clubgütern wie Hallen die Frage der ordnungspolitischen Zuordnung (Bochert 2001a, S. 64f): Privatisierungen bringen zwar gesamtwirtschaftliche Effizienzvorteile, die zuvor subventionierten Bereiche jedoch werden häufig (aber nicht immer) vom Markt verdrängt, was für die Tourismuswirtschaft in der betroffenen Destination natürlich Nachteile birgt. Dies gilt im Verkehrsbereich durchaus auch: Flugverkehr[25] (soweit noch nicht geschehen), Eisenbahnverkehr und Autobahnen sind generell privatisierbar.

Mundt prognostiziert einen weiteren Anstieg der Attraktivität der **Einkaufszentren** (Mundt 2001, S. 303). In diesem Bereich sind die Destinationen selber zumindest als Genehmigungsbehörden beteiligt und somit in der Lage, die Entwicklungen zu beeinflussen. Darüber hinaus sind auch Beteiligungen der öffentlichen Hand (aufgrund der positiven externen Effekte) denkbar – wenn auch aus marktwirtschaftlicher Sicht nicht wünschenswert. Die wesentlichen Entscheidungsträger sind in diesem Bereich jedoch im Handel zu suchen, zumal die gekoppelten Freizeitangebots in den Malls häufig indirekt durch die Handelsunternehmen subventioniert werden müssen.

Aufgrund des Charakteristikums meritorisches Gut, das der Gesundheit zugeordnet werden kann, haben **Kur- und Bäderinfrastruktur** eine besondere Bedeutung bei der Analyse der Strategien der Destinationen. Die Rechtfertigung des staatlichen Engagements ist hier oft einfacher und daher ist die Abhängigkeit der Destinationen von Entscheidungen Ortsfremder geringer. Insbesondere osteuropäische Zielgebiete haben hier Chancen im internationalen Reiseverkehr erkannt: Die Tschechische Republik ist eines derjenigen Länder, die die neuen Möglichkeiten nach der Annäherung an westlichen Märkte nutzen wollen: „Just as our spas improve the health of patients, the transformation will help the health of spas" (Holubcova/Krejna, S. 123).

Kostendifferenzen bewirken Handel. Je geringer der Transportkostenanteil an den Kosten ist, umso wahrscheinlicher ist der Handel. Diese Einschränkung führt dazu, dass immerhin 77% des Tourismus (berechnet als Vergleich der Ankünfte) der OECD-Staaten Binnentourismus ist (Bull 1995, S. 130). Die Einschränkung durch Transportkosten ist in **grenznahen**

---

[25] Zu den Privatisierungen von Flughäfen vgl. Ewald 2000, S. 99f.

Regionen und bei Unterschiedlichkeit der Kostenniveaus der Anlass für expansive Strategien, die sich im Einkaufstourismus, aber auch im Gesundheitstourismus zum Beispiel von Deutschland nach Polen und nach der Tschechischen Republik hin zeigen. Durch die ständige Variation von Preisen bleibt dies ein umfangreiches Feld für Strategiealternativen. Der Vergleich der mitteleuropäischen und der nordamerikanischen **Skiregionen** zeigt, dass die Privatisierungen in Amerika zu einer deutlichen Marktbereinigung (Schließung von ca. einem Drittel aller Skigebiete seit 1980) geführt hat, während in Mitteleuropa noch mittelständige Seilbahnunternehmen und kommunale Strukturen im Tourismusangebot dominieren. Die Folge sind Effizienz- und Marketingnachteile der zum Teil subventionierten Branche in Europa; langfristig können Beschäftigungsziele in Europa gegen die Konkurrenzmacht des konzernorganisierten amerikanischen Skitourismus nicht durchgesetzt werden (Bochert 2001a, S. 101).

2.6.3.8 Gruppe V: Veranstaltungen

Die **institutionelle Organisation** der Anbahnung von touristisch relevanten Veranstaltungen ist eine wichtige Entscheidung der Destination. Teilweise ist dies zu rechtfertigen, wenn die Veranstaltungen aufgrund ihrer Größe die Charakteristiken eines öffentlichen Gutes erfüllen. Das gilt für Olympische Spiele ebenso wie für Expo-Veranstaltungen; die Größenordnungen der Veranstaltungen führen außerdem zu Konflikten, die mit staatlicher Autorität lösbar sind (Hall 1996, S. 155f). Darüber hinaus gilt: Das Engagement der staatlichen Stellen einer Destination bewirkt positive externe Effekte. Dabei können zentrale Stellen wie in Deutschland das German Congress Bureau im internationalen Bereich eingesetzt werden, um **geschäftstouristische Veranstaltungen** zu fördern.

Events sind eines der am schnellsten wachsenden Teilsegmente der touristischen Leistungspalette (Freyer 2001a, S. 605). Dabei haben insbesondere kulturelle Veranstaltungen wie Konzertveranstaltungen und spektakuläre Theater- und Operninszenierungen, Festivals und Sportevents (Mundt 2001, S. 303f) große Erfolgschancen. Dies gilt auch für Veranstaltungen, die die Besonderheit des Ortes nutzen. So hat sich Nottingham mit Veranstaltungen und Pauschalen zum Thema Robin Hood profiliert (Laws 1995, S. 129ff). Ganz unproblematisch ist die einfache Übernahme von Strategien jedoch nicht, wie die Einbrüche auf dem Markt der deutschen Musicals in den letzten Jahren zeigen.

2.6.3.9 Gruppe P: Pläne

Die strategischen Pläne, die zur Förderung oder Umprofilierung von Tourismus meist staatlicherseits (und teilweise auch grenzüberschreitend[26]) erstellt werden, können grob in drei verschiedene Arten unterteilt werden (wobei solche Pläne auch mehrere Bestandteile davon aufweisen können):

- Pläne mit dem Schwergewicht auf quantitative Entwicklung und dem Fokus auf Beschäftigungs- und Einkommenswirkungen (als Hauptorientierung positive externe Effekte des Tourismus),

---

[26] Woraus Oppitz im Falle der EU verweist (vgl. Oppitz 2000, S. 85).

- Pläne mit qualitativen Schwerpunkten, die Konzepte eines nachhaltigen Tourismus verfolgen (als Hauptorientierung negative externe Effekte des Tourismus),
- Tourismusgeographisch orientierte Pläne, die vor allem Gebietsausweisungen vornehmen (Orientierung auf positive und negative externe Effekte des Tourismus).

Als Beispiele seien genannt: die von Burns/Holden dargestellte eher qualitative Entwicklung des Tourismus nach Java (Burns/Holden, S. 171f); die internationalen Bemühungen um eine Begrenzung des Tourismus in die Antarktis (Laws 1995, S. 92ff) und der Bericht über die Grundzüge der Raumordnung der Schweiz als ein im Wesentlichen geographisch orientierter, zentraler Planungsansatz für eine geordnete touristische Entwicklung (Greuter 2000, S. 211ff).

2.6.3.10 Gruppe Z: Weitere zentrale Funktionen

Dass **touristische Forschung** – neben ihrer Funktion für die Ausbildung – viele langfristige Aspekte und darüber hinaus soziale und ökologische Aufgaben hat, von denen man nicht erwarten kann, dass die Privatwirtschaft sie übernehmen, wird vielfach erkannt. Die Forcierung in diesem Bereich kann eine expansive (qualitativ oder quantitativ, je nach Forschungsschwerpunkten) Zielsetzung haben. So beschreibt Dietvorst das zunehmende staatliche Engagement der Niederländischen Regierung (Dietvorst 1994, S. 54ff). Dies kann auch in internationaler Kooperation geschehen, wie die Beispiele EU oder PATA (Oppitz 2000, S. 83, 105) zeigen.

Die Einführung von **Gütesiegeln** als indirekte staatliche Einflussmöglichkeit auf das touristische Angebot hebt Bieger hervor (Bieger 1997, S. 291f). Diese Maßnahmen haben auch verbraucherschützende Aspekte. Wenn es gewollt ist, kann der Staat auch strategische Ziele hinter der Definition von Vergabekriterien verstecken. Holloway betont, dass das 1987 eingeführte Hotelklassifizierungssystem des englischen Tourism Boards durch stärkere Durchdifferenzierungen in sechs unterschiedliche Niveaus eine Verbesserung darstellte (Holloway 1989, S. 95).

Als sehr wesentliche **Barrieren**, insbesondere für Individualtouristen, nennt Edgell Probleme bei der Nutzung von Zahlungsmitteln im Ausland, Zwangsumtausche, Einreiseverbote oder Visabestimmungen (Edgell 1990, S. 53f). Eine mögliche expansive Strategie ist aus Sicht der Destinationen die Öffnung hin zu den nachfragestarken Outgoingmärkten. Natürlich muss einschränkend gesagt werden, dass **internationale Beziehungen** im Tourismus in aller Regel auf Gegenseitigkeit ausgerichtet sind.[27] Für klassische Outgoingstaaten bedeutet dies aus Sicht des nationalen Wachstums- und Beschäftigungszieles, dass Vereinbarungen über freien Reiseverkehr mit wirtschaftlich schwachen Partnerstaaten durchaus kontraproduktiv sein können. Vergessen werden darf jedoch nicht, dass die Wohlfahrt der eigenen Bevölkerung durch solche Vereinbarungen (durch neue Tourismusmöglichkeiten) verbessert werden kann. Doch das ist Outgoing...

---

[27] Vgl. dazu z. B. die diversen Vereinbarungen der USA, Edgell 1990, S. 143ff.

Literaturverzeichnis

Althof, W. 2000: Incoming-Tourismus, 2. A., München
Bieger, T. 1997: Management von Destinationen und Tourismusorganisationen, München
Bleile, G., et al. (Hrsg.) 2000: Tourismusjahrbuch 1/2000
Bleile, G., et al. (Hrsg.) 2001: Tourismusjahrbuch 1/2001
Bochert, R. 2000: Konsumentenrenten bei All-inclusive-Angeboten, in: *Bleile, G., et al. (Hrsg.):* Tourismusjahrbuch 1/2000, Limburgerhof, S. 146-151
Bochert, R. 2001a: Tourismus in der Marktwirtschaft, München
Bochert, R. 2001b: Wieviel sozialer Schutz für Reisende muss sein?, in: *Bleile, G., et al. (Hrsg.):* Tourismusjahrbuch 1/2001, S. 76-80
Bull, A. 1995: The Economics of Travel and Tourism, 2. ed., Melbourne
Bundesarbeitsgemeinschaft Familienerholung 2000: Familienerholung in Deutschland, Köln
Burns, P. M./Holden, A. 1995: Tourism – a new perspective, London
Butler, R./Stiakaki, E. 2001: Tourism and Sustainability in the Mediterranean: Issues and Implications, in: *Ioannides, D. et al. (ed.):* Mediterranean Islands and Sustainable Tourism Development, London, S. 282-295
Cassel, D. et al. (Hrsg.) 1988a: Ordnungspolitik, München
Cassel, D. 1988b: Wirtschaftspolitik als Ordnungspolitik, in: *Cassel, D. et al. (Hrsg.):* Ordnungspolitik, München, S. 313-333
Cooper, C. P./Lockwood, A. 1994: Progress in Tourism, Recreation and Hospitality Management Vol. 5, Chichester
Dettmer, H. et al. 2000: Tourismustypen, München
Dietvorst, A. 1994: Dutch research on leisure, recreation and tourism: a review, in: *Cooper, C. P./Lockwood, A.:* Progress in Tourism, Recreation and Hospitality Management Vol. 5, Chichester, S. 54-88
Edgell, D. L. 1990: International Tourism Policy, New York
Ewald, R. 2000: Aktuelle Entwicklungen im europäischen Luftverkehr, in: *Landgrebe, G. (Hrsg.):* Internationaler Tourismus, München, S. 81-100
Frank, R. H. 2000: Microeconomics and Behavior, Boston
Freyer, W. 2000: Globalisierung in der Tourismuswirtschaft, in: *Landgrebe, G. (Hrsg.):* Internationaler Tourismus, München, S. 13-50
Freyer, W. 2001a: Tourismus – Einführung in die Fremdenverkehrsökonomie, 7. A., München
Freyer, W. 2001b: Tourismus-Marketing, 2. A., München
Fritsch, M. et al. 2001: Marktversagen und Wirtschaftspolitik, 2. A., München
Greuter, F. 2000: Bausteine der schweizerischen Tourismuspolitik, Bern
Hall, C. M. 1996: Tourism and Politics, Chichester
Hall, C. M./Jenkins, J. M. 1995: Tourism and Public Policy, London
Hartley, K./Hooper, K. 1993: Tourism Policy: Market Failure and Public Choice, in: *Johnson, P./Thomas B. (ed.):* Perspectives on Tourism Policy, London, S. 15-28

Hartmann, M. 1997: Anwendung: Tourismus Plattform Graubünden, in: *Bieger, T.:* Management von Destinationen und Tourismusorganisationen, München, S. 241-246

Holloway, J. C. 1989: The Business of Tourism, 3. ed., London

Holubcova, M./Krejna, L. 1993: Future Development of Czech Spas, in: *Stadtfeld, F. (Hrsg.):* Europäische Kurorte – Fakten und Perspektiven, Limburgerhof, S. 121-123

Ioannides, D. et al. (ed.) 2001: Mediterranean Islands and Sustainable Tourism Development, London

Johnson, P./Thomas B. (ed.) 1993: Perspectives on Tourism Policy, London

Kaspar, C. 1996: Die Tourismuslehre im Grundriss, 5. A., Bern

Kirsch, G. 1997: Neue Politische Ökonomie, 4. A., Düsseldorf

Landgrebe, G. (Hrsg.) 2000a: Internationaler Tourismus, München

Landgrebe, G. 2000b: Tourismusplanung, in: *Landgrebe, G. (Hrsg.):* Internationaler Tourismus, München, S. 253-281

Laws, E. 1995: Tourist Destination Management, London

May, V./Heeps, C. 1994: Costal zone management and tourism in Europe, in: *Cooper, C. P./Lockwood, A.:* Progress in Tourism, Recreation and Hospitality Management Vol. 5, Chichester, S. 132-146

Mundt, J. 2001: Einführung in den Tourismus, 2. A., München

Neumann, S. 2001: Vermarktung von grenzüberschreitenden touristischen Regionen, Diplomarbeit, Heilbronn

Oppitz, W. 2000: Tourismuspolitik international, Wien

Schmeer-Sturm, M.-L. 1996: Gästeführung, 3. A., München

Schnörcher, U. 2000: Deutsche Zentrale für Tourismus – Innovatives Marketing für das Urlaubs- und Reiseland Deutschland, in: *Landgrebe, G. (Hrsg.):* Internationaler Tourismus, München, S. 297-312

Stadtfeld, F. (Hrsg.) 1993: Europäische Kurorte – Fakten und Perspektiven, Limburgerhof

Stobbe, A. 1991: Mikroökonomik, Berlin

Stocker, F. 1999: Moderne Volkswirtschaftslehre, Band 1: Logik der Marktwirtschaft, 3. A., München

von Böventer, E. 1989: Ökonomische Theorie des Tourismus, Frankfurt/Main

Vorlaufer, K. 2000: Die Internationalisierung der Hotellerie: Determinanten, Strategien und Strukturen in: *Landgrebe, G. (Hrsg.):* Internationaler Tourismus, München, S. 51-80

Viegas, A. 1998: Ökodestinationen, München

Wanhill, S. 1993: Tourism Manpower Planning: The case of Nepal, in: *Johnson, P./Thomas B. (ed.):* Perspectives on Tourism Policy, London, S. 131-146

Weimann, J. 2001: Wirtschaftspolitik – Allokation und kollektive Entscheidung, 2. A., Berlin

2.7 Internationale Aspekte der kommerziellen Freizeitwirtschaft am Beispiel thematisierter Freizeitanlagen

Hermann-Josef Kiel

2.7.1 Einführung 256
2.7.2 Bedeutung der kommerziellen Freizeitwirtschaft 258
    2.7.2.1 Wirtschaftliche Bedeutung der Freizeit in Deutschland 258
    2.7.2.2 Freizeitanlagenmarkt 260
    2.7.2.3 Internationale Aspekte 261
        2.7.2.3.1 Weltweite Branchenentwicklung im Bereich Freizeitparks 263
        2.7.2.3.2 Beispiel für die Internationalisierung thematisierter Freizeitanlagen 265
2.7.3 Internationalisierungsstrategien in der kommerziellen Freizeitwirtschaft 266
    2.7.3.1 Einflussfaktoren 267
    2.7.3.2 Typen internationaler Angebote in der kommerziellen Freizeitwirtschaft 268
    2.7.3.3 Internationalisierungsstrategien 270
        2.7.3.3.1 Marktauswahl 270
        2.7.3.3.2 Markteintritt 270
        2.7.3.3.3 Marktbearbeitung 273
2.7.4 Perspektiven 274
Literaturverzeichnis 275

Prof. Dr. Hermann-Josef Kiel studierte Wirtschaftswissenschaften an den Universitäten Kassel sowie Universidad de Santiago de Compostela (Spanien) und arbeitete er in verschiedenen Dienstleistungsbranchen wie Zeitungsredaktion, Unternehmens- und Kommunalberatung und Wirtschaftsförderungs-, Regional- und Landesentwicklungsgesellschaft. Von 1994 bis 1997 berufsbegleitende Promotion an der Universität Kassel zum Dr. rer. pol. 1997 Berufung zum Professor im Fachbereich Betriebswirtschaft an der Fachhochschule Heilbronn, Standort Künzelsau. Seine Schwerpunkte liegen in den Bereichen Kultur- und Freizeitwirtschaft, Betriebs- und Finanzierungsformen sowie Marketing für Kultur- und Freizeiteinrichtungen, Standortanalysen, Private-Public-Partnership, Stadt-, Regional- und Standortmarketing und Management von Kultur- und Freizeiteinrichtungen. Darüber hinaus ist er als wissenschaftlicher Beirat an der privaten Fachhochschule Schwäbisch Hall, als Dozent für den MBA Medien- und Eventmanagement der Europäischen Medien- und Eventakademie Baden-Baden sowie für die Fernakademie Touristik in Münster tätig.

2.7.1 Einführung

Hollywood in Germany: Warner Bros. Movie World in Bottrop, Universal Studios in Krefeld. Nie zuvor hat die Globalisierung das heutige Ausmaß erreicht. Aktuelle technologische, ökonomische und politische Entwicklungen in Form neuer Verkehrs-, Informations- und Kommunikationstechnologien, deregulierter Kapital-, Güter- und Dienstleistungsmärkte sowie ein zunehmender Bedeutungsverlust nationaler Grenzen haben dazu geführt, dass gegenwärtig erstmals in der Geschichte ein tatsächlich globaler, also uneingeschränkt weltumspannender politischer, wirtschaftlicher und gesellschaftlicher Austausch zwischen den Nationen stattfindet (vgl. Bea 1997, S. 419).

Der Begriff der Globalisierung bezeichnet zwei Phänomene: zum einen ein volkswirtschaftliches, welches das Zusammenwachsen der Weltmärkte beschreibt, zum anderen ein betriebswirtschaftlich-institutionelles, welches das aktive Verhalten der Unternehmen im Sinne einer Internationalisierung ihrer Betätigungsfelder wiedergibt (vgl. ebenda). Im Folgenden soll der Begriff der Globalisierung als Synonym für die angesprochenen Veränderungen der Weltwirtschaft stehen, also volkswirtschaftlichen Charakter haben, das aktive, betriebswirtschaftliche Verhalten der Unternehmen dagegen mit dem Begriff der Internationalisierung beschrieben werden.

Freizeit ist ein persönliches Verfügungsrecht über Zeit, das sich in einer subjektiv empfundenen Wahlfreiheit über die Zeitverwendung ausdrückt. Die Zeitautonomie zählt zu den wichtigsten Werten der heutigen modernen Gesellschaft. Sie gewährleistet den Menschen die Zeit für Tätigkeiten, Erlebnisse und Erfahrungen in von ihnen ausgewählten Bereichen, deren Umsetzung in der Arbeitszeit nicht möglich ist. Diese Zeitsouveränität geht einher mit der stetig angestrebten Verbesserung der Lebensqualität. Aus diesem Grund hat die Freizeit einen hohen Stellenwert in unserem heutigen Gesellschaftssystem und sie hat in jüngster Zeit starke Auswirkungen auf die wirtschaftlichen Lebensbereiche, so dass inzwischen von einer eigenständigen Freizeitwirtschaft gesprochen werden kann.

Ausgehend von den Entwicklungen in den USA ist in den letzten beiden Jahrzehnten in Europa eine verstärkte Diskussion und Realisierung von thematisierten Freizeitanlagen zu beobachten. Die Palette dieser Anlagen reicht von tagestouristisch orientierten, kleinflächigen Anlagen bis hin zu großflächig gestalteten thematisierten Freizeitanlagen mit umfassender Freizeit-, Gastronomie-, Beherbergungs- und Shopping-Infrastruktur.

Thematisierte Freizeitanlagen gelten in der Tourismusforschung als internationaler Wachstumsmarkt. In der Ferienwelt von morgen werden bspw. Themenparks zu den Motoren der Freizeitmobilität gehören – regional, national und international. Branchenexperten gehen davon aus, dass sich Themenparks als spezialisierte Form der thematisierten Freizeitanlagen künftig zu einer neuen Form des Spezialtourismus mit wachsender Bedeutung entwickeln werden. Allein für Deutschland wird mit 7 Millionen potenziellen Themenparkurlaubern gerechnet, zusätzlich zu den derzeit jährlich rund 20 Millionen Tagesausflüglern.

Globalisierung im Tourismus ist ein komplexes Phänomen, das vom weltweiten Wettbewerb von Destinationen über die Ausdehnung globaler Computerreservierungssysteme (CRS) bis

Internationale Aspekte der Freizeitwirtschaft – Beispiel thematisierte Freizeitanlagen 257

hin zu einer internationalen Verflechtung der Touristikindustrie und der Annäherung des Reiseverhaltens reicht. Die Globalisierung trifft im Zukunftsmarkt der thematisierten Freizeitanlagen auf regional unterschiedlich entwickelte Märkte. Nicht zufällig hat sich in den USA, wo 1955 Disney (Anaheim, CA) seinen Prototyp Disneyland eröffnete, die weltweit größte Themenparkindustrie herausgebildet. Demgegenüber ist das Wachstumspotenzial des europäischen Themenparkmarktes noch kaum ausgeschöpft, während in Japan der Besuch künstlicher Ferienwelten zu den beliebtesten Freizeit- und Urlaubsaktivitäten zählt. Branchenexperten sehen daher Ostasien als den zukünftig international führenden Themenparkmarkt (siehe Abb. 2.7.1).

	Japan	**Europa**	**USA**
Zahl der Eintritte	100 Mio.	150 Mio.	300 Mio.
Einwohner	126 Mio.	727 Mio.	272 Mio.
Zahl der Eintritte in v. H. der Bevölkerung	79 v. H.	21 v. H.	110 v. H.

Abb. 2.7.1: Besuchsvolumen von Freizeit- und Themenparks in Japan, Europa und den USA im Jahr 1999

Die Globalisierung umfasst sowohl angebots- als auch nachfrageseitige Dimensionen. Bezogen auf das Gebiet der Themenparks werden auf der Anbieterseite vor allem die Unternehmen in der Themenparkindustrie, einschließlich der Freizeit- und Tourismuspolitik, sowie tradierte Thematisierungsstrategien berührt. Auf der Nachfrageseite stehen die Freizeitorientierungen und -aktivitäten der Besucher im Mittelpunkt.

Im Einzelnen geht der vorliegende Beitrag auf folgende Bereiche ein: Zunächst erfolgt eine Darstellung über die Bedeutung der kommerziellen Freizeitwirtschaft inklusive des Freizeitanlagenmarktes in Deutschland. Im Anschluss daran werden internationale Einflüsse in diesem Marktsegment anhand praktischer Beispiele thematisiert. Der dritte Komplex der Ausführungen behandelt die für die Freizeitwirtschaft relevanten Internationalisierungsstrategien. Thematisierte Freizeitanlagen kommen in den folgenden Ausprägungen vor:

- Freizeit- und Erlebnisparks
- Sport- und Fun Parks
- Ferienzentren
- Großdiskotheken
- Multiplexkino
- Wasserpark
- Indoor-Sportanlagen
- Großaquarien
- Großarenen
- Multifunktionale Bowlingcenter
- Urban Entertainment Center (UEC)

2.7.2 Bedeutung der kommerziellen Freizeitwirtschaft

2.7.2.1 Wirtschaftliche Bedeutung der Freizeit in Deutschland

Der Freizeitmarkt in Deutschland gehört zu den Märkten, die sich in den letzten Jahren sehr kontinuierlich und dynamisch entwickelt haben. Er kann heute als eines der Wachstumsfelder der Wirtschaft bezeichnet werden (neben der IT-Branche). Nach Angaben der Deutschen Gesellschaft für Freizeit entfiel 1999 ein Umsatz von DM 455 Mrd. auf den Freizeitmarkt, was rund 15% des deutschen Bruttosozialproduktes ausmacht (vgl. Deutsche Gesellschaft für Freizeit 2000, S. 80). Das gestiegene Marktvolumen in den letzten Jahren vergegenwärtigt die nachfolgende Grafik:

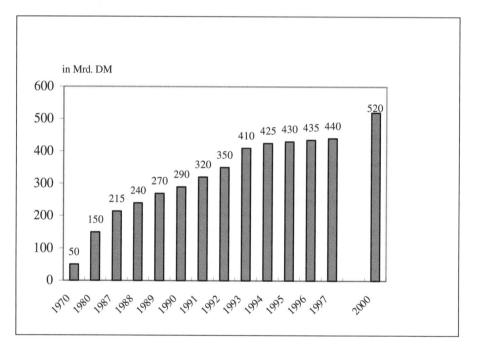

Quelle: Deutsche Gesellschaft für Freizeit 2000, S. 84

Abb. 2.7.2: Marktvolumina des deutschen Freizeitmarktes 1970-1997
(2000 geschätzt, ab 1991 inkl. Neue Bundesländer)

Der Freizeitkonsum ist zum Milliardengeschäft geworden, an dem die verschiedensten Branchen teilhaben (siehe Abbildung 2.7.3). Die Freizeitwirtschaft, so wie sie sich heute darstellt, ist im Wesentlichen gekennzeichnet durch das veränderte Verhältnis von Freizeit und Arbeitszeit sowie durch die zunehmende Bereitschaft, frei verfügbares Einkommen in eine sinnvolle Freizeitgestaltung zu investieren. So wuchs in den vergangenen Jahren der Freizeitmarkt kontinuierlich an, wie Abbildung 2.7.4 verdeutlicht.

	Angaben in Mrd. DM
Tourismus	
Fremdenverkehr, Urlaubs-, Kurzreisen, Reisebüros, Hotels, Gaststätten	363
Mobilität	
Automobilverkauf (50% Freizeitanteil), Motorräder, Fahrräder, etc.	206
Sport	
Sportartikel, Fitnessanlagen, Schwimmbäder, Sportveranstaltungen	81
Medien	
Unterhaltungselektronik, PC, Fernsehen, Radio, Video, Bücher	66
Hobby	
Heimwerker/Do-it-yourself, Garten-, Tierpflege, Foto-, Filmgeräte	65
Kultur	
Kunstmarkt, Museen, Theater, Musik, Musicals, Kino,	54
Spiel	
Spiele, Spielzeug, Glücksspiele, Münz- und Automatenspiele	42

Quelle: Opaschowski 1998, S. 37

Abb. 2.7.3: Freizeitmarkt: Der unterschätzte Riese, Aktuelle Umsatzzahlen in Mrd. DM

Auch für die Zukunft gehen Branchenexperten von einem positiven Marktwachstum aus. Dabei werden sich allerdings die pauschal steigenden Zuwachsraten zugunsten differenzierter Wachstumsmöglichkeiten in einzelnen Marktsegmenten und Zielgruppen verlagern.

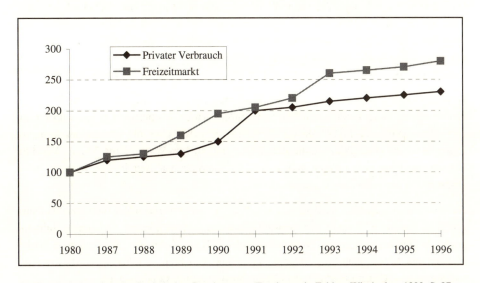

Quelle: Nach Angaben des Statistischen Bundesamtes: Tourismus in Zahlen, Wiesbaden, 1999, S. 87

Abb. 2.7.4: Privater Verbrauch und Freizeitmarkt im Vergleich
Indizes 1980 - 1996; (Index 1980 = 100)

2.7.2.2 Freizeitanlagenmarkt

Der Bedarf an Freizeitanlagen ist in den vergangenen Jahren aufgrund der Zunahme an Freizeit und den damit verbundenen gestiegenen Ausgaben für Freizeitaktivitäten erheblich größer geworden. Im Zuge der Marktentwicklung für Freizeitimmobilien hat sich dabei eine Fülle unterschiedlicher Typen und Segmente gebildet:

Sport Fitness Schönheit	Unterhaltung Gesellschaft Entspannung	Urlaub Abenteuer Wochenende
Tennishalle	Kinocenter	Ferienhaus
Bowlingbahn	Spielhallen	Ferienclubs
Inlinehallen	Diskotheken	Wochenendhaus
Squash/Badminton	Countryclubs	Erlebnisgastronomie
Fitness/Bodybuilding	Freizeitparks	
Golfanlagen	Themenparks	
Spaßbäder/Sauna		
Schönheitsfarm		

Quelle: Froelich 1994, S. 134

Abb. 2.7.5: Freizeitanlagen - ausgewählte Typen und Segmente

Die Freizeitanlagenbranche in Deutschland ist größtenteils noch mittelständisch geprägt. Viele der Betreiber bpsw. im Anlagensegment der deutschen Freizeitparks stammen aus dem Schaustellergewerbe. Beispiele dafür sind Gottlieb Löffelhardt, der 1967 zusammen mit dem Puppenspieler Richard Schmidt das Phantasialand bei Köln gründete; der Holiday-Park im pfälzischen Haßloch befindet sich im Besitz der Familie eines Zirkusdirektors.

Die Gründer des Europa-Parks, die Familie Mack, entstammen aus dem Bereich der Anlagenherstellung, vornehmlich dem Bau von Fahrgeschäften. Mittlerweile drängen aber zum einen branchenfremde Investoren ins Freizeitgewerbe, wie etwa die Familie des früheren Computerbauers Heinz Nixdorf, die sich anfangs mit 40% an Warner Bros. Movie World in Bottrop beteiligte. Zum anderen steigen vermehrt internationale Betreiberunternehmen bzw. Investoren in den deutschen Freizeitmarkt ein.

Der Freizeitanlagenmarkt ist darüber hinaus durch eine zunehmende Kommerzialisierung geprägt, die sich im Wesentlichen in zwei Grundstrategien manifestiert. Neben der Multiplikation erfolgreicher, solitärer Betriebskonzepte z. B. in Form von Spielhallen, Squash-Centern und Bowlingbahnen, steht die Etablierung von Freizeitgroßanlagen wie Freizeit- und Sportparks, Urban Entertainment Centers sowie Multiplexkinos u. a. m.

Es zeigt sich für die Zukunft, dass die bisherigen monofunktionalen Freizeitanlagen verstärkt von multifunktionalen Freizeit- und Kommunikationszentren abgelöst werden. Zukünftig wird der Freizeitanlagenmarkt noch stärker als bisher als Marketinginstrument großer Unternehmen genutzt. Solche als Brand Lands bzw. Corporate Lands konzipierten Freizeitanlagen können enorme Besucherzahlen aktivieren. Die von VW für die Autostadt in Wolfsburg anvisierte Besucherzahl in Höhe von ca. einer Million wurde im ersten Betriebsjahr bei weitem übertroffen (2,3 Mio. Besucher). Weitere Unternehmen wie Sony, Stollwerck, Lego, ZDF und andere kommunizieren mit ihren Kunden in eigens dafür entwickelten Freizeitanlagen (vgl. Kiel 2001a).

Auch in den nächsten Jahren entwickelt sich der Freizeitanlagenmarkt in Deutschland expansiv; die Zahl der Freizeitanlagen nimmt beständig zu, wie nachfolgende Abbildung zeigt.

Marktsegment	Bestehende Anlagen	Zahl der Planungen	Investitionen in den nächsten 5 Jahren (in Mrd. DM)
UEC	3	etwa 40	7,4
Multiplexkinos	40	etwa 100	3
Freizeitgroßparks	6	3	1,2
Feriengroßzentren	22	4-5	1
Freizeitbäder	200	25	1

Quelle: WestLB 1997, S. 35

Abb. 2.7.6: Ausgewählte Planungen im Freizeitanlagenmarkt

Insgesamt – so die Meinung der Immobilienexperten – werden in den nächsten fünf Jahren zwischen DM 15 bis 18 Mrd. in Neuprojekte des stationären Freizeitgroßanlagenmarktes investiert (vgl. o. V.: Freizeit- und Ferienimmobilien, 1998).

2.7.2.3 Internationale Aspekte

Die Entwicklungen im weltweiten Freizeitmarkt wurden in den letzten Jahren durch eine verstärkte Internationalisierung und Diversifikation der Unternehmen geprägt. Abbildung 2.7.7 zeigt als exemplarisches Modell einen Freizeitpark als Teil der Diversifikation im Angebot am Beispiel eines international operierenden Konzerns.

Ausgehend von der Neuschöpfung seiner characters (bekannte Figuren) hat es der Disney-Konzern immer wieder verstanden, die gesamte Wertschöpfungskette des Freizeitkonsums für sich zu beanspruchen. Letzte Neuheit im touristischen Marktsegment ist die Einführung der Disney Luxusliner im expandierenden Kreuzschifffahrtgeschäft.

Derzeit wird diese Art der Diversifikation anhand der Märchenfigur Harry Potter sichtbar und es wird nicht allzu lange dauern, bis eine thematisierte Anlage anhand dieser Märchenvorlage in einem Freizeitpark errichtet wird.

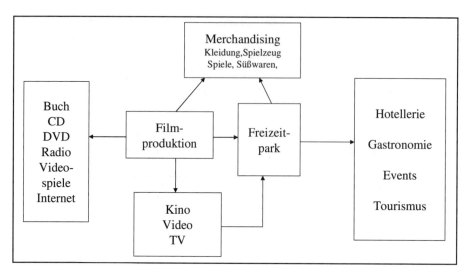

Quelle: In Anlehnung an Ebert 1998, S. 207

Abb. 2.7.7: Themenpark als Teil der Diversifikationsstrategie internationaler Konzerne, Beispiel Disney

Die Internationalisierung der Unternehmen im Freizeitmarkt wird ersichtlich durch die räumliche Ausbreitung der Betreiber derartiger Anlagen, aber auch die Projektentwickler und Investoren setzen zunehmend auf die Internationalisierung ihrer Unternehmen.

Art	Unternehmen	Erstmarkt	→ Zielmarkt
Investor und Betreiber	Disney	USA	→ Asien → Europa (F)
	Six Flags	USA	→ Europa → BRD (Bottrop)
	Universal	USA	→ Europa → BRD (Krefeld)
	Warner Bros.	USA	→ Europa (BRD) → Spanien
	Lego	Europa	→ USA → BRD (Günzburg)
Betreiber	SMG	USA	→ BRD (Arena Oberhausen)
Investor	P&O	GB	→ BRD (CentrO Oberhausen)
	Tussauds	GB	→ USA → BRD (HeidePark)
Projektentwickler	Landmark	USA	→ BRD (Tree AG)
	BRC Imagination	USA	→ Europa (NL)
Ticketing/Entertainment	SFX	USA	→ Europa (GB) BRD (CTS)

Abb. 2.7.8: Ausgewählte Beispiele für die Internationalisierung

Beide Effekte,

- Internationalisierung und
- Diversifikation im Angebot,

führen vermehrt dazu, dass sich der time-lag, in der internationale Trends auf regionale Märkte wirken, verkürzt. Bisher betrug der Zeitabstand zwischen einer Neuentwicklung, meistens in den USA, und der Umsetzung in der BRD ca. sieben Jahre. Brancheninsider erwarten für die Zukunft eine Verkürzung des time lag sowie vermehrt gleichzeitig auftretende Entwicklungen im derzeitigen Entstehungsprozess eines globalisierten Freizeitanlagenmarktes (vgl. Frank/Wenzel 2001, S.18).

Aktuellstes Beispiel für Deutschland ist die Nachricht, dass der Heide-Park in Soltau an die britische Gruppe Tussauds verkauft wurde (vgl. o.V., FAZ vom 26.22.01, S.20). Tussauds ist v. a. dadurch bekannt, dass sie das weltberühmte Wachsfigurenkabinett Madame Tussaud in London betreibt. Rund drei Millionen Touristen besuchen die Ausstellung pro Jahr.

Die Gruppe Tussauds, mit Anlagen in Großbritannien und Amerika, hat seit langem Erfahrung im Betrieb von thematisierten Freizeitanlagen. Der Erwerb des Heide-Parks in Deutschland ist Teil einer expansiven Strategie, zu der bisher die Gründung neuer Wachsfigurenkabinette in Städten wie New York, Las Vegas, Amsterdam und Hongkong gehörte. Gemessen an den Besucherzahlen in Millionenhöhe, wird die Gruppe Tussauds dann im vorderen Feld der international tätigen Freizeitanlagenbetreiber liegen.

2.7.2.3.1 Weltweite Branchenentwicklung im Bereich Freizeitparks

Insgesamt werden für 2000 in 340 Parks 545 Mio. Besucher mit einem Umsatz von US$ 13,8 Mrd. geschätzt (Themata 2001). Von diesen Umsätzen wird nach wie vor der Löwenanteil in Nordamerika getätigt, die weltweite Umsatzverteilung stellt sich wie folgt dar (ebenda.):

- 49% des Jahresumsatzes in Nordamerika,
- 32% in Asien,
- 16% in Europa und
- 3% in anderen Zonen

1990 gab es erst 225 signifikante Parks mit 300 Mio. Besuchern und US$ 7 Mrd. Umsatz. Der Trend zur Expansion hält an: Von 1990 bis 2000 verdoppelten sich weltweit die Umsätze, die Besucherzahlen stiegen um 80%, die Pro-Kopf-Umsätze um 8,5%. Neue Parks haben, weltweit gesehen, den bestehenden Parks keine Besucher „weggenommen", sondern neue Kunden kreiert.

Eine Übersicht über die TOP 50-Freizeitparks der Welt (unter Angabe der Besucherzahlen) befindet sich in Abbildung 2.7.9, die weltweit größten Betreiberunternehmen von Freizeitparks und deren Besucherzahlen zeigt Abbildung 2.7.10.

		1998	1999	+/-
Tokio Disneyland	Japan	17 459 000	16 680 000	4,7 %
Magic Kingdom	USA	15 200 000	15 640 000	-2,8 %
Disneyland	USA	13 450 000	13 680 000	-1,7 %
Disneyland Paris	Frankreich	12 500 000	12 510 000	-0,1 %
EPCOT	USA	10 100 000	10 596 750	-4,7 %
Disney-MGM Studios	USA	8 700 000	9 473 750	-8,2 %
Everland	Süd Korea	8 640 000	7 326 000	17,9 %
Disney's Animal Kingdom	USA	8 600 000	6 000 000	43,3 %
Universal Studios Florida	USA	8 100 000	8 900 000	-9,0 %
Blackpool Pleasure Beach	UK	6 900 000	6 600 000	4,5 %
Lotte World	Süd Korea	6 101 085	5 800 000	5,2 %
YokohamaSea Paradise	Japan	5 667 000	5 737 000	-1,2 %
UniversalStudiosHollywood	USA	5 100 000	5 100 000	0,0 %
Sea World of Florida	USA	4 700 000	4 900 000	-4,1 %
Huis Ten Bosch	Japan	4 030 000	4 130 000	-2,4 %
Nagashima Spa Land	Japan	4 000 000	3 200 000	25,0 %
Busch Gardens Tampa Bay	USA	3 900 000	4 200 000	-7,1 %
Six Flags Great Adventure	USA	3 800 000	3 421 000	11,1 %
Tivoli Garden	Dänemark	3 700 000	2 766 000	33,8 %
Knott's Berry Farm	USA	3 650 000	3 550 000	2,8 %
Sea World of California	USA	3 450 000	3 700 000	-6,8 %
Universals IslandofAdvent.	USA	3 400 000	k. A.	
Paramount's Kings Island	USA	3 325 000	3 400 000	-2,2 %
Erlebniswelt Prater	Österreich	3 300 000	3 500 000	-5,7 %
Cedar Point	USA	3 300 000	3 400 000	-2,9 %
Morey's Piers	USA	3 300 000	3 000 000	10,0 %
Ocean Park	Hongkong-/China	3 300 000	2 950 000	11,9 %
Six Flags Magic Mountain	USA	3 225 000	3 070 000	5,0 %
Suzuka Circuit	Japan	3 163 000	3 238 000	-2,3 %
Six Flags Great America	USA	3 100 000	2 905 000	6,7 %
Santa Cruz BeachBoardwalk	USA	3 040 000	3 040 000	0,0 %
Seoul Land	Süd Korea	3 000 000	2 800 000	7,1 %
De Efteling	Niederlande	3 000 000	2 700 000	11,1 %
Europa-Park	Deutschland	3 000 000	2 700 000	11,1 %
Port Aventura	Spanien	3 000 000	2 700 000	11,1 %
Paramounts Wonderland	Kanada	2 975 000	3 025 000	-1,7 %
Kurashiki Tivoli Park	Japan	2 940 000	2 986 000	-1,5 %
Adventuredome at CircusC	USA	2 890 436	2 800 000	3,2 %
Kennedy Space Center	USA	2 800 000	2 750 000	1,8 %
Gardaland	Italien	2 800 000	2 700 000	3,7 %
Alton Towers	UK	2 800 000	2 500 000	12,0 %
Six Flags Over Texas	USA	2 750 000	2 819 000	-2,4 %
La Feria de Chapultepec	Mexico	2 725 000	2 700 000	0,9 %
Futuroscope	Frankreich	2 700 000	2 650 000	1,9 %
Liseberg	Schweden	2 620 000	2 500 000	4,8 %
Knott's Camp Snoopy	USA	2 600 000	2 600 000	0,0 %
Six Flags Over Georgia	USA	2 550 000	2 321 000	9,9 %
Bakken	Dänemark	2 500 000	2 136 000	17,0 %
Ratanga Junction	Südafrika	2 500 000	k. A.	
Six Flags Fiesta Texas	USA	2 451 000	1 490 000	64,5 %
Summen		**242 801 521**	**229 290 500**	

Quelle: Themata 2001

Abb. 2.7.9: Die Top 50 Freizeitparks der Welt

	1999	1998	+/-
Walt Disney Attractions	89 209 000	86 960 500	+2,6 %
Six Flags Inc.	47 46 0558	42 517 000	+11,6 %
Universal Studios Inc.	20 900 000	18 000 000	+16,1 %
Anheuser-Busch Theme Parks	19 340 000	20 400 000	-5,2 %
Cedar Fair Ltd.	13 550 000	13 850 000	-2,2 %
Viacom Inc. / Paramount Parks	12 545 000	12 973 000	-3,3 %
Grupo Magico Internacional	8 958 000	8 750 000	+2,4 %
Blackpool Pleasure Beach Co.	8 096 000	7 655 000	+5,8 %
The Tussauds Group	5 300 000	5 000 000	+6,0 %
Silver Dollar City, Inc.	4 616 153	4 733 493	-2,5 %
The Lego Company	4 150 000	2 804 348	+48,0 %
Summen	234 126 710	223 645 339	+4,7 %

Quelle: Branchendienst der Themata, Potsdam 2001

Abb. 2.7.10: Die weltweit größten Freizeitpark - Ketten

2.7.2.3.2 Beispiel für die Internationalisierung thematisierter Freizeitanlagen

Der Entertainmentpark von Warner Bros. Movie World in Bottrop hat sich nach dem fünften Jahr seines Bestehens (Eröffnung 1996) als feste Größe auf dem Markt der deutschen Themenparks etabliert. Die Inszenierung des Themas „Hollywood", die hinter Warner Bros. Movie World steht, behauptet sich, wenn auch mit Startschwierigkeiten. Movie World als Unternehmenskonzept ist die Grundlage für den 45 Hektar großen Themenpark, der seinen Besuchern über 40 Rides (Fahrgeschäfte), Shows und Attraktionen rund um das Thema „Faszination Film" bietet. Alle Erlebniswelten des Parks basieren auf bekannten Warner Bros. Filmen.

Ein weiterer Bestandteil des Parks ist der auf dem Gelände integrierte Studiokomplex. Hier stehen zwei große Studiohallen inklusive Büroräume und Werkstätten für deutsche und europäische Film- und Fernsehproduktionen zur Verfügung. Um dieses Großprojekt, eine Kombination aus einem Themenpark und Filmstudios, verwirklichen zu können, investierte Warner Bros. International Recreation Enterprises ca. DM 400 Mio. Dies ist nicht nur die höchste Investition, die Warner Bros. außerhalb des US-amerikanischen Marktes getätigt hat, sondern auch die bisher größte Einzelinvestition in der deutschen Freizeitindustrie.

Die Vorreiterfunktion für das deutsche Projekt übernahm der australische Schwesterpark, der 1991 in Brisbane eröffnet wurde. Seitdem ist der Park eine der großen Touristenattraktionen des fünften Kontinents. Die Akzeptanz, die das Projekt bei der Zielgruppe genießt, ermutigte die Unternehmensleitung von Warner trotz unterschiedlicher Markt- und Standortvoraussetzungen mit Movie World den Schritt auf den europäischen Markt zu wagen. Die Grundsteinlegung fand im Mai 1994 in Bottrop statt. Zwei Jahre später, im Juni 1996, öffnete der Park seine Tore. Die Wahl des Standortes Bottrop kam nicht von ungefähr, denn der Themenpark liegt in Nordrhein-Westfalen, Europas bevölkerungsreichster Region und in direkter Nachbarschaft zu den Niederlanden und Belgien. Im Umkreis von 250 km leben ca. 30 Millionen Menschen, für etwa die Hälfte ist der Park innerhalb einer Stunde erreichbar.

Ein Faktor, der von großer Bedeutung für den Erfolg des als Tagesausflugsziel konzipierten Entertainmentparks ist.

Die Entscheidung für Bottrop wurde darüber hinaus von zwei weiteren Faktoren beeinflusst. Zum einen wurde das Gelände, auf dem Movie World entstanden ist, schon seit geraumer Zeit für Freizeiteinrichtungen genutzt. Umfangreiche Eingriffe in die Natur konnten vermieden werden.

Zum anderen ist Movie World vor dem Hintergrund des Strukturwandels des Ruhrgebietes vom Industrie- zum Dienstleistungsstandort von großem Interesse für die nordrhein-westfälische Landesregierung. In dieser Hinsicht liefert der Park sowohl auf dem Tourismussektor als auch bezüglich der Entwicklung des Medienbereichs wichtige Impulse für den Restrukturierungsprozess der Region. Dies war auch ausschlaggebend für die Aufnahme des Investitionsprojektes in die regionale Wirtschaftsförderung.

Dem langfristigen Erfolg von Movie World kommt in Deutschland hinsichtlich der Zukunftspläne des Konzerns eine entscheidende Bedeutung zu. Die Entwicklung der Besucherzahlen und die Akzeptanz des Parks in Bottrop werden als Signal für eine weitere Expansion des Konzepts in Europa gesehen

Ende 1999 wurde eine Kooperation mit Six Flags Inc., dem größten regionalen Themenparkbetreiber weltweit, beschlossen. Warner Bros. gab die Lizenzrechte an Six Flags, woraufhin Six Flags als Lizenznehmer im Gegenzug die Themenparks weiterhin unter dem Namen Warner Bros. Movie World führen wird. Der Vereinbarung nach präsentiert Six Flags in Zukunft die Looney Tunes Figuren Bugs Bunny & Co. sowie Hanna Babera (z. B Tom und Jerry) in seinen Freizeitparks in Nordamerika, Europa, Latein- und Südamerika.

2.7.3 Internationalisierungsstrategien in der kommerziellen Freizeitwirtschaft

Aufgrund der dargestellten weltweiten Entwicklung trifft die Globalisierung zunehmend mehr die Freizeitanbieter auch auf ihren heimischen Märkten. Neben der bereits angesprochenen Diversifikation im Angebot lassen sich weitere generelle Ursachen für die zunehmende Internationalisierung thematisierter Freizeitanlagen ausmachen, wie Abbildung 2.7.11 zeigt.

Neben der bereits angesprochenen Veränderung auf der Anbieterseite tangiert die Globalisierung auch die Entwicklung der Nachfrageseite. Hervorzuheben ist dabei v. a. die Tendenz einer internationalen Homogenisierung der Bedürfnisstrukturen. Zum Beispiel wird der Besuch von Disney-Parks mittlerweile in vielen Ländern der Welt nachgefragt.

Zudem haben die Anbieter mit einem hohen Wissensstand der Kunden entweder aus eigenen, tatsächlich erlebten Besuchen bzw. aus den virtuellen Besuchen zu rechnen. Zusätzlich verspricht die EU-Osterweiterung einen Nachfrageschub für die internationale Freizeitbranche aufgrund des Nachholbedarfs der dort ansässigen Konsumenten.

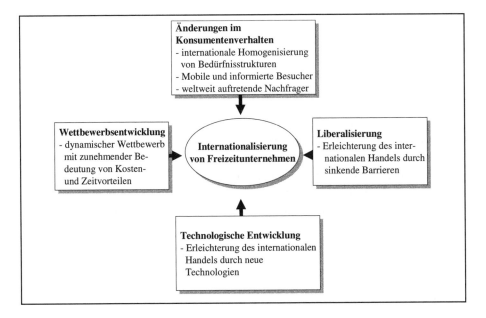

Quelle: In Anlehnung an Meffert/Wolter 2000, S. 5

Abb. 2.7.11: Ursachen der Internationalisierung von Freizeitunternehmen

2.7.3.1 Einflussfaktoren

Während sich die asiatische und europäische Freizeitanlagenindustrie noch in der Wachstumsphase befindet, kann in Nordamerika bereits eine gewisse Marktsättigung erkannt werden. Diese Sättigungsphase wird begleitet von Unternehmenszusammenschlüssen und Konzentrationsprozessen sowie einer vermehrten Expansion in ausländische Märkte. Strategische Lücken im Unternehmen können je nach Ausgangslage durch Marktdurchdringung, Markterweiterung, Produktentwicklung und Diversifikation geschlossen werden. Diese in der Ansoff-Matrix für nationale Märkte angestellte Überlegung lässt sich ebenfalls auf internationale Märkte übertragen. Damit sich die Betreiber von thematisierten Freizeitanlagen auch in Zukunft erfolgreich im Markt behaupten, stehen ihnen grundsätzlich vier verschiedene Strategien offen. Diese Alternativen zeigt Abbildung 2.7.12 im Rahmen einer Produkt-Markt-Matrix.

Für ein Unternehmen ist es immer einfacher, auf dem lokalen Markt tätig zu sein, wo es keinen Unsicherheiten gegenübersteht. Das Management kennt Sitten und Gebräuche, das Rechtssystem, die Art und Weise Geschäfte zu machen und schließlich auch die Kunden. Dennoch existieren mehrere Motive, in einen ausländischen Markt vorzustoßen:

- Wachstum ist bei gesättigten Inlandsmärkten oft nur noch durch ein Ausstrecken in neue Märkte im Ausland möglich.

- Steigende Gewinne: Es wurde empirisch nachgewiesen, dass Unternehmen, die im Ausland aktiv sind, höhere Gewinne erwirtschaften und stärker wachsen als andere Unternehmen.
- Aufteilung der Gemeinkosten (Anlagen, F&E etc.) um „economies of scale" zu realisieren.
- Glättung saisonaler Schwankungen, denn die neuen Märkte haben oft andere Saisons als der lokale Markt.
- Rückgänge auf dem Heimatmarkt lassen sich einfacher verkraften, denn das Auslandsengagement gleicht eventuell einen inländischen Umsatzrückgang aus.
- Vermeidung von Konkurrenz: Unternehmen weichen mit ihrem Angebot in weniger wettbewerbsintensive Märkte aus.
- Stärkung der Wettbewerbsfähigkeit: Das Unternehmen ist dem internationalen Wettbewerb viel früher ausgesetzt und stellt sich früher als andere darauf ein. Es wird sich der Neuentwicklungen der Konkurrenten schneller bewusst. So ist es bei einem Auftritt der Konkurrenten auf dem heimischen Markt besser gerüstet, da erfahrener und weniger überrascht.
- Steuervorteile.
- Verlängerung des Produktlebenszyklus, da die Markterweiterung oft die Verlängerung der Lebensdauer der einzelnen Angebote erlaubt.
- Suche nach idealen Kundengruppen: Es kann sein, dass die demographischen Daten im Ausland wesentlich geeigneter für das Angebot sind als die im Heimatmarkt.

Produkt \ Markt	bisher bearbeitete Marktsegmente	zusätzliche Marktsegmente
bestehende Produkte	**Marktdurchdringung** • Marktanteil halten (Erweiterungsinvestitionen in Attraktionen)	**Marktentwicklung** • Events, Konzerte • Tagungen, Kongresse • Übernachtung
zusätzliche Produkte	**Produktentwicklung** • Ferienressort	**Diversifikation** • Wasserparks • Sport- und Funparks • thematisierte Unterhaltungskonzepte

Abb. 2.7.12: Potenzielle Marktfeldstrategien für Freizeitanlagen

2.7.3.2 Typen internationaler Angebote in der kommerziellen Freizeitwirtschaft

Mit Hilfe der sog. *Sampson and Snape-Box* können vier Typen von internationalen Angeboten in der kommerziellen Freizeitwirtschaft unterschieden werden. Diese lassen sich aus der Kombination der Dimensionen Mobilität des Anbieters und Mobilität des Nachfragers ableiten.

Mobilität des Anbieters / Mobilität des Nachfragers	gering - immobil -	hoch - mobil-
gering - immobil -	**Across-the-border-trade** • Musik (CD´s,) • Musik (online, mp3)	**Foreign-earnings-trade** • Freizeitparkketten • Projektentwicklung (im Ausland) • Betreiber (Freizeitpark)
hoch - mobil -	**Domestic-etablishment-trade** • Freizeitpark • Ferienressort	**Third-country-trade** • internationale Kongresse, Incentives, Tourneeleitung

Quelle: In Anlehnung an Hermanns/Wißmeier 1998, S. 545

Abb. 2.7.13: Typologie internationaler Freizeitangebote (ausgewählte Beispiele)

1. Across-the-border-trade meint den grenzüberschreitenden Handel mit Freizeitgütern, bei dem sowohl die Anbieter als auch die Nachfrager immobil sind. Dabei handelt es sich bspw. um Musikprodukte auf CD oder im mp3-Format (digitalisierte Musik für den Download im Internet).
2. Foreign-earnings-trade tritt dann auf, wenn der mobile Anbieter seine Leistung direkt beim Kunden erstellt. Der Freizeitanbieter muss daher seinen Kunden entweder besuchen bzw. durch den Aufbau von Auslandsniederlassungen die Leistung direkt vor Ort beim Kunden erbringen. Dies erfolgt bei Projektentwicklern in Form von Beratungsdienstleistungen überall dort, wo ihre Consultingtätigkeit auf eine Nachfrage stößt. Die großen Betreibergesellschaften von Freizeitparks (Disney, Six Flags, Universal) platzieren ihre Neuansiedlung von Themenparks in die von ihnen als rentabel erachteten Auslandsmärkte.
3. Domestic-etablishment-trade liegt vor, wenn die Leistung von einem immobilen Anbieter an einem mobilen Nachfrager erbracht wird. Dies ist dann der Fall, wenn der ausländische Kunde direkt beim Anbieter im Inland die Leistung in Anspruch nimmt. Denkbar ist hier der Fall des größten Freizeitparks in Deutschland (EuropaPark in Rust), der einen Großteil seiner Besucher aus dem benachbarten Ausland (hier: Frankreich und Schweiz) bezieht.
4. Third-country-trade meint den Fall, wenn sowohl der Anbieter als auch der Nachfrager sich im Ausland aufhalten. Zu denken wäre dabei an die Durchführung internationaler Incentive-Veranstaltungen, aber auch an die Leitung internationaler Tourneen. Ein Sonderfall sind diejenigen Themenparks, die als Mega-Komplex von international operierenden Konzernen als internationale Tourismusdestination geführt werden. So zieht Disneyland, Paris mehr als 50% seiner Besucher aus dem europäischen Ausland an und gilt mit seinen 12,5 Millionen Gästen p.a. als größte touristische Destination in Europa.

Die vorab dargestellte Typologisierung bietet eine allgemeine Zuordnung der internationalen Freizeitangebote, offen bleibt allerdings die Frage, welche Schlussfolgerungen für die Anbieter von Freizeitangeboten daraus abgeleitet werden können.

2.7.3.3 Internationalisierungsstrategien

Für die verschiedenen Formen von Freizeitangeboten ergeben sich auf den Auslandsmärkten unterschiedliche Anpassungsnotwendigkeiten an kulturelle Gewohnheiten. Stauss weist auf die sog. Interaktionsintensität hin; damit meint er das Ausmaß an zeitlichen Kontakt mit dem Kunden im Prozess der Leistungserstellung (1995, S. 456). Je höher die Interaktionsintensität, desto stärker sind die interkulturellen Unterschiede zu beachten. So hatte Euro Disney am Anfang in Europa mit großen Imageproblemen zu kämpfen, da sich die US-amerikanische Managementführung nicht auf französische Verhältnisse einlassen wollte (Probleme mit den französischen Gewerkschaften, der Trinkgewohnheiten (Glas Wein zum Mittagessen) und der Presse, die den Park als „kulturelles Tschernobyl" bezeichnete).

2.7.3.3.1 Marktauswahl

Die internationale Marktauswahl beschäftigt sich mit der konkreten Auswahl der zu bearbeitenden Länder bzw. Regionen. Vorab ist festzustellen, dass sich die internationalen Märkte vom heimischen Markt u. a. durch folgende Faktoren unterscheiden lassen:

- Differenzierte Wettbewerbsverhältnisse
- Unterschiedliches Konsumentenverhalten
- Verschiedene Mentalitäten, kulturelle Bindungen, Traditionen, historische Bindungen
- Juristische Rahmenbedingungen (z. B. Kaufvertragsrecht, Reiseverkehrsrecht)
- Andersartige Logistik- und Distributionsbedingungen bzw. Handelsformen

Für Freizeitanbieter stellt sich im Rahmen der Internationalisierung zuerst die Frage, welche Länder sich für ihr Angebot eignen. Meistens fällt die Standortentscheidung für eine neue Freizeitanlage im entfernten Ausland aufgrund des vorhandenen Marktpotentials sowie der Wettbewerbsgegebenheiten. Hohen Einfluss auf die Marktauswahl hat, wie bereits oben erwähnt, die Kulturabhängigkeit der Leistungen. Ist diese stark von den kulturellen Gegebenheiten abhängig, so wird zunächst in kulturell ähnlich geprägten Ländern eine Neuansiedlung angestrebt. Welche weiteren Analysefaktoren bei der Konzeption von internationalen Freizeitangeboten zu beachten sind, zeigt Abbildung 2.7.14.

2.7.3.3.2 Markteintritt

Notwendige Voraussetzung für die Internationalisierung mit der Zielsetzung der Erschließung neuer Märkte ist, dass die Leistung (hier: Freizeitdienstleistung) ohne größere Anpassung auf die ausländischen Märkte übertragbar ist. Dies hängt neben den spezifischen Bedürfnissen der Kunden vor allem auch von den wirtschaftlichen, rechtlichen und kulturellen Rahmenbedingungen in den Auslandsmärkten ab. Wirtschaftliche Einflussfaktoren umfassen neben allgemeinen konjunkturellen Bedingungen vor allem vorhandene Markt- und Branchenstrukturen. Aufbauend auf den Überlegungen, ob die Internationalisierung angestrebt wird bzw. in welchem Umfang dies geschieht, schließt sich die Frage an, in welcher Form das Auslandsgeschäft aufgenommen werden soll. Zunächst ist zu klären, ob im Rahmen der Strategien der Markterschließung eine Präsenz auf den zu bearbeitenden Auslandsmärkten erforderlich ist und in welchem Umfang vor Ort die Wertschöpfung betrieben werden muss.

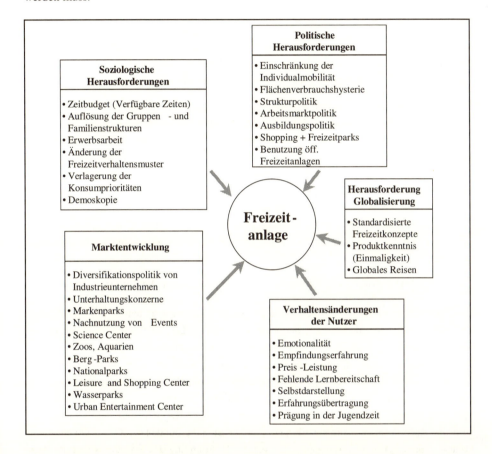

Abb. 2.7.14: Analysefaktoren bei der Konzeption von internationalen Freizeitanlagen

Exportstrategien

Exportstrategien bieten sich an, wenn zur Erschließung des Marktes keine (dauerhafte) Präsenz vor Ort erforderlich ist. Die Leistungen werden in diesem Fall über inländische Absatzmittler (indirekter Export), ausländische Vertriebspartner oder direkt an die Kunden exportiert. Export ist auch im Falle von lokal gebundenen Freizeitdienstleistungen möglich, nämlich dann, wenn die Dienstleistung in Form von zeitlich befristeten Organisationsformen im Ausland, in der Regel im Rahmen der Projektorganisation, erbracht wird. Die Tätigkeit im Ausland ist in diesem Fall temporärer Natur und wird vom Stammhaus, dem Leistungsgeber aus rechtlicher Sicht, erbracht. Der Export von Freizeitdienstleistern in diesem Sinne ist z. B. bei zeitlich begrenzten Beratungsprojekten durch Projektentwickler bei Kunden im Ausland denkbar.

> Beispiel: Neben Projektentwickler für Freizeitanlagen wie Landmark, USA, sei in diesem Fall auch an sog. Attraction Designer, wie das Büro von Jack Rousse Ass., USA gedacht.

In diesem Fall muss aber von den Unternehmen sorgfältig abgewogen werden, ob die dauerhafte Präsenz auf dem Auslandsmarkt durch eine projektbezogene Entsendung von Mitarbeitern aus dem Stammhaus substituierbar ist. Als denkbare Alternative bietet sich auch die Einrichtung eines Projektbüros in der unmittelbaren Nähe zum Kunden an.

Direktinvestitionen
Die Präsenz vor Ort wird primär durch die Errichtung einer Tochtergesellschaft und einem damit einhergehenden Ressourcentransfer (Direktinvestition) erreicht. Die Errichtung eigener Tochtergesellschaften kann entweder durch die Akquisition von Unternehmen im Ausland oder durch dortige Investitionen in Form von Neugründungen erfolgen. Unternehmensübernahmen bieten sich allerdings nur für den Fall an, dass geeignete Investitionsobjekte im Ausland vorhanden sind. Der Vorteil von Akquisitionen liegt in der zeitlich kurzen Frist, mit der die angestrebte Präsenz am Auslandsmarkt erreicht werden kann. Durch die Akquisition im Ausland erhält das Unternehmen Zugang zu vorhandenen Kunden- und Wertschöpfungsstrukturen.

> Beispiel: Der Erwerb von Warner Bros. Movie World durch die Six Flags Gruppe.

Bei Investitionen in Form von Neugründungen ist das Unternehmen beim Aufbau sämtlicher Geschäftsstrukturen auf sich alleine gestellt. Dafür verliert sich bei dieser Form der Markteintrittsstrategie das Risiko, das mit der Integration des Akquisitionsobjektes verbunden ist. Darüber hinaus entfallen bei Neugründungen die mit der Übernahme verbundenen umfangreichen Analyse- und Bewertungsprozesse potenzieller Kaufobjekte. Für Unternehmen sind allerdings die Formen der Direktinvestitionen mit beträchtlichen Hürden verbunden. Zum einen besteht bei Direktinvestitionen ein hoher Kapitalbedarf und zum anderen sind die Anforderungen, die mit der Direktinvestition verbunden sind, vielschichtig und komplex. Entscheidungsfindungsprozesse bei der Bestimmung des Standortes und der Auswahl geeigneter Investitionsmöglichkeiten sowie das administrative Procedere mit den ausländischen Behörden stellen an das Management beträchtliche Herausforderungen.

> Beispiel: Lego baut mittlerweile seinen vierten Freizeitpark (Deutschland) und beabsichtigt in Zukunft etwa 12 Parks weltweit alleine durch die Gründung von Auslandstochtergesellschaften betreiben zu wollen.

Probleme bei der Neugründung von Auslandstochtergesellschaften können durch kooperative Formen des Auslandsengagements vermindert werden.

Kooperative Formen des Auslandsengagements
Kooperative Formen des Auslandsengagements führen zu einer Verringerung des Kapitalbedarfs und zu einer beträchtlichen Reduktion der Komplexität für das Management, insbe-

sondere wenn mit lokalen Partnern zusammengearbeitet wird. Als wichtigste Form bieten Joint Ventures für Unternehmen die Möglichkeit, die Vorteile einer Präsenz im Ausland unter gleichzeitiger Minimierung der damit verbundenen Kosten und Risiken zu nutzen.

Beispiel: Nachdem Disney sein Auslandsengagement in Asien (Japan) mit erheblichen Schwierigkeiten alleine zu bewältigen hatte, wurde für das Projekt Disneyland Paris die Form eines Joint Ventures (unter Beteiligung französischer Investoren) gewählt.

Alternativ kann eine Präsenz auch ohne Kapitalbindung über internationale Vertragsformen mit ausländischen Partnerunternehmen erzielt werden. Als Vertragsformen sind Lizenzabkommen sowie Franchiseverträge denkbar. Allerdings birgt die damit verbundene Offenlegung des Know-hows bzw. der Geschäftsidee an den ausländischen Vertragspartner das Risiko der Stärkung zukünftiger Wettbewerber auf dem Auslandsmarkt. Zudem ist gerade bei Freizeitanbieter die Gewährleistung einer bestimmten Qualität der dargebotenen Leistungen des Partners aufgrund mangelnder Kontrollmöglichkeiten sehr beschränkt.

Beispiel: Die Disney Muttergesellschaft in den USA hat sich durch die Gründung einer eigenständigen Aktiengesellschaft, Euro Disney SA, Einnahmen in Form von Lizenzgebühren und sog. Management-fee-Zahlungen auch im Fall von negativen Betriebsergebnissen gesichert.

2.7.3.3.3 Marktbearbeitung

Ein Freizeitunternehmen, das auf einem oder mehreren Auslandsmärkten tätig ist, muss sich bei der Marktbearbeitung entscheiden, inwieweit es sich mit seinen Leistungsangeboten an die lokalen Gegebenheiten anpasst. Grundsätzlich stehen zwei Strategien zur Verfügung

1. Eine Standardisierung der Leistung (in Form des Angebotes, der Werbung, des Vertriebs etc.) hat die Vorzüge
   - von Kostenersparnissen (da teure Änderungen wegfallen),
   - einer starken Marke und
   - einem Unternehmensimage von weltweiter Geltung.

Unternehmen (wie Disney), die nach dieser sog. globalen Strategie vorgehen, betrachten die Welt als einen einzigen Markt, Anpassungen werden nur in Notfall vorgenommen. Aufgrund von „economies of scale" kann das Unternehmen dem Kunden eine weltweit einheitliche Leistung und Qualität bieten.

2. Das andere Extrem ist die vollständig auf den jeweilgen Auslandsmarkt abgestimmte Marktbearbeitung, Dabei hat das Unternehmen
   - zwar höhere Kosten zu tragen, hofft aber auf einen
   - größeren Marktanteil und eine
   - höhere Rendite.

Bei dieser sog. multinationalen Strategie tritt die Standardisierung in den Hintergrund, lokale Unterschiede werden stärker berücksichtigt. Bei der Frage nach Standardisierung oder Anpassung an lokale Verhältnisse sollte überprüft werden, ob die Erlöse aus zusätzlichen

Absatzmengen die zusätzlichen Kosten der Anpassung übersteigen. Interessant für diese eher theoretische Überlegung ist die Strategie des Unternehmens Lego, das sich bei dem inzwischen dritten Auslandsengagement (nach Windsor, GB, über Kalifornien, USA, und jetzt Deutschland) für ein Verhältnis von 70:30 entschieden hat. Neue Legoland-Parks enthalten zu rund 70% Bestandteile bereits bewährter Inhalte (Anlagen und Fahrgeschäfte) von bestehenden Parks, die verbleibenden 30% werden lokalen Besonderheiten angepasst. Hierzu gehören v. a. das Food & Beverage-Angebot sowie die im Park stattfindenden Show-Programme.

2.7.4 Perspektiven

Für die zukünftige Entwicklung thematisierter Freizeitanlagen prognostizieren Brancheninsider weiterhin positive Aussichten. Durch Neueröffnungen wie z. B. Legoland (D) und Warner Bros. (Spanien) in 2002 sowie Produktinnovationen (neue technische Anlagen, neue Konzepte wie Brand Lands) erhält die Freizeitindustrie zunehmend neue Expansionsschübe. Ähnlich wie international tätige Dienstleistungsunternehmen bereiten sich aber immer mehr Freizeitunternehmen darauf vor, ihre Angebotskonzepte weltweit zu verbreiten. Angesichts unterschiedlicher Freizeitverhaltensmuster war es bisher nur wenigen gelungen, sich erfolgreich auf den internationalen Märkten zu positionieren. Doch die dargestellten Ursachen für die Internationalisierung der Freizeitanlagenbetreiber und die durch die Globalisierung verursachten Veränderung im Konsumentenverhalten begünstigen in Zukunft die räumliche Ausbreitung der Unternehmen in diesem Marktsegment.

Die geschilderten Beispiele von international tätigen Unternehmen zeigen dies auf eindrucksvolle Weise. Der deutsche Markt wird in dieser Hinsicht eine Veränderung der Betreiberstrukturen erfahren, da zunehmend mehr internationale Anbieter auf den Markt drängen und die bisherige mittelständische Struktur ablösen wird. Insbesondere die großen, weltweit tätigen Konzerne der Freizeitindustrie verfügen über genügend finanzielle Mittel bzw. können anderen Unternehmen aus Industrie und Dienstleitungen weltweite Kooperationsmöglichkeiten im Marketing und Vertrieb anbieten, so dass nur diese in der Lage sind, die enormen Investitionen in neue Anlageobjekte zu finanzieren. Die deutschen, mittelständischen Unternehmen werden bei hohen Neuinvestitionen entweder gezwungen sein, einen starken Finanzpartner aufzunehmen (siehe Beispiel HeidePark), einen Kooperationspartner für Sponsoring zu finden (siehe EuropaPark) oder aber sie werden weiterhin in ihrer Marktnische bleiben. Letzteres bedeutet nicht, dass diese Unternehmen keinen Erfolg haben. Aufgrund deren ausgeprägten Marktnischenstrategie bieten sie ein Produkt mit hohem lokalen content an (siehe Beispiel Tripsdrill), das eben nicht von international tätigen Unternehmen realisiert werden kann.

Voraussetzungen für den Markteintritt in ausländische Märkte sind neben dem Marktpotenzial und den gegebenen Wettbewerbsbedingungen ebenso die kulturellen Gegebenheiten eines Landes. Auch wenn diese sich im internationalen Kontext immer mehr angleichen, sollten Betreiber und Projektentwickler im Rahmen einer Standortprüfung für Direktinvestitionen im Ausland diesem Sachverhalt vermehrt Bedeutung schenken. Die Startschwierigkeiten von Disneyland in Paris basierten in hohem Maße auf der Nichtbeachtung kultureller

Unterschiede zwischen USA und Europa und führten schließlich zu den negativen Betriebsergebnissen in den ersten Jahren des Bestehens. Inzwischen wissen die verantwortlichen Planer der Freizeitindustrie, dass erfolgreiche Konzepte thematisierter Freizeitanlagen nicht von einem Land zum anderen 1:1 übertragbar sind. Die Strategie von Lego zeigt, dass die Beachtung lokaler Besonderheiten in Form der 70:30er-Regel eine gute Ausgangslage für den Erfolg sein kann.

Literaturverzeichnis

Bea, X. 1997: Globalisierung, in: *WiSt* 8/1997, S. 419-421
Bruhn. M./Meffert, H. (Hrsg.) 1998: Handbuch Dienstleistungsmanagement, Wiesbaden
Deutsche Gesellschaft für Freizeit 2000: Freizeit in Deutschland, Erkrath
Ebert, R. 1998: Vergnügungsparks, in: *Hennings, G./Müller, S. (Hrsg.):* Kunstwelten, Dortmund, S. 193-212
Eisner, M. D. 2000: Von der Mickey Maus zum Weltkonzern – Der Disney-Chef über sein Erfolgsrezept, München
Falk, B. (Hrsg.) 1994: Gewerbe-Immobilien, Landsberg/Lech
Frank, J./Wenzel, C-O. 2001: UEC bieten touristische Impulse, in: *Der Städtetag:* 7-8/2001, S. 16-19
Froelich, W. 1994: Freizeitimmobilien in: *Falk, B. (Hrsg):* Gewerbe-Immobilien, Landsberg/Lech, S. 134
Hermanns, A./Wißmeier, U. K. 1998: Internationalisierung von Dienstleistungen, *in: Bruhn, M./Meffert, H. (Hrsg.):* Handbuch Dienstleistungsmanagement, Wiesbaden, S. 536-556
Hermanns, A./Wißmeier, U. K. (Hrsg.) 1995: Internationales Marketing-Management, München
Hennings, G./Müller, S. (Hrsg.) 1998: Kunstwelten, Dortmund
Kiel, H.-J. 2001a: Brandparks: Nutzung von Themenwelten für die Unternehmenskommunikation, erscheint im neuen Jahrbuch Eventmarketing 2001/2002
Kiel, H.-J. 2001: Freizeitanlagen als Instrument der regionalen Wirtschaftsförderung in: *Der Landkreis:* 10/2001, S. 604-605
Meffert, H./Wolter, F. 2000: Internationalisierungskonzepte im Dienstleistungsbereich, Arbeitspapier Nr. 136 der Wissenschaftlichen Gesellschaft für Marketing und Unternehmensführung, Münster
Opaschowski, H. W. 2000: Kathedralen des 21. Jahrhunderts, Hamburg
Opaschowski, H. W. 1998: Freizeitentwicklung und Freizeitwirtschaft, in: *Special*: Jobs in der Freizeitwirtschaft, UniMagazin, 1/1998, S. 36-37
o.V. 1998: Freizeit- und Ferienimmobilien, in: *FAZ* vom 5.6.1998
o.V. 2001: HeidePark verkauft, in: *FAZ* vom 26.11.2001, S. 20
Statistisches Bundesamt 1999: Tourismus in Zahlen, Wiesbaden
Scherrieb, H. R. 2000: Perspektiven und Herausforderungen, Die Freizeit- und Themenparks an der Schwelle zum 21. Jahrhundert, in: *Amusement T&M*, 5/2000, S. 53-59

Stauss, B. 1995: Internationales Dienstleistungsmarketing, in: *Hermanns, A./Wißmeier, U. K. (Hrsg.):* Internationales Marketing-Management, München, S. 437-474

Steinecke, A. (Hrsg.) 2000: Erlebnis- und Konsumwelten, München

Themata GmbH 2000: Branchendienst Erlebniswelten, Potsdam

Uhle, M. 1998: Die Lego Story, Wien

Wenzel, C.-O./Frank, J. 1998: Euro Disney und Mall of America, in: Kathedralen der Freizeitgesellschaft, Thomas-Morus-Akademie, Bensberger Protokolle 83, S. 73-111

WestLB, Westdeutsche Immobilien-Holding Düsseldorf 1997: Der Freizeitmarkt und seine Bedeutung für die Immobilienwirtschaft, Marktbericht III Freizeitanlagen, Düsseldorf 12/1997

3. Spezielle Managementaspekte internationaler Expansion

3.1 Kultur und Akkulturation in Auslandseinsätzen

Elias Jammal

*„Die Fremdheit wenigstens so lange aushalten, bis sie für die Schubladen,
die wir dafür bereit halten, zu groß wird."*

A. Muschg

3.1.1 Einführung 278

3.1.2 Kultur 279
    3.1.2.1 Versuch einer Begriffsklärung 279
    3.1.2.2 Geert Hofstede 281
    3.1.2.3 Clifford Geertz 284

3.1.3 Theoretische Grundlagen der Akkulturation 286
    3.1.3.1 Akkulturation als Prozess 287
    3.1.3.2 Akkulturationsphasen 289
    3.1.3.3 Akkulturationsstrategien 291
    3.1.3.4 Kritik 293

3.1.4. Akkulturation in der Forschungspraxis 294
    3.1.4.1 Forschungsmängel 294
    3.1.4.2 Ein Forschungsprojekt 295
    3.1.4.3 Ausblick 296

3.1.5 Schlussbemerkung 297

Literaturverzeichnis 298

Prof. Dr. phil. Elias Jammal studierte Philosophie, Physik und Kunstgeschichte in Heidelberg. Danach MBA (West London, England) und Promotion and der Universität Kaiserslautern in vergleichender Erziehungswissenschaft, Soziologie und Philosophie (Dr. phil.). Er ist seit 20 Jahren als Berater, Trainer und Moderator in internationalen Projekten, vornehmlich in arabisch-islamischen und asiatischen Ländern, tätig. Seit 1998 Professor an der FH Heilbronn, seine Forschungsschwerpunkte sind Vorurteile und Stereotypen in der interkulturellen Kommunikation sowie interkulturelles Training. Zur Zeit führt ein durch das BMBF gefördertes Forschungsprojekt zur interkulturellen Kommunikation in arabisch-islamischen Ländern durch.

3.1.1 Einführung

„International tourism is big business, the WTO estimating it to be a US five trillion dollar economic activity. It employs 125 million people directly and it accounts for 7 per cent of the total world exports and 18 per cent of the total world trade in services" (Ward et. al. 2001, S. 127). Weiermair analysiert den Einfluss der Globalisierung auf das Personal und dessen Beschäftigung und Training und er stellt u. a. fest, dass die Globalisierung im Tourismus „... will (...) involve more qualified manpower in line with the greater presence of international-experience- seeking customers requiring internationally professional manpower" (Weiermair 1996, S. 250).

Beide Zitate deuten an, dass die mit der Internationalisierung einhergehende Problematik kultureller Begegnungen für den Tourismus immer mehr an Bedeutung gewinnt und nicht nur im Tourismusbereich hat das Interesse an dem Thema „Kultur" in den letzten Jahren zweifellos erheblich zugenommen. Dieser Befund, der sich zwar leicht an der Anzahl von entsprechenden Veröffentlichungen nachweisen lässt, darf aber nicht die unterschiedlichen Motive verdecken, die von „reinem" Erkenntnisinteresse bis hin zu instrumentellem Interesse reichen. Letzteres scheint sich bei vielen Unternehmen durchgesetzt zu haben und in diesen Fällen wird Kultur stets als Erfolgs- bzw. Misserfolgsfaktor angesehen (vgl. Sackmann 1991, S. 1f.). Es geht dann darum, im Sinne einer Ressourcenoptimierung die Kulturinstrumentalisierung zu professionalisieren.

Das Ziel vorliegenden Beitrags besteht darin, die zwei Phänomene der Kultur und Akkulturation in Bezug auf Einsätze von Auslandsentsandten (Expatriates) näher zu beleuchten. Vorrangig dabei ist allerdings nicht die Frage nach Erfolgs- bzw. Misserfolgsfaktoren von Auslandseinsätzen, zumal gelungene oder weniger gelungene Anpassung nicht notwendigerweise mit Erfolg bzw. Misserfolg des Auslandseinsatzes einhergeht. Vielmehr geht es um die Analyse von Konzepten der o. g. zwei Phänomene und deren Relevanz für die Praxis von Auslandseinsätzen.

Die Herstellung eines Basiskonsensus über die Verwendung des Begriffs der Kultur ist Gegenstand des zweiten Abschnittes, der die begrifflichen Grundlagen für die Diskussion der Akkulturation im dritten Abschnitt bereitstellt. In diesem wird auf die Akkulturation von Expatriates und auf die geläufige Typologisierung von Anpassungsprozessen im Anschluss an Berry (1992, 1998) und Ward (1996, Ward et. al.) eingegangen. Im Zuge der Kritik an diesen Ansätzen findet sich dort eine kurze Darstellung der Untersuchungsergebnisse von Stahl über die Anpassungsformen, die von deutschen Führungskräften in Japan und den USA eingeschlagen werden (Stahl 1998). Im vierten Abschnitt wird auf die Akkulturationsforschung näher eingegangen und es findet sich die Darstellung eines Forschungsprojekts des Verfassers, in dem es wesentlich um die Akkulturation von Auslandsmitarbeitern deutscher Unternehmen in den drei Ländern Marokko, Ägypten und Jordanien geht. Nach Erläuterungen zu forschungsleitenden Fragen und Forschungsergebnissen werden am Ende in einem Ausblick Schlussfolgerungen in Bezug auf wesentliche Einflussfaktoren auf die Akkulturation grob skizziert.

3.1.2 Kultur

3.1.2.1 Versuch einer Begriffsklärung

In der Literatur zum Thema KULTUR finden sich zwar divergierende Definitionen dieses Begriffs aber nahezu durchweg eine einheitliche Auffassung darüber, a) wie schwierig Definitionsversuche sind und b) dass diese, je nach Blickwinkel bzw. Disziplin stets andere Ergebnisse zeitigen (vgl. Kumar 1988; Sackmann 1991, S. 7ff.).

Bekanntlich haben Kroeber und Kluckhohn 164 Definitionen des Kulturbegriffs gesammelt (und dies vor ca. 40 Jahren!) und sie identifizierten folgende sechs Hauptklassen von Definitionen: Deskriptive, historische, normative, psychologische, strukturelle und genetische Definitionen (vgl. Berry et. al. 1992, S. 165f.). Kroeber und Kluckhohn haben aus der Definitionsfülle einen gemeinsamen Kern herausgearbeitet und „Kultur" wie folgt definiert: „Culture consists in patterned ways of thinking, feeling and reacting, acquired and transmitted mainly by symbols, constituting the distinctive achievements of human groups, including their embodiments in artifacts; the essential core of culture consists of traditional (i.e. historically derived and selected) ideas and especially their attached values" (vgl. Stahl 1998, S. 37; Weinand 2000, S. 14f.).

Nachfolgend werden ausgewählte Kernaspekte dieser Definition hervorgehoben, die später in der Diskussion über Anpassung benötigt werden, zum Teil vertieft und erweitert. Im Zentrum der Erweiterung stehen die Ansätze von Geert Hofstede (Hofstede 1997) und Clifford Geertz (Geertz 1987, 1993, 1995).

1. Kultur kann sowohl im Sinne von Ergebnis als auch von Prozess verstanden werden. Als Prozess beeinflusst sie zwar menschliches Handeln, aber dieser Einfluss ist weder isoliert noch eindimensional zu betrachten, da er mit Umwelt- und Persönlichkeitsfaktoren interagiert. Als Ergebnis oder Produkt wird Kultur von Menschen hervorgebracht. bzw. sie ist keine Naturgegebenheit. So kann zum einen von dem Entstehungsprozess einer Unternehmenskultur und zum anderen von der Unternehmenskultur als Produkt unternehmerischen bzw. menschlichen Handels gesprochen werden.
2. Kultur ist ein Begriff zweiter Ordnung. Das heißt: Der Beobachter einer Kultur – so z. B. der Reisende oder auch der Kulturwissenschaftler oder der Ethnograph – befindet sich stets innerhalb einer bestimmten Tradierung. Eine Vogelperspektive – sozusagen bar jeder kulturellen Tradierung – ist nicht möglich, in der Kultur beschrieben werden könnte, ohne dass die Kultur des Beschreibenden implizit oder explizit in die Beschreibung mit einfließt.
3. Im Rückgriff auf die Ethnologie wird Kultur als Bündel von wahrnehmbaren Phänomenen wie Handlungen, Sprachäußerungen, Artefakten – Objektivationen – und tiefer liegenden, nicht wahrnehmbaren Phänomenen wie Werten, Normen und Einstellungen – Subjektivationen – (Roth in Hahn 1999, S. 95 f.) betrachtet, wobei Letztere in bestimmter Weise sowohl in den einzelnen Gruppenmitgliedern und deren Verhalten als auch in den herrschenden Systemen und sozialen Gebilden ihren Niederschlag finden. Eine etwas differenziertere Ansicht geht von drei Bereichen aus: a) Physische und folglich relativ leicht erfassbare Elemente – genannt Artefakte (z. B. Technologie, Klei-

dung, Architektur etc.); b) nicht physische sondern symbolische Elemente (Sprache, Musik etc.); Und c) geistige Elemente, wie Werte. Es sind vor allem „values, attitudes, and norms of behavior", die als „subjektive Kultur" bezeichnet werden (Cushner/Landis 1996, S. 186).

4. Kultur ist ein geschichtliches Phänomen, das durch Tradierung und möglichen Wandel gekennzeichnet ist. Was die Tradierung anbelangt, so schließen Sozialisation und Enkulturation[1] die Prozesse ein: „value transmission, acquisition and internalization" (Schwartz et. al. 2001) und somit welche Werte, Normen, Verhaltensweisen etc. in welcher Form und wodurch internalisiert werden. Kultureller Wandel kann aber auch einschließen, dass die Rangfolge bestimmter Werte in der ungeschriebenen Prioritätsliste einer bestimmten Kultur eine Änderung erfährt. Wichtig in diesem Zusammenhang ist die Unterscheidung zwischen kultureller Tradierung auf der einen und Vererbung auf der anderen Seite: „(...) culture is a collective social phenomenon that is created, rather than inherited, by group members" (Sackmann et. al. 1997, S. 34). In der neueren Literatur finden sich immer mehr Veröffentlichungen, in denen davon abgegangen wird, Kultur als fertiges tradiertes Produkt zu betrachten. Vielmehr stehen ihre Entstehungsprozesse im Vordergrund, was bei Wimmer und Fuchs dazu führt, Kultur als Aushandlungsprozess zu verstehen (siehe weiter unten).

5. In der neueren Forschung gerät die Vorstellung von Kultur als homogenem und abgeschlossenem Gebilde immer mehr in den Hintergrund bzw. es dominieren eher die Vorstellungen von kultureller Heterogenität und der Gleichzeitigkeit mehrerer kultureller Identitäten (vgl. Straub 1999, S. 187). Welschs Begriff der Transkulturalität lenkt das Augenmerk auf die Übergänge, auf die Verflechtung, Durchmischung und Gemeinsamkeit der Kulturen und löst sich damit vom traditionellen Kugelmodell ab, das Kultur mit Nation gleichstellt (Welsch 1995, S. 43). Im Bezug auf das Phänomen der Unternehmenskultur wird in der Organisationsforschung entsprechend von „multiple cultures" gesprochen (vgl. Sackmann et. al. 1997).

6. Kultur hat verschiedene Funktionen. So dient sie z. B. der Orientierung und der Integration bzw. Abgrenzung. Von einigen Autoren wird die Orientierung als zentrale Funktion angesehen (Thomas 1996; Layes 2000) und um sie zu erläutern, wird der Vergleich mit einer Landkarte herangezogen: Bewegt man sich im „heimischen" Kulturkreis, so funktioniert die Orientierung aufgrund internalisierter Werte, Normen, Verhaltensweisen etc. Was die Integration bzw. Abgrenzung anbelangt, so lassen sie sich mit dem elementaren Zugehörigkeitsbedürfnis erklären: Die Identifikation mit einer Gruppe aufgrund einer wahrgenommenen kulturellen Ähnlichkeit führt gleichzeitig zur Abgrenzung gegenüber Personen aus anderen Kulturkreisen. Insofern setzt das Fremderleben eine wahrgenommene kulturelle Zugehörigkeit voraus und damit ist es immer per-

---

[1] Unterschieden wird in der Regel zwischen primärer (Elternhaus), sekundärer (Schule/Ausbildung) und tertiärer (oder beruflicher) Sozialisation (vgl. Hurrelmann 2001). Im Rahmen der Kulturanthropologie hat Herskovits den Begriff der Enkulturation eingeführt (Berry et. al. 1992, S. 18ff.), der sich von dem der Sozialisation nicht in allen Hinsichten scharf trennen lässt. Enkulturation „suggests [that] there is an encompassing or surrounding of the individual by one's culture; the individual acquires, by learning, what the culture deems to be necessary (...) The process of enculturation involves parents, and other adults and peers (...)" (ibid. S. 19).

spektivenabhängig (vgl. Krewer 1992). Die Feststellung also, etwas sei fremd, ist eng verknüpft mit dem Erfahrungshorizont desjenigen, der diese Feststellung trifft (vgl. Layes 2000, Graumann 1997).

7. Es wird gemeinhin angenommen, dass die kulturspezifischen Werte und Grundannahmen im Handeln in der Regel nicht bewusst sind. Sie bleiben im Hintergrund und können erst dann präsent bzw. Gegenstand von Überlegungen werden, wenn Situationen eintreten, in denen z. B. die Orientierung nicht mehr reibungslos funktioniert, wie dies eben in der Begegnung mit Menschen aus anderen Kulturkreisen der Fall sein kann.

8. Zwar kann der Versuch, eine Kultur zu verstehen, nicht nur an sozialen Gruppen oder an sozialen Systemen, sondern darüber hinaus am einzelnen Individuum erfolgen. Allerdings ergibt sich die Kultur einer Gruppe nicht aus einer einfachen Addition der individuellen Kulturen, da die individuellen Werte zum einen „product of shared culture" und zum anderen „product of unique individual experience" sind (Schwartz 1994, S. 92). Deutungen auf der Ebene sozialer Gruppen haben zu unterscheiden zwischen kollektiven und Aggregateigenschaften[2] (vgl. Scheuch 1991, S. 23ff.), wobei es generell (also auf der Ebene von Kollektivitäten) nicht einfach ist, spezifische Interaktionen zwischen Denken und Handeln überzeugend als Erklärungsgrund darzustellen (vgl. Houben in Forarea 1999). In diesem Zusammenhang warnen Thorndike, Robinson und Kühlmann vor dem sogenannten ökologischen Fehlschluss, der dann vorliegt, „(...) wenn Korrelationen zwischen Variablen, die auf der Basis von Länderdurchschnittswerten oder anderen aggregierten Daten berechnet wurden, als Maß für den Zusammenhang zwischen den Variablen auf der Individualebene herangezogen werden" (Thorndike 1939, Robinson 1950, Kühlmann 1998, S. 66).

Nach diesen Bemerkungen werden nun ausgewählte Ansätze zur Erweiterung und Vertiefung des Verständnisses des Begriffs der Kultur in knapper Form vorgestellt und analysiert. Es sind im Einzelnen die Ansätze von Geert Hofstede und Clifford Geertz.

3.1.2.2 Geert Hofstede

Hofstedes Ansatz wird der frühen „cross-cultural management" Forschung zugeordnet, deren besondere Kennzeichen darin bestehen, a) Kultur als unabhängige Variable zu betrachten, b) Kultur mit Nation gleichzusetzen und c) kulturelle Identität stets als „given, single, and permanent" zu begreifen (vgl. Sackmann et. al. 1997, S. 16f.). Dieses Kulturverständnis ist in den ersten „Cross-Cultural-Comparison"-Studien zu finden, die in den USA in den späten 50er Jahren entstanden (Harbison und Myers, Farmer und Richman, Haire, Ghiselli und Porter). In seiner ambitionierten Suche nach den „menschlichen Konstanten" bei allen Veränderungen versteht Hofstede Kultur, freilich in einem metaphorischen Sinne, als mentale Software, die „Reaktionen angesichts der persönlichen Vergangenheit wahrscheinlich und verständlich" macht (Hofstede 1997, S. 3). Kultur, als kollektives Phänomen, wird als Programmierung des Geistes beschrieben und in einem Dreiebenenmodell als Zwischenebene zwischen der menschlichen Natur auf der einen und der Persönlichkeit auf der anderen Seite

---

[2] Bei dieser Unterscheidung steht im Vordergrund, ob der Austausch der Gruppenmitglieder eine Veränderung der angenommenen Gruppeneigenschaften nach sich zieht oder nicht.

lokalisiert (ibid. S. 5). Mit den menschlichen Konstanten verweist Hofstede auf vier Grundproblembereiche, die seiner Ansicht nach in allen Kulturen vorzufinden sind. Diese sind: a) soziale Ungleichheit (einschließlich des Verhältnisses zur Autorität); b) Beziehungen zwischen dem Individuum und der Gesellschaft; c) Vorstellungen von Maskulinität und Femininität; d) die Art und Weise, mit Ungewissheit umzugehen. Unterschiede zwischen Nationalkulturen betreffen die Lösungsansätze zur Bewältigung dieser Grundproblembereiche (ibid. S. 16 f.).

Die Erfassung von Unterschieden zwischen nationalen Kulturen im betrieblichen Kontext hat Hofstede in den Jahren 1969 bis 1973 in einer breit angelegten Studie in IBM-Niederlassungen (in über 50 Ländern, 116 000 Fragebögen) mit Hilfe von vier Dimensionen[3] zu bewerkstelligen versucht, wobei eine Dimension „(...) ein Aspekt einer Kultur [ist], der sich im Verhältnis zu anderen Kulturen messen lässt" (ibid. S. 17): Machtdistanz, Individualismus versus Kollektivismus, Maskulinität versus Femininität und Unsicherheitsvermeidung.

Durch die Bildung von Indizes bzw. auf der Basis von Punktwerten für die vier Dimensionen identifiziert Hofstede Ländergruppen, die eine empirische Typologie darstellen: „Die über 50 Länder der IBM-Studie konnten nach ihren Punktzahlen für die vier Dimensionen in 13 derartige Ländergruppen eingeteilt werden" (ibid. S. 19). Dadurch wird es möglich, wahrscheinliche, und nicht ausnahmslos herrschende Verhaltensmuster zu erklären bzw. zu prognostizieren.

Kritik
- In der Literatur wird dieser Ansatz – im Anschluss an Kluckhohn und Strodtbeck (1961) – „Value Orientation Theory" genannt. Die Annahme, dass menschliche Konstanten unabhängig von der kulturellen Einbettung existieren, wird von der modernen Anthropologie bestritten (Geertz 1993, S. 35).
- Auch wenn behauptet wird, dass die Typologisierung nach den Werten der vier Dimensionen eher darauf abzielt, wahrscheinliche, und nicht ausnahmslos herrschende Verhaltensmuster zu erklären bzw. zu prognostizieren, geht Hofstede doch von der Annahme eines übersozialisierten Individuums aus: Nach seinem Ansatz übernehmen Individuen in einer Gesellschaft zumindest tendenziell alle Werte und Normen dieser Gesellschaft. Diese Annahme lässt sich jedoch mithilfe von Studien britischer Sozialethnologen leicht widerlegen. Dort hat sich gezeigt, dass sich die Handlungspraxis von Individuen häufig nicht nach den kulturellen Regeln richtet (Wimmer 1996). Obendrein vernachlässigt dieser „aufgeweichte" Determinismus den Einfluss situativer und persönlichkeitsbedingter Faktoren auf das Verhalten von Individuen. Es wird schlicht unterstellt, dass das Verhalten stets von kulturellen Einflüssen in der Weise determiniert werde, dass ein „Ausbrechen" kaum möglich sei. Dass dies so nicht haltbar ist, zeigen

---

[3] Hofstede hat in seinen späteren Arbeiten und basierend auf der Studie Bonds in Fernost (sogenannte chinesische Studie) eine fünfte Dimension aufgenommen, nämlich langfristige versus kurzfristige Orientierung im Leben (Hofstede 1997, S. 18, S. 226 ff.). Eine Weiterführung des Dimensionskonzepts findet sich bei Trompenaars und Hall (vgl. z. B. Pawlik 2000, S. 47).

zahlreiche Situationen der Zusammenarbeit zwischen Menschen unterschiedlicher kultureller Zugehörigkeit.

- Hofstedes Ansatz ist für die Erfassung von Unterschieden innerhalb einer Nationalkultur, wie er selbst eingesteht, nicht geeignet. Nun sind aber heutige Gesellschaften durch ausgeprägte Fragmentierungen (Subkulturen etc.) gekennzeichnet, sei es in vielen sogenannten Schwellen- und Entwicklungsländern oder wie im Falle industrialisierter Gesellschaften. Es ist daher zumindest fragwürdig, ob die Anwendung von Dimensionen über alle sozialen Schichten hinweg bzw. eine Kultur als homogenes, unveränderliches Ganzes zu betrachten noch sinnvoll ist (Erten-Buch & Mattl 1999, S. 330). In der „cross-cultural management"-Forschung scheint sich ebenfalls die Auffassung durchgesetzt zu haben, dass soziale Gebilden sowohl durch Fragmentierung als auch durch Integration gekennzeichnet sind (Sackmann et. al. 1997, S. 30 ff.), dass „National culture may not be as salient a factor in all situations" und dass „Comparison (...) should (...) not exclusively involve national differences" (ibid., S. 37).

- Die mit dem Begriff der Dimensionen einhergehende Stilisierung kultureller Differenzen kann in der interkulturellen Zusammenarbeit dazu führen, dass der Andere als Vertreter einer kulturellen Gruppe betrachtet und entsprechend stereotyp behandelt wird (Krewer 1994, S. 139). Bevor der Andere sich verhält, befindet er sich schon in einer Schublade, die sich aus den Dimensionswerten und der entsprechenden Typologisierung ergibt. Mit einer solchen Stereotypisierung geht die Bildung von Erwartungen einher, die die Wahrnehmung und letztendlich das Verhalten dem Anderen gegenüber einschränken.

Nun darf die obige Kritik nicht als Plädoyer für eine Verwerfung des Ansatzes von Hofstede verstanden werden. Unbenommen davon bleibt, dass der Ansatz, auf den immer noch sehr häufig rekurriert wird, zum einen einfach und übersichtlich ist. Zum anderen legen empirische Replikationsstudien dessen Nutzen zur Analyse von Kulturunterschieden nahe. So schreibt Singelis im Hinblick auf Replikationsstudien der Dimension Individualismus-Kollektivismus: „Despite (...) limitations, individualism-collectivism has been widely used, with apparent success, to account for a multitude of cultural differences" (Singelis/Brown 1995, S. 355).

Eine Replikationsstudie, die 9 400 Piloten kommerzieller Fluggesellschaften umfasste, wurde in den Jahren 1992 bis 1999 durchgeführt. Ein Hauptergebnis besteht darin, dass „(...) the effects of national culture can be seen over and above the professional pilot culture" (Merritt 2000, S. 299). Eine 10-Länder Studie mit der Leitfrage „Do Organizations reflect National Cultures" ergab eine Bestätigung der vier Dimensionen Hofstedes (Van Oudenhoven 2001).[4] Man kann resümierend schlussfolgern, dass gute Gründe für die Annahme von Kulturunterschieden auf der nationalen Ebene vorliegen und dass aber auch innerhalb dieser wiederum Unterschiede zwischen den einzelnen Subgruppen ausgemacht werden können.

---

[4] Zwei Einschränkungen sind hinzuzufügen: a) Es gibt auch empirische Arbeiten, die genau zum gegenteiligen Ergebnis führen (ibid., S. 91); b) Oudenhovens Untersuchung umfasste – aus einsichtigen forschungsökonomischen Gründen – Studierende und nicht Firmenangehörige. Es stellt sich die Frage, ob die Ergebnisse verallgemeinert werden können.

Hofstedes Ansatz stellt insofern aus einer Praxisperspektive auf der einen Seite einen nützlichen Versuch dar, kulturelle Gruppenunterschiede als Mittelwerte auf der nationalen Ebene zu erfassen, zumindest solange dabei stets berücksichtigt wird, dass diese quasi einen statistischen Charakter haben, der die Binnenvariationen vernachlässigt. Gleichzeitig kann auf der anderen Seite konzediert werden, dass der Ansatz in Anbetracht voranschreitender Durchmischung heutiger Gesellschaften genau die subkulturellen Details ignoriert, die sie im Zeitalter der Globalisierung besonders kennzeichnen: „Researchers need to exercise caution in assuming cultural homogenity within a country" (Lenartowicz et. al. 2001, S. 321).

3.1.2.3 Clifford Geertz

Genau die oben erwähnten Mängel vermeidet Clifford Geertz, wobei sein Kulturkonzept stark von dem Hofstedes abweicht. „Ich meine mit Max Weber, dass der Mensch ein Wesen ist, das in selbstgesponnene Bedeutungsgewebe verstrickt ist, wobei ich Kultur als dieses Gewebe ansehe" (Geertz 1987, S. 9). Die Verstrickung meint, dass Menschen sich in Symbolen, zunächst ohne ihr Zutun, befinden. Die Bedeutungsgewebe wiederum sind „(...) set[s] of control mechanisms – plans, recipes, rules, instructions (what computer engineers call „programs")– for the governing of behavior" (Geertz 1993, S. 44). Die signifikanten Symbole, die Menschen zunächst vorfinden, sind „(...) words for the most part but also gestures, musical sounds, mechanical devices like clocks, or natural objects like jewels (...)" (ibid. S. 45). Im Gegensatz zu niedrigeren Lebewesen, so Geertz, benötigen Menschen Kontrollmechanismen „(...) to put a construction upon the events through which [they] live, to orient [themselves] within the ongoing course of experienced things" (ibid.). Insgesamt sind wir, so Geertz, eher unfertige Geschöpfe (Arnold Gehlen), welche sich durch Kultur entwickeln.

Dabei geht es ihm allerdings **nicht** darum, Universalien aufzustellen (wie dies z. B. Hofstede tut, siehe oben). Vielmehr will er die je einmalige Art und Weise beleuchten, wie jedes Individuum die vorgegebenen Bedeutungsgewebe in sein Handeln transformiert **und** diese dabei gestaltet. Auf der einen Seite formt uns die Kultur als Spezies oder als Angehörige eines bestimmten Kulturkreises. Auf der anderen Seite aber entstehen dabei durch unser Handeln stets unterschiedliche Individuen, die wiederum die Kultur formen (ibid.). Zusammenfassend bezeichnet der Kulturbegriff ein historisch überliefertes System von Bedeutungen, die in symbolischer Gestalt auftreten, ein System überkommener Vorstellungen, die sich in symbolischen Formen ausdrücken, ein System, mit dessen Hilfe die Menschen ihr Wissen und Leben und ihre Einstellungen zum Leben mitteilen, erhalten und weiterentwickeln. Wichtigstes Gattungsmerkmal von Kulturmustern oder, wie Clifford Geertz sagen würde, Symbolsystemen ist, dass sie Programme für die Anordnung der sozialen und psychologischen Prozesse darstellen, die das öffentliche Verhalten steuern. Kulturmuster enthalten einen doppelten Aspekt: Sie verleihen der sozialen und psychologischen Wirklichkeit Bedeutung, indem sie sich auf diese Wirklichkeit ausrichten und zugleich die Wirklichkeit auf sich ausrichten.

Mit seinem semiotischen Kulturbegriff stellt Geertz das Programm für die hermeneutische Anthropologie auf, man möge sich von den funktionalistischen Beschreibungen der den Gesellschaften zugrunde liegenden Mechanismen verabschieden, sich um deutende Beschreibungen der von diesen Gesellschaften getragenen Lebensformen der einzelnen Individuen bemühen (Geertz 1987, S. 288) und „the thrill of learning singular things" entdecken (Geertz 1993, S. 44). Die hermeneutische Untersuchung ist seines Erachtens keine experimentelle Wissenschaft, die nach Gesetzen, sondern eine interpretierende, die nach Bedeutungen sucht.

Die Deutungsarbeit sieht sich nach Geertz mit der Aufgabe konfrontiert, Symbole in einer „dichten Beschreibung" zu deuten. „Dichte Beschreibung" meint: „Through finely detailed, multilayered description of people, events, and actions, [one] arrives at an interpretation of the ´interworked systems of construable signs` (…) that is, the meanings that are cultur" (Sackmann et. al. 1997, S. 27). Die Deutungsfrage lautet: Welche Bedeutung hat dieses oder jenes Symbol in der jeweiligen Kultur? Da aber Werte und Grundannahmen nicht direkt beobachtbar sind, so bleibt dem „Deuter" nichts anderes zu tun, als das Verhalten oder die Praxis zu beobachten und von da aus auf die Bedeutung zu schließen (Geertz 1987). Dabei sind jedoch nicht subjektive Sinngehalte von Interesse. Vielmehr geht es um den objektiven Sinngehalt, der sich in sozialer Praxis niederschlägt (Berger/Fuchs 1999, S. 46 ff.).

Die Bedeutung einzelner Symbole ergibt sich aus ihren Verwendungsweisen und in der deutenden Beschreibungen haben wir es mit der Denkfigur des hermeneutischen Zirkels zu tun, wonach das Verstehen einzelner Bausteine – so z. B. das Kopfnicken – das Verstehen des Ganzen voraussetzt – und umgekehrt. Geertz macht dies am Beispiel des Fußballspiels deutlich: „Um einem Fußballspiel folgen zu können, muß man wissen, was ein Tor, ein Freistoß, ein Abseits, ein Libero und so weiter ist und worum es in diesem Spiel, zu dem all diese „Dinge" gehören, überhaupt geht" (Geertz 1987, S. 307). Allerdings muss man konstatieren, dass die Deutung nicht immer ein leichtes Unterfangen ist, wie im Falle des Fußballspiels: Essgewohnheiten zu deuten, z.B., mag einfacher zu bewerkstelligen sein als wenn es darum geht, „den kulturellen Geist" von Rechtssystemen herauszukristallisieren.

Zum Schluss dieser Darstellung des Ansatzes von Geertz seien zwei wesentliche Abgrenzungen zur Vorgehensweise von Hofstede betont. Zwar stimmen Geertz und Hofstede in der Annahme überein, dass man, um eine Wissenschaft verstehen zu können, nicht in erster Linie ihre Theorien ansehen soll, sondern das, was ihre Praktiker tun. Ein entscheidender Unterschied zwischen beiden Sichtweisen besteht jedoch zum einen darin, dass Geertz Lebensformen deutend nachgeht und dabei erfahrungsnahe Begriffe[5] verwendet. Hofstede hingegen befragt die Praktiker und versucht, ihre Antworten auf die Schablone der vier erfahrungsfernen Begriffe (Dimensionen, siehe oben) abzubilden. Zum anderen besteht ein weiterer wesentlicher Unterschied im Stellenwert der Einzelfälle: Geertz betont immer wieder, dass die deutende Beschreibung von Einzelfällen auszugehen hat: „If we want to discover what man amounts to, we can only find it in what men are: and what men are, above all other things, is various" (Geertz 1993, S. 52).

---

[5] Dies sind Begriffe, die Praktiker natürlich und mühelos verwenden. Der Begriff der Angst z. B. ist ein erfahrungsnaher Begriff, der Begriff „Phobie" hingegen ist ein erfahrungsferner Begriff, der eher von Spezialisten gebraucht wird (Geertz 1987, S. 291 f.).

Kritik

- Ein Hauptdefizit der hermeneutischen Anthropologie von Geertz besteht darin, dass die Zusammenhänge „(...) zwischen individueller Auslegung und kollektivem Verständnis, zwischen Überlieferung und Neuinterpretation (...) nicht systematisch geklärt" werden (Berg/Fuchs 1999, S. 48). Mit anderen Worten: Die Individuen werden als Bedeutungsträger verstanden, die in einem integrierten Bedeutungssystem eingebettet sind. Wie allerdings eine Wandlung von Bedeutungssystemen zu fassen ist, darüber gibt Geertz keine befriedigende Antwort und er lässt damit die brisante Frage nach der kulturellen Wandlung offen.
- Aus der Perspektive der Akkulturationsforschung ergibt sich ein weiteres Defizit der Konzeption von Geertz: Auslandsentsandte versuchen zwar auch, die Gastlandkultur zu „lesen". Allerdings handelt es sich bei dieser Gruppe nicht um Ethnographen, die ausschließlich ein reines Erkenntnisinteresse haben. Vielmehr sind sie wesentlich in Rollen und Machtkonstellationen eingebettet. Insofern greift die Ethnographie zu kurz, wenn es darum geht, zu klären, wie Auslandsentsandte die Gastlandkultur zu entziffern und vor allem mit ihr umzugehen versuchen.

Beide Defizite umgehen Fuchs (1997a, 1997b) und Wimmer (1996) dadurch, dass sie die kulturell Handelnden in den Vordergrund stellen und Kultur als ausgehandeltes, interpretiertes und daher wandelbares Feld von Praktiken und Diskursen denken, auf die die Handelnden Bezug nehmen und die sie interpretativ weiterentwickeln und verändern. Das wandelbare Feld ist bei ihnen zu verstehen als offenen und instabilen verständigungsorientierten Prozess des Aushandelns von Bedeutungen, „der kulturell geprägte, aber kognitiv kompetente Akteure in unterschiedlichen Interessenslagen zueinander in Beziehung setzt und bei einer Kompromissbildung zur sozialen Abschließung und entsprechenden kulturellen Grenzmarkierung führt." (Wimmer 1996, S. 413; vgl. auch Erten-Buch & Mattl 1999, S 330 f.).

Der Kulturbegriff ist - insbesondere in dem Ansatz von Fuchs - handlungs- und interaktionsorientiert, stellt also die soziokulturelle Dynamik in den Vordergrund. Kultur erscheint nicht mehr als das integrierte Bedeutungssystem, in dem die einzelnen Menschen nur Bedeutungs*träger* sind. Vielmehr konstituieren (und rekonstituieren) die Handelnden die sozialen Beziehungen, Bedeutungen etc. in ihrem Zusammenspiel und „handeln sie aus" (Fuchs 1999b, S. 117).

Für das Verstehen von Akkulturationsvorgängen scheint der Aushandlungsansatz insofern vielversprechend zu sein, als er den semiotischen Kulturbegriff à la Geertz um den wesentlichen Aspekt der Einbettung von Auslandsentsandten in Rollen und Machtkonstellationen erweitert und die Anpassungsvorgänge in diesem Sinne als dynamische Aushandlungsprozesse zu fassen versucht.

3.1.3 Theoretische Grundlagen der Akkulturation

Im Zentrum nachfolgender Erörterungen stehen die Verhaltensstrategien und Anpassungsprozesse der Auslandsentsandten, eben „(...) wie Individuen auf andere Lebens- und Arbeitsbedingungen in einer fremden Kultur reagieren und welche Anpassungsprozesse ablaufen" (Herbrand 2000, S. 34). Diese Strategien und Prozesse werden mit dem Begriff der Akkulturation bezeichnet. Während Sozialisation und Enkulturation sich auf Prozesse zwischen Individuen beziehen, die kulturell homogenen Gruppen angehören, wird Akkulturation der Kategorie „Oblique Transmission" zugeordnet, die sich auf Begegnungen zwischen Individuen bzw. Gruppen unterschiedlicher kultureller Zugehörigkeit bezieht (vgl. Berry et. al. 1992, S. 17ff.).[6]

Akkulturation „… refers to changes that occur as a result of continous firsthand contact between individuals of different cultural origins" (Ward 1996, S. 124) und sie wird zum einen auf individueller und zum anderen auf Gruppenebene thematisiert (vgl. Pham et. al. 2001 und Berry 1998, S. 42). Letzteres bezieht sich auf kulturelle Veränderungen von Gruppen, jenes auf die Psychologie des Individuums (Berry 1998, S. 42). Unabhängig von der Untersuchungsebene, können drei theoretische Ansätze identifiziert werden: Der erste Ansatz bezieht sich primär auf die Zielgruppe der Immigranten u. ä. und er befasst sich mit sozialen Identitätsprozessen. Der zweite Ansatz beleuchtet die Lernprozesse im Rahmen der Akkulturation. Der dritte Ansatz thematisiert Akkulturation unter dem Blickwinkel der Stress- und „Coping"-Phänomene (vgl. Ward 2001, S. 412 ff.). Alle drei Ansätze können schließlich Akkulturation als Prozess; als Anpassungsphasen oder als Zustand analysieren (ibid., vgl. auch Ward et. al. 1998 und Berry et. al. 1996, S. 271ff.).

3.1.3.1 Akkulturation als Prozess

Als Prozess wird Akkulturation in ihrer Dynamik analysiert. Ein hierfür verbreitetes Modell findet sich bei Ward (vgl. Abb. 3.1.1). Ward geht kaum auf die „Societal Factors" ein und wenn sie im obigen Modell Beachtung finden, dann lediglich in dem Konzept der kulturellen Distanz, das unter den Situationsmerkmalen auftaucht. Darunter wird die wahrgenommene Distanz zwischen der eigenen und der Gastlandkultur verstanden, die wiederum „(...) for the distress experienced by sojourners during the process of acculturation" mitverantwortlich ist (ibid., S. 137). Berry hingegen fügt unter „Societal Level Variables" eine weitere Ebene der Gruppenakkulturation ein. Damit trägt er dem Umstand Rechnung, dass Akkulturation nicht nur individuell, sondern auch gruppenbezogen zu thematisieren ist.

Der „Cultural Fit" - Ansatz
Der interkulturelle Kontakt wird im obigen Modell als eine Situation dargestellt, in der Expatriates Stress bzw. ein Defizit an Fertigkeiten wahrnehmen. Sowohl diese Wahrnehmung als auch die Reaktionen darauf – kognitive, affektive und Verhaltensreaktionen – werden von persönlichkeitsspezifischen und Situationsmerkmalen beeinflusst. Hierzu warnt Ward vor einseitiger Betrachtung und betont die Wichtigkeit der Interaktion zwischen Person und Situation, die mit dem Begriff „Cultural Fit" bezeichnet wird: „The cultural fit proposition, arguing in favor of the personality-situation interaction (…) suggest[s] that, in many cases, it is not the personality domain per se that predicts cross-cultural adjustment, but rather the cultural fit between the acculturating indvidual and the host culture norms" (ibid., S. 135). So haben empirische Studien zu widersprüchlichen Ergebnissen geführt, die den Einfluss

---

[6] Zu der Kategorie „Oblique Transmission" gehört auch die Re-Sozialisation, was bei der Wiedereingliederungsdiskussion eine Rolle spielt (ibid.).

des Persönlichkeitsfaktors „Extraversion" auf die Anpassung nachweisen wollten (ibid.). Ward und Chang konnten zeigen, dass erst der „Cultural Fit"-Ansatz plausible Erklärungen liefert: „The fit between sojourner personality and host culture norms is a more significant predictor of psychological well-being" (Ward et. al. 1997, S. 531).

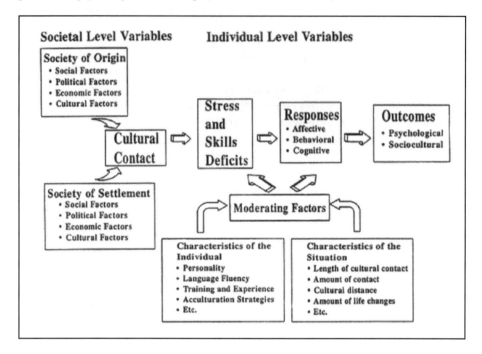

Quelle: Ward 1996, S. 129

Abb. 3.1.1: Akkulturationsmodell

Die moderierenden Variablen

Vergleicht man die moderierenden Variablen in dem Modell Wards mit den Angaben anderer Autoren, so kann festgestellt werden, dass unterschiedliche Determinanten des Einflusses auf die Akkulturation bzw. darauf, welche Akkulturationsstrategien Expatriates einschlagen, in der Literatur aufgeführt und jeweils anders gewichtet werden (vgl. Black et. al. 1991, Ward 1996, Stahl 1998, Ward et. al. 2001). Als Hauptdeterminanten gelten gemeinhin: „extensive life changes, cognitive appraisal,[7] personality and social support" (Ward et. al. 2001, S. 70ff.), Erwartungen (vgl. Ward et. al. 2001), kulturelle Distanz und Auslandserfahrung (Black et. al. 1991, Ward et. al. 2001). Hinzu kommen Einflussfaktoren, die der Organisation bzw. der Organisationskultur zuzuschreiben sind, wie z. B. Auswahl des Entsendungslandes, Vorbereitung auf den Auslandseinsatz etc. (Black et. al. 1991; Stahl 1998). Bezugnehmend auf die Einflussfaktoren in den verschiedenen Akkulturationsmodellen – so also

---

[7] „Cognitive Appraisal" bezieht sich darauf, wie Menschen die Belastung wahrnehmen – z. B. als Bedrohung oder als Herausforderung (Ward et. al. 2001, S. 75ff.).

auch in Bezug auf Wards Modell – beschreibt Berry den Forschungsstand wie folgt: „(...) there is no single study that has incorporated or verified all aspects" (Berry 1998, S. 47).

„Outcomes" der Akkulturation

Die Resultate des Akkulturationsprozesses werden in zwei Kategorien eingeteilt (Ward 1996, S. 128 ff.): Psychologische und soziokulturelle „outcomes" (ibid.). Im Falle gelungener Akkulturation können jene mit „psychological and emotional well-being or satisfaction" beschrieben werden, während soziokulturelle Resultate sich auf „culture-specific skills, the ability to negotiate the host culture, or general intercultural competence" beziehen (ibid., vgl. auch Ward et. al. 1997, S. 526). Ward geht zwar davon aus, dass psychologische und soziokulturelle Anpassungen „interrelated" sind, aber „that they are largely predicted by different types of variables" (ibid., S. 526).

3.1.3.2 Akkulturationsphasen

Lysgaard und Oberg

In seiner Studie über die Anpassungsphasen norwegischer Fullbright-Stipendiaten hat Lysgaard bereits in den 50er Jahren ein Phasenkonzept entwickelt, das im Jahre 1960 durch Obergs Begriff des Kulturschocks erweitert wurde (vgl. Ward et. al. 1998, S. 278).

Lysgaard nahm an, dass Anpassungsprozesse dem Verlauf einer U-Kurve folgen: „ Adjustment is felt to be easy and successful to begin with; then follows a crisis in which one feels less well-adjusted, somewhat lonely and unhappy; finally one begins to feel better adjusted again, becoming mire integrated into the foreign community" (zit. in Ward et. al. 1998, S. 278). Später wurde die Reintegrationsphase mit aufgenommen und die U-Kurve wandelte sich in eine W-Kurve, da Expatriates, so die Annahme, den im Gastland durchlaufenen Anpassungsprozess nochmals im Heimatland erleben (ibid.).

Nach Oberg kommen Expatriates zu Anfang des Auslandsaufenthalts in eine Phase, die er mit „Honeymoon" bezeichnet (Enthusiasmus und Faszination) und anschließend in eine krisenhafte Phase, die von Fremdheitserfahrung und Rückzug gekennzeichnet ist. Die letzten zwei Phasen sind zum einen die „Transition Phase", die den Übergang zur letzten Phase vorbereitet, nämlich zu der Anpassungsphase. So wie bei Lysgaard, folgen Obergs Phasen ebenfalls dem Verlauf einer U-Kurve (ibid.).

Empirische Studien haben bis heute alle Phasenkonzepte kaum bestätigen können (Brüch 2000, S. 68ff.). An ihnen wird u. a. bemängelt, dass sie zwischen psychologischer und soziokultureller Anpassung nicht unterscheiden. Ward stellt im Rückgriff auf die Studien von Church zu recht fest, dass „the evidence for the U-curve is weak, inconclusive and overgeneralized" (ibid.). Des weiteren: „All in all, there appears to be considerable hard data available from longitudinal studies (...) to discredit the U-curve proposition" (ibid., S. 287).

Basierend auf eigenen Untersuchungen stellt Ward die These auf, dass psychologische Akkulturationsprobleme zu Anfang des Auslandseinsatzes zwar ihren Höhepunkt erreichen, deren anschließender Verlauf jedoch nicht prognostiziert werden kann, da zahlreiche Einflussfaktoren interagieren und somit eine Generalisierung verhindern. Soziokulturelle Anpassung hingegen, so Ward, folgt dem Verlauf einer Lernkurve: „problems in sociocultural adaptation will be geartest at entry to a new culture (...) will decrease markedly within the first months of residence (...) and will continue to decrease slightly over time" (ibid., S. 280).

Grove & Torbiörn (1985)

Das Phasenmodell dieser zwei Autoren liefert ebenfalls einen Erklärungsansatz für die U-Kurven-Hypothese. Es stellt weiterhin das Problem des Kulturschocks als Orientierungsproblem dar. Grove und Torbiörn gehen von drei psychologischen Konstrukten aus:

1. „Orientierungsklarheit": Die Person ist von ihren Verhaltensweisen überzeugt und zuversichtlich, dass diese auch im Ausland adäquat sein werden.
2. „Verhaltensangemessenheit": Die Person stellt durch Rückmeldungen aus der sozialen Umwelt fest, inwieweit Handlungen tatsächlich situationsadäquat sind.
3. „Mindestanspruchsniveau": bezeichnet den noch akzeptierbaren Grad an Orientierungsklarheit und Angemessenheit.

Es ergeben sich in diesem Ansatz 4 Phasen der Anpassung:

1. *Phase ausreichender Orientierungsklarheit und unzureichender Verhaltensangemessenheit:* Beim Eintritt in eine fremde Kultur behält der Entsandte seine Wertvorstellungen und Verhaltensweisen zunächst bei und ist zuversichtlich über deren Richtigkeit. Je länger aber er in der fremden Kultur lebt, desto mehr wird er sich über die Unangemessenheit seines Verhaltens bewusst und seine Zuversicht, bzw. Orientierungsklarheit sinkt.
2. *Phase unzureichender Orientierungsklarheit und unzureichender Verhaltensangemessenheit:* Obwohl der Entsandte mit zunehmender Aufenthaltsdauer adäquate Verhaltensweisen übernimmt und anwendet, verliert er das Vertrauen in seine ursprünglichen Handlungsweisen aufgrund der ständigen Konfrontation mit der Andersartigkeit. Die Orientierungsklarheit sinkt stetig und erreicht schließlich ihren Tiefpunkt. Verhaltensangemessenheit und Orientierungsklarheit liegen beide unter dem Mindestanspruchsniveau.
3. *Phase unzureichender Orientierungsklarheit und ausreichender Verhaltensangemessenheit:* Der Entsandte hat sich inzwischen so gut eingelebt, dass sein Verhalten den Erfordernissen entspricht. Aufgrund des positiven Feed-backs aus seiner Umwelt steigt seine Zuversicht und die Orientierungsklarheit erreicht nahezu das Mindestanspruchsniveau.
4. *Phase ausreichender Orientierungsklarheit und ausreichender Verhaltensangemessenheit:* Der Entsandte kann situationsadäquat handeln und ist sich darüber bewusst. Orientierungsklarheit und Verhaltensangemessenheit liegen oberhalb des Mindestanspruchsniveaus (Stahl 1998, S. 51ff.).

Grove & Torbiörn stellen einen direkten Zusammenhang zwischen den Akkulturationsphasen und dem Grad der Zufriedenheit eines Entsandten her.[8] In der Anfangsphase ist die Zufriedenheit noch relativ groß, nimmt dann aber in der zweiten Phase stark ab. Mit zunehmender Orientierungsklarheit in der folgenden Phase steigt auch die Zufriedenheit und er-

---

[8] Grove & Torbiörn bezeichnen die Anpassungskrise jedoch nicht als krankhaft, sondern als eine normale Reaktion, die sich aus der erforderlichen Veränderung von Handlungsweisen ergibt (ibid.).

reicht schließlich ein Optimum in der letzten Phase. Der Verlauf des Zufriedenheitsgrades stellt somit eine U-Kurve dar. Nach Torbiörn geht der eigentliche Kulturschock mit dem Tiefpunkt dieser Kurve einher. Insbesondere während der Phase unzureichender Orientierungsklarheit und unzureichender Verhaltensangemessenheit erlebt der Entsandte starke innere Spannungen und hohe Frustration. Um sich vor diesen Konflikten zu schützen, können Abwehrmechanismen eingesetzt werden. Torbiörn beschreibt verschiedene Arten des Abwehrverhaltens (1982, S. 66 ff.):

- Durch eingeschränkte Wahrnehmung schließt das Individuum unerfreuliche Aspekte aus seinem Wahrnehmungsbereich aus.
- Aggressionen richten sich meistens gegen das frustrationsauslösende Objekt und vermindern innere Spannungen.
- Mit Hilfe von Rationalisierung werden Objekte oder Ereignisse so bewertet, dass sie keine oder geringere negative Gefühle hervorrufen.

3.1.3.3 Akkulturationsstrategien

Als „state" bezeichnet Akkulturation im Wesentlichen die Anpassungsstrategien von Expatriates und sie wird unterschiedlich erfasst. Berrys einflussreiche Typologisierung von „acculturation states", die auch Ward übernimmt, basiert auf den zwei Variablen „maintenance of cultural identity" versus „maintenance of relationships with other groups" (zit. in Ward 1996, S. 130). Danach werden vier unterschiedliche „states" identifiziert (vgl. Abb. 3.1.2).

Marginalisierung stellt diejenige Strategie dar, bei der sowohl die eigene Kultur als auch die Gastlandkultur eine untergeordnete Rolle spielen. Assimilation wiederum kennzeichnet eine Aufgabe der eigenen Kultur zugunsten eines Aufgehens in der Gastlandkultur. Separation liegt dann vor, wenn Expatriates die eigene Kultur bewahren und sich von der Gastlandkultur stark abgrenzen. Integration schließlich stellt die Strategie der Balance zwischen Bewahrung der eigenen Kultur und starkem Bezug zur Gastlandkultur dar. Berry stellt zum einen klar heraus, dass die obige Matrix auf der Annahme der freien Entscheidung der Mitglieder nicht dominanter Gruppen beruht bzw. dass dominante Gruppen keine bestimmten Strategien erzwingen. Zum anderen betont er, dass die Integrationsstrategie nur dann zum Tragen kommen kann, wenn gewisse Bedingungen erfüllt werden, allen voran „low levels of prejudice" und „presence of a positive multicultural [environment]" (Berry 1998, S. 45).

In Bezug auf die Folgen der vier Strategien zum einen für die psychologische Gesundheit und zum anderen für die soziokulturelle Anpassung stellt Ward resümierend fest, dass die auf Berrys Typologisierung beruhende Forschung die positive Assoziation zwischen Integration und psychologischer sowie soziokultureller Anpassung bestätigt (Ward 1996, S. 133ff.; vgl. auch in diesem Sinne Matsumoto et. al. 2001a).

Um dies zu untermauern, greift Ward u. a. auf die bereits schon in den 70er Jahren durchgeführten empirischen Studien zurück, in denen Anpassungsstrategien mit Hilfe von Theorien der Stressforschung intensiv untersucht wurden (vgl. die Übersicht in Ward 1996, S. 133ff.).

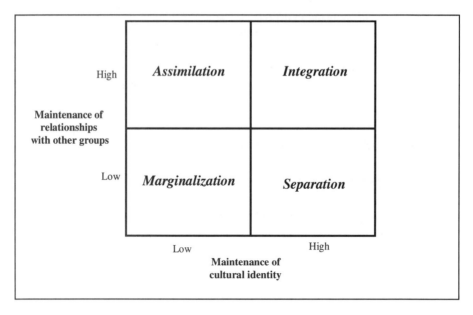

Quelle: Eigene Darstellung in Anlehnung an Ward 1996 und Berry 1998

Abb. 3.1.2: Akkulturationsstrategien

Im Mittelpunkt standen und stehen heute noch die Zusammenhänge zwischen Anpassung und Depressionen, Ängsten und insgesamt „psychological well-being" der Auslandsentsandten. Wards Analyseergebnisse im Hinblick auf die psychische Gesundheit lassen sich wie folgt zusammenfassen (ibid.):

- Starke Identifikation mit der Heimatlandkultur korreliert mit „fewer symptoms of depression".
- Assimilation ruft bedeutend mehr psychologische Anpassungsprobleme als Integration.
- Die „(...) greatest number of adaptation problems [is] experienced by the separated, followed by the marginalized, who (...) in turn [has] more difficulties than the integrated and the assimilated".
- Integration, so Ward, verspricht die geringsten psychischen Probleme von Auslandsentsandten.

Bei diesen Thesen sollte man allerdings bedenken, dass Integration nicht „professional effectiveness" im Sinne vom Erfolg des Auslandseinsatzes garantiert. Kealey erinnert in diesem Zusammenhang an die Unterscheidung zwischen erfolgreicher Anpassung und beruflich erfolgreichem Auslandseinsatz: „Increasing evidence suggests the criteria that predict personal adjustment overseas differ from the criteria associated with professional effectiveness" (Kealey 1996, S. 99). Insofern bleibt die Frage offen, ob z. B. die Anpassungsstrategie der Integration per se mit beruflichem Erfolg des Auslandseinsatzes korreliert oder nicht.

3.1.3.4 Kritik

Folgende Mängel weist der Ansatz Wards auf:

1. Das Akkulturationsmodell stellt einen Versuch dar, die verschiedenen Einflussfaktoren auf die Akkulturation von Auslandsentsandten zu systematisieren. Allerdings ist es noch weit davon entfernt, Zusammenhänge zwischen den Einflussfaktoren und konkreten Anpassungsstrategien herzustellen. Insofern gilt leider weiterhin der häufig beklagte Mangel an empirisch abgesicherten Modellen, in denen das Zusammenspiel verschiedener Einflussfaktoren und deren Korrelationen mit bestimmten Anpassungsstrategien überzeugend dargestellt werden (Landis/Bhagat 1996, Berry 1998, S. 47).
2. Wirtschaftlich motivierte interkulturelle Beziehungen sind maßgeblich durch Macht bzw. Machtstreben der Akteure gekennzeichnet. Darin spielt die Frage nach der Gruppendominanz eine entscheidende Rolle, da die Mitglieder dominanter Gruppen weniger vor die Frage gestellt sind, ob sie ihre eigenen Gewohnheiten oder ihre eigene kulturelle Identität aufgeben (vgl. Florack 2000). Ward führt Macht unter den moderierenden Situationsvariablen leider nicht auf (Ward 1996).
3. Die empirische Basis der Ausführungen Wards ist gemischt und ein Großteil davon stammt aus dem Entwicklungshilfebereich bzw. aus Studentenaustauschprogrammen. Es ist jedenfalls nicht auf Anhieb einleuchtend, dass die darauf basierenden theoretischen Überlegungen sich ohne weiteres auf wirtschaftlich motivierte Begegnungen übertragen lassen. Und es fragt sich, ob es überhaupt in der Praxis zutrifft, dass Expatriates, wie Herbrand behauptet, eine Bereicherung durch den Auslandsaufenthalt erfahren (Herbrand 2000, S. 36).
4. Versucht man konkrete Anpassungsstrategien von Expatriates mithilfe der obigen Matrix zu typologisieren, stellt sich heraus, dass diese jedenfalls grobmaschig ist, so dass eine eindeutige Zuordnung kaum gelingt. Stahls Untersuchungsergebnisse z. B. zeigen, dass Abwehr- und Vermeidungsstrategien, die der Abwehr von oder der Flucht aus Problemsituationen dienen, mehr als ein Drittel der Bewältigungsformen und damit „(...) die häufigste Verhaltensklasse bei einem Auslandseinsatz" darstellen (ibid., S. 190). Das konkrete Verhaltensmuster, welches dabei dominiert, ist die Problemumbewertung.[9] Des Weiteren ist bei „jedem vierten Problemfall (...) eine Neigung des Entsandten zu *Identitätsbewahrung bzw. Ethnozentrismus* zu beobachten" (ibid., S. 191). Der Versuch, die Abwehrstrategie EINER der Anpassungsstrategien in der Typologisierungsmatrix zuzuordnen, ist kaum möglich. Wie Stahl des Weiteren feststellt, gibt es gute Gründe für die Annahme, dass Expatriates Mischstrategien und keine einzige Anpassungsstrategie verfolgen (Stahl 1998).
5. Stereotypisierung und Vorurteile spielen in Wards Akkulturationskonzept keine Rolle, obwohl deren Vorhandensein bei Expatriates – freilich in unterschiedlichem Maße – nicht geleugnet werden kann (vgl. Stahl 1998; siehe auch weiter unten). Berry hingegen

---

[9] Eine Problemumbewertung beinhaltet „Veränderungen der Bedrohlichkeitseinschätzung durch Situationsumdeutungen" und sie liegt z. B. dann vor, „wenn eigene Anpassungsdefizite bagatellisiert werden" (Stahl 1998, S. 191).

unterstreicht die Wichtigkeit von Vorurteilen und führt sie unter den Bedingungen für Integration auf (siehe oben).
6. Mögliche Diskrepanzen zwischen Einstellung und Verhalten der Expatriates werden in Berrys Typologisierung und Wards Erläuterungen nicht thematisiert. Dabei zeigt die Praxis, dass eine vorurteilbehaftete Einstellung zur Gastlandkultur gleichzeitig mit kulturkonformem Verhalten, das auf Training bzw. Kulturlernen beruht, einhergehen kann (siehe weiter unten).
7. Es wäre insofern wichtig zu untersuchen, inwieweit durch die o.g. Diskrepanz interpersonale Konflikte entstehen: „Individuals who make cross-cultural transitions are generally expected to conform to the normative values, attitudes and behaviors of their host countries. If these prescribed commitments are inconsistent or incompatible with those of their cultures of origin, conflict may ensue" (Leong et. al. 2000, S. 765).

3.1.4. Akkulturation in der Forschungspraxis

3.1.4.1 Forschungsmängel

Studien über die Anpassung und den Erfolg von Auslandsentsandten weisen mehrere Mängel auf, so z. B. (vgl. Brüch 2000, Stahl 1998, S. 121ff.):

a) **Theoriearmut**: Wie bereits oben erwähnt wurde, existiert weiterhin kein empirisch abgesichertes Modell der Zusammenhänge und Korrelationen zwischen den verschiedenen Einflussfaktoren und den Anpassungsstrategien. Zu finden sind eher Studien, die einige Einflussfaktoren isoliert betrachten (vgl. z. B. Pham et. al. 2001).

b) **Methodische Mängel**: Befragungen von Auslandsentsandten mittel Fragebogen stellen die Regel dar. Diese aus forschungsökonomischen Gründen naheliegende Methode wird kritisiert und es wird eine Ergänzung um qualitative Methoden gefordert. Darüber hinaus wird die Zuverlässigkeit der Aussagen von Expatriates nach dem Auslandsaufenthalt infrage gestellt und es werden Längsschnittuntersuchungen als erforderlich angesehen. Des Weiteren wird bemängelt, dass kulturelle Anpassung mithilfe eindimensionaler Kriterien erfasst wird und dass es darüber hinaus nicht immer erkennbar ist, ob es sich dabei um operationalisierte Indikatoren für die kulturelle Anpassung oder um Voraussetzungen für den Erfolg von Auslandseinsätzen handelt (Brüch 2000, S. 217 ff.).

c) **Heterogenität der Zielgruppe**: Aussagen über Anpassung und Erfolgskriterien werden zusammengetragen, die überwiegend auf Untersuchungen über drei verschiedene Zielgruppen entstammen: (Austausch)Studenten, Entwicklungshelfer und Unternehmensfach- bzw. Führungskräfte.[10] Dass diese Zielgruppen unterschiedliche Motive, Probleme und Bewältigungsstrategien aufweisen können, wird bei einigen Autoren betont (z. B. Brüch 2000), bei anderen hingegen eher am Rande und ohne Konsequenzen thematisiert (z. B. Matsumoto et. al. 2001a).

---

[10] Der im angelsächsischen Sprachraum verbreitete Begriff „Sojourner" umfasst eben Entwicklungshelfer, Austauschstudenten, Firmenmitarbeiter, Diplomaten etc. (vgl. Brüch 2000, S. 112 f.).

d) **Fehlender Kulturraumbezug**: Studien zur Anpassung von entsandten Führungskräften deutscher Unternehmen sind eher rar. Brüch konstatiert, dass seine empirische Studie die einzige im deutschsprachigen Raum ist, die theoriegeleitet ist und mehrdimensionale Kriterien zur Erfassung der kulturellen Anpassung beinhaltet (Brüch 2000, S. 217 ff.).

Nachfolgend wird ein Forschungsprojekt des Verfassers vorgestellt, das u. a. die Ermittlung einflussreicher Faktoren auf die Akkulturation zum Ziel hat.

3.1.4.2 Ein Forschungsprojekt

Das eineinhalbjährige, im November 2000 angelaufene Projekt, das vom Bundesministerium für Bildung und Forschung (BMBF) gefördert wird, hat zum Ziel, einen Leitfaden für interkulturelle Kommunikation zu entwickeln.[11] Den regionalen Fokus bilden die Länder Marokko, Jordanien und Ägypten und die Zielgruppe des Leitfadens (im Sinne von Nutznießern) stellen deutsche bzw. europäische Betriebe des Mittelstandes dar. Über 60 Tiefeninterviews, gestützt durch einen im vorab ausgefüllten Fragebogen, werden mit deutschen Auslandsentsandten in den o. g. Ländern durchgeführt. Statistische Auswertungen und eine Inhaltsanalyse werden im September 2001 beginnen und im Sommer des Jahres 2002 abgeschlossen sein. Dem BMBF-Projekt liegen vier Hauptfragestellungen zugrunde:

a) Mit welchen Akkulturationsproblemen werden deutsche Expatriates in den drei Ländern Marokko, Ägypten und Jordanien konfrontiert?
b) Worauf ist die Problemwahrnehmung zurückzuführen?
c) Welche Anpassungsstrategien wenden deutsche Expatriates in den drei Ländern ein?
d) Welche Einflussfaktoren (Person-Umwelt) machen welche Anpassungsstrategie wahrscheinlich?

Zwei Aspekte sollen des Weiteren besondere Berücksichtigung finden: Zum einen Stereotypisierung, Abgrenzungsverhalten und Vorurteilstrukturen (vgl. Fiske 2001; Jammal 2001b) und zum anderen das Konfliktverhalten bei den entsandten Führungskräften. Bereits zum jetzigen Zeitpunkt lassen sich einige vorläufige Ergebnisse angeben, deren abschließende Klärung ansteht:

E. 1: Die Mehrheit der interviewten Expatriates wurden nicht auf den Auslandseinsatz vorbereitet.
E. 2: In der Regel werden die Expatriates nach Geschäftsnotwendigkeit entsandt, so dass eine Wahl des Entsendungslandes durch sie nicht stattfindet.
E. 3: Die kulturelle Distanz – stets als wahrgenommene Distanz („psychologisches Konstrukt" vgl. Stahl 1998, S. 65) zu verstehen – scheint bei den Expatriates in den drei Ländern groß zu sein (vgl. auch die Unterschiede in Stahls Untersuchung).
E. 4: Der Kontakt zu Einheimischen ist in der Regel im Arbeitsumfeld intensiv, im Privaten jedoch eher marginal.

---

[11] Für nähere Informationen über das Forschungsprojekt: http://www.fh-heilbronn.de\IAF.

E. 5: Ein wesentliches Muster dominanter Anpassungsstrategien bei den befragten Expatriates scheint die Identitätsbewahrung zu sein.

E. 6: Eine Kluft scheint zu bestehen zwischen Einstellung und Verhalten der Expatriates. Was Letzteres anbelangt, so werden Kenntnisse und Verhaltensweisen der Gastlandkultur instrumentalisiert, um die Geschäftsziele – auf Unternehmens- oder individueller Ebene – besser erreichen zu können. Manche verstehen sich auf die „Regeln" in besonders ausgeprägter Weise, andere hingegen weniger.

E. 7: In nicht unerheblichem Maße liegen Einstellungen vor, die von starker Abgrenzung und Stereotypisierung gekennzeichnet sind. Letztere ist geprägt durch die Kugelvorstellung von Kultur. Das heißt: In der Regel differenzieren Expatriates in ihren Urteilen über Einheimische nicht nach sozialen Schichten oder Subkulturen, sondern sie sprechen von „DEM Marokkaner, Ägypter oder Jordanier".

E 8: Auslandserfahrene Expatriates grenzen sich stärker ab und sie weisen festere Stereotype auf, als dies bei Auslandsunerfahrenen der Fall ist. Dieser Befund verweist auf die sogenannte Kontakthypothese, wonach „(...) der bloße Kontakt zwischen Menschen unterschiedlicher Kulturzugehörigkeit nicht automatisch zum Abbau von Vorurteilen [führt] (...), sondern dass dieser Effekt nur unter sehr spezifischen Bedingungen zu erzielen ist. Wo diese nicht gegeben sind, können interkulturelle Begegnungen Vorurteile sogar verstärken" (Layes 2000, S. 33; vgl. auch Thomas 2000). Das Zusammenspiel des Faktors „Auslandserfahrung" mit anderen Variablen, wie z. B. dem Alter der Entsandten, der Wahl des Entsendungslandes etc. ist genauer zu bestimmen.

3.1.4.3 Ausblick

Ergänzt man dieser Ergebnisse um Befunde aus ähnlichen Studien in anderen Regionen (vgl. z. B. Stahl 1998), so können folgende Schlussfolgerungen in Bezug auf ein praxisnahes Akkulturationsmodell gezogen werden:

- Das Paradigma des Person-Umwelt-Fits, wonach Person und Umwelt in Anpassungsprozessen nicht als „getrennte Systeme, sondern als relationale Handlungseinheit aufgefasst werden" (Stahl 1998, S. 96), die in dem Zusammenspiel von Persönlichkeits- und Umweltfaktoren im einen Extremfall zur Zufriedenheit und im anderen zu negativen Gefühlen und Unwohlsein führen, scheint sich auf der einen Seite zu bestätigen. Auf der anderen Seite aber werden diese Prozesse durch das psychologische Konstrukt der kulturellen Distanz maßgeblich beeinflusst, was wiederum im Falle der drei Länder auf die Wahrnehmung von Religion und Aberglaube zurückzuführen ist.
- Höchst wahrscheinlich ist der Faktor „kulturelle Distanz" entscheidend für das Zustandekommen von Abgrenzung und starken Stereotypen.
- Der Faktor „Auslandserfahrung" scheint zu einer Beschleunigung des Anstiegs der Lernkurve der Expatriates in Bezug auf soziokulturelle Akkulturation beizutragen.
- Es gibt gute Gründe für die Annahme, dass Auslandserfahrung in Kombination mit einer großen kulturellen Distanz nicht unbedingt zur Verbesserung der psychologischen Anpassung beiträgt.

- Eine große kulturelle Distanz scheint die Spaltung zwischen Einstellungen gegenüber der Gastlandkultur und dem Verhalten der Expatriates zu begünstigen.
- Legt man Berrys Typologisierungsmatrix zugrunde, so kann erstens festgestellt werden, dass die Strategien der Assimilation[12] und Integration nicht anzutreffen sind. Diesen Umstand könnte man zweitens mit dem Vorliegen von starken Stereotypen und Abgrenzungsverhalten erklären, was wiederum mit der kulturellen Distanz zusammenhängt.
- Geht man erstens davon aus, dass Anpassungsstrategien Versuche darstellen, mehr oder weniger stabile Person-Umwelt-Fits herzustellen (Stahl 1998, S. 117), und nimmt man zweitens an, dass die oben erwähnte Spaltung zwischen Einstellung und Verhalten vorliegt, so kann man den soziokulturellen Anpassungsprozess der interviewten Expatriates im Rekurs auf Wimmer und Fuchs als Aushandlungsprozess verstehen. Dieser ist maßgeblich gekennzeichnet durch (a) Machtstellung gegenüber einheimischen Fach- und Führungskräften (bedingt durch den ökonomischen Status und die Stellung in der Organisationshierarchie), (b) kalkulierendes geschäftliches Interesse am Anderen, (c) große kulturelle Distanz gegenüber der Gastlandkultur und schließlich (d) Abgrenzung und ausgeprägte Stereotypisierung (vgl. hierzu Fiske 2001, Fiske 2000, Jammal 2001b).

3.1.5 Schlussbemerkung

Die obigen Ausführungen sind insofern auch für den Tourismussektor relevant, als auch hier – wie bei Unternehmen anderer Sektoren – verstärkt auf Langzeitfach- und -führungskräfte gesetzt wird (siehe oben), deren Aufenthaltsdauer länger als sechs Monate beträgt und von Akkulturationsprozessen besonders betroffen sind. Inwieweit darüber hinaus zumindest Teilaspekte der Akkulturation für Touristen relevant sind, hängt von den Faktoren ab: Aufenthaltsdauer, Motive der Reise und die kulturelle Distanz (Ward et. al. 2001, S. 140). Nach Pearce ist ein weiterer Faktor entscheidend, nämlich inwieweit ein persönlicher Kontakt zu Einheimischen besteht (1982, S. 216).

Es scheint in der Literatur darüber Konsens zu bestehen, dass diejenige Touristenkategorie jedenfalls von Teilaspekten der Akkulturation besonders betroffen ist, bei der das Interesse am Lernen von anderen Kulturen im Vordergrund steht (ibid., S. 131). Diese Teilaspekte beziehen sich stärker auf die soziokulturellen als auf die psychologischen Resultate des Akkulturationsprozesses. Des Weiteren liegt die Vermutung nahe, dass Berrys Typologisierungsmatrix zur Kategorisierung von Akkulturationsstrategien die besondere Situation dieser Touristengruppe kaum berücksichtigt. So wird es wohl wenig Sinn ergeben, jedenfalls von den Strategien der Marginalisierung, Assimilation und Integration bei Touristen zu sprechen, deren Aufenthaltsdauer in der Regel kurz ist.

---

[12] Es mag zwar zutreffend sein, wenn Stahl die Akkulturationsstrategie der Assimilation als weder „intendiert noch erforderlich" bezeichnet (Stahl 1998, S. 45). Fraglich bleibt allerdings, ob eine Diskrepanz (zwischen kulturadäquatem Verhalten und einer Einstellung zur Gastlandkultur, die von starker Distanzierung geprägt ist) für Anpassungsprozesse förderlich ist (vgl. Leong et. al. 2000).

Literaturverzeichnis

Berg, E./Fuchs, M. (Hrsg.) 1999: Kultur, soziale Praxis, Text – Die Krise der ethnographischen Repräsentation, Suhrkamp, 3. A.

Berry, J. W./Poortinga, Y. H./Segall, M. H./Dasen, P. R. 1996: Cross-Cultural Psychology, Research and Applications, Cambridge University Press

Berry, J. W. 1998: Acculturation and Health: Theory and Research, in: Kazarian, S./Evans, D. R. (Hrsg.): Cultural Clinical Psychology: Theory, Research, and Practice, Oxford, S. 39-57

Black, S./Mendenhall, M./Oddou, G. 1991: Toward a Comprehensive Model of International Adjustment: An Integration of Multiple Theoretical Perspectives, in: Academy of Management Review, Volume 16, No. 2, S. 291-317

Brislin, R. W./Cushner, K./Cherrie, C./Yong, M. 1985: Intercultural Interactions – A Practical Guide Volume 9, Cross-Cultural Research und Methodology Series, Sage

Brüch, A. 2000: Kulturelle Anpassung deutscher Unternehmensmitarbeiter bei Auslandsentsendungen, Peter Lang

Cushner, K./Landis, D. 1996: The Intercultural Sensitizer, in: Landis, D./Bhagat, R. S. (Ed.): Handbook of Intercultural Training, Sage Publications, 2. Edition, S. 185-202

Dülfer, E. 1995: Internationales Management in unterschiedlichen Kulturbereichen, Oldenbourg

Erten-Buch C./Mattl C. 1999: Interkulturelle Aspekte von Auslandseinsätzen, in: von Eckardstein et. al. (Hrsg.): Management, Schäffer Poeschel

Fiske, S. 2001: Stereotypes: Processes, Structures, Content and Context, in: Brown, R./Gaertner, S. (Ed.): Blackwell Handbook of Social Psychology, Blackwell, S. 22-44

Fiske, S. 2000: Interdependence and the Reduction of Prejudice, in: Oskamp, S. (Ed.): Reducing Prejudice and Discrimination, The Claremont Symposium on Applied Social Psychology, Sage

Florack, A. 2000: Umgang mit fremden Kulturen – Eine sozialpsychologische Perspektive, DUV

Fuchs, M. 1997a: Universalität der Kultur: Reflexion, Interaktion und das Identitätsdenken – eine ethnologische Perspektive, in: Brocker, M./Heinrich, H. (Hrsg.): Ethnozentrismus: Möglichkeiten und Grenzen des interkulturellen Dialogs, Wissenschaftliche Buchgesellschaft, S. 141-152

Fuchs, M. 1997b: Universalität der Kultur: Reflexion, Interaktion und das Identitätsdenken – eine ethnologische Perspektive, in Brocker, M./Nau, H. H. 1997: Ethnozentrismus: Möglichkeiten und Grenzen des interkulturellen Dialogs, Wissenschaftliche Buchgesellschaft, S. 141-152

Fuchs, M. 1999a: Kampf um Differenz: Repräsentation, Subjektivität und soziale Bewegungen – Das Beispiel Indien, Suhrkamp

Fuchs, M. 1999b: Erkenntnispraxis und die Repräsentation von Differenz, in Assmann, A./Friese, H. (Hrsg.): Identitäten, Suhrkamp, S. 105-137

Geertz, C. 1995: After the Fact, Two Countries, Four Decades, One Anthropologist, Cambridge

Geertz, C. 1993: The Interpretation of Cultures, Fontana Press

Geertz, C. 1987: Dichte Beschreibung, Beiträge zum Verstehen kultureller Systeme, Suhrkamp taschenbuch wissenschaft

Grove, C./Torbiörn, I. 1986: A New Conceptualization of Intercultural Adjustment and the Goals of Learning, in: *Paige, R. M. (Ed.):* Cross-Cultural Orientation, Lanham University Press of America, S. 71-109

Herbrand, F. 2000: Interkulturelle Kompetenz, Wettbewerbsvorteil in einer globalisierenden Wirtschaft, Berner betriebswirtschaftliche Schriften, Band 25, Verlag Paul Haupt, Bern, Stuttgart und Wien

Hofstede, G. 1997: Lokales Denken, globales Handeln, Beck

Houben, V. J. H. 1999: Der Kulturbegriff aus der Sicht der Geschichtswissenschaft am Beispiel Asiens, in: *Forarea:* Heft 11 Jahresberichte 1997 und 1998, Erlangen

Hurrelmann, K. 2001: Einführung in die Sozialisationstheorie, Beltz Studium, 7. A.

Jammal, E. 2001a: Kultur und kulturelle Balanceakte – Eine Einführung in das internationale Personalmanagement (IPM), in *Arnold, R./Bloh, E. (Hrsg.):* Personalentwicklung im lernenden Unternehmen – Grundlagen der Berufs- und Erwachsenenbildung, Bd. 27. Schneider, S. 52-72

Jammal, E. 2001b: „Jeder Fremde ist ein Feind" - Beitrag der Bildung zur Veränderung sozialer Einstellungen, PädForum 29./14. Jahrgang Oktober 2001, S. 378-385

Kealey, D. J. 1996: The Challenge of International Personnel Selection, in: *Landis, D./Bhagat, R. S. (Ed.):* Handbook of Intercultural Training, Sage Publications, 2. Edition, S. 81-105

Krewer, B. 1996: Kulturelle Identität und menschliche Selbsterforschung, Breitenbach

Landis, D./Bhagat, R. S. (Eds.) 1996: Handbook of Intercultural Training. 2. Edition, Sage Publications

Layes, G. 2000: Grundformen des Fremderlebens – Eine Analyse von Handlungsorientierungen in der interkulturellen Interaktion, Internationale Hochschulschriften, Waxmann

Lenartowicz, T./Roth, K. 2001: Does Subculture Within a Country Matter? A Cross-Cultural Study of Motivational Domains and Business Performance in Brazil, in: *Journal of International Business Studies* 32, 2 (Second Quarter 2001), S. 305-325

Leong, C.-H./Ward, C. 2000: Identity Conflict in Sojourners, in: *International Journal of Intercultural Relations*, Volume 24, Number 6 (2000), S. 763-776

Matsumoto, D./Leroux, J./Ratzlaff, C. et.al. (Ed.) 2001a: Development and Validation of a Measure of Intercultural Adjustment Potential in Japanese Sojourners, in: The Intercultural Adjustment Potential Scale (ICAPS), in: *International Journal of Intercultural Relations*, Volume 25, Number 5 (2001), S. 483-510

Matsumoto, D./Grissom, R. J./Dinnel, D. L. 2001b: Do Between-Culture Differences Really Mean That People Are Different? A Look at some Measures of Cultural Effect Size, in: *Journal of Cross-Cultural Psychology*, Vol. 32, No. 4, (July 2001), S. 478-490

Mendenhall, M./Oddou, G. 2000: Readings and Cases in International Human Resource Management, South-Western College Publications, 3. edition

Merritt, A. 2000: Culture in the Cockpit - Do Hofstede's Dimensions Replicate? In: *Journal of Cross-Cultural Psychology*, Vol. 31, No. 3, May 2000, S. 283 - 301

Pearce, P. L. 1982: Tourists and Their Hosts: Some Social and Psychological Effects of Inter-Cultural Contact, in: *Bochner, S. (Ed.):* Cultures in Contact – Studies in Cross-Cultural Interaction, International Series in Experimental Social Psychology, Volume 1, Pergamon Press

Pham, T. B./Haris, R. J. 2001: Acculturation Strategies Among Vietnamese Americans, in: *International Journal of Intercultural Relations:* Volume 25, Number 3 (2001), S. 279-300

Robinson, W. S. 1950: Ecological Correlations and the Behavior of Individuals, American Sociological Review 1950, S. 351-357

Roth, J. 1999: Das Entziffern einer fremden Kultur, in: *Hahn, H. (Hrsg.):* Kulturunterschiede – Interdisziplinäre Konzepte zu kollektiven Identitäten und Mentalitäten, IKO

Sackmann, S. A. (Ed.) 1997: Cultural Complexity in Organizations, Inherent Contrasts and Contradictions, Sage

Sackmann, S. A./Phillips, M. E./Kleinberg, M. J./Boyacigiller, N. A. 1997: Single and Multiple Cultures in International Cross-Cultural Management Research: Overview, in: *Sackmann, S. A. (Ed.):* Cultural Complexity in Organizations, Inherent Contrasts and Contradictions, Sage, S. 14-48

Sackmann, S. A. 1991: Cultural Knowledge in Organizations, Sage

Scheuch, E. K. 1991: Wie deutsch sind die Deutschen? Eine Nation wandelt ihr Gesicht, Lübbe Verlag, Bergisch Gladbach

Schwartz, S. H. 1994: Beyond Individualism/Collectivism: New Cultural Dimensions of Values, in: *Kim, U. et. al. (Ed.):* Individualism and Collectivism: Theory, Method, and Applications, Sage, S. 85-119

Schwartz, S. H./Bardi, A. 2001: Value Hierarchies across Cultures, Taking a Similarities Perspective, in: *Journal of Cross-Cultural Psychology:* Vol. 32 No. 3, May 2001, S. 268-290

Singelis, T. M./Brown, W. J. 1995: Culture, Self, and Collectivist Communication, Linking Culture to Individual Behavior, Human Communication Research, Band 21, S. 354-389

Stahl, G. 1998: Internationaler Einsatz von Führungskräften – Managementwissen für Studium und Praxis, Oldenbourg

Thomas, A. 2000: Bedeutung und Funktion sozialer Stereotype und Vorurteile für die interkulturelle Kooperation, in: *Rösch, O. (Hrsg.):* Stereotypisierung des Fremden – Auswirkungen in der Kommunikation, Wildhauer Schriftenreihe Bd. 4. News & Media, Marcus von Amsberg, Berlin

Thomas, A. 1999: Mitarbeiterführung in interkulturellen Arbeitsgruppen. in: *Rosenstiel et. al. (Hrsg.):* Führung von Mitarbeitern – Handbuch für erfolgreiches Personalmanagement, Schäffer Poeschl

Thomas, A. 1996: Psychologie interkulturellen Handelns, Hogrefe

Thorndike, E. L. 1939: On the Fallacy of Imputing the Correlations Found for Groups to the Individuals or Smaller Groups Composing Them, American Journal Of Psychology 1939, S. 122-124

UNDP 2000: Bericht über die menschliche Entwicklung, UNDP

van Oudenhoven, J. P. 2001: Do Organizations reflect National Cultures? A 10-Nation Study, in: *International Journal of Intercultural Relations*: Volume 25, Number 1 (2001), S. 89-107

Ward, C. 2001: The A, B, Cs of Acculturation, in: *Matsumoto, D. (Ed.):* The Handbook of Culture & Psychology, Oxford, S. 411-446

Ward, C./Rana-Deuba, A. 2000: Home and Host Culture Influences on Sojourner Adjustment, in: *International Journal of Intercultural Relations*: Volume 24, Number 3 (2000), S. 291-306

Ward. C./Kennedy, A. 1999: The Measurement of Sociocultural Adaptation, in: *International Journal of Intercultural Relations*: Volume 23, Number 4 (1999), S. 659-675

Ward, C./Okura, Y./Kennedy, A./Kojima, T. 1998: The U-Curve on Trial: A Longitudinal Study of Psychological and Sociocultural Adjustment During Cross-Cultural Transition, in: *International Journal of Intercultural Relations*: Volume 22, Number 3 (1998), S. 277-291

Ward, C./Chang, W. C. 1997: „Cultural Fit": A New Perspective on Personality and Sojourner Adjustment", in: *International Journal of Intercultural Relations*: Volume 21, Number 4 (1997), S. 525-533

Ward, C. 1996: Acculturation, in: *Landis, D./Bhagat, R. S. (Ed.):* Handbook of Intercultural Training, Sage Publications, 2. edition, S. 124-147

Weinand, F. 2000: Kulturbewusstes Personalmanagement, Peter Lang

Weiermair, K. 1996: Globalisation in Tourism: Impact for Tourism Manpower, Employment and Systems of Training/Schooling, in *AIEST Reports:* Globalisation and Tourism, 46. Congress, Volume 38, Rotorua, S. 245-257

Welsch, W. 1995: Transkulturalität. Zur veränderten Verfasstheit heutiger Kulturen, in: *Zeitschrift für Kulturaustausch:* Migration und kultureller Wandel, 45. Jg. 1995 /1. Vj., S. 39-44

Wimmer, A 1996: Kultur – Zur Reformulierung eines sozialanthropologischen Grundbegriffs, in: *Kölner Zeitschrift für Soziologie und Sozialpsychologie*, 1996, S. 401-425

Wimmer, A. 1997: Die Pragmatik der kulturellen Produktion: Anmerkungen zur Ethnozentrismusproblematik aus ethnologischer Sicht, in: *Brocker, M./Heinrich, H. (Hrsg.):* Ethnozentrismus: Möglichkeiten und Grenzen des interkulturellen Dialogs, Wissenschaftliche Buchgesellschaft, S. 120-140

3.2 Kommunikationspolitik

Tilman Segler

3.2.1 Einleitung 304

3.2.2 Die Kommunikationspolitik als Teil des Marketing-Mix 305

3.2.3 Die Kommunikationsstrategie 311
    3.2.3.1 Corporate Identity 311
        3.2.3.1.1 Corporate Culture 312
        3.2.3.1.2 Corporate Communication 314
        3.2.3.1.3 Corporate Design 314
    3.2.3.2 Dimensionen der strategischen Kommunikationsplanung 318

3.2.4 Einsatz der Kommunikationsinstrumente 319
    3.2.4.1 Klassische Werbung 320
    3.2.4.2 Direkt-Marketing 322
    3.2.4.3 Vertriebswegeförderung 322
    3.2.4.4 Messen und Ausstellungen 323
    3.2.4.5 Event-Marketing 324
    3.2.4.6 Multimedia-Kommunikation 324
    3.2.4.7 Sponsoring 325
    3.2.4.8 Product Placement 325
    3.2.4.9 Public Relations 326

3.2.5 Interne Kommunikation 326

Literaturverzeichnis 329

Prof. Dr. Tilman Segler, Jahrgang 1954. Studium der Betriebswirtschaftslehre in Mannheim. Geschäftsführer eines mittelständischen Unternehmens des Spezialmaschinenbaus. 1988-1991 Interne Unternehmensberatung BASF AG. 1992 bis 2000 Professur für internationales Marketing und Organisation im Studiengang International Business Administration an der FH Wiesbaden. Partner bei der Unternehmensberatung Management Partner GmbH, Stuttgart. Zahlreiche Beratungsprojekte in den Bereichen Strategie, Marketing, Organisationsstruktur und unternehmensinterne Kommunikation.

3.2.1 Einleitung

Die folgenden Ausführungen können auf Grund des beschränkten Platzes nicht detailliert auf sämtliche Aspekte der Kommunikationspolitik international tätiger Touristik-Unternehmen eingehen. Stattdessen beschränkt sich dieser Beitrag darauf, eine Gesamtübersicht zu geben und einzelne Aspekte wie die Corporate Identity und die interne Kommunikation hervorzuheben, die in der vorhandenen Literatur bislang zu kurz kamen. Bei Aspekten, die hier nur erwähnt, aber nicht vertieft werden können, wie etwa die verhaltenswissenschaftlichen Grundlagen der Kommunikation, die Mediaselektion, die Werbeerfolgskontrolle und die Werbebudgetierung wird auf geeignete Literatur hingewiesen. Darstellungen der Kommunikationspolitik allgemein finden sich bspw. in Bruhn 1997a, Meffert 2000, S. 678-845 und Pradel 2001. Zur Einarbeitung in das Thema „Kommunikationspolitik im internationalen Tourismusmarketing" empfiehlt sich die Lektüre von Althof 2000, S. 319-348; Dettmer 1999, S. 262-497; Freyer 2000, S. 528-616; Goeldner/Ritchie/McIntosh 2000, S. 619-673; Pompl 1996 und Rudolph 1999, S. 305 ff.

Die folgenden Ausführungen sind notwendigerweise abstrakt, da sie für international tätige Touristikunternehmen allgemein gelten sollen. Die Abstraktion hat den Vorteil, allgemein gültige Grundmuster und Wirkungszusammenhänge zu erkennen, die eine Anwendung auf jeweils unterschiedlich gelagerte Praxisprobleme erst möglich machen. Ohne Praxisbeispiele bleibt jede betriebswirtschaftliche Theorie jedoch blutleer. Als praktisches Beispiel, das die Theorie lebendig werden lässt, soll in diesem Kapitel die Preussag AG dienen (zur Beschreibung der Preussag siehe die Kapitel 1.3 von Freyer sowie 2.1 von Mundt in diesem Buch).

Die Preussag ist heute weltweit die Nummer Eins der Touristikbranche. Unter der Überschrift „Ein Lächeln wird zum gemeinsamen Qualitätssiegel" erklärt die Preussag auf ihrer Homepage: „World of TUI gibt unseren Touristikmarken ein international erkennbares Gesicht. Damit bleibt die Vielfalt unserer touristischen Marken erhalten – und gleichzeitig schaffen wir eine weltweit sichtbare Klammer, ein gemeinsames Qualitätssiegel, das es so im Reisemarkt noch nicht gegeben hat. Dazu haben wir als neues Erkennungszeichen ein Lächeln gewählt, da Lächeln eine der wenigen Ausdrucksformen ist, die weltweit und kulturübergreifend gleich verstanden wird. Darüber bringt es unsere Mission „Putting a smile on people`s face" auf den Punkt. Es ist unser Anspruch, das beste Touristikunternehmen der Welt zu sein – ein ehrgeiziges Ziel. Unsere Vision, den Urlaub unserer Kunden zum schönsten Erlebnis des Jahres zu machen, wird mit der World of TUI sichtbar und erlebbar gemacht" (ebd.). TUI hat sich für eine internationale Dachmarke und dem entsprechend für eine kulturübergreifende Kommunikation entschieden. Diese Kommunikationsstrategie dient der Umsetzung einer Marketingstrategie der Globalisierung.

In wie weit die Kommunikation in ihren Inhalten international einheitlich oder kulturell differenziert zu gestalten ist, hängt ab von der jeweils gewählten Internationalisierungsstrategie. Neben der Globalisierung kommen alternativ die ethno-, die poly- und die regiozentrische Strategie in Frage. Auf die unterschiedliche Ausgestaltung des Marketings und der Organisationsstruktur in Abhängigkeit von der gewählten Internationalisierungsstrategie kann hier aus Platzgründen nicht eingegangen werden (siehe hierzu die Ausführungen von Mundt, Freyer und Lieb in diesem Buch).

3.2.2 Die Kommunikationspolitik als Teil des Marketing-Mix

Am weitesten verbreitet ist die Einteilung des Marketing-Mix in vier Bereiche, die in Anlehnung an den englischen Sprachgebrauch auch als die 4 P's im Marketing bezeichnet werden: Produktpolitik, Preispolitik, Vertriebspolitik und Kommunikationspolitik. Teilweise wird für das Tourismusmarketing eine Erweiterung der 4 P's um weitere neun eigenständige „P's" empfohlen (Morrison 1989, S. 175). Die Erweiterungen sind von der Systematik nicht notwendig, lenken jedoch das Augenmerk auf Unterschiede zwischen dem Tourismus- und dem Sachgütermarketing, die für die Kommunikationspolitik von praktischer Bedeutung sind. Die 9 P's lassen sich mit Freyer (2000, S. 415-419) wie folgt zusammenfassen:

- **Positioning** (Positionierung) ist die Auswahl einer Soll-Position in Bezug auf kaufentscheidende Merkmale, die mein Unternehmen bzw. mein Angebot im Vergleich zum Wettbewerb im Markt einnehmen will, einschließlich der Maßnahmen die die Ist- mit der Soll-Position zur Deckung zu bringen.
- **Packages:** Viele touristische Dienstleistungen, wie die Pauschalreise bestehen aus einem Leistungspaket, das der Reiseveranstalter aus Teilleistungen verschiedener Hersteller zusammenstellt. Durch den günstigen Einkauf großer Mengen von Teilleistungen, die auch in unterschiedlicher Zusammenstellung zu unterschiedlichen Paketen zusammengefasst werden können, ergeben sich günstige Herstellkosten. Die Kunst besteht darin, die richtigen Pakete zu schnüren d. h. Pakete, die attraktive Teilleistungen enthalten, die einzeln gebucht in der Summe teurer oder gar nicht erhältlich sind.
- **Programming** (Programmgestaltung) bezeichnet das Erstellen von Angebots- und Veranstaltungsprogrammen über das Reisepaket hinaus, vom Menu im Restaurant über das Sport- und Fitnessangebot bis hin zum Ausflugsprogramm.
- **Physical evidence** (Ausstattungspolitik): Das physische Erscheinungsbild des Leistungsangebotes spielt im Tourismusmarketing aus zwei Gründen eine herausragende Rolle. Zum ersten legen Touristen großen Wert auf beeindruckende, neue und **anmutende Umgebung**. Diese wird wesentlich geprägt von den geographischen Gegebenheiten, wie Klima, Landschaft, Fauna und Flora. Auch die Architektur eines Gebäudes bspw. eines Hotels oder einer Clubanlage, Größe und Farbe der Räume, die Möblierung aber auch die Geräusche (Lärm, Hintergrundmusik, Gespräche anderer Kunden), Licht, Luft und Raumdekoration prägen die Atmosphäre. Große Bedeutung kommt auch dem Alter, der Modernität und dem Zustand der technischen Einrichtungen insbesondere der Transportmittel (Flugzeug, Bus, Schiff) zu. Im Grunde können im Tourismus alle Äußerlichkeiten einen Einfluss auf das Kundenurteil haben, bspw. auch die Arbeitsmittel, wie Datenverarbeitungs- und Kommunikationsgeräte, Präsentationshilfen für Kataloge; das Aussehen der Mitarbeiter (Kleidung, Alter, körperliche Gepflegtheit); Symbole wie Lizenzurkunden (*IATA*), Mitgliedschaften (*DRV, ASR, PATA*) und

Auszeichnungen, aber auch Ordnung im Geschäftslokal und auf dem Schreibtisch sowie die Gestaltung des Schaufensters" (Pompl 1996, S. 53f.). Zweitens haben Tourismusdienstleistungen **Vertrauensgutcharakter**, da sich ihre Qualität vor dem Kauf nicht prüfen sondern nur vermuten lässt. Diese Vermutung stützt sich auf Objekte aller Art und ihre audiovisuellen Abbilder sowie deren sensorische Eigenschaften nach dem Motto „You get what you see". Zu den Möglichkeiten und zur Bedeutung der Technik und der physischen Ausstattung im Tourismus empfiehlt sich die Lektüre von Kuom/Gaßner/Oertel 1999.

- **Power** beinhaltet den gezielten Aufbau von Macht auf ausgewählten Beschaffungs- und Absatzmärkten, um die eigene Position abzusichern. Bspw. verhindert der Abschluss von Exklusivverträgen mit sämtlichen Hotels der Luxuskategorie in einer bestimmten Region (bspw. einer Karibikinsel) schlichtweg den Markteintritt des Wettbewerbs.

- **Participation and People:** Die **Qualität einer touristischen Dienstleistung** wird in starkem Maße durch die Mitwirkung von anderen Menschen bestimmt. Wesentlich ist erstens die Freundlichkeit, die Qualifikation, das Auftreten und das Erscheinungsbild des Service- und Verkaufspersonals und damit des überwiegenden Teils der Mitarbeiter. Das bedeutet, dass der gesamten **Personalpolitik** eines Touristikunternehmens eine das Marketing unterstützende Funktion zukommt. Die richtige Auswahl, Ausbildung und Motivation der Mitarbeiter ist eine notwendige Bedingung für ein erfolgreiches Marketing. Zweitens wird fast jeder Tourist im Konsum der jeweiligen Tourismusdienstleitung durch Mitreisende oder andere Konsumenten beeinflusst. „You are affected by the people who go on the same holidays as you", bspw. bei einem Club-Urlaub (Freyer 2000, S. 416). Drittens treffen Touristen mit den Bewohnern der Reiseländer zusammen. Die kommunikativen Wirkungen dieser drei Faktoren liegen auf der Hand.

- **Partnership** (Partnerschaft und Kooperationen) bedeutet die Zusammenarbeit zwischen Unternehmen in der vertikalen Wertschöpfungskette (bspw. zwischen Airline, Hotel und Reiseveranstalter) oder auch horizontal auf der gleichen Marktstufe (bspw. Allianzen zwischen Luftverkehrsgesellschaften) mit dem Ziel, Power zu akkumulieren und den Verkauf zu fördern.

- **Public** bezeichnet die Instrumentalisierung der Öffentlichkeit für Zwecke des Tourismusmarketings. Die Berichterstattung der Medien über ein Touristikunternehmen, ein neues Reiseziel oder ein neues Reiseangebot ist wirkungsvoll und im Allgemeinen nahezu kostenlos.

- **Process** (Prozesspolitik): Das Marketing touristischer Dienstleistungen ist weniger auf einen Zeitpunkt als vielmehr auf einen längeren Zeitraum auszurichten, der die Phasen **Vorkaufsphase**, **Kauf- und Leistungsphase** und **Nachleistungsphase** beinhaltet.

Positioning, Packages, Programming, Physical evidence und Power sind vornehmlich Aufgaben der Produkt- und Programmpolitik. Partnership ist dem Aufgabenbereich des Vertriebs, also der Distribution zuzurechnen. Participation and People betrifft sowohl die Produkt- als auch die Kommunikationspolitik. Und Public ist Teil der Öffentlichkeitsarbeit oder Public Relations und damit Aufgabe der Kommunikationspolitik. Process stellt die Tatsache in den Mittelpunkt, dass das **Tourismusmarketing** in vielen Fällen ein **über längere Zeiträume** wirkender und **dynamischer Prozess** mit den Phasen Vorkaufsphase, Kauf- und Leistungsphase sowie Nachleistungsphase ist. Dies ist eine wichtige Randbedingung, die allerdings auch für viele andere Verkaufs- und Kommunikationsprozesse im Dienstleistungs- und Investitionsgütermarketing zutrifft.

Die Kommunikationspolitik ist Teil eines umfassenden **Marketingplanungsprozesses**, der mit einer **Situationsanalyse** beginnt. Diese umfasst eine kurze Charakteristik der derzeitigen und geplanten Leistungen, sowie eine Analyse der **Nachfrage**, der **Anforderungen der Abnehmer** und der **Wettbewerbssituation**. Im nächsten Schritt erfolgt die Ziel- und Strategiebestimmung. Dabei werden zunächst die generellen Ziele festgelegt. Danach sollten alternative Strategien aufgezeigt und bewertet werden, um sich dann für eine Strategie zu entscheiden. Die gewählte Strategie sollte dann konkret beschrieben werden, indem mindestens folgende Fragen beantwortet werden:

- Welche **Quell- und Zielmärkte**/-segmente wollen wir zukünftig bearbeiten? Ein Segment ist dabei definiert durch die Festlegung, welche Leistungen für welche Kundengruppen erbracht werden sollen.
- Welche **Markt-, Positionierungs- und Produktziele** wollen wir (top-down) bzw. können wir (bottom-up) in diesen Segmenten erreichen?
- Mit welchen **Prioritäten** setzen wir die Marketing-Instrumente zur Erreichung dieser Ziele ein (Kernpunkte des Marketing-Mix)?

In der **Maßnahmenplanung** gilt es, die in der Marketing-Strategie grob festgelegten Marketing-Ziele in konkrete Maßnahmen umzusetzen sowie die Kosten für diese Maßnahmen zu budgetieren und zu überwachen. Die Maßnahmenplanung für die Kommunikationspolitik beginnt mit der Formulierung messbarer Kommunikationsziele, die aus den übergeordneten Marketingzielen der Marketingstrategie abgeleitet werden. Im Tourismusmarketing empfiehlt es sich auf Grund der großen Endverbrauchernähe nicht nur den Marktanteil, den Absatz, Umsatz und das Ergebnis als Marktziele vorzugeben, sondern auch andere Ziele wie **Bekanntheitsgrad**, **Einstellung zum Produkt**, **Produktimage**, **Distributionsgrad** oder **Wiederkaufsrate** vorzugeben. Die Ziele sollten möglichst genau und nach zeitlichen Realisierungsstufen konkretisiert festgelegt werden.

Die Festlegung der Kommunikationsziele ist von größter Bedeutung, weil ohne sie keine effektive Koordination, Steuerung, Kontrolle und Motivation möglich ist. Die Kommunikationsziele müssen nach Inhalt, Ausmaß, Zeit- und Segmentbezug festgelegt werden, bspw.: Der gestützte Bekanntheitsgrad der „Familien-Club-Reisen" vom Typ X soll im Quellmarkt Süddeutschland in der Zielgruppe (Eltern mit Kindern im Alter von 3 bis 16 Jahren) von heute 18% innerhalb der nächsten drei Monate auf 40% ansteigen. Ein unabdingbares Merkmal von Kommunikationszielen ist der **Segmentbezug**, also die genaue Beschreibung der Teilmärkte und Zielgruppen für die einzelnen Ziele. Eine wirkungsvolle Ansprache derart abgegrenzter Zielgruppen erfordert zugleich detaillierte Zielgruppenbeschreibungen anhand geeigneter Merkmale. Zu diesen zählen z. B. **soziodemographische Merkmale** (Alter, Geschlecht, familiärer Status, Einkommen, Beruf etc.), **geographische Merkmale** (z. B. Ortsgröße, Bundesland, Nielsengebiet), **Konsummerkmale** (bevorzugte Reise- und Urlaubsarten, bevorzugte Zielländer), **Merkmale der Beeinflussung der Reiseentscheidung durch Dritte** (Meinungsführerschaft, Medianutzungsverhalten, Buchungsverhalten) und **psychologische Merkmale** (z. B. Einstellungen, Motive, Werte) (Meffert 2000, S. 683). Welche Merkmale wichtig sind, hängt letztlich von Art und Ausmaß ihrer Beziehung zum Informations- und Kaufverhalten ab. „Die Merkmale der unterschiedlichen Zielgruppen geben konkrete Hinweise für die weitere Planung der Kommunikationsaktivitäten wie bspw. Botschaftsgestaltung und Mediaselektion" und bilden den Ausgangspunkt für die Formulierung der Kommunikationsstrategie (Meffert 2000, S. 683).

Eine kumulierte Wirkung kommunikativer Maßnahmen in einer Zielgruppe ergibt sich durch die Überlagerung verschiedener kommunikativer Beeinflussungen von verschiedenen Sendern, etwa der Kommunikation des eigenen Unternehmens, des Wettbewerbs, der Zielländer, der Verbraucherorganisationen und durch Presse, Funk und Fernsehen. Je vielfältiger das Leistungsprogramm eines Unternehmens und je heterogener die Zielgruppen, desto komplexer sind die Überlagerungen (**spill over**) und damit auch mögliche **Widersprüche** zwischen den kommunikativen Wirkungen. So gesehen ist die Kommunikationspolitik für einen Anbieter von Studentenreisen oder für einen Spezialveranstalter von archäologischen Studienreisen nach Ägypten bedeutend einfacher, als für einen international tätigen Touristikkonzern wie die *Preussag AG*. Andererseits ergeben sich für einen Touristikkonzern in der Kommunikationspolitik sowohl quantitativ als auch qualitativ Potentiale in der Realisierung von Synergien und **Economies of scale** auf allen **Wertschöpfungsstufen** und in allen Unternehmensfunktionen, die weit über die eines kleineren oder mittleren Anbieters hinausgehen. Zu der geschilderten hohen Komplexität kommt erschwerend hinzu, dass kommunikative Maßnahmen nicht nur unmittelbar wirken, sondern immer auch mit einer **zeitlichen Verzögerung**.

Einem umfassenden Verständnis des Begriffs „Kommunikation" entspricht die Bandbreite möglicher Instrumente des Kommunikations-Mixes:

1. Mit der **klassischen Werbung** wird durch den Einsatz von Massenkommunikationsmitteln (Kataloge, Plakate, Funk- und Fernsehwerbung) versucht, Einstellungen und Verhalten von potentiellen Kunden oder von Kunden dauerhaft so zu beeinflussen, dass sich die Kaufrate oder die Wiederkaufrate erhöht.
2. Das **Direkt-Marketing** zielt immer auf den individuellen Kontakt zu einzeln identifizierbaren Konsumenten.
3. Die **Vertriebswegeförderung** umfasst alle kommunikativen Maßnahmen, die das konkrete Umfeld des Verkaufs oft in direkter räumlicher und zeitlicher Nähe zum Verkauf fördern und verbessern.
4. Das Instrument der **Messe und Ausstellung** beinhaltet Veranstaltungen, die in regelmäßigem Turnus stattfinden und auf denen eine große Zahl direkt oder indirekt mitein-

ander konkurrierender Anbieter einer Branche oder mehrerer oft thematisch verwandter Branchen ein umfassendes Angebot präsentieren.
5. Unter **Event-Marketing** wird die erlebnisorientierte Inszenierung von firmen- oder produktbezogenen Ereignissen sowie deren Planung, Organisation, Durchführung und Kontrolle verstanden, soweit Marketinggesichtspunkte im Vordergrund stehen.
6. Die **Multimedia-Kommunikation** ist gekennzeichnet durch den Einsatz verschiedener elektronischer Medien, die miteinander verknüpft und rechnergesteuert und integriert eingesetzt werden, sowie die Möglichkeit einer interaktiven Benutzung bieten.
7. **Sponsoring** ist die gezielte Förderung von Organisationen, Einrichtungen, Personen und Maßnahmen in Kultur-, Sport-, Sozial- und anderen Bereichen durch ein Unternehmen mit dem Ziel, eine positive Kommunikationswirkung zu erreichen.
8. Im **Product Placement** werden gezielt und gegen Entgelt bestimmte Produkte, Produktnamen oder Gegenstände als reale Requisite in Kino- oder Fernseh-Filmen verwendet.
9. Die **Öffentlichkeitsarbeit** beinhaltet die planmäßige Gestaltung der Beziehungen zwischen dem Unternehmen und der üblicherweise nach Anspruchsgruppen gegliederten, am Unternehmen interessierten oder für das Unternehmen interessanten Öffentlichkeit.
10. Die **interne Kommunikation** oder die **Mitarbeiter-Kommunikation** umfasst alle Maßnahmen der Information und der kommunikativen Beeinflussung der Mitarbeiter allgemein oder von bestimmten Mitarbeitergruppen.

Bei der dargestellten Vielfalt der Instrumente stellt sich dem für die Kommunikationspolitik Verantwortlichen die Frage, welche Instrumente konkret ausgewählt werden. Die Lösung dieses Entscheidungsproblems kann auch als Beantwortung folgender Fragen beschrieben werden (Meffert 2000, S. 685 f.): Wer (Unternehmung, Unternehmenseinheit, Kommunikationstreibender), sagt was (Kommunikationsinhalt und -botschaft), unter welchen Bedingungen (Umfeldsituation, Ergebnisse der Situationsanalyse), wann (Zeitplan), über welche Kanäle (Medien, Kommunikationsträger), zu wem (Zielgruppe, Empfänger), bei welchen spill over-Effekten, mit welchen Wirkungen (Kommunikationserfolg)?

Der Kommunikationsinhalt kann entweder schwerpunktmäßig **informierende Funktion** oder **beeinflussende** oder **bestätigende** Funktion haben. Informiert wird über Leistungen, Konditionen und Erhältlichkeit mit dem Ziel, den Bekanntheitsgrad in der Zielgruppe zu erhöhen und dem Konsumenten Kaufalternativen aufzuzeigen. Schwieriger, aber von größter Bedeutung ist es, Einstellungen, Präferenzen oder das Markenbewusstsein so zu beeinflussen, dass aus potentiellen Kunden Käufer werden. Bestätigende Kommunikation hat die Aufgabe, mögliche **Nachkaufdissonanzen** des Käufers zu reduzieren, indem Inhalte kommuniziert werden, die dem Käufer helfen, die getroffene Reiseentscheidung nachträglich als richtig zu empfinden. Des Weiteren ist es sinnvoll, zwei Möglichkeiten von Kommunikation zu unterscheiden: Die einstufige Kommunikation, bei der sich eine direkte Beziehung zwischen Sender und Empfänger ergibt und die mehrstufige Kommunikation, bei der sich auf Grund dazwischen geschalteter Elemente nur eine indirekte Beziehung zwischen Sender und Empfänger ergibt. **Einstufige Kommunikation** liegt vor, wenn Konsumenten durch Kataloge oder über Massenmedien oder durch Maßnahmen des Direct-Marketing oder der Vertriebsförderung direkt angesprochen werden. Viele Kommunikationsprozesse laufen **mehr-**

stufig ab. Eine bewusste Zwei-Stufen-Strategie besteht darin, in der ersten Stufe Meinungsführer anzusprechen, die dann in der zweiten Stufe zu Kommunikatoren werden, sei es durch Weitergabe von nützlichen Kommunikationsinhalten oder als Vorbilder durch die Inanspruchnahme einer touristischen Dienstleistung, über die sie dann berichten und die andere Personen imitieren.

Das Unternehmen bestimmt als „Kommunikationstreibender" auf der Grundlage der Situationsanalyse und der Marketingstrategie und -ziele konkrete Kommunikationsziele und die anzusprechenden Zielgruppen und leitet daraus die Kommunikationsstrategie ab. In der Kommunikationsstrategie wird zunächst festgelegt, welche Kommunikationsinstrumente eingesetzt werden sollen. Sodann gilt es für die einzelnen Zielgruppen, die erreicht werden sollen, **Teilbudgets** zu ermitteln, die dann in der Summe das **Kommunikationsbudget** ergeben. Danach ist entsprechend der vorgegebenen Ziele und Strategien über die Gestaltung der Kommunikationsbotschaft zu entscheiden. Hierbei wird substantiell auf Erkenntnisse und **Gestaltungsprinzipien** der Markt-, Kommunikations- und Werbepsychologie zurückgegriffen, die hier aus Platzgründen nicht behandelt werden (siehe Kroeber-Riel/Weinberg 1999). Im nächsten Schritt, der **Mediaselektion**, geht es um die Auswahl der richtigen Medien, damit eine bestimmte geplante Reichweite in der anvisierten Zielgruppe erreicht werden und das vorgegebene Budget in seiner Wirkung maximiert werden kann. Auch auf dieses Thema kann hier nicht eingegangen werden (siehe dazu Bruhn 1997). Abschließend ist festzulegen, wie die Kommunikationswirkung gemessen werden soll.

Eine gravierende Abweichung von Soll- und Ist-Zustand muss zur Überprüfung und Anpassung der Kommunikationsstrategie und der nachfolgenden Schritte führen. Der gesamte Planungsprozess verläuft nicht sukzessiv, ein Schritt streng nach dem anderen, sondern muss auf Grund der vielfältigen Wechselwirkungen simultan und integriert erfolgen. Dem Verständnis des Begriffs „integrierte Unternehmenskommunikation" folgend muss die Integration der Kommunikationsaktivitäten dabei in formaler, zeitlicher und inhaltlicher Hinsicht erfolgen. Die formale Integration erfolgt durch die Verwendung einheitlicher Gestaltungsprinzipien in den verschiedenen Kommunikationsmitteln. Bei der zeitlichen Integration ist auf den koordinierten Einsatz der Kommunikationsmittel und -etats zu achten. Herausragende Bedeutung hat die inhaltliche Integration, bei der die Kommunikationsmittel thematisch aufeinander abgestimmt werden müssen. Bei der inhaltlichen Abstimmung insbesondere international und auf mehreren Wertschöpfungs- bzw. Marktstufen tätiger Tourismus-Unternehmen sollte wiederum sorgfältig unterschieden werden zwischen instrumenteller, horizontaler, vertikaler und funktionaler Integration.

Als Beispiel mag man sich den Touristik-Konzern der *Preussag AG* vor Augen halten. Bei der **instrumentellen Integration** werden die verschiedenen Kommunikationsmaßnahmen und -instrumente auf Wirkungsüberschneidungen geprüft, aufeinander abgestimmt und miteinander verknüpft bspw. Maßnahmen des Direct-Marketing mit der Werbung und der Verkaufsförderung. Bei der **horizontalen Integration** werden alle Maßnahmen, die auf die gleiche Zielgruppe oder Marktstufe zielen auf einander abgestimmt bspw. alle Maßnahmen auf der Stufe der Reisebüros oder der Zielgebietsagenturen oder der Reisekäufer. Im Gegensatz dazu kümmert sich die **vertikale Integration** um die Durchgängigkeit der kommunikativen Ansprache über die verschiedenen Wertschöpfungsstufen und Zielgruppen bspw. der neuen Marke „*World of TUI*" über fünf Wertschöpfungsstufen vom Reiseveranstalter über den Vertrieb, die Fluglinie, die Zielgebietsagentur bis zum Hotel. Die **funktionale Integration** soll sicherstellen, dass die verschiedenen Maßnahmen mögliche gewünschte Funktionen wie etwa Kundenbindung und Wiederkauf, Zielgruppenerweiterung oder trading up erfüllen.

3.2.3 Die Kommunikationsstrategie

Der erste Schritt der Formulierung der Kommunikationsstrategie besteht in der Festlegung der Corporate Identity (CI). Die CI bildet den **Ausgangs- und Orientierungspunkt** für die Koordination aller Kommunikationsziele und -aktivitäten eines Unternehmens. Nach der Festlegung der CI ist es sinnvoll, einige Grundsatzentscheidungen über die Dimensionen der strategischen Kommunikationsplanung zu treffen. Danach geht es in die strategische Feinarbeit, in der die Kommunikations-Strategien zur Vermarktung einzelner Leistungen und für einzelne Zielgruppen festgelegt werden.

3.2.3.1 Corporate Identity

Unter Corporate Identity verstehen wir ein ganzheitliches Strategiekonzept, das alle nach innen und außen gerichteten Interaktionsprozesse steuert und sämtliche Kommunikationsziele, -strategien und -aktionen einer Unternehmung unter einem einheitlichen Dach integriert (Meffert 2000, S. 706). Dabei wird die CI „als strategisch geplanter und operativ gesteuerter, iterativer Planungsprozess verstanden, der das Erscheinungsbild, die Verhaltensweisen und die kommunikativen Aktivitäten des Unternehmens im Innen- und Außenverhältnis unter einer einheitlichen Konzeption koordiniert. Dies beinhaltet die Analyse der Ist-Identität, den Entwurf der Soll-Identität, die Festlegung und Realisation der CI-Strategie bzw. -Maßnahmen sowie der CI-Kontrolle und -Anpassung. Eine erfolgreiche CI-Konzeption verfolgt insbesondere den Zweck der Verbesserung des gesamten Unternehmensimages sowie der Darstellung eines einheitlichen Erscheinungsbildes nach außen. Dadurch kann in Bezug auf die externen Zielgruppen eine Erhöhung der Wiedererkennung des Unternehmens erfolgen und intern eine Verbesserung der Mitarbeiter-Identifikation und -Motivation erreicht werden. Es wird angestrebt, die Divergenz zwischen der Unternehmenswirklichkeit und dem Bild bei den verschiedenen Teilöffentlichkeiten abzubauen. Damit soll das Vertrauen der Teilöffentlichkeiten (Arbeitnehmer, Gewerkschaften, Anteilseigner, Kapitalgeber, gesellschaftliche Gruppierungen etc.) in die Unternehmung gesteigert werden" (ebd.)

Wie dies gelingen kann, zeigen bspw. Unternehmen wie *Vodafone*, *McKinsey* und *Microsoft*, bei denen eine starke CI einen wichtigen Beitrag zum Erfolg des Unternehmens leistet. Problematisch wird die Frage der einheitlichen Identität bei Unternehmen, die parallel mehrere Markenidentitäten unter ihrem Dach beheimaten. So vereint die *Preussag AG* im Kerngeschäftsfeld Touristik rund 50 starke Marken auf den Marktstufen Reisebüros, Reiseveranstalter, Lufttransport, Zielgebietsagentur sowie der Hotels. Diese Markenvielfalt unter einem

Dach ist die Folge der Strategie, durch zahlreiche Zukäufe zum Marktführer aufzusteigen und einen vollintegrierten und in den wichtigsten europäischen Quell- sowie Zielländern führend tätigen Touristik-Konzern zu schaffen. Die *Preussag AG* hat im August 2001 *„World of TUI"* als Dachmarke ausgerufen und angekündigt, auf der Hauptversammlung 2002 den Namen in TUI zu ändern. In Verbindung mit der neuen Dachmarke wurde eine neue CI beschlossen, die eine integriertes Marketing und damit auch eine integrierte Kommunikation zulässt. Die Dachmarke ist die Voraussetzung für eine stärkere vertikale und horizontale Integration der verschiedenen Unternehmen und Funktionen im Konzern und bietet die Chance, erhebliche economies of scale zu realisieren und die Kapazitäten besser auszulasten.

Diese Chancen bietet auch das integrierte Kommunikationskonzept der *Preussag*. Eine integrierte Kommunikation kann den Wirkungsgrad der Kommunikation bei gleichem Budget erheblich verbessern, weil die Streuverluste abnehmen und jede Werbung für die Dachmarke eine Werbung für alle Leistungen des Konzerns bringt. Ein Nachteil der neuen CI der *TUI* besteht darin, dass die **immateriellen Firmenwerte** der bestehenden alten Marken erodieren. Die genannten 50 Marken haben in ihren Stammländern in der Regel einen hohen Bekanntheitsgrad, ein gutes bis sehr gutes Image und viele Stammkunden. Es besteht die Gefahr, dass dieses wertvolle Kapital durch die neue Dachmarke entwertet wird. Erschwerend kommt hinzu, dass die genannten Einzelmarken teilweise unterschiedlich im jeweiligen Markt positioniert sind und ausgewählte Zielgruppen ansprechen. Die Kunst muss also darin bestehen, den Wert der alten Marken zu bewahren und zugleich die gemeinsame Dachmarke durch eine geeignete CI als gemeinsames Band zu etablieren. Bei der Festlegung seiner CI muss das Unternehmen seine charakteristischen Eigenschaften in einem Leitbild des Unternehmens niederlegen. Dieses Leitbild ist dann für alle Tochtergesellschaften, alle Aktivitäten und alle Mitarbeiter verbindlich. Eine CI besteht aus drei Elementen, der Corporate Culture, dem Corporate Design und der Corporate Communication.

3.2.3.1.1 Corporate Culture

Bestandteil der (Soll-)Corporate-Culture sind die Unternehmensvision, die Mission (Leitbild) und die Values (Werte), die in der Regel schriftlich niedergelegt und von der Corporate Communication bekannt gemacht werden. Die Vision der TUI lautet bspw.: *„World of TUI is the most beautiful time of the year"*. Die Mission heißt: „Putting a smile on people`s faces". Die Values heißen:

1. „1. Opening Doors: Jede Reise beginnt mit dem Öffnen einer Tür. Offene Türen laden ein zum Eintreten, Schauen und Entdecken. Vielleicht sehen die Dinge dahinter ja ganz anders aus? Offene Türen versprechen Freiheit. Bislang ungedachte Möglichkeiten. Vielleicht sogar ein Stück Abenteuer.
2. 2. Going Beyond: Wer erfolgreich sein will, muss nicht nur wissen, wie es geht. Sondern auch wollen, dass es geht. Neuland mit Neugier begegnen – das ist unser Anspruch auf dem Weg zu weiterem Erfolg. Mit einmal gesteckten Zielen geben wir uns

nicht zufrieden. Wir wollen die Grenzen neu definieren und neue Qualitätsmaßstäbe setzen.
3. 3. Enjoying Life: Wer sich keine Zeit nimmt für die schönen Dinge des Lebens, wird sie nicht erleben. Erfolg kommt nicht von ungefähr. Aber auch die schönen Dinge im Leben wollen erschlossen werden. Freude hat sich jeder verdient. Was wäre das Leben ohne?" (vgl. TUI 2002).

Die Ist-Corporate Culture ist die Summe aller Werte der Mitarbeiter eines Unternehmens und bildet die normative Basis für alle Aktivitäten eines Unternehmens. Der Wert der Unternehmenskultur besteht in der **verhaltenssteuernden Wirkung**. Die richtige Unternehmenskultur zu haben, ist also kein „nice to have", eine jener Maßnahmen, die sich ein Unternehmen in Zeiten des Überflusses leisten kann, sondern ein Muss, das durch seine positive verhaltenssteuernde Wirkung die Kosten senkt und die Erträge steigen lässt. Über die Unternehmenskultur kann nämlich das Verhalten der Mitarbeiter für die vielen Situationen gesteuert werden, in denen es viel zu aufwendig wäre, adäquates Verhalten konkret im Detail, etwa über Verfahrensrichtlinien, festzulegen. Welche Art von Verhalten die Mitarbeiter in diesen Situationen zeigen, ob und wie sie bspw. Kundenorientierung oder Teamarbeit praktizieren, hängt von der jeweiligen **verinnerlichten Unternehmenskultur** ab. Wenn wir von **Unternehmenskultur** sprechen, meinen wir die bei der großen Mehrheit der Mitarbeiter typischerweise vorzufindende und **als legitim akzeptierte Ist-Kultur**. Diese wird durch bestimmte Rituale und Symbole weitergegeben und verdeutlicht. Die Aufgabe der Unternehmensleitung besteht darin, aktives **Kulturmanagement** zu betreiben. Konkret heißt dies:

- In möglichst weitgehendem Konsens unter Beteiligung der Mitarbeiter eine Soll-Kultur festzulegen und dafür zu sorgen, dass ein klares Bild der vom Unternehmen anzustrebenden Soll-Kultur besteht.
- Über geeignete Kommunikationsmittel transparent zu machen, wie die Ist-Kultur im Unternehmen aussieht.
- Diese Ist-Kultur in Richtung der angestrebten Soll-Kultur zu entwickeln.

Die von der Kultur vermittelten allgemeinen Werte und Normen müssen in der Mitarbeiterführung tagtäglich ihre praktische Umsetzung erfahren. Wo dies die Führungskräfte nicht leisten, verliert die Unternehmenskultur ihre Leitfunktion. Wenn bspw. Serviceorientierung und Engagement als Leitwerte gepredigt werden, die Führungskräfte dies aber nicht vorleben, dann sind die Leitlinien für die Mitarbeiter nicht glaubhaft und wenig wert (Karst/Segler/Gruber 1999). Teilweise wird in diesem Zusammenhang auch der Begriff „Corporate Behavior" verwendet. Freyer bspw. sagt, dass sich der Begriff Corporate Behavior auf die – abgestimmten und einheitlichen – Verhaltensweisen einer Organisation bezieht. „Es drückt die Umsetzung der Unternehmensgrundsätze in Handlungen aus. Es beinhaltet gewisse Grundsätze und Werte, nach denen gehandelt wird, z. B. ‚der Gast ist König'" (Freyer 2000, S. 350). Das **Mitarbeiterverhalten** ist einer der wesentlichen Erfolgsfaktoren für ein Unternehmen. Im Tourismus gilt dies in besonderem Maße. Das Mitarbeiterverhalten in Unternehmen lässt sich durch vier Faktoren mehr oder weniger **beeinflussen**. Im Vordergrund steht erstens die **Organisationsstruktur**, die mit der Art und dem Ausmaß der Arbeitsteilung unterschiedliche Stellen festlegt wobei der dadurch entstehende Koordinationsbedarf durch Koordinationsinstrumente wie persönliche Weisung, Selbstabstimmung, Pläne und Verfahrensrichtlinien bewältigt werden soll. Dazu kommen Regeln der Delegation, der Formalisierung und die Gestaltung der Führungsstruktur. Verfahrensrichtlinien legen bspw. im Vorhinein fest wie ein Mitarbeiter sich zu verhalten hat, wenn eine bestimmte Situation eintritt, bspw. die von Meffert angeführte Kundenbeschwerde. Zweitens hat die **Verteilungsstruktur** einen erheblichen Einfluss auf das Verhalten von Mitarbeitern, also der Anteil der fixen Bezahlung am Einkommen und die Art der variablen Bezahlung, aber auch geldwerte Belohnungen bzw. Bestrafungen sowie immaterielle Anreize. Drittens haben die verinnerlichte Werte und Einstellungen, d. h. die **Ist-Kultur** einen erheblichen Einfluss auf das Verhalten und zwar gerade immer dann, wenn die Regeln der Organisationsstruktur nicht greifen oder die Incentives nicht wirken. Die richtige Corporate Culture sorgt auch ohne entsprechende Verfahrensrichtlinie und ohne dass Vorgesetzte kontrollierend dahinter stehen, dafür, dass die Mitarbeiter eigeninitiativ im Sinne der Unternehmensziele handeln. Mitarbeiter, die in einer führungslosen Situation über den richtigen „**Mind set**" verfügen, handeln in dessen Sinn. Dieses Verhalten, das die Mitarbeiter zeigen, wenn sie nicht durch die Organisationsstruktur oder Belohnungen geleitet werden, wollen wir **Corporate Behavior** nennen. Dabei ist klar, dass es ein Ist- und ein Soll-Corporate Behavior gibt, und das Problem darin besteht, dass in den meisten Unternehmen eine erhebliche Lücke zwischen beiden klafft. Viertens ist es die **Corporate Communication**, die das Verhalten der Mitarbeiter beeinflusst (zum Konzept der Unternehmenskultur und ihrer Verzahnung mit der Organisations- und Verteilungsstruktur siehe Karst/Segler/Gruber 1999).

3.2.3.1.2 Corporate Communication

Corporate Communication hat die Aufgabe, die angestrebte Unternehmensidentität durch den Einsatz geeigneter Kommunikationsmittel zu unterstützen. Dazu gehören zum einen die gesamte nach außen gerichtete Kommunikation, aber auch die interne Kommunikation. Die Corporate Communication hat im Sinne von integrierter Kommunikation die Aufgabe, Lücken zwischen der Soll- und der Ist-Corporate Identity zu ermitteln und Maßnahmen zu initiieren, die diese Lücke schließen.

3.2.3.1.3 Corporate Design

Am augenfälligsten ist und sollte sein das Corporate Design, d. h. das **äußere, optische** oder **visuelle Erscheinungsbild** einer Unternehmung. Es umfasst immer wiederkehrende, möglichst gleiche, optische oder akustische Elemente, die sich entsprechend im Bewusstsein der wahrnehmenden Personen festsetzen. Dazu gehören einheitliche Materialien, Farben, Schrifttypen, Zeichen, Raster, eine einheitliche Schrift und Typographie, ein Logo oder Signet, die auf Briefpapier, Visitenkarten, Katalogen, Werbeanzeigen, Plakaten, Kundenzeitschriften, Homepages, Souvenirs, Fahrzeugen, Flugzeugen, Gebäuden, Tickets – um nur einige Beispiele zu nennen – immer wiederkehren (Freyer 2000, S. 349). Die Funktion der **Einheitlichkeit** und der **Wiederholung** dieser Elemente liegt darin, dass das Design automatisch mit dem Unternehmen identifiziert wird. In der Regel versucht jedes Tourismus-

Unternehmen parallel dazu seine Vision, Mission und seine Values im Markt zu kommunizieren. Ziel ist letztendlich eine **zweifache Identifikation**: Das Unternehmen soll mit bestimmten Eigenschaften, einer bestimmten Persönlichkeit gleichgesetzt werden, wie bspw. „*World of TUI is the most beautiful time of the year*". Dann soll das Unternehmen über ein bestimmtes Corporate Design wiedererkannt und identifiziert werden. Im Endeffekt soll das Design bspw. das **Logo** ausreichen, um die gewünschten Eigenschaften zu assoziieren. Damit wird die Effektivität und Effizienz der Kommunikation erheblich gesteigert. Das Logo steht stellvertretend für ein ganzes Bündel von Eigenschaften und Assoziationen.

Entscheidend ist die Vermittlung der CI gegenüber den Endverbrauchern, den Leistungsträgern, den Vertriebswegen und den eigenen Mitarbeitern. Nur wenn sie die gleiche Sicht („Image") vom jeweiligen Tourismusanbieter haben, wie er sie wünscht, kann die Kommunikationspolitik als erfolgreich bezeichnet werden (Freyer 2000, S. 540). Zur Überprüfung ist in der Regel eine sog. **Image-Analyse** der Konsumentensichtweise notwendig. Images stehen als Synonym für „die vielfältigen **immateriellen Leistungseigenschaften**. Sie dienen als **Orientierung** am Markt und prägen das Verhalten des Verbrauchers" (ebd.). Ein positives Image hat einen positiven Einfluss auf die Kaufentscheidung und vice versa. Reiseentscheidungen sind in der Regel das Ergebnis sehr komplexer Entscheidungsprozesse. Aufgrund vieler nur **schwer objektivierbarer Entscheidungsmerkmale** kommt **subjektiven Faktoren** wie dem Image großes Gewicht zu. Die Entscheidungsprozesse sind schon deshalb komplex, weil unterschiedliche Images verschiedener Reisekomponenten in die Entscheidung eingehen, etwa das Image des Zielgebiets, des Reiseveranstalters, des Verkehrsmittels. Ein schlechtes Image einer Komponente kann einen Kunden letztlich von der Buchung der gesamten Reise abhalten (ebd.). Das Image einer Reise, eines Reiseveranstalters, einer Fluglinie oder eines Zielgebietes ist das **komprimierte Bild aller Assoziationen und Informationen**, die mit dieser Reise, diesem Reiseveranstalter, dieser Airline oder diesem Zielgebiet verknüpft sind (Kotler/Heider/Rein 1994, S. 179). Ein Image verbindet eine Fülle von Wahrnehmungen, Einstellungen und Beurteilungen zu einem Objekt zu einem Gesamtbild. Images im Tourismus beeinflussen das Kaufverhalten mindestens so stark wie im Konsumgüterbereich. Die Kommunikationspolitik könnte sich zum Ziel setzen, ein bestimmtes Image für eine Art von Reise aufzubauen.

Da sich Reisearten im Zeitablauf ändern und durch zusätzliche ergänzt werden und das Verkaufsvolumen einer Reiseart immer relativ begrenzt sein wird, ist es in der Regel unwirtschaftlich in das Image eines Produktes zu investieren. Es ist vielmehr sinnvoll eine **Marke** zu bilden und in das Image dieser Marke zu investieren. Neue Produkte, die dann mit der Marke versehen werden, profitieren dann vom aufgebauten **Goodwill**. Insofern können Aufwendungen für Kommunikation, die der Imagebildung einer Marke dienen als Investition in den Markt betrachtet werden. Für den Käufer erleichtern Marken die Meinungsbildung und fungieren als Wissensersatz. Damit entbinden Marken „von der unbequemen, komplizierten oder subjektiv unwichtigen, vernunftgesteuerten Urteilsbildung" (Mazanec 1978, S. 60).). Ein positives Image ist eine notwendige Bedingung, aber allein noch nicht hinreichend für einen Kauf. Zum positiven Image eines Kaufobjektes muss das Kaufinteresse, die Kaufabsicht und dann der Kaufentschluss kommen. Diese sind abhängig von Kosten-Nutzen-Abwägungen und von Einkommensrestriktionen (Freyer 2000, S. 544). Das positive

Image von Mauritius, der Südsee oder Neuseelands führt noch nicht zu einer Reisebuchung. Und das Jet-set Image des *Corviglia-Clubs* in St. Moritz mit einem persönlichen Jahresbeitrag von € 20.000 führt allein nicht zu einer höheren Zahl von Anträgen für eine Mitgliedschaft. Vielleicht ist es allein der hohe Mitgliedsbeitrag, der den Club für eine bestimmte Zielgruppe attraktiv macht. Das herausragende Service-Image von *Singapore Airlines* führt per se noch nicht zu einer verstärkten Buchung von Urlaubsflügen. In ambivalenten Kaufsituationen kann das Image jedoch den Ausschlag für die Entscheidung geben. Bei der Entscheidung für eine typische Pauschalreise bspw. einen Badeurlaub in der Türkei oder in Kreta, oder eine Clubreise, die von mehreren Veranstaltern zu ähnlichen Konditionen angeboten wird, gibt oft das Image den Ausschlag.

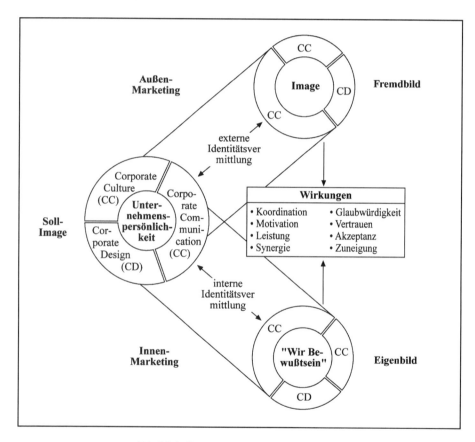

Abb. 3.2.1: Corporate Identity und Imagebildung

Wenn vom Image eines Tourismus-Unternehmens gesprochen wird, so ist damit üblicherweise das **Fremdbild** gemeint, also das Bild, das die Kunden vom Unternehmen haben. Davon zu unterscheiden ist das **Eigenbild**, dass die Mitarbeiter bzw. verschiedene Subpopulationen von Mitarbeitern vom Unternehmen haben, d. h. die Selbsteinschätzung des eigenen Unternehmens (vgl. Abb. 3.2.1). In aller Regel gibt es deutliche Unterschiede zwischen dem Fremd- und dem Eigenbild. Bemerkenswerterweise kommen die Mitarbeiter sowohl zu Über- als auch zu Unterschätzung der vom Kunden verteilten Noten. Die CI einer Unternehmung beschreibt das **Soll-Image**, also das angestrebte Image eines Unternehmens. In der Regel liegen Fremdbild, Selbstbild und CI mehr oder weniger auseinander. Der optimale Zustand wäre erreicht, wenn das Image bei den Kunden positiv und mit dem Selbstbild und der CI deckungsgleich ist.

Wichtig ist auch die weitgehende Übereinstimmung des Selbstimages des Kunden mit dem von ihm wahrgenommenen Image des Objektes. Soweit dies nicht der Fall ist, besteht ein echtes Kaufhindernis. Das Image von Mallorca als „Putzfrauen-Insel" aus den 80er Jahren hat bestimmte Zielgruppen vom Besuch der Insel abgehalten. „Erst intensive Image-Kampagnen haben zu einer Imageänderung geführt und Mallorca für neue Zielgruppen geöffnet" (Freyer 2000, S. 544). Bemerkenswert ist dabei, dass die alten Zielgruppen nach wie vor und mehr denn je in Mallorca Ferien machen. Dies ist ein gutes Beispiel dafür, dass es beim „Image" um ein Bild im Kopf, um eine subjektive Vorstellung geht, das nicht notwendigerweise ein getreues Abbild der Wirklichkeit wiedergibt. Die Gestaltung und der Aufbau eines Ziel-Images hat in den meisten Fällen auch die Aufgabe, die Wirklichkeit anders darzustellen als sie ist, zumindest aber nur bestimmte Aspekte der Wirklichkeit herauszustellen, die für die Zielgruppen wesentlich und attraktiv sind.

Wir stoßen hier auf die zentrale Grundfrage der Kommunikationspolitik. Wer mit gezielten Kommunikationsmaßnahmen ein Image aufbaut oder verändert, muss damit rechnen, dass er sich dem **Vorwurf der Täuschung** und **Manipulation** aussetzt, ein Vorwurf der immer wieder und generell gegenüber der Werbung erhoben wird. Diesem Vorwurf lässt sich mit der Frage entgegnen, „was ist denn die Wirklichkeit"? Die **Wirklichkeit** ist zunächst immer nur das, was wahrgenommen wird. Soweit Personen bzw. Zielgruppen zu einer unterschiedlichen Wahrnehmung desselben Objektes kommen, bestehen unterschiedliche (subjektive) Wirklichkeiten. Wenn man wie im **kritischen Rationalismus** davon ausgeht dass es eine **objektive Wirklichkeit** gibt, die unabhängig von der Wahrnehmung existiert und die unterschiedlich wahrgenommen werden kann, dann lassen sich folgende Postulate formulieren (vgl. dazu Segler 1981):

- Die Kommunikationspolitik sollte nur das kommunizieren, was der **objektiven Realität** entspricht. Lügen und die Vorspiegelung falscher Tatsachen sind nicht erlaubt. Für dieses Postulat sprechen **ethische Gründe**, so etwa das christliche Gebot und **juristische Gründe**. Unabhängig von ethischen und juristischen Erwägungen ist es auch ökonomisch langfristig sinnvoll, keine falschen Tatsachen vorzuspiegeln. Sollte dies nämlich bekannt werden, ob durch Wettbewerber oder den Verbraucherschutz, dann wird u. U. das Vertrauen in die Glaubwürdigkeit des Unternehmens generell beschädigt. Dies würde den größten anzunehmenden Unfall der Kommunikationspolitik nach sich ziehen.
- Es ist erlaubt und legitim, in der Kommunikationspolitik **Teilaspekte** der objektiven Wirklichkeit hervorzuheben und zu betonen, soweit dies den Urlaubsinteressen der an-

gesprochenen Zielgruppen entspricht und für diese Zielgruppen wesentliche Tatbestände nicht verschwiegen werden. Die angesprochene Image-Kampagne für Mallorca, die sich an einkommensstarke Individualreisende wandte, ist insofern nicht zu beanstanden. In der Kampagne wurden u. a. die vielfältige und schöne Landschaft, die kulturellen Wurzeln und die Möglichkeit in der Weite der Insel Ruhe und Entspannung zu finden gepriesen. Dies war und ist zweifellos richtig, wenn man bestimmte Teile der Insel meidet. Deshalb war es auch nicht erforderlich, auf die seinerzeit wenigen Quadratkilometer einzugehen, die diesem Image in keinerlei Hinsicht entsprachen.

3.2.3.2 Dimensionen der strategischen Kommunikationsplanung

Mit der Corporate Identity wird der Rahmen für die Kommunikationsstrategie bzw. für die verschiedenen Kommunikationsstrategien für die jeweiligen Zielgruppen festgelegt. Jede kommunikative Maßnahme zur Umsetzung dieser Strategien muss – wie auch immer sie geartet ist – mit der CI übereinstimmen. Integrierte Kommunikation bedeutet darüber hinaus auch, dass die Kommunikationsstrategien in die gesamte Marketingstrategie eingebunden werden müssen. Hierzu sind bestimmte Grundsatzentscheidungen notwendig, die eine Verzahnung mit der Produkt-, Preis- und Distributionspolitik praktisch möglich machen. Zunächst geht es um die Definition der „**Kommunikationsobjekte**", also die Grundsatzentscheidung darüber, was eigentlich beworben werden soll. Die Kommunikationsobjekte sind bereits in der Marketingstrategie als **Marktsegmente** abgegrenzt worden. Dabei geht um die Frage: Welche Leistung soll an wen zu welchen Konditionen über welchen Vertriebsweg verkauft werden? Zunächst gilt es, die Kommunikationsstrategie für die übergreifenden Segmente festzulegen, bspw. die Dachmarke, dann für die Untersegmente dieses Segments usw. Im nächsten Schritt geht es darum, die Kommunikationsinstrumente auszuwählen mit denen die Strategie im jeweiligen Segment umgesetzt werden soll. Danach muss die **Gestaltungsstrategie** (**Copy-Strategie**) erarbeitet werden, die beschreibt „was" der Zielgruppe „wie" in den Werbemitteln gesagt werden soll. „unter einem Werbemittel wird die konkrete Anzeige oder der Spot verstanden, der in verschiedenen Werbeträgern (Zeitung, Zeitschrift oder TV etc.) geschaltet wird.

Eine Copy-Strategie setzt sich aus den Komponenten des **kommunikativen Versprechens**, der **Begründung dieses Versprechens** und den **kommunikativen Gestaltungsrichtlinien** zusammen und bildet die gedankliche Vorstufe zur Verbalisierung und Visualisierung der kommunikativen Botschaft (Meffert 2000, S. 711). Die Entwicklung des kommunikativen Versprechens ist von zentraler Bedeutung für die Wirksamkeit des Werbemittels. Die optimale Situation liegt vor, wenn es möglich ist, den Zielgruppen einen **einzigartigen Nutzen** (**USP = Unique Selling Proposition**) zu versprechen. Ein USP liegt nur vor, wenn es sich um eine für die Zielgruppe wichtige Eigenschaft handelt, wenn der USP wahr ist, also tatsächlich besteht und wenn das eigene Produkt im Vergleich zum Wettbewerb als einziges darüber verfügt. Grundlage für jede Copy-Strategie ist die **Positionierungsentscheidung**, d. h. die Entscheidung, wie man das eigene Produkt im **Nutzenraum** des Konsumenten positioniert. Dazu ist es wichtig, die Position des **Idealproduktes** aus Kundensicht und die Position der Wettbewerbsprodukte zu kennen. Aus den Eigenschaftsdimensionen des Nutzenraumes und dem Vergleich von Ist- und Idealposition ergeben sich wichtige Hinweise für die Formulierung des kommunikativen Versprechens. Die Copy-Strategie muss auch eine Begründung des Versprechens beinhalten (**Reason Why**), „die im Idealfall den Beweis führt, dass die Zielgruppe mit dem Kauf des Produktes auch tatsächlich den versprochenen Nutzen realisieren kann" (ebd.).

Während die Copy-Strategie den Inhalt und die Argumentation abstrakt festlegt, geht es in der **Gestaltung der Werbebotschaft** um die Konkretisierung. Zum einen muss eine Gestaltungslinie gefunden werden, die den Stil und den Charakter festlegt, bspw. Bedeutung und Anteil der emotionalen und der rationalen Komponenten, das Verhältnis von Bild und Text, das Ansprachenniveau, das wiederkehrende Signet und der Slogan, die zu verwendenden Farben und Symbole. Zum anderen muss eine Entscheidung über das Layout, das heißt der Aufbau und die Anordnung der Gestaltungselemente und die **Tonality**, d. h. die Gestaltung der Atmosphäre entschieden werden. Ziel der Gestaltung ist es, eine **Unique Advertising Proposition (UAP)** zu erreichen. Mit einem einzigartigen und positiven kommunikativen Auftritt lässt sich auch für den Fall, dass kein echter USP existiert ein **Quasi-USP** erreichen, weil das Unternehmen vielleicht als einziges etwas Wichtiges herausstellt und die Basis für die Vermutung legt, dass bspw. die Reise so sein werde, wie die Werbung es schildert. Gerade bei touristischen Leistungen kommt es auf Grund des Vertrauensgutcharakters in hohem Maße darauf an, dass Produktpositionierung und Kommunikation übereinstimmen.

3.2.4 Einsatz der Kommunikationsinstrumente

Die Frage, welches Kommunikationsinstrument eingesetzt werden soll, hängt nicht nur von der gewählten Kommunikationsstrategie ab, sondern auch von der jeweiligen Leistungsphase der Urlaubsreise. Die Kommunikation wendet sich in der **Potentialphase** (Phase 1) an potentielle Kunden. Dabei gilt es zunächst generell Aufmerksamkeit und Interesse zu wecken, dann den Bedarf auf die eigenen Leistungen zu lenken und einen Kaufwunsch zu wecken. Die Potentialphase endet mit dem Kauf. Danach beginnt die **Leistungserstellungsphase** (Phase 2) mit der Aufgabe der Kommunikation während der Leistungserstellung. Darauf folgt die **Ergebnisphase** (Phase 3) mit der Aufgabe nachbetreuender Kommunikation. Wie bereits erläutert, treffen grundsätzlich alle Aussagen und Methoden der Kommunikationspolitik aus dem generellen Gegenstandsbereich des Marketing auch für das touristische Marketing zu. Das touristische Marketing muss jedoch, um erfolgreich zu sein, auf zwei folgenreiche Besonderheiten touristischer (Dienst-)leistungen eingehen.

Erstens haben Tourismusdienstleistungen **Vertrauensgutcharakter**, da sich ihre Qualität vor dem Kauf nicht prüfen, sondern nur vermuten lässt. Diese Vermutung stützt sich auf Objekte aller Art – daher die Bedeutung von „physical evidence" – und die Kommunikation ihrer Abbilder nach dem Motto „You will get what you see" oder „Wir versprechen Ihnen, dass Sie das bekommen werden, wovon Sie jetzt ein Abbild sehen". Für das Marketing von Tourismusleistungen hat die Kommunikationspolitik deshalb in der Potentialphase eine sehr stark suggestive, imaginative, vertrauensaufbauende Rolle. Sachgüter lassen sich vor dem Kauf prüfen. Bei vielen Sachgütern sind die objektiven Produktunterschiede zwischen den auf dem Markt gängigen Wettbewerbsprodukten bestens bekannt. Dafür muss die Werbung in der Regel nicht sorgen. Dafür sorgen Verbraucherschutzinstitute wie die Stiftung Warentest oder unabhängige Fachzeitschriften, die Hunderte von Produkten hinsichtlich der wichtigsten objektiven Eigenschaften vergleichen und bewerten, vom Katzenfutter über Kosmetika bis zum PKW. Auf den in der Regel übersättigten und reifen Märkten für Sachgüter hat die Werbung die Aufgabe, die Produkte in Szene zu setzen und die wenigen objektiven Eigenschaften zu betonen, bei denen es noch Unterschiede gibt, sowie das Design oder subjektive Eigenschaften hervorzukehren, die sich nur schwer oder überhaupt nicht objektiv vergleichen lassen. Das **Sachgütermarketing** versucht eine **Subjektivierung des Realen**, während umgekehrt das **Tourismusmarketing** versucht, etwas real erscheinen zu lassen, was in der Potentialphase nur subjektiv vorhanden ist.

Zweitens wird die Qualität einer touristischen Dienstleistung in starkem Maße durch die **Mitwirkung des Konsumenten selbst** mitbestimmt, weil er in vielen Fällen selber bei der Leistungserstellung mitwirken muss. So hängt die Qualität des Programms in einem Ferienclub in starkem Maße von der Mitwirkung der Urlauber ab. Die Kommunikationspolitik hat deshalb in der Phase der Leistungserstellung – anders als im Normalfall des Sachgütermarketings – wichtige Aufgaben. Zum einen ist die Kommunikation mit dem Kunden Teil der Leistung, bspw. im Service oder in der Animation. Zum anderen muss der Kunde bei der Leistungserstellung durch geeignete Kommunikation daran erinnert werden, dass Versprechen Wirklichkeit und Träume wahr werden, das Reiseunternehmen Wort also gehalten hat.

3.2.4.1 Klassische Werbung

Das am meisten eingesetzte Kommunikationsinstrument ist die klassische Werbung, definiert als **kommunikativer Beeinflussungsprozess mit Hilfe von Massenkommunikationsmitteln** (z. B. Anzeige, Spot) in verschiedenen Medien auch Werbeträger genannt (Insertionsmedien, Funk und Fernsehen); dies hat das Ziel, den Adressaten zu informieren, marktrelevante Einstellungen und Verhaltensweisen im Sinne der Unternehmensziele zu verändern (z. B. Überzeugung, Veranlassung zum Kauf) und zu unterhalten (vgl. zu diesem Abschnitt Freyer 2000, S. 579-600 sowie Meffert 2000, S. 712-720).

Im Tourismus hat Werbung in erster Linie die Aufgabe, die ausgewählten Zielgruppen über das Reiseangebot zu informieren und d. h. auch den möglicherweise vorhandenen USP herauszustellen. Soweit möglich, soll auch Image und Positionierung des Reiseangebots unterstützt werden. Die Vorstellung, dass die Werbung potentielle Kunden zur Buchung einer Reise veranlasst, geht im Normalfall an der Wirklichkeit vorbei. Die Werbung trägt dazu bei, dass eine erste notwendige Bedingung für die Kauf- und Reiseentscheidung, nämlich die **Kenntnis über ein bestimmtes Leistungsangebot** sowie dessen Vorzüge erfüllt ist. Das aber allein ist bei weitem nicht hinreichend. Dazu kommen muss der **Reisewunsch**, d. h. der Bedarf und ein Reiseangebot, das von seinen Eigenschaften und Konditionen her dem Käufer bestmöglich erscheint. Die Möglichkeit durch Werbung Bedarf zu wecken, wird oftmals überschätzt. Dazu eignen sich andere Kommunikationsinstrumente wie Touristik-Messen,

Maßnahmen der Vertriebswegeförderung oder neutrale Berichte in Funk und Fernsehen über angeblich neue, bislang unentdeckte Ferienziele weitaus besser. Der Werbung kommt innerhalb der Kommunikationspolitik die Aufgabe zu, die Zielgruppen umfassend und mit hoher Reichweite über das Unternehmen, seine CI, sein Leistungsprogramm zu informieren. Es geht darum, das Leistungsprogramm sichtbar und hörbar zu machen. Der Leitgedanke der Werbung muss lauten: Nur was der Kunde kennt, kann er kaufen. Deshalb ist die **Messgröße** für die Wirksamkeit der Werbung der **Bekanntheitsgrad**. Auf Grund des beschränkten Platzes kann auf die Kaufverhaltensforschung, auf die Dimensionen der Werbewirkung und die Messung der Werbewirkung hier nicht eingegangen werden. Siehe allgemein dazu Kroeber-Riel/Weinberg 1999, speziell im Tourismus Haedrich 1993 sowie Haedrich und Tomczak 1990.

Mit Hilfe der Werbemittel werden die Werbebotschaften verschlüsselt und als Kombination von Ton, Text, Bild und Sprache über verschiedene Medien (Werbeträger) an die jeweiligen Zielgruppen übermittelt. Zu den **gedruckten Werbemitteln** gehören zum einen Kataloge und Prospekte und zum anderen weitere grafische Werbemittel. Kataloge und Prospekte sind die am weitesten verbreiteten Werbemittel im Tourismusmarketing. Kataloge stellen die Gesamtheit des Angebots oder eines Teilangebots dar. Sie sollen umfassend und im Detail informieren, zu konkreten Kaufentscheidungen anregen und die Buchung ermöglichen, indem alle notwendigen Informationen, wie etwa das detaillierte Leistungsangebot, Preise, Zeiten, Geschäftsbedingungen, Buchungsformular etc. enthalten sind. Kataloge enthalten außerdem zumeist allgemeine Informationen zu den Feriengebieten, Klima, Einreisebestimmungen etc. Prospekte sind allgemeiner ausgerichtet und geben Basisinformationen wieder. Oft bieten sie die Zusammenfassung eines Kataloges an und bieten eine erste Orientierung etwa über bestimmte Produktfamilien wie etwa „Radreisen" oder „Clubreisen". Verbreitet sind auch Image-Prospekte, die oft in hochwertiger und aufwendiger Form gestaltet werden und das Image einer Region bspw. des Oberengadins oder eines Produkttyps, wie etwa „Kreuzfahrt" visualisieren. Eine Sonderform der gedruckten Werbemittel, die zugleich auch die Funktion eines Werbeträgers übernehmen, stellen Reiseführer und Reiseliteratur dar, die als Buch oder als Zeitschrift erscheinen. Soweit sie nicht als Werbung wahrgenommen werden – und dies ist der Normalfall – haben sie auf Grund des neutralen Auftritts eine hohe Glaubwürdigkeit und gerade für die Vorbereitung von Reisen zu internationalen Urlaubszielen eine große Bedeutung.

Zu den weiteren grafischen Werbemitteln gehören Anzeigen (in Zeitungen, Zeitschriften, Telefonbüchern), die eine präzise Zielgruppenansprache mit der Werbung für konkrete Angebote erlauben, Plakate, die die Funktion haben Aufmerksamkeit zu erregen, Poster, die eine wichtige Funktion in der Image-Werbung und als (käufliches) Souvenir aufweisen, sowie Handzettel, Flugblätter, Werbebriefe, Veranstaltungskalender und Gästezeitschriften. **Dekorative Werbemittel** dienen in der Regel der Verkaufsförderung. Beispiel sind Schaufenster- und alle Arten von Dekorationen für Reise-, Ticket- und Touristikbüros (Displays, Plakate, Poster). Wenn diese gut und nicht zu marktschreierisch gestaltet sind, werden sie gerne verwendet und fungieren als kostenlose Werbung oft am Point of Sale (POS) oder am Urlaubsort. Zu den **akustischen Werbemitteln** gehören Musik und Sprache in jeder Form bspw. Ansagen aller Art, Rundfunkspots und Musik auf Tonträgern aller Art. Rundfunkspots sind eigentlich nur zur Bekanntmachung kurzfristiger Angebote und weniger für Vertrauens- und Imagewerbung geeignet. Wichtig, aber kaum verbreitet sind ein „Corporate Song" als Erkennungsmelodie, der passend zur CI eingesetzt werden kann. Für das komplexe und dreidimensionale Angebot des Tourismus sind **visuelle Werbemittel** besonders geeignet. Dazu zählen alle Arten von Filmen oder Filmspots sowie Diapositive, die im Fernsehen, im Kino, auf Videokassetten, bei Lichtbildervorträgen, über PC's oder Internet gezeigt werden.

3.2.4.2 Direkt-Marketing

Das Direkt-Marketing zielt immer auf den individuellen Kontakt zu einzeln identifizierbaren Konsumenten, die entweder direkt angesprochen werden (hier spricht man vom unmittelbaren Direct – z. B. im persönlichen Verkauf oder durch ein Direct-Mailing auf der Basis eines Adressenbestandes) oder die zunächst ohne Kenntnis der Person mit einem **Responseangebot** angesprochen werden und dann individuell antworten (hier spricht man vom **Direct-Response-Marketing** z. B. Teleshopping, Gewinnspiele). Ziel des Direct-Marketing ist es immer, den möglichen Kunden durch direkte Ansprache zu einer Reaktion zu bewegen. Konstitutiv für das Direkt-Response-Marketing ist ein gewissermaßen eingebauter Antwortmechanismus, etwa in Form einer in eine Werbesendung eingeblendeten Telefonnummer oder einer heraus lösbaren Antwortkarte oder eines vorbereiteten Rückantwortschreibens oder Faxes bei der Direct-Mail (vertiefend zum Direct Marketing siehe Dettmer 1999, S. 456-473).

3.2.4.3 Vertriebswegeförderung

Die Verkaufsförderung umfasst alle kommunikativen Maßnahmen, die das **konkrete Umfeld des Verkaufs** oft in direkter räumlicher und zeitlicher Nähe zum Verkauf fördern und verbessern. Dabei kommt es zum indirekten Kontakt zwischen Hersteller und dem Reisenden. Gemeinsam mit dem Thema Verkaufsförderung werden hier die Maßnahmen des „persönlichen Verkaufs" behandelt, weil sie eine Einheit bilden. Dem persönlichen Verkauf sind alle Maßnahmen zuzurechnen, bei denen es zum direkten Kontakt zwischen Hersteller und Verbraucher kommt. Während die Distributionspolitik den Vertrieb der Anrechte auf touristische Leistungen betrifft, sind verkaufsfördernde Maßnahmen vor den eigentlichen Kaufabschluss gestellt (Freyer 2000, S. 554). Freyer weist darauf hin, dass die Ausdrücke „Verkaufsförderung" und „persönlicher Verkauf" irreführend sind. Treffender wäre die Bezeichnung „Vertriebswegeförderung" und „Förderung des persönlichen Vertriebsweges".

Die Maßnahmen der Vertriebswegeförderung haben immer einen unmittelbaren Bezug zum Akt des eigentlichen Kaufs. Dabei lassen sich drei Ebenen, auf denen angesetzt werden kann, unterscheiden. Der Anbieter, d. h. der Hersteller, kann Maßnahmen in der eigenen Vertriebsorganisation und die eigenen Mitarbeiter betreffend ergreifen („**staff promotion**"). Dazu gehören auch die elektronischen Vertriebs- und Reservierungssysteme. Auf der Handelsebene sind alle Reisemittler und Buchungsstellen gemeint („**dealer promotion**") und auf der Endverbraucherebene alle Maßnahmen im direkten oder indirekten Kontakt mit dem

Kunden („**consumer promotion**" oder „**merchandising**"). Ferner kann man vertriebswegefördernde Maßnahmen auch gegenüber Medienvertretern einsetzen, was von der Systematik her eigentlich zur Öffentlichkeitsarbeit gehört. Der persönliche Kontakt des Verkäufers mit dem Käufer und des Einkäufers mit dem Lieferanten bzw. Anbieter von touristischen Leistungen ist im Tourismus von besonderer Bedeutung, da es sich in der Regel um erklärungsbedürftige Produkte handelt. Die persönliche Kommunikation bietet die Möglichkeit, schnell und effektiv auf den Erklärungsbedarf des Kunden einzugehen, bspw. bei der Aufnahme neuer Destinationen oder Transportrouten oder im Firmenkundengeschäft. Im persönlichen Verkauf besuchen oder sprechen die Verkäufer persönlich die Kunden (z. B. Endkunden, Firmenkunden, Reiseveranstalter, die Geschäftsleitung anderer touristischer Anbieter) oder die Absatzmittler (Reisebüros, Buchungsstellen, Agenturen) an.

3.2.4.4 Messen und Ausstellungen

Das Instrument der Messe und Ausstellung beinhaltet Veranstaltungen, die in **regelmäßigem Turnus** stattfinden und auf denen eine große Zahl direkt oder indirekt miteinander konkurrierender Anbieter einer Branche oder mehrerer oft thematisch verwandter Branchen ein **umfassendes Angebot** präsentieren (siehe zur Übersicht Meffert 2000, S. 741-743). In vielen Fällen sind nicht nur die Mitbewerber, sondern auch Unternehmen vertreten, die auf den vor- oder nachgelagerten Wertschöpfungsstufen des eigenen Unternehmens tätig sind. Messen und Ausstellungen bieten dem Endverbraucher und den Teilnehmern die Möglichkeit, sich in kurzer Zeit umfassend zu informieren und direkte Vergleiche anzustellen. Messen eignen sich zur Informationsbeschaffung über momentane und zukünftige Trends über den gegenwärtigen Markt und den Wettbewerb. Messen sind multifunktional und dienen u. a. der Vertriebswegeförderung, dem persönlichen Verkauf, der Werbung, der Öffentlichkeitsarbeit, dem Direkt-Marketing und der Durchführung von Events. Gut organisierte und etablierte Messen und Ausstellungen wirken oft als Publikumsmagnet, der Hunderttausende von Besuchern anzieht. Die weltweit führende Tourismus-Messe ist die *„Internationale Tourismus-Börse Berlin"*, eine in erster Linie Fachbesuchermesse, die regelmäßig im März stattfindet. Der Unterschied zwischen einer Messe und einer Ausstellung besteht darin, dass auf einer Messe auch Verkäufe getätigt werden dürfen, auf einer Ausstellung jedoch nicht.

Die Bedeutung von Messen und Ausstellungen für die Kommunikationspolitik besteht zum einen in der hohen **Zielgenauigkeit** und **Kanalisierung**. Der Besuch einer solchen Veranstaltung verlangt vom Besucher einen gewissen Aufwand in Form von Zeit, Anreise und Eintrittsgeld. Messebesucher stellen insofern immer schon eine Auswahl von Zielpersonen dar, die in der Regel ein konkretes Interesse an einer bestimmten Reiseleistung haben oder zumindest einen wie auch immer gearteten Bedarf. Zum anderen geht von Messen und Ausstellungen eine hohe **Multiplikatorwirkung** aus. Die Besucher berichten in ihrem Bekanntenkreis vom Messebesuch und nehmen Informationsmaterial mit, das auch von anderen Personen gelesen wird. Die Fachpresse und die Presse allgemein berichten von der Messe, insbesondere von Messeneuheiten und macht damit im Nebeneffekt Werbung (vertiefend siehe Dettmer 1999, S. 483-497).

3.2.4.5 Event-Marketing

Unter Event-Marketing wird die **erlebnisorientierte Inszenierung** von firmen- oder produktbezogenen Ereignissen sowie deren Planung, Organisation, Durchführung und Kontrolle verstanden, soweit Marketinggesichtspunkte im Vordergrund stehen. Eine Hauptversammlung ist kein Event in diesem Sinne, weil das Marketing nicht im Vordergrund steht. Eine Messe und eine Ausstellung ist als solche ebenfalls kein Event, weil nicht ein Ereignis eines Unternehmens im Mittelpunkt steht, sondern eine ganze Branche. Allerdings können Events eines Unternehmens im Rahmen einer Messe oder einer Ausstellung inszeniert werden, bspw. auf dem Messestand oder in Messenähe (siehe Meffert 2000, S. 737-741). Zum ersten gibt es touristische Events mit möglicherweise damit verbundenem Event-Tourismus. Damit sind speziell arrangierte Veranstaltungen für Einheimische und Ortsfremde gemeint, die das touristische Angebot bereichern und den Anbieter damit bekannt machen und vom Wettbewerb abheben. Auf Grund ihrer Attraktivität können diese Events sogar zum Hauptmotiv einer Reise werden, mithin also zu einem Kommunikationsinstrument, das noch Gewinne abwirft. Oft empfiehlt es sich mit einem Eventveranstalter zusammen zu arbeiten, bspw. einem Konzertveranstalter, dem man ein bestimmtes Kartenkontingent abkauft. Es gibt zahlreiche Möglichkeiten Events durchzuführen, etwa zu kulturellen, sportlichen, gesellschaftspolitischen und natürlichen Anlässen, bspw. Opern-Festival in Verona, Opernball in Wien, Olympiade in Salt-Lake-City, Silvester am Brandenburger Tor, Karneval in Rio.

Der Event-Tourismus ist eines der am schnellsten wachsenden Segmente des Touristik-Marktes geworden. Dies entspricht dem Trend zur Freizeit- und Erlebnisgesellschaft. Gründe liegen in dem Wunsch, die Zeit zwischen den mehrwöchigen und turnusmäßigen Erholungsreisen bspw. im Sommer und im Winter durch kurze Reisen mit hohem Erlebniswert zu unterbrechen, und dem Wunsch vieler Kunden an der Teilnahme an besonderen, exklusiven Ereignissen. Zum zweiten gibt es reine Marketing-Events für Endkunden, Absatzmittler, Geschäftsfreunde, Mitarbeiter und Journalisten, bei denen neue Destinationen oder Leistungen präsentiert und ausprobiert werden können.

3.2.4.6 Multimedia-Kommunikation

Die Multimedia-Kommunikation ist gekennzeichnet durch den Einsatz verschiedener elektronischer Medien, die miteinander verknüpft und rechnergesteuert und integriert eingesetzt werden sowie die Möglichkeit einer interaktiven Benutzung bieten (zur Übersicht siehe Bruhn 1997b; vertiefend Dettmer 1999, S. 456-473, zu den Themen Reservierungssysteme, Telekommunikationsdienstleistungen, Multifunktionelle Chipkarten und ticketless travel, Telearbeit und Telelernen, Electronic Commerce und der Bündelung touristischer Dienstleistungen mittels neuer Medien jeweils in der Tourismusbranche siehe Kuom/Gaßner/Oertel 1999, S. 104-141). Bewährt hat sich die Unterscheidung in **Online/Offline-Kommunikation**. Im Unterschied zur Offline-Kommunikation besteht bei der Online-Kommunikation über Datennetze eine direkte Verbindung zwischen Sender und Empfänger (Meffert 2000, S. 749). Von Bedeutung ist auch die Unterscheidung, ob es sich um domizile Anwendungen oder **nicht-domizile** Anwendungen handelt. Bei der **domizilen Kommunikation** kann der Empfänger die Botschaft zu Hause empfangen, während dies bei der nicht-domizilen Kommunikation an einem dritten Ort geschieht (ebd.). Eine CD-ROM mit Informationen über Reiseangebote ist bspw. eine domizile Offline-Anwendung, während Terminals auf Messen oder in Reisebüros, die nicht online verbunden sind, nicht-domizile Offline-Anwendungen darstellen. Größere Bedeutung haben domizile Online-Anwendungen, bspw. Werbung, Service und Vertrieb über das Internet. Herausragende Bedeutung kommt den nicht-domizilen Online-Anwendungen zu wie bspw. den Reservierungs- und Buchungssystemen in den Reisebüros, Fluglinien und Autovermietungen.

3.2.4.7 Sponsoring

Sponsoring ist die gezielte Förderung von Organisationen, Einrichtungen, Personen und Maßnahmen in Kultur-, Sport-, Sozial- und anderen Bereichen durch ein Unternehmen mit dem Ziel, eine positive Kommunikationswirkung zu erzielen. Durch Sponsoring demonstriert der Sponsor inhaltliche Nähe zum Gesponserten und Übereinstimmung mit seinen Zielen. Sponsoring beruht auf dem Prinzip „do ut des". Dieses Prinzip des „gebe, damit man Dir gibt" wird in der Regel in Sponsoringverträgen präzise konkretisiert. So wird bspw. mit einem Spitzensportler vereinbart, dass er als Gegenleistung für einen monatlichen Förderungsbetrag, bei einer bestimmten Zahl von Events persönlich anwesend zu sein hat und bei genau festgelegten Sportereignissen das Logo des Sponsors an einer genau festgelegten Stelle der Kleidung zu tragen hat. Durch das Sponsoring erhofft sich der Sponsor einen höheren Bekanntheitsgrad, eine Verbesserung des Image allgemein, eine inhaltliche Profilierung des Image durch den Transfer des Images des Gesponserten auf den Sponsor und eine bessere Zielgruppenansprache (vertiefend zum Sponsoring siehe Dettmer 1999, S. 423-445).

3.2.4.8 Product Placement

Im aktiven Product Placement werden gezielt und gegen Entgelt bestimmte Produkte, Produktnamen oder Gegenstände als reale Requisite in Kino- oder Fernseh-Filmen verwendet. Im Tourismus-Marketing werden Urlaubsdestinationen oder Regionen (z. B. die *RTL*-Serie „Ein Schloss am Wörthersee"), Reiseformen (z. B. Kreuzfahrten auf der *MS Europa* von *Hapag-Lloyd* durch die Serie „Traumschiff") und Marken (z. B. *TUI* in *Sat1*- und *RTL*-Filmen) durch Product Placement bekannt gemacht.

Der Vorteil des Product Placement besteht darin, dass die Werbeabsicht von den Zuschauern meist nicht erkannt wird. Der Zuschauer ist arglos und nicht negativ durch den offensichtlichen Beeinflussungsversuch voreingenommen, dem er durch die Werbung ausgesetzt wird. Erfolgreiches Product Placement muss deshalb unaufdringlich gestaltet sein, d. h. wie „Schleichwerbung" gestaltet sein, damit die Werbeabsicht nicht erkannt wird. Product Placement macht das Kommunikationsobjekt nicht nur bekannt, sondern bietet hervorragende Möglichkeiten, ein Produkt in Szene zu setzen und durch den Einsatz geeigneter Schauspieler oder Moderatoren einen Imagetransfer zu bewerkstelligen. Aus der Sicht des Verbraucherschutzes ist zu fordern, dass die Bevölkerung über die möglichen Kommunikationsmaßnahmen, die zur Beeinflussung des Käuferverhaltens eingesetzt werden, insbesondere über die Maßnahmen, deren Werbecharakter verschleiert wird, umfassend aufzuklären ist (vertiefend zum Product Placement siehe Dettmer 1999, S. 446-455).

3.2.4.9 Public Relations

Die Öffentlichkeitsarbeit oder Public Relations beinhaltet die planmäßige Gestaltung der Beziehungen zwischen dem Unternehmen und der üblicherweise nach Anspruchsgruppen gegliederten, am Unternehmen interessierten oder für das Unternehmen interessanten Öffentlichkeit bspw. die Presse, Funk und Fernsehen, Verbraucherverbände, Staat, Politik, andere Verbände, Vereine, Bürgerinitiativen, Gewerkschaften, Geldgeber. Die Öffentlichkeitsarbeit hat neben der Kommunikation mit den Kunden bzw. den potentiellen Kunden einen wesentlichen gestaltenden Einfluss auf das Image eines Touristikanbieters. Das Image eines Touristik-Unternehmens wiederum hat erhebliche Auswirkungen auf den Geschäftserfolg. Ausbeutung der dritten Welt, Umweltzerstörung, Sextourismus und bedrohte Sicherheit sind Beispiele für Negativthemen, gegen die ein international tätiges Tourismus-Unternehmen generell, aber vor allem im eigenen Einflussbereich angehen muss. Dazu gehört auch die Zusammenarbeit mit Behörden und nicht-staatlichen Organisationen in den Quell- und Zielländern und die Kommunikation dieser Maßnahmen in der Öffentlichkeit.

Während die Werbung in starkem Maße einseitigen Charakter hat, indem Konsumenten mit wichtigen Informationen versorgt werden, hat Public Relations in besonderem Maße die Aufgabe, eine **zweiseitige Kommunikation** aufzubauen, um mit der Öffentlichkeit im weitesten Sinne im Dialog zu bleiben. Dies schließt auch und gerade die kritische Öffentlichkeit mit ein, einschließlich der möglichen Kritiker des Unternehmens wie bspw. Bürgerinitiativen. Ziel ist es, die Institutionen, die die „Öffentlichkeit" bilden und die in ihr handelnden Personen zu kennen. **Professionelle Public Relations** basiert auf **Grundsätzen**, die einen fruchtbaren und nachhaltigen Dialog erst möglich machen: Offenheit, Sachlichkeit, Ehrlichkeit, Ernsthaftigkeit, Nachhaltigkeit, Übereinstimmung von Wort und Tat, Systematik. Typische Instrumente der Öffentlichkeitsarbeit sind Pressemitteilungen, -konferenzen, -gespräche, redaktionelle Beiträge, Interviews, PR-Veranstaltungen, -Zeitschriften, -Anzeigen und das zur Verfügung stellen von geeignetem Material wie etwa Bilder, Filme, Plakate, Broschüren, CD's, MC's, Wettbewerbe, Aktionen und alle Maßnahmen im Bereich des Sponsoring, der Events und der Messen und Ausstellungen (vertiefend zum Public Relations siehe Dettmer 1999, S. 361-370).

3.2.5 Interne Kommunikation

Die interne Kommunikation oder die Mitarbeiter-Kommunikation umfasst alle Maßnahmen der Information und der kommunikativen Beeinflussung der Mitarbeiter allgemein oder von bestimmten Mitarbeitergruppen (zur Übersicht siehe Segler 2000, S. 105-107; Karst/Segler 1996, S. 167-172; im Detail Karst/Segler/Gruber 1999, S. 44-100). Die Etablierung einer gewünschten Soll-Kultur bedeutet die gezielte Beeinflussung der Einstellungen der Mitarbeiter auf kommunikativem Wege. Fehleinstellungen müssen entlernt und die gewünschten

Einstellungen erlernt werden. Zu diesem Zweck stehen ganz unterschiedliche Formen unternehmensinterner Kommunikation zur Verfügung. Sie gleichen sich im Ziel, ein bestimmtes Thema bei den Mitarbeitern bekannt zu machen und zu verankern. Aber sie leisten einen unterschiedlichen Beitrag beim Aufbau und Erhalt der Unternehmenskultur. Ein wichtiger Unterschied besteht darin, ob der Stoff, also die Kommunikationsbotschaft, durch Trainer oder Vorgesetzte vermittelt wird oder ob die Information direkt, d. h. unmittelbar über ein Medium an die Mitarbeiter herangetragen wird. Ein weiterer wichtiger Unterschied besteht darin, ob die Mitarbeiter sich den **Kommunikationsinhalt** selbst **aktiv erarbeiten** oder ob eine ausgesendete Information nur **passiv aufgenommen** wird. Wenn wir die Kriterien Kommunikationsinhalt und **Stoffvermittlung** mit je zwei Ausprägungen betrachten, dann ergeben sich vier grundsätzlich unterschiedliche Kommunikationsmethoden.

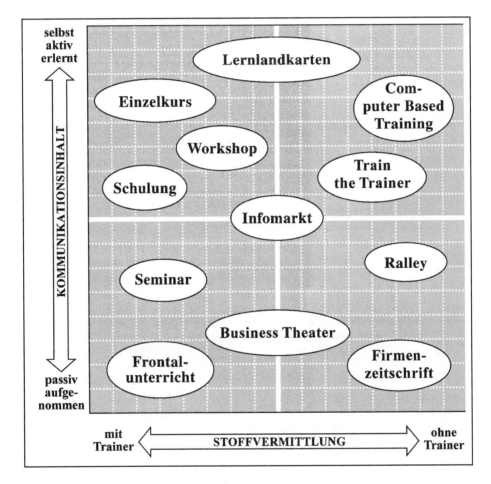

Abb. 3.2.2: Formen der unternehmensinternen Kommunikation (Beispiele)

Unterricht oder Mitarbeiterunterweisung ist gekennzeichnet durch die typische **Lehrer-Schüler-Situation**, bei der die Lehrer- bzw. Vorgesetzten-Seite, ausgestattet mit Informationsvorsprung und Autorität der Schüler- bzw. Mitarbeiter-Seite Stoff vermittelt (zu den Beispielen siehe Abb. 3.2.2). Beim Frontalunterricht oder bei einem **Vortrag** des Vorgesetzten handelt es sich um monologartige, einseitige Vermittlung von Information, die den Empfänger zu einem Schüler macht, der den Stoff passiv aufnimmt. Viel plakativer als der Frontalunterricht ist das **Business Theater**. Dazu wird maßgeschneidert zu einem bestimmten Verhaltensdefizit – etwa mangelnde Kundenorientierung – ein Theaterstück geschrieben und vor den Mitarbeitern zur Ausführung gebracht. Viele Mitarbeiter erkennen sich und ihre Verhaltensdefizite im Stück und in den handelnden Personen wider. Ihnen wird der Spiegel vorgehalten, ohne dass sie ihr Gesicht verlieren und in die Situation geraten, sich verteidigen zu müssen. Auch wenn Business Theater betroffen macht, so bleibt es doch an der Oberfläche und kann bestenfalls entlarvend wirken. Die Zuschauer erarbeiten sich den thematischen Zusammenhang nicht selbst, sondern konsumieren die Information passiv. Konkrete Verbesserungsmöglichkeiten des Einzelnen in seiner persönlichen Arbeit, also die Handlungsebene, wird durch Business Theater nicht erreicht. Dies würde erst gelingen, wenn die betroffenen Mitarbeiter selbst ein Theaterstück schreiben würden.

Einwegkommunikation über klassische Medien, wie Firmenzeitschrift, Plakat, Flugblatt, Rede können informieren und betroffen machen, aber nur ausnahmsweise Einstellungen verändern oder dem Einzelnen Handlungsmöglichkeiten aufzeigen, die Stufe konkreten Handelns wird nicht erreicht. Ähnlich spektakulär wie das Business Theater ist die **Unternehmensralley**, bei der die Mitarbeiter durch einen Parcours von Stationen geführt werden und auch räumlich in verschiedene Unternehmensteile kommen. An den Stationen wird Information vermittelt, Einsicht in Probleme, Arbeitsplätze und Arbeitsweise anderer Funktionen gegeben, einfache Aufgaben gelöst, aber auch Boxen-Stopps mit sozialer Funktion eingebaut. Die Ralley ist die ideale Verkörperung des Prinzips der Mobilität und kann symbolisch zeigen, wie durch aufeinander Zugehen und Kooperation Hemmnisse überwunden werden können. Man steht auf, verlässt die gewohnte Umgebung, bricht auf, geht zu anderen Einheiten, überschreitet Grenzen, trifft andere, holt andere ab, geht gemeinsam. Anders als beim Business Theater wirken die betroffenen Organisationsmitglieder bei der Ralley selber mit. Im Vordergrund steht die Mobilität und nicht das konzentrierte Erarbeiten eines Themas. Viel Zeit wird für Wege verbraucht und die Zeit an jeder Station ist begrenzt, weil die nachfolgende Gruppe nicht warten soll.

Eine unverbrauchte, hochwirksame Methode zur Umsetzung von Maßnahmen, Strategien und neuen Themen, mit der es gelingt, Hunderte und Tausende von Mitarbeitern in wenigen Wochen zu erreichen und für das Thema zu gewinnen, ist die **Lernlandkartenmethode** (im Detail siehe Karst/Segler/Gruber 1999, S. 62-67). Das Ziel besteht darin, das Thema kommunikativ so umzusetzen, dass sich die Mitarbeiter mit dem kommunizierten Inhalt identifizieren und danach dessen Durch- und Weiterführung eigeninitiativ betreiben. Die Teilnehmer an der Kommunikation sollen das Thema nicht nur verstehen, sondern das Thema in ihrer eigenen Arbeit umsetzen. Beispiele für Themen im Tourismus sind Total Quality Management, eine neue Corporate Identity, Sinn und Zweck einer Fusion, Kunden- und Serviceorientierung. Diese Themen werden nur verwirklicht, wenn alle Mitarbeiter verstanden und das heißt verinnerlicht haben, was das bedeutet und wenn sie es in ihrer Arbeit umsetzen können. Um zu erreichen, dass die **Mitarbeiter von sich aus im Sinne der Unternehmensziele** handeln, auch wenn entsprechende Verfahrensrichtlinien nicht bestehen und ständige Kontrollen nicht möglich sind, muss jeder Mitarbeiter eine **psychologische Wirkungskette** lernend durchlaufen, indem er sich selbst aktiv und kreativ das Thema erschließt. Zunächst muss er Informationen zum Thema aufnehmen, bevor er durch eigene Schlussfolgerungen zum Verstehen von Zusammenhängen kommt. Die Schlussfolgerungen müssen dem Mitarbeiter deutlich machen, dass er betroffen ist und dass das Thema ihn etwas angeht. Aber die Problemerkenntnis reicht nicht aus. Damit aus Problemerkenntnis Handeln wird, muss er zunächst erkennen, was er selbst zur Problemlösung beitragen kann, d. h. er muss erkennen, welche Beeinflussungsmöglichkeiten er in seiner Tätigkeit hat. Aus der Kenntnis seiner möglichen Beiträge zur Lösung und der Überzeugung, dass diese ihm nützt, erwächst die Handlungsabsicht und konkrete Handlungen.

Das Medium, das diesen Kommunikationsprozess führt, sind sogenannte Lernlandkarten. Das Thema – bspw. Kundenorientierung – wird in eine logische Folge schlüssiger, selbsterklärender Portionen übersetzt und auf großformatigen Spielplänen, den Lernlandkarten visualisiert. Diese **Lernlandkarten** werden von den Mitarbeitern in zwei bis drei Stunden in kleinen Gruppen durchgearbeitet und zwar ohne Mitwirkung von Trainern oder Moderatoren. Wichtig ist dabei, dass das Thema auf spannende, Interesse und Neugier weckende Weise graphisch dargestellt wird. Mit Hilfe der Lernlandkarten wird die Gruppe durch einen Parcours von Aufgaben geschickt, der zu dem oben geschilderten Erkenntnisprozess führt. Die Lernlandkarten-Methode gehört zu den **Selbstlernmethoden**, die ohne externe und interne Trainer arbeitet. Der Unterschied zu andern Selbstlernmethoden, wie dem **Computer-Based-Training**, besteht darin, dass die Lösung von mehreren Personen interaktiv, face-to-face in der Gruppe erarbeitet wird. Die Multiplikation kann top-down in einer Kaskade erfolgen. Im Prinzip beginnt der Prozess mit einer Gruppe. Nach der erfolgreichen Arbeit geht die Gruppe auseinander, wobei jedes Mitglied in der nächsten Stufe eine weitere Gruppe zur Gruppenarbeit veranlasst. Auf diese Weise breitet sich der Kommunikationsprozess in kürzester Zeit auch in großen Populationen aus.

Literaturverzeichnis

Althof, W. 2000: Incoming-Tourismus, Wien u. a.
Bruhn, M. 1997a: Kommunikationspolitik, München
Bruhn, M. 1997b: Multimedia-Kommunikation, München
Cowell, D. 1991: The Marketing of Services, Oxford
Dettmer, H. 1999: Tourismus-Marketing-Management, München u. a.
Freyer, W. 2000: Tourismus-Marketing – Marktorientiertes Management im Mikro- und Makrobereich der Tourismuswirtschaft, München u. a.
Goeldner, C./Ritchie, B./McIntosh, R. 2000: Tourism – Principles, Practices, Philosophies, New York u. a.

Haedrich, G. u. a. (Hrsg.) 1993: Tourismus-Management: Tourismus-Marketing und Fremdenverkehrsplanung, Berlin u. a.

Haedrich, G./Tomczak, T. 1990: Strategische Markenführung, Bern u. a.

Holm-Hadulla, R. 2000: Kreativität, Heidelberg u. a.

Karst, K./Segler, T. 1986: Management jenseits der Postmoderne – Plädoyer für ein neues Denken, Wiesbaden

Karst, K./Segler, T./Gruber, K. 1999: Unternehmensstrategien erfolgreich umsetzen durch Commitment-Management, Heidelberg u. a.

Kuom, M./Gaßner, R./Oertel, B. 1999: Tourismus und Technik, Baden-Baden.

Kieser, A. 1981: Organisationstheoretische Ansätze, München

Kleinert, H. 1982: Kommunikationspolitik, in: *Haedrich u.a. (Hrsg.):* Öffentlichkeitsarbeit – Dialog zwischen Institutionen und Gesellschaft, S. 287-300

Kotler, P./Heider, D./Rein, I. 1994: Standort-Marketing: Wie Städte, Regionen und Länder gezielt Investitionen und Tourismus anziehen, Düsseldorf u. a.

Kroeber-Riel, W./Weinberg, P. 1999: Konsumentenverhalten, München

Mazanec, J. A. 1978 : Strukturmodelle des Konsumverhaltens, Wien

Meffert, H. 2000: Marketing – Grundlagen marktorientierter Unternehmensführung, Wiesbaden

Morrison, A. M. 1989: Hospitality and Travel Marketing, New York

Pompl, W. E. 1996: Touristik-Management, Band 2, Berlin u. a.

Pradel, M. 2001: Dynamisches Kommunikations-Management, Wiesbaden

Rudolph, H. 1999: Tourismus-Betriebswirtschaftslehre, München u. a.

Segler, T. 1981: Situative Organisationstheorie – Zur Fortentwicklung von Konzeption und Methode, in: *Kieser, A. (Hrsg.)*: Organisationstheoretische Ansätze, S. 227-272

Segler, T. 2000: Kreativitätsförderung im Unternehmen, in: *Holm-Hadulla, R. 2000*: Kreativität, Heidelberg u. a., S. 77-108

TUI 2002: http://www.tui.de

3.3 Internationale Marktforschung

Peter Schrott

3.3.1 Einleitung 332

3.3.2 Marktforschung 332
3.3.2.1 Umfragen und Tourismus-Marktforschung 333
3.3.2.2 ‚Desk Research' 335

3.3.3 Internationale Marktforschung 336
3.3.3.1 Möglichkeiten und Angebote in der Internationalen Marktforschung ... 336
3.3.3.2 Desk Research im Bereich Internationaler Marktforschung 337
3.3.3.3 Probleme der Internationalen Marktforschung 338

3.3.4 Zusammenfassung 340

Literaturverzeichnis 342

Prof. Dr. Peter Schrott ist seit 1998 Professor für Sozial- und Wirtschaftswissenschaften an der FH Heilbronn. Er studierte Politikwissenschaften und Soziologie in Tübingen, Rechtswissenschaften in Caen, Frankreich und Datenanalyse in England. 1986 erhielt er seinen Ph.D. in 'Political Sciences' von der State University of New York in Stony Brook, USA. 1987 bis 1990 war er an der Freien Universität Berlin und von 1990 bis 1992 an der Universität Mannheim. Von 1992 bis 1996 leitete er die Abteilung Textanalyse, Medienanalyse, Vercodung beim Zentrum für Umfragen, Methoden und Analysen e.V. (ZUMA) in Mannheim. 1996 bis 1998 war er im Erziehungsurlaub und unterrichtete in dieser Zeit auch an der Universität Zürich als Lehrbeauftragter. 1995 hielt er eine Gastprofessur an der University of Virginia in Charlottesville, USA, inne. Neben seiner wissenschaftlichen Tätigkeit gründete er 1989 eine Marktforschungsfirma, die er seither wissenschaftlich berät.

3.3.1 Einleitung

Markt- oder Marketingforschung ist ein elementarer Bestandteil des Marketings. Die Marktforschung hat zur Aufgabe, alle relevanten Informationen innerhalb eines abgegrenzten Marktes zu sammeln, zu analysieren und auszuwerten.

In den industrialisierten Ländern werden jedes Jahr Milliarden aufgewandt, um jederzeit schnell und gezielt auf Veränderungen des Marktes, auf die Verhaltensweisen der Konsumenten und auf die Entwicklung der Konkurrenz reagieren zu können. In der Bundesrepublik Deutschland stiegen die Ausgaben für Markforschung von DM 1,3 Milliarden im Jahre 1993 auf DM 2,9 Milliarden im Jahre 2000 (ADM 2002). Gleichzeitig stiegen aber auch die Anforderung an die Qualität der Forschung.

Heute gewinnt, neben der nationalen, auch die weltweite internationale Marktforschung zunehmend an Bedeutung. Die Forschungsausgaben weltweit stiegen zwischen dem Jahr 1993 und 2000 von DM 13,632 Milliarden auf über DM 32 Milliarden (ADM 2002). Mit der Globalisierung haben sich die ursprünglich nationalen Märkte über die Landesgrenzen hinweg ausgebreitet und stellen neue und differenziertere Anforderungen an die Markforschung. Die Globalisierung erfordert eine zwar nicht gänzlich neue, aber eine an den größeren Markt angepasste Marktforschung, da nun plötzlich Faktoren wie kulturelle, soziale oder ökonomische Unterschiede eine Rolle spielen. Der neue Markt der internationalen Marktforschung kann nur dann sinnvoll erschlossen werden, wenn diese genannten Faktoren berücksichtigt werden. Während die nationale Marktforschung in der Bundesrepublik Deutschland viele Informationen und Daten hervorbringt, die zuverlässige Aussagen und Analysen erlauben, bestehen im internationalen Bereich erhebliche Informationslücken, die bisher nur mühsam zu füllen sind.

In der Tourismusbranche besteht ein großer Bedarf an Markforschung, da der Tourismus zum einen einen wichtigen Wirtschaftsfaktor für die Bundesrepublik Deutschland darstellt (Statistisches Bundesamt 2002) und zum anderen die Globalisierung einen enormen Konkurrenzdruck auf diesen Markt ausübt. So ist es heute nicht zuletzt durch das Internet jederzeit möglich, sich von allen Orten der Welt an allen Orten der Welt über unterschiedliche Angebote zu informieren, sie zu vergleichen und schließlich auch zu buchen.

Dieser Aufsatz beschreibt im Folgenden zunächst die Ansätze und Probleme der nationalen Marktforschung generell und für den Tourismusbereich im Spezifischen, um dann Entwicklungen, Anforderungen und Problemlösungen im Bereich der internationalen Marktforschung aufzuzeigen.

3.3.2 Marktforschung

Die Marktforschung hat zur Aufgabe Informationen zu sammeln und sie entsprechend der jeweiligen Problemstellung zu analysieren. Die American Marketing Association (1987) definiert Marketing Research wie folgt: „Marketing research is the function that links the consumer, customer and public to the marketer through information – information used to identify and define marketing opportunities and problems; generate, refine, and evaluate marketing actions; monitor marketing performance; and improve understanding of marketing as a process. Marketing research specifies the information required to address these issues; designs the method for collecting information; manages and implements the data-collection process; analyses the results; and communicates the findings and their implications." Marktforschung soll also nicht nur die notwendigen Informationen liefern, um ein Produkt sinnvoll zu vermarkten, sie soll auch helfen, Marketing als einen Prozess zu verstehen. Vor allem aber kontrolliert die Marktforschung vom Studiendesign bis hin zur Interpretation der Befunde den Forschungsprozess in einer systematischen und nachvollziehbaren Art und Weise. Gute Marktforschung folgt dabei streng definierten Qualitätsstandards, die in den meisten industrialisierten Ländern wie in der Bundesrepublik genau festgelegt (ADM 1999) sind und von Kontrollorganen überwacht werden.

Markforschung ist äußerst vielseitig und erfolgt auf den unterschiedlichsten Gebieten unter Nutzung einer Vielzahl von Methoden. Unter dieser Methodenvielfalt sind zwei Schwerpunkte der Markforschung zu nennen. Zum einen werden Personen – z.B. Reisende – und zum anderen Märkte – z.B. der Tourismusort Bundesrepublik – untersucht. Je nachdem, was im Einzelnen hinterfragt werden soll, muss ein entsprechendes Forschungsinstrument gewählt werden. Dieses Instrument ist immer von der Problemstellung abhängig und nicht beliebig austauschbar (Proctor 2000). Zur Untersuchung von Personen gibt es Instrumente wie Umfrage, Experiment oder Beobachtung. Es lassen sich jedoch auch Informationen aus Aggregatdaten, z.B. aus Daten von amtlichen Statistiken, gewinnen und sinnvoll verarbeiten. Liegt jedoch der Interessenschwerpunkt in der Untersuchung von Einstellungen, Meinungen oder Verhalten einer bestimmten Personengruppe, wie beispielsweise von Reisenden, dann ist die Umfrage das wohl nützlichste Instrument. Und wie der Markt zeigt, ist die Umfrage auch die am häufigsten genutzte Methode in der Markforschung.

3.3.2.1 Umfragen und Tourismus-Marktforschung

Um das steigende Bedürfnis an Kundeninformationen zu befriedigen, werden von Unternehmen mehr oder weniger kontinuierlich ad hoc Studien in Auftrag gegeben. Solche Einzelstudien werden in der Regel zur Lösung spezifischer Probleme konzipiert. Diese Studien werden in Zusammenarbeit mit Marktforschungsunternehmen durchgeführt und ihre Ergebnisse bilden oftmals das Kernstück von Managemententscheidungen. Bei größeren Unternehmen mit einer eigenen Markforschungsabteilung dienen diese Studien zumeist als Ergänzung zur innerbetrieblichen Marktforschung und als Datenlieferant. Häufig erfolgt eine Weiterverarbeitung der extern gewonnenen Daten in der eigenen Abteilung. Kleinere Firmen, die über keine eigene Marktforschungsabteilung verfügen, kaufen die Marktforschung oftmals komplett ein. Das heißt, nachdem das Institut mit dem Auftraggeber die Problemstellung abgesprochen hat, führt das Marktforschungsunternehmen die Untersuchung vom Design bis zur Berichterstattung selbständig durch und steht zumeist auch noch beratend zur Seite.

Neben der Vielzahl von ad hoc Studien, also Studien, die einmal durchgeführt werden, um ein spezifisches Problem zu lösen, gibt es inzwischen auch eine nicht unbeträchtliche Anzahl von Gemeinschaftsuntersuchungen. Dabei handelt es sich um von mehreren Geldgebern gemeinschaftlich organisierte und finanzierte Studien. In der Bundesrepublik Deutschland werden solche Gemeinschaftsstudien regelmäßig erhoben. Die Verbraucheranalyse (VA), eine von den Verlagen Axel Springer und Bauer gemeinsam organisierte Umfrage, befragt jährlich jeweils etwa 15.000 Bundesbürger und fasst dann die Daten über ein rollierendes System über jeweils zwei Jahre – das laufende und das vergangene Jahr – zur aktuellen VA mit circa 30.000 Probanden zusammen (Wenzel et al. 2000). Die VA versteht sich als ein Instrument der Mediaplanungspraxis. Abgefragt werden Konsum-, Verbraucherverhalten und Besitz. Einkaufen kann sich jedes interessierte Unternehmen. Eine weitere große Untersuchung ist die Allensbacher Markt- und Werbeträgeranalyse (AWA), eine vom Institut für Demoskopie Allensbach initiierte alljährliche Befragung von rund 20.000 Personen zu deren Konsum- und Mediennutzungsgewohnheiten (Institut für Demoskopie Allensbach, 2002). Bereits früh in den 70er Jahren wurde von Medien und Werbetreibenden eine kontinuierliche Leserschaftsanalyse durchgeführt, die schließlich im Arbeitskreis Mediaanalyse (AG.Markforschung) e.V. mündete. Inzwischen sind nahezu alle Medienunternehmen, eine Großzahl der werbetreibenden Industrie sowie einige Fachverbände Mitglied. In einer sogenannten Printtranche (hier geht es um Zeitungen und Zeitschriften) und einer Funktranche (hier geht es um Radiosender) werden alljährlich etwa 60 000 Bundesbürger befragt. Zu diesen Daten werden schließlich die Informationen aus dem Fernsehpanel der Gesellschaft für Konsumforschung (GfK) hinzugefügt so dass für die Analyse eine enorme Datenmenge zur Verfügung steht. Die in diesen Studien gemessenen Reichweiten der Werbemedien stellen eine Art „Währung" dar, die letztendlich über die Preise auf dem Werbemarkt entscheidet (Schrott/Schulz 1995).

Der Vorteil dieser Gemeinschaftsstudien liegt darin, dass sie den Käufern der Daten eine Markforschung mit großen Datenmengen ermöglichen, die als eine eigenständige Studie enorme Summen kosten würden. Der Nachteil liegt darin, dass die Fragen vorgegeben sind und der Kunde praktisch keinen Einfluss auf die Befragung hat.

Auch die Tourismusindustrie profitiert von diesen regelmäßigen nationalen Gemeinschaftsumfragen, da praktisch alle diese Umfragen auch Informationen über das Reiseverhalten enthalten. Inwiefern diese Daten genutzt werden, ist allerdings unbekannt, da in diesem Bereich praktisch keine Publikationen vorliegen. Es ist anzunehmen, dass viele Touristikunternehmen diese Daten im Rahmen ihrer Desk Research (siehe unten) für innerbetriebliche Zwecke nutzen.

Als eine direkt auf den Tourismus ausgerichtete Marktforschung wurde in der Bundesrepublik Deutschland Anfang der 70er Jahre vom Studienkreis für Tourismus die Reiseanalyse (RA) konzipiert. Die RA wurde alljährlich durchgeführt, war jedoch nach der Auflösung des Studienkreises 1992 in ihrem Fortbestand zunächst gefährdet. Übergangsweise entstanden zunächst aus dieser ‚Notsituation' (Aderhold 2001, S. 1) zwei Untersuchungen für die Jahre

1994 und 1995, die methodisch und inhaltlich die RA konsequent weiter führten. Nach Abklärung rechtlicher Namensnutzungsfragen gelang es der Forschungsgemeinschaft Urlaub und Reisen (F.U.R.) das Analyseinstrument RA zu etablieren. Die in der Tourismusforschung weltweit wohl einzigartige RA (Aderhold 2001) bedient sich einer repräsentativen Umfrage von etwa 8.000 Bundesbürgern und ist konzeptionell als ein Grundprogramm mit Modulen aufgebaut. Das Grundprogramm sichert eine Vergleichbarkeit zu den vorherigen RAs und die Ergänzung um Module ermöglicht die Abfrage spezieller Problembereiche, die von RA zu RA variieren können. Zudem besteht die Möglichkeit, Exklusivfragen zu schalten (Aderholt 2001). Im Jahr 2000 veröffentlichte die F.U.R. die RA-Trendstudie 2000-2010, in der der Wandel im Urlaubsverhalten der Deutschen erfasst und beschrieben wird. Die Studie beschreibt in beeindruckender Weise Urlaubsmotive und -interessen und versucht, Perspektiven für zukünftige Entwicklungen aufzuzeigen (Lohmann et al. 2000). Die RA beschreibt jedoch ausschließlich das Verhalten der Deutschen sowohl bei inländischen als auch bei ausländischen Reisen. Reisende aus dem Ausland werden nicht befragt.

Neben der RA führt das B.A.T. Freizeit-Forschungsinstitut seit 1985 eine alljährliche Tourismusanalyse durch (Freizeit-Forschungsinstitut 2001). Die Befragung ist als eine Langzeitanalyse angelegt, wobei jeweils etwa 5 000 Bundesbürger zu ihrem Urlaubsverhalten befragt werden. Die Erhebung erfolgt immer im Januar, um saisonale Einflüsse auszuschalten und die Standardfragen sind vergleichbar.

Infratest Burke führt seit 1987 die Touristscope und seit 1991 die Mobility-Analyse durch. Die Touristscope ist eine vierteljährlich erhobene Telefonbefragung von etwa 4 000 Bundesbürgern, die zu ihren Urlaubsreisen befragt werden. Die Mobility-Studie erhebt wöchentlich etwa 620 Telefoninterviews. Die Befragten werden dabei generell zu allen Reisen ab 100 km Entfernung befragt. Der Deutsche Reisemonitor wird von IPK München erhoben und umfasst alle Reisen mit mindestens einer Übernachtung. Der Deutsche Reisemonitor erfasst das Reiseverhalten von jeweils 10 000 Bundesbürgern (Mundt 2001).

Schließlich gibt es noch seit 1994 ein Haushaltspanel von AC Nielsen, das Reisepanel, das das Reiseverhalten von etwa 20 000 Bundesbürgern erhebt. Dazu werden die Reiseberichte der Panellisten eingescannt, um Reiseziele, Reisedauer und Reisezeitpunkt zu erfassen (Mundt 2001).

Neben den oben genannten Gemeinschaftsuntersuchungen, der RA und der Tourismus-Studien, die in der Regel einen vorgegebenen Kanon an Fragen beinhalten, gibt es natürlich noch eine große Anzahl von ad hoc Umfragen, die von Interessierten problemorientiert in Auftrag gegeben werden. Der Schwerpunkt dieser Einzelstudien kann sowohl bei spezifischen regionalen, aber auch bei nationalen oder gar internationalen Problemstellungen liegen.

3.3.2.2 ‚Desk Research'

Ein zweiter wichtiger Bereich der zumeist innerbetrieblichen Markforschung ist die Marktforschung am Schreibtisch, die sogenannte Desk Research. Die Desk Research umfasst das Sammeln von Informationen und Daten aus den Fachzeitschriften, aus dem Internet und aus

Zeitungen. Dazu gehören auch Zusammenstellung von veröffentlichten Marktforschungsergebnisse aus Firmenbroschüren, oder auch die regelmäßigen Berichte und Aufstellungen von Firmen. Zur Desk Research gehört das Aufspüren jeder Information, die zum Verständnis des Marktes, des Produktes und der Kunden beiträgt. Hierzu gehören auch Entwicklungen in der öffentlichen Rechtsprechung, der Organisation der Gesellschaft und der damit einhergehenden Entwicklung des Marktes (Proctor 2000). Die Desk Research ist nicht mit einer so genannten Sekundäranalyse zu verwechseln, die zwar einen Teil der Desk Research bilden kann, jedoch in der Regel weniger Informationen beinhaltet. Sekundäranalysen sind Analysen von Daten, die ursprünglich zu anderen Zwecken erhoben wurden und die zur eigenen Problemlösung nochmals ausgewertet werden. Im Bereich der Tourismusforschung bieten gerade die Veröffentlichungen der Media- und Verbraucherstudien reichlich Informationen, die in mehreren touristischen Fachzeitschriften regelmäßig publiziert werden.

3.3.3 Internationale Marktforschung

Die internationale Markforschung unterscheidet sich in einigen wesentlichen Punkten von der nationalen Marktforschung. Die internationale Markforschung geht über Grenzen hinaus und begibt sich somit auf ein oftmals fremdes Gebiet. Die Forscher müssen sich nun mit unterschiedlichen Sprachen, fremden Kulturen und abweichendem Verhalten auseinandersetzen. Dabei ist es häufig unzureichend, die üblichen und bewährten Forschungsdesigns in eine fremde Sprache zu übersetzen, einheimische Spezialisten zu kontaktieren und die erhobenen Daten an die Zentrale zu senden, um sie mit den entsprechenden Standardprogrammen zu analysieren. Die Anforderungen an die internationale Marktforschung werden im Abschnitt 3.3.3.3 behandelt.

3.3.3.1 Möglichkeiten und Angebote in der Internationalen Marktforschung

Im Tourismusbereich gibt es (noch) keine internationalen Forschungsvorhaben wie es beispielsweise im Medienbereich der Fall ist. Dies wird sich allerdings mit hoher Wahrscheinlichkeit bald ändern, da sich auch in der Tourismusbranche wie in allen anderen Branchen eine Entwicklung hin zur Internationalisierung beobachten lässt. Unternehmen fusionieren oder gehen strategische Partnerschaften ein, um in einem globalisierten Markt besser bestehen zu können. Dies wird langfristig wohl zu einer stärkeren Ausrichtung einer international organisierten Markforschung in diesem Bereich führen. Zurzeit allerdings gibt es überwiegend nationale Tourismusstudien, wie die deutsche Reiseanalyse (siehe oben) und nur ganz wenige länderübergreifende internationale Studien. Die internationalen Studien sind allerdings mit der Ausführlichkeit und Komplexität einer Reiseanalyse nicht vergleichbar. Im Bereich Medien gibt es etliche paneuropäische Studien, die Informationen zum Konsumverhalten, Luxusartikeln, Mediennutzung und auch zu touristischen Belangen erheben. So werden in der paneuropäischen Studie European Media & Marketing Survey auch Informationen zu Hotels und Luftfahrtgesellschaften erhoben. Dabei werden in 16 europäischen Ländern die Hauptverdiener der einkommensstärksten Haushalte jährlich befragt. Diese Stichprobe enthält insgesamt 13 000 Haushalte (W&V 2001).

Der internationalen Markforschung stehen noch weitere kontinuierlich erhobene Daten zur Verfügung. Der wichtigste Datenlieferant ist hierbei die World Tourism Organization, „the leading organization in the field of travel and tourism" (WTO 2002). Die WTO mit Sitz in Madrid ist eine von den Vereinten Nationen eingesetzte Organisation, die Tourismus weiterentwickeln und fördern soll, aber gleichzeitig dafür Sorge zu tragen hat, dass Tourismus nicht die Umwelt zerstört, sondern den Frieden fördert und zu einem besseren Verständnis der Länder untereinander führt. Die WTO wird durch Mitgliedsbeiträge finanziert. Mitglieder sind Länder, Tourismusorganisationen, private Firmen, Fluglinien, Hotelketten und Reiseveranstalter. Die WTO veröffentlicht regelmäßig Informationen zu Touristenbewegungen, zum wirtschaftlichen Umfeld von Tourismus, zu den Marktanteilen der Tourismusbranche, aber auch zum generellen wirtschaftlichen Umfeld. Dabei bedient sich die WTO vieler Quellen wie statistischer Jahrbücher oder Daten von Organisationen wie dem International Monetary Fund (IMF), die in einer großen Datenbank gesammelt und dann für spezielle Berichte und Veröffentlichungen aufbereitet werden (WTO 2000).

Neben den Veröffentlichungen der WTO stehen Marktforschern, die internationale Markforschung betreiben wollen, allerdings kaum kontinuierlich erhobene Daten zur Verfügung. Darüber hinaus sind die Daten der WTO zumeist aggregierte, d. h. über Gruppen zusammengeführte Daten, die wenig Aussagen zu individuellem Verhalten zulassen. Um dennoch weitere Informationen zu gewinnen, bleiben dem Forscher zum einen die Desk Research und zum anderen die Möglichkeit, eigene Studien in Auftrag zu geben. Während die Desk Research noch relativ einfach zu verwirklichen ist, können bei eigenständigen Studien (wie unten ausgeführt) erhebliche Probleme auftreten.

3.3.3.2 Desk Research im Bereich Internationaler Marktforschung

Neben den oben beschriebenen Daten, die die WTO zur Verfügung stellt, gibt es noch eine Reihe von Informationsquellen, die vom Schreibtisch aus genutzt werden können. Zunächst gibt es in den meisten Ländern Tourismusorganisationen, die inzwischen vor allem über das Internet eine reichhaltige Informationsquelle bieten. Da die meisten Tourismusorganisationen ihre Informationen auch in englischer Sprache aufbereiten, ist es unproblematisch, sich dieser Daten zu bedienen. Insgesamt wird das Internet als Informationsquelle immer bedeutender, da es auch ein kostengünstiges Forschungsinstrument darstellt (Hasselmann 1998). Weitere Informationsquellen bieten ad hoc Tourismusstudien, die für relativ geringe Kosten von Marktforschungsunternehmen, Fachverbänden oder Tourismusanbietern erhältlich sind. So haben viele Marktforschungsunternehmen Datenbanken, die Analysen einfach machen und dennoch sehr problemorientiert ausgerichtet sein können (Institut für Demoskopie 2002). Der Nachteil dieser Informationsquellen liegt oft darin, dass ganz spezifische Forschungsfragen nicht entsprechend abgefragt wurden und somit nur Annäherungsdaten zur Verfügung stehen. Auch werden Daten nur dann freigegeben, wenn der ursprüngliche Auftraggeber dies zulässt. Obwohl in der Literatur keine Angaben zu diesem Thema vorliegen ist davon auszugehen, dass diese Praxis der ‚Datenfilterung' die Gefahr einer ‚Beschönigung' der Resultate beinhalten kann.

Ein immer wichtiger werdender Aspekt ist die Entwicklung von Informationssystemen (Stahr et al. 1995) und Informationsmaklern (Schnedlitz 1986). Wie schon von Naisbitt (1982) festgehalten, entwickeln sich die Industriegesellschaften immer mehr zu Informationsgesellschaften, was heißt, dass Informationen immer wichtiger und zu einem eigenständigen Wirtschaftsgut werden. Dementsprechend entwickeln sich auch neue Unternehmensformen wie Informationsmakler, die sich darauf spezialisieren, kleine und mittelständische Unternehmen mit Informationen zu versorgen, da diese oftmals nicht die finanziellen Ressourcen haben, dies in Eigenverantwortung zu leisten. So entstehen internationale Datenbanken, die über das Internet einfach und kostengünstig abzurufen sind (Witek et al. 1999, Schnedlitz 1986).

Unternehmen wie Banken liefern in der Bundesrepublik Deutschland regelmäßig Prognosen und Analysen im Bereich der touristischen Entwicklung im und für das Inland. Dabei bedienen sich diese Prognosen Daten der WTO aber auch interner Daten (Finke 2002). Diese Analysen werden regelmäßig publiziert (fvw 2002), wobei ähnliche Prognosen über das Internet auch von Organisationen im Ausland erhältlich sind. Schließlich gibt es noch eine große Anzahl akademisch orientierter Studien, die in nationalen und internationalen wissenschaftlichen Zeitschriften ausführlich und regelmäßig publiziert werden. Die Tourismusforschung entwickelt sich nicht zuletzt durch die steigende Bedeutung als Wirtschaftsfaktor zu einem eigenständigen Forschungsbereich. Dieser Bereich ist immer schwerer überschaubar, was sich an der bereits heute großen und stetig ansteigenden Zahl der Publikationen messen lässt.

3.3.3.3 Probleme der Internationalen Marktforschung

Internationale Markforschung erfordert Wissen über Äquivalenzprobleme, das heißt Wissen wie und ob ein bestimmter Forschungsansatz überhaupt in einem anderen Kulturraum angewandt werden kann (Usunier 1993). Weiterhin ist von Bedeutung, dass Marktforschung in einem anderen Sprachraum mehr als nur einer Übersetzung des Fragebogens bedarf. Es gilt, eine sprachliche Anpassung an die vorherrschende Kultur zu finden, da sich Begriffe und Bedeutungen nicht immer übersetzen lassen (Craig et al. 1999).

Überhaupt ist die Kultur ein entscheidendes Moment in jeder internationalen Markforschung. Ohne eine ausreichende Kenntnis und Rücksichtnahme auf die jeweilige vorherrschende Kultur werden Ergebnisse schlicht nicht vergleichbar sein. So ist es ein lange bekanntes Phänomen, dass Tests immer von ihrem Entwickler abhängig sind und folglich jeder Test landesspezifisch und im Grunde nur die eigene Kultur treffend beschreiben kann. Von daher ist es von elementarer Bedeutung, dass internationale Forschungsvorhaben immer mit Experten vor Ort und auch mit den gängigen Instrumentarien (z. B. mehrfach getesteten Fragebögen) durchgeführt werden (Usunier et al. 1993).

Neben der Desk Research besteht natürlich immer die Möglichkeit, eigenständige internationale Studien selbst durchzuführen oder aber in Auftrag zu geben. Mit dem steigenden Bedarf an internationalen Studien steigt auch die Globalisierung der Marktforschungsinstitute, die den wachsenden Bedürfnissen des Marktes nach immer schnelleren und kostengünstigeren Informationen Rechnung tragen müssen, wenn sie im Wettbewerb bestehen wollen (Scheffler 1999). Der Trend zu internationalen Fusionen der großen Markforschungsunternehmen wird von der Notwendigkeit begleitet, neue Instrumente zu entwickeln, die über Grenzen hinweg valide und zuverlässige Daten liefern können (Scheffler 1999). Doch damit eine internationale Markforschung auch erfolgreich sein kann, müssen bestimmte Kriterien erfüllt sein.

Bei der Durchführung von internationalen Markforschungsstudien sind generell drei Problembereiche anzuführen. Das erste Problem liegt in der Äquivalenz von Studien. Unter Äquivalenzproblemen sind mehrere Bereiche zu verstehen: die funktionale Äquivalenz, die konzeptionelle Äquivalenz und die Kalibrierungsäquivalenz (Deshpandé et al. 2000). Die funktionale Äquivalenz muss sicherstellen, dass das Konzept, das in einem Kulturkreis entwickelt wird, auch in einem anderen Kulturkreis der gleichen Funktion entspricht. Dies wird in der Regel durch eine enge Zusammenarbeit der Forscher und der professionellen Marktforscher des zu untersuchenden Landes gewährleistet. In diesen Bereich fällt auch die konzeptionelle Äquivalenz. Einen wichtigen Punkt stellt die kategoriale Äquivalenz dar, das heißt die Übereinstimmung der untersuchten Kategorien. Durch Pretests wird die Kalibrierungsäquivalenz getestet. Nur Fragebögen, die durch Pretests ‚kalibriert' wurden, erheben vergleichbare Daten. Hier gilt es auch, die Äquivalenz der Stichproben zu prüfen (Knapp et al. 1999).

In der Vergangenheit spielte die Auseinandersetzung mit Äquivalenzproblemen eine eher unbedeutende Rolle, da der Ansatz internationaler Marktforschung überwiegend darin bestand, nationale Studien in anderen Kulturbereichen schlicht zu replizieren. Eine wachsende Bedeutung internationaler Marktforschung lässt sich nun auch dadurch feststellen, dass eine intensivere Beschäftigung mit Datenäquivalenzproblemen und neuen technologischen Entwicklungen in diesem Bereich zu beobachten ist (Salzberger 1999).

Die vielleicht am schwierigsten zu lösende Aufgabe bei internationalen Marktforschungsstudien ist die Äquivalenz der Fragebogenübersetzung, da das direkte Übersetzen von Fragestellungen oftmals die kulturellen Spezifika nicht genügend berücksichtigt. Begriffe in einer Sprache sind nicht immer identisch mit den direkten Übersetzungen dieser Begriffe in eine andere Sprache und die Bedeutungsunterschiede können oft erheblich sein (Usunier 1993). In einer wissenschaftlichen Studie in fünf Kulturen (Japan, England, Frankreich, Deutschland, USA) gewährleisteten die Forscher (Deshpandé et al. 2000) die Übersetzungsäquivalenz durch eine doppelte Zurück-Übersetzung. Das heißt, sie übersetzten den (amerikanischen) Fragebogen in die jeweilig andere Sprache. Dieser wurde wieder zurück übersetzt, ein weiteres Mal in die andere Sprache und nochmals zurück. Dies ist natürlich ein äußerst aufwendiges und kostspieliges Verfahren, das zwar optimale Voraussetzungen bietet, das in der Marktforschung aber oft am Bedarf vorbeigeht und den Kostenrahmen sprengen würde (Dorn 1998).

Ein zweites großes Problem der internationalen Marktforschung sind die kulturellen, sozialen, rechtlichen und ökonomischen Unterschiede der jeweiligen Länder, die bei einer internationalen Marktforschung stets berücksichtigt werden müssen (Knapp et al. 1998). Schließlich stellt sich noch das Problem der technischen Umsetzung einer internationalen Marktforschung. In den meisten Fällen kann die Durchführung einer Studie nicht vom heimischen Institut aus vorgenommen werden, da es hier im Normalfall an kultureller Kompetenz fehlt und auch die technischen Voraussetzungen nicht gegeben sind. Von daher sind auch die nationalen Marktforschungsinstitute gezwungen, sich frühzeitig um internationale Partner zu kümmern (Stumpf 1998). Durch die Globalisierung ist sogar ein Trend zum Zusammenschluss nationaler Firmen zu internationalen Unternehmen zu beobachten, der sich in den kommenden Jahren wohl noch verstärken wird (Scheffler 1999).

In der internationalen Marktforschung bietet das Internet inzwischen eine kostengünstige Möglichkeit, eigene Befragungen durchzuführen. Das Internet bietet eine direkte und schnelle Interaktion zwischen dem Forscher und den Befragten und erlaubt darüber hinaus eine sofortige Auswertung der Daten. Von daher experimentieren viele Marktforschungsinstitute mit diesem Instrument (Hasselmann 1998). Jedoch gibt es noch etliche Probleme zu lösen, bevor dieses Instrument äquivalent zu anderen Erhebungsmethoden und Forschungsinstrumenten eingesetzt werden kann. Zunächst gilt es auf internationaler Ebene Qualitätskriterien zu implementieren, die auf nationaler Ebene gerade erst formuliert werden und sicherlich noch nicht endgültig ausgereift sind (ADM 2000). Das größte Problem allerdings, das die Internetforschung momentan noch plagt, ist von eher technischer Natur. So ist es zur Zeit praktisch unmöglich, eine sinnvolle Stichprobe zu ziehen, da die Grundgesamtheit der Internetnutzer nicht zu definieren ist. Die Zusammensetzung der Internetnutzer befindet sich im ständigen Fluss und führt somit zu unlösbaren Stichprobenproblemen. Zwar reagieren die Marktforschungsinstitute mit der Etablierung von so genannten Internetpanels, aber auch diese Panels sind nur bedingt nutzbar, da sich die Grundgesamtheit von Internetnutzern ständig ändert und vergrößert und somit nach kürzester Zeit nicht mehr den Anforderungen entspricht. Dennoch wird das Internet bei wachsender Nutzerschaft ein Instrument sein, das in Zukunft in hohem Maße zur internationalen Marktforschung eingesetzt werden wird (Hasselmann 1998, Kumar 2000).

3.3.4 Zusammenfassung

Gerade im Tourismusbereich, der ein stetig wachsendes Wirtschaftspotential darstellt, muss Marktforschung in das operative und strategische Marketing eines jeden Tourismusunternehmens Eingang finden. Es gilt Beweggründe, Bedürfnisse und ganze Motivkomplexe von Kunden zu erfassen. Dabei gilt es, die quantitative und qualitative Struktur der Nachfrage so zu erfassen, dass Schwachstellen im Angebot beseitigt werden können, dass Überkapazitäten verhindert werden und dass eventuelle Marktnischen besetzt werden können (Bahrmann 2001). Dies gilt sicherlich nicht nur für die nationale, sondern auch für die internationale Markforschung der Tourismusindustrie.

Der Tourismus ist ein heute weltweit boomendes Geschäft mit Bedarf an die internationale Marktforschung. Dieser Bedarf resultiert aus dem Wandel der früher nationalen mittelständischen Reiseveranstalter zu international agierenden Reisekonzernen. Die großen Konzerne sollten in der Lage sein, den Markt in jedem einzelnen Land überblicken zu können, um jeweilige nationale Trends, die sich zu weltweiten Trends entwickeln könnten, frühzeitig erkennen und auf sie reagieren zu können (Knapp et al. 1998).

Ob eine Globalisierung der Märkte und eine damit einhergehende Ausweitung nationaler Geschäfte aber immer sinnvoll ist, wird von manchen Kritikern aus der Marktforschungsbranche bezweifelt. Gleichzeitig wird aber auf die Tatsache hingewiesen, dass der Forscher nichtsdestotrotz gezwungen ist, jede Internationalisierung der Auftraggeber mitzumachen und forscherisch zu begleiten (Dorn 1998).

Die Ausführungen haben gezeigt, dass die internationale Marktforschung um einiges komplexer als die herkömmliche nationale Marktforschung ist und folglich deutlich mehr Probleme in sich bergen kann. Probleme und schwierige Fragestellungen im internationalen Bereich werden daher von nationalen Experten nicht immer hinreichend gelöst werden können. Auf dem nationalen Markt kann es zwar regionale Unterschiede geben, doch zumeist sind diese Unterschiede im Gesamtkontext bekannt und dementsprechend kalkulier- oder vernachlässigbar. Im internationalen Kontext kann es dagegen erhebliche kulturelle Unterschiede geben, die zu enormen Äquivalenzproblemen führen. Nur durch beträchtlichen zeitlichen und finanziellen Aufwand lassen sich viele dieser Probleme bewältigen.

Neben kulturellen, ökonomischen und sozialen Differenzen, also eher ‚inhaltlichen' Unterschieden, besteht das wohl größte Problem der Rekrutierung von Experten in den jeweiligen Ländern. Ohne nationale Experten lässt sich keine sinnvolle Marktforschung durchführen. Das zwingt die Firmen, entweder Kooperationen einzugehen, die jedoch schwer überprüfbar und zumeist kostenaufwendig sind, oder die Unternehmen gehen dazu über, auf internationaler Ebene zu fusionieren (Scheffler 1999).

Dieser Trend der Internationalisierung von Marktforschungsunternehmen ist in vollem Gange und wird sich mit Sicherheit noch verstärken. Er wird auch als ein Schritt dahin gesehen, internationale Markforschung systematisch zu organisieren und durchzuführen. Denn, wie Dorn (1998) und Hasselmann (1998) ausführen, ist eine einheitliche Methode und eine zentrale Organisation unbedingt notwendig, um die Vergleichbarkeit der Ergebnisse internationaler Studien zu gewährleisten. Methoden und Instrumente müssen international getestet und validiert werden. Neue Instrumente müssen für multikulturelle Anforderungen entwickelt werden und nicht zuletzt bedarf es Qualitätskontrollen, die über die Grenzen hinausgehen.

Die Zukunft wird zeigen, inwiefern nicht zuletzt die technische Entwicklung von Kommunikationsmitteln, Rechnerkapazität und die steigende Nutzung des Internets – und somit eines neuen Forschungsinstrumentes – die internationale Marktforschung vorantreiben werden. Der Bedarf ist groß, aber es ist ein Bedarf nach kostengünstigen und qualitativ guten Studien. Denn nur solche Marktforschung garantiert den Unternehmen die Möglichkeit einer sinnvollen Planung und somit ein Überleben im Wettbewerb.

Literaturverzeichnis

Aderhold, P. 2001: RA 2001 – Die Reiseanalyse 2001, Kopenhagen

AMA 1987: New Marketing Research Definition Approved, in: *Marketing News*, Vol. 21, Heft April, S. 6-8

Arbeitskreis Deutscher Markt- und Sozialforschungsinstitute e.V. (ADM) 2002: Zahlen über den Markt für Marktforschung, unter: http://www.adm-de/zahlen.html

Arbeitskreis Deutscher Markt- und Sozialforschungsinstitute e.V. (ADM) 2000: Mehrwert durch Qualität – Jahresbericht 2000, unter: http://www.adm-de/zahlen.html

B.A.T Freizeit-Forschungsinstitut 2001: Deutsche Tourismusanalyse 2001, Hamburg

Bahrmann, M. 2001: Marktsegmentierung im Destinationsmanagement – Multivariate Analysemethoden zur Zielgruppendifferenzierung am Beispiel der Erholungsreisenden in Rheinland-Pfalz, unter: http://www.fvw-online.de, Tourismus Forum 2001

Chisnall, P. M. 1992: Marketing Research, Maidenhead

Craig, C. S./Douglas, S. P. 1999: International Marketing Research, 2. A., Chichester

Deshpandé, R.Farley, J. U./Webster, F. E. Jr. 2000: Triad lessons: Generalizing results on high performance firms in five business-to-business markets, in: *International Journal of Research Marketing*, Heft 17, S. 353-362

Dorn, J. 1998: Studien ohne Grenzen, in: *planung & analyse*, Heft 6, S. 12-14

Dörr, G. 2002: Erholung erst Ende 2002, in: *fvw international*, Heft 3, S. 19

Finke, R. 2002: Reisemarkt in Turbulenzen, in: *Analyse der Dresdner Bank*, CMT Stuttgart 2002

Hasselmann, H. 1998: Globale Marken-Strategien brauchen globale Markforschung, in: *planung & analyse*, Heft 6, S. 32-35

Institut für Demoskopie Allensbach 2002: http://www.awa-online.de

Knapp, F. D./Rummel, A. 1999: Internationale Marktforschung – Die Macht der absoluten Zahl?, in: *planung & analyse*, Heft 3, S. 34-37

Knapp, F. D./Wachter, B. 1998: Internationale Marktforschung: Lediglich eine Frage der Segmentierung?, in: *planung & analyse*, Heft 6, S. 26-31

Kotler, P. 1991: Marketing Management – Analysis, Planning, Implementation, and Control, Englewood Cliffs, N. J.

Kumar, V. 2000: International Marketing Research, Upper Saddle River

Lohmann, M./Aderholt, P. 2000: Die Reiseanalyse-Trendstudie 2000-2010, Hamburg

Mundt, J. W. 2001: Einführung in den Tourismus, 2., ergänzte A., München

Naisbitt, J. 1984: Megatrends, Bayreuth

Proctor, T. 2000: Essentials of Marketing Research, Harlow

Salzberger, T. 1999: Interkulturelle Marktforschung: Methoden zur Überprüfung der Datenäquivalenz, Wien

Scheffler, H. 1999: Weltverbesserer, in: *w&v*, Heft 44, S. 176-181

Schnedlitz, P. 1986: Aktuelle Trends in der internationalen Markforschung, in: *Marktforschung*, Heft 2, S. 52-57

Schrott, P./Schulz, K. 1995: Methoden und Ergebnisse der angewandten empirischen Kommunikationsforschung, in: *Jarren, O. (Ed.):* Fachwissen für Journalisten: Medien und Journalismus, S. 163-188, Berlin

Smith, N. C./Cooper-Martin, E. 1997: Ethics and Target Marketing: The Role of Product Harm and Consumer Vulnerability, in: *Journal of Marketing*, Heft 3, Vol. 61, S. 1-20

Sommer, R./Unholzer, G./Wiegand, E. 1999: Standards zur Qualitätssicherung in der Markt- und Sozialforschung, Arbeitskreis Deutscher Markt- und Sozialforschungsinstitute e. V. (ADM), Frankfurt am Main

Stahr, G. R. K./Backes, S. 1995: Marktforschung und Informationsmanagement im internationalen Marketing, in: *Herrmanns, A./Wißmeier, U. K. (Hrsg.):* Internationales Marketing Management, München, S. 69-100

Statistisches Bundesamt 2002: http://www.destatis.de/jahrbuch/jahrtab32.htm

Stumpf, K. 1998: Internationale Marktforschung – Probleme und Lösungsansätze, in: *planung & analyse*, Heft 6, S. 66

Usunier, J.-C. 1993: International Marketing – A Cultural Approach, New York

W&V (Werben & Verkaufen) 2001: Nobody is perfect, in: *W&V*, Heft 43, S. 126-129

Wenzel, W./Plettner, N. 2000: VerbraucherAnalyse, Pressekonferenz am 7.9.2000, Hamburg

Witek, W./Meyer, V. 1999: Marktvolumenbestimmung für innovative Produktideen, in: *absatzwirtschaft*, Heft 3

World Tourism Organisation 2000: Tourism Highlights 2000, Madrid

World Tourism Organisation 2002: http://www.world-tourism.org

3.4 Personalisierung von Reiseinformationen und -angeboten im globalen Medium Internet – Ergebnisse eines Forschungsprojektes an der Fachhochschule Heilbronn

Roland Conrady
Markus Schuckert
Claudia Möller

3.4.1 Reiseinformationen und -angebote im globalen Medium Internet 346

3.4.2 Customer Relationship Management und Personalisierung 348

3.4.3 Bedeutung und Stellenwert des One-to-One WebMarketings in der Reisebranche ... 353
    3.4.3.1 Systematik der Befragung und Basiserkenntnisse 353
    3.4.3.2 Erfolgsfaktoren und Anforderungen des virtuellen Reisevertriebs 355
    3.4.3.3 Die Personalisierung von Reisewebsites als Wegbereiter vom virtuellen
    Katalog zum virtuellen Reiseverkauf 360

3.4.4 Resümee und Ausblick 362

Literaturverzeichnis 363

Prof. Dr. rer. pol., Dipl.-Kfm. Roland Conrady lehrt seit 1998 Luftverkehr, Marketing und Electronic Business an der Fachhochschule Heilbronn. Zuvor war er mehrere Jahre in leitender Funktion bei der Deutschen Lufthansa AG tätig. Hier war er zuletzt als Leiter Neue Medien für Konzeption und Betrieb des weltweiten Lufthansa-Auftritts im Internet verantwortlich. Davor war er als Geschäftsführer der Lufthansa City Center Reisebüroparter GmbH für kaufmännische Angelegenheiten und die Auslandsmärkte zuständig.

Diplom-Betriebswirt (FH) Markus Schuckert ist wissenschaftlicher Assistent des Studienganges „Electronic Business" an der Fachhochschule Heilbronn. Er studierte an der Universität Basel, der Hochschule St. Gallen und der Fachhochschule Heilbronn. Neben der Ausbildung war er zuletzt mehrere Jahre für die Deutsche Lufthansa AG im In- und Ausland tätig und dort u. a. an internationalen IT-Projekten beteiligt.

Claudia Möller, nach einer Ausbildung zur Reiseverkehrskauffrau und einer mehrjährigen praktischen Tätigkeit im Reisevertrieb Studium der Touristikbetriebswirtschaft mit den Schwerpunkten Reisewirtschaft, E-Commerce und Marketing an der Fachhochschule Heilbronn (Diplomandin); Mitarbeit an mehreren Forschungs- und Buchprojekten zu Luftverkehr, Tourismus und Internet.

3.4.1 Reiseinformationen und -angebote im globalen Medium Internet

Das Internet ist das am schnellsten wachsende Medium aller Zeiten. Mittlerweile (Stand Feb. 2002) nutzen 544 Mio. Menschen weltweit das Internet (http://www.nua.ie). Einen Überblick über die Länder mit der stärksten Internet-Nutzung gibt Abb. 3.4.1.

Anzahl Internet-Nutzer (in Mio.)		Anteil Internet-Nutzer (in % der Bevölkerung)	
USA	164,1	Schweden	64,7
Japan	49,7	Island	60,8
China:	33,7	Dänemark	60,4
UK	33,0	Hong Kong	59,0
Deutschland	**30,2**	USA	58,5
Südkorea	22,2	Niederlande	58,1
Italien	19,3	Australien	54,4
Kanada	17,0	Norwegen	54,4
Frankreich	15,7	Canada	53,3
Brasilien	11,9	Taiwan	51,9
Taiwan	11,6	Singapur	50,8
Australien	10,6	Neuseeland	49,9
Spanien	9,4	Schweiz	46,8
Niederlande	9,3	Südkorea	46,4
Russland	9,2	Japan	39,2
		Deutschland	**36,4**

Quelle: http://www.nua.ie, Stand Ende 2001

Abb. 3.4.1: Länder mit der stärksten Internet-Nutzung

Für die Unternehmen ist mit dem Internet ein globales Medium für die Marketing-Kommunikation und die Distribution von Sachgütern und Dienstleistungen entstanden. Interessant ist zudem, dass es sich bei den Internet-Nutzern um eine überdurchschnittlich wohlhabende Zielgruppe handelt. Das Internet weist gegenüber klassischen Medien eine Reihe von Vorteilen, aber auch einige Nachteile auf (siehe Abb. 3.4.2). Für die Reisebranche ist das Internet aus zweierlei Gründen hervorragend geeignet (vertiefend siehe Conrady/Diaz-Rohr 2002):

- Das Produkt „Reisen" ist häufig mit einem hohen Informationsbedarf seitens der Kunden verbunden. Über das Internet lassen sich die relevanten Produktinformationen anschaulich, kostengünstig und in höchster Aktualität global verbreiten.
- Die Distribution von Reiseangeboten kann über das Internet erfolgen, da keine physischen Produkte zum Käufer transportiert werden müssen. Die Kosten der Distribution lassen sich daher deutlich senken.

Personalisierung von Reiseinformationen und -angeboten im globalen Medium Internet

Stärken	Schwächen
• **Anytime - anywhere** („Rund-um-die-Uhr"-Verfügbarkeit an jedem Internet-Computer)	• **Vermarktungskosten** (Hohe Kosten der Bekanntmachung einer Website)
• **Multimedialität** (Verbesserte Veranschaulichungsmöglichkeiten)	• **Technische Voraussetzungen** (PC mit Online-Zugang als notwendige Ausstattung)
• **Reichweite** (Hohe Anzahl globaler Internet-Nutzer)	• **Nutzer-Autonomie beim Informationsabruf** (Informations-Push bei Pull-Medien kaum möglich)
• **Direktmarketing** (Direktkommunikation und -vertrieb)	• **„Free Lunch-Mentalität" der Nutzer** (Geringe Zahlungsbereitschaft für Informationen und Services)
• **Aktualität** (Sekundenschnelle Aktualisierung von Informationen)	• **Sicherheitsbedenken** (Hohe Bedenken der Nutzer bzgl. missbräuchlicher Datenverwendung)
• **Interaktivität** (Zweiseitige Kommunikation und Einflussnahme auf die Informationsdarbietung)	• **Hohe Preis- und Angebotstransparenz** (Wettbewerbsintensivierung durch Transparenz „auf Mausklick")
• **Individualität** (Personalisierung von Informationen und Angeboten)	
• **Werbewirksamkeit** (Hohe Aufmerksamkeitswirkung von Pull-Medien)	
• **Werbeerfolgskontrolle** (Effiziente Möglichkeiten der Verhaltensbeobachtung, z. B. durch Logfile-Analysen)	
• **Kosten** (Geringe Kommunikations- bzw. Transaktionskosten)	

Abb. 3.4.2: Stärken und Schwächen des Internet

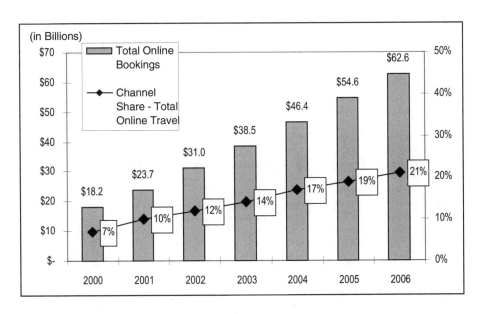

Quelle: Jupiter MMXI – Travel Forecast Report

Abb. 3.4.3: Online-Buchungsumsätze und Online-Buchungsanteile in den USA

Es ist nicht überraschend, wenn der Abruf von Reiseinformationen zu den beliebtesten Arten der Internet-Nutzung zählt. In Deutschland interessieren sich 43,5% aller Internet-Nutzer für Online-Informationen zu „Urlaub, Reisen und Touristik" (empirische Ergebnisse der 13. www-Benutzeranalyse W3B, siehe auch den Online-Reichweiten-Monitor der AGIREV vom März 2002 unter http://www.wuv.de). Zudem zählen Reiseangebote zu den umsatzstärksten Produktkategorien im E-Commerce.

In den USA werden heute schon Reisen im Wert von US$ 31 Mrd. online verkauft (siehe Abb. 3.4.3). Dies entspricht einem Anteil von 12% aller gebuchten Reisen. Bis zum Jahre 2006 wird sich das Online-Buchungsvolumen auf US$ 62,6 Mrd. mehr als verdoppeln. Damit würden 21% aller Reisebuchungen online getätigt. Es ist zu vermuten, dass sich in anderen Märkten der Welt ähnliche Entwicklungen abzeichnen werden.

3.4.2 Customer Relationship Management und Personalisierung

Das Marketing hat in den letzten Jahren einen Paradigmenwechsel dahingehend erfahren, dass der Aufbau und die Pflege von Kundenbeziehungen gegenüber der Gewinnung von Kunden an Bedeutung gewonnen hat. Anlass für diesen Paradigmenwechsel war die Erkenntnis, dass sich sorgsam gepflegte, langjährige Kundenbeziehungen sehr positiv auf die Profitabilität eines Unternehmens auswirken.

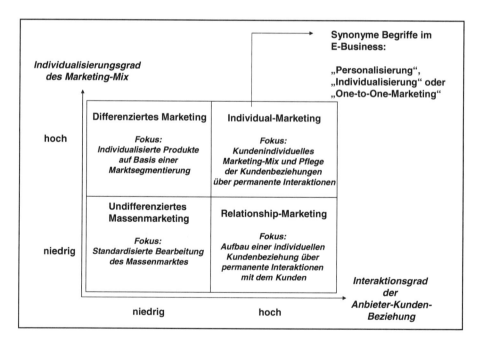

Abb. 3.4.4: Marketing-Konzeptionen

Enge Kundenbeziehungen resultieren zum einen aus einem hohen Interaktionsgrad zwischen Anbietern und Kunden und zum anderen aus einer hohen Individualisierung des Marketing-

Mix gegenüber dem Kunden. Eine Marketing-Konzeption, die darauf zielt, einen hohen Individualisierungsgrad des Marketing-Mix bzw. der Marktleistung zu erreichen und gleichzeitig permanente Interaktionen mit dem Kunden zu pflegen, wird als Individual-Marketing bezeichnet (vgl. Abb. 3.4.4).

Die Philosophie des Individual-Marketing (im Folgenden werden die Begriffe „Personalisierung", „Individualisierung" und „One-to-One Marketing" synonym verwendet) wurde erstmalig im Jahre 1993 unter dem Begriff „One-to-One Marketing" von Don Peppers und Martha Rogers (vgl. Peppers/Rogers 1993, siehe auch http://www.1to1.com) ausführlich beschrieben. Abb. 3.4.5 stellt die Antipoden der Philosophien des Massenmarketing und des One-to-One Marketing im Überblick dar.

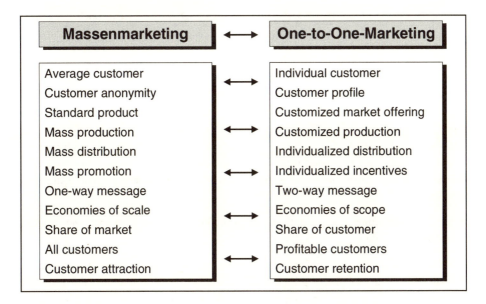

Quelle: Peppers/Rogers 1993

Abb. 3.4.5: Grundsätze des Massenmarketing und des One-to-One Marketing

Die Abbildung verdeutlicht folgende Kernpunkte:

- Das One-to-One Marketing wird der Individualität einzelner Kunden gerecht.
- Basis der Marktbearbeitung sind Profile von Kunden, d. h. der Kunde stellt kein anonymes Wesen mehr dar.
- Den einzelnen Kunden wird eine maßgeschneiderte Marktleistung geboten, d. h. Kunden erhalten maßgeschneiderte Produkte auf individualisierten Distributionskanälen mit individualisierten Preisen.
- Die Kommunikation erfolgt in individualisierter Form und zwar in Form einer „Zwei-Wege-Kommunikation", d. h. es findet eine echte Kundeninteraktion statt.

- Zielrichtung ist die Realisierung von „Economies of Scope" statt gemeinhin angestrebter „Economies of Scale". Economies of Scope ergeben sich, wenn aufgrund einer vertieften Kundenkenntnis weitere Umsatzpotentiale mit eben jenen Kunden erschlossen werden können.
- Eine vertiefte Kundenkenntnis ermöglicht, den „Share of Customer" zu erhöhen. So könnten z. B. vom Konsumbudget des Kunden Peter Müller statt heute US$ 60 pro Monat US$ 120 pro Monat abgeschöpft werden – wenn es gelingen sollte, dem Kunden Müller nicht nur Bücher, sondern auch CDs und DVDs zu verkaufen (siehe beispielhaft die Aktivitäten der Fa. Amazon, http://www.amazon.de).
- Beim One-to-One Marketing konzentrieren sich die Anbieter auf die profitablen Kunden.
- Und last but not least: Das Ziel des One-to-One Marketing ist die Customer Retention, d. h. die langfristige Bindung des Kunden an das eigene Unternehmen.

Der Grundgedanke des One-to-One Marketing ist keineswegs neu. Seit mehreren Jahrzehnten befasst sich die Marketingwissenschaft unter dem Stichwort „Marktsegmentierung" mit einer zielgruppenspezifischen Bearbeitung einzelner Marktsegmente. Bisher waren einer zu feinen Definition von Marksegmenten jedoch Grenzen gesetzt. Die Bildung sog. „segments of one" war wirtschaftlich nicht sinnvoll darstellbar. Durch neue Technologien (Internet, DataWarehousing, DataMining, E-Mails, usw.) können nunmehr sehr kleine Zielgruppensegmente gebildet und bearbeitet werden, ohne dass eine progressive Kostenentwicklung aufgrund überproportional steigender Komplexitätskosten erfolgt (siehe zur Verdeutlichung Abb. 3.4.6).

One-to-One Marketing kann somit wie folgt definiert werden (Peppers and Rogers Group/PhoCusWright Inc. 2001, S. 98):

> „One-to-one-marketing is focused on the individual customer, one-to-one-marketing is based on the idea of an enterprise knowing its customer. Through interactions with that customer the enterprise can learn how he or she wants to be treated. The enterprise is then able to treat this customer differently than other customers. However, one-to-one-marketing does not mean that every single customer needs to be treated uniquely, it means that each customer has a direct input into the way the enterprise behaves with respect to him or her"

Wie Abb. 3.4.4 verdeutlicht, existiert eine Verwandtschaft zum Begriff des „Customer Relationship Management" CRM (einen ausführlichen Statusbericht zum CRM gibt CYbiz 06/2000, siehe auch die Fachpublikation eCRM des Oxygon-Verlages sowie Payne/Rapp 1999 und Wehrmeister 2001). Das CRM stellt nicht zwangsläufig auf die Individualisierung des Marketing-Mix ab. Es ist jedoch unzweifelhaft, dass Kundenbeziehungen bei einem individuellen Umgang mit dem Kunden besser gepflegt werden können.

Das unter dem Dach des Deutschen Direktmarketing-Verbandes (DDV) gegründete CRM-Forum hat sich auf folgende Definition des CRM verständigt (http://www.ddv.de):

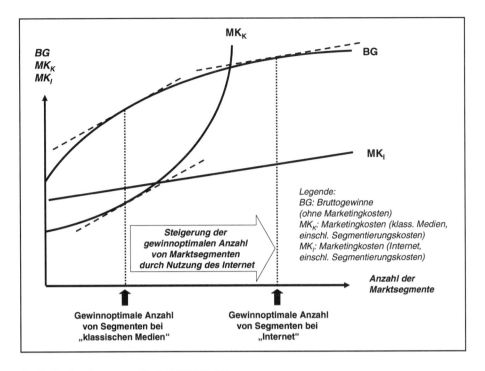

Quelle: In Erweiterung von Meffert 1998, S. 211

Abb. 3.4.6: Gewinnmaximale Segmentanzahl bei klassischen Medien und Internet

„CRM ist ein ganzheitlicher Ansatz zur Unternehmensführung. Er integriert und optimiert abteilungsübergreifend alle kundenbezogenen Prozesse in Marketing, Vertrieb, Kundendienst sowie Forschung und Entwicklung. Dies geschieht auf der Grundlage einer Datenbank mit einer entsprechenden Software zur Marktbearbeitung und anhand eines vorher definierten Verkaufsprozesses. Zielsetzung des CRM ist dabei die Schaffung von Mehrwerten auf Kunden- und Lieferantenseite im Rahmen von Geschäftsbeziehungen."

Trotz der aktuellen Diskussion um die Konzeption eines „One-to-One Marketing" sind die teilweise beträchtlichen Potentiale der Personalisierung noch längst nicht ausgeschöpft. So haben einer empirischen Erhebung zufolge erst 20,9% der befragten deutschen Unternehmen und lediglich 4,5% der Unternehmen der Reisebranche One-to-One-Lösungen implementiert (vgl. die „e-reality Studie 2000" von Consulting Partner unter http://www.consulting-partner.de). Gerade in der Reisebranche scheinen somit noch Potentiale des Internet brach zu liegen.

Das Internet ist wie kein anderes Medium für Personalisierungs-Maßnahmen geeignet: Es ermöglicht eine vergleichsweise kostengünstige und valide Sammlung einer Vielzahl kundenrelevanter Informationen, es stimuliert die Internet-Nutzer, sich zu artikulieren und zu reagieren (schließlich ist es viel komfortabler, schnell eine E-Mail zu schreiben als zu Stift und Papier zu greifen) und es ermöglicht eine vergleichsweise kostengünstige individualisierte Bearbeitung sehr großer Adressenkreise mit einem individualisierten Marketing-Mix.

So führen Peppers und Rogers auch wie folgt aus (http://www.1to1.com.):

„The web allows companies to engage customers in a dialog, facilitating user to be explicit about both their preferences and their personal or company profiles. It also allows e-merchants to track and mine data on customer behavior in order to predict needs better than ever before. It is natural then, that many companies have invested in the technologies and skills to advance one-to-one marketing and CRM on the web."

Mit Hilfe der Personalisierung wird also das Ziel verfolgt, Kunden längerfristig an das eigene Unternehmen zu binden (vgl. Bernecker 2001, S. 342 ff.). Eine längerfristige Kundenbindung hat sich als wirtschaftlich außerordentlich erfolgreich erwiesen, da sich eine Reihe von damit verbundenen Effekten positiv auf die Gewinnsituation des Unternehmens auswirken:

- **Reduktion von Akquisitionskosten:** Bei einer Konzentration auf bestehende Kunden lassen sich Akquisitionskosten reduzieren, da weniger Kunden abwandern, die durch neue – aufwendig akquirierte – Kunden ersetzt werden müssten.
- **Verkaufssteigerungen:** Bei einer engen Kundenbindung lassen sich über die eigentlichen Produktverkäufe hinaus weitere Verkäufe von anderen Produkten tätigen (sog. „Cross Selling").
- **Reduktion von Betriebskosten:** Hier kann eine Senkung von Transaktionskosten erfolgen. Unter Transaktionskosten werden diejenigen Kosten verstanden, die bei der Anbahnung, Vereinbarung, Kontrolle und Anpassung wechselseitiger Leistungsbeziehungen anfallen. Diese Transaktionskosten können im Laufe einer loyalen Beziehung gesenkt werden, indem eine effizientere Abwicklung der Austauschaktivitäten erreicht wird. Kundenindividuelles Wissen der Mitarbeiter führt zudem zu Produktivitätssteigerungen. Daneben lassen sich noch Kosten der Personalfluktuation senken; eine auf Kundenzufriedenheit ausgerichtete Geschäftspolitik sieht im Rahmen des internen Marketing auch die Fokussierung auf die Mitarbeiterzufriedenheit vor. Zufriedene Mitarbeiter sind weniger geneigt, den Arbeitsplatz zu wechseln, als unzufriedene Mitarbeiter.
- **Referenzen:** Langfristige Kunden wirken als „Meinungsführer", sie betreiben unentgeltliche „Mund-zu-Mund-Werbung" im positiven Sinne. Dies führt dazu, dass auch im Bereich der Kommunikationskosten Einsparungen zu erzielen sind, denn Maßnahmen der Kommunikationspolitik können teilweise durch die positive „Mund-zu-Mund-Werbung" zufriedener und loyaler Kunden ersetzt werden.
- **Höhere Preise:** Bei treuen Kunden ist die Preiselastizität der Nachfrage niedriger, d. h. treue Kunden bleiben dem Unternehmen auch dann noch erhalten, wenn die Preise gelegentlich erhöht werden.

Nach detaillierter Analyse einschlägiger Studien, Forschungsberichte und Expertenmeinungen ergibt sich ein eindeutiges Bild im Hinblick auf den Nutzen von Personalisierung: Der hohe Nutzwert von One-to-One Marketing wird einstimmig bestätigt.

Trotz der hohen Bedeutung des One-to-One Marketing in der Reisebranche lagen bisher nur wenige Erkenntnisse für diese Branche vor, als Ausnahme ist in dieser Hinsicht die Studie „one to one in travel" der Peppers and Rogers Group und PhoCusWright Inc. zu nennen. An der Fachhochschule Heilbronn wurde daher von Oktober 2001 bis März 2002 eine Studie zum „One-to-One WebMarketing in der Reisebranche" durchgeführt. Die wesentlichen Erkenntnisse werden nachfolgend dargestellt (für detaillierte Ergebnisse vgl. Forschungsbericht „One-to-One WebMarketing in der Reisebranche" unter http://1to1webmarketing.fh-heilbronn.de).

3.4.3 Bedeutung und Stellenwert des One-to-One WebMarketings in der Reisebranche

3.4.3.1 Systematik der Befragung und Basiserkenntnisse

In der an der Fachhochschule Heilbronn durchgeführten Studie wurden rund 4 500 Nutzer deutscher Reise-Websites befragt. Auf den Websites der Forschungspartner wurden die Fragebögen geschaltet, in denen die Besucher der Sites zum Thema Internet-Nutzung, Reisen und Personalisierung im Internet detailliert Auskunft gaben. Um die Wünsche und Bedürfnisse der Internet-User auch im internationalen Kontext vergleichen zu können, wurden zudem ca. 400 Befragungen auf internationalen Reise-Websites vorgenommen. Die Befragung wurde durch die Unterstützung der Forschungspartner Buchungsmaschine AG, LTU, Reisebüro Hegenloh, Robinson, SRS WorldHotels, START Media Plus und der TUI ermöglicht. Mit Hilfe dieser Forschungspartner konnten die verschiedenen Segmente der Reisebranche abgedeckt werden. Die technische Durchführung der Befragung sowie die Auswertung der gewonnenen Informationen erfolgte mit Hilfe des Datenerfassungs- und Datenanalysesystems SPSS MR.

Die befragten Internet-Nutzer waren – mit einem Schwerpunkt zwischen 26 und 45 Jahren – gleichmäßig über alle Altersgruppen verteilt und die Anzahl weiblicher und männlicher Befragter nahezu gleich. Die Mehrheit der Befragten entspricht mit einer mehrmals täglichen Nutzung (65%) dem internetaffinen Teil der Bevölkerung und ist dabei zwischen einer und zwölf Stunden pro Woche online. Hier liegen die deutschen Befragten im internationalen Vergleich gegenüber den USA (85% mehrmals täglich online), Europa (87%) und der Gesamtheit der auf den internationalen Websites Befragten (85%) noch deutlich zurück.

Erwartungsgemäß wird das Internet von allen Befragten am stärksten zum Versand und Empfang von E-Mails genutzt. Bemerkenswert für Deutschland aber ist, dass mit 82% ein starker Focus auf der reinen Informationsbeschaffung liegt, während nur 46% der Befragten auch online einkaufen. Besonders auffällig ist die Tatsache, dass die Buchung von Reisedienstleistungen über das Internet nur von 43% der deutschen Befragten genutzt wird, während der Anteil international hier mehr als doppelt so hoch ist. Auch Online-Banking wird in Deutschland mit 55% stärker genutzt als Reisebuchungen über das Internet; dies zeigt deutlich, dass der geringe Anteil der Reisebuchungen nur teilweise mit fehlendem Vertrauen der Nutzer gegenüber dem Medium Internet begründet werden kann. Während international der Anteil der Reisebuchungen mit ca. 90% deutlich über dem Anteil des allgemeinen Einkaufs via Internet (ca. 60%) liegt, werden in Deutschland weniger Reiseleistungen über das Internet gekauft als andere Produkte. Generell kann also in Deutschland von einem starken Optimierungspotential beim Verkauf von Reiseangeboten via Internet ausgegangen werden (zu ähnlichen Ergebnissen kommt auch die 13. www-Benutzeranalyse, vgl. Fittkau 2002).

85% der Befragten nutzen das Internet als **Informationsmedium** im Rahmen der Reisevorbereitung, international ist dieser Anteil mit 92% sogar noch höher. In Deutschland haben auch die traditionellen Informationskanäle wie Kataloge und Reisebüros mit etwa 55% nach wie vor eine hohe Relevanz – in den USA ist dieser Anteil mit nur 25% (Reisebüro) bzw. 16% (Kataloge) signifikant niedriger. Dies lässt darauf schließen, dass die Bedeutung des Internets als Informationsmedium künftig weiter ansteigen und die Funktion der Reisebüros als Informationsmittler eher abnehmen wird.

Unter den einzelnen **Reiseleistungen** werden am häufigsten Flüge gebucht. Auch hier liegen die deutschen Internet-Nutzer mit 63% hinter dem Ausland (bis zu 90%). Noch deutlicher ist jedoch der Unterschied bei Hotelbuchungen: Der Anteil der mit „ja" antwortenden Internet-Nutzer in Deutschland liegt nur bei 43%, also bei weniger als der Hälfte der international Befragten. Dies ist sicherlich zum Teil mit der großen Zahl mittelständischer Hotelbetriebe (vgl. Kapitel Seitz, Punkt 2.5.4.2 in diesem Band) zu erklären, die im Vergleich zu globalen Hotelketten einerseits als weniger mit dem Medium Internet vertraut gelten können und andererseits auch kaum in den großen Reservierungssystemen vertreten sind, an die viele Reisesites angebunden sind. Der Blick aufs Ausland zeigt daher ein erhebliches Potential für die Hotelbranche. Bei Last-Minute-Reisen und besonders bei Pauschalreisen heben sich wiederum die deutschen Internet-Nutzer deutlich ab und liegen mit 52% (Last-Minute-Reisen) und 41% (Pauschalreisen) klar vor den ausländischen Befragten mit 45% bzw. 13%.

In der Frage, wo üblicherweise die Reisen gebucht werden, ist ebenfalls ein deutlicher Kontrast zwischen Deutschland und dem Ausland zu erkennen. Das **Reisebüro** ist in Deutschland nach wie vor der klassische Vertriebsweg: 48% der Befragten gaben an, ihre Reisen dort persönlich zu buchen, 10% telefonisch und 13% auf den Webseiten des Reisebüros – somit nutzen 71% der Privatreisenden die Dienste von Reisebüros (vgl. Abb. 3.4.7). 21% der Befragten gaben jedoch an, Reisebuchungen im **Internet** direkt beim Anbieter zu tätigen. Die auch in anderen Studien zu beobachtende Präferenz der Internet-Nutzer gegenüber Websites von Leistungsträgern im Vergleich zu Websites von Reisemittlern konnte also auch in dieser Studie bestätigt werden. Interessant ist auch, dass schon 34% der Befragten angaben, Reisen üblicherweise über das Internet zu buchen.

Gänzlich anders stellt sich die Situation in den USA dar. Dreiviertel der befragten Privatreisenden buchen ihre Reisen direkt im Internet beim Leistungsträger, lediglich jeder Fünfte bucht im Reisebüro. Außerdem haben Call Center eine deutlich höhere Relevanz. Ähnlich stellt sich die Situation bei Geschäftsreisen dar, allerdings ist hier der Anteil der telefonischen Buchungen (Anbieter oder Reisebüro) höher.

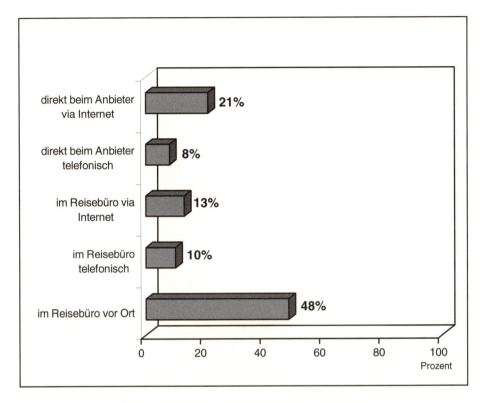

Abb. 3.4.7: Übersicht über die tatsächliche Nutzung von Buchungsmöglichkeiten

3.4.3.2 Erfolgsfaktoren und Anforderungen des virtuellen Reisevertriebs

Die konkrete Frage nach der insgesamt als vorteilhafter empfundenen **Art der Reisebuchung** bestätigt, dass die deutschen Internetnutzer bisher überwiegend nicht auf den Service eines Reisebüros verzichten wollen. Während sich in den USA, Europa und weltweit eine deutliche Mehrzahl der Umfrageteilnehmer für das Internet aussprechen, bevorzugen in Deutschland 52% der Befragten die klassische Buchung im Reisebüro; dies ist um so bemerkenswerter, da die in der vorliegenden Studie befragten Personen zur besonders internetaffinen Bevölkerungsschicht gehören. Hier zeigt sich, dass die Akzeptanz des Internets in Deutschland im internationalen Vergleich noch deutlich zurückliegt. Um dem deutschen User den Weg zur Buchung von Reiseleistungen im Internet zu ebnen, besteht also ein klarer Handlungsbedarf auf der Anbieterseite, das Angebot besser auf die Erwartungen, Wünsche und Bedürfnisse der potentiellen Kunden abzustimmen.

Die allgemeinen **Besonderheiten von Dienstleistungen** wie Immaterialität und Gleichzeitigkeit von Erstellung und Konsum (uno-actu-Prinzip) treffen auch weitgehend auf die Leistungen des Reisevertriebs zu, im Unterschied zu materiellen Produkten kann der Kunde beim Kauf von Reisedienstleistungen das Produkt weder vor oder bei Kauf in Augenschein nehmen, noch einfach umtauschen (vgl. Freyer 1999, S. 128ff.). Die Folge ist eine erhöhte subjektive Risikowahrnehmung, die durch ein (im Vergleich zum Kauf eines geringerwertigen Produkts wie z. B. eines Buchs oder einer CD) erhöhtes Involvement bei der Gestaltung der „schönsten Wochen des Jahres" verstärkt wird (vgl. Pompl 1996, S. 15 und 18ff sowie Meffert/Bruhn 1995, S. 83 ff und 90 f). Hieraus resultiert nicht nur ein erhöhter Bedarf nach Information, sondern auch nach detaillierter Beratung und einem persönlichen Ansprechpartner, wodurch das zur Buchung notwendige Vertrauen geschaffen wird (zu Reisen als „Vertrauensgut" vgl. auch Kapitel Segler unter Punkt 3.2.4 in diesem Band).

Dies bestätigt sich in den Antworten auf die Frage nach dem **Verbesserungspotential bei Reisebuchungen über das Internet** bzw. bei den Vorteilen der Reisebüros. Das wichtigste Kriterium für die deutschen Internet-Nutzer ist der persönliche Ansprechpartner in den Reisebüros, hierauf legen 77% wert. Direkt danach folgt mit 66% die detaillierte Beratung durch die Reisebüroexpedienten. Diese beiden für die Kunden wichtigsten Kriterien zeigen klar das Bedürfnis nach persönlichem Kontakt und individueller Ansprache. Erst an zweiter Stelle kommen für die Befragten sicherheitsbezogene Aspekte wie größeres Vertrauen durch persönliche Präsenz vor Ort (46%) oder eine größere Transparenz der Abwicklung (38%). Im internationalen Vergleich ist diese Tendenz weniger stark ausgeprägt; mögliche Gründe hierfür können neben einer generell größeren Akzeptanz des Internets auch in einer differenzierten Marktstruktur und einem unterschiedlichen Reiseverhalten liegen.

Um den Informationssucher zur Buchung zu bewegen, ist die Aufgabe des Reiseanbieters, durch das richtige Marketing dem Kunden seine Kompetenz zur Erfüllung des gebuchten Leistungsversprechens überzeugend darzustellen. Hierzu muss also das Ziel sein, auch im Internet „persönliche Beziehungen" aufzubauen: Mit der Personalisierung von Websites durch eine Anpassung an die individuellen Wünsche des einzelnen Kunden müssen der Service im Internet optimiert, eine verbesserte Beratungsqualität angeboten und ein entsprechendes Vertrauen aufgebaut werden. Die verstärkte Orientierung an den Bedürfnissen der Kunden und deren Erfüllung durch den klassischen stationären Reisevertrieb sind also **Erfolgskriterien** für Reiseanbieter im Internet, anhand derer eine Entwicklung des Angebots von Reisedienstleistungen im Internet vom virtuellen Reisekatalog hin zum virtuellen Reiseverkauf erfolgen muss.

Von grundlegender Bedeutung für die Personalisierung von Websites ist, dass sich die Internet-Nutzer im Rahmen eines **Registrierungsprozesses** zu erkennen geben und bei nachfolgenden Besuchen auf der Website durch Cookies oder Passwort wieder erkannt werden. Grundsätzlich sind die befragten Internet-Nutzer zu einer Registrierung auf Websites bereit. Aber die freiwillige Registrierung wird von den Usern an bestimmte **Erwartungen** geknüpft. So erwarten ca. 55% der Nutzer für die Angabe ihrer persönlichen Daten Vorteile und Vergünstigungen vom Anbieter. Hierunter sind vor allem Preisvorteile und Sonderangebote für den registrierten Nutzer zu verstehen. Weitere Vergünstigungen sind individuelle, auf die Bedürfnisse zugeschnittene Informationen und passende Reiseangebote sowie ein schnellerer Seitenaufbau, eine optimierte Navigation und Buchungsprozesse. Ebenso wird – vor allem von den Befragten mit einer höheren Reisehäufigkeit – eine einfachere Abwicklung oder nicht erneutes Eingeben von Daten, die für jede Buchung benötigt werden, gewünscht.

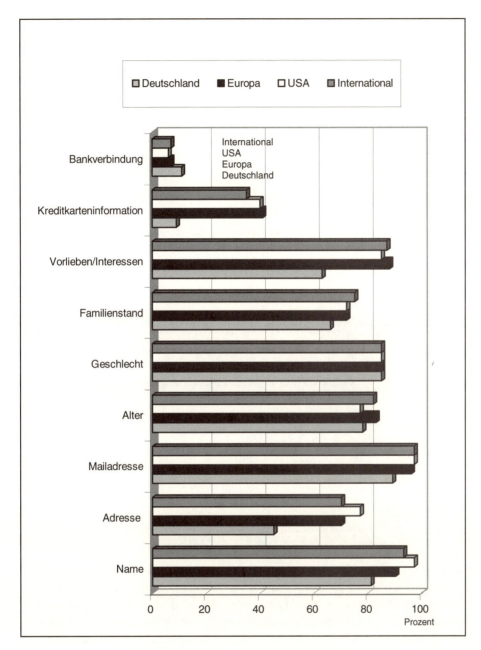

Abb. 3.4.8: Bereitschaft zur Angabe persönlicher Daten

Allen Besuchern der Site sollte also vom Betreiber deutlich gemacht werden, welchen konkreten Nutzen sie von einer Registrierung erwarten können. Die Bereitschaft zur **Übermittlung persönlicher Daten** stellt sich im internationalen Vergleich sehr heterogen dar, wie Abb. 3.4.8 veranschaulicht. Es wird klar, dass allgemeine und aus Nutzersicht unsensible

Daten (wie z. B. Name, Mailadresse oder Geschlecht) von fast allen Befragten – egal welcher Herkunft – weitergegeben werden. Bei sensiblen Daten wie z. B. Kreditkarteninformationen oder der Bankverbindung nimmt die Bereitschaft spürbar ab bzw. tendiert gegen Null. Hier ist die Auskunftsbereitschaft der internationalen Internet-Nutzer bemerkenswert. Die Auskunftsfreudigkeit ist tendenziell höher als bei den Deutschen, nationale Unterschiede werden hier besonders deutlich. Es ist zu vermuten, dass hierin ein wesentlicher Hinderungsgrund für Online-Buchungen liegt. Im Weiteren ist festzustellen, dass über alle Befragten hinweg eine hohe Bereitschaft besteht „Vorlieben und Interessen" zu artikulieren. Es ist den Reiseanbietern daher dringend anzuraten, diese Informationen zu erheben und für eine individuelle Ansprache der Zielgruppen zu nutzen.

Eine **individuelle Ansprache** im Internet in Form von personalisierten Informationen und Angeboten wird von fast allen Internet-Nutzern – unabhängig von ihrer regionalen Herkunft – begrüßt (siehe Abb. 3.4.9): 84% der deutschen Internet-Nutzer und sogar 91% der internationalen Internet-Nutzer wünschen personalisierte Websites!

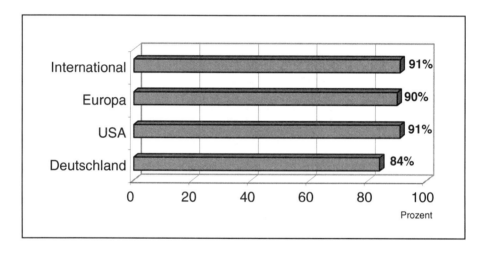

Abb. 3.4.9: Wunsch nach Personalisierung von Websites

Eindeutig fiel auch die Antwort auf die Frage aus, ob sich die Internet-Nutzer personalisierten Websites **stärker verbunden** fühlen würden: 63% der Deutschen bejahten diese Frage. Internationale Internet-Nutzer bestätigten gar zu 80%, dass sie sich mit personalisierten Websites stärker identifizieren würden. Die Befunde lassen vermuten, dass die von Reiseanbietern beabsichtigten Kundenbindungswirkungen personalisierter Websites tatsächlich eintreten würden.

Das **Multi-Channel-Management** muss ebenso individuell wie die Ansprache des Kunden im Internet auf die differenzierten Bedürfnisse und Wünsche der Kunden abgestimmt werden. Wie nachfolgende Abb. 3.4.10 verdeutlicht, kann keineswegs pauschal angenommen werden, dass alle Kunden über alle zur Verfügung stehenden Kommunikationskanäle individuell angesprochen und bedient werden wollen. Eine zusätzliche individuelle Ansprache über Telefon, Fax oder sogar die unpersönlichere SMS wird durch die Internet-Nutzer durchweg abgelehnt. Alleine den Postweg möchten sich die User offen halten, um weitere Informationen zu akzeptieren.

Die Abstimmung der Kommunikationsinhalte in den verschiedenen Kanälen bedarf also eines optimierten Finetunings. So ist es z. B. denkbar, dass umfangreiche Produktinformationen, die der Kunde als weitere Grundlage für eine Kaufentscheidung erwartet, durchaus über den Postweg erfolgen können, und dass zeitnahe Informationen im Sinne einer Serviceleistung (z. B. Flugzeitenänderungen, Flugsteiginformationen oder der Verfall von Hotelreservierungen etc.) zu einer bereits erfolgten Buchung auch per SMS versandt werden können. Die internationalen Befunde lassen hier die gleichen Schlussfolgerungen zu.

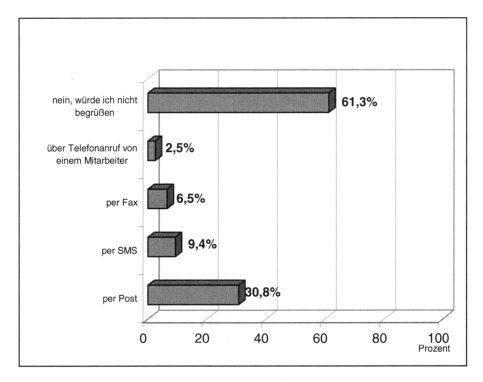

Abb. 3.4.10: Akzeptanz einer individuellen Ansprache in den anderen Kommunikationskanälen
(falls schon über das Internet individuelle Ansprache erfolgt)

Die befragten Nutzer sind zu 70% daran interessiert, auch **eigene Preisvorstellungen** zu äußern (vgl. das „Customer Driven Pricing" der Fa. Priceline, http://www.priceline.com). Die Vorteile aus Nutzersicht liegen hierbei in der Chance auf ein „Schnäppchen" und im dafür reduzierten Suchaufwand. Mit knapp 60% besteht ebenfalls ein sehr großes Interesse an Treuerabatten, welches im internationalen Vergleich (vor allem in den USA) noch höher liegt. Hier bieten sich den Anbietern also interessante Möglichkeiten, die Besucher an die eigene Site zu binden.

Als weniger interessant werden Mengenrabatte (29%) und Auktionen oder Versteigerungen (27%) empfunden. Auktionen scheinen somit den vor einigen Jahren stark ausgeprägten Reiz verloren zu haben.

3.4.3.3 Die Personalisierung von Reisewebsites als Wegbereiter vom virtuellen Katalog zum virtuellen Reiseverkauf

Nachfolgend soll in Auszügen über die in der Studie genauer untersuchten Personalisierungsfunktionen ein Überblick gegeben und die signifikanten Ergebnisse im internationalen Kontext dargestellt werden.

Individuelle Mails/Newsletter

Personalisierung oder One-to-One WebMarketing bedeutet zu allererst eine Personalisierung der angebotenen Informationen. Dies gilt sowohl für die Website selbst als auch für individuell zugeschnittene E-Mails oder E-Mail-Newsletter mit Informationsinhalten oder mit individuell passenden Sonderangeboten. Dies gehört jedoch zu den Funktionen, die mit 23% weniger Resonanz bei deutschen Nutzern finden, für die international befragten Nutzer gilt dies weniger stark. Auch in der Aussendungsfrequenz der Newsletter gibt es deutliche regionale Präferenzunterschiede: Während in den USA und Europa die Mehrzahl der Kunden am liebsten einmal wöchentlich (regelmäßige) Informationen erhalten würden, bevorzugen die Deutschen mit über 50% einen unregelmäßigen Newsletter, den sie nur dann bekommen, wenn wirklich für sie relevante Informationen oder Angebote vorliegen. Ebenso verhält es sich mit Zusatzangeboten im Newsletter, die von 60% der deutschen Nutzer abgelehnt werden, außereuropäisch treffen diese mit nur 56% Ablehnung schon eher die Präferenzen der Nutzer. Für den Markt der deutschen Internet-Nutzer muss auch in Anbetracht der Tatsache, dass nur gut 20% der Befragten Newsletter ausdrücklich bejahen, die Frage nach der grundsätzlichen Sinnhaftigkeit dieser Funktionalität gestellt werden. Auch wenn individualisierte Mails oder Newsletter im Vergleich zu konventionellen Reisekatalogen die Informationsmenge für den Kunden deutlich und auf die für ihn relevanten reduzieren, zeigt sich hier, dass die Kundenerwartungen an den Vertrieb von Reisedienstleistungen eindeutig über bloße (wenn auch individualisierte) Informationen hinausgehen.

MyWebsite

Der Begriff „MyWebsite" geht auf den Pionier Yahoo („MyYahoo") zurück und bezeichnet die Funktionalität, die Website des Anbieters einerseits hinsichtlich Layout und Design sowie andererseits hinsichtlich angebotener Inhalte vom Nutzer selbst einrichten zu lassen, damit die Website den individuellen Bedürfnissen exakt entspricht. Ausdrücklich als „wichtig" bezeichnen diese Funktionalität jedoch nur 6% der deutschen Befragten, auch das internationale Interesse ist kaum größer. Über die Hälfte (55%) der deutschen Befragten bezeichnet die Möglichkeit zur individuellen Konfiguration der Website ausdrücklich als „unwichtig". Offensichtlich scheinen die Internet-Nutzer derartige Funktionalitäten als „Spielerei" zu betrachten. Gerade im Falle selten aufgerufener Websites übersteigt auch der Konfigurationsaufwand den daraus gewonnenen Nutzen.

Für den Kunden beginnt das psychische Reiseerlebnis im Gegensatz zum faktischen bereits mit den ersten Reiseüberlegungen (vgl. Pompl 1996, S. 22 ff.) und schließt daher definitiv den Kontakt mit der Website des Anbieters ein. Die richtige Atmosphäre für die Urlaubsvorbereitung und die damit beim Kunden verbundenen Emotionen sind auch auf einer Website grundlegende Voraussetzungen für eine Buchungsentscheidung. Der Kunde erwartet jedoch vom Reiseanbieter, dass er die Rahmenbedingungen für Reiseerlebnisse schafft (a. a. O.); daher ist zu vermuten, dass der Kunde sehr wohl eine individuelle Anpassung der Site wünschen könnte, sich dafür jedoch nicht selbst und mit technischen Funktionalitäten beschäftigen möchte. Der auch in der Kundenbefragung am häufigsten genannte Internetauftritt der Fa. Amazon kann hier als Beispiel aufgeführt werden. Dieser stellt das Informationsangebot auf der Site ohne Konfigurationsaufwand für den Nutzer aus den bei vorherigen Besuchen getätigten Bestellungen individuell zusammen. Im Hinblick auf den Servicegedanken ist also eine „sitegesteuerte" Personalisierung einer „benutzergesteuerten" vorzuziehen.

Detaillierte (kriterienbezogene) Suchfunktion
Für die auf den deutschen Sites Befragten ist die Möglichkeit, anhand einer kriterienbezogenen Suche aus der Fülle von Angeboten nur jene auswählen zu können, die den individuellen Entscheidungskriterien entsprechen, mit 77% die wichtigste Funktion, diese hohe Priorität findet sich auch im internationalen Vergleich wieder. Die Praxis zeigt, dass Urlaubsbedürfnisse häufig nicht reiseland- oder gar zielortspezifisch sind, sondern sich auf eher allgemeine Motivationen wie z. B. „irgendwo in den Süden, wo es warm ist und ich Sport treiben kann" beschränken (vgl. Freyer 1991, S. 71). Hier bietet die Möglichkeit einer detaillierten und kriterienbezogenen Suche die Funktionalität einer Beratung, die dem Kunden hilft, seine Vorstellungen und Wünsche auf ein bestimmtes Reiseziel zu konkretisieren. Der Wunsch nach personalisierten Angeboten nimmt folglich mit zunehmender Reiseintensität von ca. 78% (ein- bis zweimal jährlich gereist) auf ca. 69% (fünfmal und öfter gereist) ab, denn aus der höheren Reisehäufigkeit folgt eine höhere Reiseerfahrung, womit die Unterstützung bei der Selektion der Angebote tendenziell an Bedeutung verliert.

Vorgabe von Preis und Eigenschaften der Reise
Die Möglichkeit, den Preis und die gewünschten Eigenschaften der Reise (wie z. B. Sonne, Meernähe, Sportmöglichkeiten, ...) vorzugeben und dann aus Angeboten, die diesen Kriterien, entsprechen auswählen zu können, trifft ebenfalls mit einer Zustimmung von 73% („wichtig") die Präferenzen der Internet-Nutzer. Für Kunden, für die der Preis einer Reise das wichtigste Entscheidungskriterium ist, kann damit die Suche nach passenden Angeboten sehr gut nach eben diesem Kriterium betrieben werden. Aber auch für Kunden, bei denen der Preis einer Reise vor anderen Merkmalen etwas weiter in den Hintergrund tritt, kann so im Markt der Reisedienstleistungen (der durch die vielen unterschiedlichen Preise und die umfangreichen Angebote der Reiseveranstalter wenig transparent ist) ein guter Marktüberblick und eine gewisse Markttransparenz geschaffen werden. Hierfür spricht auch, dass der Wunsch nach dieser Möglichkeit bei geringerer Reiseerfahrung stärker ausgeprägt ist (78% gegenüber 63%). Durch eine Vorgabe der Produkteigenschaften wird die Beschaffungsmühe gegenüber dem Durcharbeiten eines traditionellen Katalogs deutlich reduziert und dem Kunden eine Entscheidungshilfe geboten.

Zusatzinformationen

49% der deutschen und 56% der europäischen Befragten halten die Anzeige von interessanten Zusatzinformationen während des Informationsprozesses auf der Website für wichtig („kontextsensitive Informationsinhalte"). Dies deckt sich mit den Erwartungen an den klassischen Reisevertrieb, von dem Auskünfte erwartet werden, die über die Inhalte von Reisekatalogen hinausgehen (vgl. Frommer 1999, S. 90 f). Hier werden z. B. weiterführende Informationen über den Urlaubsort (Veranstaltungen, aktuelles Wetter etc.) oder Auskünfte über landesspezifische Besonderheiten (Sitten, Traditionen) erwartet, die dem Kunden in der Phase der Entscheidung zwischen einigen konkret in die nähere Auswahl gezogenen Angeboten die nötige subjektive Sicherheit hinsichtlich der getätigten finanziellen (Reisepreis) und zeitlichen (aufgewendete Urlaubstage) Investition geben und damit sicherlich als erfolgsversprechender Ansatz zur Erhöhung der Abschlussquote betrachtet werden können.

Individualisierung der Reiseleistung

Die befragten Internet-Nutzer haben den Wunsch, eine Anpassung des größtenteils standardisierten Produkts „Reise" an die eigenen Vorlieben vorzunehmen. Nachdem die Kunden mehrheitlich ein großes Interesse daran haben, aus dem Angebot der Reisekonzerne das genau für sie und ihre Vorstellungen passende Angebot herauszufinden, ist eine Anpassung des größtenteils standardisierten Produkts „Reise" an die Vorlieben der Kunden unabhängig von Vertriebskanal eine wichtige Serviceleistung. Eine Anpassung des Vertriebsweges Internet an die Erwartungen oder Präferenzen der User bedeutet also auch, die zur Verfügung stehenden Möglichkeiten zur Individualisierung von Reiseleistungen und damit des Produkts selbst über Internet zugänglich zu machen. „Mass Customization" ist die bisher höchste Steigerung der Individualisierung von Reisedienstleistungen durch das Internet.

Beispiele hierfür sind die Möglichkeit der Vorbestellung von Serviceleistungen für die Reise wie z. B. spezielle Menüs oder bevorzugte Zeitschriften im Flugzeug via Internet. Diese Möglichkeit wird von 35% der befragten Internet-Nutzer als wichtig eingeschätzt, allerdings liegen auch hier wieder die USA mit 56% deutlich vor Deutschland und dem restlichen Europa (54%). Die Möglichkeit zur Buchung von Sonderwünschen wie beispielsweise eines bestimmten Hotelzimmers findet bei den deutschen Befragten mit 65% eine deutliche Resonanz, hier liegt Deutschland im internationalen Vergleich klar im Trend. Grundsätzlich kann insgesamt großes Interesse der Befragten an Möglichkeiten zur Individualisierung von Reiseleistungen festgestellt werden.

3.4.4 Resümee und Ausblick

Die empirischen Befunde belegen eindeutig, dass die virtuelle Ansprache des Kunden von touristischen Dienstleistungen im Allgemeinen und die Personalisierung und Individualisierung der webbasierten Informations- und Geschäftsprozesse im Speziellen, eine der wesentlichen zukünftigen Aufgaben für die Tourismusindustrie darstellt. Die Kernaussage ist hierbei, dem User von Reisesites im Internet nicht nach dem „Gießkannenprinzip" undifferenziert Personalisierungsmöglichkeiten anzubieten. Vielmehr muss die individuelle Ansprache und Betreuung der Kunden im Internet sich zum einen an den differenzierten Wünschen und Anforderungen der Kunden und zum anderen an den unterschiedlichen Charakteristiken der

Produkte selbst orientieren. Bei der Bereitstellung von personalisierten Informationen ist die Tourismusindustrie gefordert, einerseits stärker auf die vielschichtigen Nutzergruppen einzugehen und andererseits die unterschiedlichen Eigenschaften der Produkte zu beachten.

Bisher dient das Internet in den meisten Fällen als ein virtueller Reisekatalog, Flugplan oder Hotelatlas. Das Potential dieses vorteilhaften Vertriebskanals liegt weitestgehend brach, da die Tourismusindustrie die vielfältigen softwareseitig angebotenen Möglichkeiten zur personalisierten Kundenansprache nur unzureichend nutzt und darüber hinaus die Verknüpfung des Internet mit anderen Vertriebskanälen im Sinne des Multi-Channel-Managements nicht optimal darstellt. Denn erst die individuelle Ansprache, Beratung und Betreuung des Kunden im und über das Internet machen aus dem virtuellen Katalog eine virtuelle Verkaufsstelle touristischer Dienstleistungen, die den Reisebüros ebenbürtig ist.

So zeigt die Entwicklung der Bedeutung des Internets in den USA sehr deutlich, wohin die Reise zu gehen scheint. Durch die steigende Nutzungsintensität wird der Kunde mit dem Internet als Kommunikations- und insbes. als Distributionsmedium immer vertrauter. Im selben Maße wächst dann auch der Wunsch nach Möglichkeiten, das Internet individuellen Präferenzen entsprechend zu gestalten und von der anderen Seite – hier den Unternehmen der Tourismusindustrie – als Individuum erkannt und behandelt zu werden. Die steigende Nachfrage nach individueller Ansprache drückt sich dann u. a. in der verstärkten Bereitschaft aus, persönliche Informationen von sich preiszugeben. Der User leitet aus dem individuellen Informationsinput zum einen höhere Ansprüche an die Personalisierung und damit den individuellen Service ab und zum anderen werden für die gegebenen Informationen auch Gegenleistungen von den Unternehmen erwartet. Neben den angesprochenen monetären Vergünstigungen steht vor allem die Möglichkeit des Bezugs und der Gestaltung von maßgeschneiderten Produkten und Dienstleistungen. Diese Spirale einer steigenden Bereitschaft zur Kooperation und des immer individueller werdenden Webangebotes honoriert der User mit Vertrauen, Verbundenheit und Besuchstreue zur Website, dies ist gerade in der Reisebranche die Voraussetzung für Kaufentscheidungen und damit für die Generierung von Online-Umsätzen.

Für die Unternehmen in der Reisebranche gilt es nun dringend, die Bedeutung von Personalisierung und Kundenbindung im Internet für die Steigerung der Online-Verkäufe und die damit verbundene Senkung von Vertriebskosten zu erkennen und dementsprechend zu handeln.

Literaturverzeichnis

Bernecker, M. 2002: Kundenbindung im Internet, in: *Conrady, R./Jaspersen, T./Pepels, W.:* Online-Marketing-Instrumente, Neuwied – Kriftel, S. 342-358

Conrady, R./Diaz-Rohr, R. 2002: Der Lufthansa InfoFlyway – Erfahrungen eines „First Movers" im Internet, in: *Conrady, R./Jaspersen, T./Pepels, W.:* Online-Marketing-Instrumente, Neuwied – Kriftel, S. 559-591

Consulting-Partner 2000: e-reality Studie 2000, unter http://www.consulting-partner.de

Fachhochschule Heilbronn 2002: Forschungsbericht „One-to-One-WebMarketing in der Reisebranche" – Ergebnisse der Studie von *Conrady, R./Schuckert, M.*, Download unter http://1to1webmarketing.fh-heilbronn.de

Fittkau, S. 2002: Der Internet-Reisemarkt aus der Perspektive der Online-Kunden, Vorstellung der Ergebnisse der 13. www-Benutzeranalyse W3B, Elektronikkongress der Internationalen Tourismusbörse in Berlin, 18.03.2002

Freyer, W. 1991: Tourismus – Einführung in die Fremdenverkehrsökonomie, 3., ergänzte und aktualisierte A., München/Wien, Oldenbourg

Freyer, W. 1999: Reisebüro-Management: Allgemeine Grundlagen, in: *Freyer, W./Pompl, W.:* Reisebüro-Management, München/Wien, Oldenbourg, S. 99-140

Frommer, S. 1999: Kundenerwartungen an Reisebüros, in: *Freyer, W./Pompl, W.:* Reisebüro-Management, München/Wien, Oldenbourg, S. 81-95

Jupiter MMXI 2001: Travel Forecast Report, unter http://www.jmm.com

Meffert, H./Bruhn, M. 1995: Dienstleistungsmanagement – Grundlagen, Konzepte, Methoden, Wiesbaden, Gabler

Payne, A./Rapp, R. 1999: Handbuch Relationship Marketing, München

Pompl, W. 1996: Touristikmanagement 2 – Qualitäts-, Produkt-, Preismanagement, Berlin/Heidelberg/New York, Springer

Peppers, D./Rogers, M. 1993: The One to One Future, New York

Peppers and Rogers Group/PhoCusWright Inc. 2001: One to One in Travel, o. O.

Wehrmeister, D. 2001: Customer Relationship Management, Köln

3.5 Organisation

Manfred G. Lieb

3.5.1 Einführung 366

3.5.2 Organisationsdimensionen 367
    3.5.2.1 Grunddimensionen 367
    3.5.2.2 Organisatorische Strukturgestaltung 369

3.5.3 Grundfragen der Strukturgestaltung 371

3.5.4 Strukturgestaltung bei internationaler Unternehmenstätigkeit 373
    3.5.4.1 Einflussfaktoren auf die Strukturgestaltung 373
    3.5.4.2 Strukturalternativen bei internationaler Unternehmenstätigkeit 374

3.5.5 Zusammenfassung 379

3.5.6 Ausgewählte Beispiele für die Organisation internationaler Unternehmen 380
    3.5.6.1 Besonderheiten touristischer Unternehmen 380
    3.5.6.2 Beispiele der Organisationsstruktur touristischer Unternehmen 381
        3.5.6.2.1 TUI 381
        3.5.6.2.2 Thomas Cook 383
    3.5.6.3 Das Beispiel Interbrew 384

3.5.7 Schlussbetrachtung 386

Literaturverzeichnis 387

Prof. Dr. rer. pol. Manfred G. Lieb, Dipl. Kaufmann, Studium der Betriebswirtschaftslehre in Berlin und Mannheim mit den Schwerpunkten Organisation und Marketing, Promotion über ein organisationstheoretisches Thema, Industriepraxis in einem Unternehmen in der Markenartikelindustrie, seit 1989 Professor für Betriebswirtschaftslehre im Studiengang Tourismusbetriebswirtschaft der Fachhochschule Heilbronn. Lehr- und Forschungsgebiete: Unternehmensführung, Internationales Management.

3.5.1 Einführung

Der Funktionsbereich Organisation wird von Internationalisierungsaktivitäten unmittelbar betroffen. Da Organisation ein Ausgangspunkt für arbeitsteiliges Aufgabenerfüllen in einer Unternehmung ist, wird jede Veränderung von Arbeitsteilung als Veränderung im Rahmen der organisatorischen Struktur wirksam. Man kann sogar so weit gehen und die Hypothese aufstellen, dass die Erfolge der Internationalisierungsaktivitäten von Unternehmen unmittelbar mit der Anpassung der Organisation zusammenhängen. Selbstverständlich sind hier die konkreten Internationalisierungsschritte zu beachten, denn eine einfach Exportaktivität hat erheblich geringere Auswirkungen als eine Fusion mit oder der Kauf eines ausländischen Unternehmens. Demnach ist zu erwarten, dass sich diejenigen touristischen Unternehmen, die in den letzten Jahren verstärkte Internationalisierungsaktivitäten entfaltet haben, auf Organisationsveränderungen einstellen müssen.

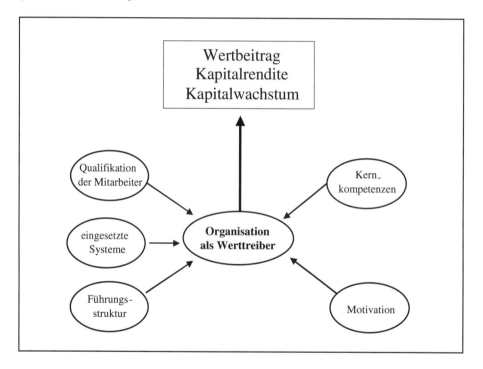

Quelle: Doyle 2000, S. 38

Abb. 3.5.1: Werttreiber Organisation

Organisation ist, neben Marketing und der Ausstattung mit Ressourcen, einer der zentralen **Werttreiber** einer erwerbswirtschaftlichen Unternehmung (Doyle 2000). Die durch die organisatorischen Regeln gesteuerten Ressourcen können nur bei einer angepassten Organisationsstruktur zielgerichtete Handlungswirkungen entfalten. Vor allem sind die strukturellen organisatorischen Aspekte in ihrer Auswirkung auf die Motivation und die Produktivität der

Arbeitskräfte wesentliche Erfolgsfaktoren. Abbildung 3.4.1 zeigt die Organisation als Werttreiber einer erwerbswirtschaftlichen Unternehmung. Das Qualifikationsniveau der Beschäftigten, die Führungssysteme und die technischen, informatorischen und organisatorischen Systeme einerseits, sowie die Motivation der Beschäftigten und die Kernkompetenzen der Organisation andererseits beeinflussen die Wertschöpfung einer Unternehmung in hohem Maße.

Damit stellt sich die Frage nach dem Einfluss der Internationalisierungsbestrebungen auf die Organisation einer Unternehmung. Gleichzeitig muss betrachtet werden welche organisatorischen Aspekte von den Internationalisierungseinflüssen betroffen sind. Wir wollen die Bearbeitung dieser Fragestellung etwas einengen und uns für den Bereich der Organisation nur auf den strukturellen Teil, auf die unmittelbaren organisationsstrukturellen Auswirkungen beschränken. Einflüsse auf das Führungssystem oder auf die Unternehmenskultur sollen ausgeklammert bleiben. Im Folgenden werden zuerst allgemeine Organisationsdimensionen diskutiert, das organisatorische Grundproblem und die Ziele der organisatorischen Gestaltung hervorgehoben. Danach wird auf die spezielle Fragestellung der Strukturgestaltung bei internationaler Unternehmenstätigkeit eingegangen und am Schluss werden durch Beispiele aus der Tourismusindustrie die Zusammenhänge nochmals verdeutlicht.

3.5.2 Organisationsdimensionen

3.5.2.1 Grunddimensionen

Wird die Funktion der Organisation auf den strukturellen Aspekt beschränkt, dann steht die **Gestaltung der Organisationsstruktur** im Vordergrund. Hierzu sind die entsprechenden Regelungsmechanismen zu beachten. Kieser/Kubicek (1992, S. 4) definieren Organisationen und Organisationsstrukturen so: Organisationen sind „soziale Gebilde, die

- dauerhaft ein Ziel verfolgen und
- eine formale Struktur aufweisen, mit deren Hilfe Aktivitäten der Mitglieder auf das verfolgte Ziel ausgerichtet werden sollen."

Damit ist die Funktion der organisatorischen Struktur benannt: Es geht um eine Verhaltenssteuerung der Mitglieder, d. h. die Struktur hat die Funktion, die individuellen Mitglieder der Organisation so zu steuern, dass das gesamte Organisationsziel bzw. die kollektiven Organisationsziele erreicht werden. Die Abbildung 3.5.2 fasst dies zusammen. Eine Veränderung der Ziele erfordert dann wiederum eine Veränderung der Struktur, damit die Aktivitäten der Mitglieder auf das neue Ziel ausgerichtet werden. Die zentralen organisatorischen Regelungen zur Erfassung und Analyse der formalen Organisationsstruktur können in fünf Dimensionen zusammengefasst werden (Kieser/Kubicek 1992, S. 73ff.; vgl. auch Abb. 3.5.3):

- Spezialisierung (Arbeitsteilung),
- Koordination,
- Konfiguration,
- Entscheidungsdelegation,
- Formalisierung.

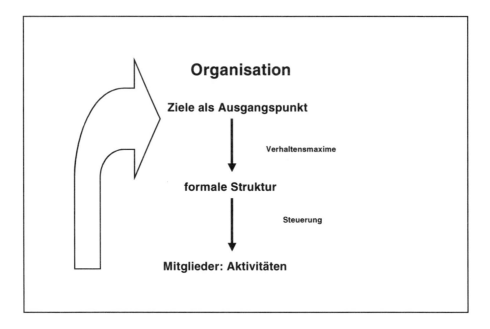

Abb. 3.5.2: Die Funktion von Organisationsstrukturen

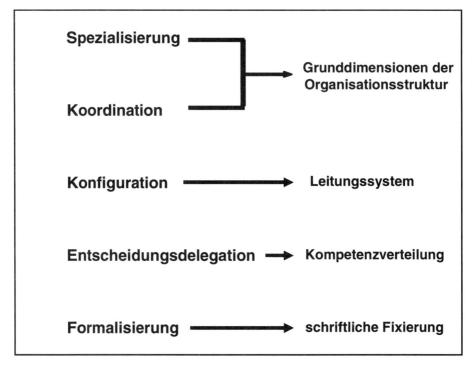

Abb. 3.5.3: Die Grunddimensionen der Organisationsstruktur

Ausgangspunkt ist die Arbeitsteilung (organisatorisch Spezialisierung): Die Aufteilung der Gesamtaufgabe in Teilaufgaben erzeugt einen **Koordinationsbedarf**. Die arbeitsteiligen Elemente, die Teilaufgaben, müssen durch den Einsatz von Koordinationsinstrumenten wieder auf das Gesamtziel hin abgestimmt werden. Die hierzu eingesetzten Koordinationsinstrumente sind (Mangler 2000, S. 228ff.):

- Persönliche Weisungen (Hierarchie),
- Selbstabstimmung,
- Programme,
- Pläne,
- Interne Märkte,
- Organisationskultur,
- Rollenstandardisierung.

Die Arbeitsteilung und die eingesetzte Koordinationsinstrumente bilden das Leitungssystem der Organisation aus, die sogenannte Konfiguration. Hier können die Teilaufgaben auf Stellen und Abteilungen verteilt werden. Es entstehen Instanzen, also Stellen mit Weisungsbefugnissen. Dadurch wird in der Konfiguration die Verteilung der Organisationseinheiten in sachlicher und hierarchischer Hinsicht dargelegt. Mit der Entscheidungsdelegation werden hierarchisch von oben nach unten Weisungsbefugnisse bzw. Kompetenzen auf die Stellen verteilt. Hierdurch wird eine sachlich effiziente Entscheidungssituation erzeugt und gleichzeitig die Überlastung der oberen Hierarchiestellen vermieden. Die Formalisierung ist die schriftliche Fixierung der organisatorischen Regeln. Die schriftliche Dokumentation der Leistungen und die formale, schriftliche Fixierung der Informationsflüsse sind die wichtigsten Aspekte der Formalisierung.

3.5.2.2 Organisatorische Strukturgestaltung

Die Entscheidungen über den Einsatz der im obigen Punkt dargestellten Strukturdimensionen werden im Rahmen der organisatorischen Strukturgestaltung getroffen. Als Ergebnis entsteht eine Gesamtstruktur, die nach den beiden Polen bürokratische Organisationsstruktur und organische Organisationsstruktur unterschieden werden kann (Kieser/Kubicek 1992, S. 47ff. und Abbildung 3.5.4).

Die bürokratische Organisation zeichnet sich durch eine hohe Stabilität aus, die organische Organisation durch eine hohe Flexibilität. Zwischen den beiden Extremformen gibt es eine Vielzahl von Zwischenformen, die entweder stärker zur bürokratischen oder zur organischen Form hin orientiert sind.

Die Vorteilhaftigkeit einer bestimmten Organisationsform und damit auch die Ansatzpunkte für die organisatorische Gestaltung richten sich nach einer ganzen Reihe von Bedingungen. Die in Abbildung 3.5.1 dargestellten Komponenten der Organisation wie Ausbildungs- und Erfahrungsniveau der Organisationsmitglieder, die eingesetzten technischen, informatorischen und organisatorischen Systeme und das Führungssystem erzeugen eine bestimmte Kernkompetenz der Organisation und ein bestimmtes Motivationsniveau der Beschäftigten. Während Kernkompetenz und Motivation Zielgrößen sind, sind die Fähigkeiten, die eingesetzten Systeme und das Führungssystem Gestaltungsparameter. Eine Veränderung der Gestaltungsparameter führt zu einer Veränderung der Zielgrößen. Kieser/Kubicek (1992) stellen die Frage der organisatorischen Gestaltung in einen größeren Zusammenhang und gehen davon aus, dass die Situation der Organisation die zentrale Einflussgröße auf die Strukturgestaltung ist. Die Abbildung 3.5.5 zeigt den Gesamtzusammenhang. Damit wird die Definition der Situation bzw. die Festlegung relevanter Situationsvariablen eine zentrale Aufgabe. In der Literatur werden diverse Situationsvariablen diskutiert (Frese 2000, Kieser/Kubicek 1992, Schreyyögg 1999), ein Teil der Variablen wurde in empirischen Studien als Einflussfaktor auf die Organisationsstruktur geprüft. Kieser/Kubicek stellen einen Grossteil der empirischen Ergebnisse für die folgenden Situationsfaktoren dar (1992, S. 199ff.):

- Angebotsprogramm,
- Internationalisierung,
- Größe der Organisation,
- Fertigungstechnik,
- Büro- und Kommunikationstechnik,
- Organisationsumwelt.

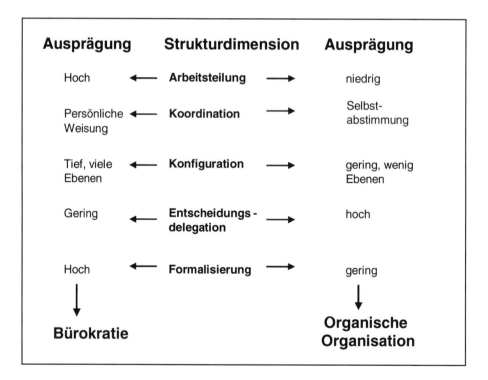

Abb. 3.5.4: Die Ausprägung der organisatorischen Strukturdimensionen

Die ursprüngliche Erwartung an die Erklärungskraft der empirischen Erkenntnisse hat sich als zu optimistisch erwiesen. In der Zwischenzeit haben sich diverse kritische Standpunkte gegen diesen Ansatz herausgebildet (Kieser 1999). Es besteht Einigkeit, dass keine deterministischen Zusammenhänge zwischen einzelnen Situationsvariablen und den strukturellen Ausprägungen der Organisationsstruktur wissenschaftlich exakt darstellbar sind. Als heuristische Vorstellung über zu lösende Problemlagen und mögliche Lösungsansätze sind die dargestellten Kategorien jedoch durchaus brauchbar.

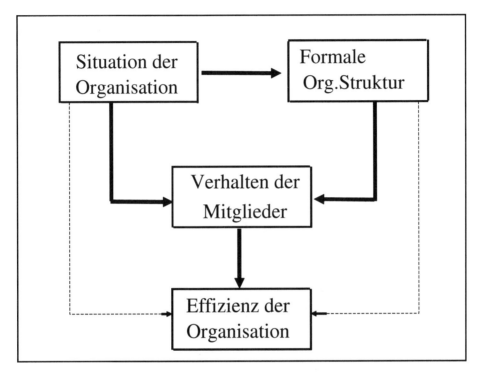

Quelle: Kieser/Segler 1981, S. 176

Abb. 3.5.5: Die Situation als Einflussfaktor auf Struktur und Verhalten

3.5.3 Grundfragen der Strukturgestaltung

Die Grunddimensionen der Organisationsstruktur müssen unter Beachtung der realen Situation der Organisation gestaltet werden. Hier ergeben sich diverse Ansatzpunkte bzw. Grundfragen, die teilweise zusammengehören und zusammen gelöst werden müssen:

- Welche Teilelemente der Gesamtaufgabe werden zentralisiert, welche Teilelemente werden dezentralisiert (Funktionale Struktur oder Divisionale Struktur als Grundtyp)?
- Welche synergetischen Effekte lassen sich erzielen (Zentralisierung von Teilaufgaben)?
- Welche spezifischen Bedingungen erlauben eine globale Zuordnung der Teilaufgaben (Zentralisierung von Teilaufgaben)?
- Welche spezifischen Bedingungen erfordern eine lokale oder regionale Zuordnung der Teilaufgaben (Dezentralisierung von Teilaufgaben)?

- Welche speziellen kulturellen Aspekte müssen bei der organisatorischen Gestaltung mit beachtet werden (z. B. Auswirkung des Bildungssystems auf Rekrutierung und Einbindung in die Organisation)?
- Welche Situationsvariablen beeinflussen die Strukturgestaltung bzw. die Veränderungsnotwendigkeit der Struktur (z. B. ein verstärkter Internationalisierungsgrad)?

Diese Fragen müssen stufenweise und interdependent gelöst werden. Daraus entstehen die Grundorganisation und die Zuordnung der Teilaufgaben zu den Elementen der Grundorganisation. Je nach dominantem Strukturkriterium ergibt dies eine Funktionale oder eine Divisionale Grundorganisation.

Funktionale Organisation	Divisionale Organisation
Strukturkriterium	**Strukturkriterium**
Zentralisierung von Funktionen	*Zentralisierung von Produkten oder Regionen*
Strategische Zielsetzung	**Strategische Zielsetzung**
Bestmögliche Ressourcennutzung	*Bestmögliche Martbearbeitung*
Koordinationsvorteile	**Koordinationsvorteile**
geringer Koordinationsaufwand für funktionale Aktivitäten	*geringer Koordinationsaufwand für marktbezogene Aktivitäten*

Abb. 3.5.6: Die zwei Formen der Grundorganisation

Bei der Funktionalen Organisation ist durch die **Zentralisierung nach Funktionen** der funktionsbezogene Synergieeffekt i. d. R. sehr hoch. So kann z. B. die Zentralisierung der Beschaffungsfunktion in einem Zentraleinkauf die Beschaffungskosten wegen der Mengeneffekte vermindern. Die Voraussetzung einer solchen Strategie ist allerdings eine gewisse Produktähnlichkeit, bei starker Produktdifferenzierung ist die Divisionale Organisation i. d. R. vorzuziehen. Bei der Divisionalen Organisation geht zwar der funktionsbezogene Synergieeffekt verloren, allerdings können die **marktbezogenen Aspekte** direkter und besser bearbeitet werden. Dies wird gemacht, indem als Strukturkriterium entweder Produkte oder Regionen (die Divisionen oder Sparten) gewählt werden.

Eine Lösung für das Problem der Gestaltung der Grundorganisation ist die **zweidimensionale Organisationsform** der sogenannten Matrixorganisation. Hier können funktionale und divisionale Organisationseinheiten gleichberechtigt in die Grundstruktur eingepasst werden.

Allerdings ist diese Organisationsstruktur durch Kompetenzabgrenzungsprobleme und Konflikte gekennzeichnet, so dass sie in der betrieblichen Praxis relativ selten vorzufinden ist (Perlitz 2000, S. 618). In der Regel werden sich die dargestellten organisatorischen Grundformen nicht in Reinkultur finden lassen, d. h. es kann innerhalb einer Divisionalen Organisation durchaus funktionale Zusammenfassungen geben und ebenso divisionale Elemente in der Funktionalen Organisation. Diese organisatorischen Mischformen entstehen vor allem in Übergangszeiten der organisatorischen Entwicklung, z. B. in einem frühen Stadium der Internationalisierung (vgl. hierzu die Beispiele TUI und Thomas Cook in diesem Beitrag). Organisatorische Mischformen stellen den Versuch dar, die funktionsbezogenen Synergieeffekte zu erhalten und gleichzeitig eine optimale Marktbearbeitung sicherzustellen; ohne die Matrixorganisation einzuführen.

Die strukturelle Gestaltungsfrage muss mit der Entscheidung über die Einführung der Koordinationsinstrumente verbunden werden. Beide Aspekte führen zu einer organisatorischen Konfiguration, diese wird wiederum mit einer angepassten Form von Entscheidungsdelegation und Formalisierung verbunden werden müssen. Wie in Abbildung 3.5.4 dargestellt, ergibt die Kombination der Strukturdimensionen eine bürokratische oder eine organische Organisationsform. Die darin enthaltene Konsequenz der Betonung von Stabilität oder Anpassungsfähigkeit bezieht sich wiederum auf die Situationseinflüsse. Dynamische Umwelten erfordern eher eine organische Organisationsform als statische Umwelten (Kieser/Kubicek 1992, S. 365ff.).

Die angesprochenen Entscheidungsbereiche für die Organisation werden durch Internationalisierungsstrategien komplexer. Die Entwicklung einer wirtschaftlichen und angepassten Organisationsform wird durch eine zusätzliche Situationsdimension schwieriger.

3.5.4 Strukturgestaltung bei internationaler Unternehmenstätigkeit

3.5.4.1 Einflussfaktoren auf die Strukturgestaltung

Die Internationalisierungsstrategie beeinflusst die Erscheinungsformen der operationalen Organisationsstruktur. Welge (1989) unterscheidet zwischen **integrierten und differenzierten Strukturen**. In der integrierten Struktur werden Inlands- und Auslandsaktivitäten unter einem Gliederungskriterium zusammengefasst (vgl. Abbildungen 3.5.7 und 3.5.8), in der differenzierten Form ist die Inlands- und die Auslandstätigkeit ein zentrales Kriterium der Grundorganisation (vgl. Abbildungen 3.5.9 und 3.5.10). Ansatzpunkte für eine differenzierte oder eine integrierte Struktur sind:

- Bei einer strategischen Trennung der Inlands- und Auslandsgeschäfte können rechtlich selbstständige Organisationseinheiten zu differenzierten Strukturen führen.
- Bei einer engen Verbindung von Inlands- und Auslandsgeschäft können integrierte Strukturen entstehen.

Diese grundlegende strategische Entscheidung über die Organisationsstruktur wird von diversen Faktoren wie z. B. den Zielen der Internationalisierungsstrategie, dem Produktprogramm, den Wettbewerbsverhältnissen oder auch den Umweltveränderungen abhängen. Zudem sind in den letzten Jahren die Einflüsse der Kultur auf die Internationalisierungsstrategie in den Vordergrund der Diskussion gerückt. Der Einfluss von Kultur auf das Management allgemein und auf die Organisation im Besonderen wird durch zwei Standpunkte charakterisiert (Kieser/Kubicek 1992, S. 254; Lieb 1986):

- **Culture-free thesis**: Danach sind Organisationsstrukturen rationale Muster zur Lösung von allgemeinen betrieblichen Problemen. Es wird unterstellt, dass sich, zumindest in marktwirtschaftlich-kapitalistischen Wirtschaftsordnungen, langfristig die gleichen organisatorischen Ausformungen als Lösung für Situationsanforderungen herausbilden werden.
- **Culture-bound thesis**: Die kulturellen Gegebenheiten wirken sich auch langfristig auf die Gestaltung der Organisationsstrukturen aus. Damit wird die Internationalisierungsstrategie, und hier vor allem die kulturellen Differenzen der bearbeiteten Länder oder Regionen, zu einem bestimmenden Einfluss für die organisatorische Gestaltung.

Eine Fülle empirischer Erkenntnisse und theoretischer Abhandlungen hat die culture-bound thesis im Wesentlichen bestätigt (Lieb 1986). Demnach sind die kulturellen Ausprägungen als Einflussfaktoren auf die Organisationsstruktur und auf die Internationalisierungsstrategie zu berücksichtigen (vgl. hierzu auch die Beiträge von Lieb in Kapitel 1.1 und Jammal in Kapitel 3.1. in diesem Band).

3.5.4.2 Strukturalternativen bei internationaler Unternehmenstätigkeit

Die Strukturalternativen bei internationaler Unternehmenstätigkeit sind vielfältig. In der Frühphase der internationalen Aktivität wird eine zusätzliche Abteilung gegründet, die im Rahmen der organisatorischen Spezialisierung die Aufgabe des gesamten Exportgeschäftes übernimmt (vgl. Abbildung 3.5.7). Damit sind keine besonderen Einflüsse auf die Gestaltung der Struktur verbunden.

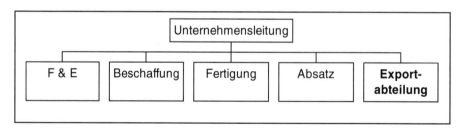

Abb. 3.5.7: Einfache, differenzierte Struktur mit Exportabteilung

Die weitere Entwicklung der Internationalisierungsstrategie (hier nur der Exportaktivität) kann in ihrer Auswirkung auf die Organisationsstruktur in drei Stufen eingeteilt werden. Diese drei Stufen wurden im Rahmen einer empirischen Untersuchung über amerikanische Unternehmen entwickelt (Kieser/Kubicek 1992, S. 268ff.)

1. Stufe: Autonome ausländische Tochtergesellschaft,
2. Stufe: Internationale Division als Abteilung zur Koordination der Auslandsgesellschaften,
3. Stufe: Schaffung globaler, integrierter Strukturen.

Die Stufenentwicklung unterstellt, dass nach einer Phase differenzierter Strukturen integrierte Strukturen entstehen. Damit ist der Reifegrad der Internationalisierungsstrategie auch an der Struktur ablesbar (vgl. die Beispiele unter Punkt 3.5.6). In den ersten beiden Stufen, den differenzierten Strukturalternativen des dreistufigen Prozesses, können die Problemlagen der Kultureinflüsse im Wesentlichen vernachlässigt werden. Schließlich besteht bei einer ausländischen Gesellschaft die Möglichkeit, die kulturspezifischen Besonderheiten vollständig auszubilden, wenn in der Stufe 1 eine hohe Autonomie der Tochtergesellschaft besteht.

Die Auslandsaktivität ist damit nicht für die Struktur relevant, die Tochtergesellschaft taucht eigenständig auf. Diese erste Stufe kommt dann zum Tragen, wenn die Internationalisierungsaktivität durch Zukauf ausländischer Firmen oder durch die Gründung von z. B. Vertriebsgesellschaften verstärkt wird. Vor allem bei der Bedrohung der Exportmärkte sehen sich Unternehmen veranlasst, diese Aktivität zu unternehmen. In der zweiten Stufe werden die internationalen Aktivitäten durch die Ausdifferenzierung der Organisationsstruktur mit einer explizit internationalen Abteilung bzw. Komponente (integrierte Struktur) organisatorisch eingebunden (vgl. Abbildung 3.5.8). Die Internationale Division unterstützt die ausländische Tochtergesellschaft in der Entwicklung und Umsetzung länderspezifischer Strategien (Kieser/Kubicek 1992, S. 269).

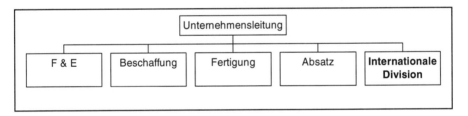

Abb. 3.5.8: Differenzierte Struktur mit Internationaler Division

Die integrierte Form der Organisation, die dritte Stufe und damit eine ausgereiftere Form der Internationalisierung, verlangt die Verbindung verschiedener organisatorischer Aspekte, die wiederum in Konkurrenz zueinander stehen können. Die fehlende Koordination zwischen Inlands- und Auslandsaktivität, der zentrale Nachteil der zweiten Stufe, soll hier ausgeglichen werden. Ausgehend von der Grundstruktur kann zwischen der funktionsorientierten oder der divisionsorientierten Struktur unterschieden werden. Der internationale Aspekt kommt hier jetzt als zweite Dimension dazu. In seiner einfachen Form wird dieser Aspekt in die Funktion oder Division zusätzlich aufgenommen. Die entsprechenden Organigramme werden unten dargestellt (vgl. Abbildungen 3.5.9 und 3.5.10; Welge/Holtbrügge 2001, S. 148f.):

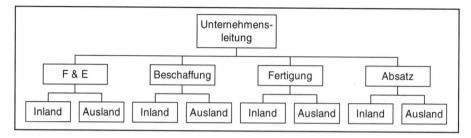

Abb. 3.5.9: Funktionale Grundstruktur mit integrierter Internationalisierungsaktivität

Aufbauend auf einer funktionalen Grundstruktur wird die Dimension der Internationalisierung den funktionalen Aspekten untergeordnet. Soweit hier unterschiedliche funktionale Vorgänge zwischen der Inlands- und der Auslandsaktivität nötig sind, werden diese organisatorisch abgetrennt.

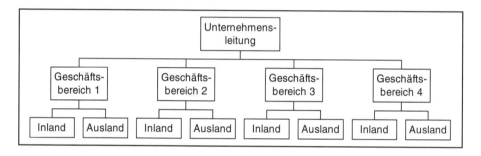

Abb. 3.5.10: Divisionale Grundstruktur mit integrierter Internationalisierungsaktivität

In diesem Beispiel wird die Grundstruktur nach divisionalen Gesichtspunkten aufgebaut. Die einzelnen Geschäftsbereiche, die z. B. Produkte darstellen können, werden in ihrer Aktivität in Inlands- und Auslandsbereiche unterschieden. Dementsprechend ist wiederum die Internationalisierungsaktivität je Bereich in Inland und Ausland unterteilt. Eine vollkommen andere Grundstruktur ergibt sich, wenn die Internationalisierungsaktivität als **Merkmal für die organisatorische Gliederung** genommen wird (vgl. Abbildung 3.5.11). Dann ist der regionale Bezug das dominante Gliederungsprinzip, das Organigramm sieht dann so aus:

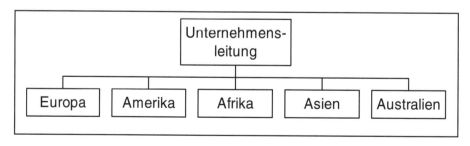

Abb. 3.5.11: Grundstruktur mit Internationalisierungsaktivität (Regionen) als Kriterium

Alle Darstellungen der integrierten Strukturformen zeigen, dass zwischen den einzelnen Strukturdimensionen wegen der Mehrdimensionalität Probleme entstehen und die Lösung immer nur in einem Kompromiss bestehen kann. Dieser Kompromiss wird allerdings die Organisationsstruktur zu einem dauerhaften Konfliktherd machen. Dementsprechend überwiegen Strukturen, in denen kein eindeutiges Gliederungskriterium für die Grundorganisation vorhanden ist. Diese Mischformen sind mehrdimensionale und matrixorientierte Organisationsstrukturen; sie sind bezeichnend für Unternehmen, die international tätig sind. In einer einfachen Form kann dies wiederum so wie in Abb. 3.5.12 dargestellt aussehen.

Hier ist die klassische Matrixorganisation mit den zwei Dimensionen Region und Funktion und den entsprechenden Schnittpunkten umgesetzt. Auch diese Form, für die im übrigen die selben Kritikpunkte gelten wie für die Matrixorganisation allgemein, wird in der Praxis eher selten als Reinform zu finden sein. Die empirisch vorfindbaren Strukturen zeichnen sich durch den Versuch des Einbezugs einer Vielzahl von Strukturprinzipien aus. Diese Strukturen werden hybride Organisationsstrukturen genannt (vgl. Abb. 3.5.12):

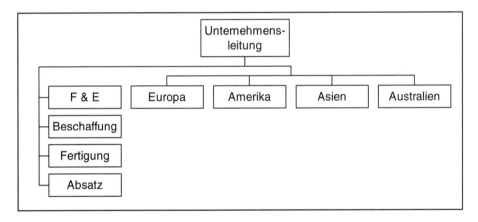

Abb. 3.5.12: Matrixorganisation mit Funktionen und
Internationalisierungsaktivität (Regionen)

Das Beispiel der Abb. 3.5.13 zeigt, dass die Dominanz der Strukturalternativen nicht uniform ist, sondern die Organisationseinheiten werden nach unterschiedlichen Kriterien gesteuert. Kulturelle Besonderheiten können in solche Strukturformen optimal integriert werden; es besteht die Möglichkeit, eine sowohl integrierte als auch kultursensible Struktur aufzubauen.

Eine weitere Möglichkeit wird in der Literatur mit der so genannten **Netzwerkstruktur** diskutiert (Kieser/Kubicek 1992, S. 287ff.; Bartlett 1989; Bartlett/Ghoshal 1998). Die Konfiguration stellt sich dann wie in Abb. 3.5.14 dar.

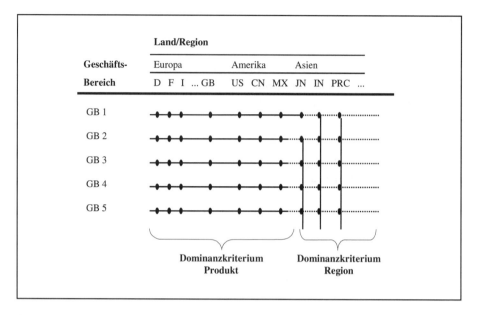

Quelle: Rall 2001, S. 21

Abb. 3.5.13: Mehrdimensionale, hybride Organisationsstruktur

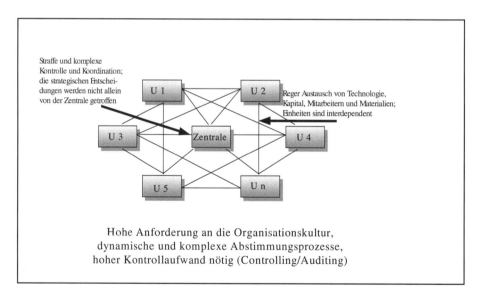

Quelle: Bartlett 1989, S. 442

Abb. 3.5.14: Netzwerkstruktur

Typische Beispiele für solche Organisationsstrukturen sind weltweit tätige Markenartikelunternehmen wie Unilever, Procter&Gamble oder Nestlé. Ein hoher Steuerungsinput einer Zentrale wird verbunden mit hoch ausdifferenzierten und dezentralen Organisationseinheiten. Diese Form der Organisation eignet sich sehr gut für Unternehmen mit einem differenzierten Produktprogramm, einer starken Organisationskultur und einem hohen Internationalisierungsgrad.

3.5.5 Zusammenfassung

Die bisherigen Ausführungen bezogen sich hauptsächlich auf die Grundstruktur der Organisation, d. h. im Wesentlichen auf den ersten Ansatzpunkt für die Arbeitsteilung. Die Funktionale Organisation mit einer Arbeitsteilung nach Funktionen auf der ersten Stufe und die Divisionale Organisation mit Arbeitsteilung nach z. B. Produkten oder Regionen auf der ersten Stufe und nach Funktionen erst auf der zweiten Stufe regeln nur einen Teil der organisatorischen Elemente. Die eingesetzten Koordinationsinstrumente sind wiederum für die Herausbildung eines bestimmten Organisationstyps von hoher Bedeutung. I. d. R. kann davon ausgegangen werden, dass Divisionale Organisationsstrukturen eine Tendenz zur Dezentralisierung beinhalten. Unter dieser Voraussetzung wird auf nicht-strukturelle Koordinationsinstrumente und auf Selbstabstimmung als Koordinationsinstrumente gesetzt. Funktionale Strukturen haben dagegen eine Tendenz zur Zentralisation mit einem starken Anteil von persönlichen Weisungen (Hierarchie) als Koordinationsinstrument (insgesamt stärkere Tendenz zur Bürokratie). Hybride Strukturen können auch in der Frage der Koordinationsinstrumente eine hybride Ausformung haben, es sei denn, die Unternehmenskultur ist sehr stark und ein Koordinationsinstrument sehr dominant.

Die **kulturellen Faktoren** können gerade beim Einsatz der Koordinationsinstrumente berücksichtigt werden. Hybride Strukturen erlauben es nicht nur, die Arbeitsteilung auf der ersten Stufe angepasst zu variieren, auch der Einsatz der Koordinationsinstrumente kann den kulturellen Bedingungen angeglichen werden. So kann zum Beispiel in Ländern mit einer hohen Machtdistanz persönliche Weisung dominant sein, in Ländern mit einer geringen Machtdistanz dagegen eher Selbstabstimmung (vgl. Beitrag Lieb Kapitel 1.1 in diesem Band und Hofstede 2001). In einem relativ engen Bezug zu persönlicher Weisung oder Selbstabstimmung steht die Entscheidungsdelegation. Selbstabstimmung bedingt Entscheidungsdelegation, während diese Aussage für persönliche Weisungen eher nicht zutrifft. Die Konfiguration, also das Leitungssystem der Organisation, wurde im vorliegenden Fall bereits intensiv angesprochen, zumindest auf der globalen Ebene der Gesamtorganisation. Formalisierung wiederum ist eine Organisationsdimension, über die in dieser Form keine Aussagen gemacht werden können. Es kann lediglich festgehalten werden, dass stärker bürokratisierte Unternehmen einen höheren Formalisierungsgrad aufweisen.

International tätige Unternehmen können die Managementaufgabe Organisation damit auf vielfältige Weise lösen. Eine klare Gestaltungsanweisung für bestimmte Situationen wird auch von der Organisationswissenschaft nicht zur Verfügung gestellt. Die Schwierigkeit resultiert aus verschiedenen Aspekten:

- Komplexe Wahlmöglichkeiten bei der Ausgestaltung organisatorischer Strukturelemente,
- Komplexität der Einflussfaktoren auf die Gestaltungsmöglichkeiten,
- Hoher Einfluss der organisationsspezifischen Bedingungen,
  Größe der Organisation,
  Produktprogramm,
  Unternehmenskultur etc.,
- Stand der Internationalisierung, Ausprägung der Internationalisierung.

Es können allerdings in einer Art evolutionärer Betrachtung zumindest die folgenden Gestaltungsaussagen getroffen werden:

- Die Komplexität der Einflüsse auf die Gestaltung der Organisationsstruktur nimmt mit dem Internationalisierungsgrad zu.
- Ein steigender Internationalisierungsgrad hat eine Entwicklung der Organisationsstruktur zu Modellen höherer Komplexität zur Folge: Von der funktionalen Struktur zur divisionalen Struktur zur Matrixorganisation.
- Die Diversifikation des Produktionsprogrammes, die Verteilung der Umsätze und der Produktion auf verschiedene Regionen und die relative Bedeutung der Auslandsumsätze spielen eine dominante Rolle für die Strukturgestaltung.

Natürlich sind auch diese Aussagen zu relativieren und eher als Heuristik denn als gesicherte empirische Erkenntnis zu interpretieren. Im nächsten Punkt sollen konkrete Organisationsstrukturen als Beispiel dargestellt werden.

3.5.6 Ausgewählte Beispiele für die Organisation internationaler Unternehmen

In den folgenden Beispielen werden die beiden touristischen Unternehmen **TUI** und **Thomas Cook** im Hinblick auf ihre organisatorische Struktur dargestellt, wobei die Internationalisierung der Unternehmen und die Auswirkung auf die Struktur im Vordergrund stehen. Danach wird mit der belgischen Firma **Interbrew** ein weiteres Beispiel gebracht, um die Unterschiede zwischen den organisatorischen Lösungen besser akzentuieren zu können. Dabei wird jeweils eine kurze Einführung in die Branche vorgenommen, da die relevanten Situationsmerkmale sehr stark branchenbezogen sind.

3.5.6.1 Besonderheiten touristischer Unternehmen

Touristische Unternehmen sind per se international orientiert. Dies gilt vor allem für Reiseveranstalter, auf die sich die folgenden Ausführungen beziehen. Bei der internationalen Orientierung ist allerdings zwischen Quellmärkten und Zielmärkten zu unterscheiden. Aus den Quellmärkten kommen die Kunden, in die Zielmärkte reisen die Kunden. Die Wertschöpfungsaktivität kann somit als Beschaffung von Leistungen aus den Zielmärkten in Verbindung mit der Beschaffung von Beförderungskapazitäten gesehen werden. Diese Aspekte betreffen die Erstellung des Produktes Pauschalreise (vgl. Pompl 1996; Pompl 1997). Die Vermarktung wiederum findet in den Quellmärkten statt. Kennzeichnend für

Vermarktung wiederum findet in den Quellmärkten statt. Kennzeichnend für touristische Unternehmen ist, dass die großen Reiseveranstalter einen hohen Anteil ihrer Erlöse in ihrem Stammland generieren, d. h. es handelt sich hier nicht um Unternehmen mit hohem Internationalisierungsgrad.

Wegen der hohen kulturell bedingten Komponente des Reiseproduktes (vgl. den Beitrag von Juarez in diesem Band, Kapitel 1.5) werden internationale Aktivitäten bisher in hohem Ausmaß durch den Aufbau oder Kauf regionaler Marken bestimmt. Diese Marken werden weiterhin regional angeboten, eine Integration findet, wenn überhaupt, nur auf der Ebene bestimmter funktionaler Aktivitäten statt.

Während allerdings bis Ende der 90er Jahre die großen Reiseveranstalter vor allem in ihrem nationalen Quellmarkt aktiv waren, von kleineren Tochtergesellschaften im Ausland abgesehen, hat sich der Trend seit ca. dem Jahr 2000 verändert. Die beiden großen deutschen Reiseveranstalter TUI und Thomas Cook haben große Zukäufe in England und Frankreich getätigt, der englische Reiseveranstalter Airtours hat den deutschen Reiseveranstalter FTI übernommen. Diese Entwicklung geht einher mit der **Entwicklung der Reiseveranstalter zu integrierten Tourismuskonzernen**, die alle Wertschöpfungsstufen des Produktes in der Hand halten. Damit hat sich an der oben beschriebenen grundsätzlichen Struktur der Unternehmen nichts geändert, allerdings kann jetzt davon ausgegangen werden, dass sich der Internationalisierungsgrad der Unternehmen erhöht hat (vgl. die Beiträge von Freyer in Kapitel 1.3 und Mundt in Kapitel 2.1 in diesem Band).

Wie sich dies beim derzeitigen, sehr frühen, Stand der Entwicklung auf die Organisationsstruktur auswirkt, soll im Folgenden dargestellt werden. Als Beispiele werden die beiden großen deutschen Reiseveranstalter TUI und Thomas Cook sowie der englische Veranstalter Airtours herangezogen.

3.5.6.2 Beispiele der Organisationsstruktur touristischer Unternehmen

3.5.6.2.1 TUI

Nach einer langen Phase der Restrukturierung der Eigentumsverhältnisse ist die Touristik Union International seit August 1998 mehrheitlich im Besitz der Preussag AG. Die Preussag, ein Konzern mit einem sehr gemischten Produktportfolio aus der Stahlindustrie, der Logistik und der industriellen Dienstleistung, hat im Juli 1999 sämtliche Restanteile der TUI erworben und in einem längeren Konzernumbau einen wichtigen strategischen Schritt abgeschlossen. Seitdem sind die touristischen Aktivitäten der Focus des Produktportfolios, die Industriebeteiligungen sollen weitgehend abgestoßen werden.

Seit der Übernahme der TUI durch die Preussag haben sich erhebliche Veränderungen, vor allem auch in der internationalen Aktivität, ergeben:

- Juli 1998: Bündelung der touristischen Aktivitäten von TUI und Hapag-Lloyd durch die Preussag AG.
- Dezember 1998: Preussag erwirbt einen Anteil an dem britischen Touristikunternehmen Thomas Cook und an der First Reisebüro Management GmbH.

- Februar 1999: Preussag erwirbt den Mehrheitsanteil an der First Reisebüro GmbH.
- März 1999: Preussag erwirbt den Mehrheitsanteil an Thomas Cook und an Carlson UK.
- Februar 2000: Preussag erwirbt die Gulet Touropa Touristik (GTT), den führenden Reiseveranstalter in Österreich.
- Mai 2000: Preussag gibt die Absicht einer Übernahme des britischen Touristikkonzerns Thomson Travel Group bekannt.
- Am 11.August 2000 erwirbt Preussag die Thomson Travel Group, ab September werden die Aktien nicht mehr an der London Stock Exchange notiert.
- Oktober 2000: Preussag und Nouvelles Frontières vereinbaren eine strategische Allianz, bis 2002 soll die Preussag-Beteiligung an Nouvelles Frontières auf 34,4 Prozent steigen. Novelles Frontières ist der französische Marktführer für Pauschalreisen.
- Mai 2001: Beteiligung mit 10 Prozent an der italienischen Gesellschaft Alpitour, dem Marktführer im Pauschalreisemarkt.
- August 2001: Preussag erwirbt 50 Prozent an der österreichischen Gesellschaft Magic Life. Magic Life ist im Bereich der Clubangebote und der Kreuzfahrt aktiv. Gleichzeitig wird eine Beteiligung von 29,3 Prozent an der polnischen Fluggesellschaft White Eagle erworben (Preussag 2002).

Nach diesen Akquisitionen wird konsequenterweise die **Struktur der gesamten Gesellschaft verändert**. Ein konzernweites Integrationsprogramm beginnt, die Gesellschaften der Thomson Travel Group firmieren seit Oktober 2001 unter TUI UK, TUI Ireland und TUI Nordic. Das Organigramm auf der ersten Unternehmensebene sieht nach diesen Veränderungen folgendermaßen aus:

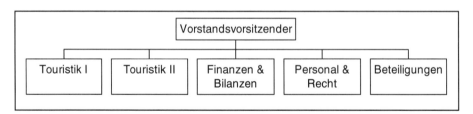

Quelle: Preussag 2002a

Abb. 3.5.15: Organigramm der Preussag/TUI - Grundstruktur

Auf den ersten Blick erscheint die Gliederung klar: Funktionale Aspekte, die allerdings eher wiederum eine Stabsfunktion einnehmen, werden mit der Aufteilung der touristischen Aktivität in zwei Bereiche verbunden. Die beiden Bereiche werden in einer Detailbetrachtung in Abb. 3.5.16 dargestellt.

Die Aufteilung zeigt, dass sowohl **regionale als auch funktionale und in Teilbereichen divisionale Strukturelemente** auf der Vorstandsebene vereint sind. Die auf den ersten Blick klare Struktur wird auf den zweiten Blick in den Quellmärkten und damit regional gegliedert. Dies ergibt auch Sinn, da i. d. R. in den Quellmärkten eigenständige Marken vorhanden sind. Die Zuordnung so genannter touristischer Geschäftsbereiche ist jedoch als äußerst problematisch zu beurteilen, da hier die organisatorischen Überlappungen und damit die Konfliktmöglichkeiten sehr hoch sind.

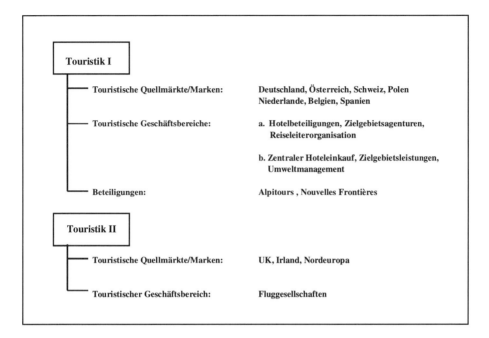

Quelle: Preussag 2002a

Abb. 3.5.16: Aufteilung der touristischen Organisationseinheiten der TUI

M. E. zeigt das Beispiel, dass die organisatorische Grundstruktur nach der verstärkten Internationalisierung **noch nicht ausgereift** ist, insgesamt muss vermutlich von einer Übergangssituation ausgegangen werden.

3.5.6.2.2 Thomas Cook

Ebenso wie die TUI hat die Thomas Cook AG eine Phase der Konsolidierung und der Veränderung der Struktur der Eigentümer hinter sich gebracht. Der Name Thomas Cook AG ist erst im Mai 2001 für die Unternehmung gewählt worden. Der vorherige Firmenname C&N resultierte aus einem Zusammenschluss der Lufthansatochtergesellschaft Condor mit der Karstadt/Quelle Tochter NUR. Die Fluggesellschaft und der Reiseveranstalter Neckermann mit weiteren Marken wurden zusammengeschlossen, um einen integrierten Touristikkonzern zu bilden. Die neue Namensgebung wurde u. a. durch den Kauf der englischen Gesellschaft Thomas Cook UK im Dezember 2000 initiiert. Vorher wurde, im Rahmen einer Verstärkung des Internationalisierungsgrades im Juni 2000, die französischen Reisebürokette Havas Voyages gekauft.

Mit Markenpräsenz in Österreich, Belgien und den Niederlanden hat Thomas Cook ein ähnliches Portfolio aufgebaut wie die TUI. Zur Organisation muss beachtet werden, dass Thomas Cook, im Gegensatz zur TUI, zwei sehr starke Anteilseigner hat. Dies beeinflusst möglicherweise die Gestaltung der organisatorischen Struktur.

Die Thomas Cook AG hat insgesamt **vier Vorstandsmitglieder**. Neben dem Vorstandsvorsitzenden sind dies die Vorstandsmitglieder für Finanzen/Personal, für Region Deutschland/Europa Ost/West und für Region United Kingdom und Interkont (Ägypten, Indien und Kanada). Zugeordnet sind diesen Vorstandspositionen jeweils so genannte Bereichsvorstände. Auf der Vorstandsebene und auf der Ebene der Bereichsvorstände zeigt sich die Vermischung der regionalen mit der funktionalen Struktur. Ähnlich wie bei TUI sind hier Überschneidungsprobleme und Konflikte zu erwarten.

Auch bei Thomas Cook ist die **Übergangssituation** in der Struktur klar erkennbar. In der derzeitigen Form weist die Struktur sehr viele Unklarheiten und Abgrenzungsprobleme auf.

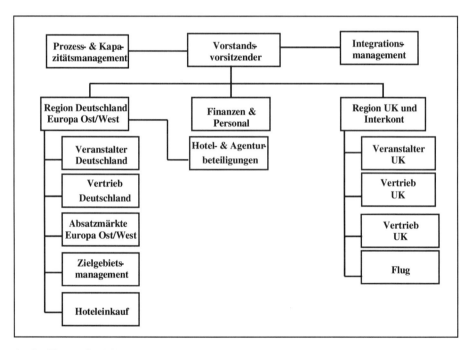

Quelle: Thomas Cook 2002

Abb. 3.5.17: Organisationsstruktur von Thomas Cook

3.5.6.3 Das Beispiel Interbrew

Dieses Beispiel belgische Bierbrauerei Interbrew wurde gewählt, weil die Unternehmung folgende Besonderheiten aufweist:

- Hoher Auslandsanteil am Absatz/Umsatz,
- Hoher Auslandsanteil an der Produktion,
- Bier ist ein relativ homogenes Produkt mit differenzierter Marketingstrategie,
- Hoher Reifegrad der Internationalisierung,
- Hohe Professionalität der Organisationsstruktur.

Interbrew ist eine Aktiengesellschaft, die an der Börse in Brüssel notiert und als Publikumsgesellschaft belgischen Rechts organisiert ist. Die Leitungsstruktur der Unternehmung ist sehr stark an das anglo-amerikanische Rechtssystem angelehnt. Die Struktur gliedert sich in drei Bereiche:

1. The Board of Directors (ähnlich dem Aufsichtsrat einer deutschen Aktiengesellschaft),
2. Chief Executive Officer (CEO) and Executive Management Committee (ähnlich dem Vorstand einer deutschen Aktiengesellschaft),
3. Board Committee (kein vergleichbares Organ in deutschen Aktiengesellschaften).

Der „Board of Directors" besteht aus 12 Mitgliedern, von denen 5 unternehmensexterne Personen, so genannte „independent Directors" sind. Aus der Gruppe der unternehmensexternen Mitglieder wird der Vorsitzende gewählt. Dieses Gremium ist die Machtzentrale des Unternehmens, es bestimmt die Mitglieder der Board Committees und beruft den CEO. Zusammen mit dem CEO besetzt das Board Committee das Executive Management Committee und bestimmt über die Organisationsstruktur der Unternehmung. Die Sitzungen des Boards finden i. d. R. monatlich statt und werden bei Interbrew jeweils in verschiedenen Ländern abgehalten, um den Mitgliedern die lokalen Gegebenheiten nahe zu bringen.

Die drei Board Committees haben nur indirekte Bezüge zu den internationalen Aktivitäten. Diese Committees beraten das Management und den Board of Directors für jeweils funktional definierte Aspekte. Das Audit Committee ist für die Erstellung, Kontrolle und Überwachung der Bilanz zuständig. Das Human Resources and Nominating Committee beeinflusst die Personalpolitik und Personalentwicklung der Unternehmung. Das Strategic Committee wiederum wird in die Entwicklung der globalen Strategie eingebunden.

Die Organisationsstruktur und der Geschäftsverteilungsplan von Interbrew auf der Managementbasis entspricht einer **Matrixorganisation** mit 7 Funktionsbereichen und 5 regionalen Zonen, d. h. als Gliederungsprinzip wurden funktionale und regionale Aspekte für die erste Gliederungsstufe ausgewählt.

Zwar stehen die regionalen Organisationseinheiten den funktionalen gleich, allerdings ist hier zu vermuten, dass die zentralen Entscheidungen in den **regionalen Bereichen** gefällt werden. Die Organisationsbereiche Legal Affairs, Strategy Development und Human Ressources sind organisatorisch eher als Stabseinheiten anzusehen, d. h. diese Einheiten haben keinen direkten Bezug zu den operativen Regionaleinheiten. Hingegen werden Planning & Controlling, Chief Technical Officer, Finance und Marketing direkte Einflüsse und Bezüge zu den operativen regionalen Einheiten haben. Hier treten vermutlich die für eine Matrixorganisation typischen Konflikte und Problemlagen auf.

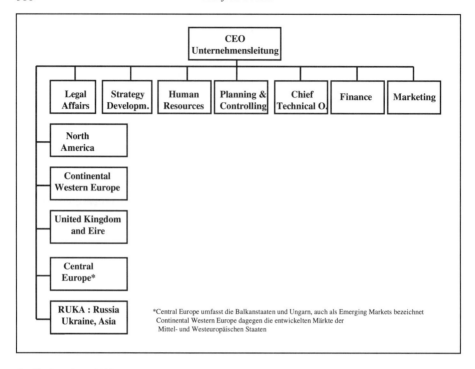

Quelle: Interbrew 2002

Abb. 3.5.18: Organisationsstruktur der belgischen Firma Interbrew

Insgesamt ist die Organisationsstruktur von Interbrew **deutlich auf den internationalen Aspekt hin ausgerichtet**. Die Regionen sind Gebietsdivisionen, die dort vertretenen Produkte haben einen sehr starken regionalen Bezug. Das Produkt Bier ist zwar relativ homogen, die Vermarktung und die Markenpolitik über lokale, regionale, nationale und internationale Marken benötigt jedoch eine differenzierte Markenpolitik. Diese zwei Ebenen der Diversifikation spiegeln sich in der Struktur wieder. Hinzu kommt die Notwendigkeit lokaler Abfüllstationen wegen der hohen Transport- und Logistikkosten.

Dementsprechend kann von einem hohen Produktdiversifikationsgrad und einem, aus belgischer Sicht, hohen Auslandsumsatz ausgegangen werden. Die gezeigte Matrixstruktur entspricht einer Struktur, die den Internationalisierungsgrad der Unternehmung einerseits und die funktionalen Erfordernisse einer internationalen Organisation andererseits sehr gut miteinander verbindet.

3.5.7 Schlussbetrachtung

Die Darstellung sollte zeigen, wie sich der Internationalisierungsgrad einer Unternehmung auf deren Organisationsstruktur auswirkt. Touristische Unternehmen haben hier die branchenspezifischen Besonderheiten einerseits, andererseits müssen auch diese Unternehmen einem bestimmten Entwicklungspfad folgen. Wir haben versucht, diesen Entwicklungspfad aufzuzeigen und mit den Besonderheiten der Tourismusbranche zu verbinden. Der Erfolg oder Misserfolg von Internationalisierungsstrategien ist dabei in hohem Masse vom Aufbau einer entsprechend angepassten Organisationsstruktur abhängig.

Literaturverzeichnis

Bartlett, C. 1989: Aufbau und Management der transnationalen Unternehmung, in: *Porter, M. (Hrsg.)*: Globaler Wettbewerb, Wiesbaden, S. 415-464

Bartlett, C./Ghoshal S. 1998: Managing across borders, Rev. Ed., New York NY

Doyle, P. 2000: Value-Based Marketing, New York NY

Egelhoff, W. G. 1988: Organizing the Multinational Enterprise, Cambridge Mass.

Frese, E. 2000: Grundlagen der Organisation, 8. A., Wiesbaden

Hofstede, G. 2001: Lokales Denken, globales Handeln, 2. A., München

Interbrew 2002: http://www.interbrew.com

Kieser, A. 1999: Der Situative Ansatz, in: *Kieser, A. (Hrsg):* Organisationstheorien, 3. A., Stuttgart, S. 169-198

Kieser, A./Kubicek, H. 1992: Organisation, 3. A., Berlin

Kieser, A./Segler, T. 1981: Quasi-mechanistische Situative Ansätze, in: *Kieser, A. (Hrsg):* Organisationstheoretische Ansätze, München, S. 173-184

Lieb, M. 1986: Organisationsstruktur und Bildungssystem, Frankfurt

Mangler, W.-D. 2000: Grundlagen und Probleme der Organisation, Köln

Perlitz, M. 2000: Internationales Management, 4. A., Stuttgart

Pompl, W. 1996 : Touristikmanagement, Band 2 Qualitätsmanagement, Produktmanagement, Preismanagement, Heidelberg

Pompl, W. 1997: Touristikmanagement, Band 1 Beschaffungsmanagement, 2. A., Heidelberg

Preussag 2002: http://www.preussag.de/konzern/konzern_im_wandel.html

Preussag 2002a: http://www.preussag.de

Rall, W. 2001: Global Organization, Arbeitspapier McKinsey&Company

Schreyögg, G. 1999: Organisation, 3. A., Wiesbaden

Thomas Cook 2002: http://www.thomascook.com

Welge, M. K. 1989: Organisationsstrukturen, differenzierte und integrierte, in: *Macharzina, K./Welge, M. K. (Hrsg):* Handwörterbuch der Internationalisierung, Sp. 1590-1602

Welge, M. K./Holtbrügge D. 2001: Internationales Management, 2. A., Landsberg/Lech

3.6 Wertorientiertes Controlling

Edmund Link

Einführung 390

3.6.1 Zur Entwicklung der koordinationsorientierten und wertorientierten Controlling-
Konzeption 391
   3.6.1.1 Begriffliches 391
   3.6.1.2 Konzeptionen des Controlling 393

3.6.2 Integration des Controlling in ein wertorientiertes Führungsmodell 396
   3.6.2.1 Shareholder Value und wertorientierte Führung 396
   3.6.2.2 Performance-Maße als finanzielle Leitgrößen für das Controlling 398
   3.6.2.3 Sicherstellung der Durchgängigkeit in den Unternehmen 400
   3.6.2.4 Balanced Scorecard als Controlling-Instrument 405
   3.6.2.5 Weiterentwicklung zum Risikocontrolling 408

3.6.3 Zusammenfassung 410

Literaturverzeichnis 411

Prof. Dr. Edmund Link, Jahrgang 1958, nach dem Studium der Wirtschaftspädagogik und Promotion an der Universität Mannheim mehrere Jahre im Finanzen und Controlling in der Automobilindustrie tätig, Projekterfahrung auf dem Gebiet des Value Based Management, Referententätigkeit in der betrieblichen Fort- und Weiterbildung, seit 1993 Professor für Betriebswirtschaftslehre und Internationales Controlling an der Fachhochschule Heilbronn.

Einführung

Deutsche Tourismusunternehmen wie z. B. TUI oder Thomas Cook, haben sich in den letzten Jahren zu international schlagkräftigen Konzernen entwickelt. Die Motive finden sich in der Verfolgung von Wachstumsstrategien und der Nutzung von Finanzierungs-, Größen- und Verbundvorteilen in allen Wertschöpfungsaktivitäten. Für die erfolgreiche Umsetzung der gewählten horizontalen und vertikalen Diversifikationsstrategien werden Managementprinzipien und -methoden relevant, wie sie bisher überwiegend in industriellen Branchen eingesetzt werden.

Im Umfeld der mit der Internationalisierung einhergehenden steigenden Komplexität der Geschäftsrisiken und immer kürzer werdenden Reaktionszeiten ist mit der Durchsetzung des Shareholder Value-Managements ein neues Paradigma der Unternehmensführung entstanden. Durch die fortschreitende Globalisierung von TUI und Thomas Cook bietet es sich für diese Unternehmen an, zur Finanzierung ihrer Aktivitäten in zunehmendem Umfang die internationalen Kapitalmärkte in Anspruch zu nehmen. Dies hat die Konsequenz, den Gepflogenheiten der internationalen Kapitalmärkte zu entsprechen und den Informationsanforderungen der internationalen Investoren und Finanziers nachzukommen. Ziel der Veränderungsprozesse ist es, sowohl die Transparenz als auch die Effizienz der internen und externen Berichterstattung zu erhöhen und gleichzeitig die methodische Basis für eine Unternehmensführung zu verbessern, die sich an den Renditeansprüchen der Kapitalgeber orientiert, ohne die berechtigten Interessen von Mitarbeitern, Kunden und Gesellschaft zu vernachlässigen.

In diesem Kontext benötigen Unternehmen im touristischen Umfeld heute dringender denn je ein effizientes Führungssystem zur Steuerung ihrer geschäftspolitischen Aktivitäten. Die Gestaltung eines solchen Führungssystems stellt die zentrale Aufgabe eines modernen Controlling dar. Insbesondere die koordinationsorientierte Funktion des Controlling rückt in den Vordergrund der möglichen konzeptionellen Überlegungen.

Der Shareholder Value-Ansatz basiert auf dem Konzept des wertorientierten Managements. Er umfasst ein stark angelsächsisch geprägtes und auf ein einheitliches Ziel hin fokussiertes Konzept der Unternehmensführung, in dessen Mittelpunkt die nachhaltige Steigerung des Unternehmenswertes (=Value) bzw. der Anlegerrendite (=Performance) für die Aktionäre (=Shareholder) steht. Letztlich geht es beim Shareholder Value-Konzept darum, den Unternehmenswert für die Aktionäre (Shareholder) unter Berücksichtigung der Interessen aller Unternehmensbeteiligten zu erhöhen und so die Existenz des Unternehmens langfristig zu sichern. Steigt durch die vom Management verfolgten Strategien der Unternehmenswert, so führt dies zu höheren Aktienkursen und/oder zu steigenden Ausschüttungen. Die höhere Ertragskraft veranlasst die Aktionäre, dem Unternehmen auch weiterhin Kapital zur Verfügung zu stellen. Neben den „Shareholdern" gilt es zu beachten, dass weitere verschiedene Anspruchsgruppen maßgeblichen Einfluss auf die Unternehmensführung haben und die Unternehmung ohne diese Gruppen, den sog. „Stakeholdern", nicht überlebensfähig ist. Im Mittelpunkt eines sog. „Stakeholder Value" steht zum einen der gewonnene Nutzen der Anspruchsgruppen, zum anderen der Nutzen der Unternehmung, den sie aus den Beziehungen zu seinen Stakeholdern (Kunden, Mitarbeiter, Lieferanten, Staat, ...) erzielt.

Vor diesem Hintergrund sind insbesondere die börsennotierten Tourismusunternehmen herausgefordert, ein der Philosophie des Wertmanagements verpflichtetes Controlling-Konzept zu entwickeln, das den Anforderungen eines modernen Führungskonzeptes gerecht wird. Vielfach spricht man angesichts der Betonung des Wertaspekts von wertorientiertem Controlling.

3.6.1 Zur Entwicklung der koordinationsorientierten und wertorientierten Controlling-Konzeption

3.6.1.1 Begriffliches

In der betriebswirtschaftlichen Theorie und Praxis besteht eine sehr breite Meinungsvielfalt darüber, was den Begriff Controlling ausmacht, worin die Spezifika liegen. In zahlreichen Controlling-Beiträgen wird versucht, Controlling-Begriffe und -Konzeptionen nach definierten Kriterien einander gegenüberzustellen und zu systematisieren. Es wird oft darauf hingewiesen, dass von „Generally Accepted Controlling Principles" nicht die Rede sein kann (Weber 1999, S. 19).

Eine Ursache für kontroverse Diskussionen über Controlling ist darin zu sehen, dass der Begriff eine funktionale, eine instrumentale und eine institutionale Dimension aufweist. In funktionaler Hinsicht bezeichnet Controlling bestimmte Aufgaben oder Tätigkeiten; die instrumentale Komponente umfasst Methoden und Modelle, die der Erfüllung der Controllingaufgaben dienen. Die institutionale Dimension beschreibt die organisatorische Struktur und Gestaltung, in der die Controllingaufgaben erfüllt werden (Wall 1999, S. 64).

Auf Herkunft und Entwicklung des Controlling-Begriffs kann hier nur in knapper Form eingegangen werden. Generell lassen sich zwei Ansätze zur etymologischen Erklärung der Begriffe „Controller" und „Controlling" unterscheiden. Während der eine Erklärungsansatz von dem englischen Verb „to control" im Sinne von „lenken, steuern, regeln" ausgeht und Controlling als Teilfunktion eines „kybernetischen Management-Systems" begreift, führt der sprachgeschichtlich orientierte Ansatz ihren Ursprung auf das, aus dem Lateinischen kommende, französische Wort „contre rôle" (Gegenrolle) zurück (Horváth 2002, S. 26ff.).

Der Schwerpunkt der Controlling-Tätigkeiten lag in den Anfängen des Controlling insbesondere in finanzwirtschaftlichen Fragen und in der Durchführung von Revisionsaufgaben; ein Grund war das Fehlen eines spezifischen Überwachungsorgans im amerikanischen Board-System der Unternehmensverwaltung, im Sinne des dualen Systems mit Aufsichtsrat in Deutschland.

In den deutschen Industrieunternehmen fand die Verbreitung der Controlling-Funktion zunächst nur zurückhaltend statt. Die Erfahrung der Depressionsjahre der Weltwirtschaftskrise 1929-1931 mit einer Vielzahl von Unternehmenszusammenbrüchen führte zu einer Aufwertung und einer Erweiterung des Rechnungswesens sowie der Planungsfunktionen und damit auch zu einer Etablierung der Controllerfunktion. Angeregt durch die Veröffentlichungen verschiedener Praktiker verbreitete sich das Controlling verstärkt seit Mitte der 50er Jahre. Änderungen in der Unternehmensumwelt in jüngerer Zeit und die dadurch bedingte Neuorientierung im unternehmerischen Denken und Handeln bewirken die zunehmende Bedeutung der Controlling-Funktion in Deutschland:

- Divisionalisierungswelle der deutschen Industrie ab ca. 1965 und der damit einhergehenden Notwendigkeit neuer Instrumente zur Koordination und Steuerung;
- Insolvenzwelle der deutschen Wirtschaft ab Beginn der 80er Jahre und des damit einhergehenden Erkennens der Notwendigkeit eines „kritischen Rechners und Bewerters" insbesondere auch in kleinen Betrieben;
- Konzentrationsprozesse und Globalisierung der Güter und Kapitalmärkte mit zunehmenden Anforderungen an die operative und strategische Steuerung der Unternehmen.

Entwicklungsgeschichtlich gesehen lassen sich nachstehende drei Generationen des Controlling beschreiben:

1. Generation:
Sie umfasst die 50er und den Anfang der 60er Jahre. Der Controller überwachte zwar die Einhaltung von Vorgabewerten mittels Soll-Ist-Vergleichen, jedoch wurden keine geeigneten Maßnahmen zur Beseitigung festgestellter Abweichungen vorgeschlagen („Registratorfunktion")

2. Generation
Bis zum Anfang der 70er Jahre sei es dann die Aufgabe des Controllers gewesen, aufbauend auf den Ergebnissen von Soll-Ist-Vergleichen und Abweichungsanalysen Korrekturmaßnahmen zu erarbeiten, um die zukünftige Steuerung des Unternehmens zu ermöglichen. („Navigatorfunktion")

3. Generation
Energiekrise, Wandel der Marktsituation und andere interne und insbesondere externe Einflussgrößen prägten die Weiterentwicklung des Controlling hin zu eher strategischen Aufgabenfeldern. Man spricht gelegentlich auch von einer („Innovatorfunktion") in dieser Zeit, die bis heute reicht.

Als treibende Faktoren für die Etablierung des Controlling in Praxis, Lehre und Forschung sind Gründungen zahlreicher Organisationen und Vereine sowie die Herausgabe von Fachzeitschriften zu nennen, die sich mit Controlling auseinandersetzen. Eine dominante Stellung des Controlling etablierte sich vor allem in Großbetrieben. In der Lehre und Forschung wurde Controlling als Basis für eine integrierende BWL aufgegriffen und entwickelt.

Der Controller Verein e.V. bezeichnet den Controller als „Sparringspartner" des Managers bei der Zielfindung und Erreichung. Der Controller sorgt dafür, dass jeder sich im Rahmen der erarbeiteten Ziele und Pläne selbst kontrollieren kann. Das Controlling als Prozess und Denkweise entsteht durch Manager und Controller im Team und bildet somit deren „Schnittmenge".

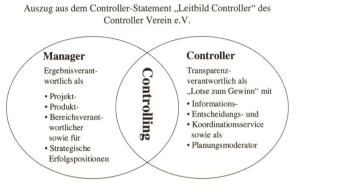

Quelle: Controller Verein e.V. München; nach Horváth 2001, S. 27

Abb. 3.6.1: Begriff des Controlling

Die Aufgabenstellung des Controllers hängt grundsätzlich vom Zielsystem der Unternehmung ab. Je nachdem, welche Ziele in einem Unternehmen Priorität besitzen (Gewinn, Rentabilität, Wachstum, ...) wird auch das Aufgabenspektrum des Controllers verschiedene Schwerpunkte besitzen.

Hinweise auf die **Entwicklung des Controlling in der Tourismusbranche** finden sich u. a. bei Huber (Huber 2000, S. 20). Verbreitung fand die Thematik insbesondere in der vom amerikanischen Management geprägten internationalen Hotellerie in den 80er Jahren. Für mittlere und kleinere Unternehmen wird nicht zuletzt aufgrund der Strategiedefizite ein erheblicher Nachholbedarf festgestellt (siehe auch Gewald 1999, Henselek 1999).

3.6.1.2 Konzeptionen des Controlling

Controlling-Konzeptionen treffen Aussagen über die konkrete(n) Zielsetzung(en) des Controlling, die grundlegenden Aufgaben zur Erreichung der definierten Controllingziele, die spezifischen Systeme und Verfahren zur Unterstützung der jeweiligen Aufgabenerfüllung sowie ggf. auch die Aufbau- und Ablauforganisation des Controlling. In der deutschsprachigen Literatur können vor allem drei Grundkonzeptionen des Controlling unterschieden werden, nämlich die informationsorientierte, die planungs- und kontrollorientierte sowie die führungssystembezogene Controlling-Konzeption. (Küpper 1995, S. 5ff.) Im Zusammenhang der führungssystembezogenen Konzeption wird der koordinationsbezogene Ansatz des Controlling postuliert. Es geht dabei nicht so sehr um die Koordination der Realisationshandlungen, d. h. um eine Führungsaufgabe, sondern vielmehr um die Abstimmung der Führungshandlungen aufeinander, d. h. um die Herbeiführung einer Art von Metakoordination. Einige Controlling-Konzeptionen betrachten nur die Abstimmung zwischen planungs-, kontroll- und informationsorientierten Führungshandlungen. Darüber hinaus gehende Ansätze beziehen das Koordinationsziel des Controlling auf alle Führungshandlungen.

Informationsorientierte Konzeption
Controlling wird als eine zentrale Einrichtung der betrieblichen Informationswirtschaft gesehen. Wesentliche Zwecksetzungen dieser Konzeption bestehen in der Koordination der Informationserzeugung und -bereitstellung mit dem Informationsbedarf.

Planungs- und kontrollorientierte Controlling-Konzeption
Die Funktion des Controlling wird in der Koordination von Planung und Kontrolle sowie Informationsversorgung gesehen. Neben der operativen Betrachtung des Unternehmensgeschehens rückt die strategische Ebene in den Mittelpunkt. Vielen Definitionsversuchen gemeinsam ist, dass Planung als ein systematisches, zukunftsbezogenes Denken und Festlegen von Zielen, Maßnahmen, Mitteln und Wegen zur zukünftigen Zielerreichung aufgefasst wird. Planung ist damit geistige Antizipation zukünftigen Handelns. Aus Sicht des Controlling wird die Bedeutung der Planung als Koordinationsinstrument zur Lenkung des Unternehmensprozesses betont, d. h. im Rahmen der Planung sollen betriebliche Einzelpläne zu einer Gesamtplanung koordiniert werden. Planung umfasst kurz- mittel- und langfristige Unternehmensplanung, Budgetierung und Bereitstellung von Vorgabe- und Zielinformationen.

Führungssystem- oder koordinationsorientierte Controlling-Konzeption
Dieser weitestgehende Typus stellt das Controlling als einen Teilbereich der Unternehmensführung heraus, der für die konsequente Zielausrichtung des Unternehmens Sorge zu tragen hat. Küppers Ansatz gilt als der umfassendste schlechthin: „Koordinationsprobleme bestehen zwischen allen Teilen des Führungssystems. Dies wird in der planungs- und kontrollorientierten Konzeption schon daran deutlich, dass die in ihr betonte systembildende Koordination vielfach die Schaffung entsprechender Organisationsstrukturen verlangt. Damit wird eine Abstimmung von Planung und Kontrolle mit der Organisation notwendig. Ferner ist für das Erreichen von koordiniertem Handeln die Art der Verhaltensbeeinflussung wichtig. Das spricht dafür, die Koordination mit der Personalführung – beispielsweise über entsprechende Anreizsysteme – in die Betrachtung mit einzubeziehen." (Küpper 1995, S. 12.)

Das koordinationsorientierte Controlling hat im Wesentlichen drei Funktionen zu erfüllen:

- Zunächst soll es dafür sorgen, dass sämtliche Aktivitäten eines Unternehmens zur bestmöglichen Zielerreichung führen (Zielausrichtungsfunktion).
- Darüber hinaus soll das Unternehmen in der Lage sein, auf Umweltentwicklungen nicht nur rechtzeitig und angemessen zu reagieren, sondern nach Möglichkeit auch aktiv auf diese Entwicklungen Einfluss zu nehmen (Anpassungs- und Innovationsfunktion).
- Schließlich soll das Controlling die Entscheidungsträger im Unternehmen bei der Auswahl und dem Einsatz der verschiedenen Planungs-, Kontroll- und Informationsinstrumente beraten und unterstützen (Servicefunktion).

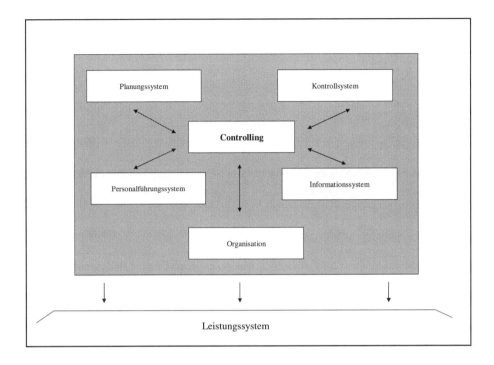

Quelle: Küpper 1995, S. 15

Abb. 3.6.2 : Koordination im Führungsgesamtsystem

In der betriebswirtschaftlichen Literatur finden sich zahlreiche Versuche, Koordination zu definieren. So versteht man unter Koordination das Abstimmen einzelner Entscheidungen auf ein gemeinsames Ziel hin. In Unternehmen vollzieht sich die Lösung komplexer Entscheidungen als arbeitsteiliger Prozess, bei dem mehrere Einheiten selbständig und bis zu einem gewissen Grad getrennt voneinander Teilentscheidungen treffen. Bestehen zwischen diesen Teilentscheidungen Interdependenzen, d. h. sie beeinflussen sich gegenseitig, und es liegt Ziel- und Interessendivergenz der Beteiligten und Betroffenen vor, dann wird Koordination eine überlebensnotwendige Systemerfordernis.

Der koordinationsbezogene Ansatz des Controlling findet unter dem Begriff des wertorientierten Controlling heute eine zunehmende Bedeutung. Die Implementierung und Anwendung von Shareholder Value-Konzepten erfordern ein adäquates Controlling im Rahmen der wertorientierten Unternehmensführung. Die Führungsunterstützung äußert sich zum einen in den Planungs-, Kontroll- und Informationsfunktionen, zum anderen gilt es mit Hilfe eines auf Kapitalmarktbelange zugeschnittenen Steuerungsgrößeninstrumentariums alle Führungsteilsysteme auf die Zielsetzung der Unternehmenswertsteigerung hin zu koordinieren. Das Unternehmen bzw. seine Geschäfte werden in diesem Kontext als Investitionsobjekte gesehen, deren Wertschaffen im Leistungs- und Informationsaustausch mit dem Kapitalmarkt permanent verfolgt wird.

3.6.2 Integration des Controlling in ein wertorientiertes Führungsmodell

3.6.2.1 Shareholder Value und wertorientierte Führung

Planvolles unternehmerisches Handeln setzt die Existenz eines Zielsystems voraus. In den letzten Jahren hat sich hier zunehmend das Shareholder Value-Konzept durchgesetzt. Das Shareholder Value-Konzept geht zurück auf ein von Alfred Rappaport im Jahre 1986 veröffentlichtes Buch mit dem Titel „Creating Shareholder Value. The New Standard for Business Performance". Nach diesem Konzept müssen im Mittelpunkt des Zielsystems eines Unternehmens die Eigentümer, d. h. die Shareholder, stehen. Dem Management des Unternehmens obliegt primär die Aufgabe, den finanziellen Wert des Eigenkapitals für die Eigentümer zu steigern (Rappaport 1995).

Neben diesem primär Shareholder-orientierten Konzept werden die Stakeholder als Nebenbedingung genannt. So bedeutet die Ausrichtung des Shareholder Value-Konzeptes auf die Interessen keineswegs, dass die Ziele der übrigen Anspruchsgruppen, der Stakeholder, vernachlässigt werden können, denn motivierte Mitarbeiter, zuverlässige Lieferanten und sonstige dem Unternehmen aufgeschlossene Anspruchsgruppen sind wichtige Erfolgsfaktoren zur Steigerung des Unternehmenswertes. In der Literatur werden die Ansprüche dieser Gruppen oftmals eher als eine notwendige Voraussetzung für eine erfolgreiche Shareholder Value-Strategie als ein eigenes Ziel dargestellt.

Die **Umsetzung des wertorientierten Führungsansatzes in Unternehmen** sowohl hinsichtlich der Inhalte, als auch hinsichtlich der Konsequenz der Umsetzung kann im Kern durch folgende Teilschritte beschrieben werden:

- Neuausrichtung der Portfoliostruktur mit einer klaren Fokussierung auf die wertschaffenden Aktivitäten.
- Weiterentwicklung der Performance-Measures mit einer verstärkten Cash Flow-Orientierung und der Einführung verbindlicher Mindestverzinsungsansprüche, abgeleitet auf Basis des Kapitalkostensatzes.
- Optimierung der strategischen und operativen Planungsprozesse und Gestaltung eines innovativen Berichtssystems; Effizientes Planungssystem basierend auf einer zeitnahen, schlanken und transparenten Berichterstattung.
- Einheitliches internes und externes Rechnungswesen auf der Basis von US-GAAP oder IAS. Durchgängige und aussagefähige Steuerungsgrößen entlang der Führungskaskade der Unternehmung mit der Beachtung von Spitzenkennzahlen wie z. B. Wertbeitrag (Value Added).
- Anpassung der Führungsstruktur an die Erfordernisse einer wertorientierten Unternehmensführung.
- Identifikation der Werttreiber entlang der Führungskaskade und deren Integration in den Führungsprozess.
- Implementierung eines wertorientierten Incentivierungssystems für Führungskräfte und Mitarbeiter, u. a. mit einem innovativen Ansatz des Profit Sharing.

- Regelmäßige interne Kommunikation hinsichtlich Fortschritten und Erfahrungen bei der Umsetzung von Werttreiberprozessen sowie externe Kommunikation an externe Interessensgruppen, wie Investoren, Finanzanalysten und Rating-Agenturen.
- Knowledge Management; Kompetenzaufbau- und -sicherung durch Wissensaustausch als Voraussetzung für eine effektive und effiziente Führung.

Bei der Shareholder Value-Berechnung mit Hilfe der Discounted-Cash Flow-Methode wird der Gesamtunternehmenswert als der unter Zugrundelegung eines Abzinsungssatzes errechnete Kapitalwert der Free Cash Flows berechnet (Rappaport 1995, Copeland 1998). Unter Free Cash Flow versteht man dabei denjenigen ausschüttungsfähigen Cash Flow, der nicht wieder in das laufende Geschäft in Form von Investitionen reinvestiert werden muss, um den zukünftigen Erfolg des Unternehmens zu sichern. Der eigentliche Shareholder Value errechnet sich, indem der Marktwert des Fremdkapitals vom Gesamtunternehmenswert abgezogen wird. Prinzipiell handelt es sich hierbei um die aus der Investitionsrechnung bekannte Kapitalwertmethode.

Ist die Länge der Planungsperiode festgelegt und die entsprechende Planung zur Ermittlung der Cash Flows erfolgt, müssen die Free Cash Flows eines jeden Jahres jeweils auf den Betrachtungszeitpunkt abgezinst werden. Geht man davon aus, dass das Unternehmen nach der Planungsperiode unverändert weiter geführt wird, so ist der Wert der Restperiode ein Fortführungswert. Um diesen Wert zu ermitteln, gibt es unterschiedliche Möglichkeiten, so z. B. mit Hilfe der ewigen Rente oder verfeinert durch den Ansatz von Wachstumsfaktoren. Der so errechnete Unternehmenswert der Restperiode muss anschließend analog auf den Betrachtungszeitpunkt abgezinst und zu dem Wert der expliziten Planungsperiode addiert werden. Ist allerdings abzusehen, dass der Fortführungswert nicht angewendet werden kann, da das Unternehmen nach der Planungsperiode nicht unverändert weitergeführt wird, so werden andere Wertansätze, wie z. B. die erwarteten Liquidations- oder Verkaufserlöse, verwendet. Zum Zweck der Abzinsung benötigt das Unternehmen einen spezifischen Kapitalkostensatz, der einen Mischzinssatz aus Eigen- und Fremdkapitalzinsen darstellt. Zur Bestimmung der Kapitalkosten wird der Weighted Average Cost of Capital (WACC) herangezogen, der sich aus der Gewichtung der Eigen- und der Fremdkapitalzinsen mit der entsprechenden Eigen- und Fremdkapitalquote errechnet.

Zur Festlegung der Eigenkapitalkosten wird zunehmend das Konzept des Capital Asset Pricing Model (**CAPM**) verwendet. Dieses Modell baut auf der Grundüberlegung eines Zusammenhanges zwischen der von den Eigenkapitalgebern erwarteten Rendite und dem durch sie eingegangenen Risiko auf. Die Eigenkapitalkosten setzen sich dem Modell zufolge aus dem Zinssatz für eine risikofreie Anleihe (z. B. Bundesanleihen) und der unternehmensspezifischen Risikoprämie zusammen (Link 2001, S. 232f.). Die Fremdkapitalkosten ergeben sich als der durchschnittliche Kostensatz des gesamten dem Unternehmen zur Verfügung gestellten Fremdkapitals. Dazu zählen auch Pensionsrückstellungen und sonstige Formen des Fremdkapitals wie Wandel- und Optionsanleihen. Die Gewichtung der einzelnen Fremdkapitalkostensätze erfolgt nach Marktwerten. Im strategischen Feld der internen Unternehmenssteuerung bietet der auf der DCF-Methode basierende Shareholder Value-Ansatz wertvolle Impulse zur

- Strategiebewertung: alle Stellhebel eines Geschäftes können zusammenfassend beurteilt werden;
- Ressourcenallokation auf Unternehmens-/Bereichsebene: Investition in wertschaffende Geschäfte, Rückzug aus wertvernichtenden Geschäften;
- Verbesserung der Profitabilität in den Geschäften durch Verbesserung der kurz- und längerfristigen Ertragskraft und der Optimierung des Vermögenseinsatzes.

Im operativen Feld der internen Unternehmenssteuerung liefert die nach den Kriterien des WACC und CAPM ermittelte Mindestrentabilität (Kapitalkostensatz) wichtige Anstöße:

- Welches Vermögen/Kapital steckt im Geschäft/Unternehmen?
- Welche Verzinsung wird auf dieses Vermögen/Kapital erzielt?

Für alle betrieblichen Entscheidungsfelder in Unternehmen auf Produkt-, Bereichs- und Projektebene finden die aufgezeigten strategischen und operativen Kenngrößen Eingang in die spezifischen Controllinginstrumente. In den Unternehmen finden sich unterschiedliche spezifische Ausprägungen der Kenngrößen. Die Thematik wird unter dem Begriff Performance Measurement in Theorie und Praxis intensiv diskutiert. In Dienstleistungsunternehmen werden primär Eigenkapitalrenditen als Ziel vorgegeben. So gelten beispielsweise im Rahmen der Zielvorgaben der Preussag seit 2001 für die TUI eine Eigenkapitalrendite vor Steuern in Höhe von 25% (Preussag 2002).

3.6.2.2 Performance-Maße als finanzielle Leitgrößen für das Controlling

Die Auswahl der „richtigen" Erfolgsmaßstäbe ist schon immer eine der kritischsten Herausforderungen für jedes Unternehmen. Performance-Maße spielen nämlich eine Schlüsselrolle bei allen wichtigen Führungsaufgaben, generell bei der Planung, Steuerung und Kontrolle des Unternehmens. Zur Erreichung der Zielsetzung Unternehmenswertsteigerung führen viele Unternehmen in zunehmendem Umfang „neue" wertorientierte Erfolgsmaßstäbe ein. Besonders beliebt in der betrieblichen Praxis sind derzeit das von der New Yorker Unternehmensberatung Stern Stewart & Company entwickelte EVA-Konzept („Economic Value Added"), der von der Boston Consulting Group propagierte CFROI (Cash Flow Return on Investment") sowie die u. a. von Mc Kinsey empfohlene DCF-Methode. Damit gibt es erneut kein allgemein anerkanntes Konzept zur finanziellen Performance-Messung, sondern vielmehr eine ganze Reihe wertorientierter Erfolgsmaße, die miteinander konkurrieren. (Zur umfassenden Übersicht Günther 1997, S. 203ff.)

Die Beurteilung von Performance-Maßstäben in der Praxis geschieht anhand folgender Kriterien: (Link 2001, S. 203)

- Korrelation zum Börsenwert, d. h. zur externen Wertschaffung;
- Zukunftsorientierung und Barwertkompatibilität, d. h. geeignete Messung der längerfristigen Ertragskraft zur Beurteilung aus Sicht eines Planungszeitpunktes;
- Manipulationsfreiheit bzw. Objektivität, d. h. Nachprüfbarkeit durch Dritte;
- Vergleichbarkeit, d. h. Zugrundelegung vergleichbarer Bewertungsprämissen und
- Ermittlungsaufwand.

Bei dem in zahlreichen Unternehmen neben DCF-Ansätzen verbreiteten **EVA-Konzept** handelt es sich um ein statisches Übergewinnverfahren zur periodenbezogenen Performance-Messung. Zur Berechnung des Übergewinns wird auf ein periodisiertes Ergebnis (NOPAT) nach Steuern und vor Zinsen (= Net operating Profit after Taxes) abgestellt, das zum investierten Gesamtkapital und den darauf entfallenden Gesamtkapitalkosten in Bezug gesetzt wird (Ehrbar 1999/Stewart 1990).

Stewart beschreibt den Economic Value Added als den wahren ökonomischen Profit, der verbleibt, nachdem die Opportunitätskosten für das gebundene Kapital abgezogen worden sind (EVA-Übergewinn). Seine Berechnung kann über folgende Formel erfolgen:

$$EVA = NOPAT - (wacc \times capital)$$

(wacc = der gewichtete Gesamtkapitalkostensatz, weighted average cost of capital)

Ist der NOPAT kleiner als die Gesamtkapitalkosten, wird Unternehmenswert vernichtet. Man spricht hierbei auch von Wertbeitrag oder Value Added (Stewart/Bennet 1991, S. 87ff.).

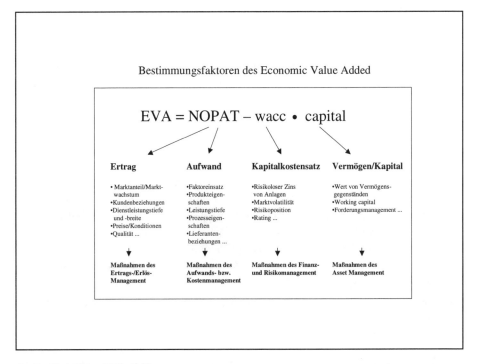

Quelle: Nach Götze 2001, S. 35

Abb. 3.6.3: Bestimmungsfaktoren des Economic Value Added

Als Erfolgsgröße, die einen Periodenerfolg nach Abzug der Kapitalkosten für das eingesetzte Kapital ermittelt, wird zum Ausdruck gebracht, in welchem Maße den Ansprüchen der Kapitalgeber Rechnung getragen wird. Der Kapitalkostenanspruch wird nach WACC- und CAPM-Kriterien festgelegt. Als Messlatte für die Geschäfte werden strategische Zielwertbeiträge aus einer Kombination der Renditen und Wachstumsraten der jeweils besten Wettbewerber abgeleitet.

Die beispielhaft aufgezeigten Bestimmungsfaktoren weisen darauf hin, dass EVA als Performance-Maß lediglich die Resultate wertschaffender oder wertvernichtender Aktivitäten in Unternehmen abbildet. Die Kenngröße ist hochaggregiert und muss deshalb um geeignete operationalisierbare Einflussgrößen und Stellhebel ergänzt werden. Im Rahmen der wertorientierten Unternehmensführung sollen deshalb finanzielle und nicht-finanzielle Größen definiert und im Führungskreislauf über alle Ebenen eines Unternehmens durchgängig transparent gemacht und berücksichtigt werden (Stern/Shiely 2000; Götze 2001, S. 35).

3.6.2.3 Sicherstellung der Durchgängigkeit in den Unternehmen

Mit der Implementierung bzw. Entwicklung von Werttreiberprozessen in den zentralen und dezentralen Einheiten der Unternehmen soll konkret die Realisierung der nachfolgend angeführten **Kernprinzipien einer wertorientierten Unternehmensführung** erreicht werden (Donlon/Weber 1999, S. 384ff.)

1. **Wertorientierte Unternehmensführung erfordert auf allen Ebenen des Unternehmens ein durchgängiges Verständnis über die grundlegenden Prinzipien der Wertschaffung** indem für jeden Verantwortungsbereich systematisch alle wesentlichen Einflussfaktoren des Unternehmenswertes, deren Zusammenwirken und deren Beeinflussungsmöglichkeiten aufgezeigt werden, und zwar hierarchie- und bereichsübergreifend.
2. **Unternehmenswert wird durch das erfolgsorientierte Zusammenwirken aller Führungskräfte und Mitarbeiter geschaffen** indem die individuellen Wertbeiträge einer jeden Führungskraft und eines jeden Mitarbeiters nachvollzogen und schließlich zielgerichtet beeinflusst werden können. Gleichzeitig werden so unternehmensweit Lernprozesse unterstützt und unternehmerisches Denken und Handeln gefördert.
3. **Wertorientierung versteht sich als ständiges Bemühen um die Optimierung des Ressourceneinsatzes**, insbesondere auch Erfolgsorientierung und kontinuierliche Verbesserung durch die permanente Auseinandersetzung mit den Erfolgsfaktoren von Geschäften, Prozessen und Funktionen.

Zur Erreichung eines durchgängigen Ansatzes wertorientierter Unternehmensführung ist es erforderlich, eine Brücke zwischen dem Unternehmenswert bzw. den Konzernsteuerungsgrößen und operativen Steuerungsgrößen der Geschäfte zu schlagen.

Nachfolgende Ausführungen beziehen sich schwerpunktmäßig auf den DaimlerChrysler-Konzern als Beispiel. DaimlerChrysler hat nach dem Börsengang in New York (1993) als erstes deutsches Unternehmen sowohl für die Industrie wie auch für die Dienstleistungsbereiche das Managementkonzept der wertorientierten Führung (value based management) eingeführt. Für TUI und Thomas Cook wird es gleichermaßen zwingend, interne Messgrößen für den Unternehmenswert zu entwickeln und deren Wirkungen zu verfolgen. Die Innovations-, Ertrags- und Finanzierungskraft ist zu sichern und zu erhalten. Zu berücksichtigen ist der zunehmende Performance-Druck der institutionellen Investoren am Kapitalmarkt und insbesondere bei der für die Unternehmensakquisitionen erforderlichen Fremdkapitalaufnahme.

Am Beispiel des DaimlerChrysler-Werttreiberansatzes soll die **Operationalisierung der wertorientierten Unternehmensführung** im Sinne eines generellen und ganzheitlichen Führungsprinzips auf allen Unternehmensebenen und in allen Geschäftsprozessen verdeutlicht werden. Die nachfolgende Abbildung verdeutlicht die Einordnung der Werttreiber in das Gesamtsystem der wertorientierten Steuerungsgrößen.

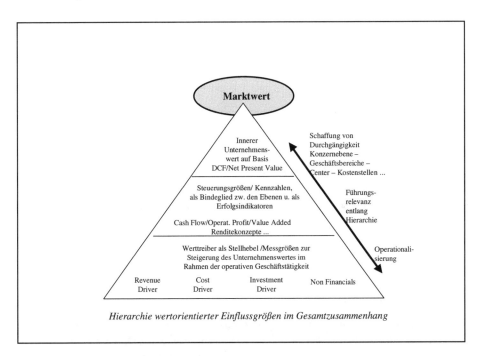

Quelle: In Anlehnung an Donlon/Weber 1999, S. 385; Nicklas 2000, S. 27

Abb. 3.6.4: Hierarchie wertorientierter Einflussgrößen im Gesamtzusammenhang

Werttreiber kennzeichnen sich vor allem dadurch aus, dass sie:

- einen maßgeblichen Einfluss auf den wirtschaftlichen Erfolg von Funktionen und Prozessen ausüben,
- das Ziel der nachhaltigen Wertsteigerung mit dem operativen Geschäft verbinden,
- operational und messbar sind und damit konkret handhabbare Größen des täglichen Geschäfts sind,

- aufgrund von vor allem auch nicht-finanziellen Größen, die etablierten Steuerungsgrößen ergänzen.

Zur **Ermittlung der individuellen Werttreiber** von Führungskräften und Mitarbeitern werden unternehmensspezifische Ansätze entwickelt, die sowohl der operativen als auch der strategischen Steuerungsdimension der Geschäfte gerecht werden Dabei werden in **Modellen zur Identifikation von Werttreibern** die **operative Sicht** primär über relevante Kennzahlen bzw. Wertgeneratoren abgebildet, die **strategische Sicht** primär über die Mission, die strategischen Ziele und strategischen Initiativen (Projekte/Programme) sowie die kritischen Erfolgsfaktoren der betrachteten Einheit. Im Mittelpunkt stehen die **Geschäftsprozesse**, aus denen die jeweiligen individuellen Stellhebel der Prozessbeteiligten (**Werttreiber**) über die Darstellung und Verdeutlichung von **Ursache/Wirkungs-Beziehungen** abgeleitet werden. Feedback-Schleifen (**Rückkopplungen**) überprüfen zum einen die Wirkung der identifizierten Werttreibergrößen auf das monetäre Ergebnis des betrachteten Verantwortungsbereichs, zum anderen deren Wirkung auf die Erfolgsfaktoren bzw. die Strategieumsetzung. Der gesamte Prozess der Identifikation der relevanten Werttreiber einer Führungseinheit gestaltet sich – unabhängig von der spezifischen Vorgehensweise – in jedem Falle iterativ, mit **Top-down- und Bottom-up- respektive retrograden Abstimmungen**. Bottom-up-Informationsprozesse dienen v. a. auch der Nutzung des gesamten in der Organisation verfügbaren Know-hows über das Geschäftssystem.

Diese Form einer unternehmensweiten Werttreiberermittlung stellt eine hierarchieübergreifende Verkettung der individuellen Werttreiber von Führungskräften und Mitarbeitern und eine Verzahnung von strategischem und operativem Führungskontext und damit eine konsequente Ausrichtung an den übergeordneten strategischen Zielsetzungen dar.

Wie die nachfolgende Abbildung 3.6.5 zeigt, besteht der Werttreiberprozess bei DaimlerChrysler aus den zwei Phasen „Identifikation von Werttreibern" und „Steuerung mit Werttreibern". Im Mittelpunkt der Phase „Identifikation von Werttreibern" steht die Bestimmung von Indikatoren bzw. Werttreibern, die bei ihrer Veränderung einen maßgeblichen Einfluss auf den Unternehmenswert haben.

Die Ableitung von Werttreibern in der ersten Phase erfolgt über zwei Perspektiven, einerseits aus der finanziellen, andererseits aus der strategischen Sicht (Nicklas 2000, S. 27f.). Aus der finanziellen Perspektive gestaltete sich die Identifikation der Werttreiber über die gezielte Zerlegung eines Kennzahlensystems, wobei es vor allem darum geht jene Kenngrößen zu ermitteln, die einen direkten Einfluss auf Kosten, Umsatz und Investitionen haben. Dabei muss eine Durchgängigkeit der Werttreiber entlang aller Organisationsebenen gewährleistet und transparent sein, indem der entsprechende Ableitungsprozess unter der Berücksichtigung der Mission und Strategie des jeweiligen Geschäftsbereiches top-down durchgeführt wird. Nachdem die Werttreiber identifiziert sind, gilt es sie in den Führungskreislauf zu integrieren, um eine kontinuierliche und wertorientierte Überwachung des operativen Geschäfts sicherzustellen. Dabei geht es vor allem darum, die identifizierten Werttreiber in Zielvereinbarungen, Maßnahmenpläne sowie in die regelmäßige Berichterstattung zu integrieren und sie an entsprechende Anreizsysteme zu koppeln. Zur Verankerung der wertorientierten Kenngrößen in der Berichterstattung wird zunehmend das Konzept der Balanced Scorecard umgesetzt. Während es sich bei der Phase „Identifikation von Werttreibern" um ein Projekt mit Einmalcharakter handelt, ist die Phase „Steuerung mit Werttreibern" ein fortlaufender Prozess, der zu einer nachhaltigen Verankerung der Wertorientierung im Denken und Handeln der Mitarbeiter im Rahmen ihres täglichen Geschäfts führen soll.

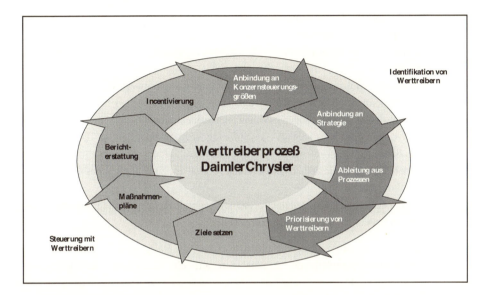

Quelle: Donlon/Weber 1999, S. 386

Abb. 3.6.5: Werttreiberprozess DaimlerChrysler

Werttreiberprozesse dürfen kein einmaliges Projekt sein, sondern bedürfen der laufenden Überprüfung, Aktualisierung und Anpassung. Letztlich muss der Werttreiberprozess im Sinne eines „leading management concept" als fortdauernde Aufgabe verstanden werden und unterstützt auf diese Weise einen permanenten Lernprozess um den optimalen Einsatz der Ressourcen zugunsten einer nachhaltigen Wertschaffung. Zunehmend wird in jüngster Zeit auf die Erfordernis einer Balance von materiellen und immateriellen Werten in solchen Konzepten hingewiesen. „Der Wert eines Unternehmens wird bei weitem nicht allein von dessen Bilanzgrößen und Kennzahlen bestimmt. Immer mehr sind es die immateriellen Vermögenswerte, die einen enormen Einfluss auf das finanzielle Ergebnis haben: das Knowhow und die Kreativität der Mitarbeiter, das Ansehen der Firma in der Öffentlichkeit, die gewachsenen Beziehungen zu den Kunden usw." (Sveiby 1998)

Es wurde bereits betont, dass für eine konsequente Ausrichtung aller Entscheidungen und Handlungen auf die kontinuierliche Steigerung des Unternehmenswertes alleine die Kenntnis über das Geschäftssystem bzw. die relevanten Werttreiber nicht ausreicht. Es ist vielmehr notwendig, die identifizierten und priorisierten Werttreiber verbindlich in den Führungsprozess zu integrieren. Letztlich kann nur so erreicht werden, dass Wertsteigerung ein gelebtes Ziel wird. Die für die Integration der Werttreiber in den Führungsprozess bestimmenden wichtigsten Merkmale lassen sich wie folgt charakterisieren: (Donlon/Weber 1999, S. 386)

- Zielsetzung:
    - Einbindung individueller Werttreiberziele in Zielvereinbarungsprozesse bei einer durchgängigen Zielkaskadierung
    - Definition von Werttreiberzielen mit dem Anspruch der kontinuierlichen Verbesserung und in Orientierung an konzerninternen und -externen Best Practice-Niveaus
    - Eindeutige und transparente Zieldimensionierung, d. h. jeweils Festlegung von Inhalt (ggf. qualitativ), Ausmaß (grundsätzlich quantitativ) und zeitlichem Bezug (zeitraum-, zeitpunktbezogen) sowie Zieldokumentation
    - Horizontale und vertikale Zielabstimmung (Prozessorientierung, Überwindung von Schnittstellenproblemen)
    - Angabe von Zielprioritäten/-gewichtungen, auch zur Ermittlung eines Gesamtzielerreichungsgrades
    - Visualisierung der wesentlichen prozessrelevanten Ziele und Zieldimensionierungen im jeweiligen Verantwortungsbereich

- Maßnahmenplanung und -umsetzung:
    - Ausrichtung einzuleitender Maßnahmen auf die Erreichung der definierten Werttreiberziele
    - Priorisierung von Maßnahmen(optionen) entsprechend ihrer Wirkung auf die relevanten Werttreiber
    - Vertikale und horizontale Abstimmung der Maßnahmen(bündel)
    - Aussagefähige Maßnahmenbeschreibung (z. B. Zerlegung in Arbeitspakete, Darstellung des Ressourceneinsatzes, Vorgabe verbindlicher Meilensteine etc.)
    - Berichterstattung:
    - regelmäßige Plan/Ist- bzw. Plan/Wird-Vergleiche hinsichtlich des Erreichungsgrades der definierten Werttreiberziele, wobei die Zyklizität der Berichterstattung situationsabhängig zu bestimmen ist
    - Integration des Werttreiber-Reportings in die bestehenden Berichterstattungssysteme bei einer Verzahnung von strategischer und operativer Dimension
    - Empfängerorientierte Ausgestaltung von Standard- und Sonderberichten (Verständlichkeit, Inhalt, Umfang)
    - Durchgängiges und miteinander verzahntes Reporting-System ('Scorecard-Hierarchien') über alle Führungsebenen hinweg, die in den produktiven Einheiten in ‚Zahlen/Daten/Fakten-Visualisierungen' bis an die einzelnen Arbeitsgruppen/-plätze weitergeführt wird (weitestgehend DV-gestützt)
    - Konzernweite, eindeutige Definition der verwandten Berichts-/Messgrößen
    - Ziel muss ein aussagefähiges und transparentes, aber dennoch ‚schlankes' Berichtswesen sein.

- Incentivierung:
  - Koppelung von Incentives an die Erreichung/Überschreitung von individuellen und kollektiven Werttreiberzielen
  - Vorgabe von Incentivierungsbandbreiten
  - Sicherstellung langfristiger Anreize durch die Orientierung an mehrperiodischen Werttreiberentwicklungen

Dem Incentivierungsaspekt kommt bei der Umsetzung der wertorientierten Unternehmensführung eine außerordentlich hohe Bedeutung zu. Eine Vielzahl von Veränderungsprogrammen ist nicht zuletzt daran gescheitert, dass man auf eine Veränderung der Einsicht bei Führungskräften und Mitarbeitern gehofft hatte, nicht aber die gewollte Veränderung ausreichend in Beziehung zum persönlichen Nutzen der Beteiligten setzte. Hierin ist das generelle Erfolgskriterium für die Umsetzung des wertorientierten Führungsansatzes zu sehen. Instrumente variabler Vergütung reichen von Cash-Bonus, Gewinnbeteiligungen bis zu Aktienoptionen.

Umsetzungsschwierigkeiten oder gar Scheitern von wertorientierten Konzepten wird oftmals auf grundlegende Änderungen der Kultur eines Unternehmens zurückgeführt. „Und genau an dieser Stelle scheitern die meisten: Es gibt wohl keine schwierigere Aufgabe als tradierte Überzeugungen in einer großen Organisation umzuwandeln (...) In den meisten Fällen wurden als Grund für das Scheitern eines Value-Base-Management kulturelle Widerstände gegen einen Wandel angeführt." (Haspeslagh 2002, S. 47)

3.6.2.4 Balanced Scorecard als Controlling-Instrument

Werttreiberansätze im oben beschriebenen Modell integrieren eine Vielzahl wirkungsvoller und praxisgerechter Elemente von Führungsinstrumenten. Der sog. Balanced Scorecard-Ansatz (Kaplan/Norton 1997) zeigt zunächst Parallelen zum Werttreiberansatz auf, wie etwa

- die Ausrichtung am finanziellen Erfolg als primäres Ziel, mit monetären und nichtmonetären Steuerungsgrößen, die verschiedene Perspektiven abbilden;
- die Fokussierung auf die Strategieumsetzung (inklusive Feed-back-Prozess) und Strategiekommunikation;
- die Forderung nach Operationalisierung und Quantifizierung;
- die Entwicklung von Geschäftstheorien bzw. -modellen;
- die Ableitung von Ursache/Wirkungs-Ketten entlang der Führungskaskade sowie der Priorisierungsaspekt im Rahmen des Führungs- bzw. Steuerungsprozesses.

Das Grundmodell der Balanced Scorecard (BSC) wurde zu Beginn der 90er Jahre in den USA von Robert Kaplan und David Norton ins Leben gerufen. Kaplan/Norton hatten die Erkenntnis, dass ein Unternehmen weder durch monetäre noch durch nicht monetäre Größen allein erfolgreich gesteuert werden kann. Entscheidend für eine erfolgreiche Unternehmenssteuerung ist vielmehr ein ausgeglichenes Verhältnis (Balance) zwischen den beiden Größen. Eine weitere Balance schafft die BSC zwischen vergangenheitsbezogener und zukunftsorientierter Unternehmensbetrachtung, da die herkömmlichen Kennzahlen vergangener Entscheidungen und Leistungen um die treibenden Faktoren zukünftiger Leistungen ergänzt werden. Die BSC ist ein Managementwerkzeug, in dessen Mittelpunkt die Unternehmensvision und -strategie stehen. Indem sie die Vision und die Strategie des Unternehmens operationalisiert, trägt sie erheblich zu deren Umsetzung bei. Im Gegensatz zu traditionellen Kennzahlensystemen, die den Schwerpunkt ihrer Betrachtung auf finanzwirtschaftliche Aspekte konzentrieren, bemüht sich die BSC um eine ausgeglichene Betrachtung aller Unternehmensbestandteile. Um dies zu gewährleisten, bedient sich die BSC neben der Finanzperspektive in der Regel dreier weiterer Perspektiven: der Kundenperspektive, der internen Prozessperspektive sowie der Lern- und Entwicklungsperspektive oder Potenzialperspektive.

Nach wie vor bildet die **Finanzperspektive** auch die wichtigste Perspektive innerhalb der BSC. Mit ihr werden die in der Strategie festgesetzten monetären Ziele des Unternehmens konkretisiert. Außerdem ermöglicht sie die Überprüfung, ob die Realisierung der Unternehmensstrategie auch eine Verbesserung des Unternehmensergebnisses bedeutet. Typische Kennzahlen der Finanzperspektive sind Umsatz-, Liquiditäts- und Rentabilitätskenngrößen.

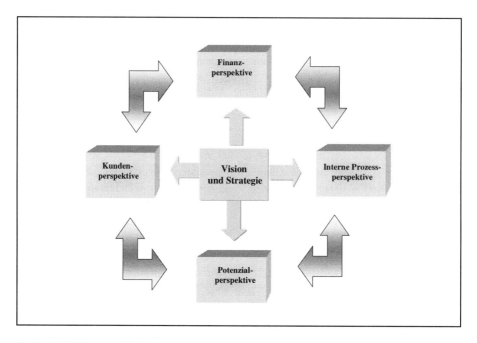

Quelle: In Anlehnung an Kaplan/Norton 1997, S. 9

Abb. 3.6.6: Prinzip Balanced Scorecard

Die **Kundenperspektive** trägt der gestiegenen Notwendigkeit an Kundenorientierung Rechnung. Innerhalb der Kundenperspektive konzentriert man sich auf die strategisch relevanten Kunden- und Marktsegmente, da in erster Linie diese zur Erreichung der Finanzziele von Bedeutung sind. Typische Messgrößen der Kundenperspektive sind beispielsweise der

Customer Satisfaction Index für Kundenbetreuung, Anzahl Neukunden, Marktanteile und sonstige Kenngrößen, die Produkt-, Vertriebs-, Servicequalität, Kundenzufriedenheit oder das Preis/Leistungsverhältnis betreffen.

Gegenstand der **Prozessperspektive** sind die erfolgskritischen internen Prozesse. Es geht um die Überlegung, welche Prozesse verbessert werden können, damit die Ansprüche der Stakeholder des Unternehmens besser erfüllt werden können. Da diese Prozesse häufig in direktem Zusammenhang mit den in der Kundenperspektive betrachteten Messgrößen stehen, schließt sich die Prozessperspektive in diesem Kontext nahtlos an die Kundenperspektive an. Größen zur Messung der Prozesseffektivität und -effizienz sind z. B. Auftrags- und Projektleistungsindices wie Anzahl unterbreiteter Angebote und abgeschlossener Verträge, Reklamationen usw.

Mit der **Potenzialperspektive** sollen alle für die zukünftigen Erfolge des Unternehmens notwendigen Fähigkeiten, Ressourcen und Potenziale identifiziert werden. Dadurch wird mit ihr die erforderliche Infrastruktur zur Erreichung der Ziele der anderen Perspektiven geschaffen. Die Potenzialperspektive entfaltet so eine Langzeitwirkung und sollte daher in keiner BSC fehlen. Die Unternehmen müssen über kompetente Mitarbeiter und leistungsfähige Systeme verfügen. Messgrößen sind z. B. Motivation u. Qualifikation der Mitarbeiter, Ergebnisse pro Mitarbeiter, Anteil neuer Dienstleistungen usw.

Innerhalb der BSC ist es wichtig, dass die Perspektiven nicht separat und losgelöst voneinander betrachtet werden. Vielmehr sollen die einzelnen Perspektiven mit einander verknüpft werden. Dies geschieht über das Bilden von Ursache-Wirkungsketten zwischen den Kennzahlen der einzelnen Perspektiven. Dahinter steckt die Erkenntnis, dass innerhalb der Balanced Scorecard Wechselwirkungen existieren und sich die einzelnen Kennzahlen gegenseitig beeinflussen. Bei der Verbindung der einzelnen Kennzahlen wird zwischen Ergebnissen und die Ergebnisse beeinflussenden Werttreibern unterschieden. Eine Ergebniskennzahl steht immer in Wechselwirkung bzw. Verbindung mit einem dahinter stehenden Werttreiber. Diese Verbindungen sollen sich nicht nur auf die Kennzahlen innerhalb einer Perspektive beschränken, sondern durch sämtliche Perspektiven der Balanced Scorecard sichtbar werden. Es wird also ein kausaler Zusammenhang zwischen den Zielen der vier Prozesse gesehen.

Die Verbindung der einzelnen Kennzahlen entsteht durch sog. „Wenn-Dann-Aussagen", wie zum Beispiel:

- Wenn die Mitarbeiter besser geschult werden, dann kennen sie ihre Produkte besser.
- Wenn die Mitarbeiter ihre Produkte besser kennen, dann steigt der Einsatz im Rahmen der Verkaufsaktivitäten.
- Wenn der Einsatz der Mitarbeiter steigt, dann erhöht sich die Kundenzufriedenheit.
- Wenn sich die Kundenzufriedenheit erhöht, dann steigen die Verkaufszahlen.
- wenn die Verkaufszahlen steigen, dann steigt der Gewinn.

Ablaufschemata zur Entwicklung einer BSC entsprechen den Vorgehensweisen der Werttreiberprozesse. Am Anfang aller Überlegungen steht die Unternehmensvision. Aus ihr werden strategische Ziele abgeleitet usw. (Brunner 1999, S. 131ff.)

Nachdem die einzelnen Kennzahlen ermittelt worden sind, werden für sie Zielwerte bestimmt. Zwar ist die Balanced Scorecard ein strategisches, d. h. ein langfristig konzipiertes Instrument, doch ist der Planungszeitraum für die Zielerreichung der einzelnen Perspektiven nicht gleich. So sind die Ziele der Finanz- und Kundenperspektive in der Regel längerfristiger als die der Prozessperspektive. Dementsprechend müssen sich auch die Soll-Werte der einzelnen Kennzahlen an den unterschiedlichen Zeitrahmen zur Zielerreichung orientieren.

Man kann die Balanced Scorecard als Management- und Reportingfunktion aufgreifen. Sie dient somit dem Controlling der Strategieumsetzung im Sinne des Reporting entlang der Führungskaskade. Die Anforderungen an die Reportingfunktion sind im Wesentlichen:

Effektivität „Die richtigen Dinge berichten"

- Priorisierung der Berichtsgrößen auf wertsteigernde Größen,
- Erweiterung um nicht-finanzielle Größen,
- Strategiebezug der Berichtsgrößen,
- Relevanz der Berichtsgrößen, d. h. auf Empfänger abgestimmter Inhalt und Detaillierungsgrad.

Effizienz „Die Dinge richtig berichten"

- Zeitnahe Verfügbarkeit,
- Einfache Handhabung,
- Verständliche und übersichtliche Aufbereitung und Kommentierung (z. B. Exception Reporting, Aufzeichnen von Problemursachen und Strategiebezug, ...),
- Auf Empfänger abgestimmte Berichtshäufigkeit,
- Verlässlichkeit (konsistente Aussagen), ...

Durch die Verbindung des Werttreiberansatzes mit dem Ansatz der Balanced Scorecard kann die durchgängige Umsetzung der wertorientierten Führung in Dienstleistungsunternehmen bzw. Tourismusunternehmen wirkungsvoll realisiert werden. Im Zuge der Einführung von Balanced Scorecards werden den Mitarbeitern auf allen betrieblichen Ebenen all jene beeinflussbaren Faktoren bewusst, die einen maßgeblichen Einfluss auf das wirtschaftliche Ergebnis einzelner Funktionen oder Prozesse ausüben. Damit haben sie den Charakter von „Stellhebeln" und sind somit konkret handhabbare Größen des täglichen Geschäftes, deren Verbesserung zu einer Steigerung des Unternehmenswertes bzw. zur Erreichung der strategischen Ziele und nicht zuletzt zu einer verbesserten Qualität der Dienstleistungen führen.

3.6.2.5 Weiterentwicklung zum Risikocontrolling

Im Sinne der wertorientierten Unternehmensführung müssen alle potenziellen Risikowirkungen auf den Unternehmenswert bzw. Marktwert des Unternehmens mit Hilfe eines speziellen Risikocontrolling in sinnvoller Weise gesteuert werden (Schierenbeck 2001, S. 324 ff.). Die Diskussion um Gestaltung eines Risikocontrolling ist in Unternehmen vor dem Hintergrund des in Deutschland im Jahr 1998 verabschiedeten Gesetzes zur Kontrolle und Transparenz im Unternehmensbereich (KonTraG) zu sehen. Hauptmotiv für das KonTraG war die Erkenntnis, dass im Kontrollsystem deutscher Kapitalgesellschaften Schwächen und Verhaltensfehlsteuerungen aufgetreten sind, die korrigiert werden müssen. Ein weiteres wichtiges Argument für die Verabschiedung des Gesetzes war die Feststellung, dass sich deutsche Publikumsgesellschaften zunehmend über die internationalen Kapitalmärkte finanzieren, was eine intensivere Kommunikation mit den Marktteilnehmern über die Unternehmenspolitik und Unternehmensentwicklung sowie mehr Transparenz und Publizität erfordert. Der Kernpunkt des Gesetzes ist die Einrichtung eines Überwachungssystems, das es ermöglichen soll, bestandsgefährdende Entwicklungen frühzeitig zu erkennen. Man kann das Gesetz als ersten legislativen Schritt in Richtung der Kodifizierung von Corporate Governance Grundsätzen ansehen.

Ein Früherkennungs- und Risiko-Managementsystem soll betriebsindividuell ausgestaltet werden. Außerdem wird auf ein in sich geschlossenes, alle Risikokategorien und -felder abdeckendes Überwachungssystem abgestellt, mit dem die Leitung von managementgeführten Unternehmen Vorkehrungen treffen soll, um existenzgefährdende Entwicklungen früh erkennen zu können. Für ein ganzheitliches Risikocontrolling lassen sich in einem standardisierten System die drei Prozessstufen Risikoanalyse, Risikosteuerung und Risikokontrolle voneinander abgrenzen (Schierenbeck 2002, S. 328 ff.). Für die Risikoanalyse bietet es sich an, systematisch nach Risikoarten vorzugehen. Nach den Vorschlägen des Baseler Ausschusses für Bankenaufsicht können die im Unternehmen auftretenden Risiken in folgende fünf Risikobereiche eingeteilt werden:

- Marktrisiken,
- Kredit- und Bonitätsrisiken,
- Liquiditätsrisiken,
- Organisations- bzw. Betriebsrisiken,
- Rechtliche Risiken.

Im Rahmen der anschließenden Risikobewertung sind die Risiken bezüglich ihrer Auswirkungen auf das Zielsystem zu untersuchen. Zu beachten sind die aus Sicht der Eigenkapitalgeber voneinander abgrenzbaren Risikowirkungen:

- durch zusätzliche Risiken erhöhen sich die EK-Kosten (zunehmende Risikoprämien); der EK-Kostensatz als Bestandteil des Gesamtkapitalkostensatzes steigt;
- Risiken können zu Verlusten und damit zu sinkenden Eigenkapitalrenditen führen;
- Steigende Kapitalkosten führen bei der Barwertberechnung der Cash Flows zu niedrigeren Werten; somit sinkt der Unternehmenswert.

Auch aus Sicht der Fremdkapitalgeber führen steigende Risikoprämien zu höheren FK-Kosten, welche wiederum das den Eigenkapitalgebern zustehende Ergebnis belasten.

Bezüglich der Risikosteuerung sind geeignete Risikobewältigungsstrategien, wie z. B. die Risikovermeidung oder der Risikotransfer (Versicherungen, Finanzderivate etc.) zu unterscheiden. Mit Hilfe sog. Risikotragfähigkeitskalküle werden bspw. maximale Risikoübernahmen festgelegt.

Im Rahmen der Risikokontrolle erfolgt die Überwachung von Risiken mit Hilfe von Abweichungsanalysen. Ferner werden zur Erfassung von risikospezifischen Veränderungen Früherkennungssysteme eingesetzt. Dadurch soll das rechtzeitige Einleiten von Steuerungsmaßnahmen sichergestellt werden. Von besonderer Bedeutung im Rahmen der Risikokontrolle ist das Risikoreporting. Die Aufgabe des Risikoreporting besteht darin, über die identifizierten und bewerteten Risiken sowie über die eingeleiteten Steuerungsmaßnahmen und deren Wirksamkeit zu berichten. Hier bietet sich auch der Einsatz der Balanced Scorecard an. Nach der Zuordnung der Risiken zu den unterschiedlichen Perspektiven müssen Messgrößen bzw. Indikatoren gefunden werden, die eine gezielte Beobachtung ermöglichen. Denkbar wäre auch die Einbindung der Risikoperspektive als eigenständige fünfte Perspektive.

3.6.3 Zusammenfassung

Wertorientiertes Controlling hat die Aufgabe, den Anforderungen des Kapitalmarktes entsprechend, ein durchgängiges Instrumentarium der Unternehmenssteuerung zu entwickeln und deren erfolgreiche Umsetzung zu koordinieren. Zusammenfassend soll „Wertorientierung" wie folgt beschrieben werden: „Wertorientierung bedeutet langfristigen Unternehmenserfolg anzustreben und dadurch Qualität, Perspektive und Sicherheit für Kunden, Mitarbeiter, Aktionäre und Gesellschaft zu geben. Dabei kann letztlich nur ein durchgängiger Ansatz – der das gesamte Unternehmen erfasst – nachhaltig und dauerhaft diesen Erfolg sicherstellen. Wertorientiertes Denken und Handeln ist geschäfts-, bereichs-, funktions- und hierarchieübergreifend von jeder Führungskraft und von jedem Mitarbeiter umsetzbar. Jeder einzelne muss nach den Ressourcen fragen, die er kostet und bindet, und nach den Beiträgen, die er erwirtschaftet. Dies v. a. aus dem Verständnis und dem Streben heraus, dass die erbrachten Leistungen höherwertig sein müssen, als die eingesetzten Ressourcen („Added Value')." Donlon/Weber 1999, S. 387f.)

Bei Preussag wird im Rahmen der Investor Relations das „Premium-Konzept Wertorientierte Unternehmensführung" deutlich herausgestellt:

> „Die wertorientierte Entwicklung ihres Portfolios und damit die Absicherung einer nachhaltigen Wertsteigerung des Konzerns ist Ziel des unternehmerischen Handelns der Preussag als Konzern-Holding (...) Mit dem Premium-Konzept (Preussag-Management-Informationssystem zur Unternehmenswert-Maximierung) wurde ein Steuerungsinstrument entwickelt, mit dem der Konzern und die Unternehmen im Einzelnen wertorientiert geführt werden. Seine Grundprinzipien sind:
>
> - eine klare Segmentierung der Aktivitäten des Konzerns,
> - die Einbindung aller Segmente in einen geschlossenen Controllingprozess,
> - sowie eine einheitliche Beurteilung aller Investitionsvorhaben.
>
> Als integriertes Steuerungsinstrument dient das Premium-Konzept sowohl der strategischen als auch der operativen Unternehmensführung. Es schafft überdies eine Plattform für die Kommunikation strategischer Entscheidungen und geschäftlicher Entwicklungen mit den Investoren. Auf der operativen Ebene wird das Portofolio durch die Vorgaben individueller Renditeziele für die einzelnen Geschäftsbereiche und die Allokati-

on von finanziellen Mitteln in Bereiche mit hohem Ertragspotenzial gesteuert. Ergänzend wird die Entwicklung der Unternehmenswerte der Konzern-Einheiten kontinuierlich beobachtet. Für strategische Entscheidungen finden die wertorientierten Steuerungsinstrumente Eingang in Akquisitions- und Desinvestitionsanalysen. Ein wesentlicher Bestandteil der auf Kennzahlen gestützten Portofolio-Analyse ist die Wertentwicklung des Konzerns, dargestellt an der Eigenkapitalrendite. Sie wird sowohl für den Konzern als auch für die einzelnen Geschäftsbereiche ermittelt. Die Eigenkapitalrendite errechnet sich aus dem Verhältnis von eingesetztem bilanziellem Eigenkapital der einzelnen Bereiche zu dem Ergebnis der gewöhnlichen Geschäftstätigkeit vor Abschreibungen auf Geschäfts- und Firmenwerte. Im Zuge der Umstellung der Rechnungslegung auf International Accounting Standards (IAS) im vergangenen Jahr und den damit im Vergleich zu deutschen Rechnungslegungsvorschriften höheren Eigenmitteln hatten wir unsere Steuerungskennzahlen und Renditeziele neu festgelegt und mittelfristig für den Preussag-Konzern eine Eigenkapitalrendite vor Steuern von 25% als Ziel gesetzt." (Preussag 2002).

Wesentliche Aufgaben des Risikomanagements und -controlling sind die Aufnahme und Bewertung der Risiken des Unternehmens, die Entwicklung von Steuerinstrumenten für die Risiken und die Sicherstellung von deren Anwendung. Im Vordergrund der Risikosteuerung und Kontrolle stehen die Erfolgspotenziale und Kernkompetenzen der Unternehmen.

Einhergehend mit der hohen Wettbewerbsintensität in internationalen Tourismusunternehmen haben sich die Anforderungen an die Entscheidungsträger verändert. Das Controlling generell und die koordinationsorientierte wertorientierte Konzeption im Besonderen erfährt ein bisher noch nicht da gewesenes Gewicht. Wertorientiertes Controlling und der Controller selbst leisten hier in einer das Management begleitenden Rolle einen für den Erfolg der Unternehmen maßgeblichen betriebswirtschaftlichen Service.

Literaturverzeichnis

Berens, W. et al. 2000 : Controlling international tätiger Unternehmen, Stuttgart
Brunner, J. et al. 1999 : Value-Based Performance Management, Wiesbaden
Copeland, T. et al. 1998: Unternehmenswert, Frankfurt/New York
Donlon, J. D./Weber, A. 1999: Wertorientierte Unternehmensführung im DaimlerChrysler-Konzern, in: *Controlling,* Heft 8/9, S. 381-388
Ehrbar, A. 1999: EVA-Economic Value Added, Wiesbaden
Fischer, R. 2000 : Dienstleistungscontrolling, Wiesbaden
Gewald, S. 1999: Hotel-Controlling, München
Götze U./Glaser, K. 2001: Economic Value Added als Instrument einer wertorientierten Unternehmensführung, in: *KRP,* Heft 1/2001, S. 31-38
Günther, T. 1997: Unternehmenswertorientiertes Controlling, München

Haspeslagh, P. et al. 2002: Wertmanagement – über die Zahlen hinaus, in *Harvard Business Manager*, Heft 1/2002

Henselek, H. 1999: Hotelmanagement, München

Horváth, P. 2002: Controlling, 8. A., München

Huber H. 2000: Controlling im Hotel- und Restaurantbetrieb, Wien

Kaplan, R. S./Norton, D. P. 1997: Balanced Scorecard – Strategien erfolgreich umsetzen, Stuttgart

Link, E. 2001: Beiträge zu Controlling-Begriffe, in: *Brecht, U. 2001:* Praxis-Lexikon Controlling, Landsberg

Küpper, H.-U. 1995: Controlling, Stuttgart

Nicklas, M. et al. 2000: Turning Potential into Performance, in *Manager Bilanz*, S. 26 – 31

Preussag 2002: http://www.preussag.de/de/ir/aktie/shareholder.html, Investor Relations Preussag 2002

Rappaport, A. 1995: Shareholder Value, Stuttgart

Stewart, G. B. 1991: The quest for value, New York

Stern, J. M. et al. 2001: The EVA Challenge, New York

Sveiby, K. E. 1998: Wissenskapital – das unentdeckte Vermögen, Landsberg

Schierenbeck, H. 2001: Value-Controlling, München

Wall, F. 1999: Planungs- und Kontrollsysteme

Weber, J. 1999: Einführung in das Controlling, 8. A., Stuttgart

Register

Across-the-border-trade 269
Airtours 157
Akkulturation 100
   Akkulturationsmodell 288, 293, 296
   Akkulturationsphasen .... 289 f.
   Akkulturationsprobleme 289, 295
   Akkulturationsprozesse 287, 289, 297
   Akkulturationsstrategien 288, 291, 297
Alleingang 193
Allensbacher Markt- und Werbeträgeranalyse 334
Allianzen 231
Allmenden 241
Alltagskultur 31
Ambiguitätstoleranz 115
Anpassung
   psychologische 289, 291, 296
   soziokulturelle 289, 291, 297
Ansoff-Matrix 267
Anthropologie 284, 286
Äquivalenzprobleme 338
Arbeitsteilung 369
Artefakte 279
ATTAC-Netzwerk 8
Attraktionen, touristische 239
Auktionen 360
Ausbildung 248
Auslandsengagement 272
Auslandserfahrung 288, 296
Ausreiseverkehr 47
Ausstellungen 323
Authentizität 31

Balanced Scorecard 405
Bedeutungsgewebe 284
Beherbergungsindustrie 245
Bekanntheitsgrad 307, 321
Beschaffungsallianzen 195
Beteiligung 189
Betreiberunternehmen 263
Branding 217
bulk purchase 154
business migration 143
Business-Hotellerie 212

Cage-Distanz-Schema 19
Canadian market 159

Carnival 159
Cash Flow 397
Charterverkehr 189
Clubgut 241, 247
competitive advantages 154
Computer-Based-Training 329
computerised reservations 155
Consolidation 155, 160
Controlling-Konzeption 391, 393
Corporate Behavior 314
Corporate Culture 312
Corporate Identity 304, 311, 318
cross-cultural management 281, 283
CRS 222
cruise shipping 159
Cultural Fit 287
Customer Relationship Management 348, 350
Customer Retention 350

Demeritorische Güter 242
Destination cards 246
Destinationsmarketing 247
Destinationsaußenmarketing 246
Diamant 12
Dienstleistungskette 139
Dienstleistungskontakte, interkulturelle 57
Dimensionen .... 282 f.
directional selling .... 160 f.
Direktinvestitionen 272
Direkt-Marketing 308, 322
Distribution 246
Diversifikation 261
Diversifikationsvorteile 133
divisionale Strukturelemente 382
Domestic-etablishment-trade 269

E-Business 222
Economic Value Added 398
Economies of Scale 350
Economies of Scope 350
Einkaufszentren 249
Einreiseverkehr 48
Einzelplatzverkauf 135
Enkulturation 280, 287
entrepreneurial innovation 154
Erfolgsfaktoren 198
Erfolgskriterien im Internet 356
Ethik 9
Ethnozentrismus 62, 114, 293
Europäische Kommission 144, 149
Events 250
Event-Marketing 309, 324
Expansionsstrategien 41, 60

Exportstrategien 271
externe Effekte 240, 242, 250

Ferienfluggesellschaften 148, 190, 197
Ferien-Hotellerie 212
First Choice 158
Foreign-earnings-trade 269
Forschung, touristische... 251
Franchisevertrag 227
Freizeit 256
    Freizeitanlagen, thematisierte.. 257
    Freizeitanlagenbranche 260
    Freizeitimmobilien 260
    Freizeitmarkt 258
    Freizeitparks.. 245
Fremdenverkehr 236
FTI Touristik 160
Funktionale Struktur... 379
Funktionen der Kultur 280
Fusionierung... 230

Gästekultur... 54
Gastgeberkultur 55
GATS 33
GDS 222
Geozentrismus.. 65
Geschäftsmodelle 171
Geschäftssysteme 60, 190
global sourcing 185
Globalisierung... 3, 49, 256
    Globalisierung, direkte.. 65
    Globalisierung des Hotelmarktes 217
    Globalisierungskritiker... 34
    Globalisierungsstrategie 65
goodwill.. 315
Grand Tour 111
Gütesiegel... 251

Holiday centers 245
Hotel... 139
    Hotelbeteiligungen 135
    Hotelmarken 139
    Hotelmarkt 220
Hotelplan.. 170 f.
hybride Produkte 37

Identität .... 280 f., 287, 293, 296
Image... 311 f., 315, 317, 320, 326
image of the package holiday 156
Immaterialität 50, 355
Inbound-Tourismus 48
Incoming Operators 237
independent sector 163

Individualisierung
    der Reiseleistung 362
    des Marketing-Mix 349
Individual-Marketing 349
Individuelle Mails/Newsletter 360
individuelle Zielgruppenansprache 358
Informationsmedium Internet 354
Informationssysteme 338
Inlandsorientierung 62
Institutionen 33
Integration 50, 129
Integration, vertikale .... 132 f.
interactive TV 164
Interaktionsgrad 348
Interaktionsintensität 270
interkulturell
    interkulturelle Begegnung 113
    interkulturelle Kompetenz .... 104, 114 f.
    interkulturelles Lernen .... 110, 113, 116 f., 119
    Interkulturelles Management 206
internationale Beziehungen 251
internationale Konzerne 59
Internationalisierung 3, 159, 261
    Internationalisierung, horizontale 130
    Internationalisierungsbarrieren 82
    Internationalisierungsgrad 3
    Internationalisierungshemmnisse 82
    Internationalisierungssequenzen 132
    Internationalisierungsstrategien 373
Internet 129, 164
    Internetforschung 340
    Internet-Nutzer 353
    Internet-Nutzung 346, 353

JMC Holidays 161
Joint Venture 231
Jugendbegegnungen 116
    Jugendbegegnungen, internationale 116
Jugendreisen 116
Jugendtourismus 116

Kauf 230
Kollektivgut 247
Kommunikationspolitik 307, 315, 321
Konsolidierung 188, 229
Kontakthypothese 120, 296
Konzeption (von internationalen Freizeitangeboten) 270
Konzernhotellerie 211
Koordination 395
Kostenvorteile 10
Krisenmanagement 205

Kultur, Begriff ... 93
   Kultur, touristische ... 54
   kulturelle Distanz ... 288, 295 f.
   kulturelle Gegebenheiten ... 274
   kulturelle Subgruppen ... 102
   Kulturkomponenten ... 95
   Kulturkontakte ... 110, 115, 120
   Kulturlernen ... 294
   Kulturmittler ... 117, 122
   Kulturstandards ... 101, 103
   Kulturtourismus ... 94, 97
Kundenbeziehungen ... 348
Kundenbindung ... 352, 358
Kuoni ... 157, 170 f.

lack of investment ... 156
Leistungskette, touristische ... 58
Lernlandkartenmethode ... 328
Lizenzabkommen ... 273
Low Cost-System ... 191

Macht ... 293
Managementverflechtung ... 16
Managementvertrag ... 226
Marke ... 203
   Markenpolitik ... 140
   Markenprofile ... 139
   Markenstrategien ... 221
Marketing Research ... 332
Marktforschung ... 333
Marktaustritt ... 189
Marktbearbeitung ... 273
Markteintritt ... 270
Marktintegration ... 16
Marktsegmentierung ... 350
mass customisation ... 164
Massenmarketing ... 349
Massentourismus ... 112
Matrixorganisation ... 385
McDonaldisierung ... 32, 100
M-Commerce ... 223
Mediaanalyse ... 334
Mediaselektion ... 308, 310
Meistbegünstigungsklausel ... 7
meritorische Güter ... 242
Messen ... 320, 323, 326
Mitarbeiterverhalten ... 313
Mobilität ... 52
Mobility-Analyse ... 335
Monopolies and Mergers Commission ... 160
Multi-Channel-Management ... 358
Multimedia ... 309, 324
Multinationalisierung ... 64

Multiplikatoreffekt 240, 248
MyWebsite 360

Nachkaufdissonanzen 309
Nationale Tourismusorganisationen 239
natural monopoly 242
Nettodeviseneffekt 48
Nettoreiseintensität 168
Netzstrategien 189
Netzwerkstruktur 377

Öffentliche Güter 241, 247
Öffentlichkeitsarbeit 309, 323, 326
ökologischer Fehlschluss 281
oligopolistic market .... 154 f.
One-to-One Marketing .... 305, 313, 349 f.
Organisationsstruktur 367
Orientierungsfunktion 280
Outbound-Tourismus 47
Owners' Abroad 158

Pachtvertrag 225
paneuropäische Studie 336
Partnership 306
Performance-Maße 398
Personalisierung .... 348, 351 ff., 358
Personalwesen 216
Polish market 159
Polyzentrismus 64
Positionierung 305, 307, 320
Potentialorientierung 50
Power 306
Preussag 161, 170
price-led competition 154
Privatwirtschaft 244
Product Development 157
Product Placement 309, 325
Projektreise 119
Public Affairs Management 203
public limited company 158
Pullfaktoren 76
Pushfaktoren 76

Qualität 306, 313
quality reassurance 155

Refurbishment 157
Regionalfluggesellschaften 189
Regiozentrismus 66
Registrierung 356
Reiseanalyse 334
Reisebüros 37
Reiseentscheidung 308, 320
Reisehäufigkeit 168

Reiseintensität 112
Reisekonzerne 139
Reiseleiter 118, 121, 248
Reisemotive 113
Reisepanel 335
Reiseveranstaltung 37, 245
Reiseverkehrsbilanz 29
Replikationsstudien 283
resort development 159
Resort-Hotels 212
Ressourcen-Verhalten Paradigma 76
Risikocontrolling 408
Risikowahrnehmung 356

Sampson-Snape-Box 54, 268
Sanierung 189
Scandinavia ..... 159 f.
Schrumpfung 188
Schweiz 168
segments of one 350
Share of Customer 350
Shareholder Value 396
Skaleneffekte 130
Sozialisation 280, 287
spill over 308
Sponsoring 246, 309
Staat 244
Stakeholder 396
Standardisierung 239, 273
Standortentscheidung 270
Standortgebundenheit 52
Stereotypisierung ..... 283, 293, 295 ff.
strategic alliance 163
Strategie 99
    Strategie, transnationale 66
    Strategische Allianzen 194
Structure-Perfomance Paradigma 74
Strukturgestaltung 369
Studienreise 119
Subkulturen 283, 296
Suchfunktion 361
Sun International 159
Swissair 174

Third-country-trade 269
Thomas Cook 158, 161
TOP 50 – Freizeitparks der Welt 263
Tourismus
    Tourismusangebot 26
    Tourismusbranche 24
    Tourismusinformationsstelle 249
    Tourismuspolitik 33
    Tourismuswirtschaft 24

Tourist, internationaler 24
touristische Leistungsketten 58
Touristscope 335
Transkulturalität 280
TUI Suisse 171
Typologisierung 278, 282, 291, 294, 297

U-Kurve 289, 291
Unique Advertising Proposition 319
Unique Selling Proposition 318
uno-actu-Prinzip 52, 54
Unternehmen
    Unternehmensführung, wertorientierte 400
    Unternehmenskultur .... 313 f., 379
    Unternehmenswachstum 76
    Unternehmenswert 146
    Unternehmertum 78

Verbraucheranalyse 334
Verbundvorteile 130
Verkehrsinfrastruktur 249
Versteigerungen 360
Vertrauensgut 319
    Vertrauensgutcharakter 306
Vertriebswegeförderung 308, 322
virtuous circle of tour operating 155
Vorgabe
    Reiseeigenschaften 361
    Reisepreis 361
Vorurteile 293, 296

Wachstum 188
Werbung 308, 312, 317, 321
    Werbemittel .... 318, 321 f.
Wertekette 71
Wertschöpfungskette 128, 261
Werttreiber 366, 401
Werttreiberprozess 402
Wiederkaufsrate 307
World of TUI 175
World Tourism Organization WTO-OMT 92, 337
World Trade Organization WTO-OMC 7

Yield Management 201

Zusatzinformationen auf der Website 362